A ORDEM DO PROGRESSO

O GEN | Grupo Editorial Nacional – maior plataforma editorial brasileira no segmento científico, técnico e profissional – publica conteúdos nas áreas de ciências sociais aplicadas, exatas, humanas, jurídicas e da saúde, além de prover serviços direcionados à educação continuada e à preparação para concursos.

As editoras que integram o GEN, das mais respeitadas no mercado editorial, construíram catálogos inigualáveis, com obras decisivas para a formação acadêmica e o aperfeiçoamento de várias gerações de profissionais e estudantes, tendo se tornado sinônimo de qualidade e seriedade.

A missão do GEN e dos núcleos de conteúdo que o compõem é prover a melhor informação científica e distribuí-la de maneira flexível e conveniente, a preços justos, gerando benefícios e servindo a autores, docentes, livreiros, funcionários, colaboradores e acionistas.

Nosso comportamento ético incondicional e nossa responsabilidade social e ambiental são reforçados pela natureza educacional de nossa atividade e dão sustentabilidade ao crescimento contínuo e à rentabilidade do grupo.

MARCELO DE PAIVA ABREU
(ORGANIZADOR)

A ORDEM DO PROGRESSO

DOIS SÉCULOS DE POLÍTICA ECONÔMICA NO BRASIL

2ª Edição

- Os autores deste livro e a editora empenharam seus melhores esforços para assegurar que as informações e os procedimentos apresentados no texto estejam em acordo com os padrões aceitos à época da publicação, *e todos os dados foram atualizados pelos autores até a data de fechamento do livro.* Entretanto, tendo em conta a evolução das ciências, as atualizações legislativas, as mudanças regulamentares governamentais e o constante fluxo de novas informações sobre os temas que constam do livro, recomendamos enfaticamente que os leitores consultem sempre outras fontes fidedignas, de modo a se certificarem de que as informações contidas no texto estão corretas e de que não houve alterações nas recomendações ou na legislação regulamentadora.

- Data do fechamento do livro: 19/06/2014

- Os autores e a editora se empenharam para citar adequadamente e dar o devido crédito a todos os detentores de direitos autorais de qualquer material utilizado neste livro, dispondo-se a possíveis acertos posteriores caso, inadvertida e involuntariamente, a identificação de algum deles tenha sido omitida.

- **Atendimento ao cliente: (11) 5080-0751 | faleconosco@grupogen.com.br**

- Direitos exclusivos para a língua portuguesa
  Copyright © 2014 Elsevier Editora Ltda., © 2025 (11ª impressão) by
  GEN | GRUPO EDITORIAL NACIONAL S. A.
  Publicado pelo selo **Editora Atlas Ltda.**
  Uma editora integrante do GEN | Grupo Editorial Nacional
  Travessa do Ouvidor, 11
  Rio de Janeiro – RJ – 20040-040

  Reservados todos os direitos. É proibida a duplicação ou reprodução deste volume, no todo ou em parte, em quaisquer formas ou por quaisquer meios (eletrônico, mecânico, gravação, fotocópia, distribuição pela Internet ou outros), sem permissão, por escrito, da Editora Atlas Ltda.

- Editoração eletrônica: Thomson Digital

- Ficha catalográfica

A145o
2. ed.

Abreu, Marcelo de Paiva
A ordem do progresso: dois séculos de política econômica no Brasil/Marcelo de Paiva Abreu. - 2. ed. [11ª Reimp.] - Rio de Janeiro: GEN | Grupo Editorial Nacional. Publicado pelo selo Editora Atlas, 2025.
il. ; 24 cm.

ISBN 978-85-352-7859-0

1. Capitalismo - Brasil - História. 2. Capital (Economia). I. Título.

14-13073   CDD: 330.1220981
                 CDU: 330.142.23(81)

Em memória de Dionísio Dias Carneiro Netto (1945-2010).

"*Only the young have such moments... One closes behind one the little gate of mere boyishness – and enters an enchanted garden. Its very shades glow with promise. Every turn of the path has its seduction. And it isn't because it is an undiscovered country. One knows well enough that all mankind had streamed that way. It is the charm of universal experience from which one expects an uncommon or personal sensation – a bit of one's own.*

One goes on recognizing the landmarks of the predecessors, excited, amused... Yes. One goes on. And the time, too, goes on till one perceives ahead a shadow-line warning one that the region of early youth, too, must be left behind."

"Só os jovens têm momentos assim. (...) Fecha-se atrás de si o pequeno portão da simples meninice, e adentra-se um jardim encantado. Até seus espaços escuros cintilam de promessas. Cada curva do caminho tem o seu encanto. E não é por se tratar de uma terra não desbravada. Sabe-se muito bem que a humanidade inteira já passou por ali. É pelo charme da experiência universal da qual se espera uma sensação incomum ou pessoal – um pedacinho que seja só seu.

Animados, entretidos, seguimos reconhecendo os marcos de nossos predecessores. (...) Sim. Nós seguimos. E o tempo segue, ele também, até percebermos logo adiante uma linha de sombra a nos alertar que o território da primeira juventude também deve ser deixado para trás."

Joseph Conrad, *The Shadow Line*

AGRADECIMENTOS

Reitero, neste parágrafo, os agradecimentos que fiz na edição original deste livro. A Sérgio Besserman Vianna que, além de contribuir com dois capítulos para a coletânea, auxiliou na revisão de originais e na discussão relativa à organização do livro. E também a Dionísio Dias Carneiro Netto e Rogério Ladeira Furquim Werneck e à minha família – Alice, Fernanda e Carlos –, por sua contribuição para que fosse possível organizar esta coletânea. A assistência à pesquisa de Ricardo Pereira de Almeida, especialmente na elaboração do anexo estatístico, a ajuda de Mário Magalhães Carvalho Mesquita na elaboração do índice de nomes e a dedicação e eficiência de Letícia Duboc Andreiolo na digitação e preparação dos arquivos originais foram essenciais para tornar menos árduo o trabalho de organização da coletânea.

Desde meados da década de 1990, vários assistentes de pesquisa colaboraram na modernização do apêndice estatístico: Carlos van Hombeeck, Renata Kreuzig Bastos, Leandro Siqueira Machado e, destacadamente, Felipe Massari. Na oportunidade da publicação da revisão da primeira edição agradecimentos são devidos a Flávia Mamfrim, Marina Figueira de Mello, Honório Kume, Ricardo Markwald e, especialmente, a Luiz Aranha Corrêa do Lago e Rogério Werneck, cuja participação foi muito além da coautoria dos capítulos nos dois extremos do período abarcado pelo livro. Fernanda Rangel de Paiva Abreu retraduziu, com brilho, a epígrafe de Conrad que eu havia estropiado em 1989.

AUTORES

Marcelo de Paiva Abreu é doutor em Economia pela Universidade de Cambridge e professor titular do Departamento de Economia da PUC-Rio.

Dionísio Dias Carneiro Netto (*in memoriam*) foi professor do Departamento de Economia da PUC-Rio, sócio da Galanto Consultoria e diretor do Iepe-CDG.

Gustavo H.B. Franco é doutor em Economia pela Universidade Harvard. Foi professor do Departamento de Economia da PUC-Rio (Quadro Principal) e presidente do Banco Central do Brasil. É professor pleno do Departamento de Economia da PUC-Rio (Quadro Complementar) e presidente do Conselho de Administração da Rio Bravo Investimentos.

Winston Fritsch é doutor em Economia pela Universidade de Cambridge. Foi professor do Departamento de Economia da PUC-Rio e Secretário de Política Econômica do Ministério da Fazenda. É diretor executivo da Petra Energia S.A.

Luiz Aranha Corrêa do Lago é doutor em Economia pela Universidade Harvard. Foi diretor do Banco Central do Brasil. É professor pleno do Departamento de Economia da PUC-Rio (Quadro Complementar) e consultor do Grupo Lorentzen.

Mário Magalhães Carvalho Mesquita é doutor em Economia pela Universidade de Oxford. Foi diretor do Banco Central do Brasil. É economista e sócio do banco Brasil Plural.

Eduardo Marco Modiano é doutor em Pesquisa Operacional pelo Massachusetts Institute of Technology. Foi professor do Departamento de Economia da PUC-Rio e presidente do Banco Nacional do Desenvolvimento Econômico e Social (BNDES).

Luiz Orenstein é doutor em Ciência Política pelo Instituto Universitário de Pesquisas do Rio de Janeiro (IUPERJ). Foi diretor do BNDES e professor do Instituto de Economia da Universidade Federal do Rio de Janeiro. É sócio da Dynamo Administração de Recursos.

Demósthenes Madureira de Pinho Neto é doutor em Economia pela Universidade da Califórnia (Berkeley). Foi diretor do Banco Central do Brasil. Atualmente é o principal executivo da Brasil Warrant.

André Lara Resende é doutor em Economia pelo Massachusetts Institute of Technology, Foi professor do Departamento de Economia da PUC-Rio, diretor do Banco Central e presidente do BNDES. Trabalhou por mais de três décadas no mercado financeiro.

Antonio Claudio Sochaczewski é doutor em Economia pela Universidade de Londres (London School of Economics). Foi diretor do Banco Central do Brasil, presidente do Banespa e professor da Universidade Federal do Rio de Janeiro. Atualmente é consultor.

Sérgio Besserman Vianna é mestre em Economia pela Pontifícia Universidade Católica do Rio de Janeiro. Foi presidente do IBGE. É professor adjunto do Departamento de Economia da PUC-Rio (Quadro Complementar) e economista do BNDES cedido à Prefeitura do Rio de Janeiro.

Rogério Ladeira Furquim Werneck é doutor em Economia pela Universidade Harvard e professor titular do Departamento de Economia da PUC-Rio.

INTRODUÇÃO

A primeira edição de *A ordem do progresso* foi publicada há quase um quarto de século, em comemoração ao centenário da República. Esta nova edição pode ser vista como comemoração antecipada dos dois séculos do Brasil independente.

O livro foi lançado em 1989, em momento crítico da história política do Brasil, entre os dois turnos da primeira eleição presidencial realizada de acordo com a Constituição de 1988. A edição original foi, para surpresa de muitos, inclusive minha, bem além de um *succès d'estime*. Tornou-se obra de referência para gregos e troianos.

No fim de 1989, não se imaginava bem o que a história nos reservava, embora não houvesse otimismo nas análises contidas no livro. Seguiram-se, de início, três anos quase anárquicos, antes que vingasse o Plano Real, seguido de crescimento meio medíocre até a virada do século e além. Mas a crítica à estratégia baseada em proteção alta e forte presença do Estado, que havia ganho força nos anos 1980, redundou nas reformas da década de 1990 relativas à abertura comercial e à privatização. Vários dos autores estiveram envolvidos na concepção, implementação e consolidação do Plano Real a partir de 1993. Depois de bem mais de uma década de insucessos na tentativa de controlar o regime de alta inflação, foi inaugurada nova etapa da história econômica do país com a estabilização sendo acompanhada pela consolidação de reformas modernizadoras.

Muitas crises tiveram de ser enfrentadas. Com a vitória da oposição, a transição em 2002-2003 revelou-se menos problemática do que se temia, com o Partido dos Trabalhadores abandonando às pressas os seus excessos mais impetuosos como o repúdio das dívidas interna e externa. Parecia que se assistia ao fim de ideias equivocadas em matéria de política econômica. Ledo engano. Na esteira do mensalão, em 2004-05, o compromisso petista com políticas macroeconômicas prudentes começou a arrefecer. De fato, a partir de 2010, acumularam-se indícios claros de reversão das políticas que haviam sido estabelecidas na década de 1990 quanto à abertura comercial e ao papel do Estado na economia. Até mesmo o compromisso com a estabilização passou a ser relativizado.

Levando tudo em conta, ganha relevo a epígrafe conradiana quanto à linha de sombra, já incluída na primeira edição. Ainda é verdade que, no seu processo histórico, o Brasil precisa abandonar a sua juventude e articular um projeto estratégico sério que o livre do subdesenvolvimento e da mediocridade. Ainda que com atraso pelo menos um quarto de século. É importante manter a incitação a cruzarmos a linha de sombra, para que, em face das dificuldades envolvidas nesse desafio, não nos deixemos levar pelo ceticismo.

Esta nova edição inclui vários capítulos que não constavam da edição anterior. O Capítulo 1, sobre a economia imperial, de autoria de Marcelo de Paiva Abreu e Luiz Aranha Corrêa do Lago, tem características distintas dos demais capítulos. Em contraste com os demais capítulos analisa a economia do Império e não a política econômica do período. O Capítulo 9, de autoria de Mário Mesquita, sobre o período 1961-1964, substitui o capítulo anterior, escrito pelo organizador. A versão original do Capítulo 11, de autoria de Luiz Aranha Corrêa do Lago, foi resumida. Os capítulos finais, escritos por Marcelo de Paiva Abreu e Rogério L. F. Werneck (Capítulo 15) e Rogério L. F. Werneck (Capítulos 16 e 17) cobrem o período 1990-2010. Os demais capítulos que já constavam da edição anterior foram objeto de revisões, em geral limitadas, buscando corrigir imperfeições das versões originais. Não creio que, na essência, as interpretações originais tenham sido contestadas pelo que se publicou desde então. O anexo estatístico foi modernizado e revisto.

Marcelo de Paiva Abreu
Rio de Janeiro, fevereiro de 2014.

INTRODUÇÃO À PRIMEIRA EDIÇÃO

O centenário da República está sendo comemorado em meio ao que é provavelmente a maior crise da história econômica do Brasil independente. Esta coletânea de artigos, ao avaliar de forma sistemática a formulação e a implementação de políticas econômicas no Brasil, destaca as continuidades e rupturas, fornecendo subsídios para a compreensão das origens dos principais problemas enfrentados hoje pela economia.

Ao final de uma década perdida do ponto de vista do crescimento econômico, com a renda *per capita* estagnada ao nível real de 1980, a avaliação dos erros e acertos na condução da política econômica deve procurar libertar-se da visão deformada pelo pessimismo enraizado na década e buscar lições que possibilitem o retorno do país a uma trajetória de crescimento sustentado. De uma perspectiva de longo prazo o desempenho da economia foi grosso modo aceitável, ainda que, com frequência, os gestores da política econômica tenham obtido resultados diametralmente opostos às suas intenções iniciais.

É possível detectar diversos elementos de continuidade nas políticas econômicas do Brasil Republicano. O sucesso na obtenção de uma taxa de crescimento econômico significativo – de 5,4% ao ano desde o início do século –, permitiu que fossem evitados, de forma sistemática, os conflitos associados à distribuição dos frutos do desenvolvimento. Por que tratar dos espinhosos problemas de redistribuição se o crescimento econômico aumentava, mesmo que de forma muito desigual, a renda de todos os grupos da população? A arte de não escolher entre objetivos conflitantes foi altamente desenvolvida, explicitando-se mais modernamente na deterioração das contas públicas e, em consequência, na aceleração inflacionária.

A importância da articulação entre a economia brasileira e a economia mundial é confirmada quase que a cada episódio, sublinhando a natureza insatisfatória de generalizações que buscam detectar inexoráveis tendências de longo prazo à consolidação de uma economia madura capaz de gerar suas crises endógenas.

Mesmo a reorientação da demanda para o mercado interno nos anos 1930 deve ser entendida como resposta a limitações de natureza externa. As raízes endógenas das flutuações econômicas no final dos anos 1950 e começo dos 1960 podem ser atribuídas parcialmente a desenvolvimentos da economia internacional. A referência à experiência internacional tem também importância quando se trata de analisar o papel de diferentes instrumentos de política econômica e de políticas econômicas específicas – regimes cambiais ou políticas de gastos "pré-keynesianas" nos anos 1930, por exemplo –, bastante menos peculiares ao Brasil do que sugere a literatura tradicional.

As dificuldades recorrentes de legitimação da realocação de recursos entre setores e entre classes estimularam a pouca transparência na percepção das consequências da política econômica sobre os distintos grupos da sociedade. Proliferaram os mecanismos disfarçados de transferência de recursos: sobrevalorização cambial, controles de estoques de produtos primários, taxas de juros reais negativas. A sobrevivência destes mecanismos foi facilitada pela contínua ação do Estado como distribuidor de benesses aos detentores do poder político. Desde a imigração subsidiada no século passado, passando pela valorização do café na República Velha, pelo confisco cambial e pelas operações vinculadas a partir dos anos 1930 e 1940, pela cobrança de taxas de juros reais negativas pelo sistema previdenciário a partir dos anos 1940 – retomada de forma sofisticada pelo Sistema Financeiro da Habitação (SFH) nos anos 80 e pelo sistema BNDES nos anos 1970 – terminando na estatização da dívida externa, mais recentemente, o Estado foi tratado como se dele fosse possível obter benefício sem custo para qualquer grupo da sociedade ou, pelo menos, com prejuízo de grupos sem capacidade de protesto efetivo. Com base nesta falácia tornou-se modismo denunciar a ineficiência do Estado e sua inadimplência, sem questionar as formas pelas quais diferentes grupos na sociedade se beneficiaram de suas políticas.

Por outro lado, houve aspectos positivos na contínua ação do Estado como alocador de benesses e na limitada utilização dos preços como elementos de sinalização no processo de alocação de recursos. Desde bem cedo na história da República foi impossível que se enraizasse entre as tradições da classe dominante brasileira qualquer crença extremada nas virtudes alocativas do mercado. No Brasil não prosperou a adesão acrítica ao *laissez-faire* que, por exemplo, iria marcar por tantos anos a ação política da classe dominante na Argentina e, portanto, a formulação e a implementação da política econômica. Os cafeicultores brasileiros desde cedo reconheceram as virtudes do controle da oferta como forma de manipulação de preços. Desde cedo, também, diversificaram os seus investimentos não apenas em projetos na infraestrutura de exportação mas, igualmente, de forma significativa, na indústria substitutiva de importações.

Estes contrastes tiveram grande importância nos anos 30, pois o Brasil enfrentou a crise já com considerável capacidade instalada na indústria, capaz de acomodar as consequências das políticas de reorientação de demanda adotadas em resposta à deterioração das contas externas. O remoto compromisso das elites políticas com o liberalismo abriu espaço para a adoção sistemática, com grande sucesso, de políticas de incentivo à industrialização. Mesmo a ruptura da legalidade constitucional em 1964 não envolveu o abandono – a despeito da retórica dos responsáveis pela política econômica –, seja da industrialização substitutiva de importações baseada no protecionismo e na distribuição administrativa de recursos, seja do papel do Estado como produtor de bens e serviços.

O papel do Estado no Brasil ao longo do período caracterizou-se por sua natureza essencialmente complementar às iniciativas do setor privado. Não se tratou de ocupar segmentos estratégicos em substituição à iniciativa privada, mas, fundamentalmente, de investir em áreas nas quais não houve interesse privado nacional ou estrangeiro.

Como resultado destas características, a estabilidade das políticas econômicas no Brasil foi maior do que em muitos países em desenvolvimento. Ao contrário de outros países, cujas políticas oscilaram entre o liberalismo de livro-texto e a intervenção maciça nos mecanismos de mercado – mais uma vez o caso da Argentina parece exemplar –, as políticas brasileiras foram mais estáveis e, em geral, muito menos intervencionistas.

Um importante elemento explicativo da relativa estabilidade das políticas econômicas foi a razoável eficiência dos processos decisórios relativos a investimentos públicos. Para isto foi importante a relativa estabilidade das elites burocráticas que, em distintas instituições ao longo do tempo, asseguraram, por longo período, qualidade razoável nas principais decisões relativas à alocação de recursos, mesmo que, muitas vezes, com base em instrumentos opacos e discricionários. Assim, sucessivamente, grupos de burocratas em distintos ministérios – como os da Agricultura, Fazenda e Relações Exteriores –, no Conselho Técnico de Economia e Finanças, no Departamento Nacional da Produção Mineral, no Conselho Federal de Comércio Exterior, no Departamento Administrativo do Serviço Público, nas grandes empresas e bancos estatais –, a começar pela Petrobrás e pelo BNDES e seus respectivos sistemas –, no Conselho de Desenvolvimento, na CEMIG e depois na Eletrobras, no Ministério do Planejamento, foram capazes de, em distintos momentos, garantir a continuidade necessária para que se estabelecesse um razoável padrão de competência nas decisões relativas aos investimentos públicos. Grandes erros foram cometidos, mas não comprometeram de forma significativa este desempenho até o final dos anos 1970. Esta tradição foi rompida no início da década de 1980, pelo menos em parte devido às restrições impostas pela não solução dos problemas relativos à incompatibilidade entre estoque da dívida externa, capacidade de geração líquida de divisas e manutenção do crescimento econômico.

O atual processo de abertura política tem enfrentado o grande desafio de tentar compatibilizar o exercício democrático com o bom uso dos recursos públicos. As inadequações e fracassos recentes no terreno normativo e nas ações do governo devem ser avaliados à luz das limitações enraizadas na experiência acumulada no passado. Foi dolorosa para alguns a descoberta de que não há vínculo automático entre exercício das liberdades democráticas e desempenho da economia. O país está em meio a uma conradiana zona de penumbra e à sua frente está a maturidade: a consolidação da democracia e o controle das políticas públicas. Governar é escolher democraticamente entre diferentes objetivos. A Nação deve aprender a escolher e o estudo das opções do passado pode ajudá-la a minimizar os custos deste processo.

Marcelo de Paiva Abreu
Rio de Janeiro, agosto de 1989.

SUMÁRIO

Agradecimentos	ix
Autores	xi
Introdução	xiii
Introdução à primeira edição	xv
Lista de tabelas e gráficos	xxiii
Índice de séries incluídas no Anexo Estatístico, 1989-2010	xxv
Presidentes da República, do Conselho de Ministros e Ministros da Fazenda e do Planejamento	xxvii

CAPÍTULO 1 · **A economia brasileira no Império, 1822-1889** · 1
MARCELO DE PAIVA ABREU
LUIZ ARANHA CORRÊA DO LAGO

CAPÍTULO 2 · **A primeira década republicana** · 29
GUSTAVO H.B. FRANCO

CAPÍTULO 3 · **Apogeu e crise na Primeira República, 1900-1930** · 45
WINSTON FRITSCH

CAPÍTULO 4 · **Crise, crescimento e modernização autoritária, 1930-1945** · 79
MARCELO DE PAIVA ABREU

CAPÍTULO 5   **Política econômica externa e industrialização, 1946-1951**   105
SÉRGIO BESSERMAN VIANNA

CAPÍTULO 6   **Duas tentativas de estabilização, 1951-1954**   121
SÉRGIO BESSERMAN VIANNA

CAPÍTULO 7   **O interregno Café Filho, 1954-1955**   143
DEMÓSTHENES MADUREIRA DE PINHO NETO

CAPÍTULO 8   **Democracia com desenvolvimento, 1956-1961**   157
LUIZ ORENSTEIN
ANTONIO CLAUDIO SOCHACZEWSKI

CAPÍTULO 9   **Inflação, estagnação e ruptura, 1961-1964**   179
MÁRIO M.C. MESQUITA

CAPÍTULO 10   **Estabilização e reforma, 1964-1967**   197
ANDRÉ LARA RESENDE

CAPÍTULO 11   **A retomada do crescimento e as distorções do "milagre", 1967-1974**   213
LUIZ ARANHA CORRÊA DO LAGO

CAPÍTULO 12   **Crise e esperança, 1974-1980**   241
DIONÍSIO DIAS CARNEIRO NETTO (*in memoriam*)

CAPÍTULO 13   **Ajuste externo e desequilíbrio interno, 1980-1984**   263
DIONÍSIO DIAS CARNEIRO NETTO (*in memoriam*)
EDUARDO MARCO MODIANO

CAPÍTULO 14   **A ópera dos três cruzados, 1985-1990**   281
EDUARDO MARCO MODIANO

Sumário xxi

CAPÍTULO 15 **Estabilização, abertura
e privatização, 1990-1994** 313
MARCELO DE PAIVA ABREU
ROGÉRIO L. F. WERNECK

CAPÍTULO 16 **Consolidação da estabilização
e reconstrução institucional, 1995-2002** 331
ROGÉRIO L. F. WERNECK

CAPÍTULO 17 **Alternância política, redistribuição
e crescimento, 2003-2010** 357
ROGÉRIO L. F. WERNECK

Índice alfabético 431

LISTA DE TABELAS E GRÁFICOS

TABELAS

TABELA 1.1	Brasil: setor externo, 1820-1889	17
TABELA 1.2	Brasil: Finanças públicas, 1820-1889	23
TABELA 5.1	Brasil: Disponibilidades cambiais, posição em 31 de dezembro, 1945-1952, US$ milhões	108
TABELA 5.2	Brasil: Exportações e importações, 1947-1950, US$ milhões	111
TABELA 5.3	Brasil: Finanças públicas, 1939-1952, Cr$ milhões	117
TABELA 6.1	Brasil: Comparação entre importações (CIF) e exportações (FOB) e licenciamento das importações, 1950-1952, Cr$ bilhões	124
TABELA 6.2	Brasil: Taxas médias de câmbio sob o regime da Instrução 70, outubro de 1953 a dezembro de 1954, Cr$/US$	134
TABELA 6.3	Brasil: Exportação de café, dados mensais, 1953-1954, 1.000 sacas	139
TABELA 7.1	Brasil: Expansão do crédito, média mensal, 1954-1955, %	148
TABELA 8.1	Brasil: Plano de Metas, estimativa de investimento total, 1957-1961, bilhões de Cr$ e milhões de US$	162
TABELA 8.2	Brasil: Plano de Metas, previsão e resultados, metas físicas, 1957-1961	165
TABELA 8.3	Brasil: Déficit de caixa do Tesouro e seu financiamento, 1956-1960 (bilhões de cruzeiros correntes)	171
TABELA 8.4	Programa de Estabilização Monetária, 1958-1959, limites mensais de expansão monetária, %	175
TABELA 10.1	Brasil: Índices de liquidez real, taxas de crescimento real nos últimos 12 meses, 1964-1967, %	202
TABELA 12.1	Brasil: Dívida interna federal não monetizada, 1970-1981, como % do total da dívida interna	260
TABELA 14.1	Brasil: Inflação oficial, taxa mensal, janeiro de 1985 a dezembro de 1990, %	286

GRÁFICOS

GRÁFICO 14.1	Dinâmica dos salários reais (pico-média)	283
GRÁFICO 14.2	Salário real médio e taxa de inflação	284

ÍNDICE DE SÉRIES INCLUÍDAS NO ANEXO ESTATÍSTICO, 1889-2010

Produto Interno Bruto
Produto Industrial
Produto Agrícola
Produto do Setor Serviços
Deflator Implícito do PIB
Formação Bruta de Capital
Exportações
Importações
Balança Comercial
Serviços Fatores
Serviços Não Fatores
Saldo em Conta Corrente
Operações de Regularização
Investimento Direto
Investimento em Carteira
Outros Investimentos
Conta Capital e Financeira
Haveres da Autoridade Monetária
Reservas
Dívida Externa Total Geral
Dívida Externa Total Registrada Médio e Longo Prazo
Dívida Externa Total Registrada Curto Prazo
Dívida Externa Registrada do Setor Privado
Dívida Externa Consolidada
Preços de Exportação
Quantum de Exportação
Preços de Importação
Quantum de Importação
Termos de Intercâmbio
Nível de Atividade nos Estados Unidos
Taxa de Juros nos Estados Unidos

Preços ao Consumidor
Taxa de Câmbio Oficial
Taxa de Câmbio/Taxa de Câmbio Comercial
Participação do Imposto de Renda na Receita
Participação do Imposto de Consumo na Receita
Participação do Imposto de Importação na Receita
Dívida Interna Federal
Salário Mínimo Real
Papel-Moeda em Poder do Público
Depósitos à Vista
Meios de Pagamento
Base Monetária

PRESIDENTES DA REPÚBLICA, DO CONSELHO DE MINISTROS E MINISTROS DA FAZENDA E DO PLANEJAMENTO

Presidentes da República

Marechal Manoel Deodoro da Fonseca 15.11.1889-23.11.1891
Marechal Floriano Vieira Peixoto 23.11.1891-15.11.1894
Prudente José de Morais Barros 15.11.1894-15.11.1898
Manuel Ferraz de Campos Sales 15.11.1898-15.11.1902
Francisco de Paula Rodrigues Alves 15.11.1902-15.11.1906
Afonso Augusto Moreira Pena 15.11.1906-14.6.1909
Nilo Procópio Peçanha 14.6.1909-15.11.1910
Marechal Hermes Rodrigues da Fonseca 15.11.1910-15.11.1914
Venceslau Brás Pereira Gomes 15.11.1914-15.11.1918
Delfim Moreira da Costa Ribeiro 15.11.1918-28.7.1919
Epitácio Lindolfo da Silva Pessoa 28.7.1919-15.11.1922
Artur da Silva Bernardes 15.11.1922-15.11.1926
Washington Luís Pereira de Sousa 15.11.1926-24.10.1930
General Augusto Tasso Fragoso, General João de Deus Mena Barreto
e Almirante José Isaías de Noronha 24.10.1930-3.11.1930
Getúlio Dornelles Vargas 3.11.1930-29.10.1945
José Linhares 29.10.1945-31.1.1946
Marechal Eurico Gaspar Dutra 31.1.1946-31.1.1951
Getúlio Dornelles Vargas 31.1.1951-24.8.1954
João Fernandes Campos Café Filho 24.8.1954-8.11.1955
Carlos Coimbra da Luz 8.11.1955-11.11.1955
Nereu de Oliveira Ramos 11.11.1955-31.1.1956
Juscelino Kubitschek de Oliveira 31.1.1956-31.1.1961
Jânio da Silva Quadros 31.1.1961-25.8.1961

Pascoal Ranieri Mazzilli 25.8.1961- 7.9.1961
João Belchior Marques Goulart 7.9.1961-2.4.1964
Pascoal Ranieri Mazzilli 2.4.1964-15.4.1964
General Humberto de Alencar Castelo Branco 15.4.1964-15.3.1967
General Arthur da Costa e Silva 15.3.1967-31.8.1969
General Aurélio de Lyra Tavares, Almirante Augusto Hamann Rademaker
Grunewald e Brigadeiro Márcio de Souza Melo 31.8.1969-30.10.1969
General Emílio Garrastazu Médici 30.10.1969-15.3.1974
General Ernesto Beckmann Geisel 15.3.1974-15.3.1979
General João Baptista de Oliveira Figueiredo 15.3.1979-15.3.1985
José Sarney de Araújo Costa 15.3.1985
Fernando Affonso Collor de Mello 15.3.1990-2.10.1992
Itamar Augusto Cautiero Franco 2.10.1992-1.1.1995
Fernando Henrique Cardoso 1.1.1995-1.1.2003
Luiz Inácio Lula da Silva 1.1.2003-1.1.2011
Dilma Vana Rousseff 1.1.2011

Presidentes do Conselho de Ministros

Tancredo de Almeida Neves 8.9.1961-26.6.1962
Francisco de Paula Brochado da Rocha 10.7.1962-14.9.1962
Hermes Lima 18.9.1962-24.1.1963

Ministros da Fazenda

Ruy Barbosa 15.11.1889-17.1.1891
Tristão de Alencar Araripe 22.1.1891-22.5.1891
Henrique Pereira de Lucena 4.7.1891-23.11.1891
Francisco de Paula Rodrigues Alves 26.11.1891-31.8.1892
Inocêncio Serzedelo Corrêa 31.8.1892-30.4.1893
Felisbelo Firmo de Oliveira Freire 30.4.1893-18.8.1894
Alexandre Cassiano do Nascimento 18.8.1894-15.11.1894
Francisco de Paula Rodrigues Alves 15.11.1894-20.11.1896
Bernardino José de Campos 20.11.1896-15.11.1898
Joaquim Duarte Murtinho 15.11.1898-2.9.1902
Sabino Alves Barroso Júnior 2.9.1902-15.11.1902
José Leopoldo de Bulhões Jardim 15.11.1902-15.11.1906
David Moretzsohn Campista 15.11.1906-14.6.1909
José Leopoldo de Bulhões Jardim 14.6.1909-15.11.1910
Francisco Antônio de Sales 15.11.1910-9.5.1913
Rivadávia da Cunha Corrêa 9.5.1913-15.11.1914

Sabino Alves Barroso Júnior 15.11.1914-31.5.1915
João Pandiá Calógeras 8.7.1915-6.9.1917
Antonio Carlos Ribeiro de Andrada 6.9.1917-1.11.1918
Amaro Bezerra Cavalcanti de Albuquerque 15.11.1918-17.1.1919
João Ribeiro de Oliveira e Souza 17.1.1919-27.7.1919
Homero Baptista 27.7.1919-15.11.1922
Rafael de Abreu Sampaio Vidal 15.11.1922-2.1.1925
Anníbal Freire da Fonseca 2.1.1925-15.11.1926
Getúlio Dornelles Vargas 15.11.1926-17.12.1927
Francisco Chaves de Oliveira Botelho 17.12.1927-24.10.1930
Agenor Lafayette de Roure 25.10.1930-4.11.1930
José Maria Whitaker 4.11.1930-16.11.1931
Oswaldo Euclydes de Souza Aranha 16.11.1931-24.7.1934
Arthur de Souza Costa 24.7.1934-29.10.1945
José Pires do Rio 29.10.1945-1.2.1946
Gastão Vidigal 1.2.1946-15.10.1946
Pedro Luis Corrêa e Castro 21.10.1946-10.6.1949
Manoel Guilherme da Silveira Filho 10.6.1949-31.1.1951
Horácio Lafer 1.2.1951-15.6.1953
Oswaldo Euclydes de Souza Aranha 15.6.1953-24.8.1954
Eugênio Gudin 25.8.1954-12.4.1955
José Maria Whitaker 13.4.1955-10.10.1955
Mário Leopoldo Pereira da Câmara 11.10.1955-9.11.1955
José Maria Alkmin 1.2.1956-24.6.1958
Lucas Lopes 25.6.1958-3.6.1959
Sebastião Paes de Almeida 3.6.1959-31.1.1961
Clemente Mariani Bittencourt 1.2.1961-25.8.1961
Walter Moreira Salles 8.9.1961-14.9.1962
Miguel Calmon du Pin e Almeida Sobrinho 18.9.1962-22.1.1963
Francisco Clementino de San Tiago Dantas 23.1.1963-20.6.1963
Carlos Alberto de Carvalho Pinto 21.6.1963-19.12.1963
Ney Galvão 20.12.1963-3.4.1964
Octavio Gouvêa de Bulhões 15.4.1964-16.3.1967
Antonio Delfim Netto 17.3.1967-15.3.1974
Mário Henrique Simonsen 16.3.1974-15.3.1979
Karlos Rischbiter 16.3.1979-17.1.1980
Ernane Galvêas 18.1.1980-14.3.1985
Francisco Oswaldo Neves Dornelles 15.3.1985-26.8.1985
Dilson Funaro 26.8.1985-29.4.1987
Luís Carlos Bresser Gonçalves Pereira 29.4.1987-21.12.1987

Maílson Ferreira da Nóbrega 18.12.1987-15.3.1990
Zélia Maria Cardoso de Mello 15.3.1990-5.10.1991
Marcílio Marques Moreira 10.5.1991-2.10.1992
Gustavo Krause Gonçalves Sobrinho 2.10.1992-16.12.1992
Paulo Roberto Haddad 16.12.1992-1.3.1993
Elizeu Resende 1.3.1993-19.5.1993
Fernando Henrique Cardoso 19.5.1993-30.3.1994
Rubens Ricupero 30.3.1994-6.9.1994
Ciro Ferreira Gomes 6.9.1994-31.12-1994
Pedro Sampaio Malan 1.1.1995-31.12.2002
Antonio Palocci Filho 1.1.2003-27.3.2006
Guido Mantega 27.3.2006-1.1.2011

Ministros do Planejamento

Celso Monteiro Furtado 24.1.1963-23.7.1963
Roberto de Oliveira Campos 14.5.64-15.3.1967
Hélio Marcos Penna Beltrão 15.3.1967-30.10.1969
João Paulo dos Reis Velloso 30.10.1969-15.3.1979
Mário Henrique Simonsen 15.3.1979-15.8.1979
Antonio Delfim Netto 15.8.1979-15.3.1985
João Sayad 15.3.1985-17.3.1987
Aníbal Teixeira 17.3.1987-22.1.1988
João Batista de Abreu 22.1.1988-14.3.1990
Paulo Roberto Haddad 19.10.1992-26.1.1993
Yeda Rorato Crusius 26.1.1993-10.5.1993
Alexis Stepanenko 15.5.1993-3.3.1994
Benedito Clayton Veras Alcântara 3.3.1994-31.12.1994
José Serra 1.1.1995-31.5.1996
Antonio Kandir 4.6.1996-30.3.1998
Paulo de Tarso Almeida Paiva 30.3.1998-30.3.1999
Pedro Pullen Parente 6.4.1999-18.7.1999
Martus Tavares 19.7.1999-3.4.2002
Guilherme Dias 3.4.2002-1.1.2003
Guido Mantega 1.1.2003-18.11.2004
Nelson Machado 19.11.2004-22.3.2005
Paulo Bernardo Silva 18.11.2004-1.1.2011
Miriam Aparecida Belchior 1.1.2011-

CAPÍTULO 1

A ECONOMIA BRASILEIRA
NO IMPÉRIO, 1822-1889[1]

Marcelo de Paiva Abreu
Luiz Aranha Corrêa do Lago

Este capítulo sobre a economia imperial é de caráter introdutório e está dividido em 10 seções, além desta introdução. O objetivo é colocar em perspectiva as análises mais detalhadas referentes à política econômica durante o período republicano que compõem os demais capítulos deste livro. As duas seções iniciais tratam de aspectos demográficos e do ritmo de crescimento durante o período imperial. A seção 3 considera as principais culturas agrícolas, sua evolução no tempo e distribuição regional, além de fazer referência aos outros setores de menor importância como indústria e mineração. As três seções seguintes abordam os fatores de produção relevantes na expansão da cultura cafeeira no Brasil imperial: trabalho, terra e capital. Nas seções 7, 8 e 9 são consideradas questões relacionadas ao comércio exterior, aos diferentes regimes monetários e às finanças públicas. A seção 10 conclui nossa discussão.

A partir da década de 1580, o Brasil, colônia portuguesa, tornou-se o principal produtor mundial de açúcar, com base no trabalho de escravos africanos, posição que manteve até a segunda metade do século XVII. A colônia também produzia fumo, madeiras e couros. Nas últimas décadas do século, a concorrência de colônias inglesas, francesas e holandesas no Caribe prejudicou a economia açucareira do Brasil, que perdeu sua hegemonia, mas a descoberta de ouro nos anos 1690 resultou em nova fase de prosperidade para a colônia. No século XVIII, o Brasil foi o maior produtor mundial de ouro, com cerca de 40% do volume total produzido entre 1701 e 1800, com produção estimada entre 800 e 900 toneladas (Morrisson, Barrandon e Morrisson, 1999, p. 94; Pinto, 1979, p. 114-117 e Morineau, 1985, p. 145).

Entre a vinda da família real para o Brasil, em 1808, e a Independência, o café, cultivado no Sudeste, se tornou a terceira maior exportação em valor, excedida ainda pelas de açúcar e de algodão, ambas produzidas com trabalho escravo predominante nas grandes plantações. Em 1821-22, as exportações totais brasileiras teriam sido, em média, de 19.937 contos ou 4,2 milhões de libras (£), comparadas a £3,4 milhões em 1801-1803 (IBGE, *EHB*, 1990, p. 568 e Lago, 1978, p. 663).

---

[1] Neste capítulo são utilizados textos de trabalhos anteriores dos autores, principalmente Lago (1978), e, para temas monetários e financeiros, Abreu e Lago (2001).

1. População

Na Independência, em 1822, o Brasil tinha provavelmente uma população entre 4,5 e 4,8 milhões de habitantes e cerca de um terço era escrava (inferências a partir de Oliveira (1866, p. 159-199 e tabelas) e Mortara (1941), citados em IBGE, *EHB*, 1990, p. 26-27). Em 1850, a população brasileira possuía cerca de 7,5 milhões de habitantes, com os escravos ainda respondendo por volta de 30% do total (Furtado, 1959, p. 141; Merrick e Graham, 1980, p. 46-47 e Mortara em IBGE, *EHB*, 1990, p. 25-27). O censo de 1872 revelaria 10,1 milhões de habitantes, com a população escrava excedendo 1,5 milhão. O recenseamento de 1890 situou a população brasileira em 14,3 milhões. Três anos antes, em 1886/87, às vésperas da abolição da escravidão, ainda existiam pouco mais de 700 mil escravos.

Informações reconhecidamente deficientes, referentes a 1819, mostram o Nordeste como a região mais populosa, com cerca de 47% da população total, seguida da região cafeeira ou Sudeste com cerca de 40%. O Sul teria pouco mais de 5%, o Norte talvez 4% e o Centro-Oeste 3%. Em 1872, dados censitários mostram o Nordeste com os quase mesmos 46,6%; as quatro províncias cafeeiras e a "Corte" com 40,7%; o Sul com 7,3% e o Norte e o Centro-Oeste com respectivamente 3,3% e 2,2% da população total. Em 1890, consolidou-se a perda relativa do Nordeste para 41,9%, participação já excedida pela da região cafeeira com 42,6%. Destacou-se no período o salto da população do Sul para 10%, enquanto as participações do Norte e do Centro-Oeste se mantiveram praticamente inalteradas (IBGE, *EHB*, 1990, p. 34).

Enquanto nas proximidades dos anos da Independência o número de escravos era aproximadamente o mesmo no Nordeste e na região cafeeira, o total de escravos nesta última já era 75% mais elevado do que no Nordeste em 1872, e cerca de 133% mais elevado em 1886-87. Os dados da matrícula dos escravos, "atualizados" de forma muitas vezes precária para 1886-87, mostram ainda no Nordeste cerca de 28,4% do total, enquanto a região cafeeira somava 65,6% e o Sul 2,4%.

Em 1821, um levantamento estatístico detalhado revelou população total de 112.695 habitantes na "Corte", ou seja, na cidade do Rio de Janeiro. Salvador possivelmente tinha cerca de 70 mil habitantes e Recife de 25 a 30 mil. De acordo com o censo de 1872 apenas três cidades tinham mais de 100 mil habitantes. O Rio de Janeiro continuava sendo o maior centro urbano com 275 mil habitantes. Salvador era ainda a segunda maior cidade, com 129 mil habitantes, seguida de Recife com 117 mil. A porcentagem de analfabetos era de 84,3% no Brasil como um todo. Em 1890, a cidade do Rio de Janeiro tinha 523 mil habitantes, Salvador, 174 mil, e Recife, 112 mil. São Paulo surgia como a quarta maior cidade do país com 65 mil habitantes. O índice de analfabetismo do país permanecia em torno de 85%.

2. Estimativas de produto

Dados sobre produto e renda no século XIX são extremamente precários. Consequentemente, as estimativas existentes devem ser tomadas como aproximações bastante grosseiras. Até mesmo os dados sobre comércio exterior são pouco confiáveis. Apesar de existirem séries "oficiais" de comércio exterior a partir de 1821, compiladas no *Anuário Estatístico* do IBGE de 1939/40, um exame dos dados sugere que até 1839/40, muitas das séries agregadas são inferidas de indicadores parciais. Os dados referentes ao período 1840-1889 permitem estimar tendências, principalmente da produção agropecuária. No entanto, aqueles sobre o setor secundário e sobre o setor terciário, que já deviam responder por cerca da metade do PIB em 1889, são muitas vezes de natureza qualitativa.

Optando por visão de muito longo prazo Coatsworth (1978, Quadro 1) sugere uma taxa média anual de crescimento do PIB *per capita* do Brasil de 0,36% ao ano entre 1800 e 1860, e de 0,40% para o período 1860 a 1910 (contra 2% do México de 1860 a 1910), Cárdenas Sánchez (2003, p. 318). Maddison (2006, p. 520), por sua vez, sugere taxa de 0,2% entre 1820 e 1870 e de 0,3% entre 1870 e 1913. Estimativa particularmente inaceitável é a de Engerman e Sokoloff (1997, p. 270) que apresentam taxa de crescimento do PIB *per capita* do Brasil de 0,4% entre 1800 e 1850, mas um <u>declínio</u> de 0,4% ao ano entre 1850 e 1913, incompatível com o crescimento da economia cafeeira e a diversificação da economia, que abarca também o período de prosperidade da borracha.

Contador e Haddad sugerem, para o subperíodo 1862-1889, taxa de crescimento anual do PIB total de 2,68% e de 0,86% do PIB real *per capita* (Goldsmith, 1986, p. 20). No entanto, esse índice, baseado em número limitado de séries a preços correntes, "tem a restrição de se basear num índice de preços inteiramente inadequado, além de depender de algumas hipóteses questionáveis sobre o funcionamento da (...) economia [do Brasil] no século passado" (IBGE, *EHB*, 1987, p. 88).

Furtado, após considerar que o produto *per capita* ficou praticamente estagnado na primeira metade do século XIX, e baseando-se em estatísticas do comércio exterior, estimou um crescimento da renda *per capita* da região cafeeira de 2,3% entre 1850 e 1900, e uma taxa de 1,5% ao ano para o país como um todo, que hoje parece muito otimista (Furtado, 1959, p. 176-178). As exportações *per capita* mantiveram-se em torno de £0,9-1,0/habitante até 1850, aumentando nas décadas de 1850 e 1860 para alcançar um novo patamar em torno de £1,7/habitante nas décadas de 1860, 1870 e 1880.

Goldsmith (1986, p. 8), baseando-se em séries bem mais detalhadas, mas também arbitrárias (média de índice de salários pagos, exportações mais importações, gastos governamentais do governo central e conceito de moeda M2), também a preços correntes, mas com deflatores de qualidade discutível, sugere taxa de crescimento do PIB *per capita* de apenas 0, 34% entre 1850 e 1889, e crescimento global anual do PIB à taxa de 2,04%.

Utilizando dólares de 1990, com a metodologia de Geary-Khamis, e projetando o PIB *per capita* retroativamente para anos passados Maddison (2006, p. 437-439, 465 e 520), estimou o PIB *per capita* brasileiro em 1820 em US$646, contra US$759 para o México e US$1.257 para os Estados Unidos e a média de US$1.245 para 12 países desenvolvidos da Europa Ocidental. Esses dados sugerem que o hiato entre o Brasil e os países mais avançados não teria sido ainda muito apreciável naquele ano. Já para 1890, Maddison estimou para o Brasil um PIB *per capita* de US$794, contra US$2.152 para a Argentina, e US$1.011 para o México, sendo as cifras correspondentes para o Reino Unido e os Estados Unidos respectivamente US$4.009 e US$3.392, o que indicaria crescimento bem mais lento do Brasil e aumento das disparidades em relação a outros países latino-americanos e a países desenvolvidos. De fato, a relação entre o PIB britânico e o brasileiro já excederia 5:1. Em suma, segundo tais dados, o PIB real *per capita* do Brasil teria aumentado apenas 22,9% entre 1820 e 1890, ou seja, a uma taxa anual ligeiramente inferior a 0,3%.

Um intervalo amplo para a taxa de crescimento anual do PIB *per capita* entre 0,2 e 0,5% para o período imperial poderia ser adotado como conjectura razoável, com base nas evidências que sugerem importantes diferenças regionais. O Nordeste deve ter apresentado taxa de crescimento próxima a zero ou ligeiramente negativa entre 1822 e 1850, algum crescimento entre 1850 e o início dos anos 1870, e taxa provavelmente negativa entre 1875 e 1889. O Norte cresceu a taxas elevadas, da ordem de talvez 4% ao ano *per capita*, entre 1850 e 1889, mas a sua participação na população total era pequena, da ordem de 3%. O Sul do Brasil teria tido crescimento *per capita* ligeiramente positivo e a renda da região cafeeira talvez tenha crescido a uma taxa de longo prazo de 1,5% a 2% *per capita* que, com ponderação de cerca de 41%, teria contribuído para um crescimento *per capita* global de talvez 0,6% a 0,8%. A queda, durante parte do período, de renda *per capita* do Nordeste (ainda com 42% da população em 1890) pode ter reduzido esta taxa para cerca da metade. Uma taxa de crescimento para a economia como um todo de 0,3% ou até 0,4% ao ano para o período imperial como um todo parece plausível.

3. Atividade

3.1. Agricultura e regiões

Quando o Brasil alcançou a Independência, o setor primário certamente respondia por grande parte do produto interno e das exportações, com predominância da agropecuária. Não existem estatísticas de produção agrícola para o século XIX. Os dados disponíveis referem-se à exportação para mercados externos, que são uma aproximação da produção de artigos específicos, por excluírem o consumo intra-provincial e o comércio de cabotagem ou por via terrestre para outras províncias. No período imperial três produtos agrícolas que tinham sido importantes no período colonial continuaram a ter grande relevância na pauta de exportações, o açúcar, o algodão e o fumo, mas o café ultrapassaria definitivamente o açúcar como o principal produto exportado, em termos de valor, no início da década de 1830. A predominância dos quatro produtos fica evidente de sua participação conjunta no total das exportações. Em 1821-22, com as ressalvas que os dados globais relativos a esses anos merecem, teriam respondido por 2/3 das exportações totais, sendo que couros e peles respondiam por outros 15%. Em meados do século, tomando-se a média do biênio 1849-50 e 1850-51, a participação dos quatro produtos alcançaria 81,7%, reduzindo-se no biênio 1888-1889 para 72,2%, em virtude da ascensão da borracha, que nesses últimos dois anos respondeu por 14,2% do valor exportado.

Em uma economia com crescimento demográfico superior a 1,5% ao ano, e com produtos de exportação também amplamente demandados no mercado interno, seria de esperar um aumento do consumo absoluto e até relativo desses mesmos produtos no próprio país. Com a possível exceção do café, pelo menos em termos de intensidade relativa, o aumento da população brasileira deve ter contribuído para uma redução apreciável da fração exportada de produtos tradicionais como o açúcar, o algodão e o fumo, e também de produtos da pecuária. Existem vários indicadores para o final do Império, além de comentários de contemporâneos que confirmam essa tendência. Tanto no caso do açúcar quanto no do algodão, por exemplo, diante dos números de produção estimada e de exportações para o estrangeiro não é de se excluir a hipótese de que pelo menos de 1/4 a 1/3 da produção no final dos anos 1880 já eram consumidos no mercado doméstico, admitindo-se uma capacidade instalada de produção de açúcar entre 300 e 400 mil toneladas e uma produção de algodão entre 40 e 50 mil toneladas (Wyndham, 1887, p. 36).

Na seção 7, a seguir, sobre comércio exterior, trata-se da evolução das exportações agrícolas. Nesta subseção o principal objetivo é registrar as consequências do aumento da importância relativa das exportações de café e, em menor medida, de borracha – às expensas das exportações de açúcar, algodão e couros e peles –, sobre a distribuição regional das exportações.

Entre o início e o fim do Império, a participação das exportações de café nas exportações totais aumentou de menos de 20% para mais de 60%. O café era produzido inicialmente apenas na província do Rio de Janeiro e, em menor medida, no norte de São Paulo. Ainda na década de 1840, o Rio de Janeiro respondia por quase 80% da exportação total, com 16% correspondendo a São Paulo e cerca de 6% a Minas Gerais. No início dos anos 1870, o Rio de Janeiro ainda exportava cerca de 55% do total de café, São Paulo cerca de 23% (dos quais 17% do Centro-Oeste Paulista) e Minas cerca de 14%. Nos anos 1880, o Rio de Janeiro ainda exportava quase 41% do café, São Paulo cerca de 35% (27% do Centro-Oeste Paulista) e Minas Gerais cerca de 21%, sendo o Espírito Santo um produtor marginal com cerca de 4%.

A importância do açúcar nas exportações brasileiras caiu durante o Império de cerca de 30% para em torno de 10%. Por volta dos anos da Independência, a província de Pernambuco respondia por cerca de 1/3 das exportações brasileiras de açúcar (42 mil toneladas), cabendo à Bahia cerca de 28%, ao Rio de Janeiro 1/4 e a São Paulo 1/8 do total. Em torno de 1850, o volume havia praticamente triplicado. No início da década, Pernambuco respondia por 43% do valor exportado seguido da Bahia (incluindo parte da produção de Sergipe) com 36% e de Alagoas, Rio de Janeiro, Paraíba e São Paulo com de 3% a 4% cada. Antes da grande seca, mantinha-se a predominância de Pernambuco, enquanto a produção de Rio de Janeiro e São Paulo passara a atender principalmente o consumo interno. Na primeira metade dos anos 1880, as exportações de açúcar alcançaram o seu pico no período imperial (329 mil toneladas em 1883-84, 228 mil toneladas em média no quinquênio), mas caíram significativamente no final da década para 106 mil toneladas (representando apenas 7,2% da exportação total). Nos últimos anos do Império, Pernambuco permanecia como principal exportador, com cerca de metade do total, cabendo a Alagoas cerca de 15% a 20% do total, à Bahia talvez um pouco mais, e o restante, em partes iguais, a Maranhão, Paraíba e Rio Grande do Norte.

A importância do algodão nas exportações totais brasileiras caiu durante o Império de cerca de 21% para em torno de 4% das exportações totais. As exportações de algodão permaneceram em um patamar modesto entre os anos 1820 e o início dos anos 1850, em torno das 12-13 mil toneladas, com predomínio de Pernambuco e Maranhão. Começaram a crescer no final dos anos 1850 e, especialmente, com a "fome de algodão", provocada pela Guerra da Secessão nos Estados Unidos. O pico de quantidade exportada no Império foi alcançado no início dos da década de 1870 com mais de 62 mil toneladas médias em 1871-72 e 1872-73, cabendo então pouco menos de 1/5 a São Paulo. A partir de então, as exportações caíram; depois da seca de 1877-79 estavam de volta a um patamar de 12 mil toneladas. Nos anos 1880, as exportações oscilaram entre 34 e 14 mil toneladas, mas o consumo doméstico já havia se tornado muito relevante. Como já mencionado, as exportações tornaram-se indicador inadequado da evolução da produção de algodão.

Embora a participação das exportações de fumo nas exportações totais tenha se reduzido durante o Império, o seu volume aumentou gradativamente de cerca de 7 mil toneladas nos anos 1850 para mais de 20 mil toneladas nos anos 1880. O grosso das exportações tinha origem na Bahia: mais de 70% nos anos 1850 e mais de 80% no final dos anos 1880. Minas era um produtor relevante, mas sua produção era colocada no mercado brasileiro, como também parte da produção das colônias do Rio Grande do Sul. De forma similar, a importância das exportações de couros e peles caiu de 2/3 desde os anos 1820, representado cerca de 4% do total no final dos anos 1880. As quantidades exportadas dobraram entre os anos 1820 e o início dos anos 1880 até alcançar cerca de 23 mil toneladas e caíram para 20 mil toneladas no final da década, o Rio Grande do Sul mantendo-se sempre como principal província produtora.

A borracha não foi inicialmente um produto importante na pauta de exportações do Império. A partir da década de 1840 e, principalmente, dos anos 1850 as quantidades e valores aumentaram consideravelmente e o produto não só passou a ser a principal exportação da região amazônica, mas também um dos principais produtos de exportação do Império. No início da década de 1850, o Pará exportava cerca de 1.500 toneladas. No final da década de 1880, a Amazônia exportava cerca de 15 mil toneladas, e respondia por grande parte da oferta mundial do produto.

3.2. Indústria

O primeiro quarto de século da vida independente do Brasil foi marcado pelos importantes custos associados a concessões tanto à antiga metrópole, quanto à Grã-Bretanha, intermediária natural para a legitimação do novo regime. Houve compensação financeira do Brasil a Portugal, mas as concessões à Grã-Bretanha tiveram muito mais importância no longo prazo para a economia do Brasil independente.

O enorme poder de barganha da Grã-Bretanha resultou na renovação dos compromissos contraídos por Portugal em relação à escravidão – que serão tratados adiante – e à tarifa de importação. Em 1827, foram renovadas as disposições tarifárias de 1810, por 15 anos, sendo a tarifa de importação de 15% estendida a todas as nações. Embora a crítica à renovação da vigência da tarifa de importação 15% habitualmente enfatize os efeitos nocivos sobre competidores domésticos, cabem dúvidas sobre quais seriam as possibilidades efetivas de resposta da oferta doméstica no quadro de um regime protecionista alternativo. O fato é que – deixando de lado as exageradas referências ao desenvolvimento da indústria siderúrgica em Minas Gerais –, não existiam as condições para que houvesse oferta doméstica relevante para competir com importações. Os custos do tratado foram essencialmente de natureza fiscal. Dada a importância do imposto de importação na receita, comum a outras economias em desenvolvimento, a limitação tarifária gerou grande vulnerabilidade nas finanças públicas imperiais até meados da década de 1840. Só em 1845 o Brasil recuperaria graus de liberdade na definição de sua política comercial que permitiriam um aumento paulatino da tarifa de importação.[2]

A preponderância da agricultura na economia brasileira no período imperial era marcante. Embora o governo imperial tenha distribuído subsídios importantes a diversos estabelecimentos industriais, a indústria brasileira no Império tinha peso econômico modesto, não obstante a importância, em alguns casos efêmera, de estabelecimentos isolados como o estaleiro de Ponta d'Areia, o Arsenal de Marinha e o Arsenal de Guerra (Mauá, 1998, p. 44-6 e 100-104 e Faria, 1946, cap. VII). Havia uma indústria incipiente na década de 1880 (Suzigan, 2000), muitas vezes em unidades pequenas ou até artesanais, incluindo principalmente processamento de alimentos, têxtil e vestuário, e bebidas, respondendo, talvez, por 10% do PIB. Em 1889, a contribuição da indústria doméstica para a oferta total de produtos têxteis de algodão, exatamente o setor classicamente pioneiro em outras experiências nacionais de substituição de importações, seria talvez de 15%.[3] Um surto mais importante de industrialização no Brasil só ocorreria na esteira das políticas macroeconômicas expansionistas do início do regime republicano (ver Suzigan, 2000).

3.3. Mineração

As atividades de mineração no Brasil durante o Império – especialmente de ouro (Minas Gerais) e diamantes (Minas Gerais e Bahia) –, alcançaram um pico na década de 1850 e depois declinaram lentamente. Três empresas britânicas que se instalaram nas décadas de 1820 e 1830 tiveram algum sucesso na extração de ouro: a Imperial Brazilian Mining Company explorou a mina de Gongo Soco de 1828 a 1856, e a St. John del Rey Mining Company operou sua mina de Morro Velho até a segunda metade do século XX, enquanto foi mais efêmera a Brazilian Mining Co., entre 1832 e 1844 (Stone, 1987, p. 44D). Na década de 1840, as três companhias chegaram a produzir cerca de 1,5 toneladas de ouro por ano, cerca de 10% da produção nos melhores anos do período colonial (Lago, 1978, p. 742-743). As exportações de ouro e diamantes declinaram de algo em torno de 5% das exportações totais no início da década de 1850 para menos de 1% no final da década de 1880.

---

[2] O caso brasileiro é contraexemplo lapidar das teses de Platt (1968, p. 312-6) quanto a uma possível postura do tipo "hands off" do governo britânico na América Latina em relação à defesa dos interesses de firmas britânicas.

[3] Sobre indústria no Império ver Stein (1979, caps. 1-3, especialmente tabela, p. 21); Lago, Almeida e Lima (1979a, seção II.1, especialmente quadro II.3) e Fishlow (1972, p. 312-4).

3.4. Serviços

Os dados sobre o setor serviços são fragmentários, exceto o setor ferroviário que é tratado, juntamente com outros investimentos na infraestrutura de exportação, na seção 6. Basta mencionar que, partindo-se de pouco mais de 700 km em operação em 1870, em 1889 a rede em tráfego havia alcançado 9.583 km. Os investimentos, inclusive estrangeiros, na provisão de serviços públicos, tornaram-se importantes à medida que aumentava a importância relativa da população urbana. Houve participação significativa de capital estrangeiro principalmente em companhias de iluminação a gás, e também em serviços de bondes e suprimento de água e esgotos desde a década de 1860.

Outros serviços também acompanharam certa diversificação da economia. O comércio de atacado e varejo e o serviço doméstico ocupavam centenas de milhares de pessoas. O setor público manteve dimensões modestas, possivelmente empregando menos de 20 mil funcionários, mesmo considerando todos os empregados em educação e justiça e os 10.710 funcionários públicos registrados pelo censo de 1872. A esses se somavam apenas 27.716 militares. O Brasil teve precocemente um sistema postal público, que em 1880 contava 1.303 agências, quando já despachavam-se milhões de cartas (Adamson, 1881, p. 613). No entanto, o predomínio do emprego rural, correspondendo a cerca de 2/3 da população economicamente ativa (IBGE, *EHB*, 1990, p. 72), limitava inevitavelmente o desenvolvimento do setor serviços.

4. Fatores de produção: trabalho

4.1. Imigração: trabalho assalariado

Entre 1822 e 1850 a imigração europeia foi muito modesta, especialmente se comparada ao influxo de escravos africanos. Estatísticas incompletas mostram apenas 14.984 entradas de imigrantes livres no período (IBGE, O *Brasil em Números*, 1960, p. 12). Houve inicialmente, por parte do governo imperial, a tentativa de promover "colônias" agrícolas de imigrantes europeus, principalmente alemães e suíços, seguindo os exemplos de Nova Friburgo e de Leopoldina (Bahia), criadas sob o reinado de D. João VI. Destaca-se o Rio Grande do Sul, na década de 1820, com 4.856 imigrantes. Mais tarde, o governo imperial promoveu a fundação de Petrópolis no Rio de Janeiro, em 1845, e Santa Isabel no Espírito Santo, em 1847, com imigrantes alemães. Houve também imigração espontânea para as principais cidades brasileiras, principalmente de portugueses.

Por volta de meados do século, quando se deu a interrupção do tráfico africano, houve dois tipos de iniciativas que resultaram em aumento da imigração europeia na região cafeeira e no sul do Brasil. As colônias de "parceria", iniciadas em 1847, representaram tentativa de utilização do trabalho livre estrangeiro principalmente no cultivo de café e chegaram a absorver alguns milhares de "colonos". Abusos da parte dos grandes proprietários e a origem muitas vezes não agrícola dos parceiros, que contribuíam para que estes ficassem endividados por longos períodos, resultaram em conflitos que desencorajaram os fazendeiros a financiar a vinda de novos colonos e estimularam restrições nos países de origem. No Sul, criaram-se colônias agrícolas de pequenos proprietários, por iniciativa pública (governos provincial e imperial) e privada, que foram muitas vezes bem-sucedidas. Em contraste, algumas iniciativas públicas e privadas de colonização europeia no Nordeste, a partir de 1850, não foram bem-sucedidas.

A estatística oficial de imigração para o Brasil, que aponta 219.229 entradas brutas entre 1851 e 1870, envolve subestimação, conforme sugerido pelos dados de emigração dos países de origem.[4] A imigração para São Paulo foi inicialmente modesta, com 6.413 entradas registradas entre 1851 e 1860 e outras 1.732 entre 1861 e 1870. A lei provincial de 3 de março de 1871 permitiu o auxílio a fazendeiros para "importar" trabalhadores europeus, dando preferência a imigrantes da Europa do Norte, sem grandes consequências imediatas. Quando a assembleia provincial de São Paulo autorizou o pagamento do custo integral das passagens, no início de 1884, abriu-se definitivamente o caminho para a substituição do trabalho escravo pelo trabalho livre europeu em maior escala. De fato, o governo provincial gastara com imigração, no início dos anos 1880, uma média de 50 contos por ano, que passaram a mais de 1.100 contos em 1886-87 (Costa, 1966, p. 189-90).[5]

Entre 1871 e 1880, a estatística oficial para o Brasil como um todo aponta a entrada de 219.128 imigrantes, equivalente ao total das duas décadas anteriores, com média anual de quase 11 mil imigrantes, passando a nacionalidade italiana a predominar no final dos anos 1870. Entre 1881 e 1885, as entradas no Brasil alcançaram mais de 133 mil imigrantes, média anual de quase 27 mil, entrando mais de 32 mil em 1886. Foi entre 1887 e 1889 que a imigração aumentou consideravelmente, alcançando pelo menos 252 mil pessoas. Destas, cerca de 152 mil destinaram-se a São Paulo. Em 1888 e 1889 o governo imperial assinou sete contratos para a entrada de cerca de 775 mil imigrantes nos cinco anos seguintes, intervenção direta no mercado de trabalho, que criou uma oferta elástica de mão de obra estrangeira e que pode ter prejudicado a absorção de libertos e brasileiros natos pelo setor exportador.

4.2. Escravidão

Na primeira metade do século XIX, a importação de escravos para a "região cafeeira" respondeu, possivelmente, por mais de 2/3 das importações totais de escravos no Brasil, que alcançaram aproximadamente 2 milhões de pessoas. Durante esse mesmo período, as diferenças entre o Sul e a região cafeeira por um lado, e entre a região cafeeira e o Nordeste por outro, tornaram-se cada vez mais acentuadas em termos de oferta de mão de obra. Enquanto no Nordeste, que enfrentou preços desfavoráveis para seus principais produtos de exportação – açúcar e algodão e,

---

[4] Não existem dados de imigração líquida para o período imperial.
[5] Ao par de 27d/1$000 a libra esterlina correspondia a Rs 8$890.

em menor escala, fumo e couros –, houve tendência à redução significativa da participação dos escravos na população total, na região cafeeira tal participação não apresentou tendência de declínio acentuado e a população escrava teve forte aumento em números absolutos.

Como parte do "preço da independência", além das concessões feitas a Portugal, o Brasil negociou com a Grã-Bretanha honrar os compromissos anteriores de Portugal quanto ao tráfico de escravos e à tarifa de importação. O Brasil comprometeu-se, por convenção de 1826, a tornar o tráfico de escravos ilegal a partir de 1830. Durante quase 20 anos, a convenção foi letra morta, para "inglês ver", mas, quando a Grã-Bretanha aboliu as preferências coloniais no final da década de 1840, os lobbies açucareiros do Caribe, expostos à competição brasileira, estimularam o uso da Royal Navy, com base no Bill Aberdeen de 1845, para coibir o tráfico brasileiro (ver Drescher, 2004). Em seguida a diversos incidentes graves, o governo imperial decidiu tornar o tráfico ilegal e reprimi-lo de fato em 1850.

A extinção do tráfico teve importantes efeitos sobre a oferta agregada de escravos no país: no contexto da taxa negativa de reprodução natural da população escrava e de crescente demanda pelos seus serviços, ocorreu forte aumento de preço dos escravos e intensificação do tráfico interprovincial que, por sua vez, levou à concentração cada vez maior dos escravos na região cafeeira durante as duas décadas seguintes.

De fato, o fim do tráfico de escravos africanos teve duas consequências básicas no Nordeste: levou ao crescente emprego de mão de obra livre na produção de açúcar e de algodão, e a significativas exportações interprovinciais de escravos, principalmente para a região cafeeira. Apesar da tendência favorável dos preços dos principais produtos do Nordeste na década de 1850, muitos proprietários de escravos da região, especialmente "os proprietários menores e mais necessitados", foram atraídos pelos preços elevados oferecidos pelos seus escravos por agentes envolvidos no tráfico interprovincial e os venderam para as áreas cafeeiras. Esta saída prosseguiria nas décadas seguintes. Estima-se que o tráfico interprovincial, principalmente oriundo do Nordeste, teria envolvido cerca de 200 mil escravos, entre 1851 e 1881 (Slenes, 1976, p. 138 e 169). Progressos semelhantes do trabalho livre se fizeram notar nas províncias de Mato Grosso e de Goiás, que continuavam a se concentrar basicamente na criação de gado e no cultivo de alimentos para consumo local.

A situação da região cafeeira, no entanto, era muito distinta. Inicialmente, os fazendeiros tentaram importar trabalhadores europeus à sua custa, com a esperança de que estes trabalhassem parte de suas plantações de café com base em contratos de parceria, suplementando o trabalho dos escravos, que continuariam a trabalhar em turmas em outras áreas separadas das fazendas.

No contrato de parceria, a família de imigrantes obrigava-se <u>solidariamente</u> a reembolsar as despesas do fazendeiro com sua viagem da Europa, bem como os juros das somas adiantadas. Por sua vez, o fazendeiro creditava na conta dos colonos metade do valor líquido da venda do café colhido dos pés sob sua responsabilidade, depois de deduzidas as despesas com processamento e transporte. Os colonos também tinham direito à metade dos lucros da venda de eventuais excedentes das colheitas de gêneros alimentícios que houvessem cultivado.

Esperava-se dos colonos, portanto, que trabalhassem na fazenda até terem dinheiro suficiente para pagar a dívida de toda a família, e estes estavam sujeitos às estritas cláusulas da lei de 1837 relativa à locação de serviços de trabalhadores estrangeiros. Esse sistema envolvia, portanto, grande dose de confiança dos colonos para com o fazendeiro, que mantinha sua contabilidade. Por diversas razões, entre as quais se destacam a própria lei de 1837 sobre contratos de trabalho, muito desfavorável para os trabalhadores, uma série de abusos de parte dos fazendeiros, bem como uma situação de endividamento quase permanente de numerosos "colonos", falharam os contratos de parceria originais adotados nos anos 1840 a 1850 e restavam poucos trabalhadores europeus em fazendas de café nos anos 1860, apesar das mudanças contratuais em favor dos "colonos" que foram gradualmente implementadas em São Paulo.

A chamada "Lei do Ventre Livre", Lei nº 2.040, de 28 de setembro de 1871, que declarava livres todos os filhos de escravos nascidos após essa data (ditos ingênuos) e determinava a matrícula dos escravos, eliminou qualquer possibilidade de se criarem condições para que crescesse a população escrava do país.

No Nordeste, a década de 1870 foi extremamente desfavorável. O fim do *boom* do algodão e as dificuldades enfrentadas pelo setor açucareiro, inclusive em virtude da moléstia da cana, resultaram em crises regionais que culminaram com a violenta seca de 1877-79, que provocou, direta e indiretamente, a morte de centenas de milhares de pessoas na região, migração para a região amazônica e estimulou a exportação de escravos para a região cafeeira. No entanto, conscientes do perigo político da concentração de escravos na região cafeeira, os governos das províncias de São Paulo, Minas Gerais e Rio de Janeiro estabeleceram um imposto extremamente elevado sobre a importação interprovincial de escravos. Assim, paradoxalmente, um dos últimos fatores que favoreciam a subsistência da escravidão no Nordeste deixou de existir: a impossibilidade de exportar os escravos e a demanda limitada por trabalho escravo em nível local levou a uma rápida queda do seu preço e estimulou a libertação espontânea de todos os escravos como, por exemplo, no Ceará em 1884.

Na região cafeeira, por ocasião da Lei do Ventre Livre, o cultivo do café e do açúcar continuava caracterizado pela utilização quase exclusiva da mão de obra escrava. Apenas uma fração dos poucos milhares de colonos europeus trazidos para trabalhar no cultivo do café no Rio de Janeiro e São Paulo ainda permanecia nas fazendas de café em 1870.

Foi só em 1884, quando São Paulo aprovou legislação que permitia à província pagar a passagem dos imigrantes estrangeiros, que foi removido o último obstáculo sério a seu emprego mais generalizado pelos fazendeiros de café. A entrada maciça de imigrantes estrangeiros em São Paulo entre 1887 e 1889, já referida, diante dos, no máximo, 107 mil escravos remanescentes, certamente apressou consideravelmente a transição para o trabalho assalariado. Os colonos por sua vez não eram assalariados ou "proletários" típicos, pois apesar de receberem quantia fixa para o trato dos cafezais, e quantia pré-acordada por unidade de café colhido, mantinham algum controle sobre a alocação do seu trabalho também para culturas em proveito próprio e mostraram grande mobilidade entre fazendas, apesar de claros casos de abusos de autoridade de certos grandes fazendeiros.

5. Fatores de produção: terra

A questão da disponibilidade, posse e distribuição de propriedade da terra em países de ocupação recente, como os Estados Unidos e a Austrália, mas também partes do Brasil, é muitas vezes enfocada com base na chamada "hipótese de Domar" (Domar, 1970) que tem origens nos escritos de Wakefield e Marx no século XIX. A versão extrema da hipótese afirma que "dos três elementos de uma estrutura agrária em estudo – terra livre, camponeses livres e proprietários de terras inativos (ou seja, que não trabalham na terra diretamente), dois elementos, mas nunca os três, podem existir simultaneamente".

No Brasil, durante o período colonial, desde a fase das capitanias hereditárias no século XVI, a propriedade de terras foi concedida através de sesmarias (ou de datas para a mineração de ouro no século XVIII) a um número limitado de beneficiários teoricamente com condições de explorá-las adequadamente, prática que perduraria até o início do século XIX. Até então, uma relação terra-trabalho elevada nas áreas em que extensas doações de terra tinham sido feitas pelas autoridades coloniais fora acompanhada de ampla utilização de escravos no trabalho agrícola, caso tipicamente do Nordeste. Por outro lado, em todas as áreas em que a apropriação de terras por uma classe de grandes proprietários foi menos pronunciada ou não ocorreu, realmente prevaleceu o padrão esperado na presença de uma relação terra-trabalho elevada, ou seja, o de pequenas propriedades familiares trabalhadas predominantemente por mão de obra livre como no sul do Brasil nas áreas colonizadas por "ilhéus" no século XVIII, e em muitas áreas de São Paulo onde, em 1818, 79,8% dos "fogos" não tinham escravos (Lago, 1978, cap. 1).

A expansão do cultivo de café afetou fundamentalmente a ocupação da terra. Em poucas décadas, os fazendeiros de café receberam, sob a forma de sesmarias até 1822, compraram ou ocuparam de fato, grande parte do vasto Vale do Paraíba e das áreas vizinhas (nas províncias do Rio de Janeiro, São Paulo e Minas Gerais) em que se observavam condições favoráveis ao cultivo do café.

Muitas terras foram ocupadas sem título legal ao longo do processo de colonização do Brasil. Na realidade, na ausência de legislação clara e abrangente, a ocupação de novas terras deu-se através de simples posse, muitas vezes prevalecendo os mais fortes sobre os mais fracos. A coroa imperial perdera o poder de conceder sesmarias a partir de 1823. Durante quase três décadas, a assembleia do Império não aprovou qualquer legislação para substituir o sistema colonial de concessão de terras. A chamada "Lei de Terras" foi aprovada pelo poder legislativo do Império com o objetivo de sanar o vazio legal existente. Essa lei de 18 de setembro de 1850 não impediu a usurpação posterior de terras públicas, já que o registro de propriedades levaria décadas para se efetivar e que não era possível o controle da situação de todas as terras públicas por uma repartição governamental competente (Dean, 1971).

Mas essa lei de 1850 seria essencial para consolidar a colonização do Sul do Brasil com base em pequenas propriedades de imigrantes em terras públicas não previamente alienadas. O sucesso da política de colonização nas províncias do Sul foi inegável. Por volta de 1870, já existiam milhares de famílias europeias, principalmente alemãs, estabelecidas em pequenas propriedades rurais em diversas colônias públicas e privadas no sul do Brasil, produzindo excedentes apreciáveis de gêneros alimentícios para venda para outras províncias. Outras dezenas de milhares de imigrantes chegariam até o final do Império, estendendo a área de pequenas propriedades com trabalho dos próprios colonos e suas famílias, como se esperaria com base na hipótese de Domar.

Na época da Abolição, a faixa costeira do Nordeste, onde se localizava a maioria das plantações de cana-de-açúcar, já se encontrava bastante densamente povoada em comparação ao Brasil como um todo. Na medida em que grandes proprietários controlavam boa parte da terra, o acesso à propriedade de terras por parte da população livre continuava difícil. A apropriação legal de vastas extensões de terras por uma classe comparativamente pequena de proprietários, reforçada pela proliferação de uma classe sem terras, à qual se agregaram posteriormente os libertos, contribuiu para que continuasse a existir, no final do período imperial, uma classe de proprietários inativos e latifundiários e uma classe de trabalhadores sem acesso à propriedade da terra (situação compatível com a hipótese de Domar), não se observando o surgimento de uma numerosa classe de pequenos produtores em estabelecimentos de tamanho familiar.

Em contraste com a política de colonização das províncias do Sul, a política governamental na região cafeeira teve objetivos bastante diversos a partir de 1870, buscando suprir "braços" para a grande lavoura. A "colonização" baseada na criação de pequenas propriedades com trabalho familiar se tornava, portanto, inviável, pelo menos em grande escala, e os governos locais se concentraram prioritariamente em fornecer trabalhadores às fazendas.

Com as exceções mencionadas, principalmente no sul do país, a estrutura fundiária resultante do período colonial, baseada principalmente em grandes propriedades, não se alterou significativamente ao longo do século XIX, nem como resultado da abolição da escravidão. As adaptações nos contratos dos colonos em São Paulo evitaram que os grandes proprietários tivessem que fracionar os seus domínios, e o Nordeste, Norte e o Centro-Oeste continuaram a ser regiões com predomínio de grandes propriedades. Mesmo nas áreas cafeeiras mais antigas, a reconversão para criação de gado e novas culturas permitiu, muitas vezes, a preservação de propriedades comparativamente extensas.

6. Fatores de produção: capital

A crescente produção cafeeira gerou demanda por infraestrutura de exportação, incluindo ferrovias, portos, cabos telegráficos submarinos e empresas de navegação a vapor. Em um segundo momento, em meio ao processo de urbanização, investimentos expressivos foram realizados em empresas de serviços públicos: água, esgotos, gás e, mais adiante, transporte público, energia elétrica, telefones. Estes investimentos dependeram em parte da atração de investimento direto estrangeiro, essencialmente britânico até o final do Império.[6]

---

[6] Embora existissem firmas estrangeiras não britânicas, as estimativas sobre seu estoque de capital são notoriamente precárias e é improvável que fossem muito significativas. Ver Graham (1968, p. 305).

Além de investimento estrangeiro, houve investimento considerável do governo central, de governos provinciais e de capitalistas brasileiros, especialmente em ferrovias. Nestes investimentos ferroviários nacionais, ocuparam posição destacada a Estrada de Ferro Central do Brasil, do governo imperial, com investimentos da ordem de £9,7 milhões no final do Império, e as ferrovias privadas paulistas – Sorocabana, Mogiana e Ituana –, com investimentos totais de £2,2 milhões (Branner, 1887, p. 8-9).

Em 1840, o investimento direto britânico no Brasil era muito modesto, com o estoque pouco excedendo £1 milhão. Com a introdução da política de garantia de taxas de retorno, discutida adiante, aumentou substancialmente a partir da década de 1860, alcançando £7,3 milhões em 1865, £10,6 milhões em 1875, £24,4 milhões em 1885 e £40,6 milhões em meados da década de 1890 (ver Tabela 1.1), montante que na América Latina era excedido apenas pelos investimentos na Argentina. Os investimentos ferroviários corresponderam a uma fração crescente dos investimentos diretos totais, alcançando mais de 80% na década de 1890, com o número de ferrovias britânicas em operação no Brasil aumentando de 3, em 1865, para 14 em 1885 (Stone, 1977 e 1987). Apesar da sua predominância como fornecedora de capitais, a Grã-Bretanha sofria forte concorrência no fornecimento de locomotivas e trilhos (Wyndham, 1889, p. 23).

O investimento estrangeiro na indústria de transformação permaneceu comparativamente modesto (Wyndham, 1889, p. 38). Em 1889, o capital conjunto de 35 empresas industriais cotadas na Bolsa de Valores do Rio de Janeiro era de 36,2 mil contos ou £4 milhões, principalmente de origem nacional (Cattapan-Reuter, 1984, p. 58-59). Mas investimentos diretos estrangeiros foram também importantes em setores para os quais é difícil definir distribuição geográfica precisa entre diversos países da América Latina, em especial bancos, companhias de navegação e cabos submarinos. O investimento em bancos será tratado na seção 8, a seguir. As empresas de navegação mais importantes na época do Império eram as britânicas Royal Mail (desde a década de 1860), Amazon Steam e Lamport & Holt, que asseguravam linhas entre portos brasileiros, inclusive na Amazônia, e a Europa e os Estados Unidos. Embora houvesse competição, principalmente de linhas francesas, alemãs e norte-americanas, a posição britânica era dominante (Graham, 1968, p. 89-91 e Stone, 1987). Na navegação a vapor interior e na cabotagem, tendia a predominar o capital nacional, inclusive com subsídios do governo, caso da Companhia Nacional de Navegação a Vapor, mas a empresa criada por Mauá na região amazônica, acabou comprada por capital britânico. A partir dos anos 1870 foram estabelecidas linhas telegráficas para a Europa e os Estados Unidos. As linhas submarinas foram constituídas por companhias britânicas, sendo o primeiro cabo submarino para a Europa instalado em 1874 (Haring, 1958, p. 69). A Brazilian Submarine Telegraph Co. foi responsável pelas linhas transatlânticas, e a Western and Brazilian Telegraph pelas linhas marítimas costeiras (Graham, 1968, p. 303). Houve também investimento público, especialmente em linhas telegráficas terrestres.

O sistema de garantias de taxas de retorno foi amplamente utilizado pelo governo imperial para competir com outros países primário-exportadores na atração de investimento direto estrangeiro. A expansão da infraestrutura dependeu de tais políticas: ferrovias, portos, cabos submarinos, empresas de navegação e de serviços públicos urbanos, entre outros investimentos. Só em 1902 as garantias ferroviárias foram rescindidas com o pagamento de indenização aos investidores. O ônus das garantias de taxas mínimas de retorno era frequentemente repartido entre os governos central e provinciais. Tipicamente no caso das ferrovias, a taxa de retorno garantida era de 7% (cabendo frequentemente 5% ao governo imperial e 2% às províncias) comparado ao retorno dos títulos da dívida pública britânica que oscilou entre 2,4% e 3,4% entre 1860 e 1902. As raras empresas altamente lucrativas repartiam lucros com o governo acima de uma taxa predeterminada e podiam redefinir o contrato inicial depois de quitar as garantias pagas pelo governo a partir de sua implantação (Graham, 1968, p. 149-159; Rodrigues, 1902 e Monteiro, 1993).

O benefício para o país da política de garantia de juros é objeto de controvérsia. Sob vários aspectos as ferrovias representaram importantes ganhos para a economia brasileira. Para os usuários, o aumento da capacidade, rapidez e pontualidade do transporte e alcance de áreas menos acessíveis, com custos reduzidos, para não falar da maior comodidade do ainda limitado número de passageiros, deve ter correspondido a um elevado retorno social. Quanto a fretes, basta mencionar que no Nordeste, nos anos 1860, trazer um fardo de algodão a dorso de mula do interior para a costa custava outro fardo, ou 100% do valor do produto. Em 1878, o frete ferroviário do interior de Pernambuco para Recife já caíra para 25% a 30% do preço do algodão (Branner, 1885, p. 25). Evidências para São Paulo, por volta de 1887, sugerem um frete ferroviário equivalente a 1/4 do custo do transporte das mesmas toneladas/km com os meios tradicionais de carroças ou tropas de mulas, o que resultaria em apreciável "poupança social direta" das ferrovias, que devem ter contribuído para ganhos de renda *per capita*, ao permitir a expansão das exportações e especialmente do setor cafeeiro (Summerhill, 1998, p. 388). Quanto à rentabilidade das linhas, estas podiam apresentar lucratividade adequada enquanto o café representou parte apreciável da carga. Dentre as três ferrovias paulistas, Paulista, Mogiana e Sorocabana, esse parece ter sido o caso das duas primeiras até o final do período imperial (Saes, 1976, p. 77-85).

Isso não impede que se levante a questão de que o custo de construção e operação possa ter sido excessivamente elevado, principalmente em função da garantia de juros. De fato, as estradas de ferro representaram o principal item de despesa do governo imperial a partir dos anos 1860 (Dean, 1986, p. 713). Havia 16 empresas beneficiadas com garantias, com capital de £16,7 milhões e apenas 2.900 km de linhas dos 9.600 km existentes em 1889. Cumulativamente, o governo teria gasto em menos de 30 anos, até 1888, cerca de £11,3 milhões honrando garantias (Wyndham, 1889, p. 48-49). Embora tenha havido casos de flagrante incompetência de investidores estrangeiros quanto a investimentos ferroviários que levaram a prejuízos, tais perdas são desprezíveis quando comparadas aos investimentos em engenhos centrais, principalmente no Nordeste, na década de 1880, sem dúvida o mais retumbante fracasso do governo imperial na implementação de políticas públicas baseadas na garantia de taxas de retorno (Wyndham, 1889, p. 53-54 e Eisenberg, 1974, cap. 5). Os engenhos centrais muitas vezes falharam em virtude do choque de interesses entre os empresários associados aos engenhos centrais, que necessitavam de grandes quantidades de cana para operar com escala eficiente, e os plantadores e senhores de engenho remanescentes, que tentavam

7. Comércio exterior

A importância do Brasil como economia primário-exportadora pode ser avaliada com base na sua participação nas exportações mundiais totais. Dados muito precários indicam que houve queda importante desta participação nos primeiros 20 anos do Império, talvez de algo em torno de 2,8% para cerca de 2%, estabilizando-se em seguida pouco abaixo deste patamar.[7]

As séries tradicionalmente aceitas de exportação e importação total no período imperial são sabidamente precárias, especialmente até 1839-40.[8] A estrutura das exportações modificou-se consideravelmente no curso do Império, com significativa expansão da importância do café, especialmente antes de 1850, *pari passu* com a expansão da participação do Brasil no mercado mundial do café, que já correspondia à metade da oferta mundial em meados do século. Nos anos 1880, com a participação brasileira já em torno de 60% ficaria claro que os competidores asiáticos no mercado cafeeiro seriam duramente afetados pela ferrugem, abrindo espaço para a expansão espetacular da produção brasileira no período republicano (McCook, 2006). Paralelamente, as exportações brasileiras de açúcar perderam muito da sua importância relativa: mais de 21% do total mundial na década 1850, menos de 10% na década de 1880. No final da década de 1880, o Brasil exportava apenas cerca de 30% mais açúcar do que no início da década de 1850. O mercado mundial de açúcar na segunda metade do século XIX foi dominado pela expansão muito mais rápida do açúcar de beterraba do que do açúcar de cana. Em 1850, o açúcar de beterraba teria correspondido a 16% do total, em 1870 a 35%, e a mais de 60% em 1890.[9] As exportações de algodão tiveram comportamento similar às de açúcar, perdendo participação, embora não de forma tão significativa. Além disto, durante um período limitado, as exportações brasileiras de algodão se beneficiaram da fome de algodão na primeira metade dos anos 1860, decorrente do bloqueio da União à Confederação, que abarcava todos os estados produtores de algodão nos Estados Unidos. As exportações de borracha mostraram franca expansão após 1870, representando, já naquela década, cerca de 5% das exportações totais. Na última década do Império a borracha foi o terceiro principal produto de exportação do país, respondendo por 8% do total (ver Tabela 1.1). O Brasil era então o maior produtor mundial respondendo por mais de 60% da oferta.[10]

---

[7] Estimativas usando dados de Maddison (1982, table F.6); Woodruff (1966, p. 313) e Mitchell e Deane (1971, p. 472-3).

[8] Os dados de comércio exterior imperial refletem valores oficiais e não os valores efetivos dos produtos principalmente no caso das importações. Os valores de importação são CIF (Cost, Insurance and Freight) e não FOB (Free on Board).

[9] Deer (1949, p. 112) e Albert e Graves (1914, p. 12).

[10] Sobre borracha ver Weinstein (1983) e Fernandes (2009).

TABELA 1.1 Brasil: setor externo, 1820-1889.

	1820	1830	1850	1870	1889
Investimento direto estrangeiro (milhões de libras)*	0	1,3 (1840)	7,3 (1865)	10,6 (1875)	40,6 (1895)
Dívida pública externa do governo central (1.000 libras)**	-	5332	6133	12721	30400
Exportações (1.000 libras) ***	4324 (1821)	3348	8121 (1850-51)	15430 (1870-71)	28552
Estrutura**					
Café (% do total)	18,4	43,8	48,1	56,6	61,5
Açúcar (% do total)	30,1	24,0	21,2	11,8	9,9
Algodão (% do total)	20,6	10,8	6,2	9,5	4,2
Couros e peles (% do total)	13,6	7,9	7,2	5,6	3,2
Borracha (% do total)	0,1	0,3	2,3	5,5	8,0
Destino**					
Grã-Bretanha (% do total)	17,4 (1806)#	27,9 (1842-43)	35,5 (1852-53)	36,9 (1872-73)	13,0 (1901)
Estados Unidos (% do total)	0 (1806)#	16,6 (1842-43)	32,4 (1852-53)	29,3 (1872-73)	43,0 (1901)
França (% do total)	34,8 (1806)#	6,0 (1842-43)	6,1 (1852-53)	8,7 (1872-73)	11,7 (1901)
Alemanha (% do total)	17,1 (1806)#	11,8 (1842-43)	5,0 (1852-53)	7,6 (1872-73)	14,8 (1901)
Portugal (% do total)	100	7,5	4,1	6,2	6,0
Importações (1.000 libras)***	4571 (1821)	4007	9215 (1850-51)	14925	24002
Origem**					
Grã-Bretanha (% do total)	40,0 (1806)#	48,4 (1842-43)	53,3 (1852-53)	51,5 (1872-73)	31,4 (1901)
Estados Unidos (% do total)	0,6 (1806)#	11,8 (1842-43)	8,5 (1852-53)	5,6 (1872-73)	12,4 (1901)
França (% do total)	7,8 (1806)#	12,0 (1842-43)	13,5 (1852-53)	14,6 (1872-73)	8,0 (1901)
Alemanha (% do total)	7,6 (1806)#	5,0 (1842-43)	5,9 (1852-53)	6,8 (1872-73)	9,4 (1901)
Portugal (% do total)	100	8,0	6,6	8,0	6,5

* Stone (1977). ** Bouças (1955). *** IBGE, *EHB*, 1990. **** IBGE, *Anuário*, 1939-1940. Médias por década.
# Balbi (2004). Trata-se do destino das exportações portuguesas de produtos originários do Brasil e da origem das importações totais de Portugal. Por Alemanha, entre 1806 e 1850, entende-se Hamburgo, em 1806, e posteriormente portos hanseáticos.

A mudança na estrutura das exportações determinou em larga medida a sua reorientação geográfica, com a Grã-Bretanha, modesto mercado para o café, perdendo importância principalmente para os Estados Unidos, mas também para países da Europa Continental. A partir de 1873, além disto, o café brasileiro teve assegurada livre entrada no mercado norte-americano com a implementação da política republicana da "free breakfast table". No final dos anos 1880, o Brasil respondia por quase 70% das importações de café dos Estados Unidos. Em contraste, o café era pesadamente taxado na Europa através de imposto de importação ou impostos sobre consumo. As exportações para a Grã-Bretanha caíram desde meados do século de pouco mais de 1/3 do total das exportações para 1/6 ou 1/7 do total enquanto as exportações para os Estados Unidos tendiam a ultrapassar 40% do total (ver Tabela 1.1).

A mudança da estrutura de origem das importações no período imperial refletiu o declínio da capacidade competitiva das importações britânicas paulatinamente substituídas por produtos concorrentes, especialmente da Alemanha e dos Estados Unidos. Em meados do século correspondiam à metade das importações totais brasileiras e na virada para o século XX haviam caído para 31,4% (ver Tabela 1.1). O Brasil dependia quase que exclusivamente de importações para o suprimento de um amplo leque de bens manufaturados. Em meados dos 1870 "artefatos de algodão" correspondiam a 27,5% das importações, bebidas a 18%, peixes a 10%, "artefatos de lã" a 6,6%, trigo e farinha de trigo a 5%, carvão a 3,9%. Máquinas respondiam por apenas 1,7% do total, embora sua importância tenha talvez dobrado na década de 1880 (Soares, 1883).

A tarifa brasileira aumentou significativamente no correr do Império. A proporção entre arrecadação de direitos de importação e o valor das importações permaneceu em torno de 17% nos 1830, cresceu rapidamente nos anos 1840, com a tarifa Alves Branco de 1844, permanecendo entre 25% e 30% até o final dos anos 1860. Depois disto, continuou a aumentar: primeiro para um patamar de 35% a 40% e depois alcançou quase 50%, no final dos 1880.[11]

Os termos de intercâmbio entre 1830 e 1850, a julgar pelo comportamento dos preços mundiais de café e açúcar, que compunham 3/4 da pauta de exportações brasileiras, bem como dos preços das exportações da Grã-Bretanha, melhoraram substancialmente, talvez algo da ordem de 50%, essencialmente movidos pelo barateamento das importações (Deer, 1949, p. 531 e Mitchell e Deane, 1971, p. 331). Entre 1850 e 1870, não houve grande alteração, mas em 1889 os termos de intercâmbio estavam 71% acima do nível de 1850. Enquanto o volume das exportações triplicou entre 1850 e 1889, o volume das importações cresceu 4,4 vezes (IBGE, *EHB*, 1990, p. 597). Considerando-se uma média trienal centrada em 1890, o Brasil não se destacava em termos de exportação *per capita*, com apenas US$9,6 por habitante, enquanto as cifras correspondentes eram US$32,4 para a Argentina, US$20,3 para o Chile e US$55,7 para Cuba, mas somente US$4,4 no caso do México (Bulmer-Thomas, 1994, p. 69).

---

[11] Uma distorção importante desta medida é que o valor das importações é CIF, o que os eleva cerca de 10% em relação aos valores FOB na origem. A avaliação da tarifa com base nesta medida está, portanto, correspondentemente subestimada.

8. Regimes monetários, câmbio e sistema financeiro

8.1. Regimes monetários

Depois da Independência, o Banco do Brasil continuou a emitir cédulas que constituíam boa parte do meio circulante. Em 1829 não existia praticamente nenhuma circulação metálica, a não ser de cobre. Em vista da grande quantidade de moedas falsas de cobre, o governo permitiu a sua substituição, a partir de 1827, por cédulas. No quadro da lei de 1833, o Tesouro também emitiu cédulas para o troco da moeda de cobre que tiveram curso legal até 1837. Em 1834 e 1835, em meio à crise dita do "xemxem", muitos governos provinciais impuseram contramarcas, diminuindo o valor das moedas de cobre na tentativa de dificultar sua exportação (Trigueiros, 1987, p. 68-74). O governo se decidiria pelo monopólio de emissão do Tesouro, inicialmente entre 1835 e 1838 e depois entre 1866 e 1889 (ver Lissa, 1987, p. 13-14; Coimbra, 1960, tomo IV e Calógeras, 1960, caps. 4 e 5). A década de 1830 foi marcada por escassez de moeda em um quadro em que a Lei de Gresham – a moeda má expulsa a boa – estimulou a expulsão de ouro, prata e cobre da circulação monetária e do país. A circulação metálica voltou a ser importante apenas no fim da década de 1840, com o reinício da cunhagem de ouro e de prata em maiores valores, mas somente até meados da década de 1860, com breve recuperação nos dois últimos anos do Império.

O segundo sistema monetário do Império, envolvendo a quebra do padrão ou aviltamento (redução do conteúdo do metal precioso das moedas) da moeda metálica, durou em princípio de 1833 e 1846. No final da década de 1840, uma nova legislação estabeleceu novos padrões para a emissão de moedas de ouro e prata que permaneceriam até 1889 (ver Coimbra, 1960, tomo IV, cap. XVI; Prober, 1966, p. 17-18; Trigueiros, 1987, p. 56-57 e Calógeras, 1960, cap. 5). Dado que a circulação metálica não correspondia a uma proporção expressiva da oferta de moeda, as oportunidades para apropriação relacionada à senhoriagem ou aviltamento da moeda metálica eram limitadas.[12] De fato, não houve erosão de direitos de propriedade relacionados à circulação metálica, talvez devido à melhora das contas públicas. Por outro lado, a expansão da circulação inconversível pressionou os preços domésticos e representou a imposição de imposto inflacionário em benefício do governo nos períodos em que o Tesouro tinha o monopólio de emissão. Há indicações, baseadas em índices de qualidade muito desigual, de que os preços pelo menos dobraram no Brasil entre 1830 e 1889. Assim, a inflação, medida por preços ao consumidor, embora muito inferior à que seria tipicamente registrada no período republicano, foi muito superior à registrada nas economias desenvolvidas.[13]

---

[12] Sobre senhoriagem nas décadas de 1850 e 1860, ver Calógeras (1960, p. 76, 81 e 82).

[13] Ver, para preços pré-1870, Goldsmith (1984) e Buescu (1996), e para preços pós-1870, Catão (1992). Entre 1830 e 1889, os preços por atacado nos Estados Unidos (Bureau of Labor of Statistics) caíram cerca de 10% e o índice de preços Rousseaux para a Grã-Bretanha mais de 30%. Ver United States (1975, p. 201) e Mitchell e Deane (1971, p. 471-2).

8.2. Câmbio e preços

A paridade legal do mil-réis foi quebrada, em 1833, de 67,5 pence/mil-réis para 43,5 pence/mil-réis e, em 1846, para 27 pence/mil-réis.[14] O câmbio flutuou de forma significativa durante o Império, embora em determinados períodos tenha sido mantido relativamente constante, notavelmente nos 1850 e em meados dos 1870 em torno do par. Houve contínua desvalorização até o início dos anos 1840, quando a taxa média anual manteve-se entre 25 e 29 pence/mil-réis. Alcançou a cotação mínima de 17 pence durante a Guerra do Paraguai, recuperando-se para 25-27 pence em 1872-76. Com as dificuldades do final da década de 1870 ocorreu nova desvalorização, mas, após cair a 19 pence em 1884-1886, o mil-réis apreciou-se rapidamente no final do Império rumo ao par (ver Tabela 1.2). De fato, em 1888-89 houve adesão formal ao padrão-ouro à paridade de 27 pence/mil-réis, rapidamente abandonada com a proclamação da República. A depreciação cambial de 50 pence/mil-réis em 1823 para perto de 27 pence/mil-réis em 1889 foi aproximadamente em linha com a inflação estimada no período (ver Tabela 1.2).

8.3. Sistema financeiro

O Banco do Brasil herdado da administração portuguesa, com poder de emissão, mas desprovido de suas reservas metálicas com a partida da corte portuguesa, foi liquidado em 1829 em meio a denúncias de gestão desastrada (ver Calógeras, 1960, caps. III e IV). Um novo Banco do Brasil surgiria apenas em 1853 quando, na esteira do novo Código Comercial de 1850, o Banco do Brasil de Mauá & Co. foi transformado em Banco do Brasil controlado pelo governo. Ao longo do período imperial alguns serviços financeiros foram providos aos cafeicultores pelos comissários que operavam como agentes dos cafeicultores nos grandes centros (ver Laerne, 1885, cap.5 e Stein, 1990, cap. 4), e também por grandes comerciantes aos senhores de engenho.

Após o fechamento do primeiro Banco do Brasil em 1829, e não levando em conta a Caixa Econômica fundada em Salvador, em 1834, bancos privados foram criados a partir de 1837, como o Banco Commercial do Rio de Janeiro fundado na Corte, e outros a partir da década de 1840, sendo alguns exemplos o Banco Commercial da Bahia (1847), o Banco Commercial do Maranhão (1846), o Banco Commercial do Pará (1847) e o Banco de Pernambuco (1851). Diversos bancos criados no final da década de 1850, no Rio de Janeiro, em Porto Alegre, no Recife e na Bahia, tiveram capacidade de emissão. Novos bancos foram criados nas décadas de 1860 e 1870, mas sem direito de emissão, entre outros o Banco de Campos (1863), o Comercial do Rio de Janeiro (1866) e o Rural e Hipotecário em 1868, com capital

---

[14] Uma libra esterlina pré-1970 continha 20 xelines (shillings). Um xelim continha 12 pence. Portanto, uma libra continha 240 pence. Na Grã-Bretanha tradicionalmente cota-se câmbio em termos de unidades de moeda estrangeira por unidade de moeda doméstica. Esta tradição vigorou no Brasil até 1930. Ver leis de 8 de outubro de 1833 e 11 de setembro de 1846 e Calógeras (1960, cap. 5).

de 8 mil contos (Pelaez e Suzigan, 1981, p. 117). De fato, em 1866, foi abolida a emissão bancária e o Tesouro Nacional assumiu o monopólio da capacidade emissora. Bancos estrangeiros, especialmente britânicos, adquiriram grande importância a partir da década de 1860. O London and Brazilian Bank foi fundado em 1862 com capital integralizado de £500 mil, mesmo capital do Brazilian and Portuguese Bank, fundado em 1863 e rebatizado English Bank of Rio de Janeiro, em 1866. Em 1880, os ativos dos dois bancos eram da ordem de £2 milhões, cada um. O Deutsche Brasilianische Bank, fundado no início dos 1870, fechou suas portas em 1875, mas o Brasilianische Bank für Deutschland foi fundado no final do período imperial (Joslin, 1963). Em 1880, o ativo do Banco do Brasil era da ordem de £17 milhões e os ativos agregados dos outros bancos brasileiros seriam da ordem de £19 milhões, sendo quase 53% correspondentes aos quatro maiores bancos (Predial, do Commercio, Rural e Hypothecario, Commercial) que tinham, portanto, em média, porte equivalente ao dos dois bancos britânicos (Ministério da Fazenda, *Relatório* 1880). Em 1888, o capital do Banco do Brasil alcançava cerca de £3,3 milhões, e o capital total dos bancos era estimado em £11 milhões, com depósitos da ordem de £9 milhões. Os depósitos em cadernetas de poupança, principalmente no Rio de Janeiro e Bahia, eram avaliados em £2,3 milhões (Wyndham, 1889, p. 3, 8 e 15).

Até a década de 1850, casas bancárias prevaleciam na intermediação financeira. A falência da casa bancária Souto e Cia, em 1864, levou a uma considerável queda de participação desse tipo de estabelecimento nos negócios bancários. De fato, as casas financeiras que se tinham tornado importantes na década de 1850 demonstraram ser extremamente vulneráveis às crises geradas no centro do sistema financeiro internacional em vista do grande descompasso entre os prazos de liquidação de seus depósitos e de suas aplicações. A crise comercial de 1857 gerou pesadas perdas, em parte atenuadas pela acomodação do Banco do Brasil, mas as casas financeiras continuaram suas atividades de grande risco financiando empresas de pouca solidez. A onda de falências em 1864 arrastou boa parte das casas financeiras do Rio de Janeiro com o passivo total de 110.500 contos, o que gerou na liquidação perdas da ordem de £7,5 milhões, valor equivalente a 50% dos meios de pagamento em 1864. O passivo de A.J.A. Souto & Cia. nesta crise de 1864 não era muito diferente dos £5 milhões de Overend, Gurney, no centro da crise do mercado londrino dois anos depois.

Nas décadas de 1850 e 1860 a proporção de papel-moeda emitida pelos bancos aumentou até alcançar cerca de 80% do total em 1865-66. Houve a partir daí uma grande queda de importância das moedas metálicas no meio circulante (Calógeras, 1960 e Trigueiros, 1987, p. 87-89). Embora o Banco do Brasil se tenha empenhado em minorar as consequências das crises de 1857 e 1864 (Pradez, 1872, p.164), pairaram acusações de que ter-se-ia retraído em 1875, acarretando a quebra do Banco Mauá. Os depósitos bancários como proporção dos meios de pagamento aumentaram de menos de 10% em 1850 para cerca de 60% em 1889, enquanto, segundo dados que inspiram grandes reservas, os meios de pagamento teriam sido mantidos em torno dos 20% do PNB no final da década de 1820 e no final da década de 1880 (Goldsmith, 1984, p. 36 e 44). A política monetária do Encilhamento nos anos iniciais da República baseou-se em parte na legislação aprovada ao apagar das luzes do Império, por influência dos "papelistas", permitindo a emissão múltipla para enfrentar ao aumento da demanda por moeda associada à abolição da escravidão.

9. Finanças públicas

9.1. Receita

Houve bastante continuidade das instituições relacionadas às finanças públicas entre a colônia e o Brasil independente. Ainda em 1831, a legislação relativa a Tesourarias provinciais fazia referência à contratação de arrecadação de tributos por meio de leilões, embora o sistema estivesse fadado a desaparecer, em vista da eliminação do dízimo e do aumento da importância da taxação do comércio exterior.[15]

Durante todo o Império a receita do governo central dependeu crucialmente dos impostos relacionados ao comércio externo, principalmente sobre importações e exportações. (Straten-Ponthoz, 1854). Os custos de arrecadar impostos internos eram muito superiores aos relativos a impostos sobre comércio exterior, especialmente se o comércio fosse por via marítima.[16] Resistências políticas impediam a taxação da propriedade ou do uso da terra. As chamadas taxas e direitos interiores incidiam sobre transações não relacionadas ao comércio exterior, tais como transferência de imóveis e escravos, contratos, heranças e propriedade de escravos com empregos urbanos. A participação do imposto de importação na receita ordinária do governo central depois de 1833 foi sempre superior a 50%, aumentando para quase 60% no final dos anos 1830 e quase 70% em meados dos anos 1850. Depois disto, reduziu-se, mantendo-se em torno de 50-60% até o final do Império. A taxa de exportação imperial depois de flutuar entre 5% e 7% na década de 1850 e início da década de 1860, foi aumentada para 9% durante a Guerra do Paraguai, voltando a 7% em meados dos anos 1870. Impostos sobre exportação arrecadados pelo governo central correspondiam a mais de 5% da receita total no início dos anos 1830, mas sua participação aumentou rapidamente até alcançar 25% no final da década. Depois de um recuo para 12% nos anos 1850, estabilizou-se em torno de 15% a 17%, só caindo no final dos anos 1880 de novo para 12%. Os impostos de importação e exportação combinados aumentaram sua participação na receita total do governo central de algo abaixo de 60% para mais de 80% no início da década de 1850. No fim do Império esta ainda era superior a 70% (ver Tabela 1.2). Embora novas taxas internas tenham sido criadas, a receita ainda dependia essencialmente do comércio exterior

Já foi mencionada a tendência ao aumento da tarifa de importação ao longo da história imperial até alcançar mais de 50% (equivalente *ad valorem*).[17] A preeminência brasileira no mercado mundial de café, somada à inelastidade-preço da demanda pelo produto, tinha importantes implicações sobre a incidência da taxação sobre o café. Era reconhecido, já no século XIX, que a taxação das exportações de café provavelmente resultaria em aumento do preço mundial de café

---

[15] Lei de 8.10.1831. Ver Almeida (1922, p. 8, 14,18-20, 33).

[16] Isto explica a habitual contratação de impostos internos com contratadores privados, em contraste com os impostos sobre o comércio exterior, sempre arrecadados diretamente pelo governo. Ver North e Thomas (1973).

[17] Levando em conta estimativas do valor FOB das importações.

A economia brasileira no Império, 1822-1889 23

TABELA 1.2 Brasil: Finanças públicas, 1820-1889.

	1820	1830	1850	1870	1889
Dívida pública interna do governo central (contos)*	-	13.935	52.452	234.030	434.785
Taxa de câmbio (pence/1$000, média anual)**	49 (1822)	22,81	28,75	22,06	26,44
Preços por atacado (1913 = 100)***	n.d.	33,5	38,1	71,6	64,7
Receita tributária: governo central****					
Imposto de importação (% do total)	48,7 (1823)	22,1 (1830-31)	62,7 (1850-51)	54,2 (1870-71)	59,2 (1888)
Imposto de exportação (% do total)	12,8 (1823)	7,1 (1830-31)	14,4 (1850-51)	15,3 (1870-71)	9,8 (1888)
Outros tributos (% do total)	38,5 (1823)	70,8 (1830-31)	22,9 (1850-51)	30,5 (1870-71)	31,0 (1888)

*Levy (1995) ** IBGE, *EHB* 1990. *** Buescu (1996); Goldsmith (1986) e Catão (1992). **** Carreira (1980).

(ver Ridings, 1994, p. 195, citando Ministério da Fazenda, *Relatório*, 1872, p. 75 e 1879, Anexo B, p. 5-6). Além disto, pelas mesmas razões, aumentos da tarifa de importação no Brasil implicavam aumento dos custos de produção de café, com consequente impacto sobre a sua curva de oferta mundial e aumento de preços no mercado mundial, combinado com modesta redução das quantidades demandadas. A proteção alta tinha, é claro, um efeito regressivo desfavorável sobre a renda da população urbana que dependia de importações até mesmo no caso de bens salário (notadamente têxteis e alimentos). E também sobre as províncias exportadoras de outras commodities, pois o Brasil não tinha poder de mercado nestes outros mercados e, portanto, o aumento de custos de produção resultava em perda de "market share" e/ou queda de lucratividade. Similarmente taxar exportações em relação às quais o Brasil era um supridor marginal e cuja demanda era mais elástica do que a demanda por café, tais como açúcar e algodão, provavelmente reduziria o valor das exportações, pois o aumento do imposto de exportação não tinha qualquer impacto sobre os preços das commodities exportadas (ver Abreu e Bevilaqua, 2000).

Houve, no período imperial como um todo, uma tendência à desvalorização cambial, embora em 1889 a taxa de câmbio tivesse voltado à paridade de 1846. Desvalorizações cambiais tinham impacto desfavorável sobre os não exportadores em geral, pois oneravam os preços de importações de bens de consumo e não havia aumento de sua receita em mil-réis. Os exportadores de commodities fora o café eram beneficiados, pois eram *price takers* e a sua receita refletia integralmente a desvalorização, enquanto apenas parte de seus custos de produção eram indexados ao câmbio. Já no caso dos produtores do café, os efeitos eram mais complexos. Embora a desvalorização também resultasse em aumento da sua receita em mil-réis e incidisse, ao menos no curto prazo, apenas sobre parte de seus custos, a desvalorização, dado que o Brasil era price maker, tendia a enfraquecer o preço mundial de café, pois estimulava uma desova de estoques por parte de agentes interessados em realizar lucros.[18]

A taxação das províncias era importante. Evidência fragmentária indica que tais receitas correspondiam a cerca de 25% das receitas do governo central entre meados da década de 1840 e os anos 1880 (ver Carreira, 1980 e Straten-Ponthoz, 1854). Taxar o comércio exterior também era atraente para as províncias. Embora a cobrança de impostos de importação provinciais fosse constitucionalmente ilegal, subterfúgios nos anos 1830 abriram caminho para a sua adoção. O Ato Adicional de 1834 permitiu a taxação provincial desde que não interferisse com a taxação do governo central. Determinar se taxas municipais ou provinciais poderiam interferir negativamente com as receitas do governo central tornou-se algo sujeito a interpretação (Nogueira, 1987, p. 64-65 e 86-88). A proibição de impostos provinciais de exportação, incluída no Ato Adicional, abriu implici-tamente a brecha para a taxação de importações nas províncias. No início do período imperial, o governo central transferia recursos para as províncias e arcava com certos gastos, em vista da insuficiência de suas receitas. "O governo imperial posava assim de pai magnânimo e compreensivo dos desmandos financeiros das províncias", quando na visão de muitos era o principal beneficiário de um sistema que negava às províncias receitas que legitimamente lhes "pertenciam". Não foi, portanto, surpreendente que as províncias adotassem, a partir dos anos 1840, taxação ao consumo que, de fato, incidia sobre importações interprovinciais ou do exterior (ver Veiga Filho, 1898, p. 112-113).

Em 1861, o Conselho de Estado proibiu a taxação das importações interpro-vinciais, mas isto não vingou inteiramente, como mostra a taxação do comércio interprovincial de escravos, a partir do início da década de 1860, tanto nos es-tados importadores quanto nos exportadores. A recessão dos anos 1870 provocou queda abrupta dos preços de algodão e o aumento dos impostos provinciais de importação no Nordeste que suscitou protestos de importadores e levou à reiteração das proibições de taxar importações nas províncias. Mas as províncias do Nordeste estavam mergulhadas em grave crise financeira e com a queda dos preços de suas exportações forçando a redução, ou eliminação, da taxação das ex-portações, a imposição de taxação sobre as importações tornou-se inevitável, embora disfarçada sob denominações criativas, tais como taxa de desembarque e outras. A despeito de longos debates no Legislativo, no início da década de 1880, não houve acordo quanto a um novo critério de distribuição das receitas em favor das províncias e o governo central fechou os olhos para a disseminação de taxação provincial das importações, a despeito de sua ilegalidade. No início da década de 1880, estas taxas de importação inconstitucionais correspondiam

---

[18] Pode ser imaginado, também, que a desvalorização cambial acarretava uma queda dos custos domésticos denominados em moeda estrangeira e, portanto, deslocamento da curva de oferta que gerava uma redução do preço mundial. Os efeitos de longo prazo dependiam crucialmente das decisões dos cafeicultores sobre a ampliação da capacidade produtiva, como ficaria claro na década de 1890.

a 20%-30% das receitas das províncias do Nordeste (ver Melo, 1984, p. 249-250, 258-260 e 278-281).

A taxação provincial das exportações era expressiva em algumas províncias, alcançando, por exemplo, 13% sobre a borracha no Pará. Nos estados produtores de café era da ordem de 4%, mas, em 1888, as taxas provinciais, somadas à taxa imperial, somavam 13%. Igualmente, no Rio Grande do Sul, no mesmo ano, as exportações de charque e couros pagavam 4% à província e 9% ao governo central (ver Ridings, 1994, p. 197 e Wyndham, 1889, p. 18-19 e 59). Nas províncias do Nordeste, em vista da concorrência sofrida pelas exportações de açúcar e de algodão no mercado mundial, não era possível taxá-las sem reduzir a quantidade exportada e produzida. Isto contrastava com a posição das províncias cafeeiras, pois, em vista da posição dominante do Brasil no mercado mundial de café, o ônus do aumento de taxação da exportação podia ser transferido ao consumidor externo através de aumento de preços (ver Melo, 1984, p. 250).

9.2. Despesa

O nível de despesas do governo central dependia em grande medida dos gastos militares relacionados a operações internas e externas. As despesas dos ministérios militares corresponderam a 50% dos gastos totais no fim dos anos 1820, com a Guerra da Cisplatina e, mais ainda, nos anos 1830, com operações contra os separatistas no sul do Brasil. Nos anos mais pacíficos, entre a maioridade e a Guerra do Paraguai, as despesas militares nunca caíram abaixo de 35%, e no conflito alcançaram 65% dos gastos totais. Segundo estimativas do final do Império, o custo da guerra ter-se-ia situado no amplo intervalo de £40 milhões a £60 milhões (Wyndham, 1889, p. 8). Só depois de 1870, os gastos militares cairiam para a região dos 20% dos gastos totais. Verificou-se déficit persistente nas contas do governo central durante o período imperial, em geral refletindo picos de gastos militares (ver Carreira, 1980, p. 627 e ss.). O Sul e a Corte contribuíam com dois terços da receita do governo central, em contraste com um terço do Norte e do Nordeste. A receita do governo central em São Paulo era de 7% do total, inferior à do Pará e à de Bahia e Pernambuco, mas a despesa era de apenas 2% do total. Em muitas províncias do Nordeste e do Norte, além de São Paulo, os balanços provinciais eram desfavoráveis, acarretando significativas transferências das províncias para o governo central. Isto se devia em parte à concentração de gastos militares nas regiões de fronteira no Sul e no Centro-Oeste (ver Carreira, 1980, p. 658-659 e Melo, 1984, p. 251-252).

Quando da Abolição, o governo imperial não indenizou os proprietários de escravos, muitos dos quais abraçaram então a causa da República. Foi decidida a concessão de empréstimos à grande lavoura com recursos públicos principalmente através do Banco do Brasil, já que a rede bancária brasileira era muito pouco densa. A iniciativa teve alcance limitado e possivelmente beneficiou fazendeiros que tinham maior viabilidade, capazes de oferecer garantias adequadas, uma vez eliminada a possibilidade de utilização de escravos como colateral.

9.3. Dívida pública

Entre 1824 e 1889, a dívida externa brasileira aumentou de £5,1 milhões para £33,6 milhões (ver Tabela 1.1). Cerca de 98% do total no final do Império correspondia a empréstimos denominados em libras lançados em Londres e 90% a empréstimos do governo central. A firma londrina N.M. Rotschild & Sons deteve o monopólio de emissão de empréstimos externos do governo central entre 1858 e 1908 e atuou também como agente pagador e comprador do governo brasileiro. Após o pesado endividamento do início da história independente, a dívida externa manteve-se praticamente estável em termos nominais até 1850, só então aumentando lentamente. A relação dívida-exportações, que alcançou quase 1,7 nos anos 1820, caiu a 0,42 em 1860 e no final do Império era de 1,18. A cotação dos títulos da dívida externa brasileira oscilou consideravelmente durante o Império: as cotações dos empréstimos Brasil 5% registraram um mínimo de 44 no final de 1831, mas durante certos períodos, como no final dos anos 1850, início dos anos 1860 e na década de 1880, superaram 100.[19] Somente no final de 1888 províncias passaram a tomar empréstimos no exterior, notadamente São Paulo, Bahia e Pernambuco (Wyndham, 1889, p. 9).

Embora boa parte da literatura especializada atribua ao Brasil um péssimo desempenho como devedor, tal avaliação é destituída de fundamento quando se refere ao período Imperial. As distorções das avaliações devem-se em parte à concentração de interesse nos empréstimos norte-americanos que só ocorreram depois da Primeira Guerra Mundial, em parte à omissão do período anterior a 1850 quando, em contraste com o resto da América Latina, o Brasil não suspendeu o pagamento do serviço da dívida externa.[20] Enquanto as taxas internas de retorno de *consols* britânicos (títulos perpétuos da dívida pública) oscilaram entre 2,4% e 3,8% ao ano, as taxas internas de retorno dos títulos brasileiros lançados no Império oscilaram entre 3,9% e 10,1%.[21]

Em 1830, cerca de 80% da dívida total era externa, mas em 1850 a proporção havia caído para a metade. Houve um aumento nos anos 1860, mas em 1870 já era inferior a 40% e, em 1889, da mesma ordem (ver Tabela 1.2). Nas décadas de 1850 e 1860, com a aceleração da inflação, o governo passou a lançar empréstimos internos denominados em mil-réis ouro, isto é, indexados ao câmbio ao par de 27d/1$000. Um elemento importante de gastos do governo central era o serviço da dívida pública externa e interna. A proporção de gastos com o serviço da dívida caiu de cerca de 25% no final dos anos 1820 para 16-17% nos anos 1850 e 1860, permanecendo abaixo de 20% nos anos 1870 e ultrapassando 30% na década de 1880 (ver Levy, 1995 e Pacheco, 1973). Dados precários indicam que a dívida

---

[19] No final da década de 1880, o governo imperial converteu a dívida lançada no período 1865-1886 a 5% em títulos de 4%.

[20] Ver em Abreu (2006) comentários sobre Eichengreen e Portes (1989), Jorgensen e Sachs (1989) e Lindert e Morton (1989). Para o boom da dívida latino-americana em 1824-25 ver Dawson (1998).

[21] As taxas de retorno anuais dos empréstimos brasileiros foram também sempre superiores às taxas anuais referentes a *consols*, embora, naturalmente, com muito maior volatilidade. Ver Abreu (2006).

pública das províncias e municípios não era importante, talvez em torno de 7% da dívida total do governo central (ver Carreira, 1980).

Detentores de títulos da dívida interna sem indexação enfrentavam perdas potenciais devido à maior inflação no Brasil do que no resto do mundo. Como já mencionado, a inflação média anual brasileira entre 1830 e 1889 terá sido da ordem de 1,2% ao ano, enquanto a deflação norte-americana foi de 0,2% ao ano, gerando um diferencial de inflações da ordem de 1,4%, comparado ao diferencial de taxas de juros de 1-1,5% entre títulos da dívida interna e da dívida externa.[22]

10. Conclusões

O PIB *per capita* brasileiro em 1820 seria comparável ao mexicano (cerca de 10% a 20% inferior) e corresponderia a pouco mais da metade do nível do PIB *per capita* dosEstados Unidos. Em 1890 havia perdido muito terreno: seria talvez 3/4 do nível mexicano, pouco mais de 1/3 do nível argentino e pouco mais de 1/5 do nível dos Estados Unidos. Uma taxa de crescimento de 0,3% ou até de 0,4% ao ano para o período imperial como um todo parece razoável, decorrente essencialmente do crescimento a 1,5-2% da renda *per capita* da zona cafeeira após 1850, inicialmente no Rio de Janeiro e norte de São Paulo, e depois dos anos 1880 em Minas e, especialmente, no Centro-Oeste Paulista. Os anos 1850 e, surpreendentemente, a segunda metade dos anos 1880 provavelmente corresponderam aos períodos de expansão mais rápida da economia imperial, enquanto a década de 1870 ficou marcada pela Grande Seca no Nordeste.

A produção de café em grandes propriedades requereu a importação maciça de escravos e, após a proibição de fato do tráfico em 1850, a transição para o trabalho livre. Foi um processo lento que só se acelerou nos anos 1880, quando foram aumentados os subsídios à imigração face à concorrência de outras economias importadoras de mão de obra.

A expansão do café foi acompanhada pela retração relativa, e em certos casos, absoluta da exportação/produção de commodities tradicionalmente exportadas pelo Nordeste como algodão, açúcar e fumo. A exportação de couros e peles também perdeu importância. A expansão da borracha na Amazônia ganharia mais força no período republicano.

A economia cafeeira e, em menor medida, outros polos de exportação, estimularam a criação de importante infraestrutura, em especial ferrovias públicas e privadas. Entre as ferrovias privadas parte foi estabelecida por empresários estrangeiros, parte por capitalistas nacionais. No final do período imperial, respondendo às demandas da urbanização, ganhou importância a provisão de serviços públicos urbanos, também com importante papel do capital estrangeiro. A industrialização foi incipiente no período imperial. Apenas em meados da década de 1880 começou a diminuir significativamente a penetração das importações de bens de consumo não duráveis, processo que vai amadurecer apenas na primeira década republicana.

---

[22] A deflação britânica, por seu lado, foi da ordem de 0,5% ao ano.

Em paralelo com a expansão cafeeira, aumentou a importância dos Estados Unidos como mercado brasileiro. A Grã-Bretanha perdeu paulatinamente participação nas importações totais brasileiras à medida que se expandiram as exportações de concorrentes, especialmente Estados Unidos e Alemanha.

Embora tenha havido substancial desvalorização do mil-réis no período imperial (50% da taxa denominada em pence/1$000), a desvalorização foi modesta comparada à que se registrou na República Velha e, mais ainda, depois de 1930. O Brasil foi bom pagador da sua dívida externa, após as dificuldades iniciais na década de 1820. Em 1888 houve conversão de toda a dívida externa para aproveitar a excelente avaliação do crédito brasileiro e reduzir os juros pagos pelo governo imperial.

No plano político, ganharam força os interesses paulistas em detrimento dos interesses do Nordeste. Cresceu também, após a vitória na Guerra do Paraguai, a influência dos militares republicanos, muitos deles positivistas. Em meio aos debates sobre a Abolição e a República, foi clara a erosão do "baianismo", ou seja, da preponderância política "nortista". As consequências econômicas da protelada abolição da escravidão e a fadiga das instituições imperiais levariam à proclamação da República e à rápida reversão do quadro econômico favorável da segunda metade da década de 1880.

CAPÍTULO 2

A PRIMEIRA DÉCADA REPUBLICANA

Gustavo H.B. Franco

1. Introdução

A primeira década do regime republicano foi das mais difíceis para os condutores da política econômica. É fácil ver que essas dificuldades se devem ao fato de que aí se observam os momentos cruciais de importantes transformações "estruturais" na economia do país, destacadamente a súbita disseminação do trabalho assalariado no campo e o reordenamento da inserção do país na economia internacional. A primeira estava relacionada ao fim da escravatura e maciça entrada de imigrantes ao longo da década de 1890, e a segunda, ao extraordinário florescimento das relações financeiras do Brasil com o exterior. Transformações deste quilate, todavia, não definem inevitabilidades, mas modificam o espectro de escolhas a serem exercidas no contexto da política econômica e esta, como será exaustivamente observado ao longo deste volume, é afetada por múltiplos fatores, dentre os quais, por certo, política, doutrina e personalidade. A primeira década republicana, além de trazer mudanças estruturais na economia, será pródiga em crises políticas, embates doutrinários e grandes personalidades, de modo que a política econômica desses anos não encontra explicações simples em nenhuma de suas inflexões.

A década de 1890 seria memorável em seus debates entre metalistas e papelistas em torno da orientação a ser dada à política macroeconômica. Nos primeiros anos a balança tenderia para estes, pois a República teria como seu primeiro ministro da Fazenda um campeão papelista de indisputado talento, ninguém menos do que Ruy Barbosa. Todavia, a necessidade de se flexibilizar a política monetária geraria excessos, assim multiplicando resistências, de modo que o experimento papelista teria curta duração. A depreciação cambial de 1891, por outro lado, daria início a um período de hesitações e de progressiva deterioração das contas externas. A reação conservadora a partir de meados da década seria avassaladora: a partir de 1898 o país levaria um plano conservador de saneamento monetário e fiscal às suas últimas consequências. Os anos 1890 conhecem, portanto, ambos os extremos do espectro doutrinário.

Este capítulo procura em primeiro lugar informar sobre as principais transformações estruturais afetando o andamento da política econômica, e em segundo, oferecer uma crônica das principais medidas de política econômica ao longo dos anos 1890. Com este propósito a seção 2 trata da redefinição das relações financeiras do país com o exterior e suas principais consequências a nível macroeconômico. Em seguida, a seção 3 trata das consequências da disseminação do trabalho assalariado no campo especialmente no tocante à condução da política monetária

30 A ORDEM DO PROGRESSO

e à organização do sistema bancário. A seção 4 oferece uma narrativa do curso da política econômica ao longo da década de 1890.

2. O Brasil e a economia internacional

O crescente envolvimento do Brasil com a economia internacional constitui um traço fundamental da história econômica do país nos últimos anos do século XIX. Do ponto de vista comercial, observa-se maior abertura: a razão exportações/ PIB que era de 15,4% em 1870, chega a 18,6% em 1900.[1] O valor das exportações *per capita*, contudo, que cresce de US$11,7 em 1872 para US$12,9 em 1913, não chega a definir o Brasil como uma economia especialmente "aberta", pois estes valores estão próximos da média da América Latina "tropical", isto é, sem incluir Argentina, Uruguai e Chile.[2] Além disso, note-se que a participação brasileira no comércio mundial é muito pequena, inferior a 1% em 1913.

Já a pouco notada participação brasileira no tocante ao investimento internacional é bem mais substancial. O valor do estoque de capital estrangeiro no Brasil em 1913, incluindo-se aí investimentos britânicos, franceses, alemães e norte-americanos, diretos e de carteira, atingia a cifra de £514 milhões, o que representava cerca de 30% do total para a América Latina e 5,4% do total mundial.[3] É importante observar que o grosso desses investimentos teria lugar durante o período 1902-1913: o valor da dívida externa federal, por exemplo, cresceria de £30,9 milhões em 1890 para £44,2 milhões em 1900, mas em 1913 atingiria a cifra de £144,3 milhões. No tocante ao investimento direto, note-se que de 1860 a 1902 o capital das empresas estrangeiras estabelecidas no país atinge £105 milhões, ao passo que o total para as constituídas durante 1903-1913 é da ordem de £190 milhões (Castro, 1978, p. 97).

Ao longo dos anos 1990 a convivência do país com os mercados financeiros internacionais se enriquece sobremodo, pois é nesses anos que se assentam as bases da grande abertura financeira da primeira década do século XX.[4] A conta capital passa a ter importância crescente no contexto das contas externas do país, tornando-se um mecanismo através do qual a instabilidade da receita comercial poderia ser compensada, e que também permitia a manutenção de níveis de absorção (ou taxas de investimento) maiores do que seria possível na ausência de capitais externos. Em contrapartida, argumenta-se comumente que é exatamente na articulação perversa

---

[1] Mas em 1913 teria sido de apenas 14,8%. Ver Goldsmith (1986, p. 23 e 83), para os dados do PIB a preços correntes, e IBGE (1987, p. 523-4), para as exportações.

[2] Para os quais os valores são de US$66,9, US$19,7 e US$ 41,1 respectivamente, Lewis (1978, p. 196-203).

[3] Ver Albert (1983, p. 34) e Kenwood e Lougheed (1983, p. 41).

[4] É interessante notar que o relacionamento do país, assim como o de outras repúblicas latino-americanas, com os mercados financeiros internacionais não começa aí. Empréstimos externos tiveram um papel importante para as finanças e para os balanços de pagamentos dessas repúblicas logo em seguida aos processos de independência política. Todavia, a esse *boom* de empréstimos seguiu-se uma onda de dificuldades de pagamentos e moratórias que traumatizou o mercado londrino por muitos anos. Apenas nos anos 1960 e 1970 as repúblicas latino-americanas conseguiram retornar a esses mercados.

(ou a correlação positiva) entre movimentos de capital e as contas comerciais que se devem procurar as raízes da instabilidade macroeconômica a que esteve sujeita a economia brasileira em sua fase caracteristicamente primário-exportadora.

Este é, na verdade, um debate que extravasa a historiografia brasileira: um dos temas importantes da enorme literatura referente ao funcionamento do padrão-ouro nos anos anteriores a 1914 diz respeito ao argumento de que os mesmos mecanismos que asseguram estabilidade macroeconômica nos países centrais – mecanismos estes que envolvem justamente a articulação entre as contas comerciais e os movimentos de capital – implicam instabilidade nos países da chamada periferia.[5]

No contexto brasileiro, existe uma interpretação tradicional do problema na obra clássica de Furtado (1959, p. 158-9), na qual se argumenta que uma crise nos centros industriais se reflete nas economias "dependentes", em um primeiro momento, através de uma redução do volume de exportações, e em seguida, através de uma piora nos termos de intercâmbio, e tendo em vista que "numa economia deste tipo a conta capital do balanço de pagamentos se comporta adversamente nas etapas de depressão... percebe-se facilmente por que [estas] estiveram sempre condenadas a desequilíbrios de balanço de pagamentos e à inflação monetária".

A evidência disponível no que tange aos países centrais não é definitiva, mas parece apontar na direção de um comportamento contracíclico em se tratando de saídas de capital, e pró-cíclico no que respeita aos termos de troca, isto é, uma relação positiva (do ponto de vista do centro) entre termos de troca e exportações de capital. Isso vem a ser, do ponto de vista dos países periféricos, uma relação negativa entre termos de troca e entradas de capital, o que desautoriza a visão furtadiana ao menos a nível do balanço de pagamentos da Grã-Bretanha.[6] É preciso notar, contudo, que embora esta correlação negativa "estabilizadora" seja dominante em termos gerais, ou tomando o período 1870-1913 em seu conjunto, este não seria necessariamente o caso para determinados períodos, ou para determinados países.[7] Para o caso do Brasil em particular convém observar que, tomando o período 1870-1900 como um todo, a correlação entre movimentos de capital e termos de troca não revela nenhum padrão dominante, mas há períodos onde ambos se movem na mesma direção: para 1870-1873, as entradas de capital aumentam e os termos de troca melhoram, o que também se observa em 1886-1889, e no sentido inverso, ou seja ambos pioram juntos, em 1876-1878 e em 1895-1897.[8]

A relação entre movimentos de capital e a evolução da capacidade para importar melhor informa sobre a influência daqueles sobre o estado das contas externas do país e consequentemente sobre as flutuações da taxa de câmbio. Em dois períodos onde as entradas de capital são reduzidas, 1876-1883 e ao longo dos anos 1890, de fato se observam dificuldades cambiais. No primeiro período, a taxa de câmbio

---

[5] Para uma resenha da literatura internacional sobre este ponto ver Franco (1988a).

[6] Note-se, no entanto, que não é exatamente verdadeiro que os termos de troca da periferia são dados pelo simples inverso dos termos de intercâmbio para o centro. Havendo outros centros e subcentros, assim como vários níveis de países periféricos, alinhados, por exemplo, de acordo com a participação das exportações de manufaturados sobre o total de suas exportações, essa simples correspondência é rompida.

[7] Ver, por exemplo, Lewis (1978, p. 178-80).

[8] Tal como discutido em Franco (1988c).

cai do nível de 27 pence por mil-réis em dezembro de 1875 para 21 pence por mil-réis em fins de 1883, e posteriormente para 18 pence por mil-réis em meados de 1885. Já no tocante aos anos 1890, a depreciação cambial assume dimensões de crise em 1891, quando a taxa cai de aproximadamente 24 pence por mil-réis em fins de 1890 para 12 pence por mil-réis no final de 1891. Em função disso, se observa uma significativa desvalorização real da taxa de câmbio, o que certamente teve papel importante em reduzir o déficit em conta corrente de uma média anual de £1,3 milhão em 1888-1891 para uma média anual em torno de £110 mil em 1892-1894.[9] Esta forma de ajustamento fornece talvez um dos melhores exemplos disponíveis do que se convencionou chamar, seguindo a análise pioneira de Furtado, de "socialização das perdas".

As dificuldades cambiais do país se tornariam crônicas após a crise de 1891-1892. A taxa de câmbio flutua entre 9 pence e 10 pence por mil-réis até fins de 1895 quando há uma quebra na tendência ascendente da capacidade para importar, à mercê da piora acentuada nos termos de troca, vale dizer, de um colapso dos preços do café, já refletindo as safras resultantes do grande aumento no plantio provocado pelas desvalorizações cambiais no início da década.

O déficit em conta corrente cresceria substancialmente, atingindo £2.295 mil em 1895 e £5.014 mil em 1896 e inaugurando um período crítico no tocante às contas externas. Tendo em vista o peso dos compromissos externos anteriormente assumidos – a razão serviço (juros, amortizações, descontos, e comissões) da dívida externa (pública e privada) sobre as exportações atinge valores em tomo de 21% em 1896 e 1897[10] – e uma conjuntura de semiparalisação dos fluxos de capital para o Brasil, isto é, da dificuldade em se obter acomodação junto aos Rothschild, observa-se uma nova crise cambial que dessa vez leva à moratória em 1898-1900.

A historiografia tradicionalmente não reserva à conta capital papel importante em nenhuma das duas grandes crises cambiais verificadas na década de 1890, havendo em vez disso uma forte tendência no sentido de se atribuir as crises a choques comerciais (flutuações nos preços do café) ou a excessos monetários e fiscais. No tocante à crise de 1891, a interpretação tradicional atribui o colapso cambial à expansão monetária provocada em última instância pelas reformas no sistema monetário introduzidas por Ruy Barbosa em 1890, o que também se aplica à crise que nos levou à moratória de 1898, que seria não mais que a liquidação em última instância dos excessos do Encilhamento.

É igualmente comum o viés no sentido de se explicar as flutuações cambiais nos anos 1890 através das variações no preço do café. O próprio Furtado (1959, p. 164 ss.) enxerga este último como "o fator determinante da taxa cambial", o que teria sido "perfeitamente percebido" por Wileman em seu clássico estudo de 1896. Isto se observa também na interpretação de Flávio Versiani (1980, p. 157) sobre o período anterior a 1914, que também se reporta a Wileman, mas a influência do café sobre o câmbio é questionada no estudo de Maria Teresa Versiani (1985). Em ambos os

---

[9] Segundo novas estimativas para o balanço de pagamentos do país em Franco (1988b).

[10] Note-se que tradicionalmente supõe-se que "o serviço dos capitais estrangeiros não chegou a constituir uma carga excessivamente pesada para a balança de pagamentos do Brasil na segunda metade do século passado", Furtado (1959, p. 159 e seg.).

casos, e também em Fishlow (1972), a análise não incorpora o fato de que a taxa de câmbio é afetada por múltiplas influências, de modo que a análise estatística de cada uma dessas forças carece de métodos mais elaborados. Alguns trabalhos mais recentes incluem tentativas de se especificar modelos macroeconômicos onde as diversas influências sobre a taxa de câmbio são identificadas e testadas, como, por exemplo, Cardoso (1981), Franco (1986a) e Fishlow (1987). Os resultados desses estudos não são conclusivos, embora gerem dúvidas, especialmente no segundo caso, sobre interpretações simplistas da relação entre a taxa de câmbio, a moeda e os termos de troca.

3. Trabalho assalariado e a política monetária

As últimas décadas do século XIX marcam os momentos decisivos de uma importante transformação na economia brasileira: de acordo com Furtado (1959, p. 151) "o fato de maior relevância ocorrido na economia brasileira no último quartel do século XIX foi, sem lugar à dúvida, o aumento da importância relativa do setor assalariado". É claro que isto representava uma importante mudança qualitativa na organização econômica do país que viria a afetar significativamente a natureza e o potencial de crescimento nos anos posteriores. A despeito disso, todavia, muitos autores observaram que esta transição teria um notável impacto "monetário", pois o pagamento de salários multiplicaria em muitas vezes, por exemplo, as necessidades de capital de giro na atividade agrícola, com isso elevando bastante o grau de monetização e a demanda por moeda na economia.[11] Segundo um relato contemporâneo (Ministério da Fazenda, *Relatório*, 1891, vol. I, p. 142):

> "... nas suas relações com o mercado de consumos interior ou exterior, a lavoura, mais ou menos enfeudada aos correspondentes, concluía mediante eles todas as suas operações de expedição, venda, reembolso e suprimento, por um mecanismo de crédito e escrituração que ordinariamente dispensava a tradição efetiva de dinheiro. Os pagamentos efetuavam-se por ordens e saques, que, debitados em conta corrente, se compensavam oportunamente com o haver apurado na alienação das safras. Por um jogo análogo de cheques sobre os comissários se satisfaziam as dívidas contraídas nas casas comerciais do interior."

A difusão do trabalho assalariado no campo haveria, por certo, de modificar drasticamente essas praxes, sendo também importante observar que, como as despesas com a mão de obra na atividade agrícola tinham um caráter essencialmente sazonal – pois estavam ligadas principalmente à colheita –, a difusão do assalariamento haveria de manifestar-se em primeira instância através de crescentes demandas de adiantamentos junto aos bancos na capital por ocasião das safras. Na verdade, há relatos sobre pressões sazonais sobre os bancos no Rio de Janeiro resultando

---

[11] Uma vez que, de acordo com Delfim Netto (1979, p. 17), "antes de 1888, os recursos financeiros necessários para o custeio da fazenda eram relativamente pequenos, pois a parte mais importante desse custeio – que era o pagamento da mão de obra – praticamente não existia.

em dificuldades de liquidez na praça do Rio desde os anos 1860, segundo observa Calógeras (1960, p. 161):

"... as colheitas exigiam remessas periódicas de dinheiro, as quais empobreciam as praças de onde o papel-moeda era exportado, e esse só retomava lentamente dada a dificuldade das comunicações. O Rio de Janeiro, principalmente, capital econômica e também política, assistia, à época das colheitas do Norte, a drenagem do seu numerário para as praças dessa região e sofria as consequências disso: elevação da taxa de descontos, tabelas de juros muito altos, dificuldades de realizar negócios pela falta de numerário, penúria de moeda."

No início da década de 1880, o problema das novas demandas de moeda advindas do trabalho livre era constantemente mencionado, e argumentava-se nesse sentido que as demandas sazonais de crédito associadas às safras (de café, açúcar etc.) podiam agora se tornar muito mais fortes, e podiam ter sérias consequências no tocante à liquidez, caso não fossem implementados esquemas destinados a prover acomodação para essa elevação *once and for all* da procura de moeda. Esquemas nesse sentido, no entanto, encontraram diversos tipos de obstáculos. De um lado, o incipiente desenvolvimento do sistema bancário o tornava especialmente vulnerável às variações sazonais na procura por crédito e nos seus depósitos. O sistema bancário àquela época era bastante concentrado na capital, onde estavam localizados cerca de 80% dos depósitos bancários, e era muito pouco desenvolvido. Em 1888 havia 0,043 agência bancária para cada 10 mil habitantes no país, um número considerado extremamente baixo.[12] Tomando somente a capital, este número se elevava para 0,443, o que também era considerado muito baixo. Como expressão deste estado de coisas, segundo um relato contemporâneo (*The Economist*, 23.12.1890):

"... era raro o uso de cheques, com hábito comum ali de reterem os indivíduos em seu poder largas quantias em vez de depositá-las em bancos. Os pequenos negociantes, os taverneiros, por exemplo, no Rio de Janeiro, apenas excepcionalmente depositam nos estabelecimentos. De ordinário preferem ter consigo seu dinheiro até a época de pagamentos..., satisfazendo então os seus débitos com as somas acumuladas em casa no decurso de seis a nove meses. O mesmo sucede com as classes que vivem de salário... os agricultores e outros habitantes do interior amuam grandes somas, para satisfazer suas necessidades; e esse dinheiro leva meses, ou anos, para ir ter aos bancos. A receita das alfândegas, em vez de se depositar em bancos, e por eles transmitir-se ao Rio de Janeiro, acumula-se em somas importantes, expedidas periodicamente pelos paquetes para a capital."

Essa baixa propensão do público para reter moeda sob forma de depósitos bancários impunha uma limitação estrutural à capacidade dos bancos em expandir seus empréstimos (depósitos) em resposta à maior procura de moeda, já que aquela significava basicamente um reduzido valor para o multiplicador bancário. Nessas condições, os bancos eram particularmente vulneráveis a demandas sazonais muito

---

[12] Dividindo-se 62 agências bancárias em 1888, segundo D'Oliveira (1889, p. 347-82), pela população em 1890, ano em que houve recenseamento. Ver Cameron (1967), passim.

fortes, pois para que os bancos expandissem o crédito, *ceteris paribus*, obrigatoriamente veriam reduzir-se sua relação encaixe-depósitos, ficando, portanto, em uma posição de liquidez mais vulnerável. A sazonalidade envolvida na procura de crédito tornava-se assim um problema para a economia do Rio de Janeiro, cujos determinantes estavam ligados ao baixo grau de desenvolvimento do sistema bancário e sua pouca penetração no interior. É a partir daí que se deve compreender a contínua referência, ao longo de todo o Segundo Império, ao fenômeno da "inelasticidade do meio circulante", ou seja, à incapacidade dos bancos em expandir ou contrair o crédito de acordo com as "necessidades dos negócios".[13]

Assim sendo, podem-se ter indicações sobre o modo como a disseminação do trabalho assalariado viria a afetar o sistema bancário: a presença de crises de liquidez, e com crescente gravidade à medida que se aproxima o ano da Abolição, fornece uma indicação importante do impacto monetário da difusão do trabalho assalariado no campo. Isso se observa de forma clara a partir de meados dos anos 1980. Já em fins de 1883, de acordo com o ministro da Fazenda Rodrigues Pereira, "o movimento das transações vinha sendo embaraçado pela falta de meio circulante, atribuída principalmente à migração de dinheiro para algumas praças do Norte, exigida pelas magníficas safras ali colhidas" (Ministério da Fazenda, *Relatório*, 1884, p. 62). Nessa ocasião, o ministro propôs inclusive a restauração da lei de 1875, que permitia ao Tesouro emissões temporárias para auxílio aos bancos.

A mesma proposta seria retomada logo adiante com ainda mais ênfase pelo novo ministro da Fazenda Conselheiro José Antônio Saraiva. Falando ao Parlamento em maio de 1885, lembrou Saraiva que "se aproximava o último mês do semestre, que era a ocasião das liquidações, dos pagamentos, quando os devedores previdentes preparam fundos para saldar suas contas no interior e remeter para as províncias do Norte elevadas somas [e] por isso dar-se-ia forçosamente, a escassez de meio circulante e... a crise monetária".[14]

Os temores de Saraiva não se haviam confirmado em julho, quando a ideia da restauração da lei de 1875 foi ter ao Senado. Ali ouviu queixas de que o papel-moeda era "já superabundante", mas defendeu-se com o argumento de que a medida proposta "não era... para aumentar o meio circulante e sim para conjurar uma crise".[15] A Comissão de Orçamento do Senado opinou pela aprovação do projeto,[16] e com isso a ideia de Saraiva foi efetivamente transformada em lei em 18 de julho de 1885. A lei, de apenas dois artigos, autorizava o governo a emitir até 25 mil contos – aplicáveis "a auxiliar os bancos de depósito de corte"[17] –, um total que representava um acréscimo potencial da ordem de 20% na base monetária.

A aplicação imediata de lei pareceu aliviar as dificuldades de liquidez em 1885, mas segundo o *Jornal do Commercio* (*Retrospecto Commercial*, 1887, p. 12) "já nos últimos meses de 1886, sentia-se certo mal-estar proveniente da dificuldade de

---

[13] Para uma discussão detalhada veja-se Franco (1983, p. 29).

[14] Pacheco (1973, p. 202).

[15] Ibid. p. 207.

[16] Lembrando que "se a emissão ficasse limitada ao suprimento da penúria de numerário da praça do Rio de Janeiro e só durante o tempo correspondente à retração do capital monetário, nenhuma perturbação deveria trazer aos valores existentes e nem mesmo ao câmbio". Ibid. p. 208.

[17] Artigo 1º, Lei nº 3.263 de 18 de julho de 1885, transcrita em Aguiar (1973, p. 279-80).

se obter empréstimos e adiantamentos, escasseando o numerário. Parecia, porém, que tal estado era apenas a repetição da crise periódica que se observa... nos fins de semestre". As dificuldades se tomariam ainda mais sérias nos primeiros meses de 1887, atingindo seu ápice em junho pois "a demora no retomo das quantias enviadas para as províncias, a urgência das remessas para os mercados de café... a realização de entradas que dos seus acionistas solicitaram algumas instituições bancárias... aumentavam o número dos que solicitavam descontos, desfalcavam os depósitos e enfraqueciam a caixa dos bancos", e assim "a taxa de desconto para as melhores firmas subiu nos bancos a extremos de 10 a 12%" (ibid.).

Esta preocupante sucessão de crises resultou não só em tornar inoportuna a política monetária deflacionista do ministro da Fazenda Conselheiro Francisco Belizário, talvez o mais destacado expoente metalista de seu tempo, mas também em reforçar a impressão de que a Lei de 1885 representava apenas um paliativo e que era preciso buscar-se soluções mais efetivas e duradouras para os problemas monetários causados pela difusão do assalariamento no campo, o que implicava basicamente modificações drásticas na orientação da política monetária, ou mesmo uma verdadeira reforma nas instituições monetárias. Foi nesse contexto que surgiu o primeiro grande projeto de reforma monetária, apresentado ao Senado em junho de 1887.

A apresentação desse projeto daria início a um período de ricas discussões sobre questões relativas à moeda, à taxa de câmbio e ao sistema monetário, um verdadeiro *tour de force* que resultaria, 17 meses depois – a 24 de novembro de 1888–, em uma lei de reforma bancária traduzindo um frágil compromisso entre posições na verdade inconciliáveis. Com efeito, a necessidade de se expandir a oferta de moeda contrapunha-se à orientação conservadora de sucessivos gabinetes imperiais empenhados em reduzir a oferta de moeda de modo a restabelecer a adesão ao padrão-ouro à paridade de 1846 – 27 pence por mil-réis. O primeiro regulamento da lei expressa perfeitamente essa inconsistência, tal como extensamente discutido em Franco (1983, cap. 2), pois se revelou inaplicável, de forma que em meados de 1889 a reforma monetária não havia alcançado um centímetro. Ao longo de 1888, todavia, e sem nenhum auxílio aparente da política monetária, a taxa de câmbio se apreciou até a tão perseguida paridade de 1846 e lá permaneceu. Em função disso seria possível ao Gabinete Ouro Preto, o último do Império, estabelecer finalmente um compromisso entre os que propunham a expansão monetária e os partidários do padrão-ouro: a emissão conversível à paridade de 1846.

4. Política econômica nos anos 1890

O retorno ao padrão-ouro seria um dos principais elementos de um projeto de política econômica bastante bem articulado. Campos Salles (1908, p. 36) descreveria o programa de Ouro Preto como "uma missão de esmagamento", sendo que o próprio visconde o veria como uma tentativa de "inutilização da República".[18] Além do padrão-ouro, a outra importante medida de política econômica tomada

---

[18] Tal como em seu discurso de posse a 11 de junho de 1889. Em Porto (1978, p. 424).

por Ouro Preto seria a criação dos chamados auxílios à lavoura. Tratava-se de um vasto programa de concessão de crédito destinado a servir como compensação aos ex-proprietários de escravos. Sendo, todavia, os auxílios distribuídos pela rede bancária privada, e havendo uma contrapartida de recursos da parte dos bancos da ordem de 50%, o programa resultou em uma distribuição bastante seletiva dos créditos que favoreceria em última instância, como bem colocou o *Jornal do Commercio Retrospecto Commercial*, 1889, p. 5), "a lavoura que tivesse condições de vida", dessa forma selando a sorte do segmento insolvente da cafeicultura, vale dizer, das fazendas do Vale do Paraíba. Indiscutivelmente, ao apressar a realocação de recursos inerentes à transição para o trabalho livre, favorecendo os segmentos dinâmicos da lavoura – ou seja, algumas regiões agrícolas em detrimento de outras –, os auxílios reordenavam as benesses econômicas do Estado, e consequentemente reordenavam suas bases de sustentação.[19]

O retorno do país ao padrão-ouro far-se-ia, conforme já mencionado, em função de uma situação cambial extremamente favorável: a taxa de câmbio atingiria a paridade de 1846 em outubro de 1888 sem que isto estivesse associado a nenhum esforço deflacionista. Ouro Preto faria publicar em junho de 1889 um novo regulamento para a lei bancária de 1888, e patrocinaria a incorporação do Banco Nacional do Brasil (BNB), formado a partir de uma associação entre o Banco Internacional –de propriedade do visconde depois Conde de Figueiredo, um dos lendários financistas do Encilhamento – e do Banque de Paris et des Pays Bas, um dos mais ativos *banques d'affaires* desses anos.

O capital do novo estabelecimento seria de 90 mil contos e a emissão autorizada poderia atingir o triplo desse valor. Como o BNB se comprometeria a retirar de circulação dentro de cinco anos todo o papel-moeda do Tesouro em circulação – cujo total atingia 188 mil contos –, haveria um significativo aumento na oferta de moeda caso, evidentemente, o BNB viesse a completar suas emissões. Essa nova emissão seria conversível à paridade de 1846 exceto, segundo previsto no contrato de resgate de papel-moeda do Tesouro, "em casos de guerra, revolução, crise política ou financeira, em que o governo providenciaria quanto ao troco como fosse mais conveniente". Este seria, aliás, exatamente o caso em 15 de novembro, pois nessa ocasião o BNB não estava ainda na plenitude de suas forças. Já havia cerca de 17 mil contos de notas conversíveis em circulação mas apenas uma pequena parte do capital, e de seu fundo metálico, havia se constituído – cerca de 27 mil contos. Os próprios sócios franceses hesitariam em apoiar o BNB neste momento de incerteza. O Tesouro de início fez gestões junto ao Banco do Brasil (BB) para sustentar a taxa de câmbio, mas a tarefa se revelou impossível. O BNB solicitou o curso forçado conforme previsto no contrato, mas Ruy Barbosa não só recusaria como fixaria em três meses o prazo para que o BNB completasse as suas emissões sob pena de perda da concessão da faculdade emissora. Era o fim da emissão conversível.

Ao final de 1889, depois de tantas idas e vindas, o saldo das tentativas de reforma (expansão) monetária era praticamente nulo. Se já em 1887 se falava em oferta de moeda insuficiente e em possibilidades de crise, em fins de 1889 a necessidade de novas emissões era exaltada em tons dramáticos. "Um vasto afluxo de empresas

---

[19] Para uma análise detalhada ver Franco (1983, p. 77-90).

e transações – dizia Ruy Barbosa (Ministério da Fazenda, *Relatório*, 1891, vol. I, p. 53) – que a revolução surpreendera corriam o risco de esboroar-se em vasta catástrofe, assinalando com o mais funesto crack as iniciações da República."

O primeiro ministro da Fazenda da República foi por certo um dos mais controvertidos. Ruy Barbosa, mesmo em nossos dias, ainda é objeto de irrestrita admiração, principalmente em função de sua atuação como jurista e orador, havendo várias dezenas de biografias e estudos a seu respeito. Ao mesmo tempo, no entanto, diversas histórias financeiras da República, como, por exemplo, a de Calógeras (1960, p. 227), atribuem-lhe "a responsabilidade suprema da inundação de papel-moeda, que quase fez naufragar o país com os desastres que levaram à moratória de 1898".

A principal medida de política econômica tomada por Ruy Barbosa foi a lei bancária de 17 de janeiro de 1890 introduzindo diversas novidades na constituição monetária do país. A lei estabelecia emissões bancárias a serem feitas sobre um lastro constituído por títulos da dívida pública, no que o ministro buscara inspiração no sistema de bancos nacionais norte-americanos. Três regiões bancárias seriam formadas, cada qual tendo seu próprio banco emissor. As emissões seriam formadas cada qual tendo seu próprio banco emissor. As emissões seriam inconversíveis, e o total autorizado era de 450 mil contos – o que era mais do dobro do papel-moeda em circulação a 17 de janeiro. No dia seguinte à publicação do decreto o governo convidaria o Conselheiro Francisco de Paula Mayrink para constituir o banco emissor da região central, que jogaria papel preponderante no novo sistema. O novo banco se chamaria Banco dos Estados Unidos do Brasil (BEUB), e iniciaria operações já em fevereiro em uma atmosfera de genuína animação.

A tentativa de se "regionalizar" a emissão bancária, assim estabelecendo um compromisso entre as doutrinas do "monopólio" e da "pluralidade" emissora, e sobrepondo-se a complexas composições políticas regionais, não seria bem-sucedida. Logo em 31 de janeiro, por influência de Campos Sales, uma nova região bancária e um novo banco emissor seriam criados para São Paulo, e em março o ministro concederia ao BNB e ao BB o privilégio de emitir notas inconversíveis até o dobro de 25 mil contos depositados em espécies metálicas junto ao Tesouro. Em agosto, este mesmo privilégio seria estendido ao BEUB e aos outros bancos emissores regionais.

Não há dúvida que essas concessões descaracterizavam o decreto de 17 de janeiro e somente se justificariam mediante a "necessidade impreterível", no dizer do ministro (Ministério da Fazenda, *Relatório*, 1891, vol. I, p. 211), de expandir o crédito, vale dizer a oferta de moeda. Com efeito, é preciso observar que durante os dois anos que se seguiram ao 13 de maio, a Abolição, a entrada no país de mais de 200 mil imigrantes, o grande impulso no nível de atividade e o estado extremamente favorável das contas externas haviam elevado consideravelmente a demanda de moeda e, tendo em vista o fracasso da emissão conversível do BNB, o valor do papel-moeda emitido em 17 de janeiro – cerca de 205 mil contos – era inferior ao valor para o ano de 1878 (208 mil contos). Era certo que havia uma demanda "reprimida" de numerário, de forma que ao estabelecer um sistema monetário fundado na moeda bancária inconversível e ao consagrar o princípio de que as emissões devem atender as "legítimas necessidades dos negócios",[20] o ministro Ruy

---

[20] Veja-se a esse respeito a rica discussão contida em Barbosa (1892).

Barbosa patrocinaria uma rápida e violenta expansão monetária. Em setembro de 1890, o papel-moeda emitido já havia crescido cerca de 40% em relação ao estoque em 17 de janeiro.

Por volta de outubro de 1890, o governo mostra preocupações claras com o andamento da especulação bursátil e chega inclusive a tomar medidas para detê-la através de um decreto elevando os depósitos mínimos para a constituição de novas sociedades, o que criaria certa dificuldade na praça. O envolvimento dos grandes bancos da capital com a torrente de novas companhias sendo lançadas, contudo, tornava o problema de se estancar a especulação bastante complexo. O trabalho de "limpar" as carteiras dos bancos de emissão preservando os empreendimentos viáveis se estenderia, na verdade, por vários anos. Uma maneira de lidar com o problema foi patrocinar a consolidação dos grandes bancos, o que foi impulsionado pela fusão do BEUB e do BNB, da qual resultou o Banco da República dos Estados Unidos do Brasil (BREUB) em 7 de dezembro de 1890. Este novo banco teria um capital de 200 mil contos e poderia emitir até o triplo desse valor. Como haveria o compromisso de retirar de circulação o papel-moeda do Tesouro em circulação, e as concessões anteriores ao BEUB e BNB seriam canceladas, o impacto líquido sobre as emissões autorizadas seria praticamente nulo (Franco, 1983, p. 130).

A intenção do governo, ao apoiar o novo estabelecimento parecia ser dupla, de um lado, a de constituir uma espécie de banco central nos padrões britânicos, isto é, um grande banco de depósitos e descontos com poderes para regular o volume de crédito, ao mesmo tempo dotado da faculdade emissora e também destinado a ter posição importante, quiçá preponderante, no mercado de câmbio. O novo banco teria o monopólio do direito de emitir, funcionaria como agente financeiro do Estado dentro e fora do país, podendo o governo influenciar a indicação dos administradores do banco. De outro, o propósito parecia ser o de criar uma instituição sólida, mesmo que seus dois componentes fossem bancos em dificuldades, de modo a promover a liquidação dos preocupantes excessos do Encilhamento e ao mesmo tempo permitir maior controle sobre o mercado de câmbio. Entretanto, para ambos os propósitos o ano de 1891 seria funesto.

Ruy Barbosa deixaria a pasta da Fazenda no começo de 1891 e seria sucedido pelo conselheiro Alencar Araripe – "um jurista extraviado nas finanças, de que jamais se ocupará" de acordo com Calógeras (1960, p. 234) e em seguida pelo Barão de Lucena. Ambos eximiram-se de proceder ao saneamento do grande instituto emissor recém-criado, com isso se abstendo de arrefecer o fervor especulativo reinante. O movimento de lançamento de novas companhias avançaria ainda mais em 1891. No dizer de Calógeras (1960, p. 229), "amontoava-se o combustível para o grande braseiro de 1892".

Em paralelo, o ano de 1891 registra uma queda inusitada da taxa de câmbio, que terminaria o ano em torno de 12 pence por mil-réis. A relação entre esse declínio e a política monetária da República não parece simples, ao menos porque o timing das variações na moeda e no câmbio não é muito claro.[21] De qualquer modo, é certo que as hesitações e omissões que caracterizaram as gestões de Araripe e Lucena – que

---

[21] Isso se mostra, por exemplo, em testes de causalidade relacionando a moeda e taxa de câmbio para esse período que mostram resultados inconclusivos. Cf. Franco (1986a).

se deviam em boa medida a uma conjuntura política mais complexa que a do ano anterior –, favoreceriam a crise cambial. Tal pode ser visto, por exemplo, através do espantoso crescimento da oferta de moeda a partir de setembro de 1890. Nesta data, o papel-moeda emitido atingira o valor de 289 mil contos, e em junho de 1891 este valor atingiria 535 mil contos, ou seja, cresceria cerca de 80%.[22]

Não resta dúvida, por outro lado, de que influências "exógenas", ligadas aos efeitos sobre as entradas de capital no Brasil do colapso da casa Baring Brothers em Londres, em outubro de 1890, e da moratória argentina, teriam grande influência sobre o mercado de câmbio no Brasil em 1891. Em abril, respondendo aos pedidos do ministro Araripe sobre a possibilidade de apoio à sustentação da taxa de câmbio, os Rothschild responderiam que "o desafortunado estado de coisas que recentemente se tem observado na República Argentina teve um efeito deplorável sobre todos os papéis e sobre todas as questões financeiras relacionadas aos estados sul-americanos". Em 3 de junho acrescentariam que "pelo que tudo indica, não parece haver qualquer perspectiva de melhores cotações ou negócios mais ativos [com títulos brasileiros] por algum tempo. A confiança do público está ainda muito abalada com os eventos dos últimos 8 ou 10 meses, e além disso, sabe-se que muitas grandes casas têm a totalidade de seu capital preso a papéis argentinos e outros investimentos igualmente invendáveis".[23]

Pouco pôde ser tentado a título de política cambial em 1891, sendo particularmente desastrosa a tentativa de Araripe em julho de vender os estoques oficiais de ouro que excedessem as necessidades oficiais a 18 pence por mil-réis quando o mercado já havia chegado a 15. A operação não teve qualquer efeito sobre as cotações, mesmo porque o agravamento da crise política ao longo do ano – o que levaria finalmente à dissolução do Congresso e à ascensão de Floriano Peixoto em novembro – faria crescer a incerteza quanto ao destino das inúmeras companhias, viáveis ou não, sendo formadas a partir das facilidades de crédito e do entusiasmo na bolsa de valores. Todavia, a precipitação da crise política parecia o começo do fim dos excessos do Encilhamento; logo no começo de 1892 tinha lugar a falência da Companhia Geral das Estradas de Ferro do Brasil cujo passivo atingia a espantosa soma de 314 mil contos. Somente ao longo de 1893, contudo, em meio à revolta da Armada, a especulação na Bolsa encontraria afinal o seu desfecho.[24]

A crise cambial em 1891 deu impulso à derrocada do Encilhamento e fragilizou tremendamente os bancos e as finanças públicas. A euforia converteu-se em pânico, e as dificuldades com os grandes bancos ganharam a prioridade para o novo ministro da Fazenda de Floriano Peixoto, Rodrigues Alves, que proporia pela primeira vez no começo de 1892 um plano de clara coloração deflacionista de "encampação" do papel-moeda bancário, que, na verdade, era um plano para evitar o colapso do sistema bancário e seu posterior saneamento, provavelmente com estatização. Mas a ideia não encontraria respaldo no Congresso. Rodrigues Alves pediria demissão em

---

[22] Segundo números de Ministério da Fazenda, *Relatório*, 1891. Ver Franco (1983, p. 125) e Calógeras (1910, p. 221).

[23] Arquivos Rothschild, seção XI (correspondência) 142-5, letter copybook Brazilian Agency (1887-1894). 24 de abril e 3 de junho de 1891.

[24] Sobre o andamento da euforia especulativa na bolsa de valores ver Levy (1980) e Cattapan-Reuter (1973).

agosto, e assim afastada a opção conservadora, a política monetária do novo ministro da Fazenda Serzedelo Correia – um industrialista de certa reputação – consistiu em (i) aprofundar a opção de Ruy Barbosa por um grande estabelecimento bancário líder – destinado a sanear a praça dos "excessos da especulação" –, formado a partir de grandes bancos existentes em má situação; e (ii) procurar apoiar a solidificação de empresas industriais tidas como viáveis, ainda que constituídas no âmago do Encilhamento. Esses dois propósitos talvez contraditórios se traduzem no decreto de 7 de dezembro de 1892 que estabelecia a fusão do BREUB, o grande banco de Ruy Barbosa, com o BB, assim formando o Banco da República do Brasil (BRB). Este novo banco teria um capital inicial de 190 mil contos e poderia emitir notas inconversíveis na razão do dobro do depósito em ouro. Desta feita, o governo teria mais influência na administração do banco – cabendo-lhe indicar o presidente, o vice-presidente e um diretor – e novamente a principal preocupação do governo seria a de utilizar o novo banco para melhor administrar a liquidação dos excessos do Encilhamento. O próprio Rodrigues Alves havia criado uma comissão em abril de 1892 para estudar o que fazer a respeito e uma das principais conclusões dessa comissão, e que seria posta em prática pelo decreto de 7 de dezembro, seria a emissão dos chamados "bônus" ou "auxílios à indústria". O BRB ficaria autorizado a emitir até 100 mil contos de bônus ao portador em cédulas de pequenas denominações e pagando 4% de juros, destinados a apoiar as empresas viáveis. Todo o problema é que havia efetivamente pouco a diferenciar esse bônus do papel-moeda comum, de modo que a medida equivalia na prática a uma extensão da emissão autorizada do BRB.

Pouco ou nada resultaria da tentativa de Serzedelo – através do BRB –, de afastar a perspectiva de crise bancária. A especulação na bolsa contaminara muito profundamente a carteira do BRB. Ao mesmo tempo, a crise cambial aprofundava-se alimentada pela deterioração da situação política que tornava claro o estado de paralisia decisória em que se debatia o governo. A sucessão de levantes ao longo de 1893, destacadamente a luta no Rio Grande do Sul e a eclosão da revolta da Armada em setembro, parecia demarcar o clímax da crise.

O déficit orçamentário cresceria de forma significativa após a crise de 1891, sendo particularmente preocupante a evolução das contas de despesa vis-à-vis de receita do governo denominadas em moeda estrangeira. O resultado orçamentário mostrou-se bastante sensível a flutuações cambiais, tornando evidente a relação entre o desequilíbrio externo e o desequilíbrio fiscal, tal como seria observado diversas vezes ao longo do período republicano. Diante desse quadro a reação do novo governo que se instalou em fins de 1894 – tendo Prudente de Morais na Presidência da República e Rodrigues Alves mais uma vez na Fazenda – foi a de procurar insistentemente junto aos Rothschild prover-se de recursos para financiar seu déficit e iniciar um plano articulado de reorganização financeira dos bancos e do Estado.

Já em dezembro de 1894, o ministro da Fazenda indaga aos Rothschild sobre "algum arranjo financeiro" destinado a prover recursos para o serviço da dívida externa e evitar pressões sobre a taxa de câmbio.[25] Em janeiro de 1895, os banqueiros

---

[25] Arquivo Rothschild, seção XI (correspondência), 142-5, letter copybook Brazilian Agency (1887-1894), 14 de dezembro de 1894.

colocam "entre amigos", ou seja, sem o recurso a um lançamento público, letras do Tesouro no valor de £2 milhões, a vencerem 9, 12 e 15 meses, mas o governo brasileiro continua insistindo em um grande empréstimo. Em uma longa carta de 25 de janeiro, os banqueiros começam a explicitar o que em nossos dias recebe o nome de condicionalidade: "Seria impossível para nós tentar colocar um grande empréstimo brasileiro, exceto se medidas forem tomadas ao mesmo tempo para se elevar as receitas e reduzir as despesas do Brasil." Algumas sugestões são propostas em torno da lei orçamentária para 1895, dentre as quais a de se criar impostos adicionais em ouro sobre as importações, cuja receita seria publicamente alocada (*earmarked publicly*) para o serviço dos compromissos externos existentes, e também para o serviço do novo empréstimo. Sugere também que muito acrescentaria ao "efeito moral" dessas medidas a declaração de que os recursos obtidos através do novo empréstimo permaneceriam nas mãos dos banqueiros. Por fim os banqueiros assinalam que "acreditamos que o que o Brasil quer é um ou dois anos de tempo para respirar a fim de permitir a um governo sábio e conservador colocar as finanças do país em ordem em caráter permanente".

Em março ainda não havia acordo no tocante às garantias especiais que o novo empréstimo deveria ter, mas finalmente em julho o empréstimo de £7,5 milhões seria lançado, o que os banqueiros descreveriam como "uma tarefa hercúlea" que resultou em "tensionar cada nervo (*straining every nerve*) dos mercados aqui e no continente". Os banqueiros relatam inclusive que tiveram de recomprar papéis do empréstimo de 1893 da Estrada de Ferro Oeste de Minas para evitar uma queda "verdadeiramente séria" nas cotações.[26]

Nenhuma melhora na situação cambial se observaria ao longo de 1896 e 1897, sendo o empréstimo de 1895 rapidamente consumido, e tendo inclusive o governo brasileiro contraído novos empréstimos de curto prazo de modo a evitar pressões adicionais sobre o mercado de câmbio. O enfraquecimento dos preços do café em função das grandes safras de 1896 e 1897, as quais, conforme acima aludido, registravam as consequências do extraordinário aumento no plantio no início da década, contribuíram, a essa altura, de modo decisivo para debilitar as contas externas do país. Simultaneamente, o ministro Rodrigues Alves enfrenta dificuldades para equilibrar o orçamento e proceder a encampação das emissões bancárias, com isso reforçando a má vontade dos mercados financeiros internacionais para com o país. Assim mesmo o governo brasileiro permaneceu pressionando os banqueiros por um grande empréstimo, mas as cotações dos papéis brasileiros em Londres tornavam um novo lançamento em condições minimamente aceitáveis inteiramente impossível.

Os banqueiros, por sua vez, insistiam em que a única forma de o governo brasileiro obter fundos seria através de uma proposta de arrendamento da Cia. Estrada de Ferro Central do Brasil feita por um sindicato chefiado pela firma Greenwood & Co. O governo brasileiro resistia à extrema insistência dos banqueiros quanto à

---

[26] Na verdade, nesta mesma ocasião os banqueiros se perguntam se não teria sido mais apropriado esperar que o governo aprovasse as medidas fiscais anteriormente mencionadas, que o governo havia enviado para serem votadas, antes de se efetuar o lançamento. Arquivos Rothschild, seção XI (correspondência), 142-6, letter copybook Brazilian Agency (1895-1900), 26 de julho de 1895.

aceitação da proposta Greenwood, que Joaquim Murtinho considerou "tão ridícula que nem mereceu ser tomada em consideração",[27] apesar da delicada situação de suas reservas cambiais. Simultaneamente, o governo usou de expedientes como o de apropriar-se de parte dos recursos obtidos pela Cia. Leopoldina, que havia lançado um empréstimo em Londres em 1897, e a venda de alguns navios de guerra em construção. Mas mesmo após a proposta de moratória em fevereiro de 1898, levada pessoalmente aos banqueiros pelo delegado do Tesouro em Londres, e que levaria ao chamado *funding loan*, os banqueiros continuam a considerar o arrendamento da Central.[28]

Por fim, um plano de refinanciamento de pagamentos é finalmente acordado entre o governo brasileiro e a Casa Rothschild, através do qual seria emitido o chamado *funding loan*. O plano era bastante simples: tratava-se de rolar compromissos externos do governo, vale dizer, o serviço da dívida pública externa e algumas garantias de juros, em troca de severas medidas de saneamento fiscal e monetário. O governo brasileiro, ao longo de um período de três anos, saldaria seus compromissos relativos a juros dos empréstimos federais anteriores ao *funding* com títulos de um novo empréstimo – o *funding loan* –, cuja emissão se daria ao par e poderia elevar-se até £10 milhões. As amortizações dos empréstimos incluídos na operação seriam suspensas por 13 anos. O esquema seria complementado por uma operação, efetuada ao longo de 1901 e 1902, através da qual os contratos de garantias de juros a estradas de ferro seriam trocados por títulos de renda fixa – os *rescission bonds*, como seriam chamados. Onze estradas de ferro seriam assim "resgatadas", sendo o valor total das emissões desses títulos da ordem de £16,6 milhões.

O *funding loan* gozaria de garantias especiais – uma primeira hipoteca sobre as receitas em moeda forte da Alfândega do Rio de Janeiro –, e a título de condicionalidade apenas se exigia que o governo agisse de forma firme e decisiva no terreno monetário e fiscal. Importância especial seria dada ao equilíbrio das contas do governo em moeda forte – o que viria a ser expresso pela separação, consagrada no orçamento de 1900, entre o "orçamento-ouro" e o "orçamento-papel". Despesas de várias ordens foram reduzidas, especialmente as denominadas em moeda estrangeira, e a tributação efetivamente aumentada através de diversas medidas de modernização administrativa e também através de aumentos nos impostos, destacadamente no imposto de consumo e do selo.

A política econômica do ministro Joaquim Murtinho – que na verdade consistiu na execução do *funding scheme* – estava fundada sobre concepções bastante rudimentares quanto à natureza do ajustamento necessário para solucionar as dificuldades de pagamentos do país. Tratava-se, de acordo com o ministro, de um problema gerado pelo "excesso de emissões", as quais produziram "uma pseudo-abundância de capitais" e como consequência disso o "estabelecimento de indústrias artificiais e a organização agrícola para a produção exagerada de café". Tratava-se de deixar perecer essas indústrias, e de modo a operar uma redução na produção de café, promover "a concorrência entre os diversos lavradores, produzindo por meio de

---

[27] Da introdução de Ministério da Fazenda, *Relatório*, 1901, transcrita em Luz (1980, p. 237).
[28] Arquivo Rothschild seção XI (correspondência), 142-6, letter copybook Brazilian Agency (1895-1900), carta de 17 de fevereiro.

liquidações a seleção natural, manifestada pelo desaparecimento dos inferiores e pela permanência dos superiores".[29]

A redução do papel-moeda em circulação era, portanto, a pedra de toque do programa. Segundo os termos do acordo, o governo se comprometia a depositar em moeda local junto aos três grandes bancos estrangeiros da capital uma certa proporção do valor dos títulos emitidos do *funding loan*, e o papel-moeda correspondente a essas quantias seria publicamente incinerado. Desta forma, o papel-moeda em circulação sofreria uma redução em 46 mil contos, ou seja de cerca de 6% do total em 1898. Até maio de 1903, o papel-moeda destruído somaria 113 mil contos (13% do total em 1898). A consequência mais imediata dessa política seria a avalancha de falências bancárias ocorridas em 1900, uma torrente que tragou o próprio BRB.

O programa conseguiria uma apreciação cambial bem distante da paridade de 1846, que romanticamente volta e meia aparecia como meta: a taxa de câmbio permaneceria ao redor de 11 pence por mil-réis durante os anos cobertos pelo esquema, e assim mesmo graças à extraordinária recuperação das exportações observada em 1899, para a qual a borracha contribuiu significativamente. Novamente, não é claro *a priori* em que medida a apreciação cambial se devia à contração monetária ou a fatores exógenos associados ao balanço de pagamentos tais como, por exemplo, o apogeu das exportações de borracha. Além disso, observa-se uma revitalização das entradas de capital a partir da adoção do programa conservador que revela a influência da percepção dos mercados financeiros internacionais sobre o curso da política econômica do país. Observa-se ao longo dos anos 1890 um curioso fenômeno que viria a se repetir muitas vezes nos anos que se seguiram, isto é, o fato de crises (ou melhorias) cambiais serem geradas de forma espúria pelo "mau (ou bom) comportamento" das políticas monetárias e fiscais, não em função dos efeitos diretos destas, mas em função da percepção que os banqueiros internacionais tinham sobre estas políticas, pois esta percepção geralmente era fundamental para determinar a magnitude dos fluxos de capital direcionados para o Brasil. De um modo ou de outro, o desfecho da década de 1890 registra uma vitória política do conservadorismo monetário, pois este dominaria a política econômica a partir da Administração Prudente de Morais até pelo menos meados da década seguinte, e os resultados deste interlúdio teriam uma duradoura influência sobre a política econômica durante os anos posteriores.

---

[29] Extratos de Ministério da Fazenda, *Relatório*, 1899, cuja introdução está reproduzida em Luz (1980, p. 175-96).

CAPÍTULO 3

APOGEU E CRISE NA PRIMEIRA
REPÚBLICA, 1900-1930

Winston Fritsch

1. Introdução

O longo período tratado neste capítulo marca o fim de uma era. Nele convivem o apogeu, as tensões crescentes e a derradeira ruptura do modo de inserção da economia brasileira na economia mundial definido durante a Pax Britannica. Nele convivem o apogeu, as tensões crescentes e a derradeira ruptura do sistema de controle político consolidado a ferro e libras pelos grupos hegemônicos da República durante o biênio Campos Salles-Rodrigues Alves.

Este é um dos poucos períodos na história republicana em que uma sucessão de crises econômicas esgarçam o tecido político além de sua possibilidade de resistência, ensejando, ao longo dos anos 1930, não só um profundo redesenho das políticas econômicas, como das formas de organização do Estado. Como se verá adiante, a instabilidade econômica gerada pelos sucessivos choques externos que se iniciam em 1914 e se estendem pela primeira metade dos anos 1920, mina as bases das alianças políticas tradicionais entre as grandes nações e – sob o estímulo adicional das ideologias emergentes na Europa do pós-guerra –, debilita a crença nas vantagens do liberalismo econômico.[1] Assim, quando após um breve interlúdio de estabilidade o país recebe o impacto avassalador da crise internacional de 1929 – complicado aqui pela crise da superprodução de café, que amplifica enormemente os efeitos negativos generalizados da Grande Depressão sobre as economias primário-exportadoras –, não é só o sistema político que se desintegra. Com ele, termina também o modo caracteristicamente liberal de gestão dos fluxos comerciais e financeiros entre a economia brasileira e a economia mundial, mantido desde a era imperial. O gigantesco desequilíbrio externo que se prolonga pelo início dos anos 1930 força a imposição de restrições cambiais e controles de importação mais ou menos permanentes, acabando por causar profunda e duradoura ruptura da forma tradicional de inserção do Brasil na economia mundial. Por outro lado, o vácuo criado pelo virtual desaparecimento da plutocracia paulista e seus aliados do antigo regime como força política organizada, em meio à grande crise econômica e política que se estende até 1932, acaba por permitir também profundas alterações na composição social e regional dos grupos politicamente hegemônicos na República.

---

[1] A esse respeito, é interessante notar que Sunkel e Paz datam de 1914 o início do que chamam apropriadamente de "a crise do liberalismo" na América Latina. Ver Sunkel e Paz (1970, p. 344).

O fim da Primeira República marca, portanto, o início de uma dupla transição. Por um lado, a de uma economia primário-exportadora baseada no café, com um regime cambial e comercial relativamente livre, para uma economia voltada "para dentro" com severos controles sobre as transações externas. Por outro lado, a transição de um sistema político onde a plutocracia paulista tinha papel hegemônico, para algo mais difuso em termos de distribuição regional e social da apropriação corporativa dos favores do Estado, ampliados em decorrência do fim do *laissez-faire* nas transações com o resto do mundo.

As características tão marcantes desta dupla ruptura contribuíram para moldar uma visão exagerada e simplista da influência do complexo cafeeiro na formulação da política econômica na Primeira República que ainda impregna a historiografia tradicional deste período. Baseada em uma análise esquemática do sistema de dominação política construído pela plutocracia civil no fim do século passado e da posição proeminente que nele ocupavam os grandes plantadores de café de São Paulo e suas conexões comerciais e financeiras, o grosso da historiografia pós-1930 explica candidamente a condução da política econômica na Primeira República como sendo basicamente movida pelos interesses corporativos da cafeicultura. O exercício alegadamente irrestrito do poder político dos interesses do café na formulação da política econômica ilustra-se, segundo esta visão tradicional, pelos "fatos" de que (i) o Executivo sempre ter-se-ia mostrado disposto a apoiar programas de valorização do café; e que (ii) a depreciação secular experimentada pelo mil-réis entre 1889 e 1930 teria resultado de decisões politicamente motivadas pelo interesse em beneficiar o setor líder da burguesia exportadora.

Durante a última década essa interpretação tradicional foi atacada simultaneamente por dois flancos distintos. Por um lado, historiadores econômicos propuseram a tese radical de que a condução da política econômica teria sido predominante e sistematicamente influenciada pela aplicação de princípios ortodoxos de política monetária, fiscal e cambial (ver Pelaez, 1971 e Villela e Suzigan, 1973). Esta revisão não foi, entretanto, desenvolvida explícita nem deliberadamente como uma crítica à visão recebida sobre a hegemonia absoluta dos interesses da cafeicultura paulista na formulação da política econômica, que esses autores, com efeito, não rejeitam. Todavia, o fato de que os ingredientes essenciais da ideologia ortodoxa fossem, *inter alia*, profunda aversão a políticas monetárias expansionistas e preferência por taxas de câmbio sobrevalorizadas – e, portanto, diametralmente opostos aos interesses imediatos do setor cafeeiro – dão a essas contribuições, ainda que implicitamente, um forte sabor revisionista.

Por outro lado, a historiografia política qualificou a percepção ingênua do caráter e mesmo da força efetiva da hegemonia paulista implícita na interpretação tradicional, bem como sua visão simplista sobre a natureza do conflito político durante a Primeira República, uma visão frequentemente baseada na análise superficial das contradições entre os interesses econômico-corporativos do café e os de outros grupos politicamente representados (ver, em especial, Fausto, 1970 e Fausto, s.d.), Entretanto, as afirmativas feitas por essa segunda vertente revisionista acerca da motivação das políticas econômicas seguidas antes de 1930 diferem pouco daquelas encontradas na literatura tradicional no que diz respeito à influência dos interesses do café no desenho dessas políticas.

O estado da literatura sobre o assunto que emerge das revisões dos anos 1970 é, portanto, curioso. Os trabalhos dos historiadores econômicos revisionistas rejeitam implicitamente a noção, enraizada na literatura tradicional, de que a política macroeconômica sempre esteve atrelada aos interesses do grupo hegemônico. Todavia, por assentarem seus argumentos essencialmente em uma visão idealista do processo histórico – onde as opiniões dos gestores das políticas são apresentadas como evidência principal da tese –, esses trabalhos não fornecem uma explicação convincente das motivações econômicas para as políticas ortodoxas efetivamente adotadas em várias ocasiões, em um Estado em que os exportadores e, em particular, o complexo cafeeiro, detinham grande parcela de poder político. Ao mesmo tempo, o trabalho revisionista de historiadores políticos chama a atenção para a forma extremamente simplificada e exagerada com que a historiografia tradicional representa, respectivamente, a natureza e a força efetiva da posição hegemônica ocupada pela oligarquia paulista no quadro político nacional, mas não abandona a visão tradicional em suas referências à racionalidade política da formulação da política econômica.

Este capítulo é em grande parte motivado pelo interesse de discutir essas questões básicas da historiografia da política econômica da Primeira República. Seu objetivo será, portanto, não só relatar a execução da política macroeconômica antes de 1930 – com ênfase nas políticas monetária, fiscal, cambial e de defesa dos preços internacionais do café –, mas também demonstrar que tanto a visão tradicional quanto sua antítese idealista são interpretações incorretas e empobrecedoras das motivações da política econômica no período. Como argumentado a seguir, isto decorre em grande medida do fato de que ambas ignoram as importantes restrições impostas aos gestores da política macroeconômica pelo potencial de instabilidade de uma economia com enorme grau de vulnerabilidade da posição externa[2] e da consequente importância política que, em momentos de desequilíbrio macroeconômico causado por problemas de balanço de pagamentos, assumia a ajuda – e, portanto, a opinião – dos banqueiros internacionais ou de seus governos na conformação das opções de política doméstica.

O restante do capítulo é dividido em três seções. A seção 2 discute os dilemas e as respostas de política econômica durante a Primeira República. À luz dessa descrição, a seção 3 avalia criticamente as interpretações tradicionais sobre a condução da política econômica no período. Finalmente, a seção 4 alinhava as conclusões. Porque a evidência empírica e a análise que sustentam as principais ideias aqui elaboradas derivam de uma série de trabalhos anteriormente publicados pelo autor[3], e porque existem limitações de espaço à extensão do presente ensaio, na elaboração da seção 3 optou-se por remeter o leitor, sempre que possível, às passagens relevantes desses trabalhos já publicados ao invés de representar, em longos détours, descrições detalhadas dos eventos ali discutidos. Com efeito, como dito acima, a intenção aqui será menos a de narrar fatos e descrever instituições do que produzir uma explicação mais rica da racionalidade da condução da política econômica na Primeira República do que a geralmente aceita.

---

[2] O termo é usado aqui no sentido, popularizado por Furtado (1959), de uma economia fortemente dependente do comércio exterior para o ajuste entre a estrutura de oferta e demanda interna, e de um único produto primário para gerar o grosso da receita de exportações.
[3] Ver Fritsch (1980a, 1980b, 1981, 1984, 1985a) ou, para uma análise integrada dessas contribuições isoladas, Fritsch (1988).

2. Política econômica na Primeira República

O objetivo desta seção é descrever os problemas e as respostas da política econômica na Primeira República. Inicialmente, são feitas algumas observações de ordem geral sobre as características estruturais da economia e certos traços básicos da ordem institucional vigente no período. Em seguida, apresenta-se uma breve análise cronológica dos eventos relevantes. O leitor interessado em um tratamento mais aprofundado dessas questões poderá consultar as referências citadas na nota anterior.

Tendência ao desequilíbrio externo e o quadro institucional

O grande e recorrente problema de política econômica durante a Primeira República consistiu em isolar a economia de profundos desequilíbrios macroeconômicos provocados por alterações bruscas na posição externa a que o Brasil estava sujeito por razões estruturais. A característica básica da economia primário-exportadora brasileira no início do século era sua extrema vulnerabilidade a dois tipos de choques exógenos. O primeiro deles tinha origem nas periódicas flutuações abruptas da oferta de café, resultante do efeito de variações climáticas sobre a produtividade dos cafezais. Dado o peso do produto no valor das exportações do país, a importância do Brasil em sua oferta mundial e sua baixa elasticidade-preço da demanda, variações na oferta brasileira tendiam a reduzir violentamente a receita de exportações do país na ausência de medidas destinadas a sustentar os preços internacionais do produto, que o Brasil, em virtude de sua posição dominante na oferta mundial, podia unilateralmente implementar. O segundo tipo de choque resultava de perturbações na economia internacional, notadamente as flutuações experimentadas pela demanda nos países centrais e as bruscas descontinuidades do fluxo de capital entre o centro e a periferia, que foram especialmente frequentes durante as três primeiras décadas do século. Os grandes auges e quedas dos fluxos de comércio e investimento ocorridos antes da Primeira Guerra Mundial e na segunda metade dos anos 1920, e o boom e colapso dos preços internacionais de produtos primários no imediato pós-guerra tiveram, como discutido a seguir, importante influência sobre o comportamento da economia brasileira e condicionaram decisões cruciais de política econômica.

Para atacar esse problema estrutural, o governo federal tinha à sua disposição não só o manejo de um conjunto de instrumentos de políticas fiscal, monetária e cambial, mas também a possibilidade de recorrer aos seus banqueiros no exterior em busca de financiamento externo e – como seria feito esporadicamente a partir de 1906, de intervir diretamente sobre os preços do café através do controle da oferta mundial. Os eventuais ajustes fiscais limitaram-se ao controle da despesa e, ao longo da Primeira República, excetuando-se o interregno da Primeira Guerra Mundial, muito pouco foi feito para reformar a estrutura tributária, mantendo-se a receita da União extremamente dependente do imposto de importação. Entretanto, as três primeiras décadas do século foram ricas em termos de experiências de política monetária e cambial – incluindo-se aí dois períodos no padrão-ouro –, onde variaram muito as restrições legais impostas à emissão de base monetária, bem como de esquemas de financiamento da defesa do café cuja operação trazia impactos macroeconômicos bastante distintos. Uma discussão adequada da política econômica neste período pressupõe, portanto, que se esteja atento às variações ocorridas nos arranjos institucionais que regiam a operação das políticas monetária, cambial e, quando esta ocorria, de defesa dos preços do café.

Finalmente, deve ser notado que o debate sobre as opções de gestão econômica não ocorria num vácuo político, mas em um sistema peculiar de relações entre o governo central e um grande e heterogêneo conjunto de interesses estaduais, consolidado no fim da primeira década republicana, que permitia o funcionamento relativamente estável de um regime onde o parlamento, apesar de manter suas prerrogativas formais, subordinava-se quase que inteiramente aos desígnios do Presidente da República. A principal regra não escrita desse sistema era a de que o governo federal estaria pronto a apoiar – inclusive, se necessário, *manu militari* – as oligarquias que controlassem o poder nos estados menores de modo a facilitar a consolidação e estabilidade do poder local, as quais, em retorno, presenteariam o governo federal com uma confortável e dócil maioria no Congresso federal. O funcionamento estável desse sistema baseava-se, por um lado, na maior estabilidade da liderança dos grupos hegemônicos nos grandes estados, baseada em interesses econômicos mais poderosos a nível nacional, e, por outro, na enorme influência que o apoio do governo federal dava às oligarquias dominantes nos menores estados para obter o favor dos "coronéis" locais e, portanto, o voto.

O "pacto oligárquico", como ficou conhecido esse sistema de controle político e centralização de poder consolidado na Presidência Campos Sales, tinha, entretanto, três importantes fontes de instabilidade cuja importância relativa variava conforme as circunstâncias. A primeira originava-se nas possíveis divergências entre as elites políticas dos estados dominantes – São Paulo e Minas Gerais –, sobre aspectos fundamentais da política econômica federal. Como será visto a seguir, essas divergências não foram pouco frequentes durante os anos 1920, especialmente no que concerne à condução das políticas monetária, cambial e de defesa do café. A segunda fonte de instabilidade era a dificuldade ocasional de contentar-se os estados "intermediários" com substancial poder de representação política e peso econômico, como o Rio de Janeiro, o Rio Grande do Sul, a Bahia e Pernambuco, que nutriam legítimas ambições de possuir voz mais ativa no governo federal. Esse problema frequentemente deu lugar a grandes atritos nas negociações que ocorriam a cada quatro anos entre as oligarquias dominantes nos estados visando obter o consenso na escolha do candidato presidencial. Finalmente, havia o protesto insistentemente veiculado por uma minoria de políticos dissidentes, intelectuais e setores da imprensa independente contra a natureza antidemocrática e centralizadora do regime, que encontrou crescente ressonância nas classes médias urbanas emergentes e nas camadas mais jovens da oficialidade das forças armadas, especialmente nos anos 1920. Este descontentamento foi, de fato, a fonte de recorrentes crises políticas e, juntamente com as profundas divergências entre os estados dominantes durante a sucessão presidencial de 1930 e o impacto devastador do início da Grande Depressão, contribuiu de forma decisiva para o colapso da Primeira República.

Ciclos e crises da Primeira República

A história das políticas econômicas e o desempenho da economia brasileira entre o limiar do século e a revolução de 1930 pode ser dividida em períodos demarcados, basicamente, por alterações no comportamento da economia internacional: a do longo ciclo de crescimento com endividamento da década anterior a 1914, a do funcionamento anômalo da economia mundial durante a Primeira Guerra Mundial, e a do choque, reconstrução e colapso dos anos 1920.

A era de ouro, 1900-1913

Os anos entre o fim do período de ajuste recessivo da virada do século e a desaceleração que precede a Primeira Guerra Mundial marcam um ciclo de crescimento que, em termos de duração e extensão do progresso material, não teve paralelo na memória daqueles que o testemunharam. Após quase uma década de estagnação econômica, entre 1900 e 1913 o produto agregado cresceu a uma taxa média superior a 4% ao ano, a formação de capital na indústria prosseguiu em ritmo ainda mais acelerado, realizou-se gigantesco esforço de reaparelhamento do sistema de transportes através de grandes obras portuárias e ferroviárias mantendo-se, além disso, relativa estabilidade de preços ao longo de todo o período.

A origem deste verdadeiro milagre econômico está na repentina melhora da posição externa que se faz sentir já no governo Rodrigues Alves (1902-1906) em virtude do rápido crescimento das exportações de borracha e do início do grande boom de investimentos europeus na periferia que, com breves interrupções, duraria até as vésperas da guerra. Entretanto, nessas circunstâncias, a manutenção da política monetária apertada seguida pela administração anterior, por imposição dos termos do empréstimo de consolidaçãobritânico, não só impedia a recuperação do nível de atividade doméstico como acabaria tornando impossível a manutenção da taxa de câmbio em torno do nível de 12 pence por mil-réis a que havia sido estabilizada desde 1902, após uma apreciação de quase 70% desde 1898. Essa situação era particularmente delicada para os produtores de café, que já enfrentavam preços internacionais deprimidos em função do grande aumento da oferta paulista desde o fim do século.

O ponto crítico foi finalmente atingido em 1905, quando o grande aumento da receita líquida de divisas provocou substancial apreciação cambial, reabrindo o debate sobre reforma monetária. A questão central era a de como criar um mecanismo – em substituição ao poder discricionário do Tesouro, como exigia o pensamento ortodoxo dominante – para prover ativos domésticos líquidos em quantidade suficiente para absorver a crescente oferta de divisas, de modo a aliviar as pressões para a apreciação da taxa de câmbio. Apesar dos protestos dos ultraortodoxos defensores da continuação do arrocho monetário, os interesses do setor produtivo falaram mais alto e a opção, influenciada pela recente e bem-sucedida experiência argentina, recaiu sobre um mecanismo automático de padrão-ouro. Em 1906, criou-se a Caixa de Conversão, investida do poder de emissão de notas plenamente conversíveis em ouro, e vice-versa, a uma taxa fixa de câmbio.

O outro problema enfrentado no início do período de recuperação foi o agravamento do desequilíbrio no mercado mundial de café com as estimativas de uma supersafra em São Paulo em 1906. Como o Brasil tinha uma posição quase monopolista no mercado mundial e a demanda de café é inelástica em relação ao preço, um aumento da oferta brasileira teria forte impacto negativo sobre o preço internacional do produto, reduzindo a receita de exportações do país. Por outro lado, a posição quase monopolista do Brasil facilitava a implementação do controle do preço internacional do produto por restrições administradas da oferta. Isto, evidentemente, requereria o financiamento de um volume substancial de estoques, demandando mais recursos do que o sistema bancário doméstico estaria disposto a fornecer em bases comerciais. A saída natural seria buscar financiamento externo.

Embora pressionado pelos interesses ligados ao café no sentido de garantir um empréstimo externo que permitisse retirar temporariamente os excedentes do mercado, como acertado entre os principais estados produtores no chamado Convênio de Taubaté, o governo federal negou-se a dar tal garantia. A retenção dos estoques foi inicialmente financiada com créditos bancários de grandes importadores estrangeiros – que, por possuírem a maior parte dos estoques existentes, também tinham interesse na defesa dos preços do produto – e garantias do estado de São Paulo. Entretanto, em 1907, uma breve, mas grave, crise financeira internacional impossibilitou a rolagem desses créditos, levando o governo federal a temer que, à queda temporária dos influxos de capital gerada pela retração nos mercados financeiros, viesse somar-se um colapso dos preços do café, provocando uma brusca reversão da posição externa, o possível esgotamento das reservas da Caixa de Conversão e a desmoralização da experiência do padrão-ouro. Nessas circunstâncias, o governo federal acabou por decidir avalizar, junto a seus banqueiros de Londres, um empréstimo que permitisse financiar a desova dos estoques de café em prazo mais longo e, portanto, garantir a estabilidade de preços a curto prazo. A decisão de apoiar a valorização do café como forma de garantir a estabilidade macroeconômica foi coroada de sucesso. Com a normalização das condições de crédito nos mercados internacionais de capital já em 1908, retornaram os influxos de capital e, com a ajuda adicional de um grande crescimento dos preços da borracha, a economia entrou em uma fase de acelerado crescimento que duraria até 1913.

Os estágios iniciais desse boom foram marcados por uma súbita melhora no balanço de pagamentos que, induzindo volumosos influxos de ouro, causou grande expansão monetária. De fato, é esse vínculo entre flutuações no balanço de pagamentos e condições internas de crédito, criado pela reforma monetária de 1906, que fornece a chave para a compreensão da dinâmica dos ciclos do pré-guerra. Com o funcionamento da Caixa de Conversão, entraria em ação o mecanismo de ajustamento tradicionalmente associado com a operação "normal" de um sistema monetário de padrão-ouro, isto é, movimentos de ouro causariam mudanças na oferta de moeda, induzindo variações estabilizadoras no balanço de pagamentos em conta corrente.

Entretanto, a crença convencional na suavidade do ajustamento nesse contexto resulta de uma redução artificial da análise aos efeitos das reações autocorretoras de custos relativos e renda – que afetam apenas a balança comercial –, ignorando a influência desestabilizadora da ocorrência de grandes superávits na conta de capital e sua volatilidade, fator crucial no caso brasileiro durante a década que precede a

Primeira Guerra Mundial. Esses superávits, que geralmente acompanham booms de exportação, tendem a agravar uma já folgada posição em conta corrente. Nestas condições a operação do mecanismo de ajustamento do padrão-ouro faz-se sentir através de uma acentuada tendência compensatória na balança comercial, causada por um forte crescimento das importações. Na ausência de eventos exógenos que sustentem um crescimento contínuo das exportações, esta "era de ouro" de uma economia exportadora pode durar somente enquanto persistam, na escala apropriada, os influxos de capital. Se estes se retraem depois de estabelecida a tendência declinante da balança comercial, os resultados podem ser desastrosos devido à rapidez com que os reajustamentos subsequentes se processam. Por causa da defasagem na resposta da demanda de importações à contração automática de crédito, uma súbita deterioração da posição externa é inevitável a curto prazo. Se a perda de reservas de divisas pode ser sustentada por um longo período, a redução das rendas monetárias que ela acarretará poderá vir a corrigir o desequilíbrio externo ao custo de uma redução no crescimento do produto real; mas se a perda de reservas necessárias é grande relativamente à base monetária doméstica, o choque monetário automático inevitavelmente gerará uma crise de grandes proporções.

Em resumo, a adoção do padrão-ouro pelo Brasil em 1906 vinculou a estabilidade monetária doméstica ao comportamento do balanço de pagamentos, acentuando, portanto, o caráter pró-cíclico dos déficits e superávits externos da economia primária exportadora. Por causa disso, até o início da guerra em 1914, os acontecimentos exógenos que afetariam os mercados internacionais do café e da borracha, e o fluxo de capital europeu de longo prazo, seriam decisivos para a determinação do nível de atividade interna da economia.

As primeiras razões para preocupações com a deterioração do balanço de pagamentos apareceram em 1912, e deviam-se a tendências desfavoráveis que se vinham desenvolvendo desde algum tempo. Até 1911, os crescentes déficits orçamentários que reapareceram em 1908 puderam ser financiados por meio de vultosos empréstimos externos associados a programas de obras públicas. Mas o crescimento da despesa governamental preocupava os credores e, em 1912, surgiram dificuldades de levantar novos empréstimos. Ficava claro que, caso persistisse a queda do influxo de capital estrangeiro, a tendência declinante do balanço comercial teria que ser revertida para que o Brasil pudesse manter a estabilidade cambial sem grandes perdas de reservas e os problemas internos que isso acarretaria.

Entretanto, a possibilidade de crescimento das exportações a curto prazo era ainda mais remota no final de 1912. De fato, mais do que os crescentes déficits orçamentários e das incertezas quanto às tendências futuras dos investimentos estrangeiros, a deterioração das perspectivas de crescimento das exportações era a mudança que mais comprometia a viabilidade do modelo de crescimento do pré-guerra. Os preços da borracha haviam despencado depois do pico de 1910, sob o impacto do rápido crescimento da oferta proveniente das novas plantações coloniais inglesas e holandesas do sudeste da Ásia, que contavam com marcado diferencial de produtividade em seu favor. O comportamento desfavorável das exportações de borracha havia sido compensado, entretanto, pelo substancial aumento no preço do café, a partir do fim de 1910, resultante do sucesso final do programa de valorização. Entretanto, em 1913, uma ação antitruste movida nos Estados Unidos contra os detentores da parcela dos estoques de café da supersafra de 1906, comprados com o aval do governo federal, ainda não vendidos e retidos em Nova York, obrigou à venda desses estoques, revertendo a tendência à alta dos preços.

A deterioração da posição externa em 1913 marca o início de um período de permanente crise de liquidez gerada pela operação do padrão-ouro após a reversão da posição do balanço de pagamentos, que se estenderia até a eclosão da Guerra Mundial. O governo, entretanto, decidiu manter o padrão-ouro, alimentando esperanças infundadas de conseguir acomodação financeira adicional no exterior. Nestas condições, a rápida queda dos depósitos da Caixa de Conversão ocasionou severo arrocho monetário que lançou a economia em profunda recessão bem antes do início das hostilidades na Europa.

O impacto da Grande Guerra, 1914-1918

O início da guerra teve efeitos imediatos sobre o comércio internacional, afetando o fluxo de pagamentos externos, a receita tributária e a indústria do café. A primeira reação do governo foi fechar a Caixa de Conversão, tentar ganhar tempo com uma série de medidas de emergência – incluindo um longo feriado bancário e uma moratória temporária sobre todas as dívidas –, e autorizar uma grande emissão de notas inconversíveis que, apesar de montar apenas a uma fração da contração da base monetária verificada desde 1913, serviu para aliviar temporariamente a crise de liquidez e atender a despesas do governo.

Entretanto, na medida em que o comércio se normalizava, apareceram grandes pressões para a depreciação da taxa de câmbio que, se materializada, ameaçava tornar mais crítica ainda a já precária posição orçamentária do governo. O resultado natural foi a assinatura, em outubro, de um novo *funding loan* de £15 milhões com os banqueiros do governo, para fazer frente ao pagamento de juros dos empréstimos federais até 1917, suspendendo-se as amortizações até 1927. O *funding loan* de 1914, juntamente com a assinatura de acordos similares por parte de outras autoridades públicas com seus credores estrangeiros, serviu para aliviar o balanço de pagamentos e contribuiu de forma decisiva para que se pudesse estabilizar a taxa de câmbio em torno de 20% a 25% abaixo da paridade de pré-guerra ao longo de todo o conflito.

Em fins de 1914, as mudanças provocadas pelo conflito no comércio internacional começavam a definir seus contornos. As exportações brasileiras não foram adversamente afetadas logo em 1915 pois, em grande medida, continuaram a atingir o mercado alemão através da Holanda e dos países neutros da Escandinávia até o aperto do bloqueio naval aliado em 1916, e a depreciação do mil-réis compensou a queda sofrida pelos preços dos principais produtos de exportação antes da guerra. O maior problema criado pelo confronto para o comércio exterior brasileiro foi o da estagnação das importações aos níveis já extremamente deprimidos que haviam atingido ao fim da recessão de 1913-1914. Isto refletia, em parte, a continuação de níveis de atividade domésticos deprimidos, mas sinalizava também o efeito negativo da guerra sobre a oferta mundial de manufaturados. A contração do volume de importações ameaçava, por sua vez, transformar o desequilíbrio fiscal do governo federal em uma crise fiscal permanente, caso não fosse alterada a dependência da receita em relação à tarifa.

Tão logo as ações militares na Europa começaram a apontar para a possibilidade de um conflito duradouro, enquanto se prolongava a estagnação econômica doméstica, as medidas emergenciais, tomadas na perspectiva otimista de que a guerra não seria prolongada, tornaram-se claramente insuficientes. A emissão de emergência tinha trazido alívio apenas temporário às condições de crédito, e a oferta de moeda voltara a cair no primeiro semestre de 1915. A produção industrial caíra em nada menos do que 8,7% em 1914, e os níveis de atividade continuavam deprimidos. Assim, na medida em que a guerra encaminhava-se para um impasse militar de duração imprevisível, o governo brasileiro viu-se forçado a adotar um elenco de medidas mais radicais para ajustar a economia ao novo entorno internacional e, em especial, para tirar a economia da Depressão em que se encontrava por quase dois anos.

Os primeiros passos, dados em meados de 1915, consistiram em tentar equacionar o equilíbrio financeiro do setor público e reverter o substancial aperto de liquidez então vigente. Para ajustar a receita às novas condições criadas pela guerra, o governo ampliou substancialmente a base de produtos sujeitos ao imposto de consumo. Isto, juntamente com a manutenção das despesas a níveis baixos, fez com que o déficit orçamentário caísse substancialmente em termos reais durante a guerra. Por outro lado, o governo autorizou uma nova emissão de notas do Tesouro e de títulos federais de longo prazo. O grosso desses recursos destinou-se a cobrir os atrasados acumulados pelo excesso de despesa do governo, mas parte da emissão monetária foi destinada à expansão das atividades do Banco do Brasil pois, nessa época, a visão do governo passou a refletir a ideia de que o banco poderia cumprir importante papel estabilizador das condições de crédito.

Durante a guerra, renovaram-se com maior força as reclamações sobre o que era à época chamado de "inelasticidade" do sistema bancário, isto é, sua limitada capacidade de criação de crédito resultante dos altíssimos encaixes com que operavam especialmente os bancos nacionais e a variabilidade sazonal de sua capacidade de empréstimo vis-à-vis às necessidades do setor real. Reclamações sobre aperto das condições de crédito sempre cresciam durante o terceiro trimestre do ano nos centros financeiros urbanos, especialmente no Rio de Janeiro, quando os pagamentos em dinheiro feitos pelos fazendeiros ao fim de suas colheitas envolviam grande redirecionamento de liquidez dos centros financeiros para o interior. Fazendeiros e colonos preferiam moeda manual a depósitos bancários, basicamente porque a rede bancária ainda não atingia grandes áreas do interior. Portanto, a colheita era seguida de forte drenagem de moeda primária dos centros financeiros, o que não só reduzia a capacidade de empréstimo dos bancos, mas acabava por forçá-los a reduzir suas exigibilidades, dada a alta relação encaixes-depósitos com que usualmente operavam. A contração da oferta de moeda resultante afetava diretamente as atividades urbanas e dava lugar a reclamações recorrentes que, a partir de 1915, fortaleceram a opinião de que o Banco do Brasil poderia minimizar esses problemas, implementando atividades de redesconto e ampliando sua rede de agências. Embora a atribuição da capacidade de redesconto e de outras funções de autoridade monetária ao Banco do Brasil tivesse que esperar a década seguinte, os anos da guerra presenciariam o início de grande desenvolvimento da base regional de suas operações.

A superação da crise de liquidez facilitou o ajustamento real da economia brasileira às mudanças ocasionadas pela guerra nos fluxos de comércio internacional.

O fato mais marcante foi a queda contínua dos termos de troca, mesmo depois de seu colapso anterior ao início da guerra. Em que pese a grande mudança na estrutura das exportações, a evolução desfavorável dos preços do café e, em menor medida, da borracha, impediu o crescimento rápido do valor das exportações. Embora a estrutura das importações não tenha mudado substancialmente, a das exportações alterou-se dramaticamente. A interrupção do suprimento de algumas fontes tradicionais de certas matérias-primas e alimentos, que o Brasil podia suprir aos altos preços então vigentes, permitiu a expansão de exportações não tradicionais e estimulou o crescimento em várias indústrias de processamento de alimentos. Com as largas margens de ociosidade existentes no início da guerra, as restrições à importação causaram notável recuperação da produção industrial doméstica a partir de 1915. Deve ser enfatizado, entretanto, que a tese clássica, de que as restrições ao suprimento externo impostas pela guerra tiveram impacto dramático sobre a industrialização brasileira, já foi corretamente qualificada por vários autores.[4] O comportamento das importações de bens de capital para a indústria durante a guerra e a capacidade de oferta ainda extremamente limitada dos produtores domésticos de equipamento indicam não ter havido grande expansão da capacidade produtiva da indústria brasileira neste período.

Enquanto a recuperação prosseguia ao longo de 1916, as preocupações voltaram a concentrar-se na evolução da posição externa. A balança comercial voltou a deteriorar como consequência do crescimento do valor das importações, e previa-se o impacto do retorno dos pagamentos de juros da dívida pública externa em 1917. Essas preocupações foram exacerbadas pelo início de restrições dos aliados às importações de café, como parte de medidas de economia de guerra. Os problemas diplomáticos com o café seriam adicionalmente complicados por uma pendência entre o governos alemão e de São Paulo relativa ao pagamento pelos estoques da valorização de 1906, depositados na Alemanha e em cidades da Bélgica ocupada, que haviam sido confiscados. Os alemães limitaram-se a depositar uma quantia em marcos em um banco alemão, que se recusavam a remeter ao exterior para evitar a transferência de fundos ao inimigo inglês, a quem os estoques de café estavam hipotecados. Na medida em que o marco depreciava-se em relação à libra, aumentava o nervosismo em São Paulo em relação a uma solução para essa questão, traduzindo-se, inclusive, em pressões para o abandono da política de neutralidade em relação ao conflito e a tomada, em garantia do pagamento pelos cafés confiscados, de mais de 40 navios mercantes de bandeira alemã e austríaca que se haviam internado em portos brasileiros no início da guerra, em vista da avassaladora superioridade naval aliada.

As perspectivas de evolução da posição externa brasileira foram, entretanto, inteiramente transformadas pela decisão alemã de iniciar uma grande ofensiva contra a corrente de suprimento marítimo aliada em fevereiro de 1917, instruindo seus submarinos a afundar sem aviso prévio todo navio mercante engajado no comércio com o inimigo. A consequência imediata do devastador efeito inicial da ofensiva submarina alemã sobre a capacidade de transporte marítimo britânica foi

---

[4] A exposição original da tese clássica é de Simonsen (1939). Para as qualificações ver, por exemplo, Dean (1971b, cap. 6); Villela (1972) e Fishlow (1972).

a definitiva proibição das importações de café pela Grã-Bretanha. Se outros aliados seguissem esse exemplo, como parecia inevitável, o governo brasileiro não teria alternativa senão utilizar os recursos alocados ao serviço da dívida para absorver parte do excedente invendável da principal atividade exportadora do país e manter o suprimento das importações essenciais. A situação era ainda mais complicada pela previsão de uma grande safra, cerca de 25% maior do que a do ano anterior, que em poucos meses estaria colhida.

Diante desses problemas, a expropriação dos navios alemães – ou seja, o fim da neutralidade – deixava de ser uma demanda do governo de São Paulo, já que ao abrir a possibilidade de obter capacidade autônoma de carga e, possivelmente, seu afretamento a bandeiras aliadas, passava a representar uma solução efetiva ao estrangulamento físico e cambial que ameaçava a economia brasileira.

Essa decisão acabaria por tomar-se bem mais fácil após o afundamento, no início de abril de 1917, de um cargueiro brasileiro na costa francesa, quase concomitantemente à decisão americana de declarar guerra à Alemanha. Dias depois o Brasil rompeu relações diplomáticas com a Alemanha e, finalmente, o afundamento de um segundo navio brasileiro, somado a garantias formais norte-americanas de colaborar com a defesa do Brasil no caso de retaliações militares alemãs, levou o governo a decidir incorporar os navios internados à frota do Lloyd Brasileiro.

Como a utilização imediata dos navios não era tecnicamente possível, o problema da disposição ordenada da safra de 1917 permanecia dramático. Em julho, os estoques em Santos saltaram para 6 milhões de sacas, contra 1 milhão em meados do ano anterior e o sistema bancário era absolutamente incapaz de congelar suas carteiras de empréstimos para financiar o carregamento desses estoques. A solução natural foi uma nova emissão de notas inconversíveis para financiar a compra da safra e reforçar o caixa do Banco do Brasil.

Em outro front, depois de meses de negociações, parte da frota expropriada dos alemães foi arrendada ao governo francês, mas ainda permaneciam preocupações importantes. Por um lado, a grande erosão dos salários reais provocada pela alta do preço dos alimentos levou à primeira onda de greves e manifestações operárias da história do Brasil, sublinhando as profundas transformações em processo na estrutura social das grandes cidades brasileiras. Por outro lado, ao longo da primeira metade de 1918, voltavam as preocupações com a fragilidade da posição externa e da indústria do café em um cenário de prolongamento da guerra. Entretanto, por um golpe de sorte, esse crônico duplo dilema de política econômica criado pela guerra desapareceria como por um passe de mágica a partir da metade do ano, quando dois dias de geadas de violência sem precedentes, seguidos do fim das hostilidades na Europa, alteraram completamente as perspectivas em relação aos preços do café. Os preços em Nova York, que se mantinham em tomo de uma média de 10,8 centavos de dólar por libra-peso em junho, atingiram mais de 22 centavos no fim do ano. As geadas tiveram efeito depressivo sobre várias colheitas e, dada a importância da renda agrícola paulista para o desempenho global da economia, deprimiram os níveis de atividade doméstica em 1918. Entretanto, o Brasil emergia da guerra sem nenhum dos problemas de excesso de oferta de café e equilíbrio externo que haviam ocupado o centro das decisões de política econômica em seus últimos dois anos.

Boom e recessão do pós-guerra, 1919-1922

O desempenho da economia brasileira nos primeiros três anos que se seguem ao armistício de 1918 foi profundamente influenciado pelo rápido mas violento movimento de auge e recessão então experimentado pelas principais economias aliadas. O boom internacional, iniciado já no começo de 1919, traduziu-se em formidável e generalizado aumento dos preços das commodities. Esse efeito foi exacerbado, no caso do Brasil, pela sensível restrição da capacidade de oferta mundial de café causada pela grande geada de 1918. A alta dos preços do café, somada aos efeitos positivos da conjuntura internacional sobre os preços de outros itens da pauta de exportação – que experimentara, como notado acima, substancial diversificação durante a guerra –, provocou aumento explosivo das exportações brasileiras. Ao mesmo tempo, a liberação da demanda de ampla gama de manufaturas não produzidas domesticamente, reprimida durante o conflito por restrições de oferta e capacidade de transporte, e a apreciação do mil-réis causada pelo abandono generalizado das paridades ouro na Europa no início de 1919, tenderiam a provocar rápida recuperação das importações. Entretanto, com os prazos de entrega dilatados pelas dificuldades de suprimento ainda existentes no período de reconversão das economias centrais, a resposta das importações retardou-se além do normal em relação ao crescimento explosivo das exportações, provocando o aparecimento de grande superávit comercial em 1919, e relançando a economia em franca e rápida recuperação dos níveis de atividade após a relativa estagnação sofrida em 1918.

O rápido boom nos países centrais teve, entretanto, vida curta. A adoção de políticas monetárias restritivas nos dois principais centros financeiros internacionais, em resposta à persistência de fortes pressões inflacionárias após o fim da guerra, precipitou o início de violenta recessão, nos Estados Unidos e Reino Unido, e queda vertiginosa dos preços internacionais a partir de meados de 1920. O colapso dos preços internacionais de produtos primários teve efeito devastador sobre a posição externa brasileira. A violenta queda das exportações ocorreu simultaneamente à aceleração tardia do volume de importações estimulada pelo boom e pela apreciação cambial anteriores, provocando súbita reversão da balança comercial em meados de 1920, o que, além de ter efeito fortemente recessivo, causaria grande depreciação cambial a partir do segundo semestre desse ano.

A recessão mundial de 1920 teria profundas repercussões sobre a condução da política econômica, por seu impacto desestabilizador sobre a taxa de câmbio e o equilíbrio do setor cafeeiro. A preocupação imediata do governo foi tentar minimizar a velocidade e magnitude da desvalorização cambial. Esta preocupação justificava-se, por um lado, pela sensibilidade da posição orçamentária do governo federal em relação à taxa de câmbio. Dado o grande peso da tarifa das alfândegas na receita federal e o vulto das despesas em moeda estrangeira no gasto público, uma forte desvalorização cambial agravaria ainda mais a já precária posição financeira do governo. Isto seria especialmente verdade naquele momento, quando as despesas inadiáveis ligadas à reposição do desgaste sofrido pelo equipamento do setor público durante a guerra somaram-se às do grande programa de obras lançado no início do governo Epitácio Pessoa, em grande parte contratadas com empresas estrangeiras.

Por outro lado, dada a grande sensibilidade da estrutura de custos e do salário real em relação à taxa de câmbio na Primeira República, uma rápida e substancial desvalorização teria certamente forte impacto inflacionário. Além disso, uma vez que o surto de encomendas ao exterior teve como contra partida a criação de vultosas exigibilidades em moeda estrangeira por parte das firmas importadoras, uma rápida desvalorização cambial afetava perigosamente a posição financeira de grande número de empresas. Nessas circunstâncias, a costumeira reação defensiva por parte dos bancos, cortando linhas de crédito na tentativa de recompor níveis mais altos de encaixes, agravaria ainda mais a crise de liquidez e os problemas do setor privado.

A perspectiva de crise iminente do complexo cafeeiro logo passou também a ocupar a atenção das autoridades federais. A violência da queda dos preços internacionais do café e a memória do sucesso das operações de defesa de 1906 e 1917 não tardaram a suscitar pressões para a institucionalização do controle da oferta do produto. Em setembro, representantes de São Paulo propuseram ao Congresso autorizar a intervenção federal no mercado de café, sustentando-se as compras com recursos provenientes de emissão *ad hoc* de notas do Tesouro, mas o governo vetou a iniciativa. Entretanto, como indicado anteriormente, na medida em que a crise se alastrava no segundo semestre de 1920, aprofundava-se a restrição de crédito e, embora a crise da cafeicultura fosse corretamente percebida por seus representantes como sendo agravada pela incapacidade conjuntural do sistema bancário em prestar assistência normal ao financiamento da comercialização da safra, a necessidade de medidas urgentes visando reverter o aperto de liquidez era sentida por todo o setor privado.

Finalmente, em outubro, gera-se uma solução de compromisso: a aprovação de projeto de lei autorizando pequena emissão de notas do Tesouro para alívio emergencial de liquidez e a criação da Carteira de Redesconto do Banco do Brasil. A carteira teria poderes de emitir notas do Tesouro até um limite passível de ampliação pelo Presidente da República, contra títulos comerciais, e proibia explicitamente o redesconto de títulos públicos. Ao atender aos reclamos imediatos do setor privado e à antiga reivindicação de criação de um emprestador "automático" de última instância, o governo federal conseguiu esvaziar a demanda corporativa da institucionalização da defesa do café e implementar, ainda que de forma reconhecidamente provisória e incompleta, um instrumento considerado fundamental para maior estabilidade de sistema bancário.

Os objetivos da política cambial acabariam, entretanto, por impedir que o governo mantivesse uma atitude indiferente em relação à contínua deterioração dos preços internacionais do café. Nos primeiros meses de 1921, com a persistência do desequilíbrio comercial mesmo após substancial depreciação cambial, o governo finalmente foi levado a concluir que a intervenção direta nos mercados do produto era um requisito indispensável ao restabelecimento do equilíbrio do balanço de pagamentos. Além disso, a decisão de sustentar os preços do café era indispensável para prevenir que os esforços do governo em evitar uma queda descontrolada do valor externo do mil-réis submetesse a lavoura cafeeira a pressões insuportáveis.

A decisão de iniciar nova operação de valorização não implicava, contudo, nenhum compromisso formal do governo federal. Sua ação limitou-se a autorizar o endosso, pelo Tesouro, de letras de café sacadas por uma grande firma corretora contratada para agenciar as compras e a instruir o Banco do Brasil a financiar as operações, se necessário com o auxílio da recém-criada Carteira de Redesconto. As compras iniciaram-se imediatamente, sustando a queda dos preços e a obtenção de um empréstimo de estabilização em Nova York permitiu ao governo reassumir algum grau de controle sobre a taxa de câmbio.

Mas o pior da crise ainda não havia passado. Em meados de 1921 o governo começava a enfrentar dificuldades no financiamento de seu crescente desequilíbrio fiscal. Embora a falta de dados sobre operações internas de crédito do governo federal impeça[5] uma avaliação adequada das fontes de financiamento do déficit, desde o início de 1921 o Tesouro aumentava rapidamente sua dívida de curto prazo com o Banco do Brasil. Isso, por sua vez, tinha consequências para a viabilidade do esquema de defesa do café já que o crescimento dos empréstimos do Tesouro afetava a capacidade do Banco em financiar as grandes operações da valorização sem recurso maciço à Carteira de Redesconto.

Esse conflito entre as demandas financeiras do Tesouro e do programa de sustentação do café seria resolvido a partir do último trimestre de 1921, recorrendo-se ao crédito externo para financiar a valorização. Com os preços começando firme recuperação em agosto e a perspectiva de pequena safra para 1922, não foi difícil para os responsáveis pela defesa do café conseguir, com a intermediação de uma firma exportadora britânica, linhas de crédito de curto prazo junto a bancos comerciais britânicos para recomprar as letras em poder do Banco do Brasil e realizar as compras ainda eventualmente necessárias para firmar os preços. Esses créditos de curto prazo seriam consolidados em maio de 1922, através de um empréstimo de longo prazo coordenado pelos tradicionais *merchant bankers* do governo federal em Londres. Completava-se com sucesso mais um episódio de defesa do café, e o financiamento externo conseguido na undécima hora trazia ainda o benefício de fornecer ao Banco do Brasil munição suficiente para frear o colapso cambial iniciado no segundo trimestre de 1920.

A posição fiscal, entretanto, continuou crítica. Em 1922, o déficit de caixa do governo federal atingiria níveis alarmantes, dada a incapacidade do governo em conter o crescimento da despesa e a necessidade de liquidar grande volume de atrasados acumulados no exercício anterior. Desde o início do ano tendo que reduzir a emissão de apólices ante o elevado desconto nas cotações dessas obrigações de longo prazo, o Tesouro foi obrigado a financiar o desequilíbrio orçamentário através do lançamento maciço de letras de curto prazo. Como o grosso das letras emitidas acabava por encontrar o caminho da carteira do banco do governo, o déficit fiscal transformava-se em vultosa e crescente dívida de curto prazo do Tesouro com o Banco do Brasil.

O crescimento dessa dívida teria sérias consequências para o equilíbrio monetário pois, embora a legislação proibisse o redesconto de títulos da dívida pública, o Banco do Brasil podia gerar os recursos líquidos necessários para bancar o crescimento de seus empréstimos ao governo por via indireta, redescontando ativos de sua carteira comercial. Esse expediente, usado até o primeiro semestre de 1922 tinha, entretanto, limites bem definidos já que com a perspectiva de prolongada

---

[5] Os Balanços Gerais da União não foram publicados entre 1915 e 1923.

inadimplência do governo essas operações implicavam perigosa deterioração de qualidade de carteira do Banco. Nestas circunstâncias, os princípios doutrinários cederam lugar ao pragmatismo: em outubro, o Congresso autorizou o redesconto de títulos federais até meio milhão de contos – equivalente a mais do que o total das letras em carteira no Banco do Brasil em fins de 1921 –, provocando crescimento explosivo da base monetária no último trimestre do ano.

A forma de financiamento do severo desequilíbrio fiscal causado pelos choques do pós-guerra teria, ainda, sérias consequências de médio prazo. Por um lado, a expansão monetária por ele provocada alimentaria as já sensíveis pressões inflacionárias desencadeadas pelo colapso cambial de 1920-1921. Por outro lado, a necessidade de liquidar a dívida de curto prazo gerada em 1922 – parte substancial da qual exercia efeito paralisador sobre a capacidade operacional do Banco do Brasil –, motivaria a adoção imediata de grande austeridade na condução da política fiscal.

Recuperação, desequilíbrio externo e ajuste recessivo: 1922-1926

Apesar dos graves problemas financeiros enfrentados em seus últimos meses, o governo Epitácio Pessoa seria concluído já em clima de franca recuperação econômica. Em fins de 1922, voltava a crescer o preço internacional do café, havia clara reversão da tendência à queda das exportações e do déficit comercial, verificava-se rápida retomada do crescimento da produção industrial. Os programas de obras públicas e o crédito mais folgado sustentavam altos níveis de atividade na construção civil. As causas da impressionante reversão cíclica de 1922 não derivam, todavia, da adoção consciente de medidas estabilizadoras pelo governo em resposta ao choque externo e à recessão de 1920-1921. Elas resultaram tanto dos efeitos anticíclicos da política de valorização, que não eram diretamente colimados pelas autoridades quando de sua adoção, quanto da propagação dos efeitos da violenta depreciação cambial de 1920-1921 através de mecanismos estabilizadores inerentes à economia primário-exportadora brasileira.[6]

O sucesso da intervenção federal no mercado do café sem dúvida atenuou as consequências domésticas do choque externo causado pela recessão mundial. A sustentação artificial dos preços do café fez reverter muito mais depressa a tendência à queda das exportações e dos termos de troca, além de ter protegido a renda real do setor cafeeiro que vinha sendo rapidamente erodida desde meados de 1920, quando os preços internacionais do café passaram a cair mais rapidamente do que a da taxa de câmbio. Entretanto, a decisão de implementar a valorização foi tomada pelo governo federal como coadjuvante da política cambial que visava arrefecer o ritmo da depreciação cambial. Mesmo assim, o governo só conseguiu readquirir controle sobre o mercado de divisas após grande depreciação do mil-réis, cujo valor em relação ao esterlino atingiria em fins de 1922 um terço do vigente em maio de 1920.

---

[6] A rápida recuperação da produção industrial brasileira após a recessão do pós-guerra, induzida por resultados imprevistos de medidas de política econômica tem, de fato, enorme semelhança com a recuperação após a Grande Depressão, conforme descrita em Furtado (1959).

Esse violento colapso cambial também teve importante efeito estabilizador. Em primeiro lugar, contribuiu de forma crucial para a grande queda das importações em 1921, que explica a maior parte do rápido reajustamento do balanço comercial no período 1920-1922, fator importante na recuperação. Em segundo lugar, a desvalorização cambial, concorrendo para o aumento explosivo do déficit público – e, por esta via, como discutido na seção anterior, para marcada elevação da taxa de expansão monetária em 1921-1922 –, também contribuiu de forma importante para a reversão cíclica, embora através de efeitos claramente indesejados pelo governo. Finalmente, ao isolar a economia do impacto deflacionário da queda dos preços internacionais, o colapso cambial protegeu de perdas substanciais de renda exportadores e indústrias competitivas com importações, e explica por que o Brasil experimentou queda de preços domésticos muito mais suave do que os países centrais durante a recessão.

O governo de Artur Bernardes herdava, entretanto, um balanço de pagamentos extremamente vulnerável e crônica crise fiscal que atingira gravemente a capacidade de financiamento do Banco do Brasil e que condicionaria a definição de seu programa de política econômica. O ponto básico do programa de Bernardes seria a realização de uma reforma monetária que transformasse o Banco do Brasil em banco central, retirando do Tesouro os poderes de emissão de moeda. A estabilização das receitas de exportação com vistas ao fortalecimento da posição externa, que passava a constituir-se em meta prioritária do novo governo, seria cumprida pela institucionalização de novo e ousado programa, dito "permanente", de defesa dos preços do café.

O novo esquema de defesa do café, projetado para ser administrado por um instituto federal cuja constituição em princípio havia sido autorizada pelo Congresso nos últimos meses do governo anterior, introduzia duas mudanças fundamentais em relação às intervenções passadas. Em primeiro lugar, os preços não seriam mais controlados através da compra e estocagem de excedentes eventuais pelo governo, mas da retenção compulsória de todo o café colhido nas regiões produtoras do Centro-Sul em armazéns "reguladores", a serem construídos em entroncamentos ferroviários estratégicos, e do controle do volume embarcado a partir desses armazéns para os portos, isto é, pelo controle contínuo da oferta brasileira ao mercado mundial. Esta alteração dos mecanismos da valorização implicava crucial mudança na distribuição de suas perdas e lucros. Antes, era a autoridade pública que incorria nos ônus financeiros e carreava os ganhos eventualmente resultantes da operação esporádica de defesa dos preços; agora, era o fazendeiro que, como proprietário dos cafés armazenados, bancaria a operação. Este teria, entretanto, que fazer frente às despesas incorridas entre a entrega do café ao armazém regulador e seu embarque para exportação com os adiantamentos conseguidos a um dado custo financeiro, com seu comissário ou na rede bancária, contra a garantia de certificado de depósito fornecido pelos armazéns.

Finalmente, o programa de governo contemplava drástica redução do déficit público, com cortes do gasto em formação de capital cumprindo importante papel no ajuste a curto prazo. Havia, entretanto, que resolver os problemas criados pelo esgotamento da capacidade de financiamento do déficit público, uma vez que as medidas de ajuste adotadas levariam tempo para reduzir o desequilíbrio a proporções gerenciáveis. Este não era um problema trivial porque, por um lado, o congestionamento da carteira do Banco do Brasil reduzira sua capacidade de financiar o governo e a reforma monetária da nova administração preconizava o fechamento da Carteira de Redesconto. Por outro lado, havia a necessidade de precaver-se para enfrentar as demandas do setor cafeeiro, aleatórias mas potencialmente elevadas, pelo crédito necessário à viabilização do novo esquema de defesa.

Com efeito, o funcionamento do novo sistema dependia crucialmente da existência de uma fonte de recursos que agisse como emprestador de última instância, intervindo em apoio ao sistema bancário quando as necessidades de financiamento dos estoques retidos nos reguladores ultrapassassem o que os bancos estivessem dispostos a financiar com base em considerações de lucratividade e risco. Em princípio, esses recursos poderiam provir de fontes externas e, do ponto de vista do equilíbrio externo, este seria o caminho indicado. Entretanto, não só os banqueiros do governo em Londres recusavam-se a envolver-se em um esquema permanente de defesa, como Nova York estava fechada como alternativa de financiamento pela cerrada oposição que o governo norte-americano fazia ao esquema de valorização brasileiro (ver, sobre isso, Brandes, 1962, p. 130). A antevisão desses problemas influenciou decisivamente o projeto de novo banco central. Ainda em 1922, o Banco do Brasil foi dotado do monopólio de emissão monetária, podendo emitir até 600 mil contos em condições idênticas às da então extinta Carteira de Redesconto, montante certamente suficiente para enfrentar as demandas do orçamento e da defesa do café no futuro previsível.

Os primeiros meses do governo Bernardes, entretanto, seriam marcados por uma conduta cautelosa na condução da política monetária, coerente com sua meta prioritária de apreciação cambial que pressupunha corrigir a vulnerabilidade da posição externa. Mas no terceiro trimestre de 1923, começaram a crescer rapidamente as necessidades de financiamento da nova safra de café. As origens do problema remontam aos termos do contrato do empréstimo de 1922, que impediam o governo brasileiro de iniciar nova operação de valorização antes da liquidação do empréstimo, prevista para um prazo de 10 anos, que obrigou o novo governo a negociar a aceleração das amortizações através da liberação mais rápida dos cafés ainda remanescentes do estoque dado em garantia do empréstimo. A venda rápida desses cafés somou-se, em 1923, a uma safra que era quase o dobro da safra do ano anterior, exercendo efeito depressivo sobre os preços a partir da metade do ano e levando o governo a implementar, ainda que informalmente, a defesa.[7]

Dada a substancial munição entregue ao Banco do Brasil pela reforma de seus estatutos, não havia dúvida de que, do ponto de vista estrito do controle dos preços de oferta no mercado mundial, o novo esquema seria bem-sucedido e, de fato, os preços logo se recuperaram. O dilema de política econômica era, entretanto, que a sustentação dos preços poderia tomar necessário o abandono da política monetária restritiva. Isso dependeria não só do comportamento do mercado internacional do café mas também, crucialmente, das condições domésticas de crédito, que determinavam a capacidade do sistema bancário privado de cumprir seu papel no financiamento da retenção dos estoques. No início do terceiro trimestre de 1923,

---

[7] O Instituto do Café não foi formalmente instalado, mas o esquema de retenção do escoamento da safra para os portos através dos armazéns reguladores foi iniciado.

num contexto de crescente aperto de liquidez como referido acima, a superposição dos problemas sazonais decorrentes do aumento da demanda de crédito nas colheitas de outras lavouras e da drenagem de caixa dos grandes bancos tomava extremamente difícil ao sistema bancário privado acomodar os requisitos financeiros da valorização do café. O Banco do Brasil, tendo que enfrentar pesados saques de depósitos interbancários e com sua posição de caixa ainda comprometida pela impossibilidade do governo de liquidar sua dívida de curto prazo, não teve saída senão lançar mão, em escala crescente, de sua faculdade de emissão.

A partir de agosto de 1923, acelerou-se novamente a depreciação do mil-réis. Tendo perdido o controle sobre a política monetária e temendo a recorrência de uma crise cambial e de seus impactos orçamentários, o governo passou a considerar a obtenção de um grande empréstimo de estabilização como o único caminho para evitar a desmoralização prematura de seu programa de reforma financeira. Tal empréstimo, se empregado para liquidar o débito do Tesouro com o Banco do Brasil, serviria para restabelecer o controle sobre o mercado de divisas, enquanto o crescimento paralelo dos ativos domésticos líquidos do banco aumentaria sua capacidade de empréstimo, reduzindo a necessidade de recurso à emissão de moeda.

Assim, já em setembro, as autoridades brasileiras formalizam um pedido de empréstimo de £25 milhões a seus banqueiros britânicos que, entretanto, condicionaram a concessão do empréstimo à implementação de reformas e políticas a serem recomendadas por uma missão de peritos por eles enviada para estudar in loco a posição financeira do Tesouro e a situação cambial. A condição é aceita e, no primeiro trimestre de 1924, o governo negocia com a missão inglesa as bases do empréstimo. Entretanto, em meados do ano, quando se ultimavam os detalhes da operação, restrições impostas pelo governo britânico a empréstimos externos, com vistas ao fortalecimento da libra para preparar seu retorno ao padrão-ouro, acabam por inviabilizá-la.

O fracasso da estratégia de estabilização não recessiva com base no endividamento externo, após vários meses de negociações, impunha urgente redefinição de políticas. A posição externa continuava vulnerável, uma vez que o substancial crescimento das exportações em 1924, causado pelo comportamento favorável dos preços do café, fora anulado pelo aumento paralelo das importações, estimulado pela recuperação doméstica e, na ausência de novos empréstimos externos, a taxa de câmbio permanecera 50% abaixo da taxa de estabilização planejada pelo governo. A aceleração inflacionária que acompanhou a recuperação, além de contribuir para as dificuldades de ajuste externo, erodia rapidamente os salários reais, começando a criar tensões preocupantes nos centros urbanos.

Quase ao mesmo tempo em que fracassavam as tentativas visando o empréstimo britânico, eclodiram as revoltas militares de julho de 1924, que assumiram graves proporções em São Paulo, onde os rebeldes tomaram a sede do governo do estado. A revolta paulista foi controlada pelas forças legalistas antes do fim de julho, mas a necessidade de cobrir despesas militares imprevistas e prestar socorro aos bancos, em decorrência da interrupção das transações com São Paulo, levou a nova explosão das emissões do Banco do Brasil que atingiram o limite legal entre agosto e outubro. Esta nova perda de controle sobre a política monetária forneceu o motivo para que um influente grupo de políticos intimamente ligados a Bernardes (Falcão, 1931, p. 69-71), que atribuía a persistência da fragilidade da posição externa e das pressões inflacionárias a taxas elevadas de expansão de moeda e preconizava a adoção de políticas deflacionistas, convencesse o presidente da necessidade urgente de adotar-se uma política ortodoxa de ajuste interno e externo, acoplando uma política monetária contracionista à política de austeridade fiscal já então adotada.

A decisão de implementar o choque monetário, tomada em fins de 1924, teria ainda consequências importantes para a política do café. Como o papel ocupado pelo Banco do Brasil no esquema de defesa implantado por Bernardes implicava submeter a base monetária a flutuações de magnitude aleatória e potencialmente muito grandes toda vez que se materializasse um desequilíbrio entre a oferta e demanda mundiais de café, o sucesso da nova política monetária poderia ser comprometido pela manutenção da forma de financiamento da valorização, como ocorrido em 1923. Além disso, não só o governo federal não havia abandonado a ideia de concretizar um grande empréstimo externo, tão logo se normalizassem as condições em Londres, como as negociações da primeira metade do ano haviam mostrado que o apoio do mercado de capitais de Nova York seria decisivo para o sucesso da operação. Considerando que os banqueiros britânicos condicionavam a concessão do empréstimo ao término do envolvimento do governo no financiamento do esquema de defesa, e que este envolvimento seria certamente fator impeditivo da participação de bancos americanos em um empréstimo federal pela oposição do governo americano à valorização do café, sua manutenção tornou-se disfuncional do ponto de vista dos objetivos maiores da política macroeconômica de estabilização. Por outro lado, em 1924 os preços do café recuperaram-se, em dois grandes saltos, dos níveis estavelmente baixos dos dois anos anteriores, sob influência do bem-sucedido programa de defesa. Com os preços elevados e o aumento da perspectiva de ganhos com a valorização, tornava-se politicamente muito mais fácil para o governo declarar terminado seu envolvimento com o esquema.

Assim, em fins de 1924, quase ao mesmo tempo em que eram demitidos o ministro da Fazenda e o presidente do Banco do Brasil, ambos paulistas, como prelúdio para o início da política de ajuste ortodoxo, o governo transferia a responsabilidade pelo programa de valorização do café para o governo de São Paulo. Já a partir do início de 1925, o Banco do Brasil eleva as taxas e restringe drasticamente o montante de suas operações de redesconto com a intenção de reduzir a base monetária através da retirada de notas do Tesouro em circulação, iniciando um processo de contração monetária que seria seguido sem interrupção até o fim do governo Bernardes. O mix monetário-fiscal recessivo foi completado pela manutenção do esforço para equilibrar o orçamento, já que, aos olhos dos ortodoxos que agora controlavam a política econômica, a disciplina fiscal era o pressuposto da viabilidade da manutenção da política monetária restritiva.

Dada a grande dependência do setor privado em relação aos bancos comerciais na ausência de um mercado financeiro desenvolvido, o choque monetário, implementado em meio ao ciclo de expansão iniciado em 1922, teve impacto extremamente negativo sobre o desempenho da economia. Seus efeitos sobre os níveis de atividade corrente foram severos. A produção industrial, que se recuperava fortemente desde 1922, estagnou em 1925 e 1926; o investimento industrial, medido pelo índice de *quantum* de importações de bens de capital para a indústria, que voltara a crescer aceleradamente desde 1923, caiu nada menos do que 24% em 1926.

Não obstante seu alto custo em termos de perdas de produto e emprego, o interlúdio deflacionário de 1925-1926 atingiu seus principais objetivos. Por um lado, a taxa de câmbio apreciou-se abruptamente em mais de 40% entre agosto e outubro de 1925. Por outro lado, sob o impacto conjugado da perda de dinamismo da demanda doméstica e apreciação cambial, a inflação desacelerou rapidamente ao longo de 1925 e, em 1926, o nível de preços (custo de vida) chegou a cair 10%. Deve ser notado, entretanto, que a recuperação da posição externa brasileira em fins do governo Bernardes – que terá, como discutido na próxima seção, grande influência para a formulação da política econômica de Washington Luís –, era um reflexo da impressionante recuperação dos fluxos de comércio e investimento internacionais iniciada em meados da década.

O boom e a Depressão após o retorno ao padrão-ouro: 1927-1930

Apesar da tranquilidade política que marcou a articulação das oligarquias visando a sucessão presidencial de 1926, a grande medida de continuidade na postura ortodoxa de Washington Luís em relação à política fiscal e a crença nas vantagens da criação de um banco central "moderno", a mudança de governo seria acompanhada de alteração radical das políticas monetária e cambial. A motivação política para essa alteração era óbvia. Desde fins de 1925, cresciam os protestos de industriais – especialmente os da indústria têxtil e exportadores contra os efeitos deflacionários da contração de moeda e da apreciação cambial, enquanto desapareciam as razões objetivas que informaram a opção pelo ajuste recessivo em fins de 1924. Deve ser lembrado que essa dura opção foi feita em uma situação em que a preocupação generalizada com a fragilidade da posição externa e a persistência de pressões inflacionárias permitiram apresentar o ajuste deflacionário quase que como medida de salvação nacional. Entretanto, em fins de 1926, controlada a inflação e com a substancial melhora da posição externa – induzida pela manutenção de altos preços do café e, especialmente, pelo início de um novo ciclo de endividamento externo –, manter indefinidamente essa política seria uma atitude suicida em um sistema político em que exportadores e, crescentemente, produtores de artigos competitivos com importações detinham substancial influência.

Assim, tão logo assume o governo, Washington Luís envia ao Congresso um projeto de reforma monetária propondo o retorno ao padrão-ouro à taxa de aproximadamente 6 pence, cerca de 23% abaixo da taxa média do terceiro trimestre de 1926, justificada por ele como refletindo a taxa média do período 1921-1926. O projeto era, formalmente, um plano para atingir-se, em etapas sucessivas, a conversibilidade do total do estoque de moeda em circulação à nova paridade. A primeira fase, que deveria ser implementada imediatamente, seria um período de estabilização de fato. Para isto, propunha-se a criação da Caixa de Estabilização, um órgão do Tesouro que teria a atribuição precípua de emitir notas conversíveis à vista contra depósitos em ouro nela feitos ao novo par, exatamente nos moldes da antiga Caixa de Conversão, que operava antes da guerra. A segunda fase seria implementada tão logo o estoque de ouro acumulado pela Caixa, através da ação do governo ou de depósitos induzidos por operações privadas de arbitragem, fosse considerado suficiente para permitir a decretação da conversibilidade plena das notas em circulação, isto é, inclusive das não emitidas pela Caixa. A reforma seria concluída com a mudança da unidade monetária, criando-se o cruzeiro, de valor igual ao do mil-réis à nova paridade e pela transferência do poder de emissão ao Banco do Brasil.

Embora grande parte da literatura tenda a considerar a criação da Caixa de Estabilização como mais um exemplo de transplante acrítico de concepções contemporâneas de política monetária desenvolvidas no contexto das experiências europeias de estabilização,[8] é inegável que a reforma de Washington Luís tinha uma inspiração política eminentemente prática. Em primeiro lugar, respondia aos anseios imediatos dos produtores domésticos tanto em relação às tendências à apreciação cambial quanto ao futuro da política monetária pois, se a esperada recuperação da posição externa decorrente da participação brasileira no boom internacional de investimentos anglo-americanos se materializasse, o consequente aumento de reservas da Caixa implicaria reversão quase automática da queda da base monetária verificada nos últimos dois anos. Em segundo lugar, após as recentes experiências inflacionárias da Carteira de Redesconto e da Carteira de Emissão do Banco do Brasil, a reintrodução de um mecanismo "automático", isto é, não discricionário, de controle da oferta de moeda e que impusesse disciplina fiscal contava tanto com o apoio amplamente majoritário da opinião politicamente relevante no Brasil quanto com o dos credores externos, e serviria para aplacar a intensidade dos debates sobre gerência monetária que geraram tanto calor desde o início da década.

Enquanto isso, consolidavam-se as novas bases de operação financeira do programa de defesa do café, agora sob controle do governo de São Paulo. Tão logo o mercado de capital de Londres voltou a operar num clima de intensa competição, não foi difícil ao recém-criado Instituto do Café de São Paulo convencer Lazards, um grande banco britânico, até então praticamente ausente de operações com o Brasil, a prover os fundos para que o Banco do Estado – constituído com a finalidade básica de cumprir o papel de emprestador de última instância aos bancos envolvidos com o financiamento de café, antes desempenhado pelo Banco do Brasil –, bancasse as eventuais necessidades de financiamento do complexo cafeeiro durante a retenção dos estoques.

A consolidação financeira da valorização paulista teve impacto extremamente favorável sobre os preços e, juntamente com a mudança de política monetária e cambial, permitiria rápida superação da estagnação que caracterizava o biênio anterior, já no primeiro ano do governo Washington Luís. A grande onda de investimentos estrangeiros reiniciada em 1926 mais do que compensou a redução do saldo em conta corrente, e o elevado superávit no balanço de pagamentos induziu rápida expansão das emissões da Caixa até meados de 1928. A grande maioria desses investimentos era constituída de empréstimos públicos e, embora vários deles tenham sido contraídos para resgate de dívidas pendentes com credores estrangeiros, um montante significativo foi destinado a obras públicas ou outras formas de gasto doméstico.

Na segunda metade de 1927, os efeitos expansionistas do relaxamento das condições de crédito foram reforçados por condições excepcionalmente favoráveis

---

[8] Ver, por exemplo, Bello (1966, p. 265-66); Falcão (1931, p. 802) e Neuhaus (1974, p. 75).

para a cafeicultura. O aumento de renda no polo dinâmico da economia e o relaxamento das condições de crédito não só estimularam o investimento na própria cafeicultura, como refletiram-se em aumento generalizado de demanda para o setor urbano, contribuindo de forma decisiva para a reativação dos níveis de atividade. O produto real, que após estagnar em 1925 crescera 5,2% em 1926, cresce 10,8% em 1927 e 11,5% em 1928. Essa rápida recuperação, ao contrário da reversão cíclica de 1922-1923, tem lugar em condições de quase perfeita estabilidade de preços, garantida pela estabilidade cambial e pela existência de margens provavelmente amplas de capacidade ociosa na indústria, geradas pela estagnação da demanda que acompanhou os estágios finais do boom de investimentos iniciado em 1923.

A exuberante recuperação de 1927-1928 sustentava-se, entretanto, em bases frágeis, já que dependia crucialmente da manutenção das condições econômicas internacionais extremamente favoráveis verificadas desde 1926. Como a experiência de antes da guerra havia demonstrado, dada a instabilidade dos fluxos financeiros à periferia, normalmente variando em sincronia com os preços internacionais de produtos primários, a adoção do padrão-ouro em ciclos de endividamento externo aumentava a vulnerabilidade do equilíbrio macroeconômico doméstico. Isto porque, como as condições favoráveis de balanço de pagamentos que induziram a adoção do padrão-ouro podiam reverter-se abruptamente, a perda de reservas automaticamente submeteria a economia a violentas pressões deflacionárias. Entretanto, o potencial desestabilizador desse regime monetário era agora ampliado por seus efeitos sobre a viabilidade financeira do esquema de defesa do café, tal como organizado por São Paulo na segunda metade dos anos 1920 e, portanto, sobre as receitas de exportação. Vejamos por quê.

A viabilidade financeira da defesa dependia da capacidade do Instituto financiar um volume de estoques cuja magnitude podia variar sob a influência de três fatores fora de seu controle. O primeiro era, obviamente, o tamanho da safra, safras maiores significando, *ceteris paribus*, maior pressão sobre os recursos do Instituto. O segundo era o estado da demanda mundial que, ao obrigar uma redução do fluxo de embarques dos armazéns reguladores para os portos, provocaria variações nos estoques a serem retidos pela defesa, afetando a demanda de financiamento de modo análogo ao de uma grande safra. O terceiro era o estado da liquidez doméstica que, diferentemente dos dois choques de demanda e oferta analisados acima, não afetaria os requisitos de financiamento do Instituto através do aumento dos requisitos globais de financiamento, mas através de seus efeitos sobre a capacidade do sistema bancário, privado de desempenhar a parte que lhe era reservada no esforço de financiamento da retenção dos excedentes.

Entretanto, enquanto o Brasil estivesse sob o padrão-ouro, o segundo e o terceiro dos fatores apontados anteriormente, isto é, o estado da demanda mundial e as condições de crédito doméstico, deveriam estar correlacionados de modo perverso. Uma súbita deterioração da balança comercial originada da queda de demanda mundial de café deveria, no padrão-ouro, ter efeito contracionista sobre o crédito doméstico. Isto implicaria que, quando os requisitos financeiros da defesa dos preços do produto estivessem crescendo por causa do arrefecimento da demanda mundial, a propensão do setor privado brasileiro a emprestar à cafeicultura estaria diminuindo, aumentando, portanto, a necessidade de captação externa de recursos para repasse pelo Instituto.

A situação poderia ficar ainda mais difícil para os responsáveis pela defesa caso a deterioração da demanda nos países centrais fosse acompanhada pela simultânea deterioração das favorabilíssimas condições de crédito que então prevaleciam nos dois grandes centros financeiros internacionais. Nunca é demais relembrar que a recuperação da posição externa brasileira a partir de 1926 deveu-se quase inteiramente ao surgimento de grande superávit em conta de capital. Assim, o surgimento simultâneo de dificuldades de captação externa amplificaria os problemas de equilíbrio externo e o resultante choque monetário, aumentando ainda mais a demanda de recursos do Instituto em um período em que, por hipótese, sua capacidade de captação externa estaria prejudicada.

Esta explicação da instabilidade potencial a que a economia brasileira estava submetida em meio à prosperidade dos anos iniciais do governo Washington Luís, por sua grande dependência em relação a um funcionamento estável da economia mundial e, em especial, dos mercados financeiros internacionais, será amplamente confirmada pelos eventos a partir de fins de 1929. De fato, foi o surgimento de uma situação como a apontada no parágrafo anterior, agravada pela ocorrência de uma nova supersafra em 1929, com os estoques já elevados desde a safra de 1927 que provocaria o colapso do sistema em fins de 1929.

O surgimento de tendências recessivas na economia brasileira data, todavia, do início de 1929 – antes, portanto, da perda de dinamismo e colapso financeiro das economias industriais, ocorridos no segundo semestre desse ano –, como resultado da opção do governo em retornar à política creditícia restritiva em resposta a dificuldades de balanço de pagamentos surgidas já em 1928. A deterioração da posição externa na segunda metade de 1928 resultou da operação de duas causas independentes. Por um lado, a estagnação das exportações num contexto de crescimento acelerado das importações, induzido pela recuperação dos níveis de atividade e investimento domésticos, provocou rápida erosão do saldo comercial. Por outro lado, uma contração progressiva do saldo em conta corrente foi acompanhada pelo estancamento temporário do fluxo de empréstimos externos de longo prazo para a periferia na segunda metade de 1928.[9]

A rápida erosão do saldo do balanço de pagamentos no segundo semestre de 1928 fez cair imediatamente o ritmo de crescimento das emissões da Caixa de Estabilização. A reação inicial do Banco do Brasil foi auxiliar prontamente bancos e grandes firmas cuja posição financeira fora ameaçada pelo brusco choque monetário após meses de grande expansão de crédito. Entretanto, logo surgiram críticas consistindo em que, nas circunstâncias de crescente desequilíbrio externo, as regras do jogo da gerência monetária sob o padrão-ouro aconselhavam medidas contracionistas diametralmente opostas à postura acomodadora então adotada pelo banco. A posição desses defensores da ortodoxia era reforçada pelo fato de que o contínuo crescimento da relação entre as reservas ouro de Caixa e o total da circulação monetária desde 1927 havia gerado a convicção de que o Banco do Brasil deveria preparar-se para assumir suas funções de banco central a qualquer momento. O

---

[9] Embora as causas desse fenômeno ainda sejam objeto de debate, a opinião dominante é a de que ele teria sido provocado pela atração exercida pelo boom de Wall Street e seus efeitos sobre as taxas internacionais de juros. Para uma discussão da literatura, ver Kindleberger (1973, p. 74 e seguintes).

banco vinha, de fato, ampliando seus encaixes continuamente com esse objetivo, e os críticos viam a nova atitude como um perigoso desvio dos objetivos maiores do plano de reforma monetária do governo.[10]

A luta pela definição da política de crédito do Banco do Brasil decidiu-se em favor da solução ortodoxa e, a partir de setembro de 1928, o banco implementaria drástica redução de empréstimos ao setor privado. A mudança da política do Banco do Brasil foi seguida rapidamente pela contração de depósitos dos outros bancos e o estoque nominal de moeda, cujo crescimento já havia caído com a diminuição dos influxos de ouro na Caixa de Estabilização, estagna no último semestre de 1928 e começa a cair em 1929. O redemoinho deflacionário atingiu quase imediatamente os níveis de atividade urbanos, mas o governo federal manteve-se fiel ao novo curso, mesmo consciente de que a nova política ensejava severa recessão. O produto real estagnou aos níveis de 1928, e a produção industrial começou a declinar. As importações, que recuperavam-se à taxa de 15,9% em termos reais ao longo de 1928, começam a cair já no primeiro trimestre de 1929, apesar da reação defasada das importações de bens de capital em relação às flutuações de demanda.

Entretanto, o pior ainda estava por vir com o colapso da capacidade de sustentação financeira do programa de defesa do café. O primeiro golpe sobre o Instituto foi desfechado pela natureza. Condições meteorológicas favoráveis propiciaram uma segunda safra recorde em 1929, apenas dois anos depois que o recorde histórico de 1927 elevara os estoques da defesa a quase o montante de um ano de produção normal. Este aumento de estoques ampliara em muito o período de retenção dos cafés depositados nos reguladores – estimado em maio de 1929 em nada menos do que 16 meses –, aumentando os encargos financeiros dos agricultores em um período em que, com a ocorrência de uma safra pequena em 1928, a grande maioria deles já enfrentava sérios problemas de liquidez. Com o passar do tempo, os fazendeiros começam a pressionar o Instituto para o aumento do fluxo de embarque do café para os portos. Por motivos inteiramente diferentes, ligados à política cambial, o governo federal também pressionava as autoridades paulistas no mesmo sentido.

O segundo e definitivo choque foi a progressiva deterioração das condições de crédito em Londres no terceiro trimestre de 1929,[11] que bloqueou definitivamente a alternativa de obtenção de financiamento externo pelo Instituto no futuro previsível. As autoridades responsáveis pela defesa ainda tentaram desesperadamente obter do Banco do Brasil os recursos indispensáveis ao menos para as compras necessárias à manutenção dos preços em Santos, visando evitar as consequências desastrosas de um colapso de preços, mesmo ao custo de deslocar todo o peso da defesa para os ombros dos cafeicultores. O governo federal, entretanto, já enfrentando o acirramento da campanha contra a Aliança Liberal define como prioritária a manutenção da estabilidade cambial e a conclusão do programa de reforma monetária, permanecendo inarredável de sua dupla posição de recusar-se a autorizar o Banco do Brasil a prover os enormes requisitos de financiamento da defesa e recomendar o aumento das vendas (Telles, 1931, p. 33).

---

[10] Banco do Brasil, *Relatório*, 1929, p. 13-14.
[11] O agravamento das tensões financeiras em Londres precede a crise de Wall Street. Ver Sayers (1976, p. 228-9).

Em 11 de outubro, esgotam-se os recursos do Instituto e inicia-se o colapso dos preços do café. No fim do ano, os preços já atingem um terço do valor anteriormente garantido pela defesa e, ao longo de 1930, a contração das vendas e a reversão de expectativas nos países consumidores fazem do café um dos casos mais dramáticos de queda de preços entre os produtos primários durante os estágios iniciais da Grande Depressão.

O colapso dos preços do café foi o golpe de misericórdia no equilíbrio do balanço de pagamentos. Mas, em impressionante semelhança com os eventos que antecederam o colapso do padrão-ouro de antes da guerra, o governo federal se tenha agarrado teimosamente à manutenção do padrão no pressuposto otimista de que seria possível obter um grande empréstimo de estabilização a curto prazo. O resultado foi aprofundar mais ainda a contração monetária ao longo de 1930, transformando a recessão iniciada no início de 1929 em uma crise de proporções sem precedentes, que acabaria por sepultar o regime.

3. Uma reinterpretação da historiografia tradicional

Os eventos descritos na seção anterior permitem uma tentativa de reavaliação crítica das interpretações tradicionais da condução da política econômica na Primeira República.

Comecemos pelo revisionismo idealista. Ainda que os escritos de Pelaez e outros tenham tido o mérito de sublinhar a incrível capacidade de sobrevivência do catecismo ortodoxo em círculos influentes do espectro político brasileiro – um fato não controverso e que, decerto, não constituiu apanágio do Brasil nas primeiras décadas do século –, a evidência disponível não sustenta sua alegação básica acerca do viés ortodoxo das políticas efetivamente implementadas. Após o período 1898-1906, quando Joaquim Murtinho e Leopoldo de Bulhões ocuparam a pasta da Fazenda – um período que marca o fastígio da influência da reação conservadora consolidada na esteira da explosão monetária, colapso cambial, crônico déficit público e estagflação dos primeiros anos da república[12] –, a ortodoxia esteve quase sempre na defensiva, somente readquirindo influência a ponto de efetivamente influenciar a formulação da política econômica em meados dos anos 1920, quando fortes desequilíbrios cambiais, monetários e fiscais voltaram a ocorrer. A reação contra políticas monetárias excessivamente contracionistas e sobrevalorização da taxa de câmbio que informou a adoção do padrão-ouro em 1906 e 1928, bem como as políticas monetária, fiscal e do café seguidas durante, por exemplo, o governo Epitácio Pessoa e os dois primeiros anos do governo Artur Bernardes, dificilmente podem ser representadas como tendo sido motivadas por ideias ortodoxas no sentido usado por Pelaez. Apesar das frequentes declarações públicas dos responsáveis por essas políticas em favor dos princípios de sound finance, elas foram implementadas contra a oposição aberta dos setores mais representativos da opinião conservadora.

A crítica à visão tradicional requer uma argumentação mais cuidadosa. É claro que não existe aqui a intenção de negar o fato de que os representantes políticos

---

[12] Ver Fritsch (1980a, p. 259-68).

dos setores agrícolas, comercial e bancário paulista ligados ao café detinham uma posição hegemônica no Estado brasileiro. No limiar da República, as elites políticas paulistas – representantes do ainda emergente mas já poderoso setor cafeeiro baseado no trabalho livre e desembaraçadas de qualquer compromisso com o antigo regime –, conquistaram e consolidaram uma incontestável posição de liderança, utilizando com destreza esse duplo papel que lhes assegurava o suporte dos setores relevantes da burguesia e o desenvolvimento de um *rapport* natural entre seus líderes e os militares fortemente antimonarquistas que controlavam os governos provisórios.[13] A preservação dessa posição foi garantida pela enorme importância da produção cafeeira paulista para o desempenho da economia, pelos mecanismos centralizadores de poder do sistema de controle político implantado durante o governo Campos Sales, e pela habilidade demonstrada pela oligarquia agrário-financeira paulista em incorporar os interesses da crescente burguesia industrial do estado a seus próprios canais de representação política.

Não se deve perder de vista, entretanto, que o poder de São Paulo não era absoluto, e que nem sempre os políticos paulistas detiveram o controle da máquina política federal extremamente eficaz que seus líderes históricos construíram na virada do século. Vários exemplos, como os da eleição presidencial de 1910, quando São Paulo apoiou o candidato dissidente – que incluíra o suporte federal à defesa do café em sua plataforma eleitoral –, e perdeu, podem ser arrolados para ilustrar esse ponto, mas isso nos levaria para muito além da presente discussão. Para desenvolver os argumentos críticos da visão tradicional apresentados a seguir, somente é necessário que se postule a noção intuitiva de que, se a posição hegemônica possuída por qualquer classe não pode fundar-se senão na importância que ela possui em alguma instância da atividade econômica, não se pode ignorar que a hegemonia política não pode ser exercida unilateralmente e de forma incondicional. O fato da hegemonia, como notado por Gramsci, "pressupõe indubitavelmente que se deve levar em conta os interesses e as tendências dos grupos sobre os quais a hegemonia será exercida; isto é, que o grupo dirigente faça sacrifícios de ordem econômico-corporativa" (Gramsci, 1980, p. 33).

Não obstante, a literatura tradicional sobre política econômica no Brasil republicano pré-1930, que deriva todo o seu atrativo de plausibilidade *a priori* do fato não controverso da hegemonia paulista, demonstrou uma notável falta de interesse em atentar para essa verdade quase acaciana. Com efeito, a afirmação tradicional de que a política econômica do governo federal teria consistentemente favorecido os interesses corporativos da cafeicultura, elaborada como um simples corolário da hegemonia política deste grupo, é basicamente incorreta. Isto será demonstrado a seguir questionando-se a própria validade empírica dos dois fatos estilizados que formam o suporte de evidência factual da visão tradicional, por exemplo, que o governo federal sempre curvou-se a pressões da cafeicultura no sentido de apoiar programas de valorização, e que sistematicamente favoreceu a depreciação cambial.

Considere-se, primeiramente, a noção de que o governo federal sempre esteve pronto a sustentar os preços do café e que isto teria sido motivado pela intenção de proteger os interesses setoriais da cafeicultura. Deve ser lembrado antes de

---

[13] Para a elaboração deste ponto, ver Fritsch (1988, cap. 1) e Cardoso (1975, p. 37 e seguintes).

mais nada que o governo federal (i) efetivamente negou apoio à valorização em situações críticas, como em 1906 e 1929; (ii) não promoveu a constituição efetiva de uma instituição federal permanentemente dedicada à valorização do café, como demandado por São Paulo na primeira metade dos anos 1920, tendo finalmente retornado sua responsabilidade informal pela defesa de preços ao governo paulista em fins de 1924, e (iii) somente interveio financiando a retenção de estoques esporadicamente em 1908, 1917, 1921 e, através do Banco do Brasil, em 1923-1924.

As razões para esta atitude cambiante do governo federal em relação ao envolvimento com a defesa do café são variadas, mas admitem uma generalização. Por um lado, nas várias ocasiões em que o governo não interveio, assim agiu porque as pressões para a intervenção federal foram efetivamente neutralizadas pela influência de outros grupos politicamente fortes que a ela se opunham. A opinião dos banqueiros londrinos do governo federal sobre os riscos financeiros da valorização foi decisiva para bloquear o apoio do governo ao Convênio de Taubaté em 1906. A ferrenha oposição ao plano de valorização permanente apresentado por Epitácio Pessoa em 1921, liderada pela bancada mineira na Câmara e que refletia a opinião de grupos conservadores em matéria financeira sobre os efeitos deletérios do financiamento das compras através da emissão de moeda, foi instrumental para seu arquivamento. A oposição conjunta desses mesmos grupos ortodoxos nacionais e dos banqueiros estrangeiros do governo federal contra o envolvimento do governo em esquemas de valorização, somada à forte oposição do executivo norte-americano a esquemas de controle de oferta de produtos primários em meados dos anos 1920, precipitou a decisão de liquidar a defesa federal em 1924. Finalmente, restrições impostas pela acirrada campanha presidencial, a impossibilidade política de assumir uma atitude de confrontação em face dos banqueiros internacionais – cuja confiança era tida como essencial para a manutenção da estabilidade cambial – e a *idée fixe* de Washington Luís a respeito das vantagens da preservação do padrão-ouro influenciaram a surpreendente recusa do último governo do regime em conceder suporte financeiro ao Instituto do Café de São Paulo em 1929.

Por outro lado, as ocasiões em que o governo federal efetivamente concedeu apoio direto à cafeicultura foram circunstâncias em que havia sinais evidentes de que adviria severo desequilíbrio externo caso os preços do café fossem deixados ao sabor das forças de mercado. Por isso, mesmo as eventuais operações federais de valorização do café não podem ser apresentadas como evidência de que o apoio concedido pelo governo tenha sido motivado pela intenção de dar tratamento preferencial a este setor. Não se deve perder de vista que, em uma economia primário-exportadora especializada como era a brasileira, onde a instabilidade macroeconômica normalmente derivava de choques externos, a estabilização dos preços do produto básico de exportação é, em geral, a política anticíclica mais eficiente a curto prazo.[14] Isto era particularmente verdadeiro no caso do Brasil, uma vez que a posição quase monopolista no mercado mundial do produto simplificava grandemente a implementação da defesa. As intervenções do governo federal exerceram, de fato, uma influência estabilizadora benéfica, evitando desequilíbrios externos substanciais que certamente teriam tido graves consequências para o

---

[14] Ver, por exemplo, Prebisch (1950, p. 57).

desempenho da economia. Portanto, mesmo os casos em que o governo federal interveio diretamente nos mercados de café não podem ser usados *prima facie* como evidência da intenção de proteger os interesses setoriais da cafeicultura uma vez que, nessas ocasiões, estes interesses confundem-se com o interesse nacional.

A crítica ao suposto viés da política cambial em favor do setor exportador – que constitui o segundo "fato" arrolado em defesa da visão tradicional –, requer uma digressão mais longa. Deve ser lembrado que, durante a Primeira República, o Brasil experimentou dois tipos de regime cambial: taxas de câmbio flutuantes com emissão de moeda fiduciária gerenciada seja pelo Tesouro, seja pelo Banco do Brasil, e taxas de câmbio fixas em regime de padrão-ouro. Sob este último – adotado entre 1906 e 1914 e, novamente, entre 1927 e 1930 –, a política adotada na presença de desequilíbrios externos resumiu-se, em ambas ocasiões, a tentar manter a paridade sobrevalorizada enquanto o governo tentava sem sucesso obter assistência financeira externa para restaurar o equilíbrio de pagamentos. Nesses casos, portanto, é evidente que a visão tradicional não tem o respaldo dos fatos. Mais do que isso, nesses períodos em que o governo aferrou-se à defesa de paridade ouro, como em 1913-1914 e 1929-1930, a enorme contração monetária causada pela rápida perda de reservas teve efeitos desastrosos sobre o setor produtivo, incluindo-se aí, proeminentemente, a cafeicultura.

Por outro lado, dos anos em que o Brasil permaneceu sob taxas flutuantes, são os períodos de 1889 a 1906 e de 1919 a 1926 os que apresentam maior interesse do ponto de vista da presente discussão, uma vez que durante a Primeira Guerra Mundial a taxa de câmbio foi mantida aproximadamente estável, por razões fiscais e de política anti-inflacionária, ao nível atingido após a rápida queda ocorrida no início do conflito, em seguida ao abandono do padrão-ouro. É interessante observar que esses dois longos períodos revelam uma surpreendente similaridade quanto à evolução temporal da posição externa da economia e à sequência de políticas macroeconômicas adotadas. Os anos iniciais de ambos os períodos são marcados por rápida reversão de condições externas inicialmente favoráveis, daí resultando grande depreciação cambial. Esses colapsos cambiais – cujo controle estava muito além da capacidade do governo desencadearam desequilíbrios orçamentários e monetários cumulativos que acabaram por reforçar as pressões inflacionárias básicas provocadas pela depreciação cambial. Além disso, na medida em que o equilíbrio externo foi restabelecido em bases frágeis através da operação de mecanismos automáticos induzidos por alterações de rendas e preços, e o governo continuou enfrentando dificuldades de captação de empréstimos estrangeiros, esses súbitos desequilíbrios externos foram também seguidos por períodos em que as reservas internacionais mantiveram-se em níveis extremamente baixos. A ansiedade acarretada pela perda de controle efetivo sobre a política cambial, somada ao efeito desmoralizador do descontrole das contas do governo e de crescentes pressões inflacionárias, acabaria finalmente por tornar o rompimento do círculo vicioso de instabilidade cambial e de preços, desequilíbrio fiscal e expansão monetária o objetivo prioritário da política econômica.

Assim, os grandes colapsos cambiais de 1890-1892 e 1920-1922 foram, após um período de grande instabilidade econômica interna e crônico desequilíbrio externo, seguidos por negociações com banqueiros internacionais visando a obtenção da liquidez externa necessária ao restabelecimento do equilíbrio cambial, como precondição para a adoção simultânea de programas ortodoxos de estabilização. Dessas situações de penúria cambial e grande dependência em relação aos banqueiros internacionais resultaram, com algumas diferenças de detalhe, as políticas monetária e fiscal extremamente restritivas seguidas pelos governos Campos Salles e Artur Bernardes. Esses interlúdios deflacionários – que, diferentemente dos colapsos cambiais que em última instância os motivaram, resultaram de opções deliberadas de política econômica – tinham ainda o objetivo explícito de promover substancial apreciação cambial e, portanto, dificilmente podem ser explicados a partir da visão tradicional.

Estas duas ocasiões em que o governo federal deliberadamente implementou um mix monetário-fiscal restritivo foram, entretanto, seguidas por franca recuperação do valor da exportações e fases de grande crescimento do investimento mundial, recuperando-se rapidamente a capacidade de endividamento brasileiro. O súbito aumento da receita cambial, ocorrendo em circunstâncias em que o nível de importações encontrava-se deprimido, provocou as rápidas apreciações cambiais de 1905 e 1925-1926, alterando-se drasticamente, o quadro que havia motivado a adoção das políticas restritivas. A resposta do governo foi, em ambas as ocasiões, a adoção do padrão-ouro, medida que, por visar prevenir que os emergentes superávits externos provocassem a apreciação continuada do mil-réis, tem sido também apontada como resultante de pressões da cafeicultura.

Deve ser notado, entretanto, que pelo menos dois motivos tornaram a adoção do padrão-ouro a bandeira de todas as classes produtoras nacionais. O primeiro era o de que, estando o governo empenhado em controlar a expansão monetária e sendo estreito o mercado doméstico de títulos públicos, os grandes superávits do balanço de pagamentos resultavam em pressões incontroláveis sobre a taxa de câmbio, o que – após os custos e rendas haverem se ajustado às taxas depreciadas anteriormente vigentes – ameaçava todos os produtores de bens comercializáveis. Em segundo lugar, mantidas as condições favoráveis do balanço de pagamentos, a operação das regras do jogo do padrão-ouro garantiria o crescimento da base monetária – e, portanto, o abandono da política de dinheiro caro até então seguida –, o que não poderia deixar de contar com o aplauso de todo o setor privado doméstico.

Deve ser notado, ainda, que a adoção do padrão-ouro era vista também com satisfação pelos banqueiros internacionais e exercia, por isso, um importante efeito positivo sobre a capacidade de endividamento externo das economias periféricas. Como isto permitia que autoridades públicas, estaduais e mesmo municipais, tirassem proveito das condições conjunturalmente favoráveis nos mercados internacionais de capital para financiar seus programas de obras, é plausível supor que as oligarquias regionais também tivessem, em geral, interesse na adoção do padrão-ouro.

Os argumentos acima mostram, portanto, que a ideia de que a tendência à depreciação do mil-réis ao longo da Primeira República foi consequência intencional de decisões de política, também precisa ser qualificada. A queda secular do mil-réis entre 1989 e 1930 é totalmente explicada pelos dois grandes colapsos cambiais do início da última década do século XIX e do início dos anos 1920, que resultaram de severos choques externos cujos efeitos sobre o valor externo do mil-réis o governo federal não conseguiu evitar. Por outro lado, a afirmativa de que a adoção ocasional do padrão-ouro foi motivada pela intenção de proteger os interesses setoriais da cafeicultura parece ser uma simplificação grosseira.

4. Conclusões

A evidência apresentada neste ensaio permite conclusões de três ordens distintas. Em primeiro lugar, como argumentado na seção 2, a de que uma análise cuidadosa da política econômica federal na Primeira República não sustenta a visão tradicional segundo a qual sua execução teria visado fundamentalmente beneficiar os interesses da cafeicultura, nem sua antítese implícita, que tenta demonstrar a existência de um sistemático viés ortodoxo nas políticas efetivamente implementadas.

Deve ser frisado que a interpretação alternativa apresentada neste ensaio não é incompatível com a visão da oligarquia paulista como fração hegemônica no Estado brasileiro. Parte das críticas aqui apresentadas à visão tradicional limitou-se a mostrar que medidas de política alegadamente adotadas em defesa do café beneficiaram um conjunto muito mais amplo de interesses e, portanto, não tem ligação com essa questão. A aparente incompatibilidade aflora quando se discutem os interlúdios de adoção de políticas ortodoxas. Mas, segundo a interpretação aqui apresentada, essas políticas foram adotadas no bojo de profundas crises econômicas que se constituíam em efetiva ameaça à coesão política do Estado, como no final dos anos 1990, em 1913-1914, em meados dos anos 1920 e em 1929-1930. No decorrer dessas crises, o debate político tendia a gravitar, seja na direção de um consenso sobre a necessidade de restabelecer-se a estabilidade econômico-financeira como precondição de reestabilização política, como no fim dos anos 1990 e em meados dos anos 1920, seja no sentido de preservar os sinais aparentes de estabilidade, como em 1913-1914 e 1929-1930. Estas eram ocasiões em que o poder dos credores externos e/ou a influência dos grupos ortodoxos domésticos mais se fazia sentir na formulação das políticas de "salvação nacional", em relação às quais as oligarquias políticas de São Paulo, pela própria posição hegemônica que ocupavam no aparelho do Estado, não podiam adotar uma postura corporativa. Uma importante interrogação permanece, entretanto, a desafiar interpretações, por exemplo, quais as bases materiais do "pensamento ortodoxo", da opinião conservadora em matéria financeira? De fato, a ortodoxia, embora longe de ter a efetividade a ela atribuída pelo revisionismo idealista, permaneceu influência importante sobre o debate e, por vezes, informou a própria execução da política econômica. Decifrar esta charada é um desafio que exige, entretanto, um conhecimento da racionalidade das demandas econômicas das classes relevantes, e de seu comando sobre os recursos do Estado bem maior do que o disponível no atual estado da arte da historiografia política do período.

Um segundo conjunto de conclusões relevantes relaciona-se ao *modus operandi* dos mecanismos de ajustamento externo em países periféricos, no ambiente relativamente livre de intervenção governamental que caracterizava as relações econômicas internacionais do Brasil no período anterior à Grande Depressão, tanto sob o padrão-ouro, quanto sob regime de taxas de câmbio flutuantes.

A experiência brasileira sob o padrão-ouro ressalta algumas características negativas de sua operação em um país devedor e sujeito a grande instabilidade de preços de exportação como o Brasil, tendendo a confirmar a visão de que os fatos estilizados, utilizados em modelos teóricos concebidos para explicar a existência de mecanismos autoequilibradores sob o padrão "servem mais para iluminar o mito do padrão-ouro do que a realidade histórica" (Eichengreen, 1985, p. 3). Com efeito, a dinâmica de ajuste do balanço de pagamentos brasileiro sob o padrão-ouro segue muito de perto o sugerido no estudo pioneiro de Ford (1962) sobre a Argentina, sendo em grande medida dominado pelo comportamento da conta de capital. Como visto acima, a adoção do padrão-ouro se colocava como opção preferencial sempre que a participação do Brasil em um boom de investimentos internacionais, coincidindo com a recuperação dos preços das exportações, gerava superávits externos e pressões para a apreciação do mil-réis. Como o papel das autoridades monetárias após a adoção do padrão-ouro tomava-se basicamente passivo, sendo incapaz de esterilizar os aumentos de moeda primária causados pelos influxos de ouro, os excedentes externos acabavam por gerar substancial expansão de crédito, alimentando a aceleração do crescimento do nível de atividade, causados, em primeira instância, pelo aumento das exportações líquidas e do investimento doméstico – especialmente público financiado por empréstimos externos.

Na medida em que essas causas primárias da aceleração do crescimento persistissem, o ajustamento da conta corrente prosseguia, basicamente, através do crescimento das importações induzido pelo crescimento da renda.[15] Assim, o equilíbrio do balanço de pagamentos, do qual o equilíbrio monetário em última instância dependia, tornava-se cada vez mais dependente da manutenção de preços favoráveis do principal produto de exportação e da propensão dos investidores estrangeiros a emprestar ao Brasil. Dada a velocidade com que ambas essas variáveis podem mudar, vale dizer que a posição externa brasileira ficava cada vez mais vulnerável. Quando, eventualmente, os empréstimos estrangeiros e os preços de exportação entravam em colapso após um processo de vigoroso crescimento das importações ter ganho impulso e erodido substancialmente o superávit comercial, a brusca contração monetária que inevitavelmente se seguia tinha efeitos reais extremamente dolorosos, como testemunhado em 1913-1914 e 1929-1930.

Por outro lado, a dinâmica de ajuste do balanço de pagamentos a choques externos sob taxas de câmbio flutuantes tinha características distintas. A queda nas importações, decorrente da rápida depreciação cambial e do aperto de crédito criado pelo comportamento precaucionário dos bancos comerciais, nessas ocasiões, eram elementos fundamentais do processo de ajuste de curto prazo que se seguia à ocorrência de choques adversos, do mesmo modo que a defesa dos preços do café – quando implementada, como no início dos anos 1920 –, também cumpria importante papel. Nestas situações, embora o ajuste externo tenha sido acompanhado de maiores taxas de inflação, as perdas de produto real foram bastante menores do que as do ajustamento sob o padrão-ouro.

Uma última e importante conclusão é a de que, na explicação da profunda mudança no estilo de política econômica que se processa a partir dos anos 1930, no sentido de maior intervenção governamental nas transações internacionais, papel mais proeminente deve ser atribuído às restrições decorrentes de mudanças no ambiente externo que inviabilizaram a manutenção da postura tradicional. Isto

---

[15] A ênfase no papel de variações de renda na explicação de mudanças nas importações deriva do fato de que, dada a enorme diferença existente entre as estruturas de oferta e demanda e, portanto, o número relativamente pequeno de atividades competitivas com importações, o papel de mudanças de preços relativos deveria ser também pequeno, Ford (1962, cap. VII).

implica minimizar a validade da noção de que, nessa mudança de estilo, existisse alguma intencionalidade *a priori* no sentido de aumentar os incentivos à industria, como não raramente se infere a partir de pressupostos a respeito da perda de poder dos grupos exportadores após o colapso da Primeira República.

É certamente lícito inferir-se que os governos do regime anterior a 1930 fracassaram fundamentalmente ao não promover as mudanças estruturais necessárias para dar maior estabilidade macroeconômica ao país, tal como maior diversificação das exportações, uma base fiscal menos vulnerável a choques externos e assim por diante. Entretanto, operando em uma ordem econômica internacional em que, embora não isenta de severos choques, conseguiu-se preservar, ou rapidamente restaurar, suas características institucionais básicas, os governos da Primeira República foram capazes de produzir estabilidade macroeconômica sem precisar interferir profundamente – exceto no mercado do café – com a livre operação das forças de mercado, ainda que isso tenha sido feito ao custo de crescente endividamento externo.

O dramático desequilíbrio externo sofrido pelo Brasil a partir do fim dos anos 1920 em decorrência do colapso dos mercados internacionais de capital, da brutal contração do comércio mundial e dos problemas criados pela crise de superprodução de café, alterou completamente as condições de viabilidade da forma de inserção internacional da economia brasileira consolidada na Primeira República. Isto criou, ironicamente, as condições de superação do antigo problema de como manter a estabilidade doméstica em face de choques externos sem nenhuma das grandes reformas estruturais ou institucionais que teriam sido necessárias em condições normais de funcionamento da economia internacional. Assim, se esse argumento é aceito, deve-se concluir que, diferentemente do contido na maior parte da historiografia corrente, é nas profundas mudanças nas regras do jogo ocorridas nas relações econômicas internacionais durante a Grande Depressão, e não na recomposição da base política do Estado que se seguiu à revolução de 1930, que devem buscar-se as explicações da racionalidade e da viabilidade das políticas econômicas e reformas estruturais ocorridas após o colapso da Primeira República.

CAPÍTULO 4

CRISE, CRESCIMENTO E MODERNIZAÇÃO AUTORITÁRIA, 1930-1945

Marcelo de Paiva Abreu

Este capítulo, dividido em três seções, além desta introdução, trata da formulação e da implementação da política econômica entre 1930 e 1945. Na primeira seção são consideradas as políticas econômicas do Governo Provisório e seu impacto no auge da crise em 1930-31 e no começo da recuperação até 1934. A segunda seção trata da liberalização da política econômica e do rápido crescimento da economia durante o governo constitucional de Vargas, entre 1934 e 1937. Estas tendências são interrompidas em 1937 com a deterioração do balanço de pagamentos associada à recessão norte-americana, o golpe de novembro e a implantação do Estado Novo. A seção final analisa as políticas do Estado Novo e a acomodação da economia às mudanças estruturais associadas à guerra.[1]

A severidade do impacto da "grande depressão" sobre a economia mundial resultou em importante diminuição da importância relativa dos fluxos comerciais e financeiros externos, especialmente em países, como o Brasil, que se recuperaram rapidamente dos efeitos mais graves da depressão sobre a atividade econômica. Não há dúvida que tais países se "voltaram para dentro", com o crescimento dependendo crucialmente da capacidade de acomodar o deslocamento de demanda associado à brusca mudança de preços relativos encarecendo importações. Entretanto, com base na experiência dos últimos 75 anos, parece claro que a ênfase na endogeneização das fontes de dinamismo do crescimento econômico parece ter sido exagerada, tendo sido certamente desmentida pelo comportamento da economia brasileira nos últimos 35 anos. Assim, mesmo no auge de um período em que o crescimento da economia dependia preponderantemente de fatores internos, as restrições externas são os principais determinantes das linhas principais da política econômica, sublinhando a impossibilidade de estudar-se a economia brasileira no período sem referência à inserção do Brasil na economia mundial.

---

[1] Este capítulo, versão levemente revista de Abreu (1990b), é uma síntese de Abreu (1999).

1. Superação da crise e política econômica do Governo Provisório, 1930-1934

O choque externo sobre a economia brasileira afetou o balanço de pagamentos principalmente através de brutal queda dos preços de exportação, não compensada por aumento do quantum exportado, e da interrupção do influxo de capitais estrangeiros. As reservas, que somavam £31 milhões em setembro de 1929, caíram para £14 milhões em agosto de 1930 e haviam praticamente desaparecido em 1931. Em 1932 as importações haviam caído a um quarto do seu valor em 1928, enquanto as exportações caíram a quase um terço. Em volume, as importações decresceram cerca de 60% entre 1928 e 1932, enquanto as exportações declinaram 16%. Os preços de importação em dólares caíram 40%, enquanto os preços de exportação caíram quase 55%. Assim, os termos de intercâmbio sofreram uma deterioração de cerca de 26% e a capacidade de importar de quase 40%.

As medidas iniciais do Governo Provisório quanto à política cambial foram orientadas por um liberalismo retórico primitivo, logo desmascarado pela realidade. A abolição do monopólio cambial, que havia sido estabelecido no fim da República Velha, foi justificada com base no argumento de que tal controle era ineficaz e protelava o retorno da economia à normalidade. Em 1930-1931, adotou-se uma política cambial aparentemente liberal, mas na prática restritiva, decretando-se moratórias sucessivas em relação às dívidas em moeda estrangeira. Em setembro de 1931, a situação tornou-se insustentável, os pagamentos relativos à dívida pública externa foram suspensos, reintroduzindo-se o monopólio cambial do Banco do Brasil. A venda de cambiais de exportação ao Banco do Brasil era obrigatória e a distribuição de câmbio deveria atender a critérios de prioridade que privilegiavam em ordem decrescente: compras oficiais e pagamento do serviço de dívida pública; importações essenciais; outras remessas, incluindo lucros e dividendos, importações em consignação e atrasados comerciais. Infelizmente, não existem informações quanto aos detalhes da implementação do controle cambial; suas consequências podem apenas ser inferidas da análise da estrutura de importações que será discutida adiante.

Entre 1930 e 1931 o mil-réis desvalorizou-se 55% (mil-réis/US$). As autoridades brasileiras tentaram, na medida do possível, evitar uma desvalorização "excessiva" em vista do reconhecimento de que se a taxa de câmbio não fosse sustentada haveria uma redução da receita cambial gerada pelo café, dada a queda dos preços de café em moeda estrangeira. Esta redução do nível de preços resultava da importância da parcela do mercado controlada pelo Brasil e da inelasticidade-preço da demanda internacional por café. Além disso, uma taxa de câmbio artificialmente sustentada tornava menos difícil a liquidação dos compromissos do governo em moeda conversível. Os interesses ligados à indústria eram protegidos da competição internacional pela existência do controle de importações e tinham acesso a insumos relativamente baratos.

O controle cambial permaneceu essencialmente inalterado até 1934. Foi criado, em 1932-1933, um mercado "cinzento", alimentado por módico montante de divisas para aliviar a escassez de divisas principalmente para remessas de lucros. Em meados de 1934, as receitas cambiais não associadas a exportações, bem como a receita cambial gerada por exportações não tradicionais, foram liberadas do controle.

No final de 1930, os títulos em libras correspondiam a 65% do total da dívida pública externa que era da ordem de US$1.250 milhões; os títulos em dólares a 30% e os títulos em francos franceses e florins ao resíduo. A manutenção da posição dominante britânica em termos de estoque, a despeito da maior importância dos empréstimos norte-americanos entre, 1921 e 1930, deveu-se aos prazos de amortização mais longos dos empréstimos britânicos, bem como ao adiamento do pagamento de amortizações da dívida externa resultante dos funding loans de 1898 e 1914. Os empréstimos norte-americanos eram menos sólidos (mais importantes na área estadual e municipal) e mais onerosos, em vista de terem sido negociados na década de 1920, quando as taxas de juros eram mais elevadas do que no período pré-1914. Estas diferenças entre os empréstimos seriam causa de atritos entre credores.

A crise cambial que atingiu o Brasil a partir de 1929-1930 tornou inviável a continuação do pagamento integral do serviço da dívida, pois tal pagamento envolveria proporção excessiva do saldo comercial. Além disso, a depreciação do mil-réis aumentou a carga do serviço da dívida pública externa sobre os orçamentos nos três níveis de governo, especialmente entre o final de 1930 e agosto de 1931, quando a libra esterlina e o dólar norte-americano mantiveram sua paridade em relação ao ouro.

Até setembro de 1931, as esperanças de retorno ao mercado financeiro foram mantidas especialmente em vista das recomendações da missão financeira britânica chefiada por Sir Otto Niemeyer que visitou o Brasil no primeiro semestre de 1931 e acenou com a possibilidade de obtenção de empréstimo em Londres caso o Brasil adotasse um programa de austeridade que incluiria a volta ao padrão-ouro e a criação de um banco central. Com o abandono pelo Reino Unido do padrão-ouro, tais esperanças desapareceram.

O reajuste dos pagamentos efetivos à capacidade de pagar foi gradual, sendo um *funding loan* parcial "negociado" em 1931 por três anos.[2] Este *funding* resultou de decisão unilateral das autoridades brasileiras: garantia o pagamento integral do serviço dos *funding loans* de 1898 e 1914 e estipulava que os juros relativos aos demais empréstimos federais por três anos seriam pagos com títulos de 5% cuja emissão corresponderia ao *funding loan* de 1931. As amortizações relativas a esses empréstimos federais seriam suspensas e nada se dispunha sobre o serviço dos empréstimos estaduais e municipais. O acordo era lesivo aos empréstimos norte-americanos em vista da sua importante participação na dívida estadual e municipal e da sua não inclusão nos *funding loans* prévios. A manutenção de disposições prejudiciais aos interesses norte-americanos não pode ser dissociada do estado insatisfatório das relações entre o Brasil e os Estados Unidos nos anos iniciais da década. A mudança de governo foi seguida de um curto período caracterizado pelo aumento da influência britânica explicado pela deterioração das relações políticas entre o Brasil e os Estados Unidos à raiz do exagerado apoio de Washington ao governo deposto em novembro de 1930 e pela maior generosidade de Londres na concessão de empréstimos de curto prazo. A visita da missão Niemeyer correspondeu ao auge desta influência fugaz, mas o efetivo poder de barganha dos Estados Unidos, em vista de

---

[2] Para as negociações da dívida externa no período 1931-1943, ver Abreu (1977). Em Abreu (2006) é feita uma avaliação de longo prazo da dívida externa acumulada entre 1824 e 1931 levando em conta os sucessivos acordos com os credores no período 1931-1943.

seu déficit comercial no intercâmbio com o Brasil, acabaria por prevalecer. Do ponto de vista do Brasil, o arranjo relativo à dívida foi insatisfatório, pois apenas adiou o problema através do aumento do total da dívida. O alívio trazido pelo adiamento de pagamentos foi, além disso, insuficiente, como demonstraria a acumulação de atrasados comerciais em 1932-1934.

Em 1930, o capital nominal estrangeiro de risco investido no Brasil era da ordem de US$1.250 milhões. Desse total cerca de US$600 milhões correspondiam a capitais britânicos e US$200 milhões a capitais norte-americanos. Entretanto, entre 1914 e 1930, os investimentos britânicos decresceram em cerca de 10%, enquanto os investimentos norte-americanos aumentavam mais de quatro vezes. Os investimentos britânicos concentravam-se em setores "tradicionais", tais como serviços públicos (especialmente ferrovias), enquanto parcela considerável dos capitais norte-americanos estava aplicada em setores "modernos", tais como a indústria de transformação e serviços. A importância absoluta da participação britânica no capital estrangeiro total aplicado no Brasil – tanto dívida pública externa quanto capital de risco – e a decadência comercial do Reino Unido no mercado brasileiro são de vital importância para explicar as diferentes estratégias dos principais parceiros econômicos e financeiros do Brasil na década de 1930. Enquanto os norte-americanos tenderam a adotar uma política conciliatória em relação à dívida pública externa e concentrar esforços na manutenção de sua posição comercial no mercado brasileiro, a posição britânica era de maximizar os pagamentos financeiros, vendo com resignação o declínio da sua posição comercial durante a década.

Durante o período 1930-1936 há indicações de uma redução no estoque de inversões diretas estrangeiras, associada tanto às dificuldades que caracterizaram a economia internacional no período, quanto à crise cambial brasileira. A crise acarretou a redução do capital registrado de algumas firmas, a falência de outras, a nacionalização de umas poucas e a transferência de ativos de investidores europeus para investidores norte-americanos. A proporção norte-americana do investimento total aumentou consideravelmente como resultado da contração importante sofrida pelos investimentos europeus.

A crônica escassez de divisas resultou em acumulação de atrasados comerciais e financeiros, os quais, além de não renderem juros, ficavam expostos a risco de câmbio. Embora os devedores tivessem liquidado as suas dívidas, recolhendo o valor das dívidas em mil-réis, não havia cobertura cambial disponível para liquidar os compromissos em moeda estrangeira. Este problema seria recorrente na década de 1930, tornando-se uma das principais fontes de atrito entre o Brasil e seus parceiros. No caso dos interesses franceses e ingleses, o poder de barganha dos respectivos países não justificava a adoção de medidas radicais preconizadas pelos credores. Por outro lado, no caso dos Estados Unidos, que tinham real poder de barganha, em função da posição do balanço bilateral de comércio, os instintos belicosos de empresários norte-americanos no Brasil foram contidos pela circunspeção do Departamento de Estado. Este se opunha tanto a pressionar o governo brasileiro para que fosse adotada política cambial que concedesse tratamento preferencial aos créditos norte-americanos (pois acreditava nas vantagens do multilateralismo), quanto a impor taxação sobre o café brasileiro no mercado norte-americano (pois a inclusão de café na lista de isenções nos Estados Unidos prendia-se a razões estritamente domésticas).

A interpretação clássica quanto à natureza da política econômica adotada nos anos 1930 e seu impacto sobre o nível de atividade econômica é a de Furtado (1959, caps. 30-33). A demanda agregada teria sido sustentada por políticas expansionistas de gastos, especialmente na aquisição de café para posterior destruição. A reorientação de demanda associada à desvalorização do mil-réis e à imposição de controles das importações, ainda segundo Furtado, foi acomodada por utilização mais intensiva da capacidade previamente instalada na indústria. A Revolução de 1930 teria correspondido à versão brasileira de revolução burguesa, culminando um longo processo de oposição de interesses econômicos com as posições da classe média e da indústria emergente sobrepondo-se às da oligarquia cafeeira na formulação e implementação das políticas econômicas.

A visão de República Velha que serve de base a esta interpretação deve ser radicalmente revista à luz do resultado de novas pesquisas sobre a frequente coincidência de interesses do café e da indústria na gestão da política econômica (Fritsch, 1980a) bem como da precoce diversificação de interesses da oligarquia cafeeira que investiu na infraestrutura de exportação e na indústria substitutiva de importações (Dean, 1971). Em linha paralela de revisão, a análise das coligações políticas que apoiaram os dois candidatos à eleição presidencial de 1930, bem como de seus programas econômicos, desmente os estereótipos de Júlio Prestes como defensor dos interesses cafeeiros e de Getúlio Vargas candidato da indústria e da pequena burguesia. Vargas encarnaria o "Estado de compromisso", tratando de acomodar os interesses conflitantes sem alinhar-se à posição de qualquer grupo específico (Fausto, 1970). Embora a tese do Estado de compromisso seja persuasiva quando considerada à luz das declarações dos gestores da política econômica, bem como com base nas coalizões políticas que permitiram que Vargas permanecesse no poder, na prática Vargas adotou políticas econômicas que tenderam a favorecer a indústria. Assim, as tentativas diretas ou indiretas de sustentação empírica da tese do Estado do compromisso no terreno da implementação da política econômica são bastante malsucedidas. As vertentes principais desta malograda linha de revisão referem-se a tentativas de mostrar que, após 1930, as políticas adotadas pelo governo foram ortodoxas, prejudicando a recuperação da atividade econômica, e que o governo não defendeu adequadamente os interesses da indústria.

Os dados disponíveis indicam que o impacto da depressão sobre o produto real foi relativamente modesto, sua queda não excedendo 5,3% em 1931 – o pior ano da depressão – em relação ao pico de atividade em 1929. Em 1932 o produto cresceu 4,3% e em 1933 e 1934 em torno de 9% ao ano.[3] A recuperação do nível de atividade da economia brasileira foi singularmente rápida se comparada à experiência de outros países, especialmente os desenvolvidos.

As consequências relativamente suaves da crise sobre a economia brasileira têm sido tradicionalmente creditadas às políticas econômicas do Governo Provisório, especialmente em relação ao café. A política cafeeira do Governo Provisório baseou-se na compra de estoques pelo governo federal financiada por créditos do Banco do Brasil e por taxação das exportações. O Instituto de Café de São Paulo foi gradualmente marginalizado do processo decisório relativo à política cafeeira e

---

[3] O impacto da depressão sobre a renda real foi, é claro, mais desfavorável, pois os termos de intercâmbio se deterioraram 44% entre 1928 e 1931.

substituído por órgãos federais: inicialmente o Conselho Nacional do Café e depois o Departamento Nacional do Café. A partir de meados de 1931 iniciou-se a destruição de estoques em vista do descompasso entre o seu nível e a capacidade de absorção do mercado mundial.

A acomodação política de São Paulo após a derrota em 1932 ditou certas alterações na política cafeeira. No início de 1933 organizou-se em bases mais permanentes a política do café, definindo-se o padrão de intervenção do governo que iria prevalecer até 1937 e fixando-se as parcelas da colheita de 1933-1934 que seriam destruídas (40%), retidas (30%) e de livre negociação (30%) bem como os preços diferenciados de compra. A situação financeira da cafeicultura foi aliviada no final de 1933 pelo Reajustamento Econômico, quando as dívidas contraídas pelos cafeicultores antes de meados de 1933 foram nominalmente reduzidas em 50% e recontratadas com prazo de 10 anos, o alívio incidindo sobre as amortizações devidas inicialmente. Os credores receberam títulos do governo de 30 anos de prazo e taxa de juros de 5%. Embora do ponto de vista da agricultura como um todo o impacto do reajustamento não pareça ter sido muito significativo, a medida teve algum impacto regional e setorial na atividade agrícola, especialmente no caso da expansão da produção paulista de algodão. A destruição de estoques de café foi equivalente, em 1931, a cerca de 10% da safra de 1931-1932, aumentando na década até alcançar, em 1937, o equivalente a mais de 40% da safra de 1937-1938. Foram destruídas mais de 70 milhões de sacas entre 1931 e 1943.

De acordo com a interpretação tradicional, ao gerar déficits fiscais, em grande medida associados à política de compra da produção excedente de café, o governo teria adotado políticas pré-keynesianas de sustentação do nível de atividade econômica. Interpretações revisionistas pretenderam refutar o argumento tradicional sugerindo que, pelo contrário, a política econômica do Governo Provisório prejudicou a retomada do nível de atividade econômica pois as suas políticas fiscal e cafeeira teriam sido "ortodoxas", isto é, objetivavam o equilíbrio fiscal do governo. Em particular, quanto ao café, sugere-se que os gastos com a compra de produção excedente foram financiados por taxação das exportações do produto (Pelaez, 1968 e 1971).

Esta revisão, embora qualifique marginalmente a interpretação tradicional, conflita com a evidência apresentada pelos próprios revisionistas, especialmente após o final de 1931 (Fishlow, 1972). Um terço dos gastos com a compra de café foi custeado por créditos do governo entre 1931 e o início de 1933; maior proporção ainda em 1933-1934. O maior nível de gastos do governo, mesmo que financiado por taxação, tem influência benéfica sobre o nível de atividade dadas as hipóteses então dominantes quanto à aplicação do "teorema" do orçamento equilibrado (Silber, 1977). Além disso, dada a inelasticidade-preço da demanda por café, a taxação das exportações afeta mais significativamente os consumidores de café do que os exportadores, pois os efeitos sobre preços serão preponderantes.

A análise da política fiscal do governo, isto é, abarcando os gastos e receitas agregadas, também indica não haver base real para revisões radicais, especialmente após o final de 1931. Os déficits fiscais em 1931-1933 mantiveram-se acima de 12% dos gastos agregados em 1931 e 1933, alcançando 40% em 1932. O que poderia ter sido o déficit caso não tivesse ocorrido a insurreição em São Paulo, argumento que ocupa posição central na proposta revisionista, é um exercício contrafactual que conduz a resultados tão subjetivos que não parece merecer atenção analítica. O que interessa diretamente é analisar que política econômica foi adotada e quais os seus resultados e não que política econômica teria sido adotada se o que aconteceu não tivesse acontecido. A partir de 1933 os déficits planejados tornam-se usuais e que os déficits realizados resultam de gastos adicionais e não de más estimativas de receita (Fishlow, 1972, seção II).

O argumento de que a recuperação do nível da atividade econômica deveu-se a fatores externos, que viabilizaram considerável expansão do saldo do balanço comercial e acarretaram déficits públicos causados pela queda da arrecadação de imposto de importação, deve ser rejeitado. A expansão do saldo do balanço comercial foi consequência da desvalorização cambial e de controle cambial que impedia a importação de bens não essenciais. Estas políticas, adotadas devido ao desequilíbrio do balanço de pagamentos, implicaram reorientação da demanda em benefício da produção doméstica.

A revisão proposta baseia-se, em parte, no estudo de intenções dos gestores da política econômica e não, como deveria ser, na análise das características da política econômica efetivamente implementada e de seus resultados concretos. Nesta interpretação revisionista mais radical, a adoção de políticas econômicas "ortodoxas" é apresentada como resultado de erros de política econômica, não havendo qualquer tentativa de compreender que o Governo Provisório, precariamente instalado no poder e enfrentando séria crise cambial, estava sujeito a pressões por parte de interesses estrangeiros no sentido de adotar políticas compatíveis com a manutenção dos pagamentos externos. Tais pressões teriam, obrigatoriamente, de refletir-se no discurso, mas não necessariamente na ação, das autoridades brasileiras.

Embora os esforços revisionistas quanto à natureza e implicações da política econômica do Governo Provisório sejam em grande medida desmentidos pela análise da evidência econômica disponível para o período como um todo, é inegável que teve sucesso em atenuar a força dos argumentos furtadianos relativos à intensidade das políticas expansionistas adotadas a partir de 1930. A prática de acomodar choques fiscais via déficits fiscais pode ser identificada em outros períodos da história econômica brasileira anteriores a 1930. O que parece ter sido decisivo para que Furtado identificasse pré-keynesianismo em Vargas, e não, por exemplo, em Epitácio Pessoa, parece ter sido a imagem impressionante da queima dos estoques de café tão aparentada à construção de pirâmides ou ao cavar buracos mencionados por Keynes. É, entretanto, a disposição de acomodar os efeitos da recessão através de aumento do déficit público, o elemento que permite, com adequação, que se possa afirmar que a política econômica do Governo Provisório tenha sido pré-keynesiana.

O abandono do padrão-ouro em meados de 1930 rompeu a vinculação entre contração monetária e choque externo que havia resultado em contração da base monetária de cerca de 14% entre o fim de 1928 e o fim do terceiro trimestre de 1930. A base monetária, entretanto, continuou a cair até o fim do primeiro trimestre de 1931 e só cresceu significativamente depois do fim de 1931, após a saída de Whitaker do Ministério da Fazenda. A queda dos preços domésticos concentrou-se em 1930 e 1931: em torno de 11%-12% em cada ano, praticamente estabilizando-se em 1932-1933.

Em contraste com a experiência de economias desenvolvidas, como a Alemanha e os Estados Unidos, os bancos comerciais brasileiros resistiram bem à crise, amparados pelas políticas acomodadoras adotadas após 1930 que buscavam reforçar a confiança no sistema bancário. A Caixa de Mobilização Bancária (CAMOB), criada em 1932, introduziu reservas obrigatórias mínimas e a obrigatoriedade de depósito no Banco do Brasil de reservas excessivas de tal modo que bancos com carteiras de baixa liquidez pudessem ser financiados. Foi permitida a inclusão das apólices do Reajustamento Econômico entre os títulos aceitos como garantia de empréstimos de longo prazo da CAMOB aos bancos. Além disto, a Caixa financiou as necessidades do Tesouro Nacional e do Departamento Nacional do Café, atuando de forma complementar à Carteira de Redescontos do Banco do Brasil que havia sido reativada em 1930 (Neuhaus, 1975, p. 112-25).

A outra vertente revisionista com relação à política econômica sugere que as políticas do novo regime não teriam favorecido a indústria em oposição à cafeicultura e que os anos 1930 não constituíram período crucial da aceleração do processo de industrialização brasileira, pois a produção industrial havia crescido mais significativamente na década anterior (Dean, 1971). Esta tentativa de revisão apoia-se em declarações governamentais antiprotecionistas e no argumento de que a política comercial do Governo Provisório teria sido antiprotecionista. O Governo Provisório, não obstante suas declarações de intenções – cujo conteúdo, ao melhor estilo varguista, podia variar radicalmente dependendo da oportunidade e do público-alvo –, aumentou a proteção à produção doméstica através de aumento de impostos específicos, aumento de ágios mil-réis papel – mil-réis ouro, regulação do consumo compulsório de matérias-primas de produção doméstica e proibição de importação de equipamentos para determinadas indústrias caracterizadas por sua capacidade ociosa. A introdução conjunta em 1931 de uma tarifa provisória e de cobrança integral em mil-réis ouro praticamente não afetou a tarifa nominal. Longe de reduzir-se sob o Governo Provisório, a proteção aumentou até 1934, reduzindo-se a níveis semelhantes aos de 1928 na segunda metade da década. A revisão proposta endossa argumentos equivocados que sugerem que a "reforma" tarifária de 1931 teria resultado em redução da proteção (Mello, 1933, p. 100-1). Em qualquer caso, a importância das margens de proteção no período 1931-1934 é secundária, pois o controle cambial sobrepunha-se às tarifas, protegendo de forma absoluta a produção doméstica.

Após cair 9% entre 1928 e 1930, e permanecer praticamente estagnado em 1931-1932, o produto industrial cresceu 10% ao ano entre 1932 e 1939. A participação das importações na oferta total (a preços de 1939) caiu de 45% em 1928 para 25% em 1931 e 20% em 1939. Exceto no caso de bens de capital, consumo durável e intermediários do gênero elétrico, a produção doméstica correspondia, em 1939, a mais da metade da oferta; no caso de bens de consumo não duráveis, a mais de 90% da oferta (Fishlow, 1972). Esta evidência quanto ao crescimento industrial na década de 1930 torna inconsistente a revisão proposta por Dean, excessivamente entusiasmado por sua tese – correta na República Velha – de que o desempenho da indústria dependia crucialmente do café.

2. Boom econômico e interregno democrático, 1934-1937

O alívio da posição do balanço de pagamentos associado ao descongelamento de atrasados cambiais não resultou em melhoria significativa da escassez de cobertura cambial. Já em 1934 renovavam-se as pressões de empresários norte-americanos para que o Departamento de Estado pressionasse pela obtenção de um regime de câmbio preferencial no Brasil. Estas pressões provocaram o envio ao Brasil de missão chefiada por John Williams, do Federal Reserve Bank of New York, para avaliar a situação cambial brasileira. Em contraste com diagnósticos ortodoxos, tal como o de Niemeyer em 1931, Williams reconheceu que a solução do problema cambial não dependia das autoridades brasileiras e sim da recuperação do nível de comércio internacional e da redução dos obstáculos ao livre comércio. O controle cambial só havia sido adotado após o esgotamento das perda de reservas e depreciação cambial. Reconhecia que esta última acarretava a redução da receita de exportação em vista da inelasticidade da demanda de café, conjugada à importância do Brasil no mercado internacional do produto. A operação do controle cambial era justificada pela necessidade de obtenção tanto de importações essenciais, quanto de divisas a preço razoável para atender aos compromissos cambiais do governo.

De acordo com Williams, a reversão da política multilateralista norte-americana só poderia ser justificada pela comprovação de tratamento discriminatório de interesses norte-americanos. A restrição das importações não essenciais, que prejudicava relativamente mais os Estados Unidos, não podia ser considerada discriminatória. Comprovou-se que não havia discriminação dos interesses norte-americanos na distribuição cambial. Caso houvesse um relaxamento dos controles então vigentes, Williams não via razões para que fosse alterada a política norte-americana. Em setembro de 1934, como consequência de suas recomendações, toda a cobertura cambial gerada por exportações (exclusive café) foi liberada do controle cambial.[4]

No início de 1935, em vista da gravidade da crise cambial causada pela liberalidade na concessão de licenças para remeter lucros, foi proposta pelo presidente do Banco do Brasil a suspensão do pagamento do serviço da dívida externa. A crise foi contornada com o envio de uma missão a Washington e Londres. Nos Estados Unidos nada foi obtido de imediato. Para apaziguar as preocupações norte-americanas, o ministro da Fazenda Sousa Costa comprometeu-se com a liberalização do mercado cambial e a manutenção do serviço da dívida. O novo regime cambial obrigava os bancos a repassar 35% das cambiais de exportação à taxa oficial para o Banco do Brasil; estas divisas seriam usadas para pagamento de compromissos do governo. Os 65% residuais das cambiais de exportação seriam negociados no mercado "livre"; também no mercado "livre" seriam adquiridas as cambiais necessárias ao pagamento de compromissos no exterior, exceto os do governo. Em Londres, foi negociado um acordo de descongelamento de atrasados cambiais britânicos ao qual se seguiram acordos similares com os Estados Unidos e demais credores de curto prazo.

A liberalização da política cambial resultou das pressões norte-americanas para alinhar o Brasil entre os países pró-multilateralismo. A aplicação da política de defesa do multilateralismo por parte dos Estados Unidos levou à recusa de propostas brasileiras que resultariam em tratamento cambial preferencial dos interesses norte-americanos.

Depois de fevereiro de 1935, embora a taxa de câmbio para importação tenha permanecido constante até 1937, a taxa de câmbio para exportações variou consideravelmente, pois o Conselho Federal de Comércio Exterior autorizou, com frequência, isenções parciais ou totais da venda obrigatória de 35% das cambiais

---

[4] Ver o relatório de Williams em United States (1951, p. 393-406).

de exportação à taxa oficial ao Banco do Brasil. Desta política, acoplada à política cafeeira, resultou uma expansão de 19% no valor das exportações entre 1935 e 1936, enquanto o nível de importações mantinha-se praticamente constante. Durante 1936 e o início de 1937 o Banco do Brasil acumulou rapidamente razoável reserva de cambiais. A relativa folga cambial propiciou a adoção de política extremamente liberal quanto à remessa de lucros, bem como relaxamento dos controles de importação, com o intuito de atrair capitais estrangeiros. A recessão norte-americana em 1937-1938, entretanto, resultou no fracasso desta política: o Banco do Brasil, que detinha reservas da ordem de £10 milhões em início de 1937, tinha um descoberto ao final do ano de £6 milhões em moedas conversíveis. Já em meados de 1937 a missão brasileira que visitou os Estados Unidos parecia menos preocupada em examinar os assuntos incluídos em sua agenda do que com a avaliação das possibilidades de retaliação norte-americana no caso de suspensão do serviço da dívida.

Em 1934, os países credores e o Brasil decidiram iniciar negociações com o objetivo de acertar um acordo amplo para substituir o *funding loan* de 1931 que terminava e para retomar o serviço dos empréstimos dele excluídos. A pressão britânica mais uma vez assegurou tratamento mais favorável para os empréstimos em libras por intermédio de Niemeyer, que sugeriu as linhas básicas de classificação dos empréstimos a Oswaldo Aranha. Todos os empréstimos externos foram classificados em ordem decrescente de "qualidade"; quanto mais bem classificado o empréstimo, maior a proporção de amortizações e juros contratuais que seriam pagos. O Brasil comprometeu-se a pagar cerca de £8 milhões por ano até 1938, enquanto os contratos de empréstimo estipulavam um serviço de £24 milhões (com a hipótese de amortização ao par). Tal redução deu margem à argumentação de Aranha, sugerindo que o Brasil pagaria £33 milhões ao invés de 90 milhões, "ganhando", consequentemente, £57 milhões em quatro anos. É óbvio que Aranha, no afã de defender o acordo frente à opinião pública, argumentou indevidamente que tanto os ganhos relativos à redução das taxas de juros contratuais, quanto o mero adiamento do pagamento de amortizações correspondiam a um ganho efetivo, quando isto só era verdade no primeiro caso.

A despeito das dificuldades relativas ao balanço de pagamentos, a economia continuou a crescer 8% ao ano entre 1934 e 1937. O encarecimento das importações permitiu a utilização de capacidade ociosa na indústria enquanto a continuada adoção de políticas fiscal, cafeeira, monetária e creditícia expansionistas permitiu a sustentação da demanda. A política fiscal do governo gerou déficits na execução das contas públicas maiores do que os planejados nas propostas orçamentárias. A política de aquisição e destruição de estoques de café permaneceu, nos seus aspectos fundamentais, inalterada em relação à adotada a partir de 1933. A política monetária foi em geral moderadamente expansionista: o deflator implícito do PIB só indica sinais claros de aceleração inflacionária ao final do período.

O desempenho medíocre da agricultura contrastava com o dos demais setores, em particular com o da indústria. Enquanto o produto agrícola cresceu pouco mais de 3% ao ano em 1934-1937, o produto industrial cresceu mais de 11% ao ano. Os gêneros não tradicionais (borracha, papel, cimento, metalurgia, química), bem como a indústria têxtil, expandiram-se a taxas superiores à média industrial. Entretanto, ao final da década, a participação dos setores não tradicionais no valor adicionado

Crise, crescimento e modernização autoritária, 1930-1945   89

industrial agregado era ainda bastante modesta, em particular no caso dos gêneros produtores de bens duráveis de consumo e de bens de capital, cuja participação no valor agregado industrial era de 2,5% e 4,9% respectivamente. Dos 4,9% correspondentes a bens de capital não mais de 1,6% correspondia às indústrias mecânica e de material elétrico. Entre 1919 e 1939, a despeito de o produto industrial haver triplicado, a participação dos gêneros industriais produtores de bens de consumo no valor agregado industrial caiu apenas de 80% para 70% (Fishlow, 1972).

Isto é em parte explicado pela importância da maior utilização da capacidade instalada como elemento explicativo do desempenho da indústria brasileira no período. Apesar de o produto industrial na segunda metade dos anos 1930 ter sido cerca de 80% superior ao da segunda metade dos anos 1920, as importações de equipamentos para a indústria, depois de caírem a 25% do seu nível de 1929, mantiveram-se em 1933-1939 abaixo da média de 1925-1929 (Suzigan, 2000, apêndice 1). A evidência indica diversificação dos investimentos em benefício dos gêneros industriais produtores de bens intermediários, sendo contudo pouco convincente quanto à importância dos investimentos nos gêneros produtores de bens de capital. A literatura especializada permanece à espera de evidência que dê substância à assertiva de que no início da década de 1930 teria havido uma inflexão no "movimento endógeno de acumulação", calcada em significativo crescimento na capacidade dos gêneros industriais produtores de bens de capital (Mello, 1982, p.110).

A melhoria significativa das condições competitivas da indústria doméstica entre 1928-1931 deveu-se preponderantemente à desvalorização do mil-réis em relação às moedas-referência, pouco tendo a ver com a evolução da política tarifária. De qualquer modo, tendo em vista que a oferta de cobertura cambial durante quase toda a década de 1930 (à exceção do período 1934-1937) esteve sujeita à gradação de prioridades em princípio definida na base da essencialidade das importações, comparações de nível de proteção com base exclusivamente na evolução da tarifa são enganadoras.

Não há qualquer evidência de críticas contemporâneas quanto à insuficiente proteção associada à política tarifária. Quando da reforma tarifária de 1934 e do tratado de comércio com os Estados Unidos em 1935, os industriais, liderados por Roberto Simonsen e Euvaldo Lodi, trataram, com sucesso, de evitar danos graves à produção industrial doméstica. A reforma de 1934 resultou em um aumento da tarifa específica agregada da ordem de 15%; a redução na margem de proteção que se verificou depois de 1935 – nunca abaixo dos níveis de 1928 –, deveu-se ao aumento considerável dos preços de importação em mil-réis, causado, principalmente, pela desvalorização cambial depois de 1935. De outra forma seria difícil explicar o aumento considerável do produto industrial que caracterizou a década a partir de 1933.

O acordo com os Estados Unidos resultou da negociação comercial brasileira mais importante da década de 1930. Como parte do esforço no sentido de negociar acordos incondicionais incluindo cláusula de nação mais favorecida, as autoridades norte-americanas, já em 1933, sugeriam o início de negociações na seguinte base: o Brasil consideraria as concessões tarifárias que poderia oferecer aos produtos norte-americanos e os Estados Unidos manteriam as principais exportações brasileiras livres de tributos. As concessões brasileiras incluíram uma extensa lista de produtos, especialmente bens de consumo durável, enquanto as concessões norte-americanas, além do compromisso de manter na lista livre o café e alguns outros produtos, abrangeram a redução à metade dos impostos de importação incidentes sobre minério de manganês, bagas de mamona e castanhas do Pará. Não há evidência de grande impacto sobre a indústria nacional, com a possível exceção das indústrias produtoras de artefatos de couros e peles e certos tipos de equipamentos elétricos.

As análises que focalizaram o crescimento das importações brasileiras de bens "não essenciais", especialmente de consumo durável, entre 1934 e 1937, geralmente não levaram em conta as consequências do acordo comercial de 1935, e da liberalização do regime cambial (Furtado, 1959). Se bem que o aumento das importações de bens de consumo possa ser parcialmente explicado por razões domésticas de natureza política, as pressões exercidas pelos Estados Unidos no sentido de ampliar o mercado para suas exportações não devem ser esquecidas.

Os termos do acordo comercial de 1935 foram objeto de intensa polêmica no Brasil. De um lado, os industriais paulistas, liderados por Roberto Simonsen, insistindo que na tarifa anterior "não havia um só caso de proteção excessiva" e que o próprio Adam Smith se aterrorizaria com o uso indiscriminado de seus princípios de política econômica. Do outro lado, alinhavam-se, liderados por Valentim Bouças, os defensores da aproximação do Brasil com os Estados Unidos, favoráveis, portanto, a quaisquer medidas tendentes à liberalização. A ênfase da argumentação dos defensores do acordo centrava-se, como no começo do século, no caráter parasitário da indústria brasileira, defendida por uma proteção tarifária despropositada, enfatizando, em suma, o seu "artificialismo". A oposição dos industriais ao acordo concretizou-se em bloqueio por um ano de sua ratificação na Câmara dos Deputados pelos representantes da classe, liderados por Euvaldo Lodi. A oposição parlamentar à ratificação só foi vencida com a interferência de Vargas, após intensa pressão americana, com base na ameaça da imposição de tarifa sobre o café brasileiro.

A partir de 1934-1935 os Estados Unidos enfrentaram importante ameaça no Brasil sob a forma do incremento do intercâmbio comercial teuto-brasileiro, à sombra de acordos bilaterais de comércio. A despeito de contínua pressão diplomática norte-americana, entre 1935 e 1938 o comércio teuto-brasileiro continuou a expandir-se. A tolerância norte-americana em relação ao comportamento brasileiro deve ser atribuída à prevalência dos objetivos estratégicos da política norte-americana sobre os objetivos de curto prazo. A posição "independente" de Vargas decorria diretamente da boa vontade norte-americana em relação ao Brasil: à medida que ficava claro que a contenção da influência alemã na América Latina dependeria do fortalecimento do Brasil às expensas da Argentina – que se mostrava excessivamente rebelde –, aceitava-se tacitamente a ambígua posição brasileira em relação ao comércio de compensação e estabelecia-se, utilitariamente, que "a ditadura brasileira é mais aceitável do que outras". Creditar a liberdade de manobra à capacidade negociadora de Vargas – sem menção à determinante anuência tácita norte-americana, definida pelos compromissos maiores de sua política econômica externa –, como sugerido pelo uso de expressões como "jogo duplo" (Gambini, 1977), corresponde a uma visão distorcida das origens da margem de manobra disponível para o exercício das habilidades negociadoras de Vargas. Paralelamente, a tese relativa à alegada "equidistância pragmática" do Brasil em relação aos Estados

Unidos e à Alemanha exagera de modo quase caricatural o real poder de barganha econômico e político da Alemanha no Brasil e, consequentemente, subestima o peso norte-americano.[5]

Dificuldades relativas à disponibilidade de cobertura cambial levaram o governo alemão a adotar, em 1934, políticas que assegurassem a redução de despesas em moedas conversíveis. Depois da adoção do plano Schacht, o governo do Reich assumiu controle integral das operações cambiais; o comércio alemão seria basicamente realizado através do uso de marcos inconversíveis de compensação e de acordos bilaterais.

Apesar da oposição norte-americana, que chegou à ameaça de imposição de um bloqueio unilateral das divisas geradas pela exportação de produtos brasileiros para os Estados Unidos, um acordo foi assinado em fins de 1934. O acordo estabeleceu o comércio de compensação como forma básica para o intercâmbio de mercadorias entre o Brasil e a Alemanha, ou seja, eventuais saldos comerciais bilaterais resultariam na acumulação de depósitos inconversíveis em mil réis ou marcos compensados caso Alemanha ou Brasil vendessem mais do que comprassem no outro mercado. Vargas fez o que se pode considerar a defesa clássica do acordo com a Alemanha; o mercado alemão absorvia produtos brasileiros que não eram exportados para os Estados Unidos e eram produzidos em regiões politicamente importantes, como o Nordeste e o Rio Grande do Sul. Aranha, por seu lado, criticou a negociação do acordo com base no argumento de que, para o Brasil, a Alemanha era relativamente insignificante do ponto de vista econômico e financeiro quando comparada aos Estados Unidos. Subestimava a importância das exportações brasileiras para a Alemanha como maneira de capitalizar apoio político para o governo central, posição que seria atenuada com a sua volta ao Brasil em 1938.

Expandiram-se substancialmente as vendas de café e algodão à Alemanha. O aumento da importância relativa das importações brasileiras originárias da Alemanha resultou no deslocamento de especialidades britânicas tais como carvão, folha-de-flandres, equipamentos elétricos pesados e produtos metalúrgicos. Embora certas especialidades norte-americanas, tais como material de escritório e bens de consumo duráveis, tenham sofrido com a competição alemã, a participação das importações originárias dos Estados Unidos no total de importações aumentou, pois as perdas foram mais do que compensadas por ganhos de relativos a outros produtos.

A implementação dos acordos de compensação enfrentou dificuldades entre 1934 e 1938 em vista da oposição dos Estados Unidos e, consequentemente, de determinados grupos de pressão no Brasil. Mas de maneira geral o intercâmbio comercial entre a Alemanha e o Brasil manteve-se em níveis significativamente mais elevados do que os típicos do princípio da década. O Brasil manteve posição ambígua, prometendo às autoridades norte-americanas que o comércio de compensação seria reduzido e, ao final, renovando os acordos de comércio bilateral. Do ponto de vista do interesse nacional, e em vista da patente hesitação norte-americana em utilizar o seu poder de barganha para limitar a importância do comércio bilateral do Brasil, não cabe dúvida que a política econômica externa adotada foi mais adequada do que a alternativa de denunciar os acordos de compensação sem garantia de colocação das exportações que seriam deslocadas do mercado alemão.

---

[5] Proposta, entre outros, por Moura (1980).

Certas interpretações a respeito da formulação da política brasileira relativa ao comércio de compensação merecem qualificação (Hilton, 1977). Atribui-se à influência dos militares a ênfase na negociação de acordos de compensação, pois assim seria possível equipar as forças armadas e argumenta-se que a política brasileira foi uma "resposta oportunista" ao acirramento das rivalidades econômicas interimperialistas na década de 1930. Os documentos diplomáticos indicam que a acumulação indesejável de divisas inconversíveis provocou proposta alemã para seu uso na aquisição de material bélico. Para aceitar que a política brasileira foi oportunista seria necessário acreditar que padrões éticos que regem relações interpessoais encontrariam aplicação automática no domínio das relações econômicas internacionais. Os Estados Unidos adotaram uma política econômica externa apoiada na defesa do multilateralismo não porque tal política fosse eticamente "aceitável", mas porque, no juízo das autoridades norte-americanas, tal política era a mais adequada do ponto de vista de defesa dos interesses econômicos dos Estados Unidos. Similarmente, a política econômica externa brasileira foi definida à luz dos interesses de diferentes setores da sociedade, os quais, no caso em tela, não eram conflitantes. A expansão do comércio teuto-brasileiro favorecia exportadores (que não dispunham de mercados alternativos), importadores, consumidores (que tinham acesso a bens a preços vantajosos que não seriam importados na mesma quantidade no caso de cessar o comércio de compensação) e militares. A adoção desta política era, além disto, vital do ponto de vista político, pois Vargas dependia do apoio dos estados mais afetados.

Enquanto nos anos iniciais da década a estrutura das exportações manteve-se inalterada, a partir de 1934 a importância das exportações de café declinou, resultado da queda dos preços de café e, em especial, da notável expansão das exportações de algodão. A participação dos Estados Unidos nas exportações totais reduziu-se ligeiramente. Esta tendência foi compensada pelo aumento da importância do Reino Unido e da Alemanha, bem como do Japão nos últimos anos da década. A importância relativa do mercado alemão não alcançou, mesmo nos anos mais favoráveis, os níveis típicos do período anterior à guerra de 1914-1918. A maior importância das exportações destinadas ao Reino Unido e à Alemanha decorreu em grande medida das alterações estruturais da pauta de exportações.

Quanto às importações, com a recuperação do nível de atividades, tornou-se impossível manter os níveis extremamente baixos que haviam caracterizado o período 1930-1932. De fato, nos anos finais da década os saldos na balança comercial reduziram-se drasticamente, resultado de tendência crescente, por parte dos gestores da política econômica, a conceder prioridade à importação de bens necessários à manutenção de uma taxa "razoável" de expansão do nível de atividade, às expensas dos compromissos em moeda estrangeira, sem relação direta com o desempenho da economia. Em termos de volume, as importações de bens de consumo não duráveis e de bens de capital para usos não industriais mantiveram-se em torno de 50% dos níveis alcançados em 1928. As importações de bens de capital para uso na indústria, a partir de 1935, mantiveram-se em torno de 80-90% das quantidades típicas do período pré-depressão.

A análise das estatísticas brasileiras de comércio exterior sugere que, entre 1928 e 1938, a participação norte-americana no mercado brasileiro caiu de 27% para 23%, a britânica de 22% para 10%, a francesa de 6% para 3%, enquanto a alemã crescia de

12% para 25%. Os ganhos alemães são, entretanto, superestimados, pois as faturas relativas a produtos alemães eram lançadas em marcos do Reich e não em marcos de compensação. As participações corrigidas indicam que a fatia norte-americana manteve-se inalterada antes de 1939, em torno de 23-25%, o mesmo ocorrendo com a participação combinada da Alemanha e do Reino Unido, em torno de 28-32%. O que houve foi uma substituição drástica de produtos britânicos por produtos alemães: a participação britânica caiu de 19% para 11%, enquanto a alemã cresceu de 12% para 20% das importações totais brasileiras.

3. Estado Novo e economia de guerra, 1937-1945

A implantação do Estado Novo em novembro de 1937 correspondeu ao amadurecimento de tendências já detectáveis em alguns casos até mesmo antes de 1930. Dada a inexistência de estruturas partidárias nacionais e a desestruturação política das forças que haviam viabilizado 1930, consolidou-se a reversão da descentralização republicana, fortalecendo-se o poder central e sendo criadas novas agências governamentais com objetivos reguladores na área econômica (Souza, 1976).

Que aspectos econômicos caracterizaram efetiva solução de continuidade marcada pelo Estado Novo? As decisões relacionadas à absorção do choque externo provocado pela recessão norte-americana configuram importante reversão da política anterior quanto a café e câmbio, bem como em relação à dívida externa. A legislação social, apesar de suas ambiguidades, em diversos aspectos favoreceu a classe operária (Rodrigues, 1981). Embora seja difícil encontrar substância nas atividades dos inúmeros conselhos e autarquias que pululavam no período, a decisão de iniciar, em 1940, a construção da primeira usina siderúrgica integrada brasileira utilizando coque mineral marcou clara mudança na forma de ação do Estado. A despeito de si mesmo, como se verá adiante, o Estado transitou da arena normativa da atividade econômica para a provisão de bens e serviços.

Até 1937, a garantia de uma oferta "adequada" de divisas que possibilitasse a liquidação de compromissos financeiros era um objetivo explícito da política econômica. Para alcançá-lo, foram adotados regimes de controle cambial e de importações que tinham como justificativa básica a garantia de obtenção, pelo governo, de divisas a uma taxa de câmbio favorável. Em 1937, entretanto, explicitou-se a contradição entre os programas de investimentos públicos e a manutenção dos pagamentos do serviço da dívida, mesmo em escala reduzida, o que conduziu a uma reversão da política adotada desde 1930.

Em fins de 1937, a escassez de divisas, fruto da substancial elevação das importações, que cresceram cerca de 40% em valor entre 1936 e 1937, foi usada como justificativa, após o golpe de novembro, para o default da dívida externa e a adoção de monopólio cambial do governo. Com base em uma taxa única desvalorizada, introduziu-se um sistema de controle cambial similar ao vigente entre 1931 e 1934. A adoção desta política foi justificada como consequência da reorientação da política cafeeira do Brasil, pois decidiu-se abandonar parcialmente a sustentação de preços seguida desde o princípio do século, esperando-se redução das receitas cambiais. As premissas clássicas a respeito das características do mercado cafeeiro provaram ser precárias, pois a elasticidade-preço da demanda por café resultou ser relativamente alta no curto prazo: em 1937-1939 os preços do café caíram 25% enquanto a quantidade exportada cresceu 40%. Foi a retração da exportação de outros produtos brasileiros que afetou a receita global de exportações.

O controle cambial e de importações depois de 1937 tomou-se o principal instrumento de política comercial. Na prática, a aplicação dos controles de importação resultou ser instrumento mais eficaz para conter ou reduzir o nível agregado de importações do que para discriminar em favor das importações definidas como essenciais.

As dificuldades relativas à escassez de cobertura cambial em 1938 deram origem aos protestos usuais por parte dos credores. A política norte-americana baseada em evitar pressões para obtenção de vantagens a curto prazo em benefício de um objetivo estratégico, explica a ineficácia dos protestos repetidos de credores privados norte-americanos. No Departamento do Tesouro dos Estados Unidos esboçaram-se planos de desenvolvimento econômico do Brasil, abandonando-se as soluções de curto prazo, tais como a concessão de crédito para o descongelamento de atrasados. Estas propostas demonstram o clima favorável das relações bilaterais que possibilitou a visita da missão Aranha aos Estados Unidos em princípios de 1939.

A missão Aranha aos Estados Unidos marca o início de longo período de relações "especiais" entre o Brasil e os Estados Unidos. Deve ser entendida no contexto das crescentes dificuldades enfrentadas pelo Brasil em seu comércio de compensação com a Alemanha, da perda de importância das relações anglo-brasileiras e da crescente consciência em Washington de que as questões econômicas de interesse dos Estados Unidos no Brasil deveriam ser, mais do que nunca, explicitamente examinadas à luz dos objetivos políticos norte-americanos no Brasil.

A agenda incluía questões relacionadas à defesa nacional, às relações comerciais, à dívida pública externa e ao tratamento recebido pelos investimentos diretos norte-americanos no Brasil a serem discutidos com o Departamento de Estado – e assuntos ligados à política cambial, criação de banco central e planos de desenvolvimento de longo prazo na órbita do Tesouro norte-americano. Curiosamente, foi no Departamento do Tesouro que emergiu a concepção de que os objetivos da política dos Estados Unidos quanto ao Brasil não deveriam limitar-se à solução dos usuais problemas cambiais: deveria ser considerada prioritariamente a possibilidade de se conceder ajuda para que o Brasil "se tornasse mais produtivo". A derrota do Secretário Morgenthau, numa crise entre Tesouro, Departamento de Estado e Eximbank, a respeito das questões bilaterais prioritárias entre os Estados Unidos e o Brasil, contribuiu para que os resultados da missão fossem bastante limitados se comparados à agenda inicial. Acertou-se apenas a concessão de um crédito do Eximbank de US$ 19,2 milhões para descongelar os atrasados comerciais e financeiros norte-americanos bloqueados no Brasil. As ideias que tinham livre curso no Tesouro a respeito da concessão de créditos de longo prazo foram abandonadas. Como contrapartida pela concessão de créditos, Aranha comprometeu o Brasil a adotar uma política cambial liberal, a opor obstáculos ao comércio de compensação teuto-brasileiro e a retomar, no curto prazo, o serviço da dívida pública externa.

As reações no Brasil aos resultados da missão Aranha foram quase que unanimemente desfavoráveis, especialmente entre os militares, com base no argumento de que a retomada dos pagamentos do serviço da dívida interferiria com as importações essenciais, especialmente equipamentos militares. Não há dúvida de que Aranha foi além das instruções recebidas no que se refere à questão da dívida externa, forçando a mão no sentido de uma reaproximação com os Estados Unidos, às expensas da Alemanha. A reação dos militares deve ser entendida não apenas no contexto de uso competitivo da escassa cobertura cambial, mas também como resistência a uma precoce declaração de intenções. Embora a linha adotada por Aranha tenha sido referendada pela realidade, paira certa dúvida se não teria sido possível obter resultados mais compensadores se fosse explorada uma linha de negociações mais próxima à visão estratégica do Tesouro norte-americano quanto ao Brasil.

Os compromissos assumidos foram, em geral, honrados, em vista da evolução da conjuntura internacional e suas consequências sobre as relações econômicas do Brasil. Tratou-se de regularizar a remessa de lucros e dividendos de companhias norte-americanas; o comércio de compensação foi gradativamente sufocado à medida que se tornava perigoso acumular marcos compensados que perderiam automaticamente seu poder aquisitivo em caso de guerra.

A reformulação da política cambial ocorrida em abril de 1939 correspondeu parcialmente às promessas feitas por Aranha em Washington. O novo regime cambial liberava 70% das cambiais geradas pelas exportações para o mercado "livre" de divisas, que deveria suprir integralmente as divisas para importação de mercadorias.

Os restantes 30% das cambiais de exportação deveriam ser vendidos compulsoriamente ao Banco do Brasil à taxa oficial de câmbio mais favorável ao governo do que a taxa "livre" – para uso no pagamento de compromissos oficiais em moeda estrangeira. Uma terceira taxa de câmbio – a livre-especial – foi criada, englobando transações financeiras privadas, especialmente remessas de lucros e dividendos de capitais estrangeiros, mais depreciada do que a taxa do mercado "livre".

A eclosão da guerra resultou na perda dos mercados da Europa Central, agravada em 1940, com a ocupação de quase toda a Europa Ocidental pelo Eixo. Esta perda de mercados de exportação não foi integralmente compensada pelo aumento de importações por parte dos aliados e neutros antes de 1941-1942, resultando em brusca diminuição do saldo na balança comercial, quando o Brasil tinha maiores compromissos financeiros decorrentes do novo acordo da dívida pública externa e da regularização das remessas de lucros de capitais estrangeiros.

Só depois de 1941-1942 a expansão das exportações foi assegurada pelo efeito combinado dos acordos de suprimento de materiais estratégicos aos Estados Unidos, do aumento da demanda por produtos brasileiros em mercados tradicionalmente supridos pelo Reino Unido e pelos Estados Unidos (que reduziram suas exportações como parte do esforço de guerra), de maciças compras de carne e algodão pelo Reino Unido e dos melhores preços de café garantidos pelo Acordo Interamericano. Este aumento das exportações resultou, em vista da escassez crônica de importações, em considerável expansão dos saldos na balança comercial.

Também no caso das importações, as condições de guerra implicaram em rearranjo, tanto da estrutura da pauta, quanto da importância relativa dos países supridores do mercado brasileiro. Antes de 1941 – quando a política norte-americana de suprimento ainda não estava submetida às necessidades do esforço de guerra a escassez brasileira de divisas impedia a manutenção de um nível adequado de importações. A partir de 1941 – quando aumentaram as reservas brasileiras conversíveis – tornou-se mais restrito o acesso ao mercado norte-americano em função das prioridades definidas à luz do esforço de guerra aliado. Por outro lado, os termos do Acordo de Pagamentos Anglo-Brasileiro de 1940 impediam, em grande medida, a transformação dos saldos brasileiros em libras inconversíveis em importações de origem britânica. De fato, por este acordo – que seguia modelo adotado quase que universalmente pelas autoridades britânicas –, o saldo das transações comerciais e financeiras entre o Brasil e o Reino Unido era depositado em contas em libras, sem compromisso por parte das autoridades britânicas quanto ao seu poder de compra.

As dificuldades relativas à obtenção de importações resultaram em efeitos contraditórios sobre o desempenho da economia. Por um lado, a produção de determinados bens podia desenvolver-se sem a alternativa de suprimento externo; por outro, o crescimento industrial era limitado pela dificuldade de obtenção de insumos essenciais e de bens de capital que possibilitassem a ampliação da capacidade. Concretamente, as dificuldades de acesso a importações não parecem ter resultado em redução substancial da taxa de crescimento da produção industrial doméstica agregada, depois de período inicial de ajustamento. A taxa de crescimento do produto industrial, que havia caído em 1937-1939 para 6,1% ao ano, reduziu-se em 1940-1942 para 1,6%. Entre 1943 e 1945, quando a escassez de insumos e de bens de capital continuou séria, a taxa média de crescimento foi de 9,8%, comparável à que se verificou entre 1933 e 1939.

O comportamento do PIB foi menos favorável, pois o desempenho do setor agrícola a partir de meados da década de 1930 foi particularmente desapontador. O produto agrícola médio 1940-1942 praticamente estagnou em relação ao de 1936-1939; a recuperação pós-1942 foi modesta pois o produto agrícola médio 1943-1945 foi apenas 7% superior ao de 1936-1939. Assim, a taxa de crescimento do PIB, que já havia caído a 3,8% ao ano em 1937-1939, atingiu 0,3% ao ano em 1940-42, antes de recuperar-se para 6,4% ao ano em 1943-1945.

Em mais de um sentido, 1942 corresponde a um ponto de inflexão do ponto de vista econômico no Brasil: acelerou-se o crescimento industrial; pela primeira vez desde a década de 1920 começaram a acumular-se reservas cambiais; observa-se a entrada de capitais privados norte-americanos após longo período de desinteresse. A retomada do nível de atividades não esteve, também, dissociada das políticas fiscal, monetária e creditícia claramente expansionistas adotadas pelo governo a partir de 1942. A política monetária, que havia sido moderadamente apertada entre o fim de 1938 e o fim de 1939, tornou-se expansionista, particularmente a partir de 1940, ratificando as pressões inflacionárias associadas aos desequilíbrios provocados pela guerra e às políticas do governo no terreno fiscal e creditício. Em particular, a reforma monetária de 1942, diferentemente do que foi sugerido à época pelo governo, propiciou condições para significativo aumento da liquidez da economia. A inflação acelerou-se a partir de 1941, mantendo-se grosso modo entre 15 e 20% ao ano. As pressões inflacionárias foram estimuladas pela expansão dos saldos na balança comercial associados às restrições ao acesso a importações e à competição entre consumo doméstico e exportações no caso de produtos tais como a carne.

Enquanto até 1941 o governo manteve uma política de financiamento do déficit público através da emissão de títulos, a partir de 1942 esta tendência foi claramente revertida com a acumulação de maciços déficits financiados através de emissão primária. A política creditícia também revelou inflexão semelhante, a partir de 1942, quando os saldos reais de empréstimos do Banco do Brasil e dos bancos comerciais ao setor privado cresceram 20% ao ano, principalmente como resultado das atividades da Carteira de Crédito Agrícola e Industrial do Banco do Brasil que havia sido criada em 1937.

As tentativas de contenção inflacionária, através de novas agências governamentais como, por exemplo, a Coordenação de Mobilização Econômica, foram certamente tímidas quando comparadas aos bem-sucedidos esforços de contenção da demanda postos em prática em países como Inglaterra e Estados Unidos, conjugando racionamento, controles de preços, incentivos fiscais ao adiamento de dispêndio e financiamento dos gastos de guerra.

As restrições ao comércio brasileiro, tanto no caso das exportações, quanto no das importações, acarretaram aumento considerável da dependência brasileira com relação aos Estados Unidos, seja como mercado, seja como fonte supridora de produtos importados. No início da guerra, o governo norte-americano, percebendo as implicações econômicas e políticas de um agravamento dos obstáculos ao comércio exportador dos países latino-americanos e desejando garantir o seu acesso a matérias-primas necessárias à condução da guerra – bem como privar o Eixo desses produtos –, implementou uma política que, entre outros objetivos, visava a atenuar as consequências da guerra, sustentando os preços dos produtos de exportação dos países latino-americanos. Este foi o caso de inúmeros produtos incluídos em acordos específicos de suprimento a partir de 1941 e do café, objeto do Acordo Interamericano do Café em 1940. Embora seja difícil estimar com precisão a parcela da exportação regulada por acordos de suprimento com os Estados Unidos, é improvável que em 1942-1943 essa proporção tenha sido inferior a 60% das exportações totais. As compras britânicas de algodão e carne, por outro lado, corresponderam a 15% das exportações totais brasileiras. Assim, apenas 25% das exportações do Brasil não estavam diretamente subordinadas às decisões das autoridades aliadas a respeito dos suprimentos necessários ao esforço de guerra, embora dependessem da política aliada relativa à distribuição de praça em transportes marítimos.

Embora os preços de exportação tenham crescido mais rapidamente do que os preços domésticos – o que resultou em melhoria da remuneração do setor exportador por unidade de volume exportado –, a contração dos volumes exportados foi tão importante que, exceto no caso de produtos não tradicionais, as exportações caíram como percentagem do PIB. Ao contrário do que sugerem interpretações tradicionais, a guerra não foi um período de excepcional prosperidade para o setor exportador como um todo, beneficiando apenas os exportadores de alguns produtos estratégicos muito especializados ou de manufaturas tais como tecidos de algodão e pneumáticos. As exportações de produtos industriais dirigiram-se especialmente para a América Latina, em particular Argentina e África do Sul, com base no Acordo Anglo-Brasileiro de Pagamentos.

O endurecimento da política norte-americana com relação ao Brasil, ocorrido com a aproximação da paz, é transparente ao examinar-se a política de preços de café. À fixação de preços generosos em 1940-1941 seguiu-se, a partir de 1943, período de crescente atrito entre os dois governos. As pressões brasileiras para reajustar os preços de café levando em conta o aumento significativo dos custos de produção foram em vão, as autoridades norte-americanas argumentando que um aumento de preços contrariaria a política de controle de preços nos Estados

Unidos, perturbaria "o funcionamento ordeiro de mercado" e não beneficiaria os produtores, sendo apropriado por intermediários. Com a aproximação do fim da guerra, tornou-se mais difícil para os Estados Unidos insistir em sua política, pois os consumidores europeus voltavam ao mercado e um número crescente de funcionários norte-americanos reconhecia o alto custo político da recusa em ceder às pressões dos países produtores de café. Após uma crise na qual o Brasil mostrou pouco entusiasmo em preencher sua quota no mercado norte-americano e os Estados Unidos brandiram o porrete do racionamento, chegou-se a uma solução temporária da crise com a concessão de um pequeno subsídio por parte do governo norte-americano. O caso do café talvez seja o melhor exemplo de como a política econômica dos Estados Unidos com referência ao Brasil, inicialmente generosa, se bem que não destituída de interesse próprio, tornou-se progressivamente menos magnânima, à medida que diminuía a necessidade de recorrer a incentivos econômicos para garantir apoio político na América Latina.

As relações econômicas entre o Brasil e o Reino Unido durante a guerra desenvolveram-se sujeitas à principal preocupação da política econômica externa britânica do período: minimizar o custo imediato das importações necessárias ao esforço de guerra numa conjuntura de notável escassez de reservas de moeda conversíveis, especialmente dólares.[6] As autoridades britânicas, no caso dos países com os quais o balanço bilateral de pagamentos fosse desfavorável, forçaram – aproveitando o seu poder de barganha em vista da interrupção do comércio com inúmeros países da Europa Continental – a assinatura de acordos bilaterais de pagamentos. A consequência concreta desses acordos era que as divisas geradas pelas exportações desses países para o Reino Unido eram depositadas no Banco da Inglaterra e só poderiam ser utilizadas para a liquidação de compromissos devidos a credores na área esterlina. As exportações britânicas para o Brasil mantiveram-se em níveis extremamente reduzidos em vista da prioridade concedida à produção para uso militar. Até 1941 o balanço bilateral de pagamentos manteve-se desfavorável ao Brasil, para desgosto das autoridades britânicas. Já em meados de 1941, entretanto, a posição das reservas brasileiras em libras havia mudado; as reservas, que eram nulas no final de 1940, cresceram de £2 milhões no final de 1941 para £15 milhões no final de 1942, £35 milhões no final de 1943 e £40 milhões em meados de 1945. Isto foi resultado do maior volume de compras britânicas no Brasil, em vista dos esforços de racionalização do uso da frota mercante (o que explica a expansão das compras de carne), de desenvolvimentos inesperados na condução de operações militares (que resultaram na perda de fontes tradicionais de suprimento) e de compras extraordinárias não relacionadas diretamente ao esforço de guerra, tais como a constituição de reserva de algodão para uso na projetada ofensiva britânica de exportações no pós-guerra, proposta por Keynes. Antes da entrada dos Estados Unidos na guerra, as autoridades britânicas encarregaram-se da implementação de medidas de bloqueio econômico dos interesses do Eixo na América do Sul. A imposição do bloqueio pela marinha britânica causou incidentes que contribuíram para sensível esfriamento das relações anglo-brasileiras. Em especial, a recusa britânica em permitir o transporte de material bélico, adquirido pelo Brasil na Alemanha antes

---

[6] Para um tratamento exaustivo das relações econômicas anglo-brasileiras durante a guerra, a acumulação de saldos em Londres e sua liquidação até 1952, ver Abreu (1990a).

da guerra, provocou uma crise entre o Brasil e o Reino Unido só resolvida com a interferência dos Estados Unidos.

A questão específica mais importante relativa ao suprimento de produtos norte-americanos ao Brasil foi, sem dúvida, a decisão de fornecer créditos e materiais para a construção da Companhia Siderúgica Nacional (CSN) em Volta Redonda. É importante considerar esta decisão à luz dos objetivos estratégicos da política norte-americana referente à América Latina, que se baseava no fortalecimento do Brasil às expensas da Argentina. Embora alguns círculos mais conservadores nos Estados Unidos insistissem que o projeto contrariava a teoria das vantagens comparativas, as condições de guerra tornaram possível a vitória daqueles que pensavam que um maior desenvolvimento econômico no Brasil facilitaria a expansão do mercado para as exportações norte-americanas.

A necessidade de recorrer ao exame dos objetivos políticos dos Estados Unidos no Brasil, para justificar o envolvimento na construção e financiamento da side-rúrgica de Volta Redonda, é reforçada se for abandonada a interpretação corrente de que Vargas usou a alternativa alemã como importante elemento de negociação com as autoridades norte-americanas no início de 1940.[7] Não é possível aceitar, seja que a Alemanha estivesse disposta a interferir com a sua produção de guerra para suprir as necessidades brasileiras de equipamento pesado, seja que as autoridades encarregadas da execução do bloqueio econômico britânico fossem permitir o livre trânsito de tais equipamentos, especialmente em vista de sua posição contrária ao trânsito de armas compradas pelo Brasil na Alemanha antes da eclosão da guerra. O episódio é, além disso, esclarecedor do ponto de vista das condições que levaram o governo federal a intervir diretamente na produção de aço. Neste caso, a exemplo do que ocorreria no caso da Cia. Vale do Rio Doce, a decisão não resultou em qualquer fricção com interesses privados nacionais ou estrangeiros. Pelo contrário, o governo brasileiro viu-se obrigado a participar diretamente do projeto em vista da impossibilidade de convencer, mesmo com o apoio claro do governo dos Estados Unidos, qualquer dos grandes produtores de aço norte-americanos a participar do projeto.

Mesmo as modestas metas estabelecidas pelas autoridades norte-americanas e brasileiras com relação ao suprimento de bens essenciais ao Brasil não foram, em geral, respeitadas, em vista de escassez de praça marítima. A situação no Brasil, de fato, era menos favorável do que na Argentina, país que não se caracterizava por atitude simpática aos Estados Unidos. Só em 1945, quando a ameaça de abertura de fontes de suprimento alternativo na Europa tornou-se menos teórica, é que os Estados Unidos trataram de retificar esta situação.

As dificuldades surgidas à raiz da implementação unilateral, por parte do governo brasileiro, de um controle paralelo de importações, definido à luz de critérios de essencialidade do ponto de vista brasileiro, mostram a reversão da política norte-americana em relação às atividades substitutivas de importações. Enquanto nos anos iniciais da guerra a ênfase ao desenvolvimento destas atividades era clara, com a aproximação da paz a política norte-americana tendia a levar crescentemente em conta os interesses do seu comércio exportador. Neste contexto, fica clara a oportunidade da decisão brasileira com relação a Volta Redonda; a reversão da política norte-americana sugere que teria sido mais difícil contar com o apoio do

---

[7] Ver, por exemplo, Martins (1973).

governo dos Estados Unidos a este projeto após a guerra, quando a obtenção do apoio brasileiro exigiu recompensas menos generosas. Tiveram também importância os fornecimentos militares, no valor de US$ 332 milhões, com base na Lei de Empréstimos e Arrendamentos. Este aspecto das relações entre os dois países marca o início de uma longa fase de estreita colaboração militar.

A melhoria da situação de balanço de pagamentos permitiu o equacionamento da questão da dívida. Em 1937, logo após o golpe de Estado, fora decidido suspender o pagamento do serviço de dívida, com base no argumento de que não seria possível respeitar as disposições do esquema Aranha de 1934 e, ao mesmo tempo, pagar as importações necessárias ao reequipamento do sistema de transportes e das forças armadas. A alternativa de um novo funding loan foi descartada, pois envolveria um aumento da dívida em circulação, já substancial se comparada à capacidade de gerar divisas. A reação britânica, na imprensa e por vias diplomáticas, deve ser contrastada com a cautela norte-americana que, frise-se mais uma vez, deve ser entendida à luz dos objetivos estratégicos norte-americanos no Brasil e do papel que se esperava fosse desempenhar o Brasil no contexto da Política de Boa Vizinhança.

As representações feitas pelos credores entre o final de 1937 e princípios de 1939 não tiveram sucesso. O Reino Unido não dispunha de suficiente poder de barganha para impor uma política que garantisse melhor tratamento de seus interesses financeiros. Por outro lado, não interessava aos Estados Unidos forçar a efetivação de pagamentos, pois comprometeria os objetivos mais amplos de sua política.

A avaliação da política relativa à dívida pública externa sugere que, enquanto nos anos iniciais da década de 1930 o Brasil pagou serviço acima de suas possibilidades cambiais, o contrário ocorreu a partir de 1937, quando pagou menos do que indicava a sua presumível "capacidade de pagar". Isto não é surpreendente na medida em que se aceite que a experiência brasileira não foi exceção à regra de que argumentos econômicos cedem lugar a critérios políticos quando se trata de reajustar o montante da dívida pública externa. O tratamento generoso dos empréstimos em 1931 deve ser encarado, em parte, como resultado da ortodoxa política de Whitaker, e, em parte, à inabilidade brasileira em reconhecer o caráter de longo prazo da crise. O governo brasileiro aceitou em 1934 um acordo ainda generoso quando comparado à capacidade de a economia gerar divisas. A suspensão de pagamentos em 1937 significou uma reversão desta tendência, facilitando a negociação de acordos mais favoráveis na década de 1940.

Vargas, ao colocar em 1937 o problema da dívida em termos de "ou pagamos a dívida externa ou reequipamos as forças armadas e o sistema de transportes", ao mesmo tempo, mobilizou o apoio militar ao novo regime, esvaziou as críticas de círculos ligados a interesses estrangeiros e apaziguou os integralistas, que eram seus aliados à época e cujo programa incluía a suspensão de pagamentos. Por outro lado, a evidência quanto às importações brasileiras na segunda metade da década de 1930 sugere que a argumentação utilizada por Getúlio Vargas para justificar a suspensão de pagamentos, ao enfatizar a necessidade de manter o nível das importações, apenas racionalizava o que já vinha ocorrendo em 1937.

A dívida pública foi objeto de dois acordos no período de guerra. O primeiro, negociado em 1940, em decorrência das promessas de Oswaldo Aranha, por quatro anos, estabelecia um nível de pagamentos grosso modo correspondente à metade dos fixados no acordo de 1934. Em 1943, foi negociado um acordo definitivo.

Nestas negociações, ao contrário do que havia ocorrido no passado, as autoridades norte-americanas exerceram pressões, coroadas de sucesso, no sentido de obter condições relativamente mais favoráveis para os empréstimos em dólares, às expensas dos interesses britânicos. Pelo acordo definitivo foram oferecidas duas opções aos credores. Pela opção A foram mantidos os devedores iniciais e os valores nominais, as taxas de juros reduzidas significativamente, prevendo-se pagamentos iniciais de serviço de £7,7 milhões, supondo-se que todos os detentores de títulos escolhessem esta opção. A opção B envolvia um serviço inicial de £8,4 milhões de novos títulos federais de 3,75% bem como pagamentos em dinheiro de £22,9 milhões resgatando £79 milhões de dívida em circulação ao preço médio de 29%, também com base na hipótese de todos os credores escolherem esta opção. Estima-se que os ganhos brasileiros associados à redução de taxas de juros e resgate de títulos com deságio tenha sido da ordem de £110 milhões, reduzindo à metade a dívida total de £220 milhões.

Entre 1936 e 1940 o investimento direto norte-americano no Brasil cresceu significativamente (de US$194 milhões para US$240 milhões). Embora parte desta expansão estivesse ainda associada à compra de ativos detidos por estrangeiros não norte-americanos, boa parte do crescimento corresponde à entrada de capitais, especialmente no caso da indústria de transformação.

Durante a primeira metade da década é difícil definir uma política brasileira coerente com relação aos capitais estrangeiros investidos no Brasil. Apesar dos inúmeros problemas acarretados pela crise cambial quanto a remessas de lucros e dividendos, especialmente até 1934, não há indicações da existência de qualquer discriminação contra firmas estrangeiras na aplicação da política cambial. No plano das intenções, entretanto, tanto a Constituição de 1934, quanto os Códigos de Águas e de Minas incluíam provisões "radicais", limitando o campo de aplicação de capitais estrangeiros: concessões de mineração e exploração de recursos hidráulicos seriam limitadas a cidadãos brasileiros e previa-se a progressiva nacionalização de bancos de depósitos e companhias de seguro estrangeiras. A Constituição de 1937 incorporou essa legislação "radical", mencionando ainda a conveniência de serem nacionalizadas as indústrias "essenciais".

Na prática, essa legislação contrária ao capital estrangeiro foi muito atenuada. Enquanto dispositivos legais complementares asseguraram, não apenas a nacionalização, mas a estatização dos modestos esforços de prospecção e exploração de petróleo, nenhuma medida foi implementada quanto à nacionalização de bancos comerciais ou de companhias de seguro antes de 1939. Neste ano, entretanto, tornou-se compulsório o resseguro junto ao Instituto de Resseguros do Brasil, estreitando-se a esfera de atuação das seguradoras estrangeiras.

Não é fácil chegar-se a uma conclusão cristalina a respeito das consequências da legislação restritiva sobre os fluxos de capital relacionados a investimentos estrangeiros diretos no Brasil durante a década de 1930. Enquanto, por um lado, essa legislação restritiva pudesse, em princípio, ter dissuadido investidores potenciais, a retração dos investimentos parece ser melhor explicada pela conjuntura internacional, lembrando-se sempre que o investimento norte-americano no Brasil cresceu consideravelmente após 1936, apesar do tom das declarações de intenção por parte das autoridades brasileiras. Além disto, as dificuldades, reais ou imaginárias, relacionadas à legislação "nacionalista" referiam-se quase sempre ao envolvimento de capitais estrangeiros no setor de serviços de utilidade pública e não na indústria de transformação.

Ao período de guerra correspondeu a estagnação do total de capitais estrangeiros privados investidos no Brasil (algo inferior a US$700 milhões), ocorrendo um aumento das inversões norte-americanas, especialmente a partir de 1943 (em atividades manufatureiras) e redução das inversões europeias. No caso das inversões britânicas, a despeito do – nas palavras de Keynes –, "passado nebuloso" de algumas delas, o considerável saldo brasileiro de libras bloqueadas facilitou acordos de desapropriação certamente generosos para os acionistas estrangeiros. A expansão das inversões norte-americanas nos anos finais da guerra pode ser explicada em parte pela política liberal adotada pelo governo brasileiro quanto a remessas de lucros a partir de 1941-1942 e pela ausência de oportunidades alternativas para inversão.

À medida que se tornava clara a vitória aliada, evidenciou-se o desconforto das autoridades brasileiras em relação à intimidade das suas relações com os Estados Unidos. Tentou-se reorientar a política externa no sentido de usar o Reino Unido como contrapeso aos Estados Unidos, à semelhança da política classicamente adotada pelo Brasil antes de 1930. Os norte-americanos, de fato, demonstravam-se bastante menos generosos em relação ao Brasil do que havia sido o caso nos anos iniciais de guerra, quando os seus objetivos políticos e econômicos na América do Sul ainda não haviam sido alcançados. Sua política em relação ao Brasil é bem resumida pela advertência aos ingleses de que as relações norte-americanas com o Brasil deveriam ser vistas "no mesmo plano das relações britânicas com o Egito ou a África do Sul".

Os Estados Unidos não apenas recusaram-se peremptoriamente a reajustar os preços de café, como pleiteavam insistentemente os países produtores, mas também mostravam-se crescentemente hostis ao desenvolvimento de indústrias substitutivas de importações – que prejudicariam as exportações norte-americanas para o Brasil no pós-guerra – e não cumpriram suas promessas quanto ao suprimento de matérias-primas e bens intermediários e de capital escassos no Brasil. Além disso, a violenta política antiargentina adotada pelos Estados Unidos começava a parecer extrema mesmo aos brasileiros, pois a Argentina não era apenas o "bom vizinho", era o vizinho de fato, que não devia ser excessivamente provocado.

A despeito do interesse brasileiro quanto ao retorno a uma política de "resseguro", os atrativos relacionados aos ganhos políticos no contexto latino-americano, que resultavam do apoio norte-americano, provaram ser mais fortes. Afinal apresentava-se a oportunidade para que o Brasil fosse restaurado em sua posição de proeminência na América Latina, que havia sido perdida para a Argentina no início do século. Além disso, o Reino Unido – em vista de sua fragilidade econômica – não parecia oferecer as condições adequadas para a implementação de uma política de "resseguro" nos moldes daquela adotada antes da década de 1930.

Com a aproximação do final da guerra verificou-se uma reorientação da política norte-americana relativa ao apoio a governos latino-americanos que não haviam sido eleitos por voto popular. Enquanto no final da década de 1930 e nos anos iniciais da guerra o governo brasileiro era visto em Washington como "uma ditadura mais aceitável do que outras", depois de 1943 as preocupações quanto à falta de democracia interna tornaram-se evidentes. Começaram a tomar corpo tendências no governo norte-americano, no sentido de apoiar uma solução "liberal" no Brasil que removesse as contradições entre o regime político autoritário e a política externa pró-aliada. Uma sucessão "liberal", além disso, envolveria, provavelmente, a adoção de políticas econômicas mais alinhadas com os objetivos norte-americanos. O ostensivo apoio norte-americano foi importante elemento do processo de desestabilização da ditadura varguista que culminaria na sua deposição logo após a vitória dos Aliados no Pacífico.

É neste contexto, e como resultado de considerável agitação política interna, que devem ser vistas as tentativas de Getúlio Vargas no sentido de redefinir as bases políticas do regime em 1944-1945, absorvendo os segmentos mais radicais do cenário político nacional. O fracasso destas tentativas e a consequente deposição de Vargas no final de 1945 devem ser considerados no quadro de reorientação da política norte-americana relativa ao Brasil no final da guerra. A eleição de um novo governo, que provou ser bastante menos apto a ter dúvidas quanto à necessidade de respeitar os compromissos implícitos e explícitos assumidos pelo Brasil em relação aos Estados Unidos, marcou, na verdade, o início de um longo período de hegemonia econômica e política dos interesses norte-americanos no Brasil. Esses desenvolvimentos corresponderam ao coroamento da política dos Estados Unidos em relação ao Brasil na década de 1930 e nos anos iniciais da guerra, ao enfatizar a importância dos objetivos estratégicos, mesmo que às expensas de objetivos táticos relevantes.

CAPÍTULO 5

POLÍTICA ECONÔMICA EXTERNA E INDUSTRIALIZAÇÃO, 1946-1951

Sérgio Besserman Vianna

1. Introdução

Este capítulo trata de descrever e analisar a política econômica no primeiro período de governo do pós-guerra, e é baseado no Capítulo 1 de Vianna (1987). Dada a ausência de um maior volume de pesquisa primária, assim como de material bibliográfico sobre o tema, em vez de uma divisão por subperíodos, optou-se por sua organização em quatro seções, além desta introdução, que procura, de forma bastante breve, situar o período no cenário internacional. A seção 2 trata da política de comércio exterior, a seção 3 da substituição de importações por ela induzida, a seção 4 das relações internacionais e do movimento de capitais, é a seção final da política econômica doméstica.

A política econômica no governo Dutra possui, porém, períodos distintos, delimitados por dois marcos relevantes. O primeiro foi a mudança na política de comércio exterior, com o fim do mercado livre de câmbio e a adoção do sistema de contingenciamento às importações, entre meados de 1947 e início de 1948. O segundo foi o afastamento do ministro da Fazenda, Correa e Castro, em meados de 1949, indicando a passagem de uma política econômica contracionista e tipicamente ortodoxa para outra, com maior flexibilidade nas metas fiscais e monetárias.

O importante a notar é que ambos os marcos fazem parte de um mesmo processo de progressiva desmontagem da ilusão liberal que norteou a formação do governo Dutra. Essa ilusão, assim como seu gradual desaparecimento, por sua vez, só são compreensíveis à luz dos acontecimentos do cenário internacional.

As perspectivas que o governo Dutra tinha em seu início foram fundamentalmente determinadas pela ideia de um mundo organizado de acordo com os princípios liberais de Bretton Woods. É um equívoco imaginar, contudo, que a reorganização da economia mundial no imediato pós-guerra tenha resultado de uma implementação automática das decisões da conferência de Bretton Woods em 1944.

Na verdade, o restabelecimento do sistema padrão-ouro-divisas tendo o dólar como moeda internacional de reserva, o objetivo de livre conversibilidade das moedas após um curto período de transição, a criação do Fundo Monetário Internacional para zelar pelos aspectos monetários dos acordos de Bretton Woods e conceder empréstimos aos países cujos balanços de pagamentos apresentassem déficits, a criação do GATT (Acordo Geral de Tarifas e Comércio) com a função de reduzir obstáculos ao comércio internacional, e o fato de o Banco Internacional para Reconstrução e Desenvolvimento ter sido criado sem possuir recursos para ajudar efetivamente os países europeus no esforço de reconstrução (indicando a disposição original norte-americana de impedir que Japão e Alemanha ressurgissem como potências econômicas), revelam que Bretton Woods era compreendido como um sistema de equilíbrio e que o objetivo norte-americano era o de moldar a economia do pós-guerra congelando a relação de forças entre os Estados Unidos e o resto do mundo capitalista, tanto em seus aspectos econômicos quanto políticos.

A realidade, entretanto, não era essa. Não havia equilíbrio possível nas condições do imediato pós-guerra. Os Estados Unidos haviam crescido 11% em média ao ano de 1940 a 1945 enquanto Europa e Japão tiveram parte de suas populações dizimadas, suas economias desarticuladas e seus parques produtivos em parte destruídos.

Desde 1941 o governo norte-americano encarou a reconstrução econômica posterior à guerra por um prisma liberal e multilateral. Entretanto, multilateralismo e não discriminação exigem condições estruturais normais. "Um sistema dessa natureza, que normaliza a concorrência internacional, era perigoso logo depois da guerra. Arriscava reduzir inutilmente as trocas entre países europeus, a pretexto de salvaguardar os 'direitos' dos exportadores norte-americanos que então não tinham concorrentes. Só os Estados Unidos podiam, entre 1945 e 1949, fornecer ao mundo inteiro os bens de consumo e os equipamentos de que este necessitava; só a economia norte-americana saíra consolidada e enriquecida do último conflito mundial. A volta ao multilateralismo em 1947 era prematura." (Niveau, 1969, p. 399-400)

O resultado foi um forte desequilíbrio nas transações em ouro e dólar do resto do mundo com os Estados Unidos, gerando o período conhecido na história econômica como o de "escassez de dólares". "Foi necessário o malogro da conversibilidade da libra esterlina, em 1947, para que se medisse a natureza e a amplitude de um desequilíbrio que se anunciava duradouro." (Niveau, 1969, p. 314)

Por outro lado, esse quadro econômico sem perspectivas e as difíceis condições de vida, aliados ao prestígio, naquele momento, das forças de esquerda que lideraram a resistência antinazista na Itália e na França, assim como da União das Repúblicas Socialistas Soviéticas, geravam condições para que efetivas rupturas políticas ocorressem na Europa Ocidental.

Nesse contexto, os Estados Unidos aceitam postergar os objetivos de Bretton Woods, compreendendo a predominância de seus interesses estratégicos e de organização de sua hegemonia no mundo sobre seus interesses econômicos mais imediatistas. O ano da reviravolta é 1947, sendo a proclamação da Doutrina Truman, que anunciava a disposição norte-americana de combater a expansão comunista, e a aprovação do Plano Marshall os fatos mais significativos. Também nesse ano os comunistas foram excluídos dos governos francês e italiano. No Brasil, foram postos na ilegalidade. A guerra fria havia começado.

No plano econômico, além do aporte de volumosos recursos financeiros à Europa e ao Japão, foi aceita a postergação da livre conversibilidade das moedas e assinado acordo de compensação monetária multilateral entre os países europeus. É o ano em que, no Brasil, são introduzidos controles administrativos no comércio exterior.

Inicia-se longa transição de uma década em direção à livre conversibilidade e ao multilateralismo. Em 1949 procede-se a grandes desvalorizações cambiais em relação ao dólar nas principais moedas do mundo. Os Estados Unidos aceitam discriminações contra produtos norte-americanos nos mercados europeus e japonês sem adotar medidas retaliatórias. Em 1950 surge a União Europeia de Pagamentos (UEP) consolidando a ideia de uma lenta transição em direção às trocas multilaterais e à conversibilidade geral das moedas. A UEP existiu até o fim de 1958. A história das políticas cambial e de comércio exterior brasileira de 1947 a 1961 relaciona-se com esse movimento na economia mundial.

A percepção desse processo não foi automática e as ilusões do início do governo Dutra foram sendo lentamente erodidas. De qualquer forma, no início do governo o desenrolar dos acontecimentos foi marcado por expectativas bastante favoráveis quanto à situação econômica externa.

De fato, além da perspectiva de uma rápida reorganização da economia mundial de acordo com os princípios liberais de Bretton Woods, havia a esperança de uma significativa alta dos preços internacionais do café, como resultado, principalmente, da eliminação, em julho de 1946, de seu preço-teto por parte do governo norte-americano. Em consequência, as autoridades monetárias e cambiais tornaram-se vítimas de uma espécie de "ilusão de divisas", que se apoiava sobre três pontos: (1) o país parecia estar em situação bastante confortável com relação às suas reservas internacionais; (2) julgava-se credor dos Estados Unidos da América pela colaboração oferecida durante a Segunda Guerra Mundial, e (3) acreditava que uma política liberal de câmbio seria capaz de atrair significativo fluxo de investimentos diretos estrangeiros, dando solução duradoura para o potencial desequilíbrio do balanço de pagamentos.

Confiante na evolução favorável do setor externo, o governo Dutra identificou na inflação o problema mais grave e premente a ser enfrentado. O diagnóstico oficial localizava nos déficits orçamentários da União, que se vinham acumulando nos últimos anos, a causa maior dos aumentos no nível de preços, e em políticas monetárias e fiscais severamente contracionistas, o tratamento adequado.

2. Políticas cambial e de comércio exterior

As políticas de comércio exterior e cambial do início do governo Dutra devem ser analisadas, portanto, à luz da ilusão de divisas, já mencionada, bem como da prioridade dada ao combate à inflação. O câmbio foi mantido grosso modo à paridade de 1939, de Cr$18,5/US$, sendo instituído o mercado livre, com a abolição das restrições a pagamentos existentes desde o início dos anos 1930. Os preços no Brasil dobraram em relação aos preços nos Estados Unidos entre 1937 e 1945, o que torna evidente a sobrevalorização da taxa cambial.

Eram vários os objetivos dessa política. Em primeiro lugar, atender à demanda contida de matérias-primas e de bens de capital para reequipamento da indústria, desgastada durante a guerra. Em segundo lugar, esperava-se que a liberalização das importações de bens de consumo (também objeto de forte demanda reprimida) forçasse a baixa dos preços industriais através do aumento da oferta de produtos importados pelo câmbio sobrevalorizado. Além disso, de acordo com a crença generalizada de que o setor externo havia sido importante fonte inflacionária no período da guerra, acreditava-se possível fazer política anti-inflacionária reduzindo as reservas em dólares, através de saldos negativos na balança comercial. Em terceiro lugar, a política liberal de câmbio, afora exprimir a congruência das diretrizes governamentais com a ideologia liberal predominante e os compromissos internacionais do país, refletia a esperança de que a liberalização das saídas de capital pudesse estimular também ingressos brutos em proporção significativa no futuro.

A ilusão que primeiro se evidenciou como tal foi a falsa avaliação da situação das reservas internacionais. É preciso notar que, durante o governo Dutra e, com destaque, antes do estouro dos preços do café em 1949, o problema fundamental do setor externo da economia brasileira era o saldo de pagamentos em moedas conversíveis, especialmente dólares norte-americanos. As reservas internacionais acumuladas durante a guerra não permitiam financiar déficits da magnitude dos observados com a área conversível: em fins de 1946, dos US$760 milhões de reservas totais, apenas cerca de US$100 milhões eram reservas líquidas disponíveis para a área conversível; o restante compunha-se de libras esterlinas (bloqueadas de fato), moedas inconversíveis (somando US$273 milhões) e ouro depositado nos Estados Unidos, como se verifica na Tabela 5.1.[1] As reservas em ouro (US$365 milhões, 50% do total), porém, eram consideradas pelo governo brasileiro como reserva estratégica, a ser preservada para emergências futuras.

TABELA 5.1 Brasil: Disponibilidades cambiais, posição em 31 de dezembro, 1945-1952, US$ milhões.

ANOS	MOEDAS CONVER-SÍVEIS	MOEDAS COMPENSA-DAS	MOEDAS BLOQUEA-DAS	OPERAÇÕES EM CRUZEI-ROS	TOTAL EM MOEDA	OURO NO PAÍS E EXTERIOR	TOTAL
1945	n.d.	n.d.	n.d	n.d.	269	365	634
1946	92	n.d.	273	n.d.	365	365	730
1947	33	105	216	n.d.	354	379	700
1948	62	109	154	21	346	342	688
1949	121	43	128	45	337	342	679
1950	128	36	70	16	250	342	592
1951	-30	6	11	15	2	342	344
1952	-24	-111	0	90	-45	342	297

Fonte: Malan, Bonelli, Abreu e Pereira (1977, p. 165).

---

[1] As discrepâncias em relação aos dados do Anexo Estatístico (coluna 19) refletem reestimativas das reservas totais pelo Banco Central do Brasil. Estas reestimativas não incluem, entretanto, a decomposição das reservas tal como apresentada na Tabela 5.1.

O problema fundamental da balança comercial estava no fato de o Brasil obter substanciais superávits comerciais com a área de moeda inconversível, enquanto acumulava déficits crescentes com os Estados Unidos e outros países de moeda forte. A observação agregada da balança comercial para os primeiros anos do pós-guerra é enganosa. Tanto o superávit de 1946 como o aparente equilíbrio de 1947-1948 resultaram do excesso de exportações FOB sobre importações CIF para áreas de moeda inconversível. Assim, o Brasil, até 1948, estava acumulando saldos em moedas fracas, isto é, sem poder de comando imediato sobre recursos reais, e acumulando déficits em moedas fortes, especialmente em 1947, quando o déficit com a área conversível chegaria a superar os US$300 milhões (cerca de US$200 milhões já no primeiro semestre) (Malan, Bonelli, Abreu e Pereira, 1977, p. 65). Parte importante deste desequilíbrio é explicável pela Segunda Guerra Mundial, que tornou extremamente difícil obter mercadorias da Europa e preservou a capacidade de fornecimento dos Estados Unidos, de onde se originaram cerca de 60% das importações brasileiras em 1946-1947 e para o qual se destinaram apenas 40% das exportações brasileiras naquele biênio (Malan, Bonelli, Abreu e Pereira, 1977, p. 147).

O término do conflito mundial afetou também as pautas de exportação e importação do Brasil, com a volta ao mercado dos antigos fornecedores e o início da recuperação econômica. Cai a exportação brasileira de matérias-primas e, prin-cipalmente, de manufaturas: estas chegaram a representar 20% da pauta em 1945, caindo para 7,5% em 1946 e continuaram em queda até alcançar menos de 1% em 1952. As importações, por sua vez, enfrentam não apenas as pressões resultantes da necessidade de reequipamento, como um intenso acréscimo de preços, que sobem 64% entre 1945 e 1947.

As reservas em moedas conversíveis reduziram-se rapidamente (chegando a apenas US$33 milhões, em fins de 1947), e o Brasil começou a acumular atrasados comerciais (US$82 milhões, em fins de 1947). Muitos fornecedores suspendem suas remessas para o Brasil e diferentes indústrias têm seu ritmo de produção ameaçado por falta de matérias-primas importadas. A imposição de controles seletivos sobre as importações surge, portanto, como necessidade.

A decisão de manter fixa a taxa de câmbio era equivalente a uma revalorização cambial. A alternativa de desvalorização foi posta de lado pelo governo por várias razões: em primeiro lugar, devido à lição aprendida de que a demanda estrangeira pelo café era relativamente inelástica com respeito ao preço, de modo que uma taxa de câmbio sobrevalorizada poderia ser utilizada para sustentar os preços in-ternacionais do café. Em segundo lugar, pela prioridade concedida ao combate à inflação e à convicção das autoridades governamentais de que alterações na taxa cambial refletiam-se significativamente no nível de preços domésticos. Em terceiro lugar, mais de 40% das exportações dirigiam-se à área de moedas inconversíveis e/ou bloqueadas, e o café representava mais de 70% das exportações para áreas de moeda conversível; assim, mesmo supondo significativa elasticidade-preço da oferta de outras exportações que não o café, não era justificável uma política de superávits comerciais na áreas de moedas não conversíveis. Essas, além de não ajudarem a minorar o problema cambial com a área conversível, exerceriam pressão para a expansão da base monetária. Finalmente, dada a inelasticidade relativa a preços da demanda de importações, a desvalorização dificilmente reduziria o dispêndio total em produtos importados, assim como não asseguraria qualquer seletividade na composição da pauta (indispensável diante da precariedade dos fornecimentos à atividade industrial).

Os controles cambiais e de importações do pós-guerra começam a ser estabelecidos em julho de 1947, com a instituição do regime de controle de câmbio por cooperação, segundo o qual os bancos autorizados a operar em câmbio eram obrigados a vender ao Banco do Brasil 30% de suas compras de câmbio livre, à taxa oficial de compra. Atendidos os compromissos do governo, o Banco do Brasil forneceria câmbio de acordo com uma escala de prioridades que favorecia a importação de produtos considerados essenciais. O controle instituído não foi rigoroso e a crise cambial não provocou imediata revisão do pensamento econômico do governo: as restrições ao comércio exterior eram apresentadas como passageiras e destinadas a serem abandonadas assim que os mercados mundiais se recuperassem. Apenas em fevereiro de 1948 foi adotada a primeira forma do sistema de contingenciamento a importações, baseado na concessão de licenças prévias para importar de acordo com as prioridades do governo; tal sistema iria permanecer, na prática, até a liberalização ocorrida no início do governo Vargas, e, na legislação, até a Instrução 70, em outubro de 1953.[2]

Analisado em função de sua capacidade de reduzir o déficit com a área conversível, o sistema de licenciamento de importações funcionou a contento. O déficit de US$313 milhões, de 1947, foi reduzido para US$108 milhões em 1948 e transformado em pequeno superávit de US$18 milhões em 1949. Esse resultado foi obtido, em grande parte, graças à redução das importações originárias da área de moeda conversível, que declinaram, continuadamente, de US$923 milhões em 1947 para US$527 milhões em 1950. Outro fator também relevante foi a modesta queda dos preços de importação – de quase 6% entre 1948 e 1950 –, derivada da primeira recessão norte-americana no pós-guerra, em 1949. Com a área de moeda inconversível ocorrem superávits em 1947 e 1948 e razoável equilíbrio entre 1949 e 1951.

Note-se, porém, que outro fator explicativo importante do resultado obtido na balança comercial coube à recuperação dos preços internacionais do café, a partir de 1949. De janeiro de 1942 a julho de 1946, os preços do produto estavam limitados pelo teto estabelecido no Acordo Interamericano do Café (13,4 centavos de dólar por libra-peso para o café tipo Santos 4), configurando a participação brasileira no esforço de guerra no plano econômico. A liberação dos preços nos Estados Unidos, em julho de 1946, marcou o início da recuperação do preço internacional. A alta iniciada (o Santos 4 chegou a 27,6 cents/libra em fevereiro de 1947), porém, encontrou o mercado norte-americano com estoques substanciais e na posse de grande número de contratos a termo, o que amorteceu e, por fim, ocasionou reversão da tendência dos preços. Em julho de 1947, a cotação voltou a atingir 18,25 cents/libra.

A partir daí o movimento é lento mas firmemente ascensional. A produção havia sido comprimida pelo longo período de preços baixos e pelas fortes geadas de 1947 e 1948, enquanto o consumo, principalmente americano, era crescente.

---

[2] Para uma descrição da evolução formal dos controles de câmbio entre 1947 e 1953, ver Huddle (1964).

Em 1948, o Departamento Nacional do Café anunciou a venda de seus estoques remanescentes. O impacto sobre os preços, entretanto, foi contrarrestado pela forte queda dos preços agrícolas nos Estados Unidos, em janeiro de 1949 (que não abalou duradouramente a cotação do café, mas agiu contra sua elevação, ao alastrar a insegurança pelo mercado mundial), motivado pelo início da recessão, que, embora moderada, foi interpretada na época como primeiro sintoma de grave crise econômica. Além disso, o sigilo e a incerteza que cercaram a venda final dos estoques do DNC (que não divulgou o montante exato das disponibilidades a serem postas à venda) fizeram com que sua avaliação só fosse realizada *a posteriori*.

Os importadores americanos hesitavam em refazer seus estoques, na expectativa de uma grande colheita em 1949. Em setembro de 1949, com a desvalorização da libra esterlina, passaram a contar com a desvalorização do cruzeiro e sustaram suas operações, permitindo substancial redução líquida de seus estoques. Assim, quando em outubro de 1949 o governo brasileiro anunciou que não só manteria a paridade do cruzeiro como também que não possuía mais estoques de café, passaram a efetuar grandes compras, precipitando a alta dos preços em um mercado que durante cerca de três décadas estivera sujeito à superprodução.

Outro resultado da manutenção da taxa cambial foi a perda de competitividade das exportações brasileiras – principalmente em relação aos mercados europeus, devido às desvalorizações de 1949 –, mas, também, em geral, dada a inflação interna. As exportações outras que não café contraíram-se significativamente entre 1947 e 1950 (ver Tabela 5.2). Atribuir o fraco desempenho das exportações brasileiras exclusivamente à sobrevalorização do cruzeiro é, entretanto, simplificação perigosa, na medida em que se desconsidera toda uma gama de outras causas: a perda de competitividade, naturalmente decorrente da progressiva reorganização da economia mundial após a guerra; a decisão de evitar acúmulo de moedas inconversíveis com superávits comerciais nessa área; e a opção por reduzir pressões inflacionárias através do aumento da oferta para consumo doméstico.

TABELA 5.2 Brasil: Exportações e importações, 1947-1950, US$ milhões.

	EXPORTAÇÕES			IMPORTAÇÕES
Ano	Café	Outros	Total	Total
1947	414	743	1.152,3	1.056,1
1948	491	692	1.180,5	973
1949	632	468	1.096,5	957,4
1950	864	495	1.355,5	941,9

Fonte: IBGE. *Brasil em números* (1960).

Tentando fazer frente às dificuldades envolvidas na exportação, o governo permitiu aos exportadores de produtos gravosos (assim eram chamados os produtos sem condições de colocação no mercado exterior à taxa oficial de câmbio) vender suas cambiais diretamente aos importadores a uma taxa de câmbio mais favorável, o que equivalia a uma desvalorização implícita. Essas operações, denominadas vinculadas, surgiram em 1948 por iniciativa de particulares e foram posteriormente regulamentadas e incentivadas pela Carteira de Exportação e Importação (CEXIM), entre outras razões porque ofereciam certa margem de defesa contra a desvalorização da libra esterlina, seja no tocante à penetração de produtos brasileiros em mercados cuja moeda havia sido desvalorizada em linha com a libra, seja com relação à competição em outros mercados, visto que a desvalorização alcançara e favorecera regiões produtoras concorrentes do Brasil. É evidente que, nessas condições, as únicas importações que se tornavam rentáveis para o importador eram as de bens de consumo duráveis, para os quais havia permanente excesso de demanda. O objetivo de colocação de gravosos foi colocado em segundo lugar, diante das possibilidades abertas ao comércio importador, e as operações vinculadas chegaram a movimentar 25% da compra e venda de cambiais no comércio exterior em 1950. Metade do valor das operações vinculadas realizou-se na área do dólar. As principais exportações foram cacau e derivados e madeiras (exclusive pinho) e as principais importações, automóveis e geladeiras.

As importações permaneceram sob o sistema de controle e extremamente comprimidas. Há indicações de que, em 1949, começou a surgir novo posicionamento frente à questão das importações: o sistema de licenças prévias passava a ser encarado conscientemente como instrumento de promoção de substituição de importações, como se discutirá adiante.

Dado que a compressão das importações era extrema na área de moeda forte (na área de moeda fraca, expandiram-se as importações, tentando preencher as lacunas), produziu-se tensão em setores chave da economia, nos quais o nível dos estoques estava tão reduzido que a escassez afetava a produção. O aumento da capacidade de importar, devido à elevação dos preços do café e a forte demanda contida por importações levaram o governo Dutra a iniciar certa liberalização na concessão de licenças para importar no segundo semestre de 1950. Como o prazo médio de vida útil dessas licenças ultrapassava nove meses, entretanto, essa liberalização só repercutiu em parte no nível de importações desse semestre (que cresceu 60% em relação ao primeiro), permanecendo as licenças não utilizadas válidas para 1951.

3. Substituição de importações e crescimento industrial

Embora o sistema de controle das importações tenha sido instituído em meados de 1947 com o intuito exclusivo de fazer frente ao desequilíbrio externo, procurando racionar e dar melhor uso à moeda estrangeira disponível, terminou por ter grande importância para o crescimento da indústria no pós-guerra. Uma avaliação mais atenta dessa importância deve considerar que o controle teve diferentes fases, através das quais foi sendo crescentemente utilizado com a finalidade de promoção do desenvolvimento industrial por substituição de importações.

A adoção do regime de orçamento de câmbio com licença, em março de 1949, juntamente com o aumento da disponibilidade de divisas decorrentes dos preços do café, parece ter sido um marco importante nesse processo, por possibilitar maior coordenação entre a verificação das disponibilidades de câmbio e a emissão de licenças de importação. Paralelamente, na medida em que eram apreendidos os efeitos do contingenciamento sobre a substituição de importações de bens duráveis, parecia surgir uma nova mentalidade: embora "o texto legal que instituiu o regime de licença prévia não estabelecesse explicitamente o princípio da proteção à indústria, reconhecia e consagrava, no caso de serem semelhantes ou equivalentes os produtos importados e os de fabricação nacional, a base das restrições ao licenciamento de importações" (CEXIM, *Relatório*, 1951).

Mantinha-se a taxa de câmbio sobrevalorizada e progressivamente impunham-se medidas discriminatórias à importação de bens de consumo não essenciais e daqueles com similar nacional; daí resultou "um estímulo considerável à implantação interna de indústrias substitutivas desses bens de consumo, sobretudo os duráveis, que ainda não eram produzidos dentro do país e passaram a contar com uma proteção cambial dupla, tanto do lado da reserva de mercado como do lado do custo de operação. Esta foi basicamente a fase da implantação das indústrias de aparelhos eletrodomésticos e outros artefatos de consumo durável" (Tavares, 1972a, p. 71).

Esse comentário diz respeito ao período que vai de 1947 a 1952. Em particular, o surto de importações em 1951 e 1952, cujas causas serão analisadas na seção seguinte, permitiu a superação dessa etapa do processo de substituição de importações. Embora sejam anos pertencentes já ao segundo governo de Getúlio Vargas (1951-1954), é válido transcrever aqui a observação do relatório da Comissão Mista Brasil-Estados Unidos (CMBEU) a respeito: "A importação simultânea de volume sem precedentes de bens de capital, tal como em 1951 e 1952, permitindo a criação conjunta ou expansão de indústrias complementares que se fornecem reciprocamente mercado, pode, em determinadas circunstâncias, constituir método mais eficaz de se atingir crescimento industrial rápido do que por meio do fluxo anual de importações mais regulares e ordenadas." (CMBEU, 1954, p. 115)

Pode-se apontar a existência de três efeitos relacionados à combinação de taxa de câmbio sobrevalorizada (resultado de sua manutenção à taxa de Cr$18,50/US$ em período de inflação doméstica, enquanto, no mercado livre, a taxa era 76% maior, em 1950) com controle de importações: efeito subsídio, associado a preços relativos artificialmente mais baratos para bens de capital, matérias-primas e combustíveis importados; efeito protecionista, através das restrições à importação de bens competitivos e efeito lucratividade, resultante do fato de que a taxa de câmbio sobrevalorizada tendeu a alterar a estrutura das rentabilidades relativas, no sentido de estimular a produção para o mercado doméstico em comparação com a produção para exportação.

Com relação a esse último ponto, vale notar que o argumento não é válido para o principal setor exportador, o cafeeiro: "de fato, não obstante uma alta taxa de transferência de recursos do setor café para o setor de produção doméstica desde o imediato pós-guerra até meados dos anos 1950, o preço em dólares do café nesse período aumentou de uma tal maneira que não somente compensou o efeito da transferência de recursos, como permitiu ao café tornar-se uma área com atrativos crescentes para novos investimentos" (Bacha, 1975, p. 139).

Finalmente, é preciso observar que esses investimentos em substituição de importações foram possíveis, também, graças à política de crédito do Banco do

Brasil. O crédito real à indústria cresceu 38%, 19%, 28% e 5% nos anos de 1947, 1948, 1949 e 1950, respectivamente. Em particular, os dados de 1947 e 1948 são significativos, pois nesses anos, como veremos adiante, o governo estava fortemente empenhado em adotar políticas austeras.

É preciso relativizar, portanto, a ideia de que o governo Dutra abandonou as políticas de governo e ações diretas voltadas para a promoção do desenvolvimento industrial. Na verdade, o governo Dutra revela, de certo modo, sua preocupação em dar seguimento à acumulação industrial e à manutenção dos investimentos iniciadas no Estado Novo (particularmente a Companhia Siderúrgica Nacional). Isto se revela tanto no momento em que libera as importações – entre outras razões para satisfazer a demanda reprimida de bens de capital e matérias-primas da indústria nacional –, como após a instalação do controle, quando este evolui paulatinamente no sentido de introduzir critérios de seletividade. Quando o controle foi criado, não se visava nem se percebia a sua importância para o processo de industrialização.

A única iniciativa de intervenção planejada do Estado para o desenvolvimento econômico, porém, foi o Plano Salte, tentativa de coordenação dos gastos públicos visando essencialmente os setores de saúde, alimentação, transporte e energia, prevendo investimentos para os anos de 1949 a 1953. A principal dificuldade do Plano Salte foi a inexistência de formas de financiamento definidas. Já se discutiu a problemática do setor externo; no setor interno, a base parlamentar do governo no Congresso Nacional, onde se discutiu o Plano, era predominantemente liberal. Aprovado pelo Congresso apenas em 1950, o Plano Salte teve implementação fragmentária e foi oficialmente abandonado em 1951. Deu-se também prosseguimento à organização da Companhia Hidroelétrica do São Francisco; foram criadas a Comissão do Vale do São Francisco e a Superintendência do Plano de Valorização Econômica da Amazônia (prevista na Constituição de 1946 e que só foi constituída de fato em 1953).

Sem procurar negar a indubitável hegemonia das ideias liberais no governo Dutra, a relativa negligência com a industrialização do Brasil, nem a deliberada intenção de diminuir a intervenção do Estado na economia (contrapartidas da ênfase nas metas de estabilização e contenção dos investimentos governamentais), é preciso qualificar essas posições e situá-las no contexto da época, reconhecendo também que o componente militar da base da sustentação política de Dutra era fundamentalmente o mesmo do Estado Novo e não havia abandonado suas preocupações estratégicas com o "aparelhamento econômico da nação".

4. Relações internacionais e movimento de capitais

O governo Dutra havia apoiado os projetos de desenvolvimento do país nas suas esperanças de captação de recursos externos através da assistência financeira oficial dos Estados Unidos e no futuro afluxo de capitais privados internacionais. Desde o imediato pós-guerra, entretanto, os interesses e a posição norte-americana sobre industrialização no Brasil mudam completamente e começa a tornar-se progressivamente clara a natureza ilusória das expectativas brasileiras com relação à assistência financeira norte-americana.

Como não podia deixar de ser, a política externa dos Estados Unidos reflete o fato de suas prioridades estarem centradas em outras partes de mundo, particularmente na Europa. Já em 1946 tornava-se pública a posição de considerar que as necessidades de capital dos países da América Latina deveriam ser supridas principalmente por fontes privadas de financiamento, devendo o Brasil ter presente, segundo o governo norte-americano, que seu desenvolvimento dependeria, em última instância, da habilidade de criar clima favorável ao ingresso de capitais privados (Malan, 1984, p. 63-4).

Tal política foi sendo paulatinamente explicitada, o que se dava, em parte, em reação à intensidade crescente das solicitações brasileiras. Estas refletiam preocupação não apenas com os graves pontos de estrangulamento em transporte e energia, mas também com a deterioração do balanço de pagamentos a curto prazo que os preços do café só eliminariam – e temporariamente – a partir de 1949.

Momento importante na definição dessa política foi o relatório da Comissão Técnica Mista Brasil-Estados Unidos, mais conhecida como Missão Abbink, constituída em 1948. Nele se preconizava que o programa de desenvolvimento brasileiro deveria basear-se em três pontos: a reorientação dos capitais formados internamente, o aumento médio de produtividade e o afluxo de capitais estrangeiros. Centrava-se a análise desse terceiro ponto nas medidas internas necessárias para viabilizar a atração de capitais privados internacionais.

Na verdade, entretanto, o relaxamento das restrições à saída de divisas do Brasil, derivado do compromisso com a ideologia liberal e com o projeto norte-americano de uma economia mundial aberta, não levava em conta a existência de fatores que dificultavam o afluxo e favoreciam um movimento de saída líquida de capitais.

Em primeiro lugar, o fluxo de capitais privados internacionais permanece em níveis muito baixos até meados da década de 1950. Em segundo lugar, o objetivo dos Estados Unidos era eliminar as restrições ao comércio internacional. Permaneciam em vigor estritos controles sobre os fluxos financeiros internacionais, o que, ausentes linhas organizadas de crédito, criaria um problema de liquidez mundial somente resolvido no pós-guerra, através da União Europeia de Pagamentos (UEP) e de ajuda financeira norte-americana relacionada ao Plano Marshall e a gastos militares. Em terceiro lugar, parte da saída de divisas deve-se, obviamente, à manutenção de uma taxa de câmbio sobrevalorizada e à expectativa de alteração dessa taxa devido ao equilíbrio forçado no balanço de pagamentos desde 1948, estimulada pela desvalorização da libra esterlina e outras moedas em 1949 e pela proximidade da posse de novo governo. Em quarto lugar, cabe considerar também que, em decorrência do investimento direto ocorrido nestes anos e anteriores – e concomitante aumento do estoque de capital estrangeiro no país (particularmente se se leva em conta os desinvestimentos britânicos então realizados), é natural que ocorresse também algum aumento nas remessas das rendas desses investimentos.

O primeiro indício de que a posição norte-americana com relação ao financiamento de programas de desenvolvimento para o Terceiro Mundo poderia ser alterada é dado no discurso de posse de Truman, em janeiro de 1949. Nele são propostas quatro linhas de ação para a política externa norte-americana, sendo o quarto ponto o compromisso de tornar "o conhecimento técnico norte-americano disponível para as regiões pobres do mundo". Em junho de

1949, um projeto de lei com solicitação de verba (apenas US$45 milhões), apoiado no ponto IV do discurso, foi encaminhado ao Congresso, que o aprovou apenas um ano depois, reduzindo os recursos para US$34,5 milhões. A aprovação do Act of International Development parecia não ter maior importância, quando o início das hostilidades na Coreia em 1950 colocou diante do governo dos Estados Unidos a necessidade de olhar com atenção e reconquistar apoio em regiões do mundo que vinham sendo negligenciadas por sua política externa, entre as quais a América Latina.

Em consequência, no final do governo Dutra foram iniciadas as gestões (a partir da vitória de Vargas nas eleições de outubro de 1950, conduzidas já por futuros auxiliares seus como Horácio Lafer e João Neves da Fontoura) para obtenção de ajuda financeira do Banco Mundial e do Eximbank norte-americano para projetos na infraestrutura econômica, culminando com a constituição da Comissão Mista Brasil-Estados Unidos, em dezembro de 1950 (Vianna, 1987, seções 2.1 e 3.1).

5. Política econômica interna

A política econômica doméstica do governo Dutra pode ser definida, até 1949, como marcadamente ortodoxa. A inflação, que chegara a 20,6% e 14,9% em 1944 e 1945, respectivamente, é identificada como o principal problema a ser enfrentado e diagnosticada oficialmente como derivada de excesso de demanda, a ser eliminado através de política monetária contracionista, que reduzisse o dispêndio privado e de política fiscal austera, que acabasse com os déficits orçamentários que vinham sendo acumulados nos últimos 20 anos.

No primeiro ano de governo, contudo, sob a gestão do ministro Gastão Vidigal na pasta da Fazenda (fevereiro a outubro de 1946), ocorre um enorme déficit no orçamento da União, em função de um aumento de vencimentos e salários do funcionalismo público, muito acima do programado. A consequência dessa substancial elevação das despesas de consumo foi claramente expressa na mensagem presidencial de 1947: "Viu-se assim o governo compelido a adotar uma política de moderação dos gastos públicos, com prejuízos, em muitos casos, da execução de empreendimentos reclamados pela nossa evolução econômica e social."

Voltou-se então o governo, na gestão de Correa e Castro na Fazenda (outubro de 1946 a junho de 1949), para o exercício de políticas fiscais e monetárias severamente contracionistas, contendo fortemente o investimento público e reduzindo as emissões de moeda praticamente a zero em 1947. Nesse ano, obtém-se, pela primeira vez desde o fim da República Velha, um pequeno superávit no Orçamento da União, o PIB cresce apenas 2,4%, e a inflação, medida pelo deflator implícito do PIB, recua para 9%. Note-se, pela Tabela 5.3, que incluídos os estados e o Distrito Federal, continua a haver um déficit global de Cr$688 milhões, consideravelmente menor, entretanto, que o do ano anterior. A política de crédito do Banco do Brasil, por sua vez, esteve alinhada à política fiscal, com uma contração real de 2%.

TABELA 5.3 Brasil: Finanças públicas, 1939-1952, Cr$ milhões.

	UNIÃO			ESTADOS E DISTRITO FEDERAL		
ANOS	RECEITA	DESPESA	SUPERÁVIT (+) OU DÉFICIT (-)	RECEITA	DESPESA	SUPERÁVIT (+) OU DÉFICIT (-)
1944	8.311	8.399	-88	5.766	5.491	+275
1945	9.845	10.839	-994	6.380	7.042	-662
1946	11.570	14.203	-2.633	8.256	8.576	-320
1947	13.853	13.393	+460	8.968	10.416	-1.148
1948	15.699	15.696	+3	11.193	12.375	-1.182
1949	17.917	20.727	-2.810	13.923	14.850	-927
1950	19.373	23.670	-4.297	16.375	18.540	-2.165
1951	27.428	24.609	+2.819	22.905	24.336	-1.431
1952	30.740	28.461	+2.279	25.337	30.801	-5.464
1953	37.057	39.926	-2.869	30.477	35.894	-5.417
1954	46.539	49.250	-2.711	39.206	44.783	-5.577

Fonte: Malan, Bonelli, Abreu e Pereira (1977, p. 217).

Apesar da mensagem presidencial de 1947 considerar a reforma tributária como "assunto de inadiável execução", o que permitiria que o ajuste das finanças públicas não se fizesse exclusivamente às custas de redução dos gastos governamentais, a oposição do setor empresarial e as dificuldades políticas para tramitação de proposta desse teor no Congresso Nacional forçaram o abandono do tema.

Em 1948, as autoridades econômicas deram prosseguimento à política fiscal contracionista obtendo equilíbrio no orçamento da União, enquanto o déficit de estados e Distrito Federal manteve-se aproximadamente constante.

A política monetária, contudo, foi pressionada pela expansão do crédito do Banco do Brasil, presidido por Guilherme da Silveira, que em 1948 apresentou crescimento real de 4%, voltado principalmente para o financiamento à indústria. A inflação fica em 5,9% e o PIB cresce 9,7%, puxado basicamente pelo crescimento industrial, calcado na compressão das importações, na existência de crédito e na baixíssima base do ano anterior, quando a indústria praticamente não cresceu.

De qualquer forma, é importante notar que, em função da ampliação da margem de autonomia estadual derivada da mudança de regime político e conferida pela Constituição liberal de 1946, os desequilíbrios financeiros dos estados passaram a ter importância crescente, fazendo com que, em 1947 e 1948, por exemplo, os déficits dos orçamentos estaduais (principalmente São Paulo) superassem em muito os superávits da União, frustrando parcialmente o grau de contração fiscal pretendido por Correa e Castro.

Além disso, a análise do financiamento dos déficits ou a utilização dos superávits nos orçamentos governamentais deve ser integrada à discussão das políticas monetária e creditícia, o que requer, no caso do Brasil das décadas de 1940 e 1950, um detalhado exame do papel do Banco do Brasil e de suas diferentes funções como agente econômico (Sochaczewski, 1993, p. 117-162 e Malan, Bonelli, Abreu e Pereira, 1977, p. 228-51).

A substituição de Correa e Castro justamente por Guilherme da Silveira (que foi ministro de junho de 1949 a janeiro de 1951) marca um ponto de inflexão pouco estudado na política econômica do governo Dutra. O fato é que em 1949 gerou-se um enorme déficit no orçamento da União, enquanto o dos estados e Distrito Federal pouco decresceu, resultando um déficit global quase 200% maior que o de 1948, em termos reais. Em 1950, o desequilíbrio orçamentário agravou-se ainda mais, com um formidável crescimento do déficit tanto da União como dos estados e Distrito Federal (ver Tabela 5.3), não havendo emissão líquida de títulos ou obrigações. O crédito do Banco do Brasil cresceu, em termos reais, cerca de 7,0% e 5,0% em 1949 e 1950, respectivamente, sendo direcionado principalmente, como já mencionado, para a indústria. A política monetária, como não podia deixar de ser, corroborou esses movimentos e a inflação cresceu para 8,1% e 9,2% em 1949 e 1950, respectivamente.

É possível apontar pelo menos três motivações para essa reversão na política econômica dos últimos dois anos de governo. Em primeiro lugar, a proximidade das eleições presidenciais provocava um forte apelo para o aumento dos gastos da União e dos estados. Em segundo lugar, na medida em que a combinação de câmbio sobrevalorizado com controle de importações resultava em vigorosos investimentos na indústria de bens de consumo duráveis, aumentava a força e a demanda do setor industrial, assim como a consciência do governo sobre este processo, gerando uma ativa política de crédito para a indústria por parte do Banco do Brasil. Em terceiro lugar, a desvalorização da libra esterlina e outras moedas em 1949 e o surgimento da UEP favoreciam a compreensão de que haveria uma lenta transição em direção à livre conversibilidade das moedas, base indispensável ao surgimento de um movimento de capitais privados mais intenso no mundo. As últimas ilusões liberais do governo Dutra esfumaçaram-se e com elas as razões para uma adesão estrita à ortodoxia econômica, tal como se depreende das seguintes palavras do ministro Guilherme da Silveira (Ministério da Fazenda, *Relatório*, 1949, p. 21), tornadas públicas no início de 1951: "Aos ortodoxos se afigurará talvez que Vossa Excelência deveria ter evitado as emissões de papel-moeda, mas eu asseguro a Vossa Excelência que essas emissões financiaram muitos investimentos indispensáveis ao desenvolvimento econômico do país... Não poderia Vossa Excelência conter o ímpeto de crescimento do país para se enquadrar em postulados financeiros que a evolução do mundo vai desmoronando."

Finalmente, embora a discussão sobre a natureza da inflação nesses anos fuja aos propósitos deste capítulo, não há como deixar de anotar que, na explicação da reaceleração inflacionária a partir de 1949, devem ser considerados, também, os argumentos da tradição estruturalista em alguns aspectos essenciais: (1) a pressão do processo de industrialização e urbanização sobre a oferta relativamente rígida de produtos agrícolas (devido à estrutura fundiária), levando à alteração de preços relativos em favor da agricultura, que se reflete em aumento generalizado de preços; (2) a pressão inflacionária derivada da elevação dos preços de exportação, e (3) o esgotamento relativo das margens de capacidade ociosa na indústria e na economia, em termos globais.[3] A oferta interna já havia perdido toda a capacidade

---

[3] Para uma resenha sintética e referências bibliográficas relativas à tradição estruturalista ver Lopes em Sayad (1979).

de absorver aumentos de procura, mobilizando estoques ou intensificando a curto prazo a utilização da capacidade produtiva.

O final do governo Dutra pode ser caracterizado, portanto, no setor interno, pela retomada do crescimento, do processo inflacionário e pela recorrência do desequilíbrio financeiro do setor público e, no setor externo, pelas expectativas favoráveis decorrentes da elevação dos preços do café e da mudança de atitude do governo norte-americano em relação ao financiamento dos programas de desenvolvimento do Brasil.

CAPÍTULO 6

DUAS TENTATIVAS DE ESTABILIZAÇÃO, 1951-1954

Sérgio Besserman Vianna

1. Introdução

A política econômica do segundo governo de Getúlio Vargas tem sido frequentemente apresentada como resultado seja de uma estratégia abrangente e bem definida de desenvolvimento econômico que tivesse como finalidade um modelo alternativo para o capitalismo brasileiro, seja como consequência do confronto entre estratégias distintas ("ortodoxia *versus* nacionalismo") e/ou posições antagônicas no interior do governo (pastas da Fazenda e do Exterior *versus* assessoria econômica da Presidência).

Na verdade, as iniciativas governamentais no campo econômico neste período só são compreensíveis a partir de dois condicionantes. Por um lado, a conjuntura herdada do governo Dutra. Esta pode ser sumariada, no setor interno, pela retomada do processo inflacionário e pela recorrência do desequilíbrio financeiro do setor público e, no setor externo, pelas expectativas favoráveis decorrentes da elevação dos preços do café e da mudança de atitude do governo norte-americano em relação ao financiamento dos programas de desenvolvimento do Brasil.

Por outro lado, e esse é o ponto fundamental, a política econômica foi determinada em consonância com um projeto de governo bem definido, que tornava possível a articulação e hierarquização de forças políticas e interesses divergentes em torno da ação governamental.

O projeto consistia, em linhas gerais, na ideia de dividir o governo em duas fases: na primeira haveria a estabilização da economia, o que, na visão ortodoxa das autoridades econômicas de então, consistia fundamentalmente em equilibrar as finanças públicas de modo a permitir a adoção de uma política monetária restritiva, e dessa forma, acabar com a inflação. A segunda fase seria a dos empreendimentos e realizações. O projeto, portanto, sustentava-se sobre duas pernas: o "saneamento econômico-financeiro", isto é, o sucesso da primeira fase, e o afluxo de capital estrangeiro para financiamento de projetos industriais de infraestrutura.

Devido à similitude com o ocorrido nos primeiros governos republicanos da virada do século, esse projeto foi comparado pelo ministro da Fazenda, Horácio Lafer, por Oswaldo Aranha e pelo próprio Presidente Vargas, na *Mensagem ao Congresso Nacional* de 1951, aos governos Campos Sales e Rodrigues Alves.

Os objetivos da política monetária e fiscal perseguidos pelas autoridades econômicas no primeiro biênio do governo 1951-52 correspondem ao primeiro pilar desta estratégia, como será visto. O outro pilar do projeto traçado foi a formação da Comissão Mista Brasil-Estados Unidos (CMBEU). No discurso de posse de Truman, em janeiro de 1949, através de seu ponto IV, foram dadas as primeiras indicações de mudança na posição norte-americana em relação ao financiamento de programas de desenvolvimento para o Terceiro Mundo.

Particularmente no caso do Brasil, a vitória de Getúlio Vargas nas eleições de outubro de 1950 parece ter acelerado a disposição norte-americana de colaborar com o vasto programa de equipamento e expansão de setores de infraestrutura básica que o governo brasileiro vinha propondo insistentemente desde o final da guerra. Assim é que, em dezembro de 1950, ainda antes da posse de Vargas, foi constituída a CMBEU, que iniciou suas atividades em julho de 1951 e que representava uma mudança qualitativa fundamental na posição norte-americana, na medida em que se propunha a elaborar projetos concretos que deveriam ser financiados por instituições como o Banco de Exportação e Importação (Eximbank) e o Banco Internacional de Reconstrução e Desenvolvimento (Banco Mundial). A própria montagem do projeto "Campos Sales-Rodrigues Alves" e da equipe de governo esteve ligada aos entendimentos para a formação e atuação da CMBEU (Vianna, 1987, seção 2.1.3).

A CMBEU era fundamental para o sucesso da segunda fase do projeto do governo por duas razões: primeiro, porque o financiamento dos projetos por ela elaborados, pelo Banco Mundial e pelo Eximbank asseguraria a superação de gargalos na infraestrutura econômica do país (marcadamente nos setores de energia, portos e transportes), fornecendo simultaneamente as divisas absolutamente necessárias para essa finalidade. Ao mesmo tempo, a desobstrução desses pontos de estrangulamento poderia propiciar uma significativa ampliação do fluxo de capital dirigido para o Brasil através de investimentos diretos ou mesmo novos empréstimos feitos por estas duas instituições. Segundo, porque o afluxo de capital estrangeiro permitiria, tal como no governo Rodrigues Alves, que se cumprisse a fase das realizações e empreendimentos sem prejuízo da manutenção de uma política econômica austera e ortodoxa.

O que permitiu a convivência, hierarquização e divisão de tarefas entre setores do governo com visões diferentes sobre questões conjunturais e de princípios foi o projeto de realizar, num único período de governo, as virtudes idealizadas do período Campos Sales-Rodrigues Alves. A evolução da situação cambial e, posteriormente, a modificação no quadro das relações Brasil-Estados Unidos provocaram a crise desse projeto.

2. Rumo ao colapso cambial, 1951-1952

A política econômica externa

Quando o governo Vargas iniciou, as perspectivas da economia, do ponto de vista das transações com o exterior, eram animadoras. Além do novo quadro de relações com os Estados Unidos, consubstanciado na formação da CMBEU, a situação das transações comerciais externas era também bastante favorável, graças à elevação do preço internacional do café iniciada em agosto de 1949.

A política de comércio exterior dos dois primeiros anos do governo Vargas manteve a taxa de câmbio fixa e sobrevalorizada e o regime de concessão de licenças para importar. Houve, entretanto, extremo relaxamento na política de concessão dessas licenças nos primeiros sete meses de governo. Essa orientação foi sendo modificada progressivamente, na medida em que ficam evidentes os graves desequilíbrios acarretados na balança comercial.

A literatura que trata desse assunto vê na melhoria das condições externas o fator que possibilitou a liberalização das importações, mas a explica, quase exclusivamente, pelo receio de generalização da Guerra da Coreia em conflito mundial e da lembrança das dificuldades de abastecimento de produtos essenciais vividas pelo país durante a Segunda Guerra Mundial. Embora seja indiscutível o peso da Guerra da Coreia na decisão de afrouxar o licenciamento das importações, a análise tanto da pauta de importações, quanto da cronologia da política de importações vis-à-vis à cronologia da tensão militar no mundo exige a qualificação desse ponto (Vianna, 1987, seção 2.2.1.).

Na verdade, a extensa liberalização na política de concessão de licenças para importar deve ser explicada com base nos seguintes fatores conjunturais (na ordem de importância):

> "(i) persistência de séria pressão inflacionária interna e de aguda propensão a importar ... (ii) abastecimento precário do mercado interno, no que tange a produtos importados, devido às restrições cambiais de importações aplicadas com crescente severidade desde 1948 até meados de 1950, e afrouxadas apenas parcialmente em seguida à melhoria da posição cambial em fins de 1950, (iii) perspectiva decrescente de escassez internacional de matérias-primas e equipamento importável, em função da expansão dos programas armamentistas, (iv) perspectivas favoráveis da evolução das exportações dos principais produtos, (v) posição cambial temporariamente favorável." (CEXIM, *Relatório*, 1951)

O importante papel anti-inflacionário atribuído à expansão das importações é facilmente compreensível no contexto do ortodoxo pensamento econômico das autoridades da época. A inflação era explicada pela expansão dos meios de pagamento que, no caso brasileiro, chocava-se com uma oferta relativamente inelástica no mercado interno agravada pela escassez de oferta de bens de produção que tornava a melhoria de produtividade dependente de importações. "Nessas condições, a acumulação de amplos saldos de exportação, desacompanhada de medidas fiscais de esterilização monetária (de difícil e lenta adoção) ou de uma contrapartida adequada de importações, constituiria sério fator de inflação a se somar ao déficit orçamentário e à expansão creditícia ocorridos em 1950" (CEXIM, *Relatório*, 1951). Afora isso, a melhoria da situação cambial impulsionava fortemente no sentido de atendimento à demanda reprimida de bens importáveis ocasionada pelo forte controle instituído a partir de 1948.

O primeiro semestre de 1951 encerrou-se com importações totais de US$860 milhões, sendo US$449 milhões em moedas conversíveis. As exportações totais foram de US$827 milhões, ficando o saldo com a área conversível limitado a

US$40 milhões. O impacto sobre a posição cambial foi violento no tocante à redução das reservas em moedas conversíveis, o que se explica pela necessidade de financiar nessas moedas a maior parte dos encargos do balanço de pagamentos referentes à conta de serviços e capitais (ver Tabela 6.1). As reservas em dólar que em março eram de US$162 milhões, em julho estavam reduzidas a US$43 milhões. Em 1º de agosto de 1951 o Conselho da Superintendência da Moeda e do Crédito (SUMOC) define instruções para que a CEXIM reintroduza um regime mais severo de licenciamento.

Apesar disso, a média mensal de licenciamentos entre agosto e dezembro permaneceu relativamente elevada. Como a posição cambial do país continuou se agravando (as reservas em dólar tornaram-se negativas em US$27 milhões em dezembro), os licenciamentos foram novamente apertados no início de 1952 e voltaram aos níveis dos períodos de maior controle de importações a partir do segundo semestre desse ano (ver Tabela 6.1).

TABELA 6.1 Brasil: Comparação entre importações (CIF) e exportações (FOB) e licenciamento das importações, 1950-1952, Cr$ bilhões.

PERÍODO	IMPORTAÇÃO		EXPORTAÇÃO EFETIVADA	PORCENTAGENS		MÉDIA MENSAL	
	Licenciada (A)	Efetivada (B)	(C)	A/B	A/C	(A)	(B)
1950							
1º semestre	10,8	8,0	9,1	74%	119%	1,8	1,3
2º semestre	21,9	12,3	15,8	56%	139%	3,6	2,1
1951							
1º semestre	29,2	15,9	15,3	54%	191%	4,9	2,7
2º semestre	30,5	21,3	17,2	70%	177%	5,1	3,6
1952							
1º semestre	14,3	22,4	12,9	157%	111%	2,4	3,7
2º semestre	10,9	11,8	13,2	136%	83%	1,8	2,5

Fonte: Banco do Brasil, *Relatório* (1952).

O que tem iludido muitos observadores da balança comercial brasileira nesse período é a defasagem existente entre a política de licenciamento do governo e as importações efetivas, derivada do fato de as licenças possuírem vida útil entre seis meses (para bens supérfluos) e um ano (para bens de produção), exigindo prazo extenso, portanto, para que as decisões de restringir a concessão de licenças se refletissem nas estatísticas de importação.

Em 1951, a balança comercial (importações e exportações FOB) apresentou um pequeno superávit de US$44,2 milhões. Já em 1952, ocorreram dois movimentos. Por um lado, apesar do aperto na concessão de licenças, a defasagem notada no parágrafo anterior, assim como o gasto adicional de cerca de US$155 milhões com a compra de trigo nos Estados Unidos por causa de uma seca na Argentina, fizeram com que o valor das importações permanecesse inalterado (US$1.720,3 milhões).

Por outro lado, a receita das exportações caiu 20% em comparação com 1951. Foram três as causas principais dessa queda. Em primeiro lugar, os efeitos da sobrevalorização do cruzeiro e das pressões inflacionárias internas. Em segundo lugar, uma crise da indústria têxtil mundial que paralisou as vendas do segundo produto de exportação, o algodão. Finalmente, a expectativa generalizada de desvalorização cambial induziu os exportadores a reterem estoques. Em consequência da retração das exportações, a participação do café nas vendas externas subiu para 74% enquanto em 1951 não atingira 60%. O equilíbrio de 1951 deu lugar a um déficit na balança comercial de US$302,1 milhões, ao esgotamento das reservas internacionais particularmente as conversíveis – e ao acúmulo de atrasados comerciais superiores a US$610 milhões, sendo US$494 milhões em moedas conversíveis.

A continuidade do surto de importações e a retração das exportações em 1952 não teriam provocado esses efeitos se as outras fontes de entrada e saída de divisas não operassem na mesma direção. A principal fonte de saída de divisas fora da balança comercial eram os fretes pagos na compra e venda de mercadorias. O boom de importações e o desaparelhamento dos portos fez com que fosse comum a cobrança de pesadas sobretaxas. O aporte de recursos sob a forma de empréstimos e financiamentos assim como a entrada de investimentos diretos foram extremamente baixos, embora o Brasil, no quadro geral de escassez desses fluxos de capital, estivesse longe de ser desfavorecido (Vianna, 1987, seção 2.2.3).

A crise cambial de 1952, portanto, tem origem na perda temporária de controle sobre o comércio exterior decorrente da defasagem existente entre a concessão de licenças e a efetivação das importações e em uma série de fatos não previstos pelas autoridades econômicas, tais como a crise da indústria têxtil mundial e consequente queda vertiginosa das exportações de algodão, a forte retração das demais exportações (com exceção do café), o gasto de dólares na aquisição de trigo dos Estados Unidos por causa da quebra da produção argentina, despesas adicionais com fretes e imposição de sobrepreços nas importações como consequência do próprio crescimento dos atrasados comerciais (chegando às vezes a 25%). O baixo nível de influxo de capital estrangeiro não ajudou a minorar as dificuldades. A crise cambial correspondeu à fratura de uma das pernas que deveria sustentar o projeto "Campos Sales-Rodrigues Alves".

A política econômica doméstica e o desempenho da economia

Com a definição do projeto de governo e a entrega do comando da economia a autoridades de pensamento econômico essencialmente ortodoxo, os objetivos da política econômica no que deveria ser a fase Campos Sales do governo ficaram imediatamente delineados: tratava-se de comprimir severamente as despesas governamentais, aumentar na medida do possível a arrecadação, adotar políticas monetária e creditícia contracionistas.

Desse ponto de vista, três eram os obstáculos visíveis a serem superados: (1) a presença de Ricardo Jafet – indicado por Ademar de Barros que apoiou Vargas na campanha eleitoral – na presidência do Banco do Brasil, o que deixava a execução da política de crédito fora do controle da área do Ministério da Fazenda; (2) a impossibilidade de alterar o sistema tributário para o exercício de 1951 e, de qualquer modo, as imensas dificuldades políticas para aprovar no Congresso Nacional qualquer majoração de impostos; (3) conter as despesas do governo (ainda mais no contexto do orçamento proposto e aprovado ainda no final do governo Dutra).

As despesas do setor público em 1951 foram efetivamente reduzidas. Em particular os gastos de investimento foram cortados, tendo o investimento público decrescido cerca de 3% em termos reais. A participação do governo na formação bruta de capital fixo, que em 1950 fora de 28,4%, em 1951 caiu para 20,3%, embora a maior parte dessa queda fosse devida ao crescimento do investimento privado propiciado pelo surto de importações de bens de capital.

O resultado orçamentário da União em 1951 foi ainda mais afetado pelo aumento da arrecadação (42% superior à de 1950 e 34% superior à receita prevista). Além da inflação e do crescimento real da economia, o aumento da receita deveu-se, por um lado, à melhoria da eficiência do sistema arrecadador e, por outro, ao extraordinário crescimento das importações.

A combinação da contenção das despesas da União com o grande aumento da receita e com a orientação imprimida pelo governo federal aos estados e Distrito Federal, cujo déficit foi significativamente reduzido, levou ao primeiro superávit global da União e estados desde 1926.

A orientação fiscal do governo foi mantida em 1952. O superávit no orçamento da União foi praticamente igual ao obtido no ano anterior. Não foi possível, entretanto, repetir a performance no orçamento dos estados, Distrito Federal e municípios devido principalmente ao estouro do déficit de São Paulo. O déficit global foi quase 2,5 vezes maior que o superávit da União (ver Tabela 6.2, no capítulo anterior).

A política monetária, acompanhando a fiscal, foi também conduzida ortodoxamente. A política creditícia do governo, entretanto, moveu-se na direção contrária. A conjugação da multiplicidade de funções próprias do Banco do Brasil nessa época com a visão econômica distinta da ortodoxa e dos interesses representados por Ricardo Jafet na presidência do banco e mais uma série de fatores advindos da conjuntura econômica nesses dois anos fizeram com que a redução dos empréstimos do Banco do Brasil ao Tesouro Nacional (e ao sistema bancário comercial), autorizada pelo superávit orçamentário, fosse mais do que compensada com a expansão do crédito às atividades econômicas.

Os fatores que avalizaram a expansão do crédito do Banco do Brasil foram dois: em 1951, obviamente, a recuperação de parte das disponibilidades antes imobilizadas em empréstimos ao setor público; em 1952 – eis o ponto mais interessante –, somou-se a este, em função do acúmulo de atrasados comerciais, o aumento nos depósitos correspondentes aos débitos em divisas dos importadores, o que facilitou ao banco grande aporte de recursos adicionais.

Note-se que, à parte o financiamento destinado à sustentação dos preços dos principais produtos exportáveis, as mesmas causas que aumentaram as disponibilidades do Banco do Brasil pressionavam fortemente no sentido da expansão do crédito, quais sejam: a política fiscal, pelo que implicou adiamento nos pagamentos e contratações de obras e serviços públicos; as necessidades financeiras de estados e municípios (especialmente em 1952) e o surto de importações, cujos depósitos correspondentes ao saldo em divisas dos importadores retiraram de circulação cerca de 1/5 do numerário em poder do público. Note-se, ademais, que ao liberar as importações num momento de taxa de câmbio altamente sobrevalorizada, houve forte incentivo ao investimento através da importação de bens de capital, ainda mais numa conjuntura em que se tinha como certo o caráter provisório dessa medida e em que o processo de substituição de importações de bens duráveis (com exceção de automóveis) tinha tomado forte impulso desde 1948, devido à instituição do controle de importações. Assim, mais correto do que atribuir a origem do surto de investimentos à expansão do crédito é notar a articulação entre ambos, com a demanda da importação de equipamentos pressionando o crédito e a expansão deste possibilitando a sua realização nos elevadíssimos níveis em que se deu.

A variação anual dos preços ao consumidor no Rio de Janeiro em 1951 e 1952 (10,8% e 20,8%, respectivamente), revela manutenção da tendência de aceleração da inflação iniciada no final do governo Dutra.

Quanto ao desempenho da economia, o PIB real cresceu 4,9% e 7,3% em 1951 e 1952, respectivamente. O setor de serviços, impulsionado pelo comércio importador, foi o que apresentou as maiores taxas de crescimento. A produção industrial, afetada pela liberalização das importações, apresenta as menores taxas anuais de crescimento desde 1947. Com relação à agricultura, o pequeno crescimento de 1951 deve-se, fundamentalmente, à estagnação da produção de café e à queda da produção de algodão e cacau. Já em 1952, a produção agrícola para exportação cresce 17% em relação a 1951.

Os dados significativos do período, porém, mais do que os relativos ao crescimento do produto são, sem dúvida, as elevadas taxas de investimento, fomentadas pela liberalização de importações com taxa de câmbio sobrevalorizada e ajudadas pela expansão do crédito no período. São alteradas substancialmente as participações dos setores privado e público (em favor do primeiro) nos investimentos totais realizados no país.

3. A transição para o novo ministério

No início de 1953, a conjuntura econômica estava dominada pelo colapso cambial do país. Com atrasados comerciais acumulados em mais de US$600 milhões e sem ter obtido êxito na redução da inflação em relação aos níveis existentes quando do começo do governo, o projeto de "sanear a situação econômico-financeira", para em seguida dar início a uma fase de empreendimentos, parecia sofrer fortes abalos.

As dificuldades, entretanto, iriam aumentar: ao mesmo tempo que o governo procurava negociar um empréstimo que lhe permitisse financiar os atrasados comerciais acumulados, principalmente com os Estados Unidos, o panorama das relações internacionais brasileiras modificava-se por completo com a vitória do Partido Republicano e do general Eisenhower nas eleições de fins de 1952 e com a mudança na postura do Banco Mundial para com o Brasil.

A ideia de uma segunda fase do governo (a fase Rodrigues Alves, de realizações) apoiava-se na estabilização da economia e na ajuda financeira internacional, consubstanciada no acordo da CMBEU. Ao longo do primeiro semestre de 1953, esses dois pilares ruíram, o que, juntamente com movimentos sociais crescentemente mobilizadores e reivindicadores e com a reacomodação política derivada das eleições municipais de maio de 1953, levou o governo ao abandono do projeto inicial, à decisão de sustentar o propósito de estabilização da economia e a uma reforma ministerial que visava recompor as suas bases de sustentação com vistas aos futuros embates político-eleitorais.

Relações econômicas internacionais

É conveniente, em primeiro lugar, afastar a versão corrente na historiografia que atribui a uma suposta "virada nacionalista", geralmente associada às posições de Vargas acerca das remessas de lucro para o exterior, um papel decisivo nos desentendimentos do governo brasileiro com o governo norte-americano e o Banco Mundial, sendo mesmo a causa do final precipitado da CMBEU. Embora não seja possível realizar aqui um exame pormenorizado da questão das remessas de lucro (Vianna, 1987, seção 3.1.1), ou tecer maiores comentários sobre a substância do "nacionalismo do segundo Vargas" (Vianna, 1987, seção 5.2), é certo que a partir do janeiro de 1953, com a promulgação da Lei nº 1.807, conhecida como Lei do Mercado Livre, que concedeu ampla liberdade de movimentos pelo mercado livre de câmbio ao capital estrangeiro no Brasil, além de reconhecer plenamente o direito do reinvestimento, a legislação brasileira para remessa de rendimentos tornou-se das menos restritivas da América Latina, fato do qual o governo brasileiro era consciente.

As causas que determinaram o encerramento da CMBEU e a interrupção do financiamento de seus projetos não devem ser buscadas numa suposta virada nacionalista do governo. De fato, as causas decisivas foram: a mudança de governo nos Estados Unidos; a tentativa do Banco Mundial de exercer uma função tutorial sobre a política econômica dos países demandantes de crédito, assim como o conflito entre essa instituição e o Eximbank, com inevitáveis reflexos sobre os países da América Latina, em particular o Brasil e o colapso cambial do país, que forneceu o pretexto para a mudança de atitude do Banco Mundial.

No final de 1952, o candidato do Partido Republicano, general Eisenhower, venceu as eleições presidenciais derrotando os democratas que há duas décadas governavam os Estados Unidos. As duas mais importantes e imediatas modificações na política norte-americana para a América Latina foram: em primeiro lugar, como desdobramento inevitável do acirramento da Guerra Fria, o combate ao comunismo passou a merecer atenção prioritária. Em segundo lugar, foi abandonada a política do ponto IV, de Truman. Com relação ao Brasil, logo ficou claro que o governo Eisenhower não manteria o financiamento aos projetos que a Comissão Mista fosse elaborando. O governo norte-americano alegou necessidade de conter gastos e negou a existência de compromisso no sentido de fazê-lo até um determinado limite.

Outra repercussão sobre o Brasil da vitória de Eisenhower foi a decisão do governo republicano de colocar-se resolutamente em favor das postulações do Banco Mundial em seu conflito com o Eximbank. Na verdade, desde 1948 que o Banco Mundial já tinha a posição de que o Eximbank deveria fazer empréstimos de longo prazo para o desenvolvimento da América Latina apenas quando o Banco Mundial não quisesse ou não estivesse apto a realizá-los. As razões para esta posição eram de duas ordens. Primeiro, a taxa de juros do Eximbank era menor, o que afastava tomadores de empréstimos do Banco Mundial. Segundo, empréstimos do Eximbank diminuíam a capacidade do Banco Mundial de tutelar a política econômica de governos da América Latina demandantes de crédito.

Embora fuja aos objetivos deste capítulo a análise das causas do conflito entre essas duas instituições, é importante notar que ele reflete também uma disputa de interesses interna à sociedade norte-americana. Para a comunidade empresarial era importante, por razões óbvias, sustentar e defender a capacidade de operação do Eximbank. Essa ligação fazia esse banco ter fortes laços e respaldo no Congresso dos Estados Unidos. Já o Banco Mundial articulava-se muito mais com a comunidade financeira de Nova York.

Esse processo teve importantes consequências para o Brasil. Já se viu que o episódio das remessas de lucro, embora tenha servido como estopim dos atritos entre o Banco Mundial e o governo brasileiro no início de 1952, não ultrapassou os limites desse papel. Tampouco outras questões afetando interesses estrangeiros no Brasil, como o monopólio do petróleo ou pendências acerca de ferrovias nacionalizadas levantadas por membros europeus do Banco Mundial parecem ter tido papel determinante, embora certamente tenham constado da pauta dos contatos realizados.

Realmente decisiva foi a deterioração da situação cambial do país ao longo do ano de 1952, culminando com o acúmulo de vultosos atrasados comerciais. A partir daí, o Banco Mundial decidiu interferir na condução da política econômica por parte do governo brasileiro, sentindo-se prejudicado, nesse propósito, pelas operações do Eximbank no Brasil.

O fortalecimento das posições do Banco Mundial pelo governo republicano afetou o Brasil de duas maneiras. Em primeiro lugar permitiu a essa instituição forçar o Eximbank a adotar condições bastante duras para a concessão de um grande empréstimo em dólares que objetivava regularizar a situação dos atrasados comerciais. O acordo para esse empréstimo foi assinado em 30 de abril de 1953, com o valor de US$300 milhões. A sua realização só foi possível (considerando a oposição do Banco Mundial) graças à pressão dos exportadores e de investidores norte-americanos no Brasil, que, tendo em vista a Lei do Mercado Livre de Câmbio, desejavam evitar a concorrência entre a procura de dólares para remessa de rendimentos e aquela voltada para a obtenção de divisas com o objetivo de pagamento de atrasados.

Em segundo lugar, as mudanças do governo norte-americano e da posição do Banco Mundial frente ao Brasil e a retirada do Eximbank das operações de financiamento ao desenvolvimento determinaram o fim da CMBEU e a interrupção do financiamento mesmo aos projetos já elaborados e apresentados por ela. Ao interromper seus trabalhos, a CMBEU tinha aprovado 41 projetos, que exigiriam um total de US$387 milhões, dos quais foram financiados apenas US$186 milhões, sendo que quase um terço (US$60 milhões) destinados a uma empresa estrangeira, a Brazilian Traction Light & Power Company Ltd., de Toronto.

Conjuntura econômica e evolução do quadro social e político

A conjuntura econômica no primeiro semestre de 1953 foi marcada pelos episódios relacionados com o empréstimo de US$300 milhões obtido junto ao Eximbank para fazer frente aos atrasados comerciais e pelos desdobramentos, principalmente na área do comércio exterior, da Lei nº 1.807, a Lei do Mercado Livre.

O empréstimo acabou sendo concedido nas seguintes condições: deveria ser integralmente amortizado em três anos, com pagamentos mensais a partir de 30 de setembro de 1953. A taxa de juros foi de 3,5% ao ano, e o Brasil comprometia-se, ademais, a liquidar os restantes atrasados comerciais com os Estados Unidos não cobertos pelo empréstimo, terminando de fazê-lo até 31 de julho do ano corrente.

Quanto à Lei nº 1.807, na prática ela instituiu o sistema de taxas múltiplas de câmbio, algumas das quais flutuantes. A lei permitia para as exportações que não constituíssem mais de 4% do valor médio do total das exportações no período trienal anterior à operação, realizar parte das divisas obtidas no mercado livre – em diferentes proporções –, fazendo com que ficassem determinadas, do lado da oferta, cinco taxas de câmbio efetivas: em primeiro lugar, a taxa fixa do mercado oficial, aplicada a mais de 85% das exportações (embora limitada a três produtos: café, cacau e algodão); em segundo lugar, três taxas de câmbio flutuantes para as demais exportações, que misturariam em diferentes proporções (15%, 30% e 50%) a taxa oficial e a taxa do mercado livre, que era aplicada nas transações financeiras, com algumas exceções.

Do lado da demanda de câmbio, existiam duas taxas: em primeiro lugar, a taxa oficial, que seria utilizada para as importações essenciais (cerca de 2/3 do valor total das importações), serviços ligados a essas importações, remessas financeiras do governo e outras entidades públicas ou semipúblicas, rendimentos do capital estrangeiro considerado de "interesse nacional" e juros e amortização de empréstimos desse tipo. A outra taxa era a do mercado livre, que seria aplicada ao restante das importações e remessas. A SUMOC tinha poderes para alterar as listas das importações a serem pagas através do mercado livre e continuava a existir o controle quantitativo das importações.

Os objetivos a serem alcançados no comércio exterior com a Lei do Mercado Livre eram claros: primeiro, possibilitar o escoamento da exportação dos gravosos, sem prejuízos na receita cambial obtida com produtos de demanda inelástica em relação ao preço e que estavam obtendo altas cotações no mercado mundial (café e cacau, a inclusão do algodão nesse grupo suscitou polêmica). Segundo, reduzir a propensão a importar através do deslocamento, para o mercado livre, de cerca de um terço do valor total das importações, substituindo, dessa forma, parte da limitação das importações através de licença prévia.

O mercado livre foi aberto imediatamente para todos os invisíveis e quase todas as transações de capital; os gravosos foram sendo autorizados pouco a pouco a nele operar. Já as importações que deveriam ser feitas por esse mercado foram extremamente reduzidas (representando menos de 3% das importações totais em 1953), porque as autoridades econômicas ficaram temerosas de que o deslocamento das importações não essenciais para o mercado livre, juntamente com a demanda por cambiais para transações e remessas de lucros, contida ao longo de 1952, provocasse desvalorização excessiva da taxa de câmbio livre.

Havia certa preocupação, também, com os efeitos inflacionários do novo sistema cambial, devido a provável encarecimento de bens de consumo e insumos utilizados na produção industrial. Para a visão ortodoxa da economia, entretanto, a efetivação das pressões inflacionárias dependeria da política monetária e creditícia do governo, que deveria ser auxiliada, ademais, pelos recursos a serem obtidos pelo governo com a compra de divisas no mercado oficial e sua venda no mercado livre de câmbio.

Na verdade, os objetivos da política econômica doméstica do ministro Lafer em 1953 eram os mesmos dos anos anteriores. O orçamento proposto ao Congresso Nacional e por ele aprovado previa pequeno superávit de Cr$300 milhões e a meta do governo era realizar uma política monetária passiva. A única mudança de orientação foi quanto à política de crédito: no início do ano: o constante conflito entre Lafer e Jafet foi resolvido com a demissão deste último, o que viabilizou o enquadramento do Banco do Brasil na orientação do Ministério da Fazenda.

Embora existam razões para crer que Lafer iria persistir nesses objetivos se houvesse permanecido no ministério também no segundo semestre do ano (quando, devido ao imposto de renda, o grosso da receita orçamentária era arrecadado), o fato é que os resultados dos primeiros meses do ano, também no tocante às variáveis endógenas da economia, ajudaram a fortalecer a impressão de perda de controle por parte das autoridades econômicas. Nos primeiros cinco meses do ano, os meios de pagamento aumentaram de Cr$7 bilhões contra menos de Cr$1 bilhão no mesmo período de 1952. As causas dessa expansão foram os gastos com a seca no Nordeste e financiamentos de produtos dessa região, além de socorro a bancos oficiais de estados pela Caixa de Mobilização Bancária.

A maior fonte de desestabilização, contudo, estava na situação cambial do país. O principal objetivo da Lei nº 1.807 não foi alcançado: o desempenho das exportações brasileiras piorou, tendo seu valor se reduzido 11% no primeiro semestre de 1953 em relação a igual período em 1952 (que, como se sabe, já havia sofrido forte redução em relação a 1951).

O que ocorreu foi que, por um lado, as exportações de gravosos não reagiram à desvalorização cambial com que foram beneficiadas (tendo, ademais, os exportadores de produtos com direito a vender menos de 50% no mercado livre iniciado um movimento de retenção dos embarques, na expectativa de tratamento mais favorável) e, por outro, caíram as exportações de café em função de um movimento concomitante de exportadores (que retinham estoques) e compradores (que retardavam a realização de negócios), ambos na expectativa da desvalorização cambial também para o café. O volume de café vendido no primeiro semestre de 1953 foi 11% inferior ao do mesmo período em 1952.

De fato, desde o anúncio da Lei do Mercado Livre, a pressão da cafeicultura sobre as autoridades econômicas foi grande. As reivindicações iam da inclusão do café entre os produtos beneficiados com a possibilidade de realização parcial pelo mercado livre ao abandono total da paridade declarada ao FMI.

Apesar da grande redução das importações no primeiro semestre de 1953 (quando totalizaram pouco mais da metade das importações em igual período de 1952), a evolução pouco favorável das exportações fez com que os atrasados comerciais continuassem a aumentar. O acordo para o empréstimo de US$300 milhões pelo Eximbank havia sido assinado em fins de fevereiro. Como já se viu, o Brasil havia aceitado liquidar progressivamente os atrasados comerciais com os Estados Unidos não cobertos pelos recursos do empréstimo. A liberação da primeira parcela deste (US$60 milhões) ocorreu normalmente na primeira semana de abril. Os atrasados dos Estados Unidos, entretanto, continuaram a aumentar e, em junho, o Eximbank suspendeu o desembolso da segunda parcela, sugerindo uma renegociação.

A gravidade da situação levou o ministro Lafer a declarar, em reunião do Conselho da SUMOC no dia 2 de junho: "O Brasil está atravessando um período difícil, um dos mais graves de sua vida econômico-financeira no que tange ao mercado exterior" (Ata da 385- Sessão do Conselho da SUMOC).

No dia 15 de junho, Horácio Lafer deixava o ministério e Vargas convocava Oswaldo Aranha para a pasta da Fazenda. A queda de Lafer, contudo, não se deveu exclusivamente ao desgaste das autoridades econômicas; estando inserida em ampla reforma ministerial que poupou apenas; dentre os ministros civis, João Cleofas, solitário membro da UDN na equipe de governo.

Foram várias as causas dessa reforma. Uma delas, evidentemente, a difícil situação econômica, à qual falta acrescentar, apenas, uma crise na produção de energia elétrica (provocada por prolongada estiagem) que obrigou ao racionamento no fornecimento à indústria do Sudeste, agravando o clima de descontentamento.

Paralelamente, aumentavam as dificuldades do governo no plano social e político, como evidenciam dois episódios ocorridos quase simultaneamente em São Paulo. Em 23 de março de 1953, eclodiu uma grande greve de trabalhadores paulistas que chegou a paralisar mais de 300 mil operários. Era um sinal contundente de que o prazo concedido a Vargas para justificar as expectativas (de melhoria da qualidade de vida e melhor distribuição de renda) suscitadas na campanha eleitoral estava se esgotando.

Um dia antes da eclosão da greve dos 300 mil, Vargas havia sofrido sua maior derrota política desde o início do governo: a vitória de Jânio Quadros nas eleições para a prefeitura da Cidade de São Paulo, sem qualquer sustentação partidária e contra candidato apoiado pelo governador Lucas Garcez e por uma amplíssima coalizão de partidos. A vitória de Jânio foi esmagadora: o candidato empolgou não apenas as elites e a classe média, mas também considerável contingente do operariado da cidade, impondo sério desgaste ao governo federal.

Diante dos sinais de debilitamento das bases de sustentação de Vargas, a oposição começou a montar o cerco ao governo. É nesse quadro que deve ser compreendida a reforma ministerial. Vargas, preocupado em fortalecer a coesão do governo malbaratada pelo desfecho do projeto Campos Sales-Rodrigues Alves, convocou antigos colaboradores (embora nem sempre aliados políticos) como Oswaldo Aranha, José Américo de Almeida e Vicente Rao, e políticos mais novos, porém de fidelidade provada, come João Goulart e Tancredo Neves. Na verdade, Vargas perseguia uma estratégia política que lhe permitisse enfrentar exitosamente as eleições estaduais de outubro de 1954 e, em última análise, a própria sucessão presidencial.

Para tanto, procurava ampliar a sustentação política do governo ao mesmo tempo em que desejava estar preparado para seguir mais à direita ou mais à esquerda, de acordo como rumo dos acontecimentos. Com os antigos colaboradores citados e, muito especialmente com Oswaldo Aranha, acenava para a União Democrática Nacional (UDN), reafirmava o propósito de perseguir a estabilização da economia e criava uma alternativa ampla para sua sucessão. A outra face da política foi a escolha de João Goulart para o Ministério do Trabalho, visando recompor seu prestígio entre os trabalhadores e meios sindicais e, por que não, deixando em aberto uma alternativa distinta para o encaminhamento da sucessão presidencial.

4. A nova tentativa de estabilização

O programa Aranha e os resultados de 1953

O projeto Campos Sales-Rodrigues Alves apoiava-se no saneamento econômico-financeiro da nação e no afluxo de capital estrangeiro, esperado a partir dos trabalhos da CMBEU. O colapso cambial e a deterioração das relações econômicas com os Estados Unidos determinaram seu abandono. A política do novo ministro da Fazenda, Oswaldo Aranha, consistiu numa nova tentativa de estabilização da economia, mantida a visão ortodoxa do problema (isto é, tendo como objetivo uma política fiscal austera e políticas monetária e creditícia restritivas), porém, desta feita, privilegiando o ajuste cambial.

Havia razões para tanto. As exportações eram decrescentes, continuavam acumulando-se atrasados comerciais e o Eximbank havia suspendido o envio da segunda parcela do empréstimo de US$300 milhões. O enfrentamento do problema cambial foi imediato, antecedendo de meses o anúncio de um plano global de estabilização.

A primeira providência foi homogeneizar o benefício cambial dado às exportações (exclusive café), reduzindo as três taxas mistas existentes a uma única, resultante da mistura, em 50%, da taxa dos dois mercados. A situação do café já havia começado a mudar em março quando os Estados Unidos liberaram o preço-teto do produto, provocando ligeiro aumento em sua cotação no mercado de Nova York. A medida tomada por Aranha foi a introdução do sistema de pauta mínima, isto é, a permissão para que os exportadores de certos produtos (como café, cacau e algodão) negociassem no mercado oficial apenas as divisas correspondentes às cotações mínimas fixadas para cada um deles, podendo vender no mercado de taxa livre o que excedesse a esses preços mínimos. As exportações de café reagiram imediatamente, retomando níveis semelhantes aos dos mesmos meses de 1952 e crescendo 56% e 81% em agosto e setembro, respectivamente, em relação a julho de 1953.

Com relação ao empréstimo do Eximbank, Aranha tomou posição firme, cobrando a rápida liberação dos US$60 milhões da segunda parcela do empréstimo como condição para a renegociação, o que foi aceito pelo Banco. Em contrapartida, o governo brasileiro reiterou sua intenção de seguir política econômica ortodoxa e fez promessas de austeridade, além de comprometer-se a liquidar os atrasados comerciais com os Estados Unidos até o final de 1953 (adiando de seis meses a data inicialmente acertada).

Em discurso no Senado Federal em setembro de 1953, o ministro Aranha anunciou os princípios gerais de seu programa:

> "Comprimir energicamente o volume global dos gastos governamentais de bens e serviços ... baixar o ritmo anual em que se expandem atualmente as obras públicas ... promover a adoção desses critérios pelos estados e municípios e entidades privadas ... conter prudentemente a velocidade do processo de industrialização ... deter o ritmo de expansão das novas construções particulares ... aplicar às importações rigorosos controles seletivos ... defender a estabilidade do cruzeiro e sua paridade internacional." (Aranha, 1954)

Determinada a linha de ação econômica do governo, faltava, entretanto, o principal: a definição dos instrumentos e medidas de política econômica que seriam adotados. Dois eram os problemas centrais: a situação cambial e o financiamento do déficit público sem emissão de moeda e expansão do crédito. Com uma única reforma, o governo equacionou os dois problemas. Esse o objetivo da Instrução 70 da SUMOC, de 9 de outubro de 1953.

A Instrução 70 introduziu importantes mudanças no sistema cambial brasileiro. O monopólio cambial do Banco do Brasil foi restabelecido e a ele deveriam ser obrigatoriamente vendidas ou repassadas pelos bancos autorizados a operar em câmbio as divisas provenientes das exportações. O controle quantitativo das importações também foi extinto e substituído pelo regime de leilões de câmbio em bolsa de fundos públicos do país. O sistema de leilões cambiais consistia, na verdade, na negociação de Promessas de Venda de Câmbio (PVC), que eram resgatadas em pregão público nestas bolsas e que davam ao importador o direito à aquisição de câmbio no valor e na moeda estipulados. Após a aquisição das PVC nos leilões, o comprador as levava ao Banco do Brasil no prazo de cinco dias e, em seguida ao pagamento do ágio, recebia o certificado de câmbio, com o qual, depois de verificados os preços das mercadorias a serem importadas, podia obter a licença de importação. De posse da PVC e da licença de importação, o comprador podia adquirir câmbio à taxa oficial em qualquer banco autorizado, no valor da operação licenciada, ficando com o direito à restituição do correspondente à diferença não utilizada. As PVC eram vendidas, em princípio, em lotes de US$1 mil, US$5 mil e US$10 mil.

Para a realização dos leilões, as importações foram classificadas em cinco categorias, de acordo com o critério de maior ou menor essencialidade. Isso terminava por ter efeito de proteção à indústria, na medida em que o surto de investimentos dos anos anteriores permitia esperar que a produção doméstica tornasse certas importações industriais menos essenciais. A oferta disponível de cada moeda era alocada pelas autoridades monetárias entre as diferentes categorias, com as categorias I, II e III absorvendo geralmente mais de 80% da oferta total de cada moeda e a categoria V, no máximo, 3%. Os leilões eram realizados separadamente para o dólar americano e para moedas de países com os quais o Brasil tinha acordo de pagamentos. Para cada categoria foram fixados ágios mínimos, que eram crescentes de acordo com a menor essencialidade da categoria. Existia, ademais, um imposto de transferência de 8% mais o ágio correspondente ao valor alcançado pelas divisas no leilão relativo à categoria das importações em que foram alocadas (ágio esse que tinha como limite inferior o ágio mínimo fixado). A Tabela 6.2 apresenta as taxas cambiais para as cinco categorias.

TABELA 6.2 Brasil: Taxas médias de câmbio sob o regime da Instrução 70, outubro de 1953 a dezembro de 1954, Cr$/US$.

	1953*	1954
Taxa oficial	18,82	18,82
Taxa do mercado livre	43,32	62,18
Leilões de importação		
Categoria I	31,77	39,55
Categoria II	38,18	44,63
Categoria III	44,21	57,72
Categoria IV	52,13	56,70
Categoria V	78,90	108,74
Taxas de exportação**		
Café	-	23,36
Demais produtos	-	28,36

*Outubro-dezembro (exceto mercado oficial e livre).
**De 9.10.53 a 15.8.54.
Fonte: Simonsen (1962, p. 53).

Duas tentativas de estabilização, 1951-1954 135

Ficavam de fora dos leilões as compras externas do governo e algumas importações consideradas preferenciais, para as quais eram fixadas diferentes sobretaxas. O governo pretendia reter cerca de 30% da receita cambial proveniente das exportações para as despesas com divisas realizadas fora das licitações em bolsa. Em 1954, entretanto, essas importações não sujeitas a leilões chegaram a quase 50% do valor total das importações.

Existiam, portanto, três tipos básicos de cobertura cambial para as importações brasileiras: (1) taxa oficial, sem sobretaxa, válida para certas importações especiais, tais como trigo e material ou papel de imprensa; (2) taxa oficial, acrescida de sobretaxas fixas, para as importações diretas dos governos federal, estaduais e municipais, autarquias e sociedades de economia mista (também petróleo e derivados tinham suas aquisições cobertas dessa forma); e (3) taxa oficial, acrescida de sobretaxas variáveis, segundo os lances feitos em bolsa, para todas as demais importações.

Do lado das importações, as taxas múltiplas de câmbio através do sistema de leilões permitiram, simultaneamente, a realização de amplas desvalorizações cambiais, que vieram substituir o controle de importações como instrumento para o equilíbrio da balança comercial, e a manutenção de uma política de importações seletiva, onerando mais certos produtos e favorecendo a aquisição de outros, de acordo com o critério de essencialidade e, por consequência, de proteção à produção industrial doméstica. Além disso, o recolhimento dos ágios veio constituir importantíssima receita para a União.

No tocante às exportações, as taxas mistas foram substituídas por uma bonificação de Cr$5/US$ (ou equivalente nas demais moedas) para o café e Cr$10/US$ para todas as demais mercadorias. Criavam-se, portanto, duas taxas de câmbio para as exportações, ou seja, de Cr$23,32/US$ para o café e a de Cr$28,32/US$ para os demais produtos. A mudança significativa deu-se na taxa efetiva para o café, que se tornou maior do que a taxa anterior, resultante do sistema de pauta mínima. A taxa de câmbio efetiva para os outros produtos continuou praticamente idêntica à que prevalecia anteriormente, resultante da mistura, meio a meio, da taxa oficial e da taxa livre.

Com relação à receita fiscal, os recursos obtidos com a arrecadação dos ágios decorrentes dos leilões de Promessas de Venda de Câmbio eram creditados no Banco do Brasil na conta Compra e Venda de Produtos Exportáveis, onde eram também lançadas a débito as bonificações pagas aos exportadores. Esperava-se – como de fato ocorreu –, que essa conta (de ágios e bonificações) tivesse saldo positivo elevado.

Embora a Instrução 70 determinasse que esse saldo fosse utilizado na regularização de operações cambiais e no financiamento à agricultura, as autoridades econômicas esperavam superar essa rigidez e utilizar esse saldo mais amplamente no financiamento dos gastos do governo, viabilizando, dessa forma, uma política monetária restritiva.

Sob vários aspectos, os primeiros resultados da Instrução 70 foram positivos. As exportações aceleraram seu movimento de recuperação, fechando o último trimestre de 1953 com 34,2% do valor total obtido no ano. As importações do último trimestre, por sua vez, mantiveram-se mais ou menos no mesmo nível dos trimestres anteriores. Assim, a diferença entre exportações (FOB) e importações (CIF) – que de janeiro a setembro atingiu US$ 55 milhões – fechou o ano em US$394,7 milhões. Também do ponto de vista de seu impacto sobre as contas do governo a Instrução 70 apresentou resultados imediatos, elevando significativamente a receita.

Entretanto, apesar da intenção de Lafer, no primeiro semestre, e de Aranha, no segundo, de realizarem política fiscal austera, a realidade impôs-se a esses intentos no ano de 1953. Já nos primeiros meses do ano, inverteu-se, de credora para devedora, a posição do Tesouro Nacional frente ao Banco do Brasil. Nesse primeiro semestre, entre as causas de crescimento dos gastos do governo estão despesas com aumento nas obras públicas, a forte seca que atingiu o Nordeste, um abono elevado concedido ao funcionalismo civil da União e gastos ocorridos em função da realização das eleições municipais.

Após a posse de Aranha, além da continuidade do programa de obras e do financiamento das grandes safras, outras duas grandes causas somaram-se ao conjunto de pressões existentes sobre as despesas do governo: (1) o Banco do Brasil pagou, com recursos próprios, isto é, além dos fornecidos pelos US$300 milhões do Eximbank, US$250 milhões de atrasados comerciais a diversos credores, correspondentes a cerca de Cr$4,7 bilhões; e, (2) diante da ameaça de completa bancarrota do estado de São Paulo, o Banco do Brasil foi forçado a abrir um crédito de Cr$5 bilhões ao Tesouro paulista (Vianna, 1987, nota 424).

Em 1953, o déficit da União foi de Cr$2,9 bilhões e o dos estados e municípios de Cr$5,4 bilhões. Enquanto as despesas da União cresceram 40,3% em relação a 1952, a receita dos principais impostos aumentou apenas 11,4% e a receita total cresceu 20,6% – praticamente igual à inflação no período, que, avaliada pelo IGP-DI, foi de 20,8%. As outras receitas da União provieram principalmente da conta de ágios e bonificações e da venda dos estoques de algodão adquiridos pelo Banco do Brasil em 1952.

O déficit do setor público afetou a política creditícia do governo em 1953. Modificando significativamente a sua composição e invertendo a tendência dos dois anos anteriores, os empréstimos do Banco do Brasil às atividades econômicas cresceram apenas 18% (menos que a inflação, portanto), enquanto os destinados ao Tesouro Nacional e às outras entidades públicas elevaram-se em 89% e 25%, respectivamente. Os empréstimos aos bancos cresceram 77%. No total, a expansão do crédito do Banco do Brasil foi de 36% em relação a 1952. A política monetária, como não podia deixar de ser, foi também expansionista.

Uma fonte irresistível de pressão sobre os gastos públicos eram as obras necessárias à adequação da infraestrutura econômica do país ao crescimento industrial sustentado desde 1948 e, particularmente, ao surto de investimentos de 1951 e 1952, sendo o melhor exemplo nesse sentido os gastos com a ampliação da capacidade de produção de energia elétrica. Pode-se estimar em cerca de 1 milhão de kW o déficit de capacidade de geração existente em princípios de 1953. Apesar dos objetivos macroeconômicos definidos, era inevitável o atendimento a necessidades com essa ordem de imperatividade.

Pode-se dizer, portanto, que o objetivo das autoridades, em 1953 (tanto de Lafer no primeiro semestre como de Aranha no segundo), de perseguir parâmetros ortodoxos na gestão da política econômica foi prejudicado pelas muitas pressões que forçaram o desequilíbrio nas contas do setor público, embora menos pelo déficit no orçamento da União, e mais pelo déficit dos estados e municípios, com grande destaque para São Paulo (ver Tabela 5.3, no capítulo anterior).

Em 1953, a inflação avaliada pelo IGP-DI deu um salto, do patamar anterior em torno de 12% para 20,8%. Para o pensamento ortodoxo, a explicação está no retorno de déficit público e consequente expansão dos meios de pagamento. Na verdade, existem razões para crer que a mudança no patamar da inflação deveu-se, antes de mais nada, ao impacto das desvalorizações cambiais decorrentes da Instrução 70 que pressionaram os custos de produção das empresas, levando-as a reagir elevando seus preços de venda.

Quanto ao desempenho da economia em 1953, o PIB apresentou crescimento de apenas 4,7%, inferior ao dos anos anteriores, desde a recessão de 1947. Deve-se notar, entretanto, que a indústria cresceu 9,3%. O pequeno crescimento do PIB deveu-se ao medíocre desempenho da agricultura (de apenas +0,2%, devido à forte seca ocorrida neste ano) e à estagnação do setor de serviços, em grande parte motivada pela queda das atividades do comércio e outros setores com a diminuição das importações.

Finalmente, outro dado relevante de 1953 é a queda do nível de investimentos do setor privado, decorrente também das restrições às importações em função da situação cambial. O investimento do governo tampouco cresceu em termos reais e, embora praticamente não tenha decrescido, como proporção do PIB manteve-se constante. Em 1954, o nível de investimentos voltou a crescer: a formação bruta de capital fixo do governo teve um crescimento real de 10,2% superado pelo do setor privado, com 19,1%.

Novas dificuldades: café e salários

No início de 1954, as perspectivas de evolução do setor externo da economia brasileira pareciam favoráveis, e as preocupações centrais do governo deslocaram-se para o problema da inflação, identificado, como era na época, com o déficit público, as pressões para a expansão do crédito e o aumento da oferta monetária.

Havia pelo menos duas razões para projeções favoráveis acerca da situação cambial. Em primeiro lugar, a expectativa otimista com as receitas a serem geradas pelo café e, em segundo lugar, a confiança, posteriormente confirmada, na possibilidade de renegociar as condições de pagamento do empréstimo do Eximbank.

Pode parecer estranho afirmar que a intenção de Aranha era realizar política econômica austera e ortodoxa em 1954 dado que seus oito meses de gestão nesse ano foram marcados por substancial expansão creditícia (os empréstimos do Banco do Brasil cresceram 13% em termos reais, relativamente a dezembro de 1953).

Essa expansão de crédito, porém, não se relaciona com uma reversão dos objetivos do governo no sentido de políticas expansionistas. Na verdade, essa expansão se justifica porque era preciso atender às demandas dos estados, particularmente São Paulo; porque a política para o café (que será examinada a seguir) assim o exigiu e porque a indústria pressionou muito fortemente visando compensar os efeitos do aumento de 100% do salário mínimo em maio e da Instrução 70 da SUMOC, decorrentes da defasagem de tempo entre o momento da licitação (quando o prêmio do leilão deveria ser integralmente pago) e a obtenção da licença para importar.

Contrastando com a expansão do crédito do Banco do Brasil, os meios de pagamento cresceram apenas 12,5% nos oito meses da gestão Aranha em 1954 (a inflação nesse período foi de 17,8%). Para esse resultado, porém, foi necessário recorrer aos recursos da conta de ágios e bonificações, impedindo, assim, sua utilização como instrumento de política deflacionária. Foram importantes, ainda, recursos provenientes da colocação de letras de câmbio propostas por Aranha.

As grandes dificuldades surgidas para o programa de estabilização econômica de Oswaldo Aranha, entretanto, foram o aumento de 100% do salário mínimo e os problemas do café.

A decisão a respeito do aumento salarial foi precedida de intensa polêmica e tensão política. A proposta do ministro do Trabalho, João Goulart, era de um reajuste de 100%, enquanto o percentual necessário para recomposição do pico do reajuste anterior era de cerca de 49%. Contra ela colocaram-se a UDN, a Federação das Indústrias do Estado de São Paulo (FIESP), oficiais do Exército através de documento conhecido como Manifesto dos Coronéis e, finalmente, o Conselho Nacional de Economia (CNE) e o ministro Oswaldo Aranha, que propunham reajuste próximo a 33%.

No dia 1º de maio, preocupado com o desgaste de seu governo e voltado para as eleições de outubro de 1954, Getúlio Vargas anunciou o aumento de 100% do salário mínimo. A decisão contrariou profundamente Oswaldo Aranha e seu principal colaborador, Sousa Dantas, que chegou a pedir demissão da presidência do Banco do Brasil. O temor dos opositores da medida era que o reajuste provocasse reajustes reais em toda a pirâmide salarial. Não há dados suficientes para testar a hipótese. É provável, contudo, que o aumento de 216% do salário mínimo em 1952 tenha feito com que ele recuperasse o papel de sinalizador para os demais níveis salariais, que tinha perdido após nove anos sem sofrer qualquer reajuste. Os problemas criados pelo aumento salarial ao Programa Aranha de estabilização econômica somaram-se às enormes dificuldades com as exportações de café, fazendo com que rapidamente os prognósticos sobre a situação cambial do país fossem alterados. De fato, até que, nos primeiros meses de 1954, as exportações de café sofressem brusca e violenta retração, a receita em divisas esperada com o café era avaliada, consensualmente, com enorme otimismo, derivado da alta dos preços do produto em 1953-1954.

O mercado de café começou a alterar-se a partir de informações recebidas de várias áreas produtoras – notadamente América Central e África Oriental britânica –, indicando condições meteorológicas desfavoráveis. Em meados do ano, ocorreu forte geada no Brasil (cujos efeitos atingiram principalmente o Paraná, zona de plantações novas, de alta produtividade) e as primeiras estimativas previram redução de cerca de 3 milhões de sacas na produção exportável brasileira de 1953-1954. A nova situação do mercado e a corrida iniciada pelos importadores (que procuravam precaver-se contra uma alta acentuada quando do fim da safra no primeiro semestre de 1954) determinaram rápido e grande aumento das cotações do café.

A alta dos preços foi o estopim de violenta campanha desencadeada nos Estados Unidos contra a especulação (de países produtores e casas torrefadoras) e o consumo de café. O mesmo senador Guy Gillete, que em 1949 liderou campanha semelhante então derrotada – voltou à carga e o Congresso norte-americano formou uma subcomissão para examinar o assunto. Desta vez, entretanto, a campanha foi mais articulada. Paralelamente à subcomissão do Congresso, a Federal Trade Comission iniciou investigação sobre a elevação dos preços do café (tornada pública diretamente pelo Presidente Eisenhower) e, através da imprensa, os consumidores eram convencidos a beber menos café e adotar produtos substitutos.

As exportações brasileiras diminuíram abruptamente. Com o consumo nos Estados Unidos caindo depressa, os importadores passaram a utilizar seus estoques, limitando as compras ao mínimo necessário, como observa-se pela Tabela 6.3.

Descrente da possibilidade de aumentar as quantidades vendidas, em junho de 1954 o governo expediu decreto fixando elevado preço mínimo para o café com o objetivo de maximizar a receita cambial. É comum atribuir ao decreto a retração

TABELA 6.3 Brasil: Exportação de café, dados mensais, 1953-1954, 1.000 sacas.

MESES	1953	1954
Janeiro	1.204	1.125
Fevereiro	1.206	944
Março	1.359	1.375
Abril	991	998
Maio	792	474
Junho	998	396
Julho	876	626
Agosto	1.368	518
Setembro	1.662	838
Outubro	1.656	855
Novembro	1.792	1.548
Dezembro	1.659	1.220
Total	15.562	10.918

Fonte: BNDE, *Exposição* (1954).

das exportações. Estas, contudo, já haviam caído antes de julho e continuaram baixas após agosto, quando o governo reviu sua política. Se a responsabilidade pela dificuldade na colocação do café brasileiro não pode ser atribuída à política de sustentação de preços, não é menos verdade que essa política não correspondia à realidade do mercado de café e, por isso mesmo, vigeu por apenas 45 dias.

De fato, a situação do mercado mundial de café era ainda mais desfavorável para o Brasil, porque à grande queda no consumo dos Estados Unidos devem ser acrescentados os seguintes agravantes: (1) o efeito da geada sobre a produção brasileira foi menor do que se esperava, (2) os demais produtores latino-americanos e, especialmente, os países da África e da Ásia também tiveram produções superiores às previsões realizadas, e (3) os Estados Unidos, numa reação deliberada à política de sustentação de preços seguida pelo Brasil, deslocaram suas compras para outros países.

A queda do consumo e a revisão das estimativas da produção mundial enfraqueceram o nível de preços, o que, por sua vez, reduziu ainda mais a importação de café. A produção exportável do Brasil em 1954 foi de 14.506 mil sacas de 60kg, das quais foram exportadas efetivamente apenas 10.918 mil sacas.

Nos meses finais da gestão de Oswaldo Aranha e do governo Getulio Vargas, as exportações em junho foram baixíssimas, continuaram baixas em julho e as perspectivas para os meses seguintes eram bastante negativas. Alarmados, os cafeicultores passaram a pressionar violentamente para que o governo cedesse na sustentação dos preços do café. A restrição das autoridades econômicas em fazê-lo é compreensível. O objeto de maximização da receita cambial era fortalecido, agora, pelo fato de que, quanto maior fosse o montante de divisas disponíveis para alocação nos leilões cambiais, maior o saldo da conta de ágios e bonificações e, portanto, a receita do governo. Com a intensificação das pressões de cafeicultores e exportadores de café, o agravamento da crise política e o número crescente de informações chegadas ao governo dando conta da profundidade das dificuldades existentes no mercado de café, Oswaldo Aranha e Sousa Dantas terminaram por ceder, baixando, em 14 de agosto, a Instrução 99 da SUMOC.

Essa instrução não alterou a cotação mínima em cruzeiros estabelecida para a exportação de café (Cr$20,32 por libra-peso, correspondentes a 87 centavos de dólar pela mesma quantidade). Modificou, entretanto, o sistema de bonificações instituído pela Instrução 70. Nos novos termos estabelecidos, receberiam os exportadores a bonificação de Cr$5/US$ ou Cr$10/US$, conforme se tratasse de café ou qualquer outro produto, sobre 80% das cambiais negociadas. Sobre os restantes 20% era abonada a diferença entre a taxa de compra do mercado oficial (Cr$18,36/US$) e a média das taxas de compra no mercado livre, para cada moeda, no dia útil imediatamente anterior ao do fechamento de câmbio.

Resultando numa desvalorização, de fato, de 27% para as exportações de café (sempre supondo uma cotação de Cr$60/US$ no mercado de taxa livre), a medida implicou uma redução do preço mínimo, em dólares, de 87 centavos de dólar para 63,5 centavos de dólar por libra-peso. Como reflexo, deu-se imediatamente queda vertiginosa da cotação do café na bolsa de Nova York, que de 86 cents/libra-peso no dia 13, caiu para 71,50 cents no dia 17 de agosto. Essa baixa de preços, aliada ao fato de serem as exportações no segundo semestre maiores do que no primeiro, permitiu ligeiro aumento das exportações de café, as quais, entretanto, continuaram em nível muito inferior ao normal.

Em meados de 1954, portanto, o Programa Aranha de estabilização econômica estava comprometido. Seus dois principais objetivos haviam sido enfrentar a difícil situação cambial, originando novas bases para o comércio exterior do país através do sistema de leilões de divisas, e utilizar a receita obtida com o saldo da conta de ágios e bonificações para criar condições para a adoção de políticas monetária e creditícia restritivas, tendo em vista o combate à inflação. Ambos os objetivos foram frustrados. Por um lado, as dificuldades com o café voltaram a colocar no horizonte a possibilidade de uma crise cambial. Por outro lado, os propósitos deflacionários do governo viram-se abalados, em primeiro lugar, pela mudança no patamar da inflação derivada das desvalorizações cambiais embutidas na Instrução 70 e, em segundo lugar, pelo aumento de 100% no salário mínimo. Mais ainda, tanto os problemas com o café como o aumento salarial eram, como vimos, poderosas fontes de pressão sobre a expansão do crédito, comprometendo, dessa forma, a austeridade perseguida pelas autoridades econômicas.

5. A última crise

A análise da crise de 1954 e do golpe que depôs Getúlio Vargas requer duas perguntas. Em primeiro lugar, não há motivos para distinguir essencialmente a conspiração contra Vargas da sequência de movimentos golpistas que percorre a Quarta República (1945-1964) do início ao fim. A pergunta que deve ser feita, portanto, diz respeito às raízes dessa incompatibilidade de parte das elites do país com a institucionalidade democrática. Em segundo lugar, devemos particularizar a nossa análise e indagar que conjuntura, ao longo de 1954, tornou possível o isolamento de Vargas e criou condições para o êxito do golpe.

Enveredar pela discussão das questões suscitadas pela primeira pergunta foge por completo ao escopo deste trabalho. O que importa ressaltar sem correr o risco de leviandade, é que não existe necessidade de uma radicalização nacional-populista da política de Vargas para explicar as intenções golpistas de certos segmentos da sociedade. Já a análise da conjuntura, isto é, da configuração adquirida pelo conflito de interesses econômicos entre os diversos segmentos sociais, fornece alguns elementos para a compreensão da agudeza da crise política. Quando Vargas assumiu, em 1951, o fez sob um clima de expectativas generalizadas. Seu projeto de governo original contemplava essas expectativas. Na impossibilidade de realizá-lo, por motivos que foram analisados no decorrer deste trabalho, a margem de manobra do governo reduziu-se consideravelmente. O exemplo máximo para ilustrar essa afirmativa é a lembrança de que não houve vacilação na opção pela estabilização da economia em meados de 1953, mas, quando colocado diante da proximidade das eleições, Vargas optou por uma política salarial em desacordo com os propósitos das autoridades econômicas.

Em resumo, a natureza da política de Vargas, que se propunha contentar amplo espectro da sociedade sem a realização de transformações estruturais e sem contar com uma sociedade civil organizada, partidariamente ou não, enfrentava graves dificuldades, quando colocada diante de um quadro de adversidades econômicas.

Os trabalhadores, por exemplo, que constituíram importante base eleitoral para a vitória de Getúlio em 1950, desde princípios de 1953 demonstravam crescentemente sua frustração e descontentamento. O decreto do aumento do salário mínimo, em maio de 1954, certamente angariou apoio e simpatia para o governo. A medida, contudo, visava as eleições de outubro e não era suficiente, nem era esse um objetivo de Vargas para fazer do pouco organizado movimento dos trabalhadores a coluna que sustentaria o governo, mesmo porque essa seria uma base de sustentação política muito estreita.

Da mesma forma que entre os trabalhadores, também era crescente a frustração entre as camadas médias urbanas. Estas, entretanto, não foram afetadas pelo decreto do salário mínimo e, além de extremamente sensíveis à aceleração da taxa inflacionária, eram particularmente receptivas à campanha oposicionista centrada em denúncias sobre a corrupção e a falta de moralidade do governo.

Mais grave, porém, era a evolução da situação e da posição dos principais segmentos capitalistas. As causas para a atitude oposicionista do comércio importador, por exemplo, eram óbvias. Primeiro, devido à volta de um apertado controle de importações, após um início de governo muito favorável às suas atividades; depois, devido à Instrução 70 da SUMOC e às elevadas desvalorizações cambiais impostas à maior parte das importações.

Mais complexa, e muito mais importante, era a posição da indústria. Como já vimos, a Instrução 70 desagradara ao setor, pois as desvalorizações cambiais implicavam elevação de seus custos. Comparada à situação anterior, quando a proteção à indústria doméstica era garantida pelo controle de importações e suas próprias compras no exterior realizadas pela taxa de câmbio oficial, a mudança foi claramente desfavorável. Incomodava a indústria, ainda, a redução do crédito do Banco do Brasil às atividades econômicas. O momento decisivo para o ingresso do setor numa posição de franca hostilidade ao governo, entretanto, foi a fixação do aumento do salário mínimo.

Finalmente, no que diz respeito aos interesses ligados ao café, a Instrução 70 foi recebida inicialmente, como vimos, com extremo agrado e até certa euforia. De fato as expectativas favoráveis para o café, decorrentes também da geada de meados de 1953, eram contabilizadas pelo governo Vargas no início de 1954 como peça importante não apenas em suas projeções para a economia, mas também para os desdobramentos políticos do ano. A brutal redução das exportações do produto e o clima de crise que se apoderou do setor inverteram essas previsões. Embora não coubesse ao governo responsabilidade pelas mudanças estruturais ocorridas no mercado mundial de café, a oposição acusava a política de preços mínimos do governo e capitalizava intensamente as dificuldades.

Sem poder contar com apoio popular e envolvido crescentemente pela insatisfação de diversos setores empresariais, o isolamento político de Vargas era um fato. A conjuntura era extremamente propícia à intensificação da virulenta campanha oposicionista. Ainda que não fosse possível depor o presidente, provavelmente seriam grandes os dividendos eleitorais a serem recolhidos, primeiramente em outubro de 1954 e posteriormente na sucessão presidencial. Nesse contexto, aconteceu o atentado da rua Tonelero.

A análise da crise de 1954, porém, não termina aí. Entre o golpe que depôs Vargas e os desdobramentos políticos posteriores, interpôs-se o suicídio do presidente. O gesto trágico teve profundas repercussões históricas, possibilitando a formação de uma ampla frente antigolpista que assegurou a manutenção da ordem constitucional e converteu o que seria uma antecipação de 1964 numa administração provisória de gestores de negócios. Mais ainda, essa tomada de posição majoritária em defesa da democracia viabilizou e impulsionou no sentido da recomposição da frente de centro-esquerda formada pelo PSD-PTB que seria responsável, mais adiante, pela eleição de Juscelino Kubitschek.

CAPÍTULO 7

O INTERREGNO CAFÉ FILHO, 1954-1955

Demósthenes Madureira de Pinho Neto[1]

1. Introdução

O período delimitado pelo suicídio de Vargas e a posse de Juscelino Kubitschek na Presidência da República é um dos menos estudados na história do Brasil contemporâneo. Tornou-se comum, tanto na historiografia política como na econômica, tratar-se o período como um interregno irrelevante entre os governos Vargas e Kubitschek, não se atentando para diversos fatores – políticos e econômicos – que cumpririam relevante papel no curso dos acontecimentos futuros.

No que se segue, tentou-se preencher esta lacuna, particularmente no que diz respeito à motivação e implementação da política econômica no período. A seção seguinte analisa a gestão de Eugênio Gudin no Ministério da Fazenda, enfocando as negociações com a comunidade financeira internacional, assim como a política relativa ao capital estrangeiro e a política de estabilização doméstica. A terceira seção trata do período de José Maria Whitaker no Ministério da Fazenda, salientando-se a total reorientação imposta aos rumos da política econômica com a ascensão do novo ministro. Uma seção de caráter conclusivo, onde se procede a uma avaliação da política econômica buscando situar o período historicamente, fecha o capítulo.

2. A gestão Gudin

Guindado ao poder pelo dramático desfecho do segundo governo Vargas, Café Filho buscaria na composição do ministério um equilíbrio de forças bastante heterogêneas, o que seria indispensável para a sustentação do governo. Não obstante, era nítida a inclinação conservadora de seu ministério do qual faziam parte eminentes figuras da União Democrática Nacional e notáveis antigetulistas. Para a pasta da Fazenda foi convocado o professor Eugênio Gudin, árduo crítico das propostas desenvolvimentistas e partidário declarado de uma política financeira ortodoxa. O novo ministro vinha disposto a adotar rigorosas medidas anti-inflacionárias,

---

[1] O autor agradece a Winston Fritsch, Marcelo de Paiva Abreu, Werner Baer e Sérgio Besserman Vianna, pelos comentários feitos a versão original deste trabalho (Pinho, 1986), assumindo responsabilidade pelos erros remanescentes. O presente trabalho foi realizado com o apoio financeiro do CNPq.

atribuindo à monetização do déficit público e à expansão creditícia em geral o principal foco do processo inflacionário.[2]

A escolha de Gudin para gerir a economia brasileira devia-se principalmente ao seu prestígio junto à comunidade financeira internacional, o que, acreditava-se, seria crucial para a negociação em termos favoráveis dos vultosos compromissos externos e o consequente desafogo da grave situação cambial pela qual passava a economia brasileira.[3] Esta viria a ser a prioridade mais imediata de política econômica.

A conjuntura econômica externa

Com o colapso dos preços do café e a contração das exportações do produto após meados de 1954, o país enfrentava uma grave crise cambial, pois esse era responsável por cerca de 60% das exportações brasileiras. Apesar da desvalorização de aproximadamente 27% resultante da Instrução 99 da SUMOC (agosto de 1954) – que revogava os preços mínimos em dólares estipulados pelo governo anterior em junho de 1954 –, as exportações de café não se recuperaram nos meses subsequentes, dada a baixa elasticidade de demanda do produto no mercado mundial.

É neste contexto que, em setembro de 1954, Gudin embarcou para Washington, a pretexto da reunião anual do Fundo Monetário Internacional. Recebido calorosamente pelo staff desta instituição, Gudin impressionaria muito positivamente a comunidade financeira internacional, pelo firme propósito de implementar medidas austeras no combate ao desequilíbrio orçamentário, visto pela ortodoxia financeira como o principal responsável pelos desajustes externo e interno. Segundo o *New York Times*, Gudin era "The right man, in the right place, at the right time".[4] Retórica à parte, tudo que Gudin conseguiu das fontes oficiais foram US$80 milhões em créditos novos e a renovação de outros US$80 milhões contraídos por Aranha, a serem pagos mensalmente durante um ano, ambos junto ao Federal Reserve Bank em Washington, o que estava longe de resolver a situação cambial brasileira. Segundo estimativas de Gudin, seria necessário contrair cerca de US$300 milhões em novos créditos para evitar-se uma séria crise cambial.[5]

Todavia, o governo Eisenhower definitivamente parecia não ter o Brasil em suas prioridades. Após diversas conversações infrutíferas com representantes do Banco Mundial, do Eximbank e do Tesouro americano, não restava outra alternativa ao ministro senão buscar os bancos privados; conseguiu assim, através de um consórcio de 19 bancos americanos, liderado pelo Chase Manhattan e pelo Citybank, levantar US$200 milhões a serem pagos em cinco anos à taxa de 2,5% ao ano, oferecendo

---

[2] "... ia para o ministério para combater a inflação. Não havia outra razão para eu ser ministro...", depoimento de Gudin ao programa de História Oral do CPDOC-FGV.

[3] Segundo documento interno do Ministério da Fazenda os compromissos vencíveis até o final de 1955 montavam a cerca de US$340 milhões, dos quais aproximadamente US$230 milhões venciam até novembro de 1954. Ver "Sinopse da situação cambial", Arquivo Eugênio Gudin, EUG 54.09/1000/2, CPDOC, FGV.

[4] *The New York Times*, 8.10.1954.

[5] Ver "Sinopse da situação cambial", setembro de 1954, Arquivo Eugênio Gudin, cor 54.09/10.00/2, CPDOC-FGV.

como garantia os US$300 milhões em reservas ouro que o Brasil possuía. Com este montante, aliviava-se a situação cambial, até que medidas de política lograssem algum efeito sobre o balanço de pagamentos.

A atitude do governo americano parecia objetivar "ganhar tempo", para discutir a questão do auxílio econômico ao continente em novas bases, na reunião de ministros da Fazenda que seria realizada em novembro de 1954, conforme deliberação da X Conferência Pan-Americana, no hotel Quitandinha, em Petrópolis. A proposta do governo americano nesta reunião seria a criação de uma subsidiária do Banco Mundial – a Corporação Financeira Internacional –, que ficaria encarregada da política de auxílio financeiro à região, assim como da promoção do fluxo de capitais privados para os países em desenvolvimento. Tal proposta resgatava a polêmica quanto ao tratamento a ser concedido à América Latina que resultou no abandono durante o governo Eisenhower da política de apoio governamental à região[6] e que atingiria seu clímax com o incentivo dado pela administração republicana à centralização no Banco Mundial dos empréstimos à América Latina, afastando-se portanto o Eximbank de tais financiamentos.[7] Tendo perdido esta contenda no Congresso, o governo Eisenhower tentava uma vez mais afastar o Eximbank dos empréstimos de longo prazo a projetos de desenvolvimento, concentrando-os na Corporação Financeira Internacional, uma subsidiária do Banco Mundial.[8]

Bem mais do que isso, a mencionada proposta visava a sepultar definitivamente as expectativas, das autoridades latino-americanas em geral e brasileiras em particular, de uma reversão no tratamento negligente que vinha sendo dispensado ao continente no pós-guerra. A mensagem era bastante clara: o problema de financiamento da América Latina seria resolvido por fluxos de capitais privados e não por auxílio econômico do governo americano.[9]

Pode-se assim dizer que o fracasso de Gudin em obter um empréstimo junto às instituições oficiais está associado à orientação política da administração Eisenhower frente aos países em desenvolvimento, que já havia determinado em 1953 o malogro dos projetos da "Comissão Mista Brasil-Estados Unidos" e o colapso do projeto original de governo de Vargas. Há, portanto, uma nítida continuidade na política econômica externa americana a partir da posse da nova administração republicana, no início dos anos 1950.

Não obtendo sucesso na negociação de crédito externo com as instituições oficiais, restava ao governo Café Filho implementar políticas que lograssem desafogar o balanço de pagamentos no longo prazo, uma vez que o empréstimo contraído

---

[6] O chamado "ponto IV" do discurso de posse de Truman, pelo qual pretendia-se financiar projetos de desenvolvimento na região.

[7] Ver Vianna (1987, p. 83-94).

[8] Conforme notou o embaixador brasileiro em Washington, "O propósito do Secretário do Tesouro deste país, Mr. Humphrey, de concordar e mesmo encorajar a criação de um organismo financiador de caráter internacional é prejudicial aos interesses latino-americanos. É mesmo o golpe de graça na existência do Eximbank", telegrama de João Carlos Muniz a Gudin, 23.11.1954; Arquivo Eugênio Gudin, cor. 541123, CPDOC-FGV. No entanto, criada em 1956, a Corporação Financeira Internacional, por falta de recursos e poder só assumiria alguma importância no início dos anos 70. Ver Mason e Asher (1973, p. 344 e segs).

[9] Ver, por exemplo, os "Articles of Agreement" da Corporação Financeira, em Mason e Asher (1973, p. 780).

com os bancos privados resolviam apenas os problemas cambiais mais imediatos. Neste particular, Gudin havia, desde o início de sua gestão, manifestado o desejo de remover os obstáculos à livre entrada de capital estrangeiro.[10]

É sob este prisma que deve ser vista a polêmica Instrução 113 da SUMOC, de 27 de janeiro de 1955. Por meio desta, ficava a Carteira de Comércio Exterior do Banco do Brasil (CACEX) autorizada a emitir licenças de importação sem cobertura cambial para equipamentos destinados à "complementação dos conjuntos já existentes no país e classificados nas três primeiras categorias de importação". Ficava também a CACEX autorizada a licenciar a favor das empresas nacionais "a importação de conjuntos de equipamentos financiados no exterior em prazo não inferior a cinco anos".[11] Tais equipamentos seriam incorporados aos ativos das empresas – nacionais ou estrangeiras – sem contrapartida no passivo exigível.

Ao investidor externo era claramente mais vantajoso importar equipamentos sem cobertura cambial do que a alternativa de ingressar com as divisas à taxa do mercado livre recomprando as licenças de importação por um valor mais alto nos leilões de câmbio. A vantagem pode ser medida pelo diferencial entre o custo das divisas na categoria relevante e a taxa do mercado livre.[12] Tal "subsídio", aliado à inexistência de financiamentos no exterior que permitissem aos investidores nacionais beneficiarem-se da medida – já que só alguns anos mais tarde os *supplier's credits* tornar-se-iam importantes fontes de financiamentos das empresas brasileiras –, fez com que a referida instrução fosse vista como uma discriminação contra o capital nacional.

Na realidade, tudo que a Instrução 113 pretendia era consolidar a legislação anterior[13] dando um passo adiante, através da eliminação dos empecilhos existentes às importações sem cobertura cambial, que já eram permitidas pela legislação vigente desde que aprovadas pelo Conselho da Superintendência da Moeda e do Crédito (SUMOC) e pela Comissão de Desenvolvimento Industrial (CDI).[14] A única novidade introduzida pela instrução seria a remoção dos "conselhos" do processo burocrático, ficando a aprovação de importações sem cobertura cambial, sujeita apenas à deliberação da CACEX. De fato, isto não era pouco, considerando-se que era justamente sobre os conselhos que se exercia toda sorte de pressão política.

---

[10] Em sucessivas entrevistas à imprensa internacional em setembro de 1954, Gudin sempre deixou claro que "com a redução do controle sobre as finanças esperava que voltassem a fluir para o Brasil os capitais externos que aqui serão extremamente bem vindos". Em Washington, anunciou que o Brasil implementaria séria política de austeridade aliada à "remoção dos obstáculos à livre entrada de capitais estrangeiros", *O Correio da Manhã*, 7.9.55 e 22.9.1955.

[11] Ver Superintendência da Moeda e do Crédito, Instrução 113 de 17.1.55. No caso das empresas nacionais, ficava a CACEX autorizada a conceder câmbio para o reembolso dos mesmos à taxa oficial, mediante o pagamento antecipado de uma sobretaxa de Cr$40,00/dólar, o que equivalia em 1955 a um subsídio de cerca de 30% em relação ao mercado livre.

[12] Ver Gordon e Grommers (1962), p. 20 e Fishlow (1975, p. 24).

[13] Basicamente, a Lei nº 1.807 de janeiro de 1953, que criou o mercado livre de câmbio e transferiu para este o movimento de capitais, a Instrução 81 da SUMOC de 22.12.53 e a Lei nº 2.145 de 29.12.53, que isentou da licitação de divisas certas importações consideradas essenciais e introduzia disposições mais flexíveis quanto a conceituação de capitais mais favorecidos. Ver *Exposição Geral da Situação Econômica do Brasil*, Conselho Nacional de Economia (1959, p. 101-3).

[14] Ver Ata da 495a. Sessão do Conselho da SUMOC, realizada em 26.10.1954 e *Revista do Conselho Nacional de Economia*, jan.-fev. de 1954, p. 33-41.

Portanto, é importante enfatizar que não houve qualquer "ruptura", no que tange ao tratamento concedido ao capital estrangeiro, que tenha sido introduzida pela instrução, já que o governo Vargas, apesar da retórica nacionalista, vinha progressivamente liberalizando a legislação aplicável aos fluxos de capitais privados.[15] Não obstante, a liberalização dos fluxos de capitais inseria-se num contexto mais amplo, cuja prioridade básica era o "saneamento" econômico e financeiro doméstico.

A política de estabilização doméstica

Identificando o déficit público e a resultante expansão monetária como os principais responsáveis pelo processo inflacionário, o programa de estabilização de Gudin continha basicamente dois elementos: austeridade fiscal e contração monetário-creditícia. Com este fim, a escolha de Clemente Mariani para a presidência do Banco do Brasil e Gouveia de Bulhões para dirigir a SUMOC significava uma total sintonia entre os integrantes da equipe econômica.

Em outubro de 1954, logo após retornar dos Estados Unidos, o ministro torna público o programa consubstanciado nas Instruções 105, 106 e 108 da SUMOC. A primeira fixava apenas os juros pagos aos depósitos a vista e a prazo em 3% e 7% ao ano, respectivamente, e pela segunda eram elevadas as taxas de redesconto das duplicatas de 6% para 8% e das promissórias de 6% para 10%, sinalizando-se a orientação contracionista do programa.

O pilar básico da política de estabilização do governo, repousava no entanto na Instrução 108 da SUMOC. Por meio desta, aumentava-se o compulsório sobre os depósitos à vista de 4% para 14% e de 3% para 7% sobre os depósitos a prazo superiores a 90 dias.[16] Entretanto, a novidade da instrução, que seria o primeiro passo de uma reforma bancária mais ampla, consistia no recolhimento do compulsório à caixa da SUMOC e não mais à do Banco do Brasil. Garantia-se assim a eficácia da ação redutora da medida sobre a capacidade de expansão creditícia dos bancos comerciais. Finalmente, completando o conjunto de medidas restritivas, estabeleceram-se limites para as operações de empréstimos das diversas carteiras do Banco do Brasil, identificado como o principal foco de expansão do crédito, através, sobretudo, das pressões exercidas pelas entidades públicas e pelo Tesouro.

No que concerne às contas do governo, Gudin pretendia implementar um austero programa fiscal, aliando ao corte nas despesas públicas um incremento na receita orçamentária. Este último revelou-se politicamente inviável, dada a oposição no Congresso à elevação da carga tributária. O que Gudin desejava, de fato, era a modificação do orçamento de 1955 que havia sido aprovado pelo Congresso com um significativo déficit. Finalmente, o presidente concordou em aprovar um plano que determinava em 1955 um corte de 36% (das dotações originais) na alocação das verbas ministeriais, sendo que os ministérios do Trabalho, Indústria e Comércio e Viação e Obras Públicas teriam suas dotações reduzidas em 60%.[17] Deparando-se

---

[15] Ver Pinho (1986, p. 53-9).

[16] A instrução aplicava-se apenas aos bancos cujos depósitos ultrapassassem os saldos máximos observados até 30 de outubro e numa proporção de tais acréscimos, conforme a região.

[17] *Observador Econômico e Financeiro*, dezembro de 1954, editorial.

com uma suposta necessidade de redução dos gastos do governo, optar-se-ia prioritariamente pelo corte dos investimentos públicos em vez dos gastos em consumo, algo recorrente na história econômica brasileira, até os dias de hoje.

Uma peça fundamental na viabilização do programa contracionista de Gudin era o regime implementado pela Instrução 70 da SUMOC, pelo qual o Estado apropriava-se de vultosa receita não orçamentária, decorrente da conta de ágios e bonificações. Tal receita permitia ao ministro o financiamento de parte significativa dos gastos do governo, sem ser necessária qualquer expansão da base monetária. Não é por mero acaso que Gudin sempre se referiu de forma bastante simpática a este sistema, de resto nada "liberal".[18]

No que diz respeito à política cafeeira, poucas foram as modificações implementadas em relação ao regime determinado pela Instrução 99 do governo Vargas. Por meio desta instrução, tentou-se reduzir o preço mínimo que havia sido fixado em junho de 1954, permitindo-se a venda de 20% das cambiais no mercado livre, o que resultava na prática em bonificações oscilantes conforme as flutuações daquele mercado. Através da Instrução 109 (novembro de 1954), fixou-se a bonificação para o café, enquanto a Instrução 112 (janeiro de 1955) fixava, em nível mais elevado, as bonificações para os demais produtos de exportação, incluindo o cacau e o algodão. A implementação desta instrução seria o "estopim" para a manifestação de descontentamento da cafeicultura com o chamado "confisco cambial", qual seja, a compra das cambiais de café a uma taxa menor que a do mercado livre. O governo tentaria remediar a situação através da Instrução 114 de fevereiro de 1955, que equiparava a bonificação do café à dos produtos da segunda categoria de exportação, nos termos da Instrução 112. Todavia, a insatisfação do setor tinha raízes mais profundas que meros paliativos não conseguiriam atingir e teria uma influência decisiva na articulação política que determinaria a queda de Gudin.

Em retrospectiva, o período correspondente à gestão Gudin testemunhou, ainda que por um curto período, um programa de estabilização bastante ortodoxo. A crise de liquidez gerada por contração de tal monta, como ilustra a Tabela 7.1, iria manifestar-se já em novembro de 1954 com a liquidação de dois bancos paulistas e subsequente corrida aos pequenos e médios bancos, resultando em operações de redesconto de emergência, fato que seria repetido em maio de 1955.[19] Nos setores

TABELA 7.1   Brasil: Expansão do crédito, média mensal, 1954-1955, %.

	JANEIRO-AGOSTO 1954 GOVERNO VARGAS	JANEIRO1954-MARÇO 1955 GESTÃO GUDIN	ABRIL-SETEMBRO 1955 GESTÃO WHITAKER
Banco do Brasil	3,8	0,4	1,2
Bancos Comerciais	1,9	0,1	1,6
Meios de Pagamento	1,5	1,3	1,7

Fontes: Banco do Brasil, *Relatório* (1955); *Conjuntura Econômica*, janeiro de 1956 e dezembro de 1973.

---

[18] "...penso que o Presidente Vargas foi muito inspirado ao promover a lei de 29 de dezembro de 1953 estabelecendo as taxas múltiplas...", discurso de Gudin na Câmara dos Deputados em abril de 1955. Arquivo Gudin, 550406, CPDOC-FGV.

[19] Ver *Conjuntura Econômica*, dezembro de 1954 e Ata da 505ª. Sessão do Conselho da SUMOC.

produtivos, a ausência de liquidez era ainda mais séria, a julgar pela substancial elevação do número de falências e concordatas requeridas no Rio de Janeiro e em São Paulo no primeiro semestre de 1955.[20] Observa-se também em 1955 significativa queda na formação bruta de capital fixo do setor privado e do governo, que se reduzem em 15% e 8% respectivamente. Tal fato, aliado à redução de cerca de 25% nas importações de bens de capital, indica ter havido razoável contração dos investimentos em 1955.[21] Não fosse a curta duração do programa de estabilização de Gudin, ter-se-ia registrado uma significativa queda do nível de atividade industrial.

Não obstante, foi a inquietação da cafeicultura com o chamado "confisco cambial" o fator catalisador da articulação política que resultaria na substituição de Gudin. De resto, o dito "confisco" cumpria importante papel no programa de Gudin, já que precisamente, o saldo da conta de "ágios e bonificações" era um dos viabilizadores de sua política anti-inflacionária. Assim sendo, em troca do apoio do governador Jânio Quadros à candidatura udenista à Presidência da República, Café Filho cederia a São Paulo o Ministério de Viação e Obras Públicas e a presidência do Banco do Brasil. No dia 4 de abril de 1955, Gudin exonerava-se em caráter irrevogável.

3. A administração Whitaker

Visando a apaziguar a plutocracia paulista, particularmente os cafeicultores, Café Filho nomeou para a pasta da Fazenda o banqueiro paulista José Maria Whitaker, ex-ministro da Fazenda de Vargas no Governo Provisório. Contundente crítico do regime de taxas múltiplas de câmbio estabelecido pela Instrução 70 da SUMOC, Whitaker se havia notabilizado pela intransigente defesa dos interesses da lavoura e tinha como principal meta no ministério a eliminação do "confisco cambial". O novo ministro considerava o sistema cambial vigente uma "exação fiscal", uma "expropriação injusta ... e contrária à Constituição".[22]

Whitaker preocupava-se também com o incentivo às atividades produtivas, "não por apelos enfáticos, mas por facilidades efetivas, dando-lhes sobretudo crédito...".[23] A fase de "contenção" parecia acabada: gozando de amplo apoio junto às classes produtoras, especialmente no setor agrícola,[24] a inflação parecia preocupá-lo apenas enquanto exercício de retórica. Interessava sepultar definitivamente mais de duas décadas de controle cambial, restituindo à lavoura o que pensava ser-lhe de direito. Eram procedentes as expectativas das classes produtoras quanto a uma total reversão na condução da política econômica.

---

[20] Pinho (1986, p. 196).

[21] *Conjuntura Econômica*, outubro de 1969, Contas Nacionais.

[22] Whitaker (1982, p. 321); ver também Whitaker (1954).

[23] Whitaker (1982, p. 305).

[24] A Federação das Associações Rurais do Estado de São Paulo (FARESP), exaltou "a acertada escolha do governo federal" enquanto a Sociedade Rural Brasileira manifestou as "fundadas esperanças dos cafeicultores paulistas ... no experimentado financista que saberá encontrar a melhor solução para o problema cafeeiro", cf., respectivamente, *O Estado de São Paulo*, 13.4.1955 e telegrama da Sociedade Rural Brasileira a Whitaker em 5.5.1955, Arquivo Whitaker, div. 1, item E, seç. 1, pasta 1, doc. 1/3, CPDOC-FGV.

A condução da política econômica

Poucos dias após a sua posse, o novo ministro enfrentaria o primeiro grande teste de sua administração. Com origem na política restritiva de Gudin, iria deflagar-se em maio de 1955 nova crise bancária, sensivelmente mais séria, devido ao pedido de liquidação extrajudicial do Banco do Distrito Federal. O pânico gerado no depositante detonaria uma corrida inusitada do mercado de crédito, paralisando por alguns dias o movimento do comércio e da indústria. A proporção da crise bancária deixou transparente a falta de liquidez do setor financeiro e a ameaça que isto representava aos setores produtivos. Whitaker reagiria rapidamente, ordenando ao Banco do Brasil que colocasse à disposição dos bancos que haviam sofrido evasão dos depósitos todos os recursos necessários à total normalização da situação.[25]

Em maio de 1955, Whitaker assinou a Instrução 116 da SUMOC, que simplesmente revogava as instruções 106 e 108, restabelecendo tanto o depósito compulsório quanto a taxa de redesconto vigorantes anteriormente. Estabelecia que fossem restituídos aos bancos os depósitos excedentes em relação às antigas percentagens, o que seria o "tiro de misericórdia" no plano de estabilização de Gudin.

Paralelamente, o novo ministro limitaria as operações do Banco do Brasil a empréstimos para o comércio, indústria e lavoura com prazo máximo de 120 dias. Whitaker agia assim, como um fiel seguidor da *real bills doctrine*, acreditando não serem inflacionárias emissões que se destinassem aos setores produtivos, ao contrário das que resultassem do financiamento do déficit do governo. Entendia o ministro que, com o orçamento do governo já em plena execução, tudo que podia fazer era "tentar não aumentar" a taxa inflacionária, sempre concedendo prioridade à liquidez das atividades produtivas,[26] como pode ser notado pelas taxas de expansão do crédito.

Quanto à política cafeeira, Whitaker parecia insatisfeito com a política de intervenção pela qual, nos últimos anos, o governo brasileiro arcava praticamente sozinho com o ônus da retirada do produto do mercado, beneficiando os concorrentes através da sustentação dos preços em níveis artificialmente elevados. Determinou assim, em abril de 1955, a suspensão "temporária" das compras de café visando pressionar os concorrentes a reconhecerem explicitamente os "esforços" já feitos pelo governo brasileiro na retenção de estoques.

O que Whitaker visava era recuperar a participação das exportações brasileiras no mercado mundial do produto, que se havia reduzido sensivelmente com a política de *open umbrella* que vinha sendo implementada. Com este objetivo, dispunha-se o ministro a acabar com a política intervencionista, pois acreditava que a queda dos preços no mercado internacional beneficiaria o Brasil, através da eliminação dos produtores menos eficientes. Quanto a isto surgiriam sérias divergências com os técnicos do IBC, que entendiam ser o café um produto de demanda inelástica e, portanto, só se lograria aumentar as receitas de divisas através de uma política de manutenção dos preços, mesmo que isso resultasse num volume menor de exportações.

---

[25] Observador Econômico e Financeiro, editorial e p. 114.
[26] Whitaker (1982, p. 332).

Neste particular, o ministro entraria em "rota de colisão" com o presidente do Instituto, Alkindar Junqueira, que, divergindo da sua orientação, assinaria em maio com os concorrentes do Brasil o chamado "plano de emergência". O plano visava a estabilizar o mercado com os principais produtores concordando com a retirada dos excessos de safra de forma proporcional as exportações do triênio anterior. Isto significava ignorar, no entender de Whitaker, os "esforços" já realizados pelo Brasil na retirada de estoques. Tal fato, violando totalmente a orientação do ministro, resultaria na demissão do presidente do IBC e na não aprovação do mencionado plano pelo governo brasileiro.

Whitaker, na verdade, parecia preocupar-se mais com a renda em cruzeiros da lavoura do que com a receita de divisas do país. De fato, a política cafeeira do ministro só era inteligível à luz dos objetivos maiores, encarnados pela reforma cambial com a qual visava restituir à cafeicultura o que o governo apropriava-se por meio do chamado "confisco". Acreditava que isto de fato resolveria boa parte dos problemas econômicos do país.[27] Num sentido mais amplo, pode-se dizer que toda a política econômica de sua gestão no ministério estava não apenas atrelada, mas submetida à referida reforma, que era o objetivo central, o cerne lógico de todas as suas decisões.

A reforma cambial

Há muito que, acompanhando os ciclos do balanço de pagamentos, as práticas cambiais brasileiras vinham enveredando por um caminho frontalmente oposto ao recomendado pelas instituições internacionais, em especial o Fundo Monetário Internacional (FMI). No governo Café Filho, seriam dados alguns passos a mais na direção da diversificação das taxas cambiais, o que resultaria num sistema cambial onde coexistiam (exceções à parte) 10 taxas cambiais distintas: 5 de importação, 4 de exportação e a do mercado livre, por onde se efetuavam as transações financeiras.

Gudin havia postergado a questão da unificação das taxas cambiais, mostrando ao FMI que o impacto orçamentário do saldo da conta de ágios e bonificações, decorrente do regime de taxas múltiplas, era indispensável à sua política de estabilização interna. Ainda assim, o ex-ministro havia solicitado à instituição, através de seu diretor Edward Bernstein, uma "consulta técnica" visando a elaboração da reforma cambial. Whitaker, entretanto, entendia que esta deveria ter total precedência sobre os demais objetivos de política e optou por retomar os contatos já iniciados por seu antecessor com o FMI, tendo em vista a mudança do regime cambial.

Com este intuito, o ministro concedeu ao então superintendente do BNDE, Roberto Campos, que havia colaborado com Gudin, total autonomia para tornar realidade, o mais rápido possível, o que considerava o objetivo maior de sua administração. Bastante ligado às instituições oficiais, a opinião de Campos sobre este assunto refletia internamente a visão da comunidade financeira internacional de que o

---

[27] Conforme diria Whitaker posteriormente, o que mais o estimulava no ministério era "poder traçar uma rota de recuperação da situação financeira do país partindo naturalmente da redenção total da lavoura", Whitaker (1982, p. 296).

processo de substituição de importações, pelo qual alguns países latino-americanos haviam enveredado, ao desincentivar a diversificação das exportações através da manutenção de taxas cambiais sobrevalorizadas, perpetuava o desequilíbrio no balanço de pagamentos. Neste sentido, qualquer reforma seria incompleta se não efetuasse uma razoável desvalorização cambial e procedesse à unificação das taxas.

Campos estava decidido pela instituição de um mercado livre de câmbio, apesar dos efeitos inflacionários que uma substancial desvalorização poderia gerar. Acreditava ser impossível saber qual a taxa de equilíbrio e que ademais, por pressupor a estabilidade de preços, a implementação de taxas fixas num contexto inflacionário poderia neutralizar rapidamente o principal objetivo da reforma, qual seja, o incentivo às exportações em geral. Quanto ao café, tanto Campos quanto Whitaker entendiam que o país deveria adaptar-se a preços mais baixos – que desencorajariam externamente novos produtores – e tentar aumentar a quantidade exportada, elevando a participação brasileira no mercado mundial.[28]

Não obstante, ao menos três precondições seriam necessárias para o sucesso da reforma: a consolidação a longo prazo dos vultosos compromissos externos de curto prazo; a obtenção de um *stand by credit*, a ser utilizado para evitar flutuações demasiado violentas no mercado livre; e, finalmente, a reformulação do sistema tarifário brasileiro para garantir relativa proteção às indústrias após a eliminação dos ágios cambiais. As duas primeiras, Campos pretendia contornar com o apoio de Edward Bernstein, que teria um destacado papel em todo o processo de elaboração da dita reforma; quanto à última, o Brasil já havia comunicado ao GATT a intenção de modernizar o seu sistema tarifário, substituindo as tarifas específicas por tarifas *ad valorem* a partir de 1956, quando entraria em vigor o novo acordo. Campos pretendia instituir, temporariamente, um sistema de sobretaxas cambiais, que seriam incorporadas à futura estrutura tarifária.

Com base no estudo elaborado pela missão de trabalho enviada ao Brasil pelo FMI em março de 1955,[29] viria à tona em junho do mesmo ano o que ficaria conhecido como "Relatório Bernstein". Essencialmente coincidente com a proposta de Campos, o diretor do FMI sugeria duas alternativas para a reforma brasileira: desvalorizar e unificar, mantendo os leilões cambiais para as importações,[30] ou abandonar o regime de taxas fixas e instituir um mercado livre, com taxa única e aplicável indistintamente às exportações e importações, ficando estas últimas sujeitas a sobretaxas diferenciadas pelas cinco categorias. A única restrição que Bernstein fazia à segunda alternativa era a escassez de reservas para intervenção no mercado em caso de movimentos especulativos, o que significava ser recomendável que o Brasil negociasse seus compromissos externos a prazos mais favoráveis.[31]

---

[28] Quanto à posição de Campos frente à reforma ver seu "Memorandum sobre a reforma cambial", maio, 1955; Arquivo Whitaker, div.1, item E, seç. 3, pasta 2, doc. 2/3, CPDOC-FGV.

[29] International Monetary Fund, "Background Material", 1954 e "Staff Report and Recommendations", 1955.

[30] Com exceção das importações favorecidas, para as quais seria fixada uma taxa não inferior à de exportação, o que implicaria substancial desvalorização para os produtos subsidiados da categoria especial, assim como aos pagamentos do governo e das autarquias.

[31] Bernstein, E. A Report to the Minister of Finance, p. 10; Arquivo Whitaker, div. 1, item E, seç. 3, pasta 1, doc. 1/2, CPDOC-FGV.

Outro ponto ainda em aberto dizia respeito à forma pela qual se procederia à eliminação do chamado "confisco cambial". Whitaker era inicialmente favorável à "eliminação total e imediata", sendo posteriormente convencido por Campos à eliminação gradual, para serem evitadas grandes perturbações nos preços. Após uma inesperada geada em agosto de 1955, optou-se definitivamente por aplicar-se uma desvalorização gradual ao câmbio-café.

No final de setembro daquele ano, estava pronta a Instrução da SUMOC que reformularia o sistema cambial brasileiro. Essencialmente, determinava-se a unificação cambial por meio de um regime de taxas flutuantes de câmbio, criando-se, no entanto, um mecanismo diferenciado para o café, visando a eliminação gradual do "confisco"; após uma desvalorização inicial menor, cerca de 10%, o câmbio-café mudaria semanalmente, durante aproximadamente dois anos, até a completa extinção do dito "confisco" e total unificação das taxas. Assegurava-se, no entanto, a manutenção da renda em cruzeiros da cafeicultura: "Havendo declínio dos preços externos, o abatimento deverá ser proporcional e irreversivelmente diminuído para restabelecimento dos atuais preços internos."[32]

O FMI aprovaria imediatamente e de forma até entusiástica o projeto.[33] O mesmo não ocorreria com o ministério, que em sua maior parte julgava inoportuno impingir reversão de tal ordem à política cambial brasileira, no "apagar das luzes" de um governo que era visto por muitos como apenas de "transição". Como a pressão das classes interessadas, basicamente dos exportadores, era intensa, Café Filho decidiu consultar os candidatos mais votados nas eleições presidenciais, Kubitschek, Juarez Távora e Ademar de Barros; não obtendo uma resposta satisfatória,[34] decidiu submeter o projeto ao Congresso, o que significava, na prática, sepultar a reforma cambial. Tal decisão resultaria na exoneração imediata da "representação paulista" no ministério, encabeçada pelo ministro da Fazenda.[35]

O alcance da mencionada reforma ia muito além da obstinada eliminação do "confisco". Acima de tudo, esta refletia uma visão crítica do padrão de industrialização da América Latina, que tinha sua expressão doméstica em Campos e externa nas instituições oficiais ligadas à comunidade financeira internacional, especialmente o FMI. Esta linha, como já assinalamos, visualizava o processo de substituição de importações como responsável principal pelos desequilíbrios do balanço de pagamentos, pois desestimulava as exportações através de taxas cambiais artificialmente sobrevalorizadas.

Seguindo esta orientação liberalizante, alguns países latino-americanos tentariam, através de reformas semelhantes, enveredar pela trilha recomendada pelo FMI: o Peru em 1948, o Chile em 1956 e a Argentina em 1959 são apenas alguns exemplos. Desta forma, a rejeição da reforma cambial Whitaker-Campos-Bernstein significava

---

[32] Ver artigo 3 de "O texto da reforma cambial", *Observador Econômico e Financeiro*, novembro 1955.

[33] "It seems to me, as it does to everyone at the Fund, that the new exchange system is a great improvement over the one that Brazil has had..." Carta de Bernstein à Whitaker, em 6.9.1955; cf. Arquivo Whitaker, div. 1, item E, seç. 3, pasta 3, doc. 3/1, CPDOC-FGY.

[34] Ver Café (1966, p. 439).

[35] "Vim para realizar a abolição do confisco. Não sendo possível fazê-lo considero minha missão finda", declaração de Whitaker a O *Estado de S. Paulo*, em 7.10.55.

154 A ORDEM DO PROGRESSO

a derrota de uma determinada visão do processo de desenvolvimento econômico e em alguma medida a opção, que iria se tornar mais explícita no governo Kubitschek, de intensificar e aprofundar o processo de industrialização através da substituição de importações.

Mário Câmara, o novo ministro da Fazenda, tentaria ainda perseguir uma política monetária contracionista, elevando novamente as taxas de redescontos para os níveis vigentes na gestão Gudin. No entanto, restando apenas três meses de governo, não seria mais possível qualquer mudança significativa na condução da política econômica.

4. Considerações gerais

Em retrospectiva, o governo Café Filho corresponde a um período extremamente curto, o que dificulta a análise cuidadosa das principais variáveis e do impacto da política macroeconômica. É importante, no entanto, ainda que como tentativa, examinar os efeitos da política de estabilização de fins de 1954 e da mudança de orientação na condução da política econômica ocorrida em meados de 1955, sobre os preços e o produto.

Em 1954, a taxa de crescimento do PIB atingiria 7,8%, com a agricultura crescendo 7,9%, a indústria 9,3% e o setor de serviços 9,5%; ainda mantendo-se elevado, o crescimento do PIB em 1955 é de 8,8%, devido ao crescimento de 11,1% da indústria, enquanto serviços e agricultura cresciam a 8,2% e 7,7%, respectivamente.[36] Apesar do surpreendente crescimento do setor industrial – tendo em vista a contração creditícia do final de 1954 –, a redução na formação bruta de capital fixo e nas importações de bens de capital, como salientou-se anteriormente, sugere ter havido razoável contração dos investimentos em 1955.

O quadro relativo à variação de preços é bem mais esclarecedor. Em 1955, nota-se substancial queda no crescimento do índice de preços por atacado (IPA) em relação a 1954, de 30% para 13,1%, devido ao desempenho dos preços agrícolas, que crescem apenas 11,5% comparados a 30% em 1954. No setor industrial, supostamente o mais afetado pela contração de fins de 1954, a taxa de variação dos preços aumentaria de 18% em 1954 para 24,6% em 1955.[37] Isto deixa clara a razão pela qual não se pode atribuir à política de estabilização de Gudin a redução da taxa inflacionária em 1955, devendo-se esta muito mais a fatores estruturais como a boa performance dos preços agrícolas, do que à redução da liquidez da economia.

Para finalizar, são relevantes alguns comentários sobre a literatura existente, buscando situar corretamente o período em perspectiva histórica. Conforme foi observado, o governo Café Filho caracterizou-se, do ponto de vista econômico, por duas administrações com objetivos não apenas diversos mas, em certo sentido, antagônicos: Gudin dava prioridade ao ajuste interno através de uma política monetário-fiscal contracionista, enquanto Whitaker tinha como objetivo maior a eliminação do "confisco" através de uma ortodoxa reforma cambial. Externamente,

---

[36] *Conjuntura Econômica*, outubro de 1969, col. 121.
[37] Idem, colunas 44-9.

pode-se notar na "proximidade" das instituições oficiais, especialmente o FMI, um traço comum entre as duas gestões: o Brasil procuraria manter-se como um "bem comportado" seguidor da orientação da ortodoxia representada por aquelas instituições.

Tornou-se comum na historiografia econômica recente analisar o período de acordo com duas linhas de interpretação distintas, porém não conflitantes.[38] A primeira, e mais importante, partindo de uma interpretação da crise de 1954 como a "crise do projeto de desenvolvimento nacional e popular", e procedendo a uma leitura equivocada do dito "bom comportamento" e da Instrução 113, visualiza o período como um primeiro passo na "abertura ao capital estrangeiro". Ianni (1968), por exemplo, interpreta o suicídio de Vargas como "a vitória daqueles que queriam reformular e aprofundar as relações com o capitalismo internacional" (p. 68). Na mesma linha, Boito Jr. (1982) qualifica a crise de 1954 como a "união da burguesia e do imperialismo contra o populismo" (p. 97), enquanto Basbaum (1976) refere-se à Instrução 113 como tendo iniciado a "desnacionalização da indústria brasileira" (vol. 3, p. 219).

Primeiramente deve ser observado que interpretações recentes do segundo governo Vargas mostram ser enganosa a noção de ter existido tal "projeto de desenvolvimento nacional e popular".[39] Vargas, mais que ninguém, sabia que dependia do apoio financeiro externo para realização de seu projeto original de governo e seu suposto "afastamento" do governo americano e das instituições internacionais, a partir de 1953, foi consequência, e não causa, do encerramento da Comissão Mista Brasil-Estados Unidos. Este deveu-se, como já se observou, a problemas políticos internos nos Estados Unidos, relacionados à definição da política econômica perante a América Latina.[40] Ademais, não seriam menos "tensas" as relações com os Estados Unidos durante os governos Café Filho e Kubitschek.[41] Em segundo lugar não há qualquer "ruptura" imposta pela Instrução 113 no que concerne o tratamento favorável concedido ao capital estrangeiro iniciado durante o segundo governo Vargas. Como notou-se acima, a referida instrução apenas consolidou a legislação existente, removendo impedimentos burocráticos à entrada de capitais. Há sim, ao contrário, uma perfeita continuidade entre as medidas tomadas após 1953 no sentido da liberalização dos fluxos de capitais privados.

---

[38] Para uma crítica mais detalhada e substanciada às duas linhas, ver Pinho (1986, capítulo 4).

[39] Para uma crítica a esta visão, ver Vianna (1987, p. 122-32) e D'Araujo (1983, p. 113 e seguintes).

[40] Para mais detalhes, ver Vianna (1987, p. 122-32).

[41] Desde o governo Dutra, os gestores da política econômica brasileira tentavam sensibilizar o governo americano com a tese de que o Brasil havia sido um dos únicos aliados beligerantes durante a guerra, merecendo portanto tratamento preferencial em relação à América Latina. Os Estados Unidos pareciam ignorar totalmente a argumentação das autoridades brasileiras. Após sucessivos fracassos na negociação de um empréstimo oficial junto ao governo americano, em janeiro de 1955, o ministro das Relações Exteriores, Raul Fernandes, escrevia ao embaixador em Washington que "não se pode afastar a possibilidade de se chegar a uma situação que venha a determinar uma ruptura de ordem política de consequências imprevisíveis", carta de Raul Fernandes a João C. Muniz, coleção de documentos Café Filho, cor. 550106, CPDOC-FGV. Tal tratamento só iria mudar no início da década seguinte, com a promoção de novos fluxos de capitais oficiais para a região sob a égide da Aliança para o Progresso.

A segunda vertente visualiza o período como um interregno de estabilização caracterizado por políticas "recessivas", interposto entre dois governos voltados para o crescimento econômico. Lessa (1981) classifica o período como um "tateio de política econômica... preocupada com a estabilidade, via contenção da demanda global" (p. 25),[42] enquanto Boito Jr. (1982) define a política econômica como uma "drástica contenção creditícia" (p. 98). Como vimos, é um equívoco interpretar o período como um "ajuste contracionista". Observou-se nas seções anteriores, que tal ajuste limitou-se à gestão Gudin, tendo sido totalmente sepultado na administração Whitaker, que caracterizou-se por uma completa reversão na condução da política econômica. Ademais, colocar a questão em termos da oposição entre crescimento e estabilização significa ignorar relevantes aspectos da política econômica praticada em boa parte do pós-guerra, que caracterizou-se pela alternância de programas contacionistas e expansionistas num mesmo governo, como mostram as administrações de Correa e Castro e Guilherme da Silveira no governo Dutra, Lafer e, em algum sentido, Aranha no segundo governo Vargas, Gudin e Whitaker com Café Filho, Lucas Lopes e Paes de Almeida no governo Kubitschek e, após 1964, Campos, Bulhões e Delfim.

Não procedem, portanto, as análises que situam o governo Café Filho como "ponto de inflexão", seja quanto à política econômica doméstica, seja quanto às relações econômicas externas e à política perante o capital estrangeiro. O que se deseja enfatizar é que o desfecho da crise de 1954, com a morte de Vargas e a ascensão de Café Filho à presidência, não impôs qualquer descontinuidade marcante ao processo político-econômico da Quarta República. O período que se situa entre 1945 e 1964 caracterizou-se pela permanência no poder do chamado "pacto populista", encarnado na aliança PSD-PTB, que excluía importantes setores das classes dominantes, representados partidariamente pela UDN.[43] De uma certa forma, a história política do chamado *intermezzo democrático* é a história da luta conspiratória desses setores, pelo poder.

Com Café Filho, tais setores eram governo. E todo o transcurso de seu mandato seria marcado por sucessivas tentativas de ser impedida a volta do "pacto populista" ao poder. No quadro político do pós-guerra, o governo Café Filho pode ser considerado um efêmero triunfo do "golpismo" udenista. Mais do que um ensaio, tratava-se de um anúncio de 1964. Contrariando a máxima marxista, a história apresentar-se-ia originalmente como farsa para anos mais tarde repetir-se como a verdadeira tragédia.

---

[42] Segundo Lessa (1981, p. 26), seria justamente a política restritiva deste período que geraria a "conscientização do empresariado industrial", já que a contenção da demanda "trazia em seu seio o germe da política de desenvolvimento confirmada posteriormente".

[43] Ver Jaguaribe (1983).

CAPÍTULO 8

DEMOCRACIA COM DESENVOLVIMENTO, 1956-1961

Luiz Orenstein

Antonio Claudio Sochaczewski

Introdução

O governo Kubitschek caracterizou-se pelo integral comprometimento do setor público com uma explícita política de desenvolvimento. Os diagnósticos e projeções da economia brasileira empreendidos de forma sistemática desde o final da Segunda Guerra Mundial desembocaram na formulação do Plano de Metas que constituiu o mais completo e coerente conjunto de investimentos até então planejados na economia brasileira. Por isto mesmo, o plano foi implementado com sucesso alcançando-se a maioria das metas estabelecidas tanto para o setor público como para o setor privado. A economia cresceu a taxas aceleradas, com razoável estabilidade de preços e em um ambiente político aberto e democrático.

Este capítulo aborda, além da análise do Plano de Metas, as suas políticas complementares – cambial, fiscal e monetária – e examina o papel do setor público em todo o processo.

1. A política cambial

No início da década de 1950 a política cambial constituía-se no principal, senão único, instrumento de política econômica à disposição do setor público. As manipulações na taxa de câmbio e a imposição de quotas, tarifas e impostos de importação e exportação, formavam o conjunto principal de estratégias operacionais dos gestores da política econômica. A evolução da economia brasileira na década de 1950 e até meados da década de 1960 foi marcada por modificações profundas na política cambial, e cada uma dessas alterações constitui um marco decisivo no processo de desenvolvimento econômico.

O regime de taxas cambiais múltiplas, cujas características foram discutidas no Capítulo 6, foi modificado diversas vezes através de novas instruções da Superintendência de Moeda e de Crédito (SUMOC), mantendo-se, no entanto, inalterado em sua essência até 1957. Observada de uma perspectiva mais ampla, a reforma cambial de 1953 embora tenha apresentado resultados imediatos positivos, teve seus efeitos amortecidos pela fase depressiva que atingiu o setor externo brasileiro a partir de 1954, pois os preços internacionais do café caíram violentamente a partir desse ano, com consequente deterioração dos termos de intercâmbio.

A progressiva diminuição das receitas de exportação, somada à intensificação do processo substitutivo, comprometia o poder do setor público de orientar o processo de industrialização. Assim o saldo disponível de divisas, uma vez deduzidos das receitas de exportação os itens considerados incompressíveis,[1] diminuiu progressivamente de mais de US$1 bilhão em 1953 para menos de US$400 milhões em 1959. O espaço de manobra ao alcance do setor público para guiar o processo seletivo de importações fechou-se gradualmente, eliminando, assim, importante grau de liberdade na implementação da política econômica. A única solução viável seria a entrada líquida de capitais autônomos, de modo a compensar o declínio nas exportações. Esse influxo garantiria, por um lado, o desafogo no balanço de pagamentos, de modo a não interromper a importação de bens essenciais, e, por outro, manteria a taxa de investimentos requerida pela continuação de processo de substituição de importações.

Como já visto no Capítulo 6, a Lei nº 1.807 e suas posteriores regulamentações estabeleceram incentivos para a entrada de capital estrangeiro. A regulamentação definitiva foi efetivada em 1954,[2] quando outros setores, além daqueles definidos na Lei nº 1.807 (energia, transportes e comunicações) foram qualificados a receber tratamento cambial favorecido. Esses setores eram selecionados pela SUMOC com base no critério de seu "interesse para a economia nacional".

A limitação dos subsídios às áreas prioritárias eliminava os incentivos a uma série de setores cuja rentabilidade era mais elevada do que a dos setores favorecidos. Estes eram subsidiados exatamente pela ausência de interesse do setor privado, como era o caso da infraestrutura, onde restrições tecnológicas e/ou de capital mínimo impediam o investimento de capitais domésticos. Ao permitir a entrada do capital pelo mercado livre e a correspondente importação pelo custo de câmbio, o resultado líquido da operação era uma pressão adicional sobre a disponibilidade de divisas. Se por um lado o investimento era realizado, por outro, significava maiores pressões a curto prazo sobre o balanço de pagamentos, além das futuras remessas de amortizações e dividendos. Complicando ainda mais a situação, o governo tentava sistematicamente forçar para baixo a taxa do mercado livre (através de grandes vendas de divisas disponíveis ou mesmo, quando a pressão era alta, através de operações de *swaps* a pesados custos futuros) dado que a mesma era considerada uma espécie de "taxa de equilíbrio" cuja desvalorização traria efeitos psicológicos e políticos que o governo desejava evitar. Essa pressão desestimulava o influxo de capitais.

Sendo necessário modificar o sistema de incentivos, foi introduzida a Instrução 113, de 17.01.1955, como já foi visto no Capítulo 7. A Instrução 113 incluía na lista de setores favorecidos praticamente todos os setores industriais, excetuando-se apenas aqueles que, a critério da SUMOC, fossem "notoriamente supérfluos". Dada a ausência de uma política de industrialização de longo prazo que pudesse definir o que era "supér-

---

[1] Importações de petróleo, trigo, papel (que além de essenciais constituíam-se em forte arma política contra a imprensa) e os pagamentos financeiros fixos (isto é, amortizações de empréstimos e de operações de regularização e juros).

[2] Decreto 34.893 de 5.1.1954.

fluo", esse conceito tornou-se bastante flexível. O movimento de capitais autônomos cresceu consideravelmente a partir de 1955, após atingir um mínimo em 1954.

Não obstante o crescimento simultâneo das saídas, os fortes ingressos garantiram um resultado líquido positivo médio da ordem: de US$131 milhões no período 1956-1961. Os ingressos registrados não representavam a disponibilidade efetiva de divisas, posto que uma parte substancial deles se dava sob a forma de equipamentos, ao abrigo da Instrução 113. Por outro lado, esses números dão a medida da real contribuição do capital estrangeiro à formação interna de capital. Os montantes de capital ingressados sob a Instrução 113 até dezembro de 1961 somaram US$379,4 milhões para as indústrias básicas e US$131,7 milhões para as indústrias leves.[3] Pode-se concluir que a Instrução 113 foi um instrumento poderoso para atrair capitais externos sem exercer pressão sobre a disponibilidade de divisas.

Os pedidos de câmbio favorecido para amortizações de financiamentos externos eram sistematicamente negados, em favor da cobertura para remessas das inversões diretas. Alegava o governo que assim procedia para não onerar em demasia o orçamento cambial das transações efetuadas à taxa oficial, nem tampouco alimentar uma demanda excessiva por divisas no mercado livre.[4]

Em agosto de 1957 operou-se nova reforma no sistema cambial.[5] O objetivo era, em primeiro lugar, simplificar o sistema de taxas múltiplas e introduzir um sistema de proteção específica por produtos da mesma categoria. Em segundo lugar, as receitas líquidas das operações cambiais, apropriadas pelo Tesouro através do Fundo de Ágios e Bonificações gerenciado pelo Banco do Brasil, tinham vinculações de uso determinadas por lei, o que eliminava sua flexibilidade como fonte de recurso para o setor público. O reajustamento das tarifas, por seu lado, aumentava os recursos sem vinculação à disposição do Tesouro.

A reforma resultou na redução das cinco categorias anteriores a duas, a Geral e a Especial. Através da categoria geral eram importadas matérias-primas, equipamentos e bens genéricos que não contassem com suficiente suprimento interno. Pela categoria especial eram importados os bens de consumo restrito e os bens cujo suprimento fosse satisfatório pelo mercado interno. Mantinha-se o regime de leilões de divisas para cada categoria, recebendo a categoria geral, evidentemente, a maior parcela de cambiais. Uma terceira categoria, não sujeita a leilão, a categoria preferencial, foi criada para a importação de bens com tratamento privilegiado: papel, trigo, petróleo, fertilizantes e equipamentos de investimentos prioritários. A taxa paga era pelo menos igual ao "câmbio de custo", isto é, a taxa cambial média paga aos exportadores. Foram estabelecidas tarifas *ad valorem*, variando de 0% a 150% para cada grupo de produtos similares. Para a exportação foi mantido o regime de quatro categorias, com bonificações distintas para cada uma. As transações financeiras continuaram a ser operadas através do mercado livre.

Para operar o novo sistema criou-se o Conselho de Política Aduaneira (CPA) com o objetivo de enquadrar os produtos em uma das categorias de importação

---

[3] Dados calculados de Pinto (1962, Anexo III).

[4] Este critério foi violentamente combatido pelos empresários brasileiros que se viam, assim, preteridos em favor do investidor estrangeiro. Veja-se, por exemplo, artigo crítico em *Desenvolvimento e Conjuntura*, julho 1957, publicação da Confederação Nacional da Indústria.

[5] Lei nº 3.244 de 14 de agosto de 1957.

160   A ORDEM DO PROGRESSO

e estabelecer as alíquotas que seriam pagas em um intervalo que variava de 30% abaixo a 30% acima das tarifas máxima e mínima fixadas para o grupo de produtos no qual o produto específico estivesse classificado.

Uma das principais ideias implícitas na reforma foi acelerar a substituição de bens de capital, diminuindo-se a ênfase dada em anos anteriores à substituição de bens de consumo. Essa reorientação tornou a política de importação coerente com o estágio alcançado pelo processo de substituição/industrialização. Na verdade, alguns bens de capital foram incluídos na categoria especial (o que tornou sua importação mais cara) enquanto taxas favoráveis foram mantidas para a importação (com ou sem cobertura cambial) dos chamados bens de capital-capital (isto é, aqueles necessários ao equipamento de empresas produtoras de bens de capital), de produtos intermediários e de matérias-primas, todos necessários à produção de equipamentos. A indústria de bens de capital cresceu à taxa de 26,4% ao ano entre 1955 e 1960 em grande medida devido ao comportamento dos segmentos "equipamentos e veículos" e "equipamentos de transporte".[6]

A reforma de 1957 estabeleceu engenhosos artifícios para compatibilizar a contradição latente entre a política de prover equipamentos importados a baixo custo e o desejo de estimular sua produção interna. Esses mecanismos incluíam a possibilidade de aplicação de quotas que assegurassem isenção ou redução de tarifa para certos produtos, até uma quantidade importada pré-determinada; a redução de 50% na tarifa sempre que ficasse comprovada a incapacidade de a indústria doméstica prover o produto em quantidade suficiente; e, finalmente, a aplicação da lei do "similar nacional" às indústrias que assim o requeressem e provassem estar aptas a suprir o mercado interno. Havia, assim, um corpo coerente de disposições para, ao mesmo tempo, subsidiar a importação de bens de capital sem prejudicar a oferta interna.

Esse sistema, que esteve em vigor até 1961, sofreu substanciais modificações ao longo desses anos. As mais importantes referiam-se à passagem gradual das exportações para o mercado livre. Com efeito, a Instrução 167, de janeiro de 1959, liberou as exportações de manufaturados para o mercado livre; a Instrução 192, de dezembro de 1959, transferiu todas as exportações para esse mercado, exceto as de café, cacau, óleo mineral cru e mamona em bagas; finalmente, a Instrução 181, de abril de 1959, liberou os fretes. Paralelamente a essas liberalizações, outras modalidades de controle foram introduzidas como será visto no Capítulo 8.

De um ponto de vista mais amplo, a reforma de 1957 implicou um aprofundamento do processo de substituição de importações, na medida em que se alcançava estágios mais avançados na industrialização. Devem, no entanto, ser consideradas algumas distorções criadas pela reforma. Por um lado, o congelamento do "custo do câmbio" de janeiro de 1959 a março de 1961[7] à taxa de Cr$100,00/US$, enquanto os preços internos aumentavam cerca de 80%, subsidiava crescentemente a importação dos produtos essenciais. Por outro lado, os setores prioritários, ao importarem seus equipamentos pelo "câmbio de custo", tendiam a sobreinvestir e, sem dúvida, essa seria uma das causas da crise que se iniciou em 1963. Finalmente, o governo

---

[6] Conselho Nacional de Economia, *Exposição*, 1960, quadro XIV e Ministério do Planejamento. Programa Estratégico. Diagnóstico do Setor Industrial (1967).

[7] Em agosto de 1957 o "custo de câmbio" foi fixado em Cr$53,00/US$, elevando-se para Cr$80,00 em outubro de 1958 e para Cr$100,00 em janeiro de 1959.

continuou a exercer pressão baixista sobre a taxa do mercado livre, gastando, dessa forma, divisas preciosas em benefício das remessas financeiras, pagamentos de fretes e turismo.

2. As políticas de desenvolvimento

Se a política cambial foi o instrumento mais importante à disposição do setor público nesse período, todas as outras políticas podem ser enquadradas no que chamaremos de políticas de desenvolvimento. Isso não significa que todas as ações do setor público estivessem guiadas por um plano preestabelecido, mas sim que, à exceção das políticas de curto prazo, os objetivos das decisões tinham sempre em mente o desenvolvimento. Em verdade, antes do estabelecimento do Plano de Metas, todos os programas anteriores estavam limitados a alguns setores, em geral de infraestrutura.

O programa da CMBEU, como visto no Capítulo 6, frustrou-se. Teve, no entanto, consequências importantes. A primeira delas foi a recomendação para a criação de um banco de desenvolvimento. O Banco Nacional do Desenvolvimento Econômico (BNDE) foi criado em 1952 com a atribuição, entre outras, de gerir um fundo especial arrecadado pelo setor público, o Fundo de Reaparelhamento Econômico, cujos recursos seriam utilizados na implementação do Programa de Reaparelhamento Econômico, que consistia, basicamente, no conjunto de projetos da Comissão Mista Brasil-Estados Unidos (CMBEU). Dificuldades quanto à mobilização de recursos externos e domésticos conduziram o BNDE a uma atuação de certa forma tímida, evidenciando-se que todo o programa de investimentos deveria ser revisto. A primeira versão dessa revisão foi procedida pelo Grupo Misto CEPAL-BNDE, criado em 1953.

O Relatório do Grupo Misto CEPAL-BNDE baseou-se na elaboração de projeções relativas ao desempenho de vários setores econômicos, baseadas na evolução recente da economia e na necessidade de acelerar o crescimento econômico. O ponto-chave do relatório foi a definição, uma vez mais, de áreas prioritárias de investimento e a determinação de pontos de estrangulamento. O programa não chegou a ser implementado, mas seu mérito está no fato de ter servido de base para o programa econômico seguinte. No início de 1956, já instalado o novo governo eleito no ano anterior, foi criado o Conselho de Desenvolvimento,[8] órgão diretamente subordinado à Presidência da República, encarregado de traçar a estratégia de desenvolvimento para o país. No final do mesmo ano o conselho formulou um plano de desenvolvimento, atacando diversos objetivos e problemas setoriais, o chamado Plano de Metas, "que constitui a mais sólida decisão consciente em prol da industrialização da história econômica do país" (Lessa, 1981).

O Plano de Metas era um plano quinquenal[9] e a maioria de seus projetos estava baseada nos diagnósticos e definições da CMBEU e dos programas CEPAL/

---

[8] Decreto 38.744, de fevereiro de 1956.
[9] O lema político da administração federal que tomou posse em 1956 era "50 anos de desenvolvimento em 5".

A ORDEM DO PROGRESSO

BNDE. Ao contrário dos planos anteriores, no entanto, foi levado adiante com o total comprometimento do setor público. As áreas de atuação pública e privada ficavam definidas de forma a "[...] realizar as inversões de capital público em obras de natureza denominada básica ou infraestrutural e [...] facilitar e estimular as atividades e investimentos privados". Em um plano mais geral, os objetivos eram os de "[...] elevar o quanto antes o padrão de vida do povo, ao máximo compatível com as condições de equilíbrio econômico e estabilidade social" e também "[...] observadas as condições no nível interno de emprego, principalmente do capital, e do balanço de pagamentos com o exterior" (Conselho do Desenvolvimento, 1959, p. 14 e 21).

As hipóteses que sustentavam o plano eram as mesmas usadas nas projeções do Grupo CEPAL/BNDE: crescimento anual de 2% na renda *per capita*; os preços do café declinariam de 1955 em diante, estabilizando-se ao nível de 1949-1952; a receita de exportação de produtos outros que não café cresceria à taxa anual de 6,2%; o coeficiente de importação seria reduzido de 14% para 10%; supondo-se uma elasticidade-renda da demanda por importação igual a um, a redução de 4% no coeficiente de importação implicaria substituir 30% do total das importações até 1962; a inflação prevista era de 13,5% ao ano (Conselho de Desenvolvimento, 1959, p. 21).

O plano contemplava investimentos de cinco principais áreas: energia, transporte, alimentação, indústrias de base e educação. Além dessas, uma meta autônoma era a construção da nova capital do país, cujos gastos não estavam orçados no plano.

Energia e transportes eram, novamente, as áreas principais de investimento, com 71,3% do total de recursos, a cargo quase que integralmente do setor público. Para as indústrias de base previa-se 22,3% da inversão total, a cargo principalmente do setor privado ou do financiamento do mesmo por entidades públicas. As metas de educação (integralmente a cargo do setor público) e alimentação receberiam 6,4% dos recursos. A Tabela 8.1 resume o programa.

TABELA 8.1 Brasil: Plano de Metas, estimativa de investimento total, 1957-1961, bilhões de Cr$ e milhões de US$.

	PRODUÇÃO INTERNA	IMPORTAÇÃO	IMPORTAÇÃO	TOTAL	%
	Cr$	US$	Cr$	Cr$	
Energia	110,0	862,2	69,0	179,0	42,4
Transporte	75,3	582,6	46,6	121,9	28,9
Alimentação	4,8	130,9	10,5	15,3	3,6
Ind. Básica	34,6	742,8	59,2	93,8	22,3
Educação	12,0	-	-	12,0	2,8
Total	236,7	2.318,5	185,3	422,0	100,0

Fonte: Conselho do Desenvolvimento (1959).

Supondo-se que as previsões do plano estivessem corretas no que diz respeito à taxa de crescimento do produto e da inflação (isto é, 2% da renda *per capita* mais 3% de crescimento populacional e 13,5% de inflação), o investimento previsto teria representado cerca de 5% do PIB real no período de 1957-1961, um montante apreciável para uma economia cuja taxa bruta de poupança no período havia sido em média de 16%. As principais metas referiam-se a: energia elétrica (elevar a capacidade geradora de 3 milhões de kW em 1955 para 5 milhões de kW em 1960 e iniciar obras que assegurassem um aumento de 3,6 milhões de kW no período de 1961-1965), carvão (aumentar a produção de 2 milhões de toneladas em 1955 para 3 milhões de toneladas em 1960), petróleo (aumentar a produção de 6.800 barris/dia para 100.000 barris/dia em 1960), ferrovias (além do reaparelhamento do material rodante, o plano previa a construção de 2.700 km de linhas, sobre o total de total de 37.000 km em 1955), rodovias (construção de 12.000 km de 1955 a 1960, sobre o total de 460.000 km em 1955, e pavimentação de 5.000 km, sobre um total de 3.100 km em 1955), siderurgia (elevar a produção de aço bruto de 1 milhão de toneladas em 1955 para 2 milhões em 1960 e iniciar obras para alcançar 3,5 milhões em 1965), cimento (aumentar a produção de 2,7 milhões de toneladas em 1955 para 5 milhões de toneladas em 1960), indústria automobilística (instalar a indústria e produzir em 1960 um total de 170.000 veículos com índice de nacionalização de 90% em peso para caminhões e caminhonetas e 95% para automóveis), indústria mecânica e de material elétrico pesado (o plano especificava os subsetores a serem estimulados: material elétrico pesado, máquinas operatrizes, máquinas e equipamentos para indústrias diversas, caldeiras e outros equipamentos pesados). Além dessas, foram fixadas metas menos importantes, incluindo educação e alimentação.

Ao setor público caberia cerca de 50% do desembolso. Os fundos privados contribuiriam com 35% e o restante viria de agências públicas para os programas tanto públicos como privados. Os recursos externos não eram detalhados no plano. No entanto, a previsão feita para a capacidade de importar no período esclarece o que era esperado do exterior. A previsão era de um déficit decrescente no balanço de pagamentos, alcançando-se o equilíbrio em 1961.

Quanto aos instrumentos, as principais fontes de financiamento dos programas de investimento nos setores de energia e transporte eram fundos de vinculação orçamentária criados durante a década. Esses fundos administravam recursos oriundos de tributação exclusiva ou não. No plano previa-se que 55% dos Cr$113 milhões que seriam gastos pela União proviriam de fundos ou dotações de dispêndio vinculado (Conselho do Desenvolvimento, 1959, p. 35). Na ausência de qualquer proposta de reforma tributária, esse gasto teria significado, na hipótese de todas as previsões estarem corretas, um déficit orçamentário de aproximadamente 2,2% do PIB. Esse valor parece incompatível com um dos objetivos do plano, qual seja o controle da inflação ao nível de 13,5%, dada a impossibilidade de se financiar esse déficit de outra forma que não a emissão de moeda. Mais ainda, não deve ser esquecido que o plano não contemplava fontes de recursos para a construção da nova capital, que absorveria em média cerca de 0,6% do PIB anual no período 1957-1962.[10] (Lessa, 1981) sugere que a política econômica implícita no plano continha quatro peças básicas: 1) tratamento preferencial para o capital estrangeiro;

---

[10] As somas invertidas em Brasília diretamente supridas pelo governo federal elevaram-se, incluindo-se todos os investimentos realizados até junho de 1962, 250/300 bilhões de cruzeiros de 1961. Esses dados são de "Gastos Públicos em Brasília", *Conjuntura Econômica*, dezembro de 1962.

2) o financiamento dos gastos públicos e privados através da expansão dos meios de pagamento e do crédito bancário, respectivamente, tendo como consequência fortes pressões inflacionárias; 3) a ampliação da participação do setor público na formação de capital; 4) o estímulo à iniciativa privada.

Os estímulos às inversões privadas compreendiam vários aspectos. Em primeiro lugar, as reservas de mercado em benefício de bens produzidos no país eram dadas pela política cambial, principalmente depois da reforma de 1957, e pela lei de similares. Como se viu, esta lei garantia a total exclusão do produto da pauta de importação caso sua produção interna fosse em volume e qualidade suficientes para atender a demanda. Ademais, garantia-se câmbio preferencial para a importação de todo o equipamento destinado a setores prioritários. A indústria automobilística e a indústria naval, por exemplo, situavam-se entre as metas prioritárias e receberam amplas preferências para importação.

Um segundo grupo de estímulos à empresa privada referia-se ao crédito provido pelo BNDE que, juntamente com o Banco do Brasil, supria recursos de longo prazo a juros baixos e pagamentos sujeitos à carência, o que, na conjuntura inflacionária, significava uma taxa real de juros negativa. De 1952 a 1963 o BNDE concedeu Cr$64 bilhões de créditos (na forma de empréstimos reembolsáveis) dos quais Cr$18 bilhões (28%) para as indústrias básicas. Aproximadamente 10% desses créditos dirigiu-se à indústria automobilística (BNDE, *Exposição*, 1963). Outro incentivo indireto à expansão do crédito ao setor privado dizia respeito aos constantes déficits de caixa do Tesouro, cujo financiamento através da emissão de moeda permitia a expansão contínua do crédito nominal dos bancos privados.

Finalmente, outro grande estímulo à empresa privada era a concessão de avais pelo BNDE para empréstimos contratados no exterior. Até 1961 o Banco havia concedido avais no montante de US$890 milhões, dos quais US$382 milhões para as indústrias básicas (BNDE, *Exposição*, 1963).

No período 1957-1961 o PIB cresceu à taxa anual de 9,3%, o que significou uma elevação de 5,1% ao ano da renda *per capita*. Esse valor é bem superior ao objetivo do plano. A inflação média, no entanto, foi de 23,8%.

As previsões do setor externo foram excessivamente otimistas. As exportações exceto café, apesar de terem crescido acima de 6,2%, praticamente estagnaram no período 1958-1960; a taxa anual de 8,9% deveu-se aos aumentos excepcionais de 1957 e 1961. Os preços do café, caíram constantemente a partir de 1955.[11] Como consequência, a capacidade para importar ficou bem abaixo das previsões, apesar do ingresso de capitais de longo prazo ter superado os valores esperados. O resultado foi a ocorrência de fortes déficits no balanço de pagamentos (exceto em 1961), alcançando uma média de US$58 milhões em 1957-1961. Outra consequência foi a rápida redução do coeficiente de importação que alcançou 7% em 1960.

Os resultados referentes a metas específicas são mostrados na Tabela 8.2. Pode-se observar que, não obstante alguns resultados estarem bem abaixo do previsto (carvão e ferrovias, que sendo de certa forma complementares, refletiam a opção pelo transporte rodoviário), a maioria alcançou altas percentagens de realização em

---

[11] O preço caiu 57 centavos de dólar/libra peso em 1955 para 36 em 1961 (Banco do Brasil, *Relatório*, vários anos).

TABELA 8.2 Brasil: Plano de Metas, previsão e resultados, metas físicas, 1957-1961.

	PREVISÃO	REALIZADO	%
Energia Elétrica (1.000 kW)	2.000	1.650	82
Carvão (1.000 t)	1.000	230	23
Petróleo-Produção (1.000 barris/dia)	96	75	76
Petróleo-Refino (1.000 barris/dia)	200	52	26
Ferrovias (1.000 km)	3	1	32
Construção de Rodovias (1.000 km)	13	17	138
Rodovias-Pavimentação (1.000 km)	5	10,2	204
Aço (1.000 t)	1.100	650	60
Cimento (1.000 t)	2.300	2.277	99
Carros e Caminhões (1.000 unid.)	170	133	78
Nacionalização (carros) (%)	90	75	
Nacionalização (caminhões) (%)	95	74	

Fontes: Banco do Brasil, *Relatório*; IBGE, *Anuário Estatístico do Brasil*, vários anos, e IBGE (1990).

relação às previsões. O mesmo ocorreu com outras metas secundárias ou não específicas, em especial a rápida substituição de equipamentos mecânicos e elétricos.

Não é fácil proceder-se a uma avaliação final das consequências do Plano de Metas. Sem dúvida representou um impulso extraordinário ao desenvolvimento. A estrutura econômica modificou-se rapidamente com o crescimento do setor industrial, sua modernização e a implantação de novos ramos. As bases para a solução dos problemas de infraestrutura foram lançadas para atender tanto a demanda imediata como para prever expansões futuras. Os desequilíbrios regionais e sociais foram aprofundados. A construção da nova capital constituiu-se em um dos fatores de êxito do plano, encaminhando a solução para a antiga preocupação de se iniciar a ocupação da faixa não litorânea do país.

O plano, no entanto, resultou em sérias dificuldades não previsíveis ou controláveis. O que de imediato se percebe na sua elaboração é a total ausência de definição dos mecanismos de financiamento que seriam utilizados para viabilizar um conjunto tão ambicioso de objetivos, com a exceção de declarações triviais inseridas mais para aplacar a crítica de seus opositores do que para configurar, efetivamente, uma diretriz de atuação.[12] Na ausência de um sistema financeiro com dimensão, maturidade e flexibilidade suficientes para captar as poupanças requeridas pelos investimentos propostos, a única solução teria sido a elevação da carga fiscal. Tal solução, supondo possível sua aprovação no Congresso, encontraria fortes resistências por parte dos empresários, que não estavam dispostos a verem seus programas de investimento comprimidos por impostos mais elevados. O esquema financeiro encontrado para a realização do Plano de Metas – o financiamento inflacionário –, gerava através do aumento de lucros (de empresas privadas e públicas), do aumento da tributação nominal e diferencial e, é claro, da emissão de moeda, os recursos necessários à sua

---

[12] Por exemplo, a seguinte passagem: "... cumpre levantar os recursos necessários por meio de novas tributações e pela geração e melhor distribuição de maior volume de inversões das poupanças voluntárias de indivíduos e empresas" (Conselho de Desenvolvimento, 1959, p. 32).

consecução. O elevado crescimento do produto, especialmente da renda urbana, permitia uma transferência de renda na margem, sem que os grupos econômicos perdessem posição absoluta.

Os planos periódicos de estabilização, quando implementados, não foram mais que tentativas de reduzir o ritmo inflacionário a níveis toleráveis (a par do aspecto político de mostrar algum esforço para conter o custo de vida ou mesmo aplacar as críticas do FMI), sem nunca sacrificar o desenvolvimento pela estabilidade. Uma vez iniciado qualquer esquema de retração do crédito, as empresas reagiam protestando contra essas medidas, pois eram dependentes do crédito bancário para seu capital de giro. As marchas e contramarchas da política monetária no período do Plano de Metas não representam mais do que tentativas de compatibilizar variáveis muitas vezes antagônicas como crescimento, estabilidade, altos lucros e baixo custo de vida. As tensões geradas nesse processo foram dissolvidas pelo crescimento do produto. Enquanto este se manteve crescendo a níveis elevados foi possível conciliar. A desaceleração do crescimento econômico trouxe consigo a crise política e social que abalou o país a partir do final de 1962, como será visto no Capítulo 9.

3. O papel do setor público

Todos os planos elaborados durante o período colocavam nas mãos do setor público a tarefa de conduzir as obras de infraestrutura que objetivavam romper os estrangulamentos que tolhiam o processo de industrialização. As origens dessa responsabilidade podem ser encontradas na instalação da primeira usina siderúrgica do país e na luta pelo monopólio estatal do petróleo.

A tendência geral, que se acelera na segunda metade dos anos 1950, foi a de delegar ao setor público o provimento de insumos básicos (aço e energia, por exemplo) bem como a criação da infraestrutura básica (transporte, comunicações), vital para o processo de industrialização. Dessa forma, o Estado passou a ter sob seu controle: a produção de aço, através das três maiores usinas do país, a Companhia Siderúrgica Nacional (CSN), Cosipa e Usiminas; a produção e refino de petróleo através da Petrobrás; a produção e exportação de minério de ferro pela Companhia Vale do Rio Doce; a produção de soda cáustica pela Companhia Nacional de Álcalis; crescente envolvimento na produção de energia elétrica através da CHESF e de Furnas; transporte ferroviário através da Rede Ferroviária Federal; navegação de cabotagem através do Lloyd Brasileiro e Companhia de Navegação Costeira; controle e construção de novas rodovias através do Departamento Nacional de Estradas de Rodagem (DNER) e dos departamentos de estrada de rodagem estaduais (DERs), que gerenciavam o Fundo Rodoviário Nacional. Além de suas atividades tradicionais, o setor público aumentou substancialmente seu controle sobre o crédito, através do Banco do Brasil e a comercialização de diversos produtos de exportação tais como café, cacau, pinho, mate, açúcar, borracha e sal, entre outros, através de autarquias específicas.[13]

---

[13] Em 1961, o setor público era responsável por 50% do total de aço produzido no país, refinava 76% do petróleo, produzia 17,5% do petróleo consumido e 24% da energia elétrica gerada. Anuário Estatístico, 1961.

A crescente intervenção do governo na atividade econômica não encontrava grande resistência por parte do setor privado. Em uma pesquisa feita entre empresários em 1963 (Richers, Machline, Bouzan, Carvalho e Bariani, 1963), 72% dos entrevistados concordavam em que as atividades empresariais diretas até então exercidas pelo governo haviam contribuído para o desenvolvimento econômico do país. Essa porcentagem baixava para 56% quando se indagava sobre o artigo 146 da Constituição, que dispunha sobre a intervenção da União no domínio econômico e sobre o monopólio de determinados setores industriais e atividades. A pesquisa revelava, no entanto, a sempre presente contradição entre os juízos formulados ao nível micro e as avaliações ao nível macro. A maioria dos empresários queixava-se dos altos impostos, dos controles excessivos sobre o comércio exterior e da crescente intervenção do Estado em áreas onde talvez a iniciativa privada pudesse florescer. Em resumo, se o Estado tivesse se limitado a desempenhar o seu papel original de fornecedor de energia e transportes baratos, teria obtido o apoio incondicional dos empresários brasileiros.

A participação das receitas totais do governo no PIB permaneceu constante até 1957, em torno de 19-20%, aumentando nos anos centrais do Plano de Metas até 23,2%. A elevação simultânea das cargas bruta e líquida indica tanto o aumento da arrecadação como a maior retenção dos recursos em mãos do governo.

Como receitas não vinculadas, o Imposto de Consumo e o Imposto de Renda constituíam-se nas fontes mais substanciais de recursos federais. No entanto, se adicionarmos o Saldo de Ágios e Bonificações ao Imposto de Importação (que incidia sobre as mesmas operações), esse imposto conjunto é o mais importante na arrecadação federal.

A participação do governo no gasto total cresceu de 19% em 1952 para 23,7% em 1961. As despesas de pessoal se elevaram a uma taxa anual de 8,1% no período. Outro fator que elevava constantemente os gastos correntes do governo residia nos auxílios, subvenções e coberturas dos déficits das empresas públicas de transportes. Com exceção do DNER – cujos fundos eram vinculados ao Imposto Único sobre Combustíveis e Lubrificantes, o que lhe conferia autonomia financeira –, as empresas ferroviárias, marítimas e aéreas de propriedade do governo federal sobreviviam às custas de ajuda governamental. Essa política visava manter baixos os fretes e as tarifas de transporte, diante de sua importância na composição do custo industrial e do custo de vida. As empresas privadas de transporte, por outro lado (incluindo-se nesse caso as empresas geradoras e distribuidoras de energia elétrica), também eram obrigadas a manter baixos os preços de seus produtos em face da disposição legal que as obrigava a calcular as quotas de amortização de seu ativo fixo sobre o custo histórico de aquisição dos equipamentos. Dessa forma, a inflação contínua transformava os fundos de depreciação em proporção reduzida dos custos de reposição das empresas, forçando-as a manterem uma alta percentagem de lucros retidos como reservas de reposição disfarçadas.

Tais políticas aumentavam as responsabilidades do governo federal tanto na crescente distribuição de fundos a cada ano para dar apoio financeiro às suas empresas, quanto no investimento de infraestrutura em áreas onde o setor privado não podia ser estimulado por causa dos controles de preços. Os recursos mobilizados em favor da política de tarifas baixas alcançavam entre 7% e 8% do total das receitas. Em 1961, refletindo o início efetivo das operações da Rede Ferroviária Federal

S/A (RFFSA) (que fundiu todas as ferrovias sob jurisdição federal), essa proporção elevou-se para 13%, aumentando, em termos reais, o montante total de assistência em 55% com relação a 1955.

Dessa forma, as despesas correntes cresceram a altas taxas durante o período, colocando em risco a capacidade de poupança do setor público. Houve aumento da capacidade de poupança nos anos de 1958, 1959 e 1960. Em 1959, as despesas correntes diminuíram sua proporção na receita tanto em função do aumento na arrecadação real como pelo atraso usual do ajustamento dos gastos a tais aumentos. A elevação da receita nesse ano se deveu quase que exclusivamente a um aumento real de 200% na arrecadação dos ágios cambiais e impostos de importação, em consequência da reforma tarifária de 1957. O governo federal aumentou sua arrecadação em cerca de 54% reais, o que, dada sua participação na arrecadação geral, implicou aumento de 22,5% no total da receita. Atrasando os gastos correntes em relação à receita (cresceram apenas 7,9% em 1958), dispôs o governo de maiores recursos de investimento, em um período crítico do Plano de Metas.

As restritas disponibilidades de poupança eram obviamente insuficientes para financiar os requerimentos da formação de capital. É importante observar que durante o período 1956-1961 a formação de capital do governo central (de longe a mais importante) cresceu à taxa anual real de mais de 15%, enquanto as empresas públicas aumentavam seus gastos em investimento, em 1960-1961, em mais de 25% ao ano.

Os investimentos se concentravam no setor industrial, especialmente na produção química e mineral, onde se incluíam a produção e refino de petróleo e a extração de minério de ferro. O setor de transportes e comunicações recebeu a maior parte dos investimentos a partir de 1958, em consequência da formação da RFFSA. O ponto central a ser observado quanto à participação do setor público diz respeito não somente aos montantes, mas também aos aspectos qualitativos da mesma. De fato, ao exercer uma demanda autônoma de investimento de montante substancial, o setor público estava em condições de sustentar uma demanda efetiva suficientemente alta para manter sob controle o ciclo econômico. Tal evidência sugere que o investimento público se constituía em variável decisiva para a indústria de bens de capital, mantendo um elevado nível de atividade deste setor até o início da crise dos anos 1960.

4. As políticas fiscal e monetária

A forte ênfase na estratégia desenvolvimentista transferiu as questões relativas à política fiscal e monetária para segundo plano, uma vez que praticamente durante todo o período 1956-1961 essa política esteve vinculada, enquanto variável dependente, ao processo de industrialização. Há porém exceções, por exemplo, nos episódios do Programa de Estabilização Monetária na gestão Lucas Lopes no Ministério da Fazenda e das discussões do FMI com o governo brasileiro para negociação da dívida e empréstimos externos. Por outro lado, em que pese sua atuação relativamente passiva, há nos anos em análise uma organização operacionalmente competente das autoridades monetárias não estando o sistema financeiro público despojado de racionalidade específica.[14]

A política econômica, em especial a de moeda e crédito, era gerenciada pela SUMOC, pelo Banco do Brasil e pelo Tesouro. A SUMOC era o órgão controlador do sistema. Criada em 1945, muitas das suas atribuições de estabelecer políticas eram as de um Banco Central típico. Era responsável pela política cambial, fixava o juro de redesconto, fixava o percentual de depósitos compulsórios dos bancos, fiscalizava o registro de capitais estrangeiros, podia operar no mercado aberto e fiscalizava os bancos comerciais.

O Banco do Brasil, nas suas funções de Banco Central, operava a Carteira de Redescontos e a Caixa de Mobilização Bancária: a primeira para crédito seletivo e de liquidez, a segunda como emprestador de última instância. Como órgão executor da política traçada pela SUMOC operava a Carteira de Câmbio e a Carteira de Comércio Exterior (CACEX). A primeira realizava a compra e venda de moedas nas taxas fixadas pela SUMOC. Na prática, o Banco controlava integralmente o câmbio já que os bancos comerciais autorizados a operar em divisas eram obrigados diariamente a repassar ou solicitar cobertura para posições compradas ou vendidas que ultrapassassem os limites fixados pela SUMOC. A segunda implementava as políticas seletivas de exportação e importação estabelecidas pela SUMOC. Como agente financeiro do Tesouro o Banco recebia a arrecadação tributária e outras rendas da União e realizava pagamentos em nome dela. Além disso, como banco do governo, podia realizar operações de crédito ao Tesouro, supostamente por antecipação de receitas em cada exercício fiscal. Além destas atribuições, o Banco do Brasil realizava dois serviços por conta da SUMOC: era responsável pelo serviço de compensação de cheques e era depositário das reservas voluntárias dos bancos comerciais.

O Tesouro Nacional era o órgão autorizado a emitir papel-moeda e amortizá-lo através da Caixa de Amortização. Na cúpula do sistema, dando a orientação geral, estava o Conselho da SUMOC constituído pelo ministro da Fazenda, pelo presidente do Banco do Brasil, pelo diretor-executivo da SUMOC, pelos diretores da Carteira de Câmbio, CACEX e Carteira de Redesconto do Banco do Brasil, e pelo presidente do BNDE.

Desta forma, havia uma divisão nítida de atribuições: o Conselho da SUMOC era o órgão normativo, a SUMOC, o órgão de controle e fiscalização e o Banco do Brasil, o órgão executor. Formalmente não havia ambiguidade na definição de funções. O único mecanismo intrincado de relação entre estes órgãos dizia respeito à emissão de papel-moeda.

O órgão emissor de papel-moeda era a Caixa de Amortização do Tesouro Nacional, que, no entanto, não tinha poderes para colocá-lo em circulação. Esta atribuição era exclusiva da Carteira de Redescontos que, não obstante estar inserida no Banco do Brasil, tinha contabilidade independente. Esta Carteira, por sua vez, não tinha estrutura operacional para distribuir o papel-moeda, serviço que era realizado pelo Banco. O mecanismo que viabilizava novas emissões era o seguinte: o Banco

---

[14] Para uma visão crítica da política econômica no governo JK ver Abreu (1994, p. 146-155).

necessitava de papel-moeda para sua própria caixa ou para repassar aos bancos comerciais de quem ele era depositário das reservas voluntárias. Para isso, levava à Carteira de Redescontos (CARED) títulos comerciais ou notas promissórias de suas operações correntes, que redescontava em troca do papel-moeda. A CARED por sua vez solicitava ao Tesouro um empréstimo de papel-moeda. Teoricamente, portanto, o papel-moeda era emitido garantido por legítimas operações comerciais como mandam os manuais de banco central. Uma vez vencidos os títulos redescontados, o Banco resgatava o papel-moeda à CARED, e esta o devolvia ao Tesouro para incineração na Caixa de Amortização.

Era exatamente sobre esse mecanismo que recaíam as críticas daqueles que desejavam modificar a estrutura das autoridades monetárias brasileiras. A questão toda estava no Banco do Brasil que mesclava três atribuições consideradas incompatíveis com a política monetária: ser agente financeiro do Tesouro, autorizado a realizar operações de crédito; ser o depositário das reservas voluntárias dos bancos comerciais; ser o maior banco comercial do país e o único banco rural.

Esta mistura de banco comercial e autoridade monetária era considerada prática inadequada de banco central pela simples razão de que não existiam limites rígidos à emissão de papel-moeda. De fato, a curto prazo, a limitação era de que o débito da CARED para com o Tesouro por conta de papel-moeda emitido não podia ultrapassar 25% das disponibilidades em ouro e divisas (Artigo 2º do Decreto-lei nº 4.792). No entanto, a longo prazo, tal limitação não existia pois toda vez que a CARED atingia este limite o Congresso Nacional votava uma lei "encampando" a emissão realizada pelo Tesouro. Isto é, o Tesouro passava a ser o responsável pelo papel-moeda em circulação, cancelando-se os débitos da CARED, Banco do Brasil e Tesouro.

O papel-moeda, no entanto, constitui uma fração menor dos meios de pagamento em relação à moeda escritural. O segundo vazamento da política monetária vinha da combinação dos dois outros atributos do Banco do Brasil – isto é, ser depositário das reservas dos bancos comerciais e ser ele mesmo um banco comercial. De fato, um banco comercial tem como limitação às suas operações o volume de reservas que tem depositado junto à autoridade monetária. As reservas compulsórias fixam para o sistema bancário o multiplicador, e são exatamente as reservas voluntárias (ou, o excesso de caixa livre para empréstimo) que permitem a expansão das operações. Se um banco expande excessivamente seus empréstimos, necessariamente perderá reservas; mas se ao perder na compensação este banco pode creditar a reserva do banco credor (o que o Banco do Brasil podia fazer) criando reservas, então este banco não tem limite para suas operações ativas.

Assim, tanto pelo lado do papel-moeda, como pelo lado da moeda escritural, a posição privilegiada do Banco do Brasil permitia sua expansão sem restrição.[15] Na verdade, as três atribuições do Banco do Brasil combinavam-se funcionalmente e implicavam a crescente operação daquele estabelecimento.

Isto não quer dizer, no entanto, que o Banco do Brasil operasse completamente fora de controle. A única forma de restringi-lo era impondo limites às suas operações ativas das várias carteiras, o que era feito pelo Conselho da SUMOC em cada ano.

---

[15] Não faria sentido a SUMOC impor recolhimento compulsório ao Banco do Brasil de vez que este sempre poderia recorrer à CARED para suprir-lhe o montante necessário.

No entanto, uma coisa é controlar um banco comercial pelas reservas compulsórias, isto é, através de uma percentagem fixada, impessoal e irrecorrível. Outra é impor limites a um banco com quase mil agências, responsável básico pelo crédito rural e acima de tudo emprestador do Tesouro. Fixava-se o limite anual, mas se chovia, se houvesse seca, se o funcionalismo era aumentado, se um plano de investimento era iniciado, estes limites eram sistematicamente alterados, revistos e ignorados. Teoricamente era possível controlar a expansão dos meios de pagamento, mas na prática as pressões políticas e de política econômica inviabilizavam o esquema.

Portanto, o cerne da questão da descoordenação criticada na estrutura das autoridades monetárias estava na posição do Banco do Brasil, e toda a discussão da reforma bancária, iniciada, pode-se dizer, com Sir Otto Niemeyer em 1931 e supostamente terminada com as reformas do sistema financeiro em 1964-1965, estava no que ocorreria com o Banco caso fosse criado o Banco Central. Os diversos projetos apresentados colocavam a falsa discussão entre criar o Banco Central ou manter a SUMOC quando o ponto real era qual seria o papel do Banco do Brasil na nova estrutura.

Anualmente, o orçamento era fixado considerando-se pequenos déficits que, em geral, elevavam-se no correr da execução pela abertura de créditos adicionais ou despesas sem cobertura. Sob o ponto de vista da pressão sobre os meios de pagamento, no entanto, o que interessa é o déficit de caixa do Tesouro, isto é, a diferença entre a receita arrecadada e a despesa efetivamente realizada. Deve-se lembrar, ainda, que a diferença entre o déficit orçamentário e o déficit de caixa correspondia a despesas transferidas para os exercícios seguintes pressionando a execução de exercícios futuros.

A cobertura do déficit de caixa, indicada na Tabela 8.3, se fez preponderantemente através de empréstimos do Banco do Brasil ao Tesouro. A característica particular do Banco do Brasil no sistema financeiro brasileiro, com funções de banco central e banco comercial, faz com que qualquer crédito contra ele, em particular depósitos, não seja moeda escritural secundária, mas sim base monetária. Desta forma, a cobertura dos déficits do Tesouro através de crédito em conta corrente no Banco do Brasil implicou permanente expansão primária dos meios de pagamento. É interessante observar que tanto as publicações oficiais da época como os estudos acadêmicos não se davam conta deste fato, insistindo em controlar a expansão

TABELA 8.3 Brasil: Déficit de caixa do Tesouro e seu financiamento, 1956-1960 (bilhões de cruzeiros correntes).

	EXECUÇÃO ORÇAMENTÁRIA			FINANCIAMENTO DO DÉFICIT DE CAIXA			
	RECEITAS	DESPESAS	SALDO ORÇAMENTÁRIO	BANCO DO BRASIL	TÍTULOS	OUTROS	TOTAL
1956	74,1	98,0	-23,9	24,4	0,2	0,3	23,9
1957	85,8	126,9	-41,1	15,8	9,5	15,8	41,1
1958	117,8	143,4	-25,6	16,7	9,2	-0,3	25,6
1959	157,8	198,3	-40,5	31,8	8,9	-0,2	40,5
1960	233,0	297,0	-64,0	75,4	2,2	-13,6	64,0

Fonte: Banco do Brasil, *Relatório*, diversos anos e SUMOC, *Relatório*, diversos anos.

do papel-moeda como se este fosse o único meio autônomo de expansão da base monetária.

Além das despesas de custeio, o item mais importante de gasto do Tesouro referia-se aos subsídios às empresas de transporte de propriedade do governo federal. Essas autarquias haviam realizado enorme esforço de investimento no período do Plano de Metas, elevando paralelamente suas despesas operacionais. Por outro lado, o governo federal era reticente em liberar as tarifas de transporte temendo sua influência sobre o custo de vida e sobre a inflação. É interessante observar que as tarifas mais controladas eram as das ferrovias, isto em face de uma opção clara pelo transporte rodoviário feita pelo Plano de Metas. Desta forma, entre auxílios, subsídios e cobertura dos déficits operacionais as empresas de transporte receberam subvenções do governo federal da ordem de 12-13% da sua receita em 1955-1960.

Comparados com os valores do déficit de caixa do Tesouro observamos que a cobertura do déficit do transporte ferroviário correspondia a parcela substancial dos aportes do Tesouro. Várias razões explicam este ponto. Em primeiro lugar a rede ferroviária do Brasil se estende por regiões caracterizadas por fortes influências políticas locais, e, assim, uma revisão de tarifas poderia precipitar crises econômicas localizadas, o que não era de interesse do governo. *A fortiori*, a eliminação de ramais deficitários era ainda mais problemática. Em segundo lugar a revisão de tarifas de transporte suburbano traria consequências sobre o custo de vida que o governo desejava evitar. Finalmente o corte dos gastos de custeio significaria necessariamente (e quase exclusivamente) cortes em pessoal com consequências sobre o nível de emprego. Desta forma, tornava-se difícil reduzir o déficit operacional dessas empresas, e todos os governos, até 1964, recusaram-se sistematicamente a atacar a questão mais profundamente.

É importante examinar quais os reais instrumentos de política que contavam as autoridades monetárias para restringir a expansão do crédito. Dos instrumentos clássicos, as operações de mercado aberto eram inexistentes posto que não havia um volume de Letras do Tesouro em circulação no montante suficiente para dar a necessária flexibilidade ao instrumento. Por outro lado, as Letras eram colocadas compulsoriamente junto ao público – basicamente importadores e exportadores –, visto que as autoridades monetárias não podiam oferecer taxa de juros acima da legalmente permitida (12% ao ano), o que, face às taxas de inflação existentes, inviabilizava a tomada voluntária.

Pela mesma razão, o redesconto não podia ser operado a taxas punitivas que induzissem os bancos a só recorrer a esta fonte quando tivessem realmente necessitando de caixa. O limite era fixado pelo volume da assistência financeira que cada banco poderia ter, equivalente a um múltiplo de seu capital. O comportamento dos bancos neste particular era bem diferenciado. Os grandes e tradicionais bancos, por razões de prestígio, jamais recorriam ao redesconto, enquanto os bancos pequenos estavam permanentemente no teto permitido.

O depósito compulsório, como se sabe, é um instrumento lento e de grande impacto. Por esta razão, as autoridades monetárias relutavam em propor seu aumento, fazendo-o apenas em ocasiões excepcionais. Ademais, a sua elevação dependia de autorização do Congresso, o que tornava o processo bastante inflexível.

As autoridades monetárias contavam, no entanto, com dois "instrumentos" heterodoxos, isto é, mecanismos que de uma forma ou de outra controlavam a

Democracia com desenvolvimento, 1956-1961   173

expansão dos meios de pagamento. O primeiro referia-se à manipulação dos empréstimos das diversas carteiras do Banco do Brasil. Observe-se que as variações nos depósitos do Banco do Brasil correspondem a uma variação na base monetária. Assim, as autoridades monetárias podiam regular a base monetária pela maior ou menor facilidade de crédito concedido pelo Banco.

O segundo estava ligado às operações de câmbio e referia-se simplesmente à compra e venda de divisas ou, como era mais comum, à venda de "Promessas de Venda de Câmbio" (PVC). O governo "emitia" a PVC mas sem entregar imediatamente as divisas. Mais tarde, ao liquidar a operação era obrigado a comprar essas divisas para entregá-las ao importador pagando uma taxa de câmbio mais elevada ao exportador. Tudo se passava como se esta diferença de câmbio correspondesse ao "juro" pago pelo governo pela emissão de seu título (PVC).

Desta forma, a possibilidade de eliminar o déficit de caixa do Tesouro e, assim, interromper a expansão indesejada de base monetária dependia, teoricamente, de um dos seguintes fatores: em primeiro lugar, de um aumento na receita tributária, cuja estrutura anacrônica não possibilitava uma elevação substancial desta fonte de recursos. Uma alternativa largamente utilizada na década de 1950 foi a criação de impostos com destinação específica (tais como o Único sobre Combustíveis e Lubrificantes para a Petrobrás, Único sobre Energia Elétrica para os investimentos nesse setor, entre outros). No período em exame, arrastavam-se pelo Congresso projetos de reforma tributária sem que se chegasse a um consenso sobre os mesmos face ao efeito político adverso de uma elevação (como seria o caso) de carga fiscal. Assim, a curto prazo, o setor público não podia contar com um aumento real substancial na arrecadação fiscal. Em segundo lugar, havia a possibilidade de cobrir o déficit através da colocação de títulos da dívida pública. Esta alternativa, no entanto, estava também fechada dada as restrições à taxa de juro com a qual poderiam ser lançados esses títulos. O setor público teria que esperar até 1964-1965 para poder lançar mão desse mecanismo. Em terceiro lugar, portanto, a única alternativa que restava aos gestores da política econômica era tentar comprimir a despesa e diminuir o déficit. Com o objetivo de não amortecer o ritmo de crescimento da economia planejava-se um corte nos gastos de custeio, mantendo-se inalterados os gastos de investimento. No entanto, na prática, ocorria sistematicamente o inverso.

O governo, incapaz de conter os gastos correntes, basicamente os de pessoal, dada a pressão política do funcionalismo público, acabava por cortar gastos de investimento. O corte nos gastos de investimento se fazia seja simplesmente através do atraso no pagamento das faturas dos contratantes públicos, seja através da inscrição do pagamento em exercícios futuros. Em qualquer das alternativas esta atitude correspondia a um empréstimo compulsório, a juro nulo, que se agregava à dívida flutuante da União.

A elevação do índice geral de preços de 7,0% em 1957 para 24,3% em 1958 representou uma séria ameaça ao ritmo acelerado de implantação dos programas de desenvolvimento do Governo. Em junho de 1958, tomou posse no Ministério da Fazenda, Lucas Lopes, mais próximo dos interesses ligados à industrialização e que, juntamente com Roberto Campos – então Diretor Superintendente do BNDE –, preocupava-se com a definição de fontes adequadas para o financiamento do Programa de Metas. O equacionamento dessas fontes se mostrou particularmente complexo, tendo em vista os esforços concomitantes para construção da nova capital e a execução da política do Governo de compra dos estoques excedentes de café, num período de violenta queda nos preços internacionais do produto. O volume das compras internas dos estoques passa a assumir proporções significativas, da mesma ordem de grandeza dos gastos com a construção de Brasília.[16]

Em 27 de outubro de 1958, através de mensagem presidencial que o apresenta como "medidas enérgicas para contenção do impulso inflacionário"[17] (Programa de Estabilização Monetária, 1958, p. 2), é encaminhado ao Congresso o Programa de Estabilização Monetária (PEM) do ministro Lucas Lopes. Em sua mensagem, o presidente chama atenção para o impacto da queda dos preços internacionais do café nos resultados do balanço de pagamentos, para a perspectiva de um déficit, ainda em 1958, de cerca de US$300 milhões e para negociações com o FMI visando ao acerto de um conjunto de operações de financiamentos compensatórios que permitiriam garantir compromissos externos e o restabelecimento de linhas de crédito utilizadas para o financiamento de curto prazo das importações correntes. Por outro lado, enfatiza a subordinação inquestionável das medidas preconizadas no PEM aos compromissos decorrentes da implantação do Plano de Metas e da construção de Brasília.

O PEM deveria se desenvolver em duas etapas. Na primeira, fase de transição e reajustamento, que se estenderia até fins de 1959, procurar-se-ia reduzir drasticamente o ritmo da elevação dos preços através de duas metas: uma, econômica, que se traduziria na correção das distorções criadas pela inflação, na distribuição da renda, na orientação dos investimentos e nos preços do setor externo da economia; outra, social, de se proteger o salário real ao invés dos reajustes constantes dos salários nominais. Na segunda etapa, fase de estabilização, procurar-se-ia, a partir de 1960, limitar a expansão de meios de pagamentos no necessário para o ritmo de crescimento do produto real, com vista a assegurar um grau razoável de estabilidade nos preços internos e reequilíbrio no balanço de pagamentos (PEM, 1958, p. 11-12).

São apresentadas então quatro recomendações mais detalhadas, cujo conteúdo constitui o Programa propriamente dito:

a) Controle da expansão da moeda basicamente através da geração de tetos para o incremento da base monetária em 4% para junho/dezembro de 1958 e 10% em 1959, rigoroso controle do Banco do Brasil através de um orçamento limite e taxas mensais de expansão dos empréstimos e depósitos dos bancos comerciais. Em relação ao controle da expansão monetária o PEM projetava as taxas de crescimento apresentadas na Tabela 8.4.

b) Correção do desequilíbrio financeiro do setor público, bem como uma série de medidas administrativas relacionadas ao funcionalismo público. Pelo lado da arrecadação, revisão da estrutura dos tributos de renda, consumo e selo, bem como aperfeiçoamento dos processos de arrecadação e fiscalização.[18]

---

[16] Pinho (1987, p. 31).
[17] Programa de Estabilização Monetária (PEM), 1958, p. 2.
[18] Para uma inflação prevista de 5% estimava-se um aumento de 26% na receita orçamentária (20% de crescimento real) ao mesmo tempo que se projetava uma queda real de 7% nas despesas (PEM, 1958, p. 39).

TABELA 8.4 Programa de Estabilização Monetária, 1958-1959, limites mensais de expansão monetária, %.

	TAXA OBSERVADA JANEIRO-AGOSTO DE 1958	TAXA PROJETADA SETEMBRO DE 1958-DEZEMBRO DE 1959
Empréstimos do Banco do Brasil a governos estaduais e municipais		
CREGE	2,01	4,17
CREDI	2,71	1,42
Tesouro Nacional	2,28	0,22
Empréstimos de bancos comerciais ao setor público	1,76	0,84

Fonte: Calculados com base em PEM (1958, p. 30).

c) Definição de uma política de salários e ajustes de tarifas nas empresas públicas de modo a dimensionar suas possibilidades de custeio, vinculando-se a partir daí permanentemente os reajustes salariais nessas empresas aos reajustes tarifários, contenção dos salários pagos pelo setor privado e definição do salário mínimo pelo volume mínimo de bens e serviços necessários à subsistência do trabalhador, considerando-se a tributação progressiva instrumento mais eficaz para a distribuição de renda.

d) Correção do desequilíbrio do balanço de pagamentos através da redução da demanda por bens importados via restrições monetárias e creditícias, política cambial realista, desburocratização do setor exportador, eliminação gradual dos subsídios cambiais, limitação da concessão de novas autoridades para importações amparadas por *supplier's credits*, subordinação dos projetos de grande intensidade de capital e longa maturação à obtenção de fontes externas de longo prazo e, finalmente, destinação dos primeiros resultados cambiais à reconstituição das reservas internacionais antes de se permitir o aumento das importações correntes.

O PEM, tão logo foi levado ao Congresso e discutido nas Comissões de Finanças, Economia e Orçamento, provocou intensa polêmica. Os debates foram fortemente politizados pelos vários interesses envolvidos e, de um modo geral, alinhados com o clima de progresso e crescimento que dominava o governo Kubitschek, sobrando pouco espaço para o exame exclusivamente técnico das medidas contencionistas para as quais apontava um extenso diagnóstico da economia brasileira, incluído no documento de apresentação do Programa (Lopes, 1988).

Uma série de fatores que serão analisados adiante fez com que o PEM, já então identificado como estratégia ideologicamente conservadora de uma articulação Lucas Lopes e Roberto Campos em estreita associação com a política ortodoxa defendida pelo FMI, sofresse rápido desgaste junto à classe política e à opinião pública em geral. Na sequência dos acontecimentos, em meados de 1959, quase simultaneamente, Lucas Lopes é substituído no Ministério da Fazenda por Sebastião Paes de Almeida, então presidente do Banco do Brasil, Roberto Campos dá lugar a Lúcio Meira no BNDE e o governo brasileiro "rompe" com o FMI, isto é, desiste de implementar um programa de estabilização em sintonia com o Fundo, em vista do irrealismo das exigências definidas pelo Fundo, que desejava um programa de choque ainda mais radical do que o gradualismo relativo do PEM.

Na verdade, o programa pretendeu ser um importante argumento para a aceitação das políticas econômicas brasileiras pelo FMI sem comprometer o Plano de Metas. Com isso ficaria facilitada a posição brasileira junto a credores e fontes de financiamento externo. Naquele momento, Kubitschek ainda aguardava o acordo do FMI para concluir negociações já iniciadas com a comunidade financeira internacional para obtenção de um empréstimo de US$300 milhões.

A dificuldade em se obter uma resposta positiva, bem como o precedente desgastante das gestões do ministro Eugênio Gudin junto ao Fundo durante o governo Café Filho, parecem ter influído na decisão do governo brasileiro. Além disso, Kubitschek parecia estar convencido de que uma política agressiva de investimentos seria mais eficaz na atração de capital estrangeiro do que uma política fiscal e monetária ortodoxa (Malan, 1983).

Na apresentação do PEM, Kubitschek já deixara transparecer o caráter ambíguo e politicamente inconsistente do Programa. Ao mesmo tempo que usa um tom francamente otimista em relação à economia e às perspectivas de desenvolvimento, JK encaminha medidas para estabilização econômica de consequências obviamente recessivas. A estratégia gradualista do PEM de controle da inflação acabou por não encontrar um caminho próprio de aceitação para a delicada tarefa de compatibilizar alto nível de investimentos com estabilidade de preços (Skidmore, 1976, p. 217).

Uma das metas centrais do plano seria o controle dos créditos do Banco do Brasil, órgão executivo fundamental da política creditícia. A dificuldade de subordinação do Banco do Brasil às políticas de estabilização pretendidas pelo Ministério da Fazenda, que já tinha o precedente de 1951-1953 nos desentendimentos entre Ricardo Jafet e Horácio Lafer então, respectivamente, presidente do Banco do Brasil e ministro da Fazenda, agora se repetia em escala ampliada. O Banco do Brasil passou a ter vários aliados: prefeitos e governadores animados com os rendimentos políticos de uma época de prosperidade, a indústria tradicional que defendia a preservação de sua fonte praticamente única de capital de giro e os cafeicultores preocupados com a política de compras de café pelo governo num momento de preço internacional cadente. Como resultado desse enfrentamento, em nenhum momento o Banco do Brasil se submeteu às diretrizes e metas quantitativas do Programa (Lopes, 1988).

Por outro lado, no controle da expansão monetária um item central seria o relativo aos limites da política cambial, diretamente ligada ao interesse dos cafeicultores. Nessa área, as dificuldades de comando por parte do Ministério da Fazenda eram de tal ordem que pouco ou nada se encontra no programa sobre o assunto. Segundo o próprio ministro Lucas Lopes, o tema era por demais explosivo para estar consignado explicitamente no PEM, sendo as questões relativas ao problema resolvidas diretamente no gabinete do ministro (Lopes, 1988).

Por fim, a política salarial restritiva foi logo entendida como "arrocho salarial", provocando reações imediatas dos partidos de esquerda e das organizações sindicais que passaram a pressionar diretamente as comissões do Congresso que discutiam o Programa (Benevides, 1976, p. 222).

Nesse contexto, o presidente acabou por decidir pela continuação de seu governo desenvolvimentista sem balizamento de políticas de controle monetário, em oposição ao PEM e ao FMI e endossando a visão estruturalista de que economias subdesenvolvidas só poderiam se industrializar com algum nível de inflação, a qual deveria ser administrada, ao invés de se buscar preços controlados com estagnação. A partir daí, as tentativas de estabilização dos preços restringiram-se a uma sucessão de "Planos de Contenção" da despesa orçamentária, sempre frustrados pela execução efetiva de caixa. Assim, em 1961, o orçamento havia sido aprovado prevendo-se um déficit de Cr$55 bilhões para o ano fiscal.

Ao governo Kubitschek segue-se um período de contenção de despesas e reequacionamento das contas externas sob Quadros no primeiro semestre de 1961, mas com a renúncia do presidente inicia-se um período de instabilidades que iriam repercutir fortemente na condução da política econômica brasileira pelo menos até 1967.

CAPÍTULO 9

INFLAÇÃO, ESTAGNAÇÃO
E RUPTURA, 1961-1964

Mário M.C. Mesquita

Entre o final de janeiro de 1961 e 31 de março de 1964 o Brasil viveu um período de singular turbulência política, assistiu à única experiência parlamentarista da era republicana, teve três presidentes, cinco chefes de governo e seis ministros da Fazenda. A rotação no comando da política econômica contribuiu para a perda progressiva do controle sobre a inflação e outras variáveis macroeconômicas. Nesse contexto, a subdivisão do capítulo segue a sequência de desenvolvimentos políticos que marcou o período: a breve tentativa de estabilização ortodoxa sob Quadros, as políticas econômicas do período parlamentarista, e a fase presidencialista do governo Goulart, marcada pela implementação tentativa do Plano Trienal. A última seção inclui uma discussão sobre as origens da desaceleração de 1963-1964 bem como uma avaliação mais ampla das políticas do período em questão.[1]

O início dos anos 1960 foi, em suma, caracterizado por aceleração inflacionária, tentativas fracassadas de estabilização e intensa instabilidade política, um quadro no qual se intensificaram tensões que já estavam presentes desde os anos 1940 e 1950. Foi também um período de aguda, porém breve, desaceleração econômica, o qual teria contribuído para consolidar certos elementos do consenso expansionista que caracterizou a política econômica brasileira até seu esgotamento nos anos 1980 do século passado.

1. A Tentativa de Estabilização sob Quadros

Em 31 de janeiro de 1961, Jânio Quadros assumiu a Presidência da República amparado pela mais significativa votação popular registrada até então na história das eleições presidenciais brasileiras. Sua vitória decorreu de coalizão momentânea do eleitorado conservador com segmentos sensíveis ao apelo populista de suas propostas, bem como de certa negligência benigna por parte do Presidente

---

[1] Este capítulo se beneficia em muito do tratamento original de Marcelo Abreu, Abreu (1990c), bem como de Mesquita (1992).

Kubitscheck, que aparentemente contava suceder Quadros no pleito esperado para 1965. Mesmo tendo obtido votação para a época expressiva em números absolutos, em termos percentuais Quadros obteve apenas 48% dos votos válidos, contra 52% atribuídos aos outros candidatos.[2] Mais importante, os partidos que o apoiaram na campanha, liderados pela União Democrática Nacional (UDN), com a qual Quadros não tinha relacionamento fácil, eram francamente minoritários no Congresso. O governo Quadros foi, em suma, politicamente frágil desde seu início.

Suas dificuldades políticas se somavam à herança macroeconômica nada trivial deixada pelo governo Kubitscheck. Se, por um lado, a economia havia de fato avançado consideravelmente entre 1956 e 1960, com expansão de quase 50% do PIB e de pouco mais de 60% na produção industrial, por outro, os sinais de descontrole macroeconômico eram evidentes. A inflação medida pelo deflator implícito do PIB, que tinha sido de 11,8% em 1955, acelerou para 25,4% em 1960. O balanço de pagamentos mostrava déficits insustentáveis, e o país, em período de forte expansão do comércio mundial, era obrigado a lançar mão de atrasados comerciais como fonte de financiamento de última instância. Isto porque o governo utilizou, com certa intensidade, a taxa de câmbio, crescentemente sobrevalorizada, para tentar prover alguma âncora nominal para a economia.

Com o benefício da perspectiva histórica, o problema macroeconômico com que se defrontava o governo Quadros era evidente: políticas de demanda fortemente expansionistas geravam sintomas nítidos de superaquecimento, que se manifestava na aceleração inflacionária e, diante do aparato pouco flexível de controles cambiais, no agravamento do desequilíbrio externo. Dessa forma, caberia aos novos responsáveis pela política econômica adotar medidas para promover a redução da absorção doméstica e induzir um aumento na oferta e redução no consumo de bens transacionáveis. Que tais medidas não tenham sido implementadas de forma consistente até o Programa de Ação Econômica do Governo (PAEG) apenas ilustra, além da complexa economia política da estabilização, as limitações que o arcabouço institucional, e mesmo intelectual, da época apresentava para a gestão econômica. Além da questão da gestão das pressões de demanda, caberia ao governo lidar com um problema que se tornara crítico: os compromissos com o serviço da dívida externa previstos para o quinquênio 1961-1965 em muito excediam a disponibilidade de divisas esperada, o que requeria negociações com os credores externos.

As iniciativas de política econômica do governo seguiram essa ordem de prioridades: redução do desequilíbrio do balanço de pagamentos, renegociação da dívida externa e combate à inflação, em linhas gerais de forma consistente com o que se entendia na época como a visão ortodoxa.

O elemento central da estratégia econômica do governo Quadros foi a Instrução 204 da Superintendência de Moeda e de Crédito (SUMOC), de março de 1961, que tinha como objetivo a desvalorização da taxa de câmbio e a unificação do mercado cambial. Além disso, a iniciativa buscava limitar os efeitos danosos da

---

[2] A Constituição não contemplava a possibilidade de reeleição imediata do presidente da república e estabelecia eleições desvinculadas para presidente e vice-presidente.

política cambial sobre o Tesouro. Em discurso à Câmara dos Deputados, o ministro da Fazenda Clemente Mariani referiu-se explicitamente à inexistência de recursos no Fundo de Ágios compatíveis com o acúmulo de obrigações governamentais em divisas relativas a atrasados, *swaps* e importações a "câmbio de custo". Assim, para evitar o aumento das emissões monetárias e, consequentemente, da inflação, caberia ao governo "passar a vender o câmbio de custo pelo seu custo real" (ver Mariani, 1961, p. 11 a 20).

Sob a Instrução 204 as importações feitas pela categoria geral se dariam através do mercado livre, sem necessidade de licenciamento prévio. Os leilões cambiais para esta categoria foram abolidos. As importações só poderiam efetivar-se, contudo, mediante apresentação de Certificado de Cobertura Cambial, cuja emissão pela Carteira de Comércio Exterior do Banco do Brasil (CACEX) requeria fechamento de contrato de câmbio com bancos autorizados dentro de um limite inicial de US$20.000,00 por importador, por semana e a compra pelos importadores de Letras do Banco do Brasil em igual montante ao valor em moeda nacional do contrato de câmbio, com taxas de juros nominais fixas em 6% ao ano e prazo de 150 dias. As importações anteriormente feitas pela categoria especial obedeceriam ao mesmo procedimento, mas dependeriam de licenciamento prévio pela CACEX e da compra de Promessas de Licença da Importação (PLI) em leilões públicos, cuja dotação seria determinada pelo Conselho da SUMOC. Após desvalorização de 100%, as importações preferenciais seriam feitas à taxa de Cr$200,00 por dólar. As exportações de café, cacau e derivados continuariam a ser feitas pelas taxas vigentes, sendo a diferença entre estas taxas e a taxa de venda do mercado livre recolhida à SUMOC, para custear a sustentação das cotações destas *commodities*. As demais exportações teriam suas divisas vendidas no mercado livre de câmbio, sendo Cr$100,00 por dólar pagos em Letras do Banco do Brasil com prazo de 120 dias e rendimento nominal fixo de 6% ao ano. Instruções subsequentes da SUMOC fixaram a "quota de contribuição" das exportações de café em US$22,00 por saca, estabeleciam uma escala de redução progressiva do montante a ser pago aos exportadores em Letras do Banco do Brasil (reduzindo este tipo de confisco cambial), elevavam o limite mensal de compras de dólares para importadores e transferiam ao mercado livre as vendas de divisas relacionadas a importações e transferências financeiras preferenciais.

Apesar de representar avanço na direção de reduzir a complexidade do sistema, que o deixava bastante exposto à extração de quase-rendas, a reforma ficou bem aquém da completa unificação cambial. Em termos de sua contribuição para aumentar a competitividade das exportações e reorientar recursos para a produção de bens comercializáveis, o impacto da reforma foi limitado: o ajuste cambial restringiu-se praticamente à eliminação do subsídio oferecido às importações de petróleo, trigo e derivados.

Há sinais de que as mudanças cambiais, em especial a desvalorização das taxas aplicadas às importações preferenciais, tiveram impacto inflacionário considerável – houve aceleração particularmente intensa dos preços de alimentos, combustíveis e produtos metalúrgicos –, os preços de combustíveis no atacado, por exemplo, tiveram elevação de 42% em março-abril de 1961. É, contudo, difícil aceitar o argumento de Furtado (1975, p. 32) debitando a aceleração inflacionária a um suposto desequilíbrio das contas públicas resultante da Instrução 204, ao abolir a conta de ágios e bonificações.[3] Isto porque a análise deve concentrar-se não sobre uma das contas cambiais do governo federal, mas sobre o resultado líquido de todas as contas cambiais do governo sob o ponto de vista do financiamento de seus gastos em moeda nacional. Wells (1977, p. 224) e Mesquita (1992, tabela II.1) apresentam evidências conclusivas de que esta contribuição não havia sido sistematicamente positiva no passado, tendo sido fortemente negativa em 1959, e que o governo foi capaz de encontrar formas alternativas de gerar recursos domésticos no mercado cambial, em particular via instrumentos financeiros que implicavam empréstimos ao Tesouro a juros reais negativos. O impacto inflacionário, que houve, deveu-se mais ao fato de que a política econômica doméstica do governo não conseguiu lograr a necessária redução consistente da absorção, que deveria acompanhar a mudança de preços relativos.

Em um aspecto, contudo, as medidas cambiais tiveram êxito. A iniciativa de avançar em direção à unificação e ao maior "realismo cambial" contou com apoio do FMI e dos países credores, aplainando o caminho para a renegociação da dívida externa.[4] De fato, em maio e junho de 1961, o governo teve sucesso nas negociações com os credores norte-americanos – principalmente o Eximbank, graças ao apoio do governo americano – e, em menor medida, europeus, obtendo novos empréstimos e significativo reescalonamento da dívida externa que venceria entre 1961 e 1965. Os pagamentos programados de principal foram remanejados para serem pagos em cinco anos a partir de 1966: 80% dos que venceriam em 1961, 70% em 1962-1963, 50% em 1964 e 35% em 1965. As operações de reescalonamento afetaram empréstimos de US$874 milhões nos Estados Unidos e Canadá e de US$224 milhões na Europa. Em consequência foi possível reduzir o serviço da dívida, que alcançava 43,6% das receitas com exportações em 1960, para 32,2% em 1961 (World Bank, 1971). O estoque da dívida externa, que havia crescido cerca de 37% desde 1956, atingiu US$3.738 milhões no final de 1960 (dívida externa total geral), US$3.291 milhões no final de 1961 e US$3.533 milhões no final de 1962, mantendo-se praticamente estável até 1964. O coeficiente dívida externa/exportações decresceu, portanto, de 2,95 em 1960 para 2,35 em 1961, mas seguia em patamar elevado.

Paralelamente, no terreno da política externa, valendo-se da margem de manobra propiciada pela conjuntura geopolítica da região, o governo distanciou-se da posição norte-americana de isolar Cuba, preparou o reatamento de relações com a União Soviética e apoiou a descolonização da África, lançando as bases da chamada política externa independente.

Diante das restrições institucionais existentes, como a Lei da Usura e o papel do Banco do Brasil como fonte de financiamento do Tesouro, a política econômica doméstica do governo, apresentada em proposta de acordo *stand-by* junto ao FMI, estava centrada no controle do déficit público, a partir do qual se determinaria o

---

[3] Em 1975, Furtado de fato apenas repetiu a argumentação sobre os fatores primários de desequilíbrio incluída no Plano Trienal.

[4] O relatório anual do Banco de Compensações Internacionais (BIS) de 1961 indica que a comunidade financeira internacional esperava que as medidas cambiais levassem à gradual unificação desse mercado.

Inflação, estagnação e ruptura, 1961-1964   183

cumprimento de metas para a expansão monetária e creditícia.[5] O governo manteve-se fiel às metas traçadas para a política fiscal e de crédito até o seu final, mas,
diante do aquecimento da economia já evidente desde o ano anterior, a política de
austeridade mostrou-se insuficiente para contrarrestar a intensificação das pressões
inflacionárias derivada da desvalorização cambial.

A renúncia de Jânio Quadros em 25 de agosto de 1961 resultou no colapso de
seu programa de estabilização. A curta duração de sua gestão dificulta a avaliação
criteriosa dos resultados das suas políticas econômicas, pois a crise política de
agosto e setembro de 1961 teve como consequência o descontrole monetário, fiscal
e creditício evidenciado pelas estatísticas mensais.

2. O Impasse Parlamentarista

A crise da renúncia de Quadros levou à adoção do parlamentarismo, como
solução compromisso entre o veto militar à posse do Vice-Presidente da República, João Goulart (PTB-RS) tal como estabelecia a Constituição, e as resistências
políticas em favor de sua posse com plenos poderes.

Entre setembro de 1961 e janeiro de 1963 o país foi governado por três gabinetes: Tancredo Neves (PSD-MG), de setembro de 1961 a junho de 1962; Brochado
da Rocha (PTB-RS), de julho a setembro de 1962; e Hermes Lima (PTB-GB), de
setembro de 1962 até janeiro de 1963. Nos dois primeiros gabinetes a pasta da
Fazenda ficou sob gestão do banqueiro e ex-Embaixador em Washington Walter
Moreira Salles, o que deu certa linha de continuidade à política econômica. Não
obstante, o período parlamentarista foi caracterizado por crise política permanente,
o que impôs severas limitações ao tipo de medidas econômicas que poderiam ser
adotadas.

O gabinete Neves, dito de União Nacional, contava com o apoio dos principais
partidos políticos representados no Congresso, mas sua ação foi, desde o início,
tolhida pelo Presidente da República, em campanha aberta pelo retorno do presidencialismo e pelas chamadas "reformas de base", especialmente agrária e do
tratamento dado ao capital estrangeiro investido no país.

O programa de governo apresentado pelo primeiro-ministro era uma coleção
de boas intenções e estabelecia como objetivos (que, admitia, "não são todos
plenamente compatíveis"): aumentar a taxa de crescimento da economia para
7,5% ao ano; absorver a mão de obra subempregada; minorar as tensões criadas
pelos desequilíbrios sociais, diminuindo a desigualdade de distribuição de renda
e provendo condições mínimas de habitação e saneamento; alcançar razoável estabilidade de preços; atenuar o desequilíbrio do balanço de pagamentos; minorar
os desequilíbrios regionais e corrigir as deformações estruturais, adaptando o
setor industrial à necessária estrutura de emprego e aumentando a produtividade
agrícola (ver Conselho de Ministros 1961, p. 15). No campo das reformas, também
ambicioso e abrangente, mas de escassa viabilidade política, o programa previa,

---

[5] Cerca de 40% do déficit, em 1960, correspondia a subsídios às autarquias ligadas aos serviços
de transporte, especialmente setores ferroviário e marinha mercante.

entre outras, uma profunda mudança da estrutura tributária, colocando a tributação indireta em bases *ad valorem*, reduzindo a regressividade fiscal e eliminando a taxação de ganhos fictícios gerados pela inflação, bem como a criação de um banco central.

Reconhecendo, contudo, o recrudescimento da pressão inflacionária, o governo apresentou já em setembro de 1961 um conjunto de medidas contracionistas, denominado de "Ação de Emergência", que incluía a adoção de controles quantitativos de crédito até o final de 1961, a fim de manter a oferta monetária constante em termos reais. Em particular, o governo mostrou-se preocupado com a expansão monetária ocorrida durante a crise política, estabelecendo mecanismos de depósito compulsório sobre depósitos à vista dos bancos privados e de controle da expansão do crédito pelo Banco do Brasil. Quanto à política financeira pública, o governo propunha-se, como ação de emergência, a aplicar o Plano de Economia de gastos aprovado por Quadros e a financiar o déficit programado de 1962 de forma não inflacionária.

A despeito dessas iniciativas, o último trimestre de 1961 foi marcado pelo aumento do déficit público e pela aceleração da expansão monetária – a taxa de crescimento anual dos meios de pagamento se elevou de 33% em dezembro de 1960 para 40% em junho de 1961 e 51% em dezembro do mesmo ano. Diante de sinais de renovada aceleração inflacionária no início do ano – um aumento do IPA de 6,2% em janeiro – e das perspectivas de aumento do déficit público, derivado de aumentos esperados no dispêndio com o funcionalismo e com subsídios a empresas estatais, o governo anunciou, ao final de março, nova política de estabilização, incluindo medidas de contenção fiscal e controle de crédito. A inovação, do ponto de vista do financiamento do déficit governamental, seria a colocação de Cr$100 bilhões junto ao público em títulos indexados. Embora alguns de seus elementos, particularmente no âmbito fiscal, viessem a ser preservados ao longo do ano, o plano não chegou a ser plenamente implementado, visto que, frente à crescente e explícita oposição presidencial, e em vista da aproximação do prazo de desincompatibilização para as eleições de outubro, o gabinete Neves renunciou em fins de junho de 1962.

O nome de Santiago Dantas, indicado para suceder Tancredo Neves, foi rejeitado pelo Congresso. A interpretação usual é de que isto teria resultado da insatisfação dos congressistas mais conservadores com a sua atuação no Ministério das Relações Exteriores, voltada à consolidação da política externa independente. Entretanto, as dificuldades quanto à aceitação de seu nome eram provavelmente mais complexas, como sugere o seu discurso na Câmara de Deputados em 27 de junho:

> "[...] chegamos a um momento em que certas necessidades se tornaram imperativas. Em primeiro lugar, o país não comporta mais uma administração sem rigoroso planejamento. Se queremos lutar contra a inflação, a primeira medida necessária é um balanço dos recursos de que dispomos e uma orçamentação honesta das nossas disponibilidades. Quem não dispõe de recursos ilimitados e tem diante de si problemas que os ultrapassam tem necessidade de planejar para criar uma ordem de prioridades. Só um governo que se disponha a estabelecer, entre os problemas brasileiros, uma ordem rigorosa de prioridades neste

instante, e proporcionar a essas prioridades os recursos disponíveis, é que terá possibilidades de praticar uma política monetária que possa servir de suporte a uma política de contenção de preços."[6]

É difícil pensar que a substância deste discurso tenha aprofundado a penetração de seu nome em círculos políticos, caracterizados, na melhor tradição das elites brasileiras, pela aversão à escolha entre objetivos contraditórios e acostumados à acomodação inflacionária de conflitos associados à distribuição de recursos escassos. Apesar do compromisso com as reformas de base, é clara a consciência de que, dados os limitados meios à disposição do governo, era essencial estabelecer prioridades para poder adotar uma política monetária compatível com a contenção de preços. Assim, às dificuldades de penetração do nome de Santiago Dantas nos meios conservadores por razões associadas à política externa independente, somavam-se as geradas pelas implicações do seu programa econômico.

Após dificuldades adicionais – que envolveram a aprovação pelo Congresso do senador Auro de Moura Andrade e a recusa de sua homologação por Goulart –, cedendo a forte pressão sindical, o Congresso aprovou o nome de Brochado da Rocha como primeiro-ministro. O novo gabinete retratava ainda uma composição política de amplo espectro, continuando na pasta da Fazenda o banqueiro Moreira Salles.

O programa econômico de Brochado da Rocha pretendia estabilizar a inflação em 60% em 1962 e reduzi-la para 30% em 1963 – a variação anual do IPA chegou a 59% em julho de 1962. O gabinete concentrou os seus esforços na tentativa de obtenção de poderes especiais para legislar sobre diversos temas, inclusive as reformas de base, bem como na antecipação da data de realização do plebiscito sobre a manutenção do sistema parlamentarista de governo. As recusas de delegação de poderes especiais pelo Congresso provocaram a renúncia do gabinete Brochado da Rocha em setembro. As pressões para a antecipação da data do plebiscito, entretanto, culminaram com a aprovação de emenda constitucional estabelecendo sua realização em 6 de janeiro de 1963. Hermes Lima chefiou um gabinete provisório no período pré-plebiscitário caracterizado, após a substituição de Moreira Salles por Miguel Calmon na pasta da Fazenda, pela ausência de um grande nome de composição com os círculos conservadores, em contraste com os gabinetes anteriores. O programa de transição incluía um plano de controle da inflação, logo em seguida comprometido pela concessão do 13° salário aos trabalhadores urbanos.

As eleições de outubro, embora tenham resultado em aumento significativo da bancada do PTB, mantiveram a maioria conservadora no Congresso Nacional e, portanto, o impasse no cabo de guerra entre o Presidente e o Congresso.

A despeito da forte instabilidade política, o governo logrou manter algum controle sobre as contas públicas, que registraram déficit de Cr$281 bilhões ao final de 1962 (equivalente a 36% das despesas), montante em muito superior à estimativa orçamentária, mas menos de 60% do déficit potencial de Cr$500 bilhões. Isto se deu por meio de cortes significativos nos investimentos públicos. A política monetária e de crédito, por sua vez, foi expansionista, visto que os agregados monetários e as carteiras de crédito exibiram crescimento real expressivo no ano. A inflação mostrou tendência de aceleração durante os 18 meses do regime parlamentarista,

---

[6] Anais da Câmara dos Deputados, 27.6.1962, p. 584.

mas não de modo uniforme. Houve, de fato, um período em que as taxas mensais se acomodaram, grosso modo entre novembro de 1961 e abril de 1962, ajudadas pela sazonalidade agrícola favorável e por certo enfraquecimento da atividade econômica no primeiro quadrimestre de 1962, que conteve as pressões de altas de preços industriais – esta provavelmente resultou do impacto defasado da contração de liquidez determinada pelo plano de estabilização de Quadros-Mariani, em ambiente no qual os salários nominais não conseguiam repor integralmente a erosão do poder aquisitivo ocasionada pelo próprio processo inflacionário. No entanto, a partir de maio, com a concessão de aumentos salariais generalizados e o afrouxamento da política monetária e creditícia, houve uma recuperação do nível de atividade, o que sustentou a retomada da elevação dos preços industriais. Concomitantemente, a entressafra pressionou os preços agrícolas, daí a aceleração inflacionária verificada no segundo semestre. No último trimestre do ano parecem ter ocorrido remarcações preventivas, pois havia temor de que a equipe econômica de Goulart poderia impor uma "trégua" forçada de preços e salários.

A política econômica externa sob o parlamentarismo foi marcada por três eventos: o abandono do movimento em direção à unificação cambial, a negociação do primeiro Acordo Internacional do Café e a aprovação da Lei nº 4.131, a chamada Lei de Remessa de Lucros, que ainda regula aspectos importantes dos fluxos de capitais entre o Brasil e o exterior.

Tais desenvolvimentos ocorreram em meio a uma gradual, mas consistente, deterioração das relações Brasil-Estados Unidos. Isto ocorreu em decorrência da postura do governo diante do exame pelo Congresso de alterações da legislação relativa à remessa de lucros de capital estrangeiro, do cancelamento das concessões de lavra de minério de ferro da empresa norte-americana Hanna Corporation e do apoio dado pelo governo central à desapropriação, pelo governador do Rio Grande do Sul, Leonel Brizola, dos bens da Companhia Telefônica Nacional, subsidiária da empresa norte-americana International Telephone and Telegraph (ITT). Adicionalmente, a política externa independente inaugurada por Jânio Quadros teve continuidade sob João Goulart, tal como estabelecido pelo programa de governo do gabinete Neves. O Brasil reatou relações diplomáticas com a União Soviética, ainda em 1961, e na reunião da Organização dos Estados Americanos (OEA), em janeiro de 1962, divergiu da posição norte-americana, abstendo-se na votação que aprovou a expulsão de Cuba da organização. Em abril de 1962, Goulart visitou os Estados Unidos, abordando com o Presidente Kennedy assuntos relacionados à dívida externa e ao capital estrangeiro no Brasil. Os resultados não foram encorajadores, aumentando o desgaste do governo. No grave episódio da "crise dos mísseis", o Brasil não alinhou-se às propostas norte-americanas de intervenção armada no âmbito da OEA, mas aprovou o bloqueio a Cuba, cedendo em parte às pressões políticas norte-americanas.

A política cambial foi caracterizada pelo aumento das intervenções das autoridades monetárias no mercado de divisas. Com isso, a taxa de câmbio do mercado dito "livre" voltou a ser rigorosamente controlada pelo Banco do Brasil, como no governo Kubitschek, com o objetivo de não exacerbar as pressões inflacionárias. Em um contexto de atividade econômica doméstica ainda relativamente aquecida, no qual as diversas taxas de câmbio foram administradas aparentemente de forma a apenas compensar a inflação passada, e diante de uma nova rodada de piora dos

Inflação, estagnação e ruptura, 1961-1964   187

termos de troca (segundo a revista *Conjuntura Econômica* o índice de preços internacionais do café exportado pelo Brasil para 1962 foi 56, frente a 124 no auge de 1954), o déficit em conta corrente, que havia sido reduzido de US$518 milhões em 1960 para US$262,9 milhões em 1961, voltou a se ampliar, atingindo US$452,7 milhões em 1962. Em um aspecto, contudo, a política cambial foi bem-sucedida: a administração das taxas de câmbio, complementada por um complexo sistema de compras compulsórias de títulos públicos com remuneração real negativa, gerou montante equivalente a 11% da receita pública total, o que superou os resultados que vinham sendo obtidos pelo regime de ágios e bonificações desde 1957.

A despeito da piora das relações bilaterais com o Brasil, o governo dos Estados Unidos participou e apoiou as negociações do primeiro Acordo Internacional do Café, que em linhas gerais logrou estabilizar os preços da *commodity* durante sua vigência (1963-1968). A postura dos Estados Unidos refletiu a visão de que a estabilização de preços contribuiria para a estabilidade política não apenas em aliados de alinhamento precário, como o Brasil, mas também de importantes colônias e ex-colônias europeias na África, bem como países da América Central e do Sul que, em ambiente econômico difícil, poderiam vir a sentir atração pelo experimento cubano.

O grande tema, contudo, foi a discussão, no Congresso, dos projetos referentes ao controle do capital estrangeiro. Este já havia estado presente, de forma relevante, na campanha eleitoral de 1960. De fato, Quadros se comprometera com a adoção de uma nova lei, e seu governo, sob o diretor da SUMOC, Octávio Bulhões, enviou ao parlamento um projeto de lei que não discriminava os capitais estrangeiros quanto ao tratamento tributário, sendo por isso combatido pelos congressistas nacionalistas. A discussão da lei, em ambiente pré-eleitoral, e sob a influência das atitudes nacionalistas do Presidente da República, favoreceu a adoção de uma postura mais dura. O foco da discussão acabou sendo a questão da incorporação dos reinvestimentos ao capital original para fins de formação da base de cálculo da remessa de lucros, o que era contemplado pela legislação vigente, promulgada, a despeito do viés nacionalista da retórica presidencial, no segundo governo Vargas (ver Capítulo 6). Rejeitando um projeto do Senado, que previa a incorporação, a versão final da lei seguiu o projeto da Câmara, onde as forças nacionalistas e esquerdistas eram relativamente mais expressivas (e onde, ao contrário do Senado, todos os membros enfrentariam o eleitorado em outubro daquele ano), que não só não previa a incorporação de reinvestimentos à base de capital, como dava à autoridade monetária a faculdade de exercer rígido controle sobre os fluxos de capitais, em caso de ocorrência ou expectativa de ocorrência de graves desequilíbrios no balanço de pagamentos.[7]

A lei de remessa de lucros foi, na época, responsabilizada pelo estancamento do fluxo de investimentos externos no país durante o período 1962-1966 (IPEA, 1966). No entanto, há sinais de que esse movimento deveu-se, ao menos em parte, também à maturação de um ciclo de investimentos no setor automobilístico, ao desaquecimento econômico observado a partir do final de 1962 e à piora da relação política entre os governos brasileiro e americano. De fato, há evidências de que mesmo os desembolsos associados à renegociação de 1961 foram adiados ou cancelados em

---

[7] Lei nº 4.131, de 3 de setembro de 1962, artigo 28.

função dão afastamento político, como atesta carta do embaixador em Washington, Roberto Campos, ao subsecretário para Assuntos Latino Americanos dos Estados Unidos.[8]

A taxa de rolagem de empréstimos e financiamentos privados e públicos sofreu redução de 44% e 25% entre 1961 e 1962, respectivamente. Com isso, o resultado final do balanço de pagamentos em 1962 foi um déficit de US$118 milhões, financiado pela captação de recursos de curto prazo, liquidação de reservas e acumulação de atrasados comerciais. A fragilidade da posição externa voltava, portanto, ao estágio dos últimos anos do governo Kubitschek.

O legado do biênio 1961-1962 no campo doméstico também foi decepcionante. A economia cresceu respeitáveis 8,6% em 1961, mesmo com redução do investimento, após 9,4% em 1960, mas desacelerou para 6,6% em 1962. A produção industrial, cujo crescimento havia acelerado de 10,6% para 11,1% entre 1960 e 1961, teve expansão menos exuberante de 8,1% em 1962. A inflação, medida pelo deflator do PIB, saiu de 25,4% em 1960 para 34,7% em 1961 e 50,1% em 1962, com sinais de aceleração na margem – a taxa mensal, segundo o IPA da FGV, acelerou de 2,2% em média no primeiro semestre para 3,0% no terceiro trimestre e 5,3% no último trimestre do ano.

3. A política econômica sob o presidencialismo restaurado

No final de 1962, antecipando-se à muito provável vitória do presidencialismo no plebiscito de 6 de janeiro de 1963, que foi confirmada com ampla margem pelas urnas, o governo anunciou sua política econômica para o restante do mandato, consubstanciada no Plano Trienal de Desenvolvimento Econômico e Social, elaborado sob a coordenação de Celso Furtado, Ministro Extraordinário para Assuntos do Desenvolvimento Econômico. O plano procurava responder ao quadro de deterioração externa e à aceleração inflacionária, o que presumivelmente favoreceria uma aproximação entre o governo e segmentos da classe média e da comunidade empresarial, ampliando a sua base de apoio, com vistas a viabilizar a aprovação das reformas de base pelo Congresso. A dificuldade na sua implementação residia no fato de que as necessárias medidas de contenção da demanda e reorientação do padrão de consumo e produção (o chamado "realismo tarifário e cambial") encontravam forte resistência na base sindical e parlamentar de apoio ao governo. Esse jogo de soma zero político provocaria o abandono do Plano Trienal e contribuiria para o rápido enfraquecimento do governo nos meses finais de 1963 e em 1964.

O primeiro ministério de Goulart sob o regime presidencialista incluía notáveis de centro-esquerda, como Santiago Dantas (ministro da Fazenda) e Celso Furtado (ministro Extraordinário do Planejamento), mas carecia de penetração política e de figuras de composição com o empresariado na área econômico-financeira, tal como havia ocorrido sob o regime parlamentarista, em especial nos dois primeiros gabinetes.

---

[8] Arquivo Hermes Lima, CPDOC-FGV.

Na ausência da disponibilidade de estratégias alternativas de estabilização de curto prazo – os choques heterodoxos baseados no congelamento generalizado de preços ainda estavam no futuro –, o Plano Trienal partia de um diagnóstico convencional, e estava centrado em medidas de corte ortodoxo. A necessidade de se levar a um bom termo as negociações com o FMI, precondição para o equacionamento da difícil situação externa, também deve ter influenciado o desenho do plano.[9] Este, em conjunto com seus antecessores, combinava objetivos ambiciosos para o crescimento, no caso uma taxa anual de 7% com uma estratégia gradualista de desinflação, de 50% em 1962 para 25% em 1963, visando atingir 10% em 1965, bem como metas relativas à reformas estruturais (bancária, fiscal, administrativa e agrária).

Apesar da bagagem cepalina de seu principal formulador, Celso Furtado, o diagnóstico do plano era de que a inflação resultava essencialmente da expansão desmedida dos gastos públicos. Sendo assim, o controle de gastos era parte central do plano. Especificamente, o déficit potencial do governo para 1963 – correspondente a mais de 50% da despesa programada –, seria reduzido em cerca de 60% pela adoção de plano de economia e diferimento de despesas. Entre as medidas de ajuste fiscal mereceu atenção especial a redução dos subsídios ao consumo, em especial aqueles relativos à importação de petróleo e de trigo, e os referentes às tarifas de serviços públicos nos setores de transportes e comunicações. Além disso, o plano previa metas quantitativas para a expansão dos agregados monetários e de crédito.[10]

Seguiu-se ao anúncio do plano um salto no índice de preços industriais por atacado de mais de 20%, em janeiro, e 11%, em fevereiro, possivelmente, como sugerido por Sochaczewski (1993), com base em expectativas de imposição de controle de preços. Nesse ambiente de aceleração inflacionária, depois de um aumento de 56% no salário mínimo em 1º de janeiro, e antes que as medidas de contração fiscal e creditícia tivessem sido plenamente implementadas, o governo continuou adotando medidas de realismo tarifário e cambial. Em meados de janeiro de 1963, o governo anunciou o fim dos subsídios cambiais e, consequentemente, aumentos do trigo e de derivados de petróleo de 70% e 100%. Em fevereiro, as tarifas de transportes urbanos foram aumentadas entre 22% e 29%. Em abril, a taxa de câmbio do mercado livre, que era na prática controlada pelas autoridades monetárias, foi desvalorizada em 31%, mas o subsídio às importações de petróleo foi retomado. Com isto, a inflação, medida pelo IPA, chegou a 23% no primeiro trimestre, e a variação em 12 meses acelerou de 45,6% em dezembro de 1962 para 69,9% em março de 1963.

A partir de março o plano de contenção de despesas da União começou a ser posto em prática (pelo Decreto 51.814). Este veio se somar às políticas restritivas adotadas pela SUMOC para controlar a expansão do crédito pelo Banco do Brasil (Instrução 234, de 14 de fevereiro) e pelos bancos privados (Instrução 235, de 7 de março). A Instrução 235 previa um aumento dos depósitos compulsórios dos

---

[9] Isto é o que se depreende do depoimento de Casimiro Ribeiro, técnico da SUMOC que teve papel importante na formulação de políticas nesse período, ao CPDOC-FGV (1977).

[10] Mesquita (1992, tabelas IV.2 a IV.3). Os meios de pagamento deveriam crescer à taxa de 34% ao ano, compatível com a evolução esperada do PIB nominal, dada por inflação de 25% e crescimento real de 7%.

bancos comerciais, que passaram de 22% para 28% no caso dos depósitos até 90 dias, permanecendo em 14% para os demais depósitos. Em paralelo com estas medidas convencionais de ajuste, o governo negociou em março acordos de congelamento temporário (45 dias) de preços com os setores têxtil, de vestuário, veículos e autopeças, seguidos em abril pela indústria de cimento. Em março e abril foram, também, feitos acordos entre associações comerciais e o governo restringindo o crédito ao consumidor. Os acordos de congelamento de preços não chegaram a ser integralmente cumpridos, mas proporcionaram uma trégua, viabilizando o recuo da taxa de inflação mensal em abril para 0,5%, e levando a média do segundo trimestre para 3,8%, ante 7,6% no primeiro.

A despeito da (limitada) trégua no segundo trimestre, a aceleração da inflação, inevitável em função da necessidade de realinhar preços administrados, acabou inviabilizando o Plano Trienal. Em primeiro lugar, o movimento de preços ocorrido nos primeiros meses do ano tornou difícil o cumprimento do programa de contenção de despesas do governo. A inflação aumentou, por outro lado, as demandas por parte do empresariado por um relaxamento da política creditícia – em abril publicação oficial da CNI já alertava contra o risco de uma "crise de estabilização".[11] Finalmente, a alta dos preços verificada no primeiro trimestre contribuiu para aumentar as resistências dos trabalhadores, colocando os sindicatos, um dos principais pilares de apoio ao governo Goulart, frontalmente contra o plano.[12] Já em meados de fevereiro, a imprensa noticiava que "[...] o governo se esforça para adiar por alguns meses as reivindicações salariais que, atendidas agora, incidiriam de maneira nefasta sobre o esquema da política financeira [...] O adiamento das reivindicações trabalhistas é um dos aspectos vitais para o êxito da política traçada no Plano Trienal".[13]

Em maio, o plano começou a ser definitivamente abandonado. Naquele mês foi votado o reajuste do funcionalismo e, rejeitando a proposta original do governo de 40%, incluída na programação financeira do Plano Trienal, o Congresso aprovou um aumento de 70%, cujo impacto se faria sentir mais intensamente a partir de agosto. O processo de tramitação do projeto de lei sinalizou o afastamento de Goulart e seu entorno político em relação aos compromissos estabelecidos por uma política de estabilização. O aumento concedido ao funcionalismo não só inviabilizou a programação financeira da União, mas também as já difíceis negociações entre o governo e o FMI.

A implementação do plano, como em diversos episódios anteriores no período 1946-1964, foi heterogênea. O crédito ao setor privado teve o esperado comportamento contracionista, com expansão significativamente inferior à taxa de inflação, não apenas durante o primeiro semestre, mas ao longo de todo o ano – apenas nos primeiros nove meses do ano a contração creditícia teria chegado a cerca de 20%. O crescimento dos empréstimos dos bancos comerciais ficou aquém do previsto,

---

[11] *Desenvolvimento & Conjuntura*, abril de 1963.

[12] A oposição de parte importante da esquerda ao plano vinha desde o início. Em debate com deputados da corrente nacionalista, de apoio ao governo, o ministro Celso Furtado, segundo Castelo Branco (1975), declarou sobre o plano que "não me encomendaram um projeto de revolução, mas um plano de governo".

[13] Castello Branco (1975, p. 121), originalmente publicado em coluna do *Jornal do Brasil* em 14.02.1963.

enquanto o crédito do Banco do Brasil superou amplamente suas metas, sem demonstrar comprometimento com o plano.[14] A atuação da SUMOC parece ter tido o desejado efeito contracionista no primeiro semestre, mas no resto do ano a falta de dinamismo do crédito dos bancos privados provavelmente refletiu um deslocamento negativo da curva de oferta, em consequência da deterioração das expectativas de inflação em ambiente de controles generalizados sobre as taxas de juros. A política fiscal manteve-se relativamente alinhada às diretrizes do plano durante o primeiro semestre, quando o excesso do déficit do Tesouro em relação ao programado foi de 26%, mas surgem evidências de descontrole no segundo semestre, quando o déficit acabou excedendo o previsto no plano em mais de 60% (Mesquita, 1992, tabelas IV.4 A e IV.4 B). Para o ano como um todo o déficit chegou a 33,6% das despesas do governo federal, pouco abaixo dos 34,3% verificados em 1962, inflado pelo aumento dos subsídios a empresas estatais, após o abandono da tentativa de aplicação do realismo tarifário a partir da metade do ano.

Se os resultados domésticos mostraram-se decepcionantes, a evolução do setor externo da economia teve aspectos favoráveis. A desaceleração da atividade, e em especial do investimento, levou à redução das importações, ao passo que a recuperação das cotações internacionais do café a partir de setembro, bem como expressivo crescimento de exportações exclusive café, determinaram o crescimento do valor exportado. Com isso, a balança comercial apresentou melhora de US$202,2 milhões, contribuindo de forma importante para a redução de mais de 70% no déficit em conta corrente. A política cambial do Plano Trienal previa reajustes das taxas de câmbio em função do diferencial esperado de inflação. O "realismo cambial" foi mantido pelo menos até abril, quando a Instrução 239 da SUMOC determinou uma desvalorização de 31% do cruzeiro. Posteriormente, contudo, as autoridades passaram a optar pela adoção de um crescentemente complexo sistema de depósitos compulsórios, bonificações e quotas de contribuição como mecanismos de correção das distorções causadas pela manutenção da estabilidade das taxas de câmbio nominais em uma conjuntura de aceleração inflacionária.

O abandono do realismo cambial coincidiu com o fracasso das negociações, lideradas por Santiago Dantas, para reescalonar os compromissos externos do país. As negociações dependiam também da avaliação técnica do FMI, que, atendendo à solicitação do governo brasileiro, enviou em janeiro missão ao Brasil. Em março de 1963 Dantas visitou Washington, com o objetivo de adiar os pagamentos relativos à dívida externa brasileira e obter ajuda financeira. O fracasso da missão, condicionado em boa medida pela deterioração das relações *políticas* entre Brasília e Washington (em claro contraste com o quadro vigente em 1961) é evidente pois, apesar de concessões brasileiras relativas à indenização da companhia de energia elétrica do Rio Grande do Sul, subsidiária da AMFORP, dos US$398,5 milhões de empréstimos obtidos apenas US$84 milhões correspondiam a desembolso imediato, sendo US$30 milhões para compensar a ITT.[15] Além disso, a missão do FMI ao Brasil,

---

[14] Ney Galvão, banqueiro gaúcho próximo a Goulart, que presidia o banco, seria guindado ao Ministério da Fazenda em dezembro de 1963.

[15] As autoridades americanas esperavam do Brasil, além da indenização pelas encampações, a adoção de um programa efetivo de estabilização, bem como apoio no enfrentamento da questão cubana.

que assistiu à tramitação do projeto de reajuste do funcionalismo, só recomendou a liberação de US$60 milhões de um crédito stand-by de US$100 milhões combinado inicialmente. Enquanto isso, o Plano Trienal e as negociações internacionais a ele associadas eram duramente criticados por setores de esquerda que denunciavam o caráter recessivo da política econômica e a submissão dos interesses nacionais aos dos Estados Unidos.

A este desgaste se somavam as críticas crescentes de sindicatos, e organizações patronais, sobre a combinação de desaceleração econômica e intensificação das pressões inflacionárias. Acumulavam-se assim evidências de que mais um experimento de política de estabilização havia fracassado.

Em junho de 1963 Goulart promoveu uma reforma ministerial, sendo substituídos, entre outros, os ministros responsáveis pelo fracassado programa de estabilização. Santiago Dantas foi substituído por Carvalho Pinto na Fazenda, sendo extinto o Ministério do Planejamento. O presidente parece ter grandemente superestimado a capacidade de seu novo ministro da Fazenda, que havia sido governador e secretário da Fazenda do estado de São Paulo, apaziguar o descontentamento empresarial com o governo. Além de tentar sinalizar aproximação com o empresariado paulista, a escolha de Carvalho Pinto provavelmente refletiu também sua defesa de posturas mais assertivas nas negociações internacionais, tese cara às esquerdas. O ministro chegou a aventar, em julho, a possibilidade de uma moratória unilateral dos pagamentos externos, argumentando que até 1965 o país deveria gastar US$1,8 bilhões, mais de 40% da receita esperada com exportações, no serviço da dívida externa, o que exigiria compressão insustentável das importações. A melhora do desempenho comercial a partir de agosto/setembro permitiu que a moratória fosse evitada, mas ficou claro que na ausência de um reescalonamento pactuado do serviço da dívida externa qualquer piora significativa dos termos de troca, ou mesmo de crescimento das importações em caso de retomada da atividade, colocaria esta opção novamente na ordem do dia.

Nesse contexto, ia tornando-se explícita a polarização da disputa pelo poder entre as massas urbanas mobilizadas pelo populismo e as antigas estruturas de poder. A fragmentação de recursos políticos gerou coalizões *ad hoc* e contribuiu para a rotatividade da equipe governamental. A paralisia decisória atingiu o Executivo e o Legislativo. O impasse entre forças aproximadamente equilibradas de direita, centro e esquerda foi gradativamente rompido pela formação de uma coligação parlamentar conservadora em defesa do *status quo* (ver Santos, 1986, especialmente p. 18, 33 e 59). A renúncia de Roberto Campos da posição de Embaixador em Washington indicava que a credibilidade externa do governo chegava ao fim. Fizeram-se sentir as pressões desestabilizadoras de lobbies como o IPES ou o IBAD, formados inicialmente para apoiar candidatos conservadores nas eleições de outubro de 1962, mas que permaneceram mobilizados em intensa campanha conspiratória contra as autoridades legalmente constituídas.

Deteriorou-se ainda mais o quadro político em setembro com a rebelião de sargentos da Marinha e da Aeronáutica, contra a decisão do Supremo Tribunal Federal mantendo a anulação da eleição de sargentos no ano anterior. A partir deste momento, ficou clara a adesão da maioria da oficialidade das Forças Armadas e dos políticos centristas a uma solução que removesse a ameaça de radicalização que decorreria, na melhor das hipóteses, da fraqueza do presidente. Em outubro, Goulart enviou mensagem ao Congresso solicitando aprovação do estado de sítio por 30 dias como reação a declarações de Carlos Lacerda, Governador da Guanabara, atacando as autoridades federais. Dias mais tarde, o pedido foi retirado diante da evidência de que seria recusado mesmo por parlamentares do partido do presidente, o Partido Trabalhista Brasileiro.

A posição fiscal, fragilizada a partir do segundo trimestre pelos efeitos do reajuste do funcionalismo, piorou ainda mais com a desaceleração da arrecadação decorrente do enfraquecimento da atividade. Buscando obter fontes não inflacionárias de financiamento do déficit público, o governo editou em 11 de outubro a Instrução 255 da SUMOC, que previa compras obrigatórias de títulos, sem juros, com prazo de 180 dias, por tomadores de recursos bancários. A instrução despertou forte reação no meio empresarial, erodindo o que restava de apoio a Carvalho Pinto nos meios conservadores do país, e levando a sua substituição, em dezembro, pelo obscuro político e banqueiro gaúcho Ney Galvão no Ministério da Fazenda. A alta rotatividade nos cargos de peso da República já é incapaz de acomodar a fragmentação de recursos políticos mencionada por Santos (1986, p. 33).

O ano chega ao final com inflação próxima a 80%, desaceleração econômica evidente, e que se intensificou ao longo do segundo semestre, em especial no que se refere à atividade industrial, que sofria com escassez de energia, contração da liquidez e uma onda de greves (motivada pela escalada inflacionária).

Em janeiro, Goulart deu outra demonstração de que se tornava crescentemente difícil manter o equilíbrio entre os setores mais radicais à esquerda e a posição conservadora. De fato, Goulart, que havia até então evitado regulamentar a lei sobre capitais estrangeiros (Bandeira, 1978, p.110), decide finalmente regulamentá-la. A lei limitava a remessa a 10% dos capitais registrados e impedia a remessa de lucros associados a reinvestimento. Tal medida pode ter sido uma compensação para apaziguar a esquerda. Isto porque Goulart, ensaiando nova inflexão, havia determinado a Galvão que buscasse a reabertura de negociações com os Estados Unidos, o FMI e os credores europeus, bem como, depois de desvalorização de 61,5% do cruzeiro, havia sancionado mais uma reforma cambial, a Instrução 263 da SUMOC, que simplificava consideravelmente o mercado de divisas.[16] Goulart, com certo otimismo, parecia acreditar que a reforma seria suficiente para garantir o reescalonamento dos compromissos externos.

Em mais um movimento pendular, a 13 de março Goulart compareceu ao comício organizado pelas forças de esquerda, assinando decretos que determinavam a encampação das refinarias particulares e a desapropriação de terras beneficiadas por investimentos públicos, sem que os temas tivessem sido previamente discutidos com as lideranças do Congresso. A radicalização tornou-se ostensiva: as forças conservadoras responderam com manifestações que mobilizaram maciçamente a classe média e explicitaram o isolamento político do presidente e a debilidade do seu apoio político e militar. As resistências residuais na oficialidade quanto à remoção de Goulart foram quebradas pela fraqueza demonstrada pelo governo ao

---

[16] A Instrução 263 previa que o mercado cambial seria dividido em apenas dois segmentos, "especial", com taxas fixas, e "livre" com taxas flutuantes. Este seria o ponto de partida para a rápida unificação do mercado cambial promovida pela SUMOC, pelas Instruções 270 e 275, em maio e agosto de 1964, respectivamente.

reagir à chamada Revolta dos Marinheiros, no final de março, e, finalmente, pela desastrada presença de Goulart em reunião de sargentos, realizada em 30 de março. Em 31 de março de 1964 teve início a rebelião militar que, com amplo apoio do empresariado, da classe média e respaldo ou omissão da maioria parlamentar, pôs fim à Terceira República.

Diante do pouco apreço demonstrado pelas forças políticas, ao longo do espectro, pelos valores democráticos, no ambiente polarizado da Guerra Fria, o desfecho melancólico do regime de 1946 não chega a surpreender. Neste contexto, a incapacidade manifestada pelo governo Goulart no enfrentamento dos problemas macroeconômicos não pode ser responsabilizada pelo golpe militar, mas certamente contribuiu para minar as resistências políticas do governo e do regime.

4. Avaliação do período

A historiografia econômica do período 1961-1964 destaca o debate sobre as causas da recessão industrial de 1963. Wells (1977) atribui a recessão que se inicia em 1963 ao programa de estabilização. É difícil analisar o impacto do programa de ajuste sobre o desempenho da economia no curto prazo. Os dados anuais, entretanto, são impressionantes: a taxa de crescimento do PIB caiu de 6,6% em 1962 para 0,6% em 1963, seu mais baixo nível desde o início da Segunda Guerra Mundial (ver anexo estatístico). A restrição de liquidez afetou o desempenho dos gêneros industriais que dependiam do crédito, em especial os produtores de bens de consumo durável.

As interpretações que enfatizam a relação causal entre o programa de estabilização do Plano Trienal e o início da recessão contrapõem-se às de natureza estrutural. Estas sublinham a perda de dinamismo do processo de substituição de importações, com significativo aumento da relação marginal capital-produto à medida que este afetava novos gêneros industriais, e as flutuações de investimento naturalmente associadas à instalação de plantas com escalas de produção muito além do tamanho de mercados, durante o Plano de Metas. Esta última característica teria sido, no caso de bens de capital, agravada pela contração do gasto público. Outras interpretações, seguindo diferentes vertentes da tradição estruturalista, enfatizam o esgotamento da industrialização por substituição de importações, e a possível incompatibilidade entre a demanda associada a perfis específicos de distribuição renda e a oferta dos gêneros industriais instalados mais recentemente (ver Furtado, 1968 e Tavares, 1972b e 1975).

Não é difícil concordar com Serra (1981, p. 84) quando concede que a profundidade da recessão dificilmente é explicável apenas por razões estruturais e deve ser também buscada nos programas de estabilização de 1963 e 1964-1967. Outras interpretações correntes na literatura especializada associam a recessão à aceleração inflacionária e à deterioração do quadro político (Simonsen, 1963), ou enfatizam a importância das restrições externas (Leff, 1967).

Evidências mais recentes, apresentadas por Cysne e Lisboa (2004), dão suporte à visão de Simonsen, ao indicar que o imposto inflacionário subiu de 2,4% do PIB em 1960 para 4,0% em 1961, 4,4% em 1962 e 5,4% em 1963, valor máximo da série, que excede mesmo os volumes gerados no período de hiperinflação. Não é difícil imaginar o efeito deste processo sobre a economia, levando ao aumento generalizado dos prêmios de risco, encurtamento de prazos e de horizontes de planejamento. Nesse ambiente não surpreende que o investimento, como sugere a queda das importações de bens de capital, tenha sido fortemente afetado.

Mesquita (1992) atribui a recessão industrial que teve início em 1963, e que se estenderia até 1965 a múltiplas causas. O declínio da poupança do setor público, e o agravamento do desequilíbrio externo, que limitava o uso da poupança importada, parecem ter limitado o financiamento ao investimento. Por outro lado, o ácido contencioso externo teve efeito negativo sobre o investimento estrangeiro, o que certamente tinha efeito deletério sobre a confiança do empresariado local. A isto se somava a necessidade de conter o processo inflacionário, o que levou à adoção de sucessivos planos de estabilização, calcados na contenção da demanda, em 1961, 1963 e 1964. A falta de persistência na implementação fez com que em 1961 e 1963 apenas os custos da estabilização tenham sido pagos, sem que benefícios tenham sido colhidos, o que certamente contribuiu para a estagnação que se seguiu.

A experiência brasileira pós-1994 mostra que nada há de incompatível entre a plena vigência das liberdades democráticas e a implementação de programas de estabilização que incluam medidas contracionistas potencialmente impopulares. A incapacidade, por parte da classe política, de enfrentar os inevitáveis custos de curto prazo para estabilizar a economia no início dos anos 1960, antes da ruptura da ordem institucional, reflete não apenas a fragilidade das coalizões governistas após o final do governo Kubitschek, mas também a ausência de um consenso, entre os economistas brasileiros, sobre o papel da estabilidade monetária como precondição para o crescimento sustentado. Cabe lembrar que as medidas contracionistas inerentes aos planos de estabilização eram quase sempre descritas como concessões desagradáveis, mas inevitáveis, aos credores externos e seu suposto agente, o FMI.[17] Nesse contexto, é de se esperar que faltasse mesmo convicção na sociedade organizada quanto à essencialidade e ao preço a pagar pela estabilização.

Finalmente, ainda que existam elementos em comum, a experiência brasileira de 1961-1964 não pode ser facilmente caracterizada como um episódio de "populismo macroeconômico" no sentido de Dornbusch e Edwards (1991). É verdade que o pensamento econômico brasileiro dominante enfatizava o crescimento *à outrance* e minimizava a preocupação com a inflação e as restrições macroeconômicas em geral. Mas havia pouco foco na redistribuição de renda. Os subsídios ao consumo, especialmente evidentes no caso da importação de produtos como petróleo e trigo e nas tarifas de transporte público, refletiam preocupações políticas de curto prazo, e não faziam parte de uma estratégia redistributiva articulada. Faltavam também, no Brasil de 1961, as condições iniciais para a implementação de um experimento populista. Estes normalmente se *seguem* a uma fase de estabilização na qual a ênfase da política econômica está na redução da inflação e dos desequilíbrios externos. Nesta fase cria-se a margem de manobra fiscal e de balanço de pagamentos, para a adoção subsequente de fortes políticas expansionistas. O fracasso das tentativas

---

[17] Ver, entre muitos exemplos, o depoimento em Furtado (1989, p. 158-63).

de estabilização de 1961 e 1963 mostra que esse espaço simplesmente não chegou a ser criado, limitando o escopo para inflexões expansionistas, como atesta a postura do governo Goulart perante as negociações internacionais no início de 1964. Mais do que uma inflexão populista da política, o início dos anos 1960 parece ter sido caracterizado pelo esgotamento do paradigma da "macroeconomia do homem cordial", sob o qual a incapacidade de explicitar escolhas leva a uma deterioração progressiva da gestão macroeconômica.[18]

---

[18] A expressão é de Abreu (1994).

CAPÍTULO 10

ESTABILIZAÇÃO E REFORMA, 1964-1967

André Lara Resende[1]

1. Introdução

O programa de estabilização implementado entre 1964 e 1968 logrou reduzir a taxa de inflação anual de algo próximo de 100% no primeiro trimestre de 1964 para algo em torno de 20% em 1969. Simultaneamente, o crescimento do produto, que em 1963 fora de apenas 0,6%, recuperou-se após 1966, e já em 1968 atingia a taxa de 9,8%.

O que foi o Programa de Ação Econômica do Governo? Quais as razões e os custos do seu êxito em termo de indicadores macroeconômicos tradicionais? A análise crítica do PAEG é o objetivo deste capítulo que está dividido em seis seções, além desta introdução; a seção 2 descreve os objetivos do PAEG e os da política salarial; a seção 3 trata do papel da política salarial; a seção 4 examina a condução das políticas monetária e fiscal; a seção 5 analisa o impacto sobre a produção e os preços; a seção 6 faz uma tentativa de avaliar os custos da estabilização; a seção 7 conclui com uma análise do grau de ortodoxia do PAEG.

2. Objetivos do PAEG

O movimento militar de março de 1964 destituiu o governo Goulart e elevou à Presidência da República o Marechal Castelo Branco. Em novembro, aparecia o Programa de Ação Econômica do Governo (PAEG), elaborado pelo recém-criado Ministério do Planejamento e Coordenação Econômica. O ministério econômico foi composto pela dupla Campos e Bulhões, respectivamente no Planejamento e na Fazenda.

O PAEG listava entre os seus objetivos:

"(i) acelerar o ritmo de desenvolvimento econômico interrompido no biênio 1962-1963; (ii) conter, progressivamente, o processo inflacionário, durante 1964 e 1965, objetivando um razoável equilíbrio de preços a partir de 1966;

---

[1] Uma versão mais longa deste capítulo, incluindo a análise do Plano Trienal e alguns comentários sobre a política econômica pós-1967, foi publicada em *Política e Planejamento Econômico*, 12 (3), dezembro de 1982, com o título "A Política Brasileira de Estabilização: 1963/68".

(iii) atenuar os desníveis econômicos setoriais e regionais, assim como as tensões criadas pelos desequilíbrios sociais, mediante melhoria das condições de vida; (iv) assegurar, pela política de investimentos, oportunidades de emprego produtivo à mão de obra que continuamente aflui ao mercado de trabalho; (v) corrigir a tendência a déficits descontrolados do balanço de pagamentos, que ameaçam a continuidade do processo de desenvolvimento econômico, pelo estrangulamento periódico da capacidade de importar."

Para a consecução de tais objetivos, seriam utilizados os seguintes instrumentos de ação:

"Política financeira, compreendendo: (i) política de redução do déficit de caixa governamental, de modo que aliviasse progressivamente a pressão inflacionária dele resultante e que fortalecesse a capacidade de poupança nacional através do disciplinamento do consumo e das transferências do setor público e na melhoria da composição da despesa; (ii) política tributária, destinada a fortalecer a arrecadação e a combater a inflação, corrigindo as distorções de incidência, estimulando a poupança, melhorando a orientação dos investimentos privados e atenuando as desigualdades econômicas regionais e setoriais; (iii) política monetária condizente com os objetivos de progressiva estabilização dos preços, evitando, todavia, a retração do nível de atividade produtiva e a redução da capacidade de poupança das empresas; (iv) política bancária, destinada a fortalecer o nosso sistema creditício, ajustando-o às necessidades de combate à inflação e de estímulo ao desenvolvimento; (v) política de investimentos públicos, orientada de modo que fortalecesse a infraestrutura econômica e social do país, que criasse as economias externas necessárias ao desenvolvimento das inversões privadas e que atenuasse desequilíbrios regionais e setoriais.

Política econômica internacional, compreendendo: (i) política cambial e de comércio exterior, visando à diversificação das fontes de suprimento e ao incentivo das exportações, a fim de facilitar a absorção dos focos setoriais de capacidade ociosa e de estimular o desenvolvimento econômico, com relativo equilíbrio de pagamentos a mais longo prazo; (ii) política de consolidação da dívida externa e de restauração do crédito do país no exterior, de modo que aliviasse pressões de curto prazo sobre o balanço de pagamentos; (iii) política de estímulos ao ingresso de capitais estrangeiros e de ativa cooperação técnica e financeira com agências internacionais, com outros governos e, em particular, com o sistema multilateral da Aliança para o Progresso, de modo que acelerasse a taxa de desenvolvimento econômico.

Política de produtividade social, compreendendo, notadamente: (i) política salarial, que assegurasse a participação dos trabalhadores nos benefícios do desenvolvimento econômico, mas que permitisse a sincronização do combate à inflação, do lado da procura e dos custos, e que protegesse a capacidade de poupança do país. E ainda a política agrária, a política habitacional e a política educacional." (Ministério do Planejamento e Coordenação Econômica [MPCE], 1964, p. 15-6)

Tratava-se, portanto, de um programa que acentuava a importância da manutenção, ou da recuperação, das taxas de crescimento da economia. O combate à inflação estava sempre qualificado no sentido de não ameaçar o ritmo da atividade produtiva. A restrição do balanço de pagamentos era diagnosticada como séria limitação ao crescimento. Para superá-la, o PAEG propunha uma política de incentivos à exportação, uma opção pela internacionalização da economia, abrindo-a ao capital estrangeiro, promovendo a integração com os centros financeiros internacionais e o explícito alinhamento com o sistema norte-americano da Aliança para o Progresso. A manutenção, ou a promoção, da capacidade de poupança da economia é associada em todos os níveis ao sucesso na luta contra a inflação, deixando transparecer um diagnóstico heterodoxo que associa a inflação à poupança forçada. Tal diagnóstico fica mais explícito na descrição das bases do programa desinflacionário. A inflação brasileira era diagnosticada como "resultado da inconsistência da política distributiva, concentrada em dois pontos principais: (i) no dispêndio governamental superior à retirada de poder de compra do setor privado, sob a forma de impostos ou de empréstimos públicos; (ii) na incompatibilidade entre a propensão a consumir, decorrente da política salarial, e a propensão a investir, associada à política de expansão de crédito às empresas."

"Dentro desse quadro", prossegue o PAEG, encontram-se "as três causas tradicionais da inflação brasileira: os déficits públicos, a expansão do crédito às empresas e as majorações institucionais de salários em proporção superior à do aumento de produtividade. Estas causas conduzem inevitavelmente à expansão dos meios de pagamento, gerando, destarte, o veículo monetário de propagação da inflação." (Ver MPCE, 1964, p. 28.) Um diagnóstico, portanto, que atribui à inconsistência na esfera distributiva da economia a causa da inflação e que vê na expansão monetária não um fator autônomo de pressão inflacionária, mas o veículo de ratificação, ou de propagação, dessas pressões.

Em função de tal diagnóstico, três "normas básicas" norteavam o programa desinflacionário: (i) contenção dos déficits governamentais através do corte das despesas não prioritárias e racionalização do sistema tributário; (ii) crescimento dos salários reais proporcional ao "aumento de produtividade e à aceleração do desenvolvimento"; e (iii) política de crédito às empresas "suficientemente controlada, para impedir os excessos da inflação de procura, mas suficientemente realista para adaptar-se à inflação de custos".

3. A política salarial no PAEG

Pode-se dizer, portanto, que o PAEG era um programa com diagnóstico e estratégia de combate à inflação bastante heterodoxos. O plano era otimista com relação aos resultados da estratégia gradualista de combate à inflação. As metas de expansão monetária para 1964, 1965 e 1966 eram de 70%, 30% e 15%, respectivamente. Levando em consideração o crescimento real programado de 6% ao ano e supondo a velocidade-renda da moeda "razoavelmente estável, as taxas de inflação correspondentes (deveriam) situar-se na ordem de grandeza de 25% em 1965 e 10% em 1966" (conforme veremos adiante, tais metas não foram atingidas).

O PAEG tinha uma política salarial bem definida, que deveria basear-se em três pontos básicos: "(i) manter a participação dos assalariados no produto nacional; (ii) impedir que reajustamentos salariais desordenados realimentem irreversivelmente o processo inflacionário; e (iii) corrigir as distorções salariais, particularmente no serviço público federal, nas autarquias e nas sociedades de economia mista" (ver MPCE, 1964, p. 83).

Até 1930, não havia no Brasil uma política salarial oficial, vigorando a doutrina da "liberdade de trabalho". Em 1931, foi criado o Departamento Nacional do Trabalho e feita a regulamentação da sindicalização de trabalhadores e empregadores. Nove anos mais tarde, em 1940, institui-se o salário mínimo, cuja regulamentação só foi feita em 1943. Durante o governo Dutra, de 1946 a 1950, o salário mínimo foi congelado, sofrendo uma deterioração de 31,7% do seu valor real. Entre 1951 e 1954, no segundo governo Vargas, o salário mínimo foi reajustado duas vezes, e em 1954 era 65% superior ao salário de 1946 em termos reais. De 1955 a 1960, durante o governo Kubitschek houve uma pequena perda de 5,7% no salário mínimo real, enquanto no período de 1961 a 1964, durante os governos Quadros e Goulart, apesar dos reajustes mais frequentes, o salário mínimo real caiu aproximadamente 16,9%.

Em 1965, a Circular 10 do ministro extraordinário para Assuntos do Gabinete Civil determinou a forma do reajuste salarial da Administração Pública Federal, que se recomendava também aos governos estaduais e municipais. As normas estabelecidas por esta circular, que em 1966 foram estendidas aos casos de dissídio no setor privado e só em junho de 1968 vieram a ser modificadas, eram as seguintes: (i) deveria ser restabelecido o salário médio real dos últimos 24 meses anteriores ao mês do reajustamento; (ii) sobre o salário real médio, deveria incidir a taxa de produtividade; (iii) cumpria acrescentar a metade da inflação programada pelo governo para o ano seguinte (resíduo inflacionário); e (iv) ficava estabelecido o princípio da anuidade dos reajustes.

Com as atividades sindicais severamente reprimidas e as greves em atividades "essenciais" proibidas – e ao governo competia o julgamento da "essencialidade" –, o poder de barganha dos sindicatos tomou-se praticamente nulo. As negociações diretas entre trabalhadores e empregadores foram substituídas pela fórmula de reajuste fornecida pelo governo.[2] Como a fórmula, em vez de recompor o pico de salário real alcançado à época do último reajuste, corrigia os salários na justa medida para recompor o salário real médio nos últimos 24 meses, o salário mínimo real, após o reajuste de março de 1965, foi reduzido em 11,0% com relação ao seu valor em março de 1964, quando fora reajustado pela última vez. Como a previsão do "resíduo inflacionário", ou seja, da inflação para o ano seguinte, que entrava na fórmula de reajuste salarial, era a previsão oficial que foi consistentemente inferior à inflação efetivamente ocorrida, o salário mínimo real médio era reduzido. O nível de salário mínimo real restabelecido pelo reajuste, portanto, também era reduzido: em março de 1964, o índice de salário real era de 100; em março de 1965, por ocasião do primeiro reajuste pela fórmula, este índice baixou

---

[2] Para a descrição e análise da evolução do arcabouço legal da política salarial do período, ver Lago, Almeida e Lima (1979b).

para 89; em março de 1966 foi reduzido para 78,6 e, em março de 1967, sofreu nova redução para 71,9.[3]

Os efeitos da política salarial sobre o salário mínimo real médio anual foram significativos. O índice de salário mínimo real médio sofreu uma queda de 4,5% pontos percentuais em 1965, quando foi introduzida a fórmula salarial, e em 1966 foi novamente reduzido em outros sete pontos percentuais. Nos anos seguintes, os índices continuaram a cair, mas o ritmo da queda foi reduzido. Os efeitos da política salarial não se limitaram, entretanto, a reduzir o salário mínimo real médio. O índice de salário anual real médio do pessoal ligado à produção na indústria de transformação também foi reduzido em aproximadamente sete pontos percentuais em 1965, acompanhando, portanto, a queda do salário mínimo real médio. Segundo os dados do DIEESE (Departamento Intersindical de Estatística e Estudos), o índice de salário anual real médio em 1967 estava aproximadamente 9 pontos percentuais abaixo do índice de 1965, sugerindo que, apesar da inexistência de dados para 1966, também neste ano o salário real médio na indústria de transformação acompanhou a queda do salário mínimo. Os índices deflacionados pelos índices de custo de vida na cidade do Rio de Janeiro, calculado pela Fundação Getulio Vargas (FGV), e na cidade de São Paulo, especialmente o primeiro, estimam que a queda do salário real médio na indústria de transformação, de 1965 para 1967, foi menor do que a calculada pelo DIEESE. De qualquer forma, os três índices acusam a queda do salário real médio na indústria de transformação entre 1964 e 1967.

4. Condução das políticas monetária e fiscal

Das três "normas básicas" do programa desinflacionário do PAEG, a saber, contenção dos déficits governamentais, política salarial e política de crédito às empresas, a primeira foi a mais bem-sucedida. Os impostos diretos e indiretos foram imediatamente aumentados. O déficit do governo, como proporção do PIB, que era de 4,2% em 1963, já em 1964 declinava para 3,2%, em 1965 era apenas 1,6% e, em 1966, 1,1%. Também a forma de financiamento do déficit foi substancialmente alterada. Desde 1960, o déficit era quase que integralmente financiado pelas emissões de papel-moeda. Em 1965, 55% do déficit foram financiados através da venda de títulos da dívida pública e, em 1966, o déficit foi totalmente financiado pelos empréstimos junto ao público.

As políticas monetária e de crédito ao setor privado foram bem mais erráticas. A partir do segundo trimestre de 1964, tanto a moeda quanto o crédito expandiram-se aproximadamente em linha com os preços, havendo um primeiro aperto na liquidez no último trimestre do ano. Em 1965, entretanto, as políticas monetária e creditícia foram extremamente folgadas, elevando substancialmente os índices de liquidez real, conforme se verifica na Tabela 10.1.

---

[3] Ver Silva (1977), para uma completa discussão das fórmulas de política salarial dos governos pós-1964.

TABELA 10.1 Brasil: Índices de liquidez real, taxas de crescimento real nos últimos 12 meses, 1964-1967, %*.

ANOS	TRIMESTRES	MEIOS DE PAGAMENTO	EMPRÉSTIMOS AO SETOR PRIVADO	EMPRÉSTIMOS DE BANCOS COMERCIAIS AO SETOR PRIVADO
1964	I	-6	-14	-15
	II	2	-4	-1
	III	0	1	5
	IV	-7	-7	-6
1965	I	9	2	5
	II	17	6	15
	III	30	12	23
	IV	42	25	41
1966	I	21	16	28
	II	1	8	9
	III	-12	1	-3
	IV	-17	-2	-9
1967	I	-5	2	-4
	II	10	14	14
	III	18	10	22
	IV	20	26	33

*Indicadores de liquidez deflacionados pelo IPA.
Fontes: Banco Central, Boletim e FGV, Conjuntura Econômica.

As taxas de expansão da moeda em 1965 estiveram sempre acima da taxa de crescimento dos preços. Apesar da queda acentuada da inflação em 1965, a expansão monetária foi praticamente igual à expansão observada em 1964, atingindo 83,5%. A previsão do PAEG, de 30% de crescimento dos meios de pagamento em 1965, foi, portanto, completamente estourada. A principal razão para este grau de descalibragem na política monetária parece ter sido o resultado do balanço de pagamentos. A política econômica de Campos e Bulhões recebeu apoio das agências financeiras internacionais. A AID, agência de ajuda externa norte-americana, concedeu importantes empréstimos ao Brasil, que, durante o período 1964-67, foi o quarto maior receptor mundial de ajuda líquida, atrás apenas da Índia, do Paquistão e do Vietnã do Sul. Os empréstimos e financiamentos obtidos em 1965 aumentaram 65% em relação ao nível de 1964, enquanto os investimentos diretos quase triplicaram.

Simultaneamente, a redução da taxa de crescimento, tanto em 1964 quanto em 1965, reduziu as importações. Em 1965, o valor em dólares das importações brasileiras foi igual ao observado em 1950, o mais baixo ocorrido nas décadas de 1950 e 1960. As exportações recuperaram-se em 1964 e atingiram nível recorde em 1965, gerando um superávit de US$218 milhões no balanço de pagamentos. As reservas dobraram, passando de US$244 milhões para US$483 milhões. A política monetária não foi suficientemente ágil para esterilizar este influxo de moeda gerado pelo superávit externo, e até o primeiro trimestre de 1966 a liquidez real da economia esteve folgada. A partir do segundo trimestre de 1966, a política monetária foi invertida, tornando-se apertada. Conforme se vê na Tabela 10.1, a liquidez real medida pela expansão monetária foi muito reduzida nos três últimos trimestres de 1966. No entanto, a inibição do crédito ao setor privado foi sensivelmente menor do que o aperto monetário. Este fato deve-se à ação do Banco do Brasil, pois os empréstimos totais ao setor privado em termos reais caíram, enquanto os empréstimos do Banco do Brasil ao setor privado em termos reais expandiram-se.

5. O impacto sobre a produção e os preços

Que impacto sobre os preços e o produto tiveram as políticas monetária e fiscal do PAEG? Os dados anuais mostram que em 1964 os preços elevaram-se 90%, segundo o índice geral de preços, e 81,3%, medido pelo índice de preços por atacado. Estas taxas recordes verificaram-se não apenas no primeiro trimestre de 1964, mas durante todo o ano, e podem ser atribuídas aos vários aumentos das tarifas dos serviços públicos, à liberação dos aluguéis congelados e a outros preços, num processo na época chamado de inflação corretiva. Ainda dentro da política corretiva dos preços, o governo atendeu às pressões para elevar os salários dos servidores públicos. O salário mínimo havia sido elevado em 100% em fevereiro, ainda no governo Goulart, enquanto os salários dos funcionários do serviço público eram congelados. Os salários dos militares foram aumentados em 120% imediatamente após a mudança de governo, e os empregados civis receberam aumento de 100% em junho. A política monetária, em 1964, foi mais folgada do que em 1963, mas os índices de liquidez real mantiveram-se negativos durante todo o ano, com exceção do terceiro trimestre. Deve-se notar, ainda, que o crédito ao setor privado expandiu-se a taxas menores do que a moeda. O relativo alívio na liquidez permitiu pequena recuperação da produção industrial, que cresceu em torno de 3,4% no ano. A agricultura voltou a ter um ano ruim e cresceu apenas 1,3%.

O ano de 1965 assinala o início da queda da curva inflacionária. Os dados anuais evidenciam que a queda no ritmo de crescimento industrial deu-se em 1963, a queda na tendência inflacionária em 1965 e a queda nas taxas de expansão monetária em 1966. O tempo de tais quedas pode ser determinado mais precisamente pela observação dos dados trimestrais de consumo de energia elétrica como proxy para a produção industrial. Esses dados indicam que a atividade industrial entrou em recessão no segundo trimestre de 1963. No primeiro trimestre de 1965, tem-se uma brusca quebra na tendência de crescimento dos preços agrícolas. No segundo trimestre, é a vez dos preços industriais, que desaceleram o ritmo de crescimento. Apenas no primeiro trimestre de 1966 sobrevém a queda no ritmo de crescimento da moeda.

A ordem cronológica dos fenômenos sugere o sentido da causalidade. O aperto de moeda e crédito em 1963 paralisa a atividade industrial, enquanto os preços se aceleram. Em 1964, o alívio na liquidez real até o terceiro trimestre permitiu um esboço de recuperação industrial, enquanto os preços continuavam elevando-se em relação às taxas de 1963. Em 1965, a política fiscal restritiva, que aumentara os impostos em todos os níveis e reduzira a despesa do governo desde o segundo semestre de 1961, associada a novo aperto de crédito no último trimestre de 1964, fez com que a atividade industrial entrasse definitivamente em colapso. Após dois anos de safras ruins, a agricultura teve um ano excepcional e cresceu 12,1% em 1965. Com a recessão industrial, o impacto da safra agrícola fez-se sentir ainda no primeiro trimestre de 1965, quando os preços agrícolas cresceram à taxa anual de 50%, enquanto os preços industriais cresciam ainda à taxa anual de 86%. No segundo trimestre de 1965, entra em vigor a fórmula salarial do PAEG, que reduzia em 26% o salário mínimo real restabelecido em relação a fevereiro de 1964. Os preços industriais apresentaram então os primeiros sinais de quebra de tendência: a taxa de crescimento anual do segundo trimestre cai para 69%. A taxa de crescimento dos preços agrícolas continuou a diminuir a cada trimestre, reduzindo o preço relativo agricultura-indústria. Também os preços industriais apresentaram taxas de crescimento decrescentes até o último trimestre do ano. Enquanto os preços reduziam o ritmo de crescimento, a política monetária escapava ao controle e expandia moeda e crédito a taxas muito superiores às dos preços. Os índices de liquidez real elevaram-se rapidamente e atingiram um pico no último trimestre de 1965. A virada na liquidez real fez-se sentir no primeiro trimestre de 1966, quando, após um período de 10 trimestres em declínio (o último trimestre de 1964 foi a única exceção), o consumo de energia elétrica sofreu uma elevação de 20% e manteve-se crescente a taxas elevadas durante todo o ano.

O crédito fácil durante o ano de 1965 e a capacidade ociosa acumulada em três anos de estagnação explicam o crescimento industrial em 1966, que atingiu a taxa de 11,7%. A agricultura é que teve um mau desempenho em 1966, quando sofreu uma queda de produção de 1,7%. Desde o primeiro trimestre de 1966, os preços agrícolas passaram a crescer mais do que os preços industriais, o que manteve os termos de troca agricultura-indústria em elevação durante os quatro trimestres do ano. A fórmula salarial volta a reduzir o salário mínimo real no mês do reajuste e, conforme foi visto anteriormente, o salário real médio anual na indústria também sofreu nova queda. Com os salários mais baixos, e apesar dos preços agrícolas mais altos, a inflação voltou a baixar, mas a queda em 1966 foi de apenas 19 pontos percentuais (de 56,8% para 38,0%), enquanto em 1965 a queda fora de 33 pontos (de 90% para 56,8%).

A política monetária, entretanto, sofreu uma brusca mudança ainda no primeiro trimestre de 1966. Como que assustado com a perda do controle monetário em 1965, o governo iniciou em 1966 a primeira verdadeira experiência com a ortodoxia monetarista. O déficit do Tesouro foi reduzido a 1,1% do PIB, quase que 1/4 da proporção observada em 1963. Tal resultado foi obtido tanto através da elevação dos impostos quanto do corte nas despesas. O financiamento do déficit foi feito através da colocação de títulos junto ao público e pelo levantamento de empréstimos externos. A AID concedeu um empréstimo ao Tesouro no valor de Cr$170,7 milhões, o que representava 29% de déficit. Pela primeira vez, o déficit da União foi financiado integralmente sem recurso à emissão. O rígido controle das fontes de emissão monetária manteve a taxa de crescimento da moeda em 35,4%. O índice de liquidez real medido pela taxa de expansão monetária tornou-se negativo a partir do terceiro trimestre. O índice de liquidez real medido pela taxa de expansão do crédito ao setor privado, entretanto, sofreu redução bem menos severa, e só no quarto trimestre tornou-se negativo, atingindo -2%. O índice para os empréstimos dos bancos comerciais ao setor privado atingiu -3%, -9% e -4% no terceiro e quarto trimestres de 1966 e no primeiro trimestre de 1967, respectivamente, o que indica que a ação do Banco do Brasil, expandindo os seus empréstimos mais do que os bancos comerciais, evitou que a política monetária restritiva atingisse o crédito ao setor privado em toda sua extensão. Tal fato pode explicar o bom desempenho da indústria durante o ano de 1966. Os indícios de recessão na indústria só começaram a aparecer no último trimestre de 1966. No primeiro trimestre de 1967, o quadro já era nitidamente recessivo. O consumo de energia elétrica decrescia após quatro trimestres de crescimento acelerado. A política monetária começava a se fazer sentir.

Os aspectos ortodoxos da experiência brasileira de estabilização pós-1964 podem ser resumidos na política monetária e creditícia durante os dois primeiros trimestres de 1966 e na política fiscal de 1964 a 1966, que elevou os impostos e reduziu as despesas do governo.

É nítida, na experiência brasileira do período em questão, a relação entre as políticas fiscal, monetária e creditícia restritivas, principalmente esta última, e a desaceleração da atividade industrial. A defasagem com que as políticas restritivas operam sobre o nível de atividade é de aproximadamente dois ou três trimestres. A política fiscal restritiva de 1964 e 1965 completou o pacote ortodoxo inicialmente introduzido com o Plano Trienal no início de 1963 e acabou determinando a queda da produção industrial de 4,7% em 1965. O PIB só não decresceu porque a agricultura teve um ano excepcional.

6. Os custos da estabilização

Quais os custos da experiência com a ortodoxia? A parada do crescimento durante o período 1963-1967 criou um hiato entre o produto observado e o produto potencial, medido pela linha de tendência do PIB baseada na taxa histórica de 7% ao ano, que só foi eliminado em 1973 – portanto, 10 anos mais tarde, depois de 7 anos de crescimento acelerado no período 1968-1973. Os custos da quebra do ritmo de crescimento em termos de emprego não podem ser avaliados com precisão, pois não existem estatísticas de desemprego para o período. Pode-se apenas, portanto, especular sobre o que é sem dúvida o mais grave aspecto das políticas monetária e fiscal restritivas.

Outro aspecto do impacto da política monetária restritiva durante o ano de 1966 pode ser avaliado com base no exame do índice de passivo médio real de firmas insolventes que quase triplicou entre 1965 e 1966 para firmas individuais, categoria que inclui quase na totalidade as firmas pequenas. O mesmo índice para as sociedades de responsabilidade limitada, categoria que inclui na maioria pequenas e médias empresas, mais do que duplicou. Para as sociedades anônimas, onde estão a maior parte das grandes empresas, o índice passou de 82 para 128, não chegando a duplicar. Estes números dão ideia do impacto das políticas monetária e creditícia sobre as empresas de uma economia que em 1966 estava no seu terceiro ano de recessão. Pode-se ainda deduzir que a política monetária restritiva atingiu mais violentamente as pequenas empresas que compõem a categoria de firmas individuais. As sociedades de responsabilidade limitada vêm a seguir, e as sociedades anônimas, categoria que inclui as maiores empresas, foram as menos atingidas.

O caráter regressivo sobre a estrutura industrial da política de 1966 fica mais uma vez evidenciado pelos dados do número de falências e concordatas requeridas por ramos de atividade. Os setores mais atingidos foram vestuário, alimentos e construção civil, nos quais o número de falências e concordatas requeridas mais do que triplicou entre 1964 e 1966. Vestuário e alimentos são setores tradicionais, de estruturas menos oligopolizadas, onde predominam as pequenas e médias empresas. A indústria de construção civil foi claramente uma vítima da política fiscal que reduziu substancialmente as despesas com obras públicas no período. É importante lembrar que a construção civil é um setor intensivo em mão de obra não qualificada, cuja paralisação tem, portanto, caráter socialmente regressivo. Este setor, como todos aqueles compostos na sua maioria por firmas nacionais, sofreu ainda mais severamente o aperto de crédito.

Em 1966, iniciava-se o influxo de capitais externos que passou a gerar superávits crescentes na conta capital. Este influxo de capitais constituía-se na sua maioria de empréstimos e financiamentos contratados no exterior; 44,2% de tais empréstimos, em 1966, foram contratados por empresas de propriedade estrangeira, e 46,4% por empresas públicas. A participação das empresas nacionais privadas foi de apenas 6,5% dos empréstimos. Deve-se notar ainda que, no mesmo ano, 69,1% dos empréstimos foram concedidos por corporações não financeiras privadas no exterior.

Tratava-se, portanto, de empréstimos contratados pelas filiais brasileiras de empresas multinacionais junto às matrizes. Isto é confirmado pelo fato de que 32% dos empréstimos e financiamentos contratados em 1966 foram feitos através da Instrução 289, que possibilitava a contratação de empréstimos em moeda estrangeira diretamente entre empresas do exterior e do país, prevalecendo as transações entre empresas associadas. Para se ter uma ideia da importância desses empréstimos externos, deve-se lembrar que os empréstimos e financiamentos somaram Cr$1,12 bilhão à taxa de câmbio da época, representando 14% do total dos empréstimos ao setor privado naquele ano. As firmas estrangeiras tinham grande vantagem no acesso ao crédito externo.

Embora a avaliação de como a política fiscal restritiva do período 1964-67 – mais especificamente dos anos de 1965 e 1966 – afetara a composição das despesas públicas exija uma análise mais detalhada das finanças públicas no período, é possível tirar algumas conclusões baseadas na participação dos diversos ministérios na despesa da União. Em 1965, a maior queda na participação da despesa foi a do Ministério dos Transportes, então Ministério da Viação e Obras Públicas. Como estes são certamente os gastos públicos de maior impacto sobre a atividade econômica em geral e sobre o setor de construção civil em particular, tem-se a indicação do caráter recessivo dos cortes na despesa e entende-se por que o setor de construção civil foi tão duramente atingido. Em contrapartida, o ministério cuja participação na defesa teve maior elevação (quase dobrou) foi o do Exército, então Ministério da Guerra, passando de 5,8% em 1964 para 10,4% em 1965. Dos ministérios cujos gastos têm caráter mais social, a saber, Educação e Cultura, Saúde, Trabalho e Previdência Social, o primeiro teve sua participação elevada, o segundo praticamente inalterada e apenas o terceiro teve sua participação reduzida, caindo de 2,9% em 1964 para 1,9% em 1965. Os demais ministérios militares, Aeronáutica e Marinha, também tiveram suas participações elevadas. O quadro não se modifica muito de 1965 para 1966. Novamente cai a participação do Ministério dos Transportes, que passa agora a representar apenas 14,8% da despesa. Também o Ministério do Trabalho e Previdência Social continua tendo reduzida a participação na despesa, caindo de 1,9% para 1%. A queda nos gastos com a previdência social é evidente: havia alcançado 7% até 1965, cai para 5,4% em 1966 e 5,5% em 1967.

7. Além da ortodoxia simplista

Até que ponto o PAEG foi ortodoxo? É preciso de início tentar caracterizar mais precisamente o que é um programa de estabilização ortodoxo. A ortodoxia começa no diagnóstico da situação inflacionária. A inflação é percebida como consequência imediata da excessiva expansão monetária. A causalidade é direta e nesta ordem: excessiva expansão de moeda e crédito causam inflação. Os mecanismos de transmissão através dos quais a expansão excessiva de moeda e crédito transforma-se em inflação não são bem precisos. E sabe-se apenas que a mediação é feita por pressões generalizadas de demanda associadas à excessiva expansão monetária. Entende-se por expansão monetária excessiva aquela que é superior à demanda real de moeda por parte dos agentes econômicos. A demanda de moeda, por sua vez, é baseada na teoria quantitativa, ou alguma variante próxima. A moeda necessária na economia é proporcional ao produto. Na versão mais elementar, e mais utilizada na prática, o coeficiente de proporcionalidade é constante e igual a 1. Em versões mais sofisticadas, este coeficiente é função estável de variáveis conhecidas, em particular da própria taxa de inflação. Tal sofisticação analítica exige que se faça algum tipo de correção para variações na velocidade. Como estas variações são previsíveis, o uso prático da equação quantitativa não é afetado. O ponto importante é que o nível de produto ou sua taxa de crescimento são considerados independentes da taxa de expansão da moeda. Esta neutralidade da moeda retira da inflação qualquer funcionalidade. Inflação é apenas moeda em excesso.

Por que então moeda em excesso? O diagnóstico ortodoxo aponta três causas, geralmente associadas: incompetência, clientelismo populista e excessiva intervenção governamental na economia. Todas as três materializam-se no excesso da despesa do governo sobre a receita e no financiamento deste déficit orçamentário através da emissão. A inflação, distorcendo o sistema de preços relativos e aumentando o grau de incerteza do sistema, é, assim, consequência da intervenção do governo na economia que perturba o bom funcionamento do sistema de mercado e impede a alocação eficiente de recursos.

A partir deste diagnóstico, a ortodoxia aponta a receita para o controle da inflação. Políticas monetária e creditícia restritivas, de forma que "enxuguem" o excesso de moeda no sistema e ponha fim ao estado generalizado de excesso de demanda. Como a principal fonte da expansão monetária excessiva, segundo o diagnóstico ortodoxo, é o déficit orçamentário do Tesouro, é necessário fazer também uma política fiscal restritiva. A redução nas despesas do governo, além de instrumental na consecução da política monetária, é em si mesma positiva, pois atua também no sentido de reduzir as pressões de demanda no sistema, quando corta justamente os gastos que devem ser cortados, pois as despesas do governo são essencialmente ineficientes e causadoras de distorções na economia.

O caráter não intervencionista e liberal da ortodoxia continua na interpretação das dificuldades enfrentadas no balanço de pagamentos e nas sugestões de medidas para superá-las. Tais dificuldades são entendidas como decorrentes de uma política tarifária protecionista e uma política cambial intervencionista. Sob o escudo destas políticas, desenvolve-se uma indústria ineficiente, simultaneamente incapaz de competir no mercado externo e dependente de importações de bens intermediários e de capital. O déficit comercial em termos de produtos manufaturados não pode ser compensado pela exportação de produtos primários tradicionais, pois a política cambial, na tentativa de subsidiar a indústria, mantém a taxa de câmbio sobrevalorizada e penaliza a atividade primário exportadora. No front externo, portanto, a ortodoxia opta também pelo liberalismo, sugerindo câmbio "realista" e redução da proteção tarifária à indústria oligopolística e ineficiente.

É no mercado de trabalho, e em relação aos salários, que o liberalismo econômico da ortodoxia toma-se menos coerente. A lógica de mercado do raciocínio ortodoxo estende-se naturalmente ao mercado de trabalho. O excesso de moeda gera um estado generalizado de excesso de demanda, que se reflete também no mercado de trabalho. O superaquecimento da economia pressiona o mercado de trabalho e reduz a taxa de desemprego a níveis abaixo da taxa "natural". Os salários nominais começam, em consequência, a elevar-se mais rapidamente do que o nível geral de preços e transformam-se em fonte autônoma de pressões inflacionárias. Ao contrário, no entanto, de como a visão ortodoxa percebe todos os demais mercados – essencialmente competitivos, sem fricção e em permanente equilíbrio –, o mercado de trabalho aparece como fonte das dificuldades enfrentadas no combate à inflação. Sindicatos poderosos e expectativas rígidas interferem no ajustamento das forças de mercado e mantêm as pressões inflacionárias por parte dos salários, apesar do fim das pressões de demanda, quando a política monetária é corretamente conduzida. Explica-se, assim, a resistência da inflação após a adoção das medidas restritivas de política monetária e fiscal, quando o estado recessivo da economia já não permite insistir no diagnóstico do excesso generalizado de demanda. Portanto, o mercado de trabalho e o poder de fixação de preços dos sindicatos em particular são apontados como a fonte das dificuldades do programa de estabilização. Explica-se, assim, porque o combate à inflação causa recessão e desemprego. Ao se corrigirem os excessos das políticas monetária e fiscal, todos os mercados ajustam-se instantaneamente às novas condições. O mercado de trabalho é a exceção. O poder de mercado dos sindicatos e a rigidez das expectativas mantêm os salários reais acima do nível compatível com o equilíbrio não inflacionário. É preciso sujeitar os trabalhadores à decepção do mercado, para que suas expectativas e pretensões salariais sejam revistas.

Explica-se, assim, a ocorrência de períodos com inflação e recessão simultaneamente. Qualquer período em que a política ortodoxa falhe na tentativa de reduzir a inflação e gere a queda no nível de atividade e desemprego é explicado pela resistência dos salários a entrar em linha com os preços. Mais longas e mais graves crises de estabilização são explicadas por maiores poderes distorcivos por parte dos sindicatos e maiores resistências por parte das expectativas.

Aqui deve-se fazer menção à versão mais recente do monetarismo associado às expectativas racionais e à macroeconomia dos mercados em equilíbrio (*equilibrium* ou *market-clearing macroeconomics*). Esta vertente da ortodoxia econômica assume uma postura mais radical e mais coerente. Também o mercado de trabalho é encarado como em permanente equilíbrio. As políticas monetária e fiscal são impotentes para afetar qualquer variável real na economia, seja o nível de atividade, seja o nível de emprego. A única medida a ser seguida para obter estabilidade de preços é evitar o excesso de oferta monetária através da adoção de uma regra para a expansão da moeda e do crédito. As flutuações observadas no emprego refletem apenas variações na preferência pelo lazer por parte dos trabalhadores, tratando-se, portanto, de desemprego voluntário. Os custos do programa desinflacionário ficam, assim, muito reduzidos. A redução da liquidez causa desemprego, que, sendo no caso voluntário, não deve ser visto como custo. As quebras são arbitradas pelo mercado; quebram, portanto, as empresas menos eficientes, enquanto sobrevivem as mais capazes. A crise de estabilização acaba sendo vista como terapêutica, ou seja, um período de purgação, em que as empresas ineficientes, que prosperaram à sombra da doença inflacionária, são expurgadas, e a economia é saneada.

Dentro desta perspectiva, o PAEG não foi um programa perfeitamente ortodoxo. Suas intenções demonstram demasiada preocupação com a manutenção das taxas de crescimento e, portanto, alguma tolerância com a inflação, que deve ser combatida através de estratégia gradualista. Seu diagnóstico aponta para a incompatibilidade entre as parcelas reivindicadas pelo governo, pelas empresas para investimento e pelos trabalhadores para consumo, como causa da inflação. A expansão monetária, segundo o PAEG, apenas sanciona a inflação decorrente de tal "inconsistência da política distributiva". O reconhecimento de que existem pressões reais na economia que são inflacionárias e que podem ser resolvidas pela contenção violenta da taxa de expansão dos meios de pagamento fica explícito na política creditícia do PAEG, que a pretende "suficientemente controlada para impedir os excessos da inflação de procura, mas suficientemente realista para adaptar-se à inflação de custos".

A política econômica do primeiro governo pós-1964 foi bem além do receituário mais simplista que prega apenas políticas monetária e fiscal rigorosas e *hands-off*. A convicção da necessidade de reformas institucionais acompanhou o PAEG desde seu diagnóstico. Três áreas foram particularmente destacadas, refletindo, acertadamente, a percepção do governo a respeito dos pontos de estrangulamento institucionais da economia: primeiro, a desordem tributária; segundo, as deficiências de um mercado financeiro subdesenvolvido e a inexistência de um mercado de capitais; e, por último, as ineficiências e as restrições ligadas ao comércio exterior.[4]

Por trás das três áreas de desordem institucional estava, sem sombra de dúvida, a incompatibilidade entre o pressuposto da moeda estável na legislação e as altas taxas de inflação. Num claro reconhecimento de que não se esperava que a estabilidade de preços fosse alcançada a médio prazo, o mecanismo da correção monetária foi introduzido. A correção monetária permitiu reforma completa e racionalização do sistema tributário, e, em particular, do imposto de renda. A reforma do sistema tributário incluiu ainda a eliminação dos impostos em cascata, o fim de impostos arcaicos e destituídos de funcionalidade econômica, e a coordenação dos sistemas tributários da União, dos estados e dos municípios.

---

[4] Para análise detalhada das reformas institucionais do período 1964-1968 ver Sochaczewski (1993) e Simonsen e Campos (1976).

A reformulação institucional do sistema financeiro começou pela criação do Banco Central com a Lei nº 4.595. Até então as funções de Banco Central eram divididas entre a SUMOC e o Banco do Brasil. A SUMOC era o órgão normativo das políticas monetária e cambial sem, entretanto, autoridade executiva. O Banco do Brasil acumulava às suas funções de banco comercial e de fomento duas funções de Banco Central: a de banqueiro do Tesouro e a de banqueiro do sistema bancário através da Carteira de Redesconto e da Caixa de Mobilização Bancária. Apesar de não ter levado até o fim a desvinculação do Banco do Brasil do papel de Autoridade Monetária, pois o Banco do Brasil permaneceu tendo acesso automático e discricionário aos fundos do Banco Central, a criação do Banco Central foi um enorme avanço no sentido da modernização do sistema financeiro e da condução da política monetária.

Através da Lei nº 4.380, foi criado o Sistema Financeiro da Habitação, em torno do Banco Nacional da Habitação, que integrado aos novos programas de seguro social, o PIS e o Pasep, passou a ser um poderoso agente de captação de poupança privada forçada. Em meados de 1965, a Lei nº 4.728 traçou todo o desenho institucional do sistema financeiro delimitando as funções dos bancos comerciais, bancos de investimentos e de desenvolvimento, sociedades de crédito e financiamento, sociedades corretoras e distribuidoras de títulos e valores, sociedades de crédito imobiliário entre outras. O desenho do arcabouço básico de um sistema financeiro moderno, associado à correção monetária nos contratos e títulos financeiros de médio e longo prazos, permitiu a captação da poupança privada voluntária e sua canalização para o financiamento tanto do Tesouro quanto do investimento privado.

Com relação ao setor externo as reformas institucionais passaram pela simplificação e unificação do sistema cambial, pela modernização e dinamização das agências do setor público ligadas ao comércio exterior, e pela maior integração com o sistema financeiro internacional como fonte de acesso a créditos de médio e longo prazos.

Os pilares do PAEG e da política desinflacionária dos primeiros governos pós-1964 foram, sem dúvida, a política salarial e as reformas institucionais. Para contornar as ineficiências e as restrições percebidas como existentes no mercado de trabalho, o programa desinflacionário do PAEG substituiu a negociação dos salários pela fórmula oficial de reajuste.[5] A aplicação desta fórmula, conforme se viu, reduziu o salário mínimo a cada ano, de 1965 até 1974, enquanto o salário real médio industrial caiu entre 10% e 15%, dependendo do deflator usado, entre 1965 e 1967. Desta forma, usando o poder, sobre a sociedade em geral e os sindicatos em particular, de que dispõe o governo autoritário, foi possível fazer diretamente aquilo que a ortodoxia pretende conseguir através da recessão e do desemprego: solucionar o impasse distributivo através da redução da parcela salarial. A diferença está no

---

[5] A este respeito, o seguinte comentário de Simonsen, autor da fórmula salarial do PAEG, é exemplar: "Há considerável vantagem de se criar uma regra de arbitramento para as negociações salariais coletivas. O grande problema destas negociações no mundo moderno, inclusive no que diz respeito à fixação de salários no nível de decisão governamental, é que elas são agressivamente afetadas pelo poder político dos sindicatos [...], por critérios eleitorais e por outros tantos bem afastados de qualquer teorema de eficiência econômica. Uma fórmula desse tipo tem a vantagem de substituir um infindável jogo de greves e pressões por um simples cálculo aritmético."

fato de que a ortodoxia utiliza-se da restrição de liquidez, fórmula aparentemente neutra de distribuir os custos da estabilização, pois deixa ao mercado o encargo de selecionar os mais fracos, enquanto regimes autoritários dispensam-se de tal *détour*.

Se o PAEG diagnostica como causa primordial da inflação o conflito distributivo e se tem o poder político de solucioná-lo pela via autoritária da intervenção direta na determinação dos salários, pergunta-se então por que se insistiu na prática de políticas fiscal e monetária restritivas de caráter ortodoxo. Tal prática, além dos custos sociais da compressão salarial, provoca crise de estabilização e todos os custos da recessão. Os custos da política de compressão salarial foram sem dúvida consideráveis sendo importante elemento de explicação da deterioração da distribuição de renda entre 1960 e 1970. A participação na renda total dos 50% mais pobres reduziu-se de 17,7% para 14,9% e a dos 30% seguintes de 27,9% para 22,8%.[6] Os custos sociais do desemprego que acompanham a recessão são, contudo, incomparavelmente maiores. Sob a aparência de neutralidade, as políticas monetária e fiscal restritivas são na realidade regressivas. Seus custos recaem primordialmente sobre os desempregados, constituídos em sua maioria de trabalhadores de baixa qualificação e renda, e sobre as pequenas e médias empresas, incapazes de ter acesso ao crédito racionado, enquanto as grandes empresas utilizam-se do poder de monopólio para sustentar preços e, devido à condição de clientes privilegiados, mantêm acesso ao crédito. No caso brasileiro, a possibilidade de recorrer a empréstimos externos em moeda estrangeira teve efeitos particularmente regressivos, pois deu às empresas estrangeiras e às grandes empresas estatais acesso a uma linha de crédito vedada às pequenas e médias empresas nacionais. A resposta pode ser encontrada na limitação imposta pelo balanço de pagamentos. Por um lado, era impossível manter a economia crescendo às taxas da segunda metade dos anos 1950 sem conseguir gerar novo influxo de capitais, seja na forma de investimento direto, seja na forma de empréstimos. As importações já eram àquela altura relativamente incomprimíveis, e a dinamização das exportações não poderia ser feita a curto prazo. Por outro lado, não se poderia gerar este influxo de capitais sem conseguir a confiança das agências financeiras internacionais. A confiança das agências financeiras e dos grandes investidores só poderia ser conquistada através de demonstrações inequívocas da opção pela ortodoxia. Assim como em todas as ocasiões anteriores, em que se tentou implementar no Brasil um programa desinflacionário, a restrição do balanço de pagamentos teve papel decisivo na opção pela ortodoxia. Assim como nas ocasiões anteriores, esta opção teve impacto imediato sobre a atividade econômica, e o que distingue o PAEG das tentativas anteriores é o contexto político radicalmente diferente, que permitiu a intervenção autoritária e direta sobre a determinação dos salários. Associados a um ano de excelentes resultados na agricultura, os salários permitiram a redução da inflação em 1965, justamente quando a política monetária escapava ao controle do governo e era folgada. As bem estruturadas e modernizantes reformas fixaram as bases do período de rápido crescimento econômico que se iniciou em 1968.

---

[6] Ver Bacha e Taylor (1980), para uma resenha crítica da controvérsia sobre a distribuição de renda no período e o impacto da política salarial.

CAPÍTULO 11

A RETOMADA DO CRESCIMENTO
E AS DISTORÇÕES DO "MILAGRE", 1967-1974

Luiz Aranha Corrêa do Lago

Neste capítulo, que é uma versão resumida de um trabalho mais amplo (Lago, 1989), examinam-se os principais aspectos da política econômica no período 1967 a 1973, bem como os seus efeitos em áreas específicas. Nesse período, o Brasil alcançou taxas médias de crescimento muito elevadas e sem precedentes, que decorreram em parte da política econômica então implementada principalmente sob a direção do ministro da Fazenda Antonio Delfim Netto, mas também de uma conjuntura econômica internacional muito favorável. Esse período, e por vezes de forma mais restrita o período 1968-73, passou ser conhecido como o do "milagre econômico brasileiro", usando-se terminologia anteriormente aplicada a fases de rápido crescimento econômico no Japão e em países europeus. Esse "milagre econômico" foi em certa medida o desdobramento de diagnósticos e medidas da política econômica adotada entre 1964 e 1966 e consubstanciada no Programa de Ação Econômica do Governo (PAEG).

Quanto às principais personalidades envolvidas com a política econômica no período, cabe recordar que, no início de 1967, Castelo Branco foi sucedido por Costa e Silva na Presidência da República. Antonio Delfim Netto foi então nomeado ministro da Fazenda e Hélio Beltrão recebeu a pasta do Planejamento. Em 1969, com a doença e morte de Costa e Silva, após o breve período de transição da junta militar, Médici assumiu a Presidência e João Paulo dos Reis Velloso tornou-se ministro do Planejamento.

De 15 de março de 1967 a 15 de março de 1974, Delfim Netto permaneceu à frente do Ministério da Fazenda, mantendo durante aqueles anos uma orientação para a condução da economia sem grandes alterações em suas linhas gerais, o que justifica a abordagem dos sete anos de 1967 a 1973 como um único período do ponto de vista da política econômica. A ele coube a escolha dos presidentes do Banco Central do Brasil, inicialmente Ruy Leme e depois Ernane Galvêas.

Delineiam-se, resumidamente, a seguir, o diagnóstico da nova equipe econômica bem como as principais áreas de atuação do governo e instrumentos e medidas como pano de fundo para uma tentativa de avaliação dos resultados econômicos e sociais do período do "Milagre".

A nova equipe econômica que assumiu em 1967, e que em boa parte tinha origens "acadêmicas", dificilmente poderia negar os progressos alcançados pela administração anterior em várias frentes e, quanto ao diagnóstico da crise, não discordaria da hipótese de que, nos anos anteriores, o processo inflacionário brasileiro poderia ser caracterizado como resultante de "inflação de demanda". Esta, no entanto, já parecia em boa medida enfrentada, pelo menos em suas causas básicas.

O novo governo logo anunciaria uma estratégia bastante semelhante à do governo anterior: a busca do crescimento econômico promovido pelo aumento de investimentos em setores diversificados; uma diminuição do papel do setor público e o estímulo a um maior crescimento do setor privado; incentivos à expansão do comércio exterior e, finalmente, uma elevada prioridade para o aumento da oferta de emprego e outros objetivos sociais (Syvrud, 1974, p. 45). Esses objetivos claramente não tinham sido alcançados no governo Castelo Branco e essa constatação levou a um novo diagnóstico de certos problemas da economia e, em particular, das causas da inflação remanescente.

Necessidades de ordem política também pareciam exigir uma retomada do crescimento, para legitimar o regime (Skidmore, 1988). Esta somente seria compatível com um programa de redução da inflação que não resultasse em contenção "indevida" da demanda. A existência de significativa capacidade ociosa no setor industrial sugeria que a produção poderia reagir a estímulos adequados. Por outro lado, a nova equipe estava convencida de que a pressão sobre o nível dos preços era principalmente oriunda de custos, notadamente o custo do crédito. A ação sobre os preços através de controles diretos passaria logo a merecer maior atenção do governo e permitiria compatibilizar uma queda do ritmo de aumento dos preços de caráter mais gradual do que aquele que a administração anterior pretendera, com taxas de crescimento da produção e do emprego mais elevadas.

Essa mudança de ênfase foi explicitada nas "Diretrizes de Governo" e no resumo do Programa Estratégico de Desenvolvimento (PED) dados a público em julho de 1967 (Ministério do Planejamento, 1967). O PED beneficiou-se "de uma estrutura administrativa com experiência de Planejamento, o Escritório de Pesquisa Econômica Aplicada (EPEA) ... [que tinha]... acabado de realizar o Plano Decenal de Desenvolvimento Econômico para o governo anterior" e que se transformaria no IPEA, Instituto de Pesquisa Econômica Aplicada do Ministério do Planejamento (Alves e Sayad, 1970, p. 108). O diagnóstico coordenado pelo EPEA identificava, como dois problemas básicos, o debilitamento do setor privado e a pressão excessiva exercida pelo setor público, e propunha linhas de ação e o uso de instrumentos específicos para corrigir as distorções da economia.

Apresentam-se a seguir alguns dos aspectos básicos da política econômica implementada a partir desse "diagnóstico" de 1967 e do PED, que seriam complementados por diversas manifestações públicas das autoridades econômicas nos anos seguintes (ver exemplo Skidmore, 1988, p.141-7; 182-9; 274-86) e, já no governo Médici, pelo documento "Metas e Bases para a Ação do Governo", de setembro de 1970), ao qual se seguiria o I Plano Nacional de Desenvolvimento (PND) para 1972-74, publicado em 1972, com metas por setores de atividade econômica.

Um maior estímulo à demanda foi dado, já a partir de 1967, através de políticas monetária, creditícia e fiscal mais "flexíveis", que se tornariam nos anos seguintes gradualmente expansionistas. Foi particularmente notável a expansão do crédito, e especialmente do crédito ao consumidor e à agricultura. A concessão de isenções fiscais e de juros favorecidos ao setor agrícola aliada a um maior volume de crédito tinha entre outros objetivos o de assegurar uma oferta adequada de alimentos (cujo impacto sobre os índices de inflação era significativo), estimular as exportações de produtos primários e, talvez sem a mesma ênfase, aumentar a renda rural e consequentemente corrigir desequilíbrios regionais e reduzir o êxodo rural (Skidmore, 1988, p. 188).

Destinaram-se, também, significativos recursos para a construção de residências e aquisição de moradias através do Sistema Financeiro de Habitação (SFH). Criaram-se subsídios adicionais, facilidades creditícias e reduziram-se os entraves burocráticos para aumentar as exportações, e diversificar mercados especialmente de produtos manufaturados (Bonelli e Malan, 1976) que também foram muito beneficiadas pela adoção do regime de minidesvalorizações cambiais a partir de 1968. Criava-se assim, também, um clima favorável para o investimento estrangeiro e para um acesso mais fácil do país a empréstimos externos.

Com as finanças públicas "saneadas" pela administração anterior e recorrendo frequentemente à emissão de títulos para o financiamento do déficit público, o governo manteve em nível elevado o seu dispêndio, especialmente em novos investimentos de infraestrutura, com importantes efeitos sobre o setor privado. As empresas estatais recorreram, também, de forma crescente a empréstimos externos, o que era bem-visto pelas autoridades econômicas, inicialmente preocupadas em garantir certa acumulação de reservas cambiais. Nesse contexto, diante do maior equilíbrio das contas públicas, o governo não hesitou em lançar mão de um amplo esquema de subsídios e incentivos fiscais para promover setores e regiões específicas, e que passaram a fazer parte da política industrial do governo. O BNDE (Banco Nacional de Desenvolvimento Econômico), por outro lado, manteve o seu importante papel de financiador de investimentos do setor público, mas passou a conceder uma proporção crescente dos seus empréstimos ao setor privado que após 1968 passou a receber mais da metade do total dos financiamentos.

Preocupada com custos, a nova equipe manteve a linha geral da política salarial anterior, ainda que atenuando os seus efeitos negativos sobre o salário real e, portanto, sobre a demanda, adotando nova fórmula de reajuste. Concentrou um esforço especial na contenção das taxas de juros pagas pelos tomadores do setor privado, inclusive através de incentivos ao setor bancário (compulsório remunerado), da fixação temporária de tetos de juros e através do estímulo à concentração bancária. A contenção de custos deveria incluir, também, em uma segunda etapa, o controle de preços dos insumos e de produtos selecionados que se iniciara no governo anterior com a Comissão Nacional de Estímulo à Estabilização de Preços (CONEP) (com caráter voluntário) e depois passou a ser implementado compulsoriamente pela Comissão Interministerial de Preços (CIP), a partir do final de 1967. A nova equipe considerou basicamente encerrado o período de "inflação corretiva", que envolveu o realinhamento de preços e tarifas do setor público entre 1964 e 1967, e que passaria a dar um maior equilíbrio às empresas estatais, aliviando a conta de subsídios diretos do governo federal.

Manteve-se a correção monetária, estabelecida em 1964 para as ORTNs e, a seguir, para a captação e aplicação de recursos no setor habitacional, que, gradualmente, foi também estendida aos vários instrumentos financeiros da economia.

Em suma, a equipe de Delfim Netto aproveitou o espaço criado pela administração anterior, e utilizou os instrumentos de política econômica disponíveis para

A ORDEM DO PROGRESSO

estimular abertamente o crescimento econômico. Mas todas as declarações em favor do desenvolvimento do setor privado e da livre operação do mercado contrastavam com a proliferação de incentivos, novos subsídios ou isenções específicos, que tornavam o papel do governo extremamente importante para viabilizar certas operações do setor privado.

1. Crescimento econômico, formação de capital e inflação, 1967-1973

Os dados revistos relativos a contas nacionais do Brasil mostram que, em 1964 e 1965, a economia cresceu 3,4% e 2,4% respectivamente, resultando um pequeno declínio do produto *per capita* no biênio. Em 1966, a taxa de crescimento do PIB de 6,7% foi satisfatória. Porém, a crise de estabilização, provocada a partir da metade do ano pelo aperto de liquidez e a contenção do crédito, reduziu a taxa de crescimento global para 4,2% em 1967. Essa média foi favoravelmente influenciada pelo bom desempenho do setor primário cuja produção aumentou 5,7%, visto que a indústria de transformação cresceu apenas 2,2%.

A partir de 1968, primeiro ano de plena implementação da política mais expansionista da nova administração, tanto o produto global como os produtos setoriais apresentaram forte crescimento. Entre 1968 e 1973, o PIB real cresceu à taxa média de 11,2% (alcançando um máximo de 14% em 1973), diante de uma média histórica no período do pós-guerra até o início dos anos 1960, da ordem de 7%.

O crescimento industrial foi particularmente significativo: no mesmo período 1968-73, a indústria de transformação cresceu à taxa média de 13,3% ao ano (com um máximo de 16,6% em 1973) e a indústria de construção (forte absorvedora de mão de obra) à taxa média, ainda mais elevada, de 15% ao ano. Os serviços industriais de utilidade pública, incluindo principalmente a geração de energia elétrica, e que em boa parte estavam sob o controle do governo, apresentaram também crescimento anual da ordem de 12,1%.

O desempenho do setor primário da economia também foi muito satisfatório entre 1969 e 1972, mas 1968 e 1973 foram anos de estagnação. Na média entre 1968 e 1973, o setor cresceu à taxa de 4,5%, superando amplamente a taxa de crescimento da população no período, que era da ordem de 3% ao ano.

O setor terciário teve igualmente uma expansão expressiva entre 1967 e 1973, destacando-se o desempenho do comércio, com média de crescimento anual de 11,1%, e o de transportes e comunicações, com média superior a 13%.

A evolução favorável de diversos setores foi influenciada por políticas governamentais específicas. Assim, a agricultura beneficiou-se de farto volume de crédito concedido pelas autoridades monetárias, a taxas subsidiadas, e que foi uma das causas principais da expansão monetária no período. Destaca-se o surgimento da soja como produto de importância crescente na pauta de exportações e no consumo interno, enquanto o café perdia peso relativo dentro do setor agrícola e no total das exportações. Ocorreu também no período um processo acentuado de mecanização da agricultura brasileira, com efeitos de demanda importantes sobre o setor industrial. Crescentes exportações de produtos manufaturados também beneficiadas por novos incentivos contribuíram para o crescimento industrial, especialmente o de ramos tradicionais como têxteis e calçados.

No entanto, o dinamismo do setor industrial no período 1967-73 deveu-se principalmente à demanda interna, estimulada pelas políticas setoriais do governo, já mencionadas, notadamente em relação à agricultura e aos bens de consumo durável, bem como à indústria de construção, impulsionada pela Política Nacional de Habitação.

Enquanto os investimentos do governo em infraestrutura contribuíram para a consolidação da indústria doméstica de bens de capital, foi particularmente notável o aumento da produção de bens de consumo durável. Esse forte aumento tem sido associado com o processo de concentração da renda pessoal que teria ocorrido durante o período em estudo, mas na realidade, deveu-se também, em grande parte, à forte expansão do crédito ao consumidor a partir de fins de 1966, quando as sociedades de crédito, financiamento e investimento foram redirecionadas, pelo governo, do fornecimento de capital de giro às empresas, para o crédito direto ao consumidor e para o crédito pessoal. Prazos de financiamento generosos, o controle temporário de juros pelo governo e a existência de consórcios tiveram especial impacto na demanda de automóveis e também na produção de eletrodomésticos, acessíveis para uma parcela muito maior da população, que também teve grande expansão.

A produção de bens de consumo relativos a "transporte" cresceu em média 24% entre 1968 e 1973, a produção de bens "eletrodomésticos" 22,6% e a de bens de consumo não duráveis 9,4%, resultando uma média de 11,9% para o setor de bens de consumo como um todo (Bonelli e Werneck, 1978, p. 176).

Diante do crescimento generalizado da economia, e da crescente utilização da capacidade instalada (na indústria de transformação o índice de utilização ter-se-ia elevado de 76% em 1967 para 93% em 1971 e 100% em 1972-73), cabe examinar a evolução da taxa global de investimentos. Como seria de se esperar, a participação da formação bruta de capital fixo (FBCF) no produto interno bruto (PIB), depois de permanecer no nível médio de 15,2% no período de estabilização 1964-66, mostrou tendência ascendente a partir de 1967, quando alcançou 16,2%. De 1968 a 1970, essa participação passou para 18,7% para alcançar 20,5% no período 1971-73.

O processo de formação de capital no período 1967-1973 foi significativamente influenciado pela política industrial iniciada em 1964 e coordenada pelo CDI (Comissão e depois Conselho de Desenvolvimento Industrial). Tal política, entre 1968 e 1973, consistia na concessão bastante indiscriminada de incentivos, pois o CDI aprovava a maioria dos projetos submetidos. Ainda que passível de críticas por certa liberalidade na concessão de incentivos, o CDI, juntamente com o BNDE e especificamente o FINAME (com programas de empréstimo de até 8 anos ou até mesmo 15 anos e juros anuais de 3% a 6% mais correção monetária), teve papel importante na recuperação da demanda interna e no crescimento do setor de bens de capital (Lago, Almeida e Lima, 1979a, cap. VI e Suzigan, 1978, p. 48).

Partindo-se de dados não totalmente satisfatórios de formação bruta de capital fixo desagregada entre administrações públicas, empresas estatais (dado incompleto) e "empresas privadas e famílias", a contribuição do setor privado teria aumentado de cerca de 55% para 60% entre 1970 e 1973, enquanto o setor público teria sua contribuição reduzida para cerca de 40%. A inclusão de todas as estatais, no entanto, talvez aumentasse essa participação para cerca de 50% (Lago, 1989, p. 18-23).

Enquanto o investimento das estatais cresceu em termos reais à taxa de cerca de 20% ao ano entre 1967 e 1973, explicando um aumento de sua participação no PIB e no total da FBCF, as administrações públicas nos seus vários níveis mostraram queda de participação de seus investimentos na formação de capital total, bem como estabilidade, com tendência à queda, da participação do seu consumo final no PIB. Tal fato sugere que não houve uma tendência de "inchaço" relativo da administração pública no período, em contraste com o crescimento das estatais.

De fato, a evidência disponível sugere um papel pró-cíclico crescente das empresas públicas durante o período 1968-73, no final do qual ter-se-iam tornado "elemento-chave no modelo brasileiro de desenvolvimento" e seus investimentos e gastos apareciam como fator determinante de movimentos cíclicos da economia brasileira (Trebat, 1983, p. 120 e 132).

O financiamento de formação de capital no período 1967-1973, em contraste com o período seguinte, não dependeu fundamentalmente da poupança externa. A formação de capital fixo e a variação de estoques foram em grande parte "financiados" pela poupança nacional bruta. Consequentemente, o forte crescimento do endividamento externo no período após 1969 foi claramente excessivo em confronto com as necessidades reais de investimento da economia, uma vez recuperado um nível adequado de reservas internacionais em 1967-68.

Diante da ênfase concedida ao crescimento econômico pela equipe do ministro Delfim Neto, inicialmente, a nova administração admitia o convívio com certo nível de inflação, que se encontrava na faixa de 20% a 30%, contanto que o ritmo de crescimento dos preços viesse a mostrar tendência à queda gradual. Mas houve uma mudança de atitude já no final de 1967 através do Decreto nº 61.993 de 28 de dezembro de 1967 "que subordinou todos os reajustes de preços por parte das empresas à prévia análise e avaliação da Conep". Generalizou-se o controle compulsório que passava a ser "elemento coadjuvante do combate à inflação", propósito que ficou explicitado quando da criação do Conselho Interministerial de Preços (CIP) pelo Decreto-lei nº 63.196 de 29 de agosto de 1968, órgão que substituiria a Conep. "Institucionalizaram-se os reajustamentos de preços com base nas variações de custos." Outros fatos a serem considerados nos exames de pedido de reajustes seriam "os níveis de rentabilidade, a influência dos produtos e serviços na formação de custos dos diferentes setores de atividade econômica, a existência de condições estruturais de mercado que [refletissem] situações monopolísticas ou oligopolísticas e a ocorrência de anomalias de comportamento dos setores, empresas ou estabelecimentos que [fossem] capazes de perturbar os mecanismos de formação de preços". Esses princípios gerais de atuação do CIP permaneceriam estáveis entre 1969 e 1973 (ver Carneiro, 1976, p. 154-60).

Nos primeiros anos (1967-68) ocorreu uma redução do ritmo de crescimento dos preços para cerca de 25%. Em 1968, ano em que se introduziu a política de minidesvalorização cambiais e em que a política salarial passou a ser menos restritiva, mas os controles de preços assumiram caráter compulsório, as taxas de inflação verificadas no fim do ano foram muito semelhantes às do ano anterior. Em 1969, a escassez de produtos agrícolas freou uma queda mais acentuada do custo de vida enquanto o aumento dos preços por atacado não excedeu 20%. O deflator implícito do PIB passou de 26,7% em 1968 para 20,1% em 1969. Nesse ano, apesar do crescimento elevado, a política de combate à inflação foi mais ativa, já que houve maior esforço de contenção da expansão monetária e do déficit público. Esse foi o primeiro ano da nova administração em que a colocação de títulos públicos financiou mais do que a totalidade do déficit de caixa da União, fato que se repetiria nos anos seguintes, contribuindo para reduzir as pressões inflacionárias (Simonsen, 1970, p. 53) Assim, em 1970, a maioria dos indicadores de fim de ano mostravam aumento dos preços ao consumidor inferior a 20% e a variação do deflator implícito do PIB se reduziu para 16,4%. Após pequeno aumento em 1971, ocorreu novo recuo em 1972, mas a partir desse momento os índices oficiais, principalmente em 1973, refletiam o forte impacto de preços tabelados que na prática eram amplamente desrespeitados. Já a partir de meados de 1972, "os controles de preços foram acionados não mais com o objetivo de compatibilizar a liquidez folgada com o declínio da inflação". Na ausência de capacidade ociosa, houve impacto sobre a rentabilidade de setores específicos e somente se adiou o efeito sobre os índices de preços (Carneiro, 1977, p. 22-3). Assim em 1973, o Índice de Variação do Custo de Vida do Rio de Janeiro da Fundação Getulio Vargas (ICV) de 12,7% (depois recalculado para 13,7%) contrastava com o índice médio de 26,1% calculado pelo DIEESE. A variação do deflator implícito do PIB também aumentou de 19,1% em 1972 para 22,7% em 1973 (depois recalculados 19,9% e 29,6%, respectivamente).

O controle de preços já não podia encobrir no final de 1973 o recrudescimento do processo inflacionário associado com o nível de atividade da economia e a necessidade de medidas para impedir a sua aceleração. De fato, Mario Henrique Simonsen ao assumir a pasta da Fazenda em 1974, reestimaria a taxa de variação acumulada do ICV do Rio em 1973 de 13,7% para 26,6% e do Índice Geral de Preços – Disponibilidade Interna (IGP-DI) de 15,7% para 19,3% (Marques, 1986, p. 344). As tensões resultantes do tabelamento inclusive com o surgimento de "mercados paralelos" iriam se agravar com o primeiro "choque do petróleo", cujo impacto far-se-ia sentir em 1974.

2. Políticas monetária e creditícia e desenvolvimento do sistema financeiro

A partir de 1967, a nova equipe econômica inicialmente reverteu a política monetária e creditícia anterior, ocorrendo significativa expansão da oferta de moeda e do crédito naquele ano. No entanto, considerando-se as taxas anuais de crescimento daqueles agregados nos anos seguintes, enquanto o crédito continuou a se expandir, em termos reais, a taxas elevadas, os aumentos reais da oferta de moeda e o crescimento médio real dos meios de pagamento se mantiveram em linha com o crescimento do PIB real. É a partir de 1972 que ocorre a aceleração que muitos autores associaram com o recrudescimento da inflação em 1973. De fato, o crescimento real dos meios de pagamento acumulado no ano (deflacionado pelo IGP-DI) após alcançar cerca de 14% em 1967 e 12% em 1968, foi da ordem de 5% a 10% entre 1969 e 1971, passando para cerca de 18% em 1972 e cerca de 28% em 1973.

Quanto à base monetária (cuja definição incluía na época os depósitos à vista no Banco do Brasil, visto que esta instituição exercia funções de autoridade monetária), as suas variações e a sua vinculação com os meios de pagamento através do multiplicador têm que ser avaliadas com cautela, tendo em vista numerosas mudanças institucionais no período 1967-1973 que afetaram as reservas bancárias em espécie. Seriam fatores fundamentais de expansão da base monetária, entre outros já mencionados, os créditos à agricultura e à exportação bem como, após 1969, a acumulação de reservas internacionais. Como importante fator de contração, destacar-se-ia a colocação de títulos federais junto ao público. Oscilações nessas variáveis explicam boa parte das mudanças nas taxas de crescimento da base monetária.

Enquanto em 1964 os haveres monetários respondiam por 92% do total dos haveres monetários e não monetários, em fins de 1966 essa participação se reduzira para 75,7%. Entre 1967 e 1973 acentuou-se essa tendência e, a partir de 1971, os haveres não monetários excederam os haveres monetários que, em 1973 passaram a responder por apenas 43% do total.

A existência da correção monetária e de instrumentos financeiros com rendimentos prefixados embutindo uma expectativa de inflação levou a uma mudança de comportamento dos poupadores no sentido de um redirecionamento de suas aplicações para haveres não monetários. Enquanto em 1967 os ativos com correção monetária (cadernetas de poupança, letras imobiliárias e ORTNs) representavam 13,5% dos ativos financeiros, em 1973 tal proporção alcançava 19,2%.

No final dos anos 1960 e no início dos anos 1970, ocorreu forte crescimento real dos haveres financeiros como um todo, que excedeu amplamente o crescimento do PIB. "Assim, o total de ativos financeiros passou de 30% do produto em meados da década de 1960 para fração superior a 50% do produto interno em meados dos anos 1970" (Silva, 1981, p. 21). Portanto os haveres não monetários passaram a representar cerca de 25% do PIB em 1973, contra cerca de 7% em 1967.

Quanto aos instrumentos de política monetária, o governo recorreu tanto ao redesconto e a alterações dos recolhimentos compulsórios no Banco Central, como crescentemente a operações de mercado aberto. Com a Lei nº 4.595 de 31 de dezembro de 1964, o redesconto passou a ser regulamentado pelo Conselho Monetário Nacional e o Banco Central recebeu a competência de realizar operações de redesconto e empréstimos a instituições financeiras bancárias. O Banco Central passou, portanto, a partir de 1965, a contar com um instrumento que permitia injetar recursos no sistema bancário e influenciar a taxa de juros.

Dado o limitado desenvolvimento alcançado pelo mercado de capitais nos anos 1960, a taxa de juros tendia a ter menor impacto sobre o nível dos investimentos do que nos países mais desenvolvidos. Por outro lado, em um contexto de taxas de juros elevadas, seria necessária uma substancial alteração no nível da taxa de redesconto para afetar, de forma significativa, as taxas de mercado.

Por essa razão, segundo Ernane Galvêas, presidente do Banco Central no período 1968-1973, a política de redescontos foi "exercida basicamente em termos quantitativos... O Banco Central [agia]... aumentando ou diminuindo a quantidade de recursos que [transferia] aos bancos pelo redesconto e não através da variação na taxa" (Galvêas, 1985, p. 86). Essas operações se constituíram na chamada "assistência de liquidez", reservando-se "o título de 'redesconto' para as operações de caráter seletivo realizadas pelo Banco Central".

Até 1964, bem mais do que o redesconto, os depósitos compulsórios tinham sido um instrumento da política monetária amplamente utilizado no Brasil, o encaixe legal servindo para "regular o multiplicador bancário, isto é, mobilizar maior ou menor parte dos depósitos bancários, restringindo ou alimentando o processo de expansão dos meios de pagamento" (Galvêas, 1985, p. 87).

No período 1967-1973, os recolhimentos compulsórios no Banco Central relativos aos depósitos à vista nos bancos comerciais passaram a ter diferentes papéis. Inicialmente tiveram uma função de controle quantitativo do crédito, o que era a sua função tradicional. Na medida em que o governo passou a utilizar o compulsório como instrumento de barganha com os bancos comerciais, objetivando a contenção das taxas de juros para os tomadores finais, reduziu-se gradualmente o recolhimento em espécie, permitindo-se o recolhimento sob a forma de títulos federais. Posteriormente foram criadas "deduções especiais" destinadas a financiar capital de giro de pequenas e médias empresas (Resolução 130), bem como aplicações "em debêntures e ações de empresas industriais de pequeno e médio porte" (Resoluções 184 e 250).

Assim, o compulsório em espécie declinou de 70% do recolhimento total em 1967 para 36% em 1973, tornando-se, portanto, menos oneroso para os bancos, e transformando-se de "instrumento essencial de controle quantitativo em instrumento orientado para a seletividade do crédito" (Silva, 1981, p. 180-1).

Quanto à política de mercado aberto, esta assumiria importância crescente. Em um primeiro momento, a partir de 1965, a colocação de ORTNs pelo governo visava substituir a emissão de moeda no financiamento do déficit público. Gradualmente, na medida em que "a colocação de títulos da dívida pública federal, feita através do Banco Central, passou a superar amplamente os déficits fiscais", o governo passou a poder implementar uma política de mercado aberto para regular a liquidez da economia. (Galvêas, 1985, p. 88 e Silva, 1981, p. 172).

As operações de mercado aberto passaram a ser efetuadas em 1967, quando o Banco Central passou a vender ORTNs ao sistema bancário com cláusula de recompra uma vez decorridos 30 dias da emissão. A política de mercado aberto foi facilitada, a partir de 1970, pela criação das Letras do Tesouro Nacional (LTNs). As LTNs eram títulos de curto prazo (máximo de um ano), com tipo de rendimento mais adequado para as operações de mercado aberto, e sem vinculação com a geração de recursos para cobrir os déficits orçamentários do governo federal.

De 1968 a 1973, as operações de mercado aberto desenvolvidas pelo Banco Central no mercado secundário tiveram nítido impacto contracionista. Em 1973 foi tornando-se cada vez mais difícil conter pressões oriundas de aumentos das reservas internacionais e de outros fatores internos, mas aquelas operações tinham se firmado como um instrumento duradouro e importante de política monetária no Brasil.

No tocante à taxa de juros, o novo governo, ao assumir em 1967, acreditava que os custos do sistema financeiro eram muito elevados e que as taxas de juros pagas pelos tomadores eram um elemento de custo das empresas que precisava ser reduzido. Havia também uma noção generalizada de que o sistema bancário, no seu conjunto, era bastante ineficiente.

A política de juros da nova administração para o setor privado se baseou nos seguintes instrumentos: (i) o controle direto das taxas de juros, através da fixação de taxas máximas (tetos) de aplicação e captação em segmentos específicos do setor financeiro ou de redutores sobre as taxas médias observadas no ano anterior; (ii) incentivos aos bancos comerciais, através da manipulação dos coeficientes e da composição dos depósitos compulsórios e de uma redução gradual do custo do redesconto e de outros créditos concedidos ao sistema bancário, "em troca" de uma contenção dos níveis de juros dos empréstimos bancários (Banco Central, *Relatório*, 1973).

No caso dos empréstimos concedidos por instituições oficiais, as taxas de juros foram utilizadas como instrumento de incentivo a setores específicos e julgados prioritários, podendo inclusive ser negativas em termos reais. Paralelamente, o governo teve também uma "política bancária" que consistiu no incentivo à eliminação de deficiências e ao aproveitamento de economias de escala, através da concentração bancária e de obstáculos à proliferação desordenada de agências. A concentração bancária foi efetivamente promovida pelas Autoridades Monetárias (inclusive através de vantagens a fusões e incorporações, notadamente a partir de 1971), bem como a formação de conglomerados incluindo vários tipos de instituições financeiras especializadas e, em certos casos, instituições não financeiras.

Os dados do Banco Central confirmam a forte queda do número de sedes de bancos entre 1967 e 1973. Entre o final de 1966 e o final de 1973, 190 bancos foram absorvidos por outros bancos ou fechados. Restavam, em fins de 1973, 4 bancos federais e 24 bancos estaduais compondo a rede oficial, e 87 bancos privados, sendo 8 estrangeiros, ou um total de 115 bancos comerciais. Existe alguma evidência de redução dos custos bancários, porém a evidência empírica quanto à existência de economias de escala no período não é conclusiva.

A concentração bancária entre 1967 e 1973 parece ter decorrido das medidas de política econômica adotadas, inclusive a fixação de tetos de juros e as restrições à entrada (limitação do número de agências). O resultado dessa política, porém, não foi a existência de uma "saudável competição entre um número relativamente grande de instituições fortes" e sim uma concentração expressiva da captação e das aplicações em um número reduzido de conglomerados financeiros, eliminando boa parte do fator de concorrência que poderia reforçar uma queda das taxas de juros reais do sistema. Assim, o sistema bancário se encontrava mais forte em 1973 do que na década anterior, mas já bastante oligopolizado.

A partir de 1964, e também em 1967-73, o governo buscou atingir o duplo objetivo de: (i) conter as necessidades de financiamento do setor público e (ii) assegurar oferta de crédito adequada ao setor privado.

Segundo os dados disponíveis a participação do crédito ao setor privado no crédito total concedido pelo sistema bancário (Banco do Brasil + bancos comerciais) aumentou claramente de 1967 para 1973. Porém, os empréstimos do sistema monetário passaram a representar uma fração decrescente dos empréstimos totais ao setor privado, que passou a obter recursos junto às diversas novas instituições criadas com as reformas de 1964-66, cuja oferta total aumentou ainda mais rapidamente.

Entre 1964 e 1966, foram sucessivamente criados o Banco Nacional de Habitação (BNH), que após 1966 também contaria com recursos do FGTS, as Sociedades de Crédito Imobiliário (SCIs) e os Bancos de Investimentos (BIs) e em 1967 as

Associações de Poupança e Empréstimos (APEs). Iniciou-se, em 1971, o Programa de Integração Social, cujos recursos seriam inicialmente administrados pela Caixa Econômica Federal (CEF) (Silva, 1981, p. 36). Nesse contexto diminuiu a participação do sistema monetário no total dos empréstimos, de 86% em 1964 para 74,3% em 1967 e para 50% em 1973.

A nova organização do sistema financeiro não alcançou todos os resultados almejados, notadamente quanto ao aumento da oferta de crédito interno a longo prazo. "Os créditos de longo prazo para investimento fixo [foram] providos exclusivamente por agências públicas e bancos oficiais (BNDE, Finame, BNB, Banco do Brasil e BNH, este evidentemente para financiar a construção de habitações) enquanto os créditos a curto e médio prazos para capital de giro [foram] supridos pelos bancos comerciais e o Banco do Brasil (de forma crescente) e crescentemente pelas financeiras e bancos de investimento" (Suzigan, Bonelli, Horta e Lodder, 1974, p. 28). Muitas empresas, no entanto, notadamente as estatais, passaram a utilizar créditos externos de mais longo prazo, seja diretamente através da Lei nº 4.131, ou indiretamente através de empréstimos captados pelos bancos através da Resolução 63 do Banco Central e repassados às empresas (e, em menor, escala, com base na Instrução 289 de 1965, revogada em 1972).

No período 1967 a 1973, o governo durante alguns anos "dosou" a taxa de expansão monetária, mas garantiu uma elevada taxa de expansão do crédito total, concedendo especial atenção a certas áreas específicas. Assim, a área de construção civil e habitação, como já se mencionou, passou a contar com os fartos recursos do BNH, das SCIs e das APEs, bem como com fração significativa dos recursos das caixas econômicas. Por outro lado, o crédito ao consumidor e o crédito pessoal receberam maior ênfase, através das Resoluções 56 e 77 de 1967, que concentravam ainda mais as atividades das financeiras no crédito ao consumo e aos usuários finais de bens e serviços.

Outro setor que mereceu a atenção especial do governo, preocupado com uma oferta adequada de alimentos, foi o agropecuário. Os empréstimos rurais eram concedidos pelo sistema bancário. A exigibilidade de empréstimos rurais pelos bancos comerciais seria crescente, passando de 10% do total dos depósitos (com algumas deduções) para 15% em 1973, e o Banco do Brasil teve participação crescente no crédito rural (de 53,3% em 1967-68 para 67,4% em 1972-73). Cabe notar, no entanto, que, o crédito rural cresceu a taxas reais muito significativas, mas inferiores à taxa de expansão do crédito total do sistema financeiro.

Até 1967, o mercado acionário como fonte alternativa de financiamento de longo prazo para as empresas tinha papel limitado. A partir daquele ano, a contribuição do novo governo foi a canalização de recursos de "investidores institucionais" para o mercado acionário. O Decreto-lei nº 157 criou fundos fiscais de investimento, que passaram a ser conhecidos como "Fundos 157" (cuja carteira teria que ser basicamente composta de ações e debêntures), com o propósito de "financiar capital de giro de companhias abertas, desenvolver o mercado de capitais e educar o investidor individual interessado no mercado de ações" (Costa, 1985, p. 40). Para alcançar esse objetivo, os contribuintes individuais e empresas podiam deduzir uma parcela do imposto de renda devido, para utilizá-lo na compra de certificados de ações mantidos por aqueles fundos, e que não podiam ser resgatados antes de cinco anos.

Esse mecanismo iria canalizar volumosos recursos para as bolsas de valores e seria reforçado pela retomada do crescimento econômico, pelo aumento de lucratividade das empresas, por aprimoramentos no tratamento contábil dos resultados das empresas e por tributação favorável dos dividendos. Uma maior demanda do público e dos fundos de ações diante de uma oferta limitada de títulos levou a forte aumento de preços, "culminando com um boom especulativo seguido de um traumático processo de reajuste em 1971" (Costa, 1979, p. 41-2; para dados mais detalhados, ver Lago, 1989 e Castro, 1979, p. 50). A partir de fins de 1971, dada a forte queda dos preços das ações durante o ano, o mercado acionário deixou de exercer a mesma atração sobre os investidores até o final da década, e, portanto, falhou a tentativa de torná-lo instrumento duradouro de capitalização das empresas.

3. Política fiscal, estados e municípios e política regional, as estatais e o papel do governo na economia

A nova administração empossada em 1967 beneficiou-se das reformas tributária e administrativa implementadas pelo governo anterior e buscou manter uma política de aumento de eficiência da máquina governamental, com uma arrecadação crescente e uma redução relativa dos gastos de custeio visando a redução do déficit público. Enquanto o déficit do Tesouro representara uma fração do PIB da ordem de 4,2% em 1963, reduzindo-se para 1,1% em 1966, ocorreu um pequeno aumento em 1967 para 1,7%, com a reativação da economia. Porém, em 1968, o déficit se reduziu para 1,2% do PIB e essa fração declinou continuamente até 1972, para alcançar 0,1%. Finalmente, em 1973, ocorreu um pequeno superávit, da ordem de 0,06% do produto. Foi criado apenas um novo tipo de tributo, o imposto sobre operações financeiras, arrecadado a partir de 1972, e foram mantidos, ao longo do período 1967-73, importantes incentivos fiscais que representaram uma renúncia de arrecadação dos governos federal e estaduais.

A redução do déficit do Tesouro e até mesmo a geração de um superávit em 1973, refletem, sem dúvida, um saneamento das contas do governo, consolidando os esforços empreendidos de 1964 a 1966. Mas são parcialmente enganosos especialmente a partir do final dos anos 1960, diante da crescente importância de gastos públicos não incluídos nas despesas do Tesouro e que passaram a fazer parte do chamado "orçamento monetário". Dois desses itens de despesa básica eram os juros e a correção monetária da dívida pública e os subsídios embutidos no crédito subsidiado, especialmente para a agricultura e a exportação. A tendência de elevação dessas despesas contrabalançava, em parte, o aparente equilíbrio das contas do governo espelhado nas contas do Tesouro.

Os dados de contas nacionais disponíveis sobre as contas das administrações públicas revelam uma poupança em conta corrente do governo nas suas três áreas, que era, entre 1968 e 1973, suficiente para financiar o investimento das administrações públicas.

A carga tributária mostrou tendência ascendente no período 1967-73. Com base em dados de contas nacionais não revistos, a média da carga tributária bruta teria passado de 22,4% do PIB em 1965-69 para 24,7% em 1970-73 e os subsídios e transferências teriam totalizado, em média, respectivamente, 7,1% e 8,1% do PIB, resultando uma carga líquida de 15,3% em 1965-69 e de 16,6% em 1970-73 (Costa, 1979, p. 90).

Dados mais recentes confirmam essa tendência (IBGE, 1988, p. 98-105). No período 1970-73, com base nos dados revistos das contas nacionais, a receita tributária bruta foi, em média, cerca de 26% do PIB com um aumento em 1973, enquanto a carga líquida oscilou entre 16,8% e 17,2%. As transferências incluindo juros da dívida interna, assistência e previdência e outros (o resultado de "outras receitas correntes" menos as transferências intragovernamentais, intergovernamentais, ao setor privado e ao exterior) oscilaram, em termos líquidos, entre 7,4% e 8,8% do PIB. Os subsídios (exclusive subsídios creditícios) eram bem menos importantes do que no passado, mas alcançaram de 0,7% a 0,8% do PIB entre 1970-72 passando para 1,2% em 1973.

Quanto às despesas correntes do governo, verificou-se uma redução de sua relação com o PIB, sendo particularmente clara a queda da participação dos salários e encargos, de 8,3% em 1970 para 7,4% em 1973. De fato, a despesa com pessoal, ao nível federal, declinou de 24,6% de despesa total em 1967 para apenas 18% em 1973.

No período de 1967 a 1973, a administração das finanças estaduais e municipais ficou, em certa medida, subordinada à orientação do governo federal. De fato, a própria Constituição de 1967 permitia a intervenção da área federal em assuntos financeiros dos estados no caso da adoção, por estes, de programas ou medidas incompatíveis com o programa econômico do governo federal (Syvrud, 1974, p. 136).

Uma ilustração do uso desse poder autoritário pode ser feita com relação à emissão de títulos públicos pelos estados. A responsabilidade e o controle sobre a emissão de papéis estaduais foi delegada ao Banco Central (Resolução 101 do CMN) e a dívida estadual e municipal, que em 1969 representava 2% do total dos ativos financeiros teve sua participação reduzida para 1,5% em 1973, diante das restrições a novas emissões impostas pelo governo central a partir daquele ano, enquanto a dos títulos federais crescia de 13,1% para 17,7%.

Quando do Ato Institucional n. 5, o governo federal também reduziu a parcela do Fundo de Participação dos Estados e Municípios fixada em princípio pela Constituição em 20% da arrecadação federal de certos tributos diretos e indiretos (IR e IPI). Esta passou para 10%, com um adicional de 2% para um Fundo Especial. Esta medida de caráter autoritário teve impacto regional diferenciado já que nos estados mais pobres essas transferências eram parte substancial dos recursos totais disponíveis para as administrações locais. O Fundo Especial foi utilizado para compensar esse efeito negativo e o Nordeste e Norte se beneficiaram de uma série de incentivos fiscais destinados à Sudene e à Sudam e ao PIN (Syvrud, 1974, p. 135-8).

Os dados disponíveis sobre receita efetivamente arrecadada e despesa realizada mostram, a partir de 1968, uma grande redução do desequilíbrio existente nas contas dos estados e distrito federal no período 1964-67. Diminuiu consideravelmente a relação entre déficit e receita, ocorrendo um superávit em 1971. No caso dos municípios, o desequilíbrio não era tão grande no mesmo período 1964-67, mas também ocorreu na média, uma redução para metade, nos seis anos 1968-1973, da relação entre déficit e receita. A criação e aperfeiçoamento do ICM representava uma importante contribuição para as finanças dos estados (apesar da isenção no caso das exportações) e o crescimento econômico, resultando em aumento de arrecadação ao nível federal, representou uma maior distribuição de recursos do Fundo de Participação para os Estados e Municípios.

Quanto a áreas geográficas, a ênfase da política regional no Brasil era no sentido de promover o desenvolvimento econômico do Nordeste, através de incentivos fiscais e, ocasionalmente, através de obras de infraestrutura (Lodder, 1978, p. 143). Entre 1967 e 1970, essa política não foi substancialmente alterada pela administração Costa e Silva. Com o advento do governo Médici, porém, desenvolveu-se a ideia de que o Nordeste tinha excesso de população e que os problemas dos nordestinos não poderiam ser totalmente resolvidos localmente. Esse sentimento foi reforçado pela forte seca de 1970.

A abertura da Amazônia com o deslocamento de grandes contingentes de nordestinos para essa região foi apresentada como opção. Foi, portanto, levado adiante o Programa de Integração Nacional (PIN) que, além da irrigação de amplas áreas do Nordeste e da criação de corredores de exportação na região, previa a abertura da região amazônica através de rodovias (a Transamazônica e a Cuiabá-Santarém). Os recursos para essas estradas, que receberam "absoluta prioridade" foram derivados de recursos federais de incentivos fiscais antes alocados para o Nordeste e não do levantamento de recursos novos.

As justificativas econômicas do programa na Amazônia não eram necessariamente convincentes, mas motivos de ordem política e estratégica (militar) também prevaleceram e a construção das rodovias foi empreendida. O programa de colonização da região revelou-se um fracasso, contrastando com outras realizações positivas do período 1967-73 em termos de obras de infraestrutura (para os aspectos econômicos e políticos da questão, ver Skidmore, 1988, p. 287-95).

No Nordeste os incentivos fiscais contribuíram para um maior grau de industrialização no período, mas a criação de empregos não parece ter sido muito significativa, e não se elevou a participação da renda da região na renda total do país.

Em contraste com a supervisão exercida sobre estados e municípios, o governo central permitiu a proliferação de empresas estatais federais e estaduais no período 1967-1973. Na realidade, aquele período caracterizou-se como o de maior intensidade de criação de novas empresas públicas no Brasil. Examinando-se o conjunto de empresas federais e estaduais, constata-se que foram criadas, entre 1968 e 1974, 231 novas empresas públicas sendo 175 na área de serviços, 42 na indústria de transformação, 12 em mineração e 2 na agricultura (Trebat, 1983, p. 37 e 47-8).

As principais causas da criação de novas empresas parecem ter sido as seguintes: em primeiro lugar, o Decreto-lei nº 200 de 1967 que dava a oportunidade para a criação de diversas subsidiárias de empresas estatais existentes e em segundo lugar a criação das HOLDINGS setoriais para centralizar a administração das empresas de cada setor (notadamente a Eletrobras, a Telebrás e a Embratel). Uma terceira razão seria a de que a administração das empresas do governo ter-se-ia tornado mais eficiente, gerando excedentes que deram origem a uma expansão natural das empresas, que também gozaram de certa autonomia para contornar as restrições salariais aplicáveis ao serviço público em geral.

Porém, "por mais importante que possa ter sido de um ponto de vista administrativo, o Decreto-lei 200 não aumentou realmente o papel do Estado na economia brasileira" (Trebat, 1983, p. 49). De fato, como nota outro estudo, "a verdade... é que o Estado já estava há muito solidamente implantado na maior parte dos setores que [controlava]. Sua expansão teve uma 'ideologia' bem atípica: a da prioridade ao crescimento, desenvolvendo setores que a iniciativa privada, por impossibilidade ou desinteresse, não [podia] desenvolver" (Suzigan, 1976, p. 90-1).

Evidência de que as estatais não estavam adquirindo maior importância relativa pode ser apresentada, a título de exemplo, com relação ao nível de emprego nas estatais, que teve crescimento muito inferior à expansão total do emprego no período, e inferior portanto à do setor privado.

Quanto a fontes de financiamento, em 1972-73 o grau de autofinanciamento das empresas estatais era de aproximadamente 45%, enquanto o das empresas privadas era da ordem de 50% a 60%. Com a expansão da liquidez internacional no final dos anos 1960 e início dos anos 1970, as estatais recorreram, de forma crescente, a empréstimos de bancos não oficiais reduzindo-se a importância relativa anterior dos empréstimos do Banco Mundial e do Banco Interamericano de Desenvolvimento a essas empresas. Essa utilização crescente de recursos do exterior explicaria parte significativa do aumento da dívida externa brasileira no período 1967-73 e ajudaria a aumentar a participação do investimento das estatais no PIB.

Quanto à participação do Estado na economia no início dos anos 1970, cabe observar que em 1973 o governo, nas suas três esferas e nas empresas estatais, segundo dados do PASEP, empregava 3.351 mil pessoas (1.186 mil na área federal, 1.515 mil na área estadual e 650 mil na área municipal), correspondendo a 8,5% da população economicamente ativa e a 19,4% do emprego assalariado urbano, em contraste, por exemplo, com os Estados Unidos, considerado o paradigma da livre empresa, onde o setor público responde por um quinto dos empregos (Rezende e Branco, 1976, p. 43-4).

O intervencionismo do governo através das políticas monetária, creditícia e fiscal foi significativo nos anos 1967-1973, como se notou com relação ao desenvolvimento do sistema financeiro, à política de juros, ao desenvolvimento do mercado de capitais, à concessão de subsídios e transferências a setores e regiões específicas e na regulamentação da política industrial, e finalmente através do próprio controle de preços.

Quanto ao controle direto de atividades econômicas, porém, o setor público permanecia nas áreas já definidas em décadas anteriores a 1964, completando-se apenas, entre 1967 e 1973, a consolidação de certas holdings de serviços públicos e o surgimento de empresas em setores de ponta como a indústria aeronáutica. Ou seja, "enquanto empresário o Estado supriu insumos e serviços básicos à economia, gerando importantes economias externas [em benefício] principalmente do setor privado" (Suzigan, 1976, p. 128).

As despesas do setor público em bens e serviços finais, englobando o consumo e a formação bruta de capital do governo nas três áreas (União, estados e municípios) e a formação de capital das empresas federais e estaduais, alcançou 19,4% do PIB em 1970 e 20,3% em 1975. Portanto, a participação do setor público na atividade econômica (incluindo empresas municipais) era bastante inferior a um quarto do produto total no início dos anos 1970, contrariamente a muitas afirmações em contrário (Lago, Costa, Batista Jr. e Ryff, 1984, p. 89-90, com base em dados de contas nacionais que foram posteriormente revistos mas sem alterar as ordens de grandeza).

A carga tributária bruta, por sua vez, alcançou em média cerca de 26% do PIB entre 1970 e 1973, contra cerca de 22,6% entre 1967 e 1969.

Não se pode, portanto, propriamente falar de um aumento do "grau de estatização" do país e sim de forte centralismo na condução da economia e de uma crescente dependência da parte do setor privado, notadamente dos setores exportadores e agrícola, de subsídios governamentais.

4. Setor externo

No período 1967-1973, ocorreram importantes mudanças nas áreas do comércio exterior, da dívida externa e do investimento estrangeiro no Brasil. Parte dessas mudanças está associada com medidas de política econômica, tais como a política cambial e a política de incentivos às exportações, mas fatores exógenos como o crescimento da economia mundial, a evolução favorável dos termos de troca e uma crescente liquidez no mercado internacional de capitais também tiveram importante impacto positivo sobre as principais contas externas do país. O primeiro choque do petróleo, no final de 1973, viria reverter várias dessas tendências favoráveis, em um momento em que o Brasil ainda tinha uma forte dependência do petróleo importado.

No mesmo período, ocorreu grande aumento das exportações, acompanhado por maior diversificação da pauta e por crescente participação dos produtos manufaturados, bem como por mudança da importância relativa de certos parceiros comerciais do país. Observou-se, também, forte aumento de importações, notadamente de bens de capital, que foi favorecido pela existência de isenções e incentivos específicos da política industrial. Assim, o comportamento da balança comercial foi muito influenciado pela política econômica do governo.

A partir de 1964, já houvera um esforço, por parte da administração anterior, no sentido de criar incentivos para o aumento e a diversificação das exportações. A partir de 1967, essa política foi ampliada e, em 1968, o Concex (Conselho de Comércio Exterior) definiu os seguintes objetivos para a área do comércio exterior:

1) Aumento da competitividade dos produtos brasileiros em geral.

2) Diversificação das exportações em especial na direção de produtos manufaturados e semiacabados.

3) Diversificação e expansão dos mercados externos.

4) Manutenção de um suprimento adequado de matérias-primas importadas, bens intermediários e de capital, a preços estáveis e a fim de não por em risco a industrialização (Von Doellinger, Faria e Cavalcanti, 1973, p. 11).

Para alcançar tais objetivos, a política de exportação passou a incluir os seguintes instrumentos:

1) Medidas fiscais e creditícias diretas, incluindo isenções e créditos de impostos, (notadamente envolvendo o IPI e o ICM) e incluindo o crédito-prêmio do IPI estabelecido em 1970.

A retomada do crescimento e as distorções do "milagre", 1967-1974   229

2) Uma política cambial muito mais flexível, através do sistema de "minidesvalorizações" cambiais. De fato, em 28 de dezembro de 1964 o cruzeiro tinha sido desvalorizado em 13,04%, novamente em 21,64% em 16.11.65 e em 22,30% em 13.2.67. O grande espaçamento entre as desvalorizações causava grandes incertezas e especulação. A equipe de Delfim Netto manteve o câmbio fixo até 4 de janeiro de 1968, quando o cruzeiro foi desvalorizado em 18,6%. Em 27 de agosto de 1968, o cruzeiro foi novamente desvalorizado em 13,35%, mas a partir dessa data iniciou-se a política de "minidesvalorizações cambiais" que seria mantida até o final do ano de 1979. Até o fim de 1973, as desvalorizações médias passaram a ser inferiores a 2% e ocorreu, inclusive, uma valorização do cruzeiro de 2,98% em 14 de fevereiro de 1973. O período médio entre os reajustes se reduziu consideravelmente, oscilando geralmente entre um e dois meses (Barbosa, 1983, p. 60-1).

3) Diversas medidas indiretas, incluindo a desburocratização administrativa, promoção de produtos no exterior e melhoria da infraestrutura, bem como a formação de empresas comerciais exportadoras – *trading companies* (Redwood, 1976, p. 435).

Para administrar os novos incentivos à exportação, foi criada a Comissão para Concessão de Benefícios Fiscais e Programas Especiais de Exportação (BEFIEX). A ênfase na melhoria do desempenho das exportações teve efeitos muito positivos. Após acusar uma queda de US$1.741 milhões em 1966 para US$1.654 milhões em 1967, o valor das exportações (FOB) aumentou regularmente até alcançar US$6.199 milhões em 1973. A taxa média de crescimento do valor corrente das exportações no período 1967-1973 foi da ordem de 24,6%, enquanto o volume das vendas externas crescia 13,1% ao ano.

No que diz respeito às importações, uma nova tarifa alfandegária, preparada durante a administração Castelo Branco, foi promulgada no final de março 1967. Segundo um estudo da estrutura resultante da nova tarifa, a alíquota média de imposto de importação para todos os produtos caiu de 47% para 20% de 1966 para 1967 e a taxa para a indústria de transformação declinou de 58% para 30%. Porém, em termos de taxas de proteção efetiva, que levam em conta não apenas a tarifa sobre o produto final, mas as tarifas incidentes sobre os seus insumos, a redução foi de 72% para 31% no primeiro caso e de 98% para 52% no segundo, indicando que a indústria de transformação continuou objeto de um nível elevado de proteção (Bergsman, 1970, p. 48).

Sob o novo regime tarifário, as isenções de imposto de importação continuaram importantes para certas mercadorias, mas a tarifa fazia clara discriminação entre bens produzidos ou não internamente, taxando mais pesadamente os bens também objeto de produção doméstica (Bergsman, 1970, p. 54). A média das tarifas de importação efetivamente aplicadas (imposto de importação dividido pelo valor das importações) baixou de 13% em 1969 para menos de 8% em 1974 (Batista Jr., 1988a, p. 211 e Malan e Bonelli, 1977).

Como a produção interna de petróleo bruto não evoluiu significativamente, aumentando de 8.927 mil m³ em 1967-68 para 9.794 mil m³ em 1972-73 (*Conjuntura Econômica*, janeiro 1975, p. 69), e o país demandava diversas matérias-primas e bens intermediários que não produzia domesticamente em quantidade suficiente, o valor das importações cresceu à taxa anual de 27,5%, superior à das exportações, enquanto o seu volume se expandia à taxa de 18,5% ao ano. Muitas importações se beneficiaram de isenções, notadamente no contexto de projetos aprovados pelo CDI, enquanto as importações de bens de consumo manufaturados se tornaram negligenciáveis. Assim, a balança comercial, que fora fortemente positiva no período de 1964 a 1966, e permaneceu positiva entre 1967 e 1970, tornou-se negativa em 1971 e 1972, voltando brevemente ao equilíbrio em 1973.

O desempenho favorável das exportações foi muito influenciado pelo aumento da participação dos produtos manufaturados no valor total da exportação de 16,8% em 1966 e 20,7% em 1967 para 31,3% em 1973. Essa tendência foi favorecida pela atuação de diversas empresas multinacionais que iniciaram ou ampliaram as suas atividades no período (Von Doellinger e Cavalcanti, 1975). No entanto, ao se examinar o crescimento das exportações no período 1967-1973, não se pode subestimar a contribuição dos produtos primários que responderam por boa parte do aumento do valor exportado no período. É mais notável o caso do grupo de produtos de soja, cuja participação no total aumentou de apenas 1,9% em 1967-68 para 14,8% em 1973. Porém as vendas externas de outros produtos agropecuários, como a carne, o algodão e o açúcar, e até o milho, explicam boa parte do crescimento do valor exportado em anos específicos. Paralelamente, declinou a participação do café no total, de 42% em 1967-68 para 27,8% em 1972-73 (Redwood, 1976, p. 440-1 e Von Doellinger, Faria e Cavalcanti, 1973).

Por outro lado, no período em estudo, o valor unitário das exportações também cresceu, estimulado pelo crescimento da economia mundial. Entre 1967 e 1973 o índice dos termos de troca do Brasil evoluiu favoravelmente ao país, passando de 104 (base 1980 = 100) em 1967 para 120,5 em 1973, em virtude de um aumento dos preços de exportação de 79,7% diante de um aumento dos preços de importação de 54,5%.

O forte crescimento do comércio exterior do Brasil levou a um aumento de participação do país no total das transações mundiais de bens. De fato, considerando-se dados compilados pelo Fundo Monetário Internacional (FMI) sobre o total das exportações FOB e importações CIF no mundo, a participação do Brasil no comércio mundial aumentou de 0,88% em 1967-68 para 1,20% em 1972-73. Segundo os dados de contas nacionais, as exportações de bens e serviços, que correspondiam a 5,8% do PIB em 1967-68, passaram a responder por 7,8% do PIB em 1972-73, enquanto as participações correspondentes da importação de bens e serviços foram respectivamente 6,2% e 9,2%. Observa-se, portanto, que os coeficientes de abertura da economia brasileira para o exterior se elevaram, mas ainda permaneceram muitos baixos em termos mundiais.

O Mercado Comum Europeu passou a ser o principal comprador de produtos brasileiros em detrimento dos Estados Unidos. Assim, a participação dos seis membros originais da CEE nas exportações alcançou 29,5% em 1969 contra os 26,4% dos Estados Unidos e mostrou ganhos adicionais até alcançar 30,6% em 1973, enquanto a participação norte-americana se reduzia para 18,1%. Naquela data, a CEE ampliada para 12 países respondia por 41,9% das exportações brasileiras. Foi também apreciável, de 1967 a 1973, o aumento da participação do Japão nas exportações brasileiras, que passou de 3,4% para 6,9% do total e esteve em parte associado a maiores exportações de minério de ferro.

A participação das exportações para os 12 países da CEE, os Estados Unidos e o Japão no total das vendas externas do Brasil diminuiu de uma média de 71,7% em 1967-68 para 67,1% em 1972-73, ocorrendo, portanto, um aumento da participação de outros países, notadamente de países em desenvolvimento. A participação da Associação Latino-Americana de Livre Comércio (ALADI) permaneceu quase estável alcançando 10,3% entre 1967 e 1969 e 10,6% entre 1970 e 1973 (Cacex, 1977, p. 33).

Em contraste, no caso das importações a participação dos 12 primeiros membros da CEE, do Japão e dos Estados Unidos aumentou de 63,1% em 1967-68 para 67,1% em 1972-73 (Lago, 1988), enquanto se reduzia a da ALADI de 12,6% para 8,6% (Cacex, 1977, p. 33). Essa tendência se explica em virtude da composição das importações do Brasil. Excluído o trigo, os produtos de consumo tinham participação reduzida no valor total. Em 1972-73, as importações de produtos minerais (principalmente petróleo), de produtos químicos, de metais comuns e manufaturados, de equipamentos elétricos e de material de transporte, respondiam por 77% do valor total das importações e, com exceção do petróleo, eram basicamente adquiridas nos países desenvolvidos.

Em resumo, a política cambial e a política de comércio exterior implementadas no período 1967-73 foram claramente bem-sucedidas no sentido de aumentar as exportações do país e a sua capacidade de importar, contribuindo direta e indiretamente para o crescimento da indústria e do produto como um todo. Os objetivos do Concex, citados anteriormente, foram em grande medida alcançados, observando-se inclusive certa diversificação dos mercados externos do país e uma maior abertura para o exterior. No caso das importações, porém, essa diversificação não ocorreu, em virtude da composição da pauta, centrada em matérias-primas, insumos e equipamentos.

No que diz respeito ao endividamento externo do país, em fins de 1966 a dívida externa bruta de médio e longo prazos alcançava US$3.666 milhões e a dívida líquida US$3.245 milhões, a diferença de US$421 milhões correspondendo às reservas brutas das autoridades monetárias. Deduzidas as obrigações de curto prazo das autoridades monetárias, as reservas líquidas alcançavam US$412 milhões naquele ano. No final de 1973, a dívida bruta passara para US$12.572 milhões e a dívida líquida para US$6.156 milhões. As reservas líquidas alcançavam US$5.994 milhões e as obrigações de curto prazo das autoridades monetárias eram da ordem de US$422 milhões, perfazendo um total de reservas brutas de US$6.416 milhões.

Paralelamente a esse aumento, ocorreram mudanças importantes na composição da dívida externa. Enquanto, em 1967, era de 26,9% a participação dos empréstimos de fontes de financiamento privadas na dívida pública externa, (que representava a quase totalidade da dívida externa total), essa participação alcançou 64,1% em 1973. Essa mudança de composição estava associada com o crescimento das diferentes operações de crédito externo concedido no período tanto a empresas estatais e a administrações públicas como também a empresas privadas. Tal endividamento era contraído junto a instituições não oficiais (bancos comerciais ou fornecedores) segundo as regras da Lei nº 4.131 ou junto a bancos estabelecidos no Brasil que repassavam recursos obtidos no exterior de acordo com a Resolução 63 do Banco Central de 21.8.67. No caso de empresas multinacionais, foram crescentes os *intercompany loans* concedidos por suas matrizes no exterior, configurando às vezes investimento direto disfarçado. A partir de 1972 foi possível também a colocação de títulos (*bonds*) do governo brasileiro no exterior, mas em valores reduzidos, e no setor estatal foram principalmente as grandes empresas públicas que recorreram de forma crescente a empréstimos externos de fontes privadas.

A combinação de rápida expansão da dívida externa e forte crescimento do Produto Interno Bruto, que se observou entre 1967 e 1973, não caracterizou, necessariamente, um caso de crescimento liderado por dívida externa (*debt-led growth*), como sustentam certos trabalhos. De fato, a análise da natureza e dos determinantes básicos do crescimento da dívida externa indica que tal aumento "teve relativamente pouco a ver com o financiamento do crescimento" naquele período (Batista Jr., 1988a, p. 209). De fato, ainda que o influxo de recursos externos tenha contribuído para a formação do capital, esta foi financiada, em boa parte, por recursos internos.

Bem visto pelas autoridades econômicas, o processo de crescimento da dívida e de acumulação de reservas não resultou diretamente de um planejamento consciente por parte do governo. No início do governo Costa e Silva, em 1967 e 1968, as reservas se encontravam em um nível insuficiente, já que as reservas líquidas inclusive eram negativas. Uma acumulação adicional de reservas era, portanto, desejável. Porém, sem um comportamento favorável da conjuntura internacional, provavelmente muito pouco poderia ter sido feito para garantir esse propósito. Foi, portanto, muito importante que, "até 1973, o Brasil [pudesse] contar não somente com uma demanda externa firme e crescente por suas exportações e uma melhora nas suas relações de troca, mas também com uma expansão contínua da liquidez nos mercados financeiros internacionais" (Batista Jr., 1988a, p. 217), de forma que o Brasil pode recorrer regularmente a empréstimos de fontes privadas, com prazos mais longos e menores taxas de risco (*spreads*).

Mas o crescente envolvimento de fontes privadas implicou taxas de juros de empréstimos mais elevadas do que as de fontes oficiais. Esta mudança de estrutura da dívida resultou em aumento do "custo médio da dívida externa" (definido como a razão juros líquidos/dívida líquida) que aumentou de 4,7% em 1968 para 9,6% em 1973 "e em um ligeiro encurtamento do prazo da dívida de médio e longo prazos de 5,6 anos para 5,3 anos em 1973 (Batista Jr., 1988a, p. 217). O serviço da dívida (pagamentos líquidos de juros mais amortizações líquidas) em relação às exportações de mercadorias, passou de 38% em 1967 e 33,4% em 1968 para 29,2% em 1969, mas voltou a se elevar, alcançando 39,1% em 1972 e 35,3% em 1973. Tal nível, ainda suportável, estava associado com o aumento da dívida bem como com crescentes pagamentos de juros. Assim, o déficit de serviços fatores, que fora em média US$243 milhões em 1967-68, alcançou US$520 milhões em 1972 e US$712,4 milhões em 1973, como resultado principalmente de pagamentos anuais de juros de US$164 milhões em 1967-68, que aumentaram para US$359 milhões em 1972 e US$514 milhões em 1973.

As autoridades econômicas não permaneceram inteiramente passivas diante do aumento do endividamento externo e da acumulação de reservas. Passaram a aumentar os prazos mínimos exigidos para os empréstimos, com vistas a controlar o perfil temporal da dívida. E impuseram medidas restritivas para aumentar o custo dos empréstimos externos, com o atraso na liberação dos cruzeiros mantidos em depósito temporário no Banco Central. Se é verdade que o volume de reservas ajudaria, em 1974, a enfrentar o primeiro choque do petróleo, a expansão das reservas em 1972 e 1973, resultante de abundante oferta de crédito bancário externo, teve forte impacto monetário, que a colocação de títulos públicos não foi suficiente para esterilizar e que contribuiu para o crescente descontrole de preços que já foi mencionado. De uma perspectiva de mais longo prazo parece, portanto, que teria sido desejável controlar mais cedo o crescimento da dívida.

O desempenho positivo da conta de capital, que apresentou um saldo líquido médio de US$1.615 milhões, no período 1967-1973, não se deveu apenas ao forte influxo de empréstimos e financiamentos. Ocorreu, também uma retomada da entrada de investimentos estrangeiros diretos, que se dirigiam principalmente para o setor industrial. Enquanto, no final de 1966, o estoque de investimentos e reinvestimentos alcançava US$1.632 milhões, em fins de 1973 esse total passara para US$4.579 milhões, quase triplicando em sete anos. A preços constantes, o total de 1973 era o dobro do observado em 1966. Desse total, 77% estavam investidos na indústria de transformação; 4,2% nos serviços industriais de utilidade pública; 1,7% no setor mineral; 3,5% em bancos e companhias de investimentos e 0,7% no setor agropecuário, cabendo o saldo a serviços diversos (Banco Central, *Boletim, Separata*, agosto 1984, p. 69-77).

Os principais países investidores eram os Estados Unidos com 37,5% do total; a Alemanha Federal com 11,4%; o Canadá com 7,9%; a Suíça com 7,8%; o Reino Unido com 7,1%; o Japão com 7,0% e a França com 4,5%. Os demais países não detinham, individualmente, mais de 3% do total. A relação percentual entre as remessas de lucros e dividendos e o estoque de capital entre 1970 e 1973 permaneceu em média em 5,9%, nível relativamente baixo, especialmente diante das taxas de lucros bastante elevadas das empresas multinacionais no período e da possibilidade de remessa de até 12% do capital registrado sem adicional de imposto de renda (Batista Jr. 1983, p. 111 e Von Doellinger e Cavalcanti, 1975, p. 85). Consequentemente, parece ter ocorrido um forte reinvestimento de capital estrangeiro no país, que se destinou tanto à ampliação de instalações como à aquisição de empresas existentes, de capital nacional ou estrangeiro. Entre 1967 e 1973, porém, não se observou uma queixa sistemática da indústria nacional contra a desnacionalização, como ocorrera no período 1964-1966. Os investimentos estrangeiros tiveram papel relevante, como já se viu, na expansão das exportações de manufaturados e no desenvolvimento de novas atividades, notadamente na área de bens de capital. Tal atuação teve também impacto relevante em termos tecnológicos.

No período 1967-73, as autoridades econômicas foram claramente favoráveis ao investimento estrangeiro: nas Diretrizes de Governo de 1967, já constavam declarações favoráveis à entrada de capital estrangeiro no país. Foram fatores de grande relevância para a ampliação dos investimentos estrangeiros no Brasil: (i) a nova política cambial (favorecendo remessas de lucros e dividendos ou repatriações a taxas de câmbio realistas e uma programação de exportação mais estável por parte das empresas multinacionais); (ii) a política de incentivo à exportação, que culminou com a criação do BEFIEX; (iii) a retomada do crescimento (inclusive com a expansão de setores em que o processo de substituição das importações não se encerrara, como as áreas de bens de capital e insumos básicos; (iv) a existência de um programa conhecido de investimentos públicos e de uma política industrial favorável, implantada pelo CDI; e (v) a partir de fins de 1968, com o endurecimento do regime autoritário, a aparentemente maior estabilidade política do país.

5. Política salarial, distribuição de renda e emprego

No tocante a salários e relações trabalhistas, a nova equipe econômica herdou uma política salarial com regras de reajuste definidas, e um arcabouço legal quanto a negociações salariais muito restritivo. De fato, após 1964, quando ocorreram numerosas intervenções nos sindicatos existentes e o movimento sindical perdeu suas características reivindicatórias, as negociações coletivas com relação a salários passaram a depender, de forma crescente, da aprovação governamental. O campo para negociações salariais efetivas entre empregadores e empregados foi consideravelmente restringido e reduziu-se também o poder de barganha dos trabalhadores com relação a outros tipos de reivindicações, em virtude de progressivas limitações legais ao direito de greve (Lago, 1980).

Somente em 1968, possivelmente em virtude de maior preocupação com a manutenção de um nível de demanda adequado, a Lei nº 5.541 de 12 de junho de 1968 introduziu mudança na fórmula de cálculo dos salários, visando corrigir a distorção resultante da subestimação, a cada ano, da inflação prevista, ou seja, do resíduo inflacionário.

> "Assim, toda vez que o resíduo inflacionário do ano imediatamente anterior ao mês do reajuste [tivesse sido] subestimado, o salário médio real dos últimos 12 meses seria corrigido, de sorte que a compressão salarial de um ano não fosse transmitida para o ano seguinte (todavia, a mesma correção não foi introduzida para o salário médio real do penúltimo ano antes da data do reajuste)." (Barbosa, 1983, p. 44)

Feita essa modificação, não mais seria alterada a base da política salarial até novembro de 1974. Por outro lado, nova legislação tornaria, em 1970, "permanente", a intervenção governamental nos reajustes, que, por lei anterior, estava limitada a um período de três anos. A legislação trabalhista existente, sendo muito restritiva, não permitiu uma reação efetiva dos empregados contra a política salarial. As greves de Contagem e de Osasco em 1968 foram reprimidas e, no segundo caso, houve intervenção do Ministério do Trabalho no sindicato dos metalúrgicos. Após o fechamento do regime, em dezembro de 1968, a partir da decretação do Ato Institucional n. 5, os movimentos de reivindicação enfrentaram obstáculos ainda maiores, como, por exemplo, no caso dos metalúrgicos de São Paulo, em 1969, que tentaram, sem sucesso, uma greve geral. Somente a partir de 1972 o movimento de algumas categorias por aumentos de salários superiores aos determinados pela política salarial teriam algum sucesso, ocorrendo algumas greves "espontâneas" ilegais. Esse movimento se ampliou em 1973, ao nível de empresas, e sem interferência dos sindicatos, sendo em vários casos concedidos aos trabalhadores os aumentos pretendidos (Almeida, 1982, p. 17, 23-5).

É nesse contexto legal e político que se deve examinar a evolução dos salários reais no período 1967-1973. As várias séries de salários e de índices de preços não resultam em uma evolução uniforme do salário real, mesmo abstraindo de problemas metodológicos envolvendo os índices de preços. No caso do Rio de Janeiro, a partir de 1968, o menor valor real do salário mínimo teria ocorrido em 1970, com queda acumulada de 34,5% em relação a 1964, e com ligeira recuperação de 1971 a 1973. A série de salários mínimos em São Paulo deflacionada pelo índice do DIEESE, que não tem comportamento anômalo em 1973, indica uma perda contínua de poder aquisitivo de 1964 a 1974, da ordem de 42%. Entre 1967 e 1973, tal perda teria sido da ordem de 15,1%, enquanto a perda maior, da ordem de 25,2%, teria ocorrido de 1964 para 1967 (Lago, 1980). Qualquer que seja o indicador escolhido, no período 1967 a 1973 ocorreu queda ou estagnação do salário mínimo real apesar do forte crescimento da economia e da produtividade do trabalho (IBGE, 1979, p. 195).

A magnitude dessa perda, no entanto, não se estendeu ao salário médio por razões que merecem ser examinadas. Enquanto permanece inequívoco que um trabalhador que ganhou salário mínimo durante o período 1967-1973 não teve qualquer ganho de poder aquisitivo, os dados estatísticos disponíveis indicam que houve queda relativa do número de trabalhadores que ganhavam apenas um salário mínimo, e aumento do coeficiente entre o salário médio e o salário mínimo legal, notadamente no setor industrial que apresentou crescimento particularmente elevado (Lago, 1980, p. 69). Por outro lado, certas categorias de trabalhadores, especialmente os empregados mais qualificados, tiveram aumentos de salários bastante superiores aos da média dos trabalhadores, influenciando positivamente a média global.

Observa-se no caso da indústria de transformação uma tendência de aumento da relação salário do pessoal total/salário do pessoal ligado à produção, que estaria ligado a um aumento, no período, da remuneração relativa de ocupações administrativas e de supervisão, ou seja, de posições mais qualificadas, confirmado por pesquisas ao nível de empresas para o período 1966-1972 (Bacha, 1978, p. 26). Paradoxalmente, a evidência disponível sobre salários na área rural e até mesmo sobre salários na construção civil no final do período em estudo, apesar de ter que ser encarada com reservas, indica aumento relativo com relação ao salário mínimo legal, que era mais típico de ocupações não qualificadas no setor urbano.

Essas observações não contrariam a constatação, de ordem geral, de que os salários não se beneficiaram proporcionalmente do forte crescimento do produto e da produtividade no período em estudo, e de que a massa salarial não parece ter crescido como proporção da renda interna, mantendo-se uma taxa de lucro e capacidade de investimentos elevados. É essa a tendência sugerida pelos insatisfatórios indicadores de distribuição funcional da renda urbana disponíveis e da participação dos salários no valor da transformação industrial (Lago, Almeida e Lima, 1979b, quadros IV-28 e IV-29). Em suma, no período 1967-1973, a política salarial e a política de relações trabalhistas do governo tiveram como resultado uma contenção dos níveis de salário real, dentro do espírito de combate à inflação de custos da nova administração, favorecendo a acumulação de capital via manutenção de elevada taxa de lucro, e possibilitando uma política de remuneração seletiva para o pessoal de nível mais elevado.

A distribuição pessoal e funcional de renda no período dependeu de uma série de fatores, mas não pode ser examinada sem levar em conta a política salarial do governo. Já a distribuição setorial e regional de renda está mais vinculada à política econômica como um todo e à natureza do processo de crescimento da economia. No que diz respeito à distribuição setorial de renda, no período 1967-1973 consolida-se a redução da participação da agropecuária no produto interno bruto a custo de fatores que vinha ocorrendo desde os anos 1950, passando aquela participação para cerca de 10-11% do total, nos primeiros anos da década de 1970, (dados a preços correntes), enquanto a participação do setor secundário se firmou em 37% a 38% do total, sendo a participação do setor terciário de 51% a 53% (IBGE, 1987, p. 119 e *Conjuntura Econômica*, fevereiro de 1981, p. III).

Fenômeno semelhante se observou com relação à PEA (População Economicamente Ativa) numa perspectiva de mais longo prazo: enquanto em 1960 o setor primário absorvia 54% da PEA, em 1970 essa fração ainda era de 45,8%, reduzindo-se para 40,8% em 1973. No mesmo período, a participação do setor secundário na PEA aumentou de 12,9% em 1960 para 20,2% em 1973, enquanto a participação do emprego no setor terciário crescia de 31,5% para 39,0% no mesmo período (Lago, Almeida e Lima, 1983, quadro 12, p. 41).

As políticas de incentivos fiscais favorecendo os investimentos no Nordeste e no Norte, bem como as obras de infraestrutura promovidas pelo governo na região Norte não afetaram radicalmente a predominância das regiões Sudeste e Sul na renda total. Os dados disponíveis sobre distribuição regional da renda interna mostram inclusive perda de participação do Nordeste, de cerca de 15,1% em 1964-65 para 14,1% em 1968-69, enquanto a da região Norte permanecia praticamente constante (Conjuntura Econômica, setembro 1971, p. 109-11).

As informações sobre distribuição funcional de renda não permitem uma avaliação satisfatória de sua evolução entre 1967 e 1973. Os dados sugerem alguma concentração em favor das rendas do capital e da propriedade, enquanto as informações já citadas sobre salários sugerem também uma concentração no interior do agregado "remuneração do trabalho" em favor do pessoal da administração, gerência e direção de empresas (IBGE, 1979, p. 179 e 195).

Quanto à distribuição pessoal da renda, apesar de alguns problemas metodológicos para a comparação dos dados disponíveis, existe consenso de que ocorreu deterioração significativa entre 1960 e 1970, e novamente entre 1970 e 1972, que se deveu a diversos fatores. Assim, o índice de Gini limite inferior, que não supõe desigualdades dentro de cada estrato de renda, e que é um indicador de desigualdade muito utilizado, teria aumentado de 0,497 em 1960 para 0,562 em 1970 (dados censitários) e 0,622 em 1972 (dados da PNAD).

Cabe enfatizar que no período quase todos os membros da PEA tiveram aumentos absolutos de rendimentos (deflacionados pelo deflator implícito do PIB). Assim, o decil menos favorecido em 1960 tinha uma renda de Cr$39 (a Cr$ de 1970) em 1960 e de Cr$35 em 1970, mas todos os demais decis apresentaram ganhos de 1960 a 1970. Mas é particularmente impressionante a concentração de renda nas mãos dos 5% mais ricos e dos 1% mais ricos. No primeiro caso, a sua participação na renda passa de 28,3% em 1960 para 34,1% em 1970 e 39,8% em 1972, enquanto no segundo caso o aumento é de 11,9% em 1960 para 14,7% em 1970 e 19,1% em 1972. Em contraste, os 50% mais pobres, que recebiam 17,4% do rendimento total da PEA em 1960, passaram a auferir apenas 14,9% do total em 1970 e 11,3% em 1972 (IBGE, 1979, p. 196). Essa concentração levou diversos autores a afirmar que o crescimento econômico no "período do milagre", de 1968 a 1973, beneficiou apenas uma pequena parcela da população brasileira e que o crescimento da indústria de bens de consumo durável foi baseado na demanda de um estrato muito pequeno da população. Dados sobre propriedade de bens duráveis e certos indicadores sociais levariam a matizar essa apreciação, que leva em conta apenas os rendimentos monetários da população e que era particularmente válida no caso da indústria automobilística. De fato, observaram-se progressos com relação ao acesso à luz elétrica e eletrodomésticos em geral, e melhorias na área de saneamento e saúde bem como na área de educação (Pffeferman e Webb, 1983, p. 165 e 166 e Jaguaribe, Santos, Abreu, Fritsch e Avila, 1986).

Ocorreu um forte aumento do número de graduados de universidades entre 1961 e 1970 e a taxa de analfabetismo (população de 15 anos e mais) caiu de 39,5% para 33,1%. Por outro lado, o estudo da distribuição da renda entre famílias atenua um pouco o quadro de concentração de renda, na medida em que um maior número de membros das famílias passou a trabalhar com a aceleração do crescimento, aumentando a renda familiar além dos rendimentos do "cabeça de família".

De fato, um dos aspectos sociais favoráveis da retomada do crescimento econômico foi o crescimento do nível de emprego. Não se dispõe de séries anuais para a PEA como um todo, mas a evidência setorial para anos específicos confirma um forte crescimento no período 1967-1973. Segundo os dados das PNADs de 1968 e de 1973, abrangendo as cinco principais regiões econômicas do país, o total de pessoas ocupadas aumentou de 28.455 mil em 1968 para 35.096 mil em 1973, mostrando uma taxa de crescimento de 4,3% ao ano, bastante superior à taxa de crescimento demográfico, da ordem de 2,9% entre 1960 e 1970 (IBGE, 1979, p. 105-6 e 37). Não é portanto de surpreender que as taxas de desemprego aberto computadas para o período (% pessoas desempregadas/PEA) sejam bastante baixas e da ordem de 3% a 4,9% no setor urbano, segundo as regiões, em 1973, e de 0,4% a 2,3% no setor rural, no mesmo ano (PNAD, 1973, p. XII). Essas taxas encobrem a existência de desemprego disfarçado, para o qual não há estimativas confiáveis para o período, mas parece razoável supor que este se reduziu com a oferta de ocupações mais bem remuneradas no setor formal da economia.

Assim, são inegáveis os progressos em várias frentes, durante o período de crescimento de 1967 a 1973. Porém, os dados de salários e de distribuição de renda indicam que os benefícios do crescimento não foram distribuídos de forma equitativa entre a população e que essa situação decorreu, em parte, de políticas implementadas pelo governo naquele período. No caso do agravamento da desigualdade entre 1960 e 1970, o período de estagnação e as políticas de estabilização de 1964 a 1966 tiveram, sem dúvida, importância capital, ocorrendo uma certa estabilização dos fatores adversos a partir de 1968. Assim, a concentração de renda observada em 1970 não pode simplisticamente ser atribuída ao período do "milagre", ainda que pareça ter ocorrido uma deterioração da distribuição da renda nos anos seguintes.

6. Uma breve avaliação dos resultados da política econômica, 1967-1973

O "objetivo básico" definido pelo governo Costa e Silva, nas Diretrizes do Governo de 1967 e no Plano Estratégico de desenvolvimento, era o do desenvolvimento econômico e social, e os "objetivos fundamentais" da política econômica, a aceleração do desenvolvimento e a contenção da inflação.

Entendendo-se desenvolvimento como crescimento econômico, a meta de "um crescimento do produto de, no mínimo, 6% ao ano" estabelecida em 1967 foi amplamente ultrapassada, já que a taxa média de crescimento do PIB de 1967 a 1973 foi de cerca de 10,2% e de quase 12,5% entre 1971 e 1973. Foi também excedida, portanto, uma das "grandes metas" estabelecidas nas Metas e Bases para a Ação do Governo de 1970 (Presidência da República, 1970, p. 17-8), para o período 1970 a 1973, que era de um crescimento do PIB da ordem "de 7% a 9% ao ano evoluindo para 10%", com uma média de 9%. Diante de um crescimento da população de cerca de 2,9% ao ano, a segunda grande meta, de aumento do PIB *per capita* à taxa de cerca de 6%, também foi amplamente alcançada. Entre 1967 e 1973, enquanto a população aumentou de 85,1 milhões para 99,8 milhões de habitantes, o produto *per capita* cresceu à taxa média de 7,6%.

Quanto ao nível de emprego, não se dispõe de dados anuais, mas a meta de crescimento anual, passando "de 2,8% a 2,9% para a ordem de 3,3% na altura de 1973", parece também ter sido claramente excedida, visto que a interpolação dos dados das PNADs de 1968 a 1973 indica um crescimento das pessoas ocupadas à média anual de 4,3% no período e a forte expansão do nível de emprego também é confirmada por indicadores setoriais.

A quarta grande meta era um aumento do nível de investimento fixo bruto da ordem de 58% de 1969 para 1973. A ideia básica era elevar progressivamente o investimento "da média recente de 15% a 16% [do PIB] para mais de 18%, até 1975" (a preços constantes). Entre 1971 e 1973, a preços constantes de 1980, a formação bruta de capital fixo correspondeu, em média a 20,2% do PIB, alcançando 20,4% em 1973. Apenas no período 1970 a 1973, o aumento real do nível de investimento foi da ordem de 62,9%, novamente ultrapassando a meta estabelecida em 1970 (IBGE, 1988, p. 110). Não parece, porém, ter ocorrido clara diminuição do investimento público no investimento total, que era um dos objetivos explicitados em 1967 (Ministério do Planejamento, 1967, p. 6).

O crescimento do produto industrial à ambiciosa taxa de cerca de 11% também foi excedido, já que de 1971 a 1973 o aumento real da produção industrial foi da ordem de 14,3% ao ano e entre 1967 e 1970, da ordem de 12,5%. A sexta meta, a de um aumento das exportações em dólares de 46% entre 1969 e 1973, passando para US$3.322 milhões, foi até modesta, visto que naquele ano as vendas externas totalizaram US$6.199 milhões.

Em resumo, todas as "grandes metas" estabelecidas pelo governo Médici em 1970 para o período 1970-1973 foram amplamente alcançadas e, a aceleração do crescimento, o objetivo básico do governo Costa e Silva, também superou todas as expectativas. O segundo "objetivo fundamental", a contenção da inflação, se verificou efetivamente durante boa parte do período, mas, na realidade, apesar dos índices oficiais de inflação indicarem o contrário, em 1973 a inflação já se encontrava novamente em ascensão. A meta de 1970 de "relativa estabilidade de preços... [ou seja] um ritmo de inflação inferior a 10% ao ano ainda no mandato" do governo Médici foi, portanto, frustrada.

Quanto ao balanço de pagamentos, para o qual se pretendia "uma política nacional, atendendo aos requisitos do desenvolvimento", visava-se, também, a uma "ampliação das importações de mercadorias, principalmente de bens de capital e matérias-primas industriais, de 7% a 9% ao ano. Para evitar [um] aumento rápido do endividamento externo e tendo em vista o nível do serviço da dívida já existente, [enfatizava-se] a necessidade de expansão da receita de exportações pelo menos à taxa média de 7% a 10% ao ano, de modo a financiar parcela crescente das importações" (Presidência da República, 1970, p. 20-1). Tanto as exportações como as importações realmente cresceram a taxas mais elevadas, mas não se evitou o aumento do endividamento bem além das necessidades reais do país em termos de reservas internacionais. Assim, a inflação e a dívida externa se apresentavam em 1973 como áreas com problemas potencialmente crescentes a serem enfrentados pela administração seguinte.

Durante os mandatos dos presidentes Costa e Silva e Médici destacou-se, como característica da política econômica, o seu caráter autoritário. Este ficou evidente desde as relações entre o governo central e as administrações estaduais em termos do Fundo de Participação ou da emissão de títulos estaduais até a interferência do governo federal nas relações trabalhistas. No período como um todo, o Ministério da Fazenda, e em menor medida o do Planejamento, tiveram amplo respaldo do Executivo para a implementação de programas na área econômica, com pequena possibilidade de reação efetiva por parte dos poderes Legislativo ou Judiciário ou dos vários segmentos da sociedade. A "facilidade" de adoção das várias medidas de política econômica tem que ser entendida nesse contexto.

Diante do indubitável sucesso da política econômica em termos de promoção do crescimento econômico, e de um inegável salto quantitativo e qualitativo da economia brasileira no período 1967-1973, resta avaliar brevemente o impacto social da política econômica no período. Parece claro que os trabalhadores, de maneira geral, não se beneficiaram do crescimento da renda real do país de forma proporcional à sua evolução. Os salários, nos casos em que não sofreram declínio real, cresceram, na maioria das categorias, a taxas muito inferiores à da produtividade ou do produto *per capita* e o rendimento do trabalho não apresentou ganhos como porcentagem da renda total. A infraestrutura social do país melhorou significativamente no período, contrabalançando em parte a evolução dos rendimentos monetários. Mas, ainda que a questão mereça estudo mais detalhado, fica a impressão de que um crescimento muito satisfatório teria também sido possível com uma política salarial menos restritiva, maior liberdade individual e maior participação da massa da população nas decisões e nos frutos do crescimento.

CAPÍTULO 12

CRISE E ESPERANÇA, 1974-1980

Dionísio Dias Carneiro Netto (*in memoriam*) [1]

1. Introdução

O ano de 1973 foi notável sob vários aspectos. A economia mundial cresceu quase 7% em termos de produto (Williamson, 1989, p. 371); as pressões de uma demanda mundial superaquecida desde a escalada dos gastos militares norte-americanos associados à Guerra do Vietnã somavam-se às demandas de aumentos salariais em praticamente todo o mundo industrializado e aos efeitos retardados da queda do dólar em 1971. A expansão de crédito bancário para o comércio internacional, na esteira das inovações financeiras associadas ao surgimento do mercado de euromoedas, garantia que a expansão do produto mundial, a taxas excepcionais, se fizesse com aprofundamento dos fluxos comerciais. O crescimento do comércio mundial, a inflação e a desvalorização do dólar no período imediatamente anterior ao primeiro choque do petróleo foram os principais fenômenos econômicos que ajudam a explicar o mesmo. Além disso, houve notável aumento do comércio entre o Primeiro e o Terceiro Mundo no período 1966-75, tendo o valor das exportações dos países em desenvolvimento crescido à taxa média anual de 18,1%, quase quatro vezes a taxa média do decênio anterior.

O problema da inflação interna dos países industrializados era visto com certa complacência em quase toda parte. Era encarado como fruto de um lado, do sistema de taxas fixas de câmbio, cuja defesa, em um mundo de taxas de inflação diferenciadas, tornava-se cada vez mais problemática. De outro ponto de vista, a inflação parecia ser o preço a pagar pela prosperidade que aparentemente justificava a arrogância de parte dos economistas keynesianos, que falavam sem modéstia do fim do ciclo econômico. Não obstante, encontrava-se a economia mundial às vésperas de uma reversão do nível de atividade econômica que, paradoxalmente, traria de volta precisamente as teorias de ciclo longo menos relacionadas com toda a revolução no pensamento macroeconômico do pós-guerra.

Com o fracasso das propostas de reforma monetária internacional, a flutuação das diversas moedas internacionais foi o instrumento não só de defesa dos níveis internos de inflação mas da controlabilidade dos mesmos níveis internos

---

[1] A contribuição, a crítica paciente e as correções de Luiz Roberto Cunha foram de valor inestimável para este trabalho. O autor agradece a Adriana Munhoz e Mariana Werneck Bastos pela assistência à pesquisa.

no futuro, que permitiu que os diversos bancos centrais dos países da OECD (Organização para a Cooperação e Desenvolvimento Econômico) tivessem diante de si mais um instrumento de gestão macroeconômica: a opção pela variação das taxas de câmbio em adição ao controle monetário das taxas de juros de curto prazo. Além disso, na esteira das inovações financeiras associadas ao desenvolvimento do mercado de eurodólar para além do dólar e para além da Europa, expandia-se notavelmente o crédito para o comércio internacional, dando a impressão de que o sistema financeiro internacional baseado em bancos privados poderia substituir, com vantagem, o sistema oficial multilateral montado em Bretton Woods.

A quadruplicação dos preços de petróleo no final de 1973, além de ter sido a primeira exibição de musculatura política e econômica do cartel da OPEP (Organização dos Países Exportadores de Petróleo), foi um movimento de preços perfeitamente em linha com os fenômenos básicos do mercado de petróleo: como principal matéria-prima do mundo industrializado, o descompasso entre o crescimento de sua demanda e os investimentos, seja em fontes alternativas de suprimento energético seja em novos campos de produção de óleo bruto, teria fatalmente de refletir-se, cedo ou tarde, nos preços, a exemplo do que ocorria com as demais matérias-primas transacionadas no mercado internacional.

Para a economia brasileira, tais desenvolvimentos não parecem ter sido percebidos por nossos gestores de política econômica como uma descontinuidade. Em pleno ano de 1973, experimentou o cruzeiro sua primeira valorização nominal, em meio à avalanche de capitais de empréstimo que abarrotava a conta de ativos externos das autoridades monetárias, pressionava a oferta de moeda e contratava a inflação futura, em uma economia já superaquecida, que crescia a quase o dobro de sua taxa histórica.[2]

A descontinuidade que ocorria internamente dominava por completo o cenário da política econômica. A turbulência internacional ocorria em meio a uma sucessão presidencial que traria de volta ao poder um grupo de militares que tradicionalmente representava uma corrente distinta da que então exercia o comando do país.

Em nome de uma alternância pacífica de poder, tornava-se importante, para a equipe que apeava, caprichar nos indicadores de prosperidade e sucesso, para eventual uso futuro. O próprio Presidente da República, que não parecia interessar-se por eventuais impactos negativos de restrições externas, fixou, para seu último ano de governo, a taxa de inflação em 12% que a utilização marota e compulsória dos preços tabelados pela Fundação Getulio Vargas se encarregaria de produzir

---

[2] Em 1973, as reservas internacionais das Autoridades Monetárias atingiram cerca de US$6,4 bilhões, sendo que somente naquele ano as entradas brutas de empréstimos e financiamentos de médio e longo prazos atingiram quase US$4,5 bilhões. Como resultado da entrada de empréstimos em moeda muito superiores às necessidades de financiamento externo do país, somente nos anos de 1972 e 1973 os saldos globais do balanço de pagamentos representaram uma acumulação de haveres externos superior a US$5,3 bilhões, o que dá ideia da abundância de financiamento externo à época da crise do petróleo.

para o final de 1973. O crescimento de 17% da produção industrial batia todos os recordes sonhados, e o produto interno bruto expandia-se à incrível taxa de 14%, preparando-se assim um cenário apoteótico para o que resultaria ser o fim do período de maior repressão política da história brasileira.

O fim do milagre econômico encerraria também um ciclo festivo de exercício do poder sem limites e sem prestação de contas, sem oposição, sem incômodos da livre imprensa e sem compromissos políticos a criar embaraços ao voluntarismo da política econômica. Dava-se início, por outro lado, a um longo período em que se tornaria cada vez mais difícil fazer com que medidas econômicas razoáveis fossem consideradas politicamente aceitáveis.

O objetivo deste capítulo é rever os contornos da política econômica neste período de alta turbulência externa e interna. Foi uma fase marcada pela resposta positiva do país aos desafios da crise do petróleo, mas cujos custos foram o retorno da inflação como fantasma a assombrar a política de crescimento, a acumulação da dívida externa que iria condicionar a política econômica brasileira nos anos 1980, bem como a desestruturação do setor público brasileiro, tanto do ponto de vista de sua capacidade financeira como de seu papel estratégico na superação das restrições ao crescimento da economia brasileira na década seguinte.

Na seção 2, são examinados os componentes externos e internos dos condicionantes da política econômica brasileira ao início do governo Geisel. Nas seções 3 e 4 respectivamente são apresentadas as principais características das políticas de curto e de longo prazo adotadas no período. Na seção 5, discutem-se os resultados de tais políticas e suas consequências para a grande crise que caracterizou a economia brasileira na década de 1980.

2. Condicionantes externos e internos da política econômica

As limitações a que estaria sujeita a política econômica no período pós-milagre far-se-iam sentir desde os dias preparatórios da estratégia do governo Geisel. Já nas instalações provisórias do Largo da Misericórdia, a ordem de escolha dos ministros sugeria precedência para o equilíbrio político sobre a nitidez da rota econômica. Isso denunciava que não obstante a firmeza de propósitos do novo presidente, sua vontade férrea havia conferido prioridade à abertura política, então cuidadosamente denominada distensão. Esta, para prevenir a eventual ação desmontadora dos seus "sinceros porém radicais" opositores fardados, seria anunciada pelo seu comandante e principal fiador como "lenta, gradual e segura". Sem açodamentos, fez-se o anúncio da equipe híbrida, conservando-se no Planejamento a mesma equipe que se notabilizara por produzir os "projetos de impacto" do governo Médici, trocando-se apenas na Fazenda, o otimismo irrestrito de Delfim Netto pelo conservadorismo cartesiano de Mário Simonsen. Como árbitro das eventuais divergências sobre os rumos da economia, um presidente sempre presente e pronto a presidir, auxiliado pela argúcia do general Golbery do Couto e Silva, certamente o militar mais adequado para chefiar uma Casa Civil de transição, e que tinha clara a rota possível para que a distensão pudesse desembocar em democracia política e não no que ele denominaria uma nova e prematura sístole.

A leitura dos jornais da época não evidencia que tenham as autoridades brasileiras, em nenhum momento do primeiro ano de governo, demonstrado consciência acerca das novas restrições mundiais. Caso tivesse sido percebida a gravidade do choque externo que provocaria uma transferência de renda dos importadores para os exportadores de petróleo de cerca de 2% da renda mundial, certamente a imagem da ilha de prosperidade, que só cairia no ridículo com a brusca desaceleração das exportações em 1975, não constituiria até hoje o deleite da oposição ao regime. Os conflitos entre estabilização e ajuste estrutural, que caracterizariam a política econômica do governo Geisel, ter-se-iam resolvido em favor de uma estabilização mais drástica, aceitando-se um crescimento deliberadamente menor por dois anos, por exemplo, para realizar a retomada da expansão em bases mais condizentes com as possibilidades dos anos seguintes.

A distensão política era, no entanto, vista como precária, com tênue base de sustentação militar em seus primeiros anos, e poderia ser ameaçada por um contraste muito visível de desempenho econômico relativamente ao período Médici. Não se pode dizer em sã consciência, mais de 10 anos depois, que os erros de avaliação de Simonsen e Velloso tenham sido a razão principal das políticas adotadas. Alguns fatores adicionais reforçam esta visão. Em primeiro lugar, o discurso em favor de um ajuste contracionista, então adotado na área do Ministério da Fazenda, parece ter sido antes motivado pela perda de controle monetário e pela repressão de preços ocorridas no final do governo anterior, do que por qualquer percepção explícita da necessidade de crescer menos em decorrência dos desequilíbrios do balanço de pagamentos. Em segundo lugar, a falta de apoio político para um ajuste que pudesse ser abertamente associado com recessão ficou clara já nos primeiros meses do governo. Mesmo que a nova equipe mostrasse disposição para realizar um programa drástico de correção dos desequilíbrios externos e internos da economia, não é claro que tal programa encontraria no Presidente Geisel apoio durante o tempo necessário para seu bom êxito. Em terceiro lugar, os erros de avaliação, tanto no que tange à política de curto prazo, como aos ajustes da política de crescimento econômico, localizaram-se mais no *tempo* estimado para sua operação do que na *direção* das políticas.

Em retrospecto, duas conclusões podem ser tiradas. A primeira é que os condicionantes *internos* parecem ter sido mais importantes do que os *externos* para explicar as opções inicialmente feitas acerca das políticas econômicas adotadas tanto em resposta às dificuldades imediatas quanto para o restante da década. A segunda é que a abundância de liquidez internacional permitiu que os déficits em conta corrente faltosos que resultaram das mesmas políticas fossem financiados sem que houvesse percepção mais dramática do novo quadro de restrições externas ao iniciar-se o novo governo. Com financiamento externo abundante, a linha de menor resistência conduzia assim à rota do endividamento externo; um certo otimismo pela existência de indexação contribuía para aumentar a tolerância com taxas mais elevadas de inflação. Postergava-se assim naturalmente, para uma eventual ocasião mais propícia, a adoção de um programa de medidas restritivas.

3. Opções para o ajuste de curto prazo e as causas do fracasso

Muito já se escreveu acerca da melhor estratégia de ajuste para um país fortemente dependente de petróleo importado como era o Brasil em 1973, diante de um choque que quadruplicou os preços de petróleo.[3] Não foi percebida de imediato a dimensão do choque externo desfavorável, que implica um empobrecimento do país: ao desvalorizarem-se as exportações brasileiras vis-à-vis a suas importações, uma quantidade maior de bens tem de ser enviada para o exterior para pagar os bens de capital que o Brasil importa a fim de aumentar sua capacidade de produção, por exemplo. Do ponto de vista dinâmico, o estreitamento das opções de crescimento ocorreu por duas vias: uma quantidade maior de consumo teria de ser sacrificada para que o nível anterior de investimento fosse realizado e um maior investimento teria de ser realizado para que o mesmo crescimento anteriormente alcançado fosse atingido.

Diante deste quadro, havia basicamente duas opções para o governo brasileiro: a primeira seria desvalorizar o câmbio e mudar rapidamente os preços relativos a fim de sinalizar de imediato os novos custos dos produtos importados e a alteração do valor social das exportações. Nesta opção, dever-se-ia ter o cuidado de conter rapidamente a demanda a fim de impedir que o superaquecimento herdado do regime anterior transformasse o choque de preços relativos em inflação permanentemente mais elevada. A segunda seria comprar tempo para ajustar a oferta com crescimento mais rápido do que na alternativa anterior, realizando de forma mais gradual e calibrada o ajuste de preços relativos enquanto houvesse financiamento externo abundante.

Na primeira alternativa, alguma recessão é inevitável, e o risco é seu prolongamento além do necessário. Na segunda opção, o risco de inflação mais elevada é maior, pela maior dificuldade de controle de demanda quando o governo abertamente rejeita o ajuste recessivo. Corre-se ainda o risco de um período mais prolongado de ajuste de preços relativos, o que implica quase inevitavelmente a aceitação de uma política de subsídios.[4] Não há nada na segunda opção, entretanto, que signifique necessariamente a aceitação de política de demanda folgada durante o ajuste: para a adaptação da economia a um choque adverso de oferta, pode-se entender a necessidade de um ajuste na própria oferta, mas isso não subentende um descontrole da demanda.

---

[3] Veja-se, por exemplo, a discussão acerca da "melhor política" para os Estados Unidos, apresentada em Solow (1980). Solow chama atenção para o fato de que, pelo menos no caso da economia norte-americana, o objetivo mais defensável seria evitar os males de uma inflação prolongada que resulta quase sempre dos efeitos distributivos de um tal choque.

[4] A política de subsídios decorrente de um ajuste mais prolongado de preços relativos não tem nada de errada em si, mas as dificuldades de revertê-la não devem ser subestimadas, como ilustra a própria experiência brasileira no período em consideração.

O quadro de desequilíbrio macroeconômico com que a economia brasileira defrontou-se na década de 1980, caracterizado por elevado endividamento externo, desestruturação do setor público, inflação explosiva e perda de dinamismo, teve sua origem em grande medida em erros de diagnóstico bem como na timidez que caracterizou o uso de instrumentos de política após o primeiro choque do petróleo.

De um modo geral pode-se afirmar, com o benefício do julgamento *a posteriori*, que tais erros decorreram de percepção deficiente acerca tanto das alternativas quanto da potencialidade dos instrumentos de política econômica, agravada por uma visão algo paroquial acerca do ambiente econômico mundial. A primeira razão, fruto de ignorância "interna", é conducente a uma visão curtoprazista e conservadora das possibilidades de política econômica: levou ao uso de poucos instrumentos e à suposição de que os resultados deveriam aparecer em prazo bem curto. A segunda, fruto de informação deficiente sobre a economia mundial, levou a interpretação equivocada acerca da gravidade da crise internacional e de suas implicações de médio e longo prazos para o Brasil.

No restante desta seção, será feita uma descrição resumida da evolução da política de curto prazo do período, buscando-se analisar o pano de fundo da política de *stop-and-go* sobre o qual foram decididos e conduzidos os ajustes de longo prazo, cuja análise será objeto da seção seguinte.

A condução da política de curto prazo no início do governo Geisel foi marcada por quatro decisões importantes: a desrepressão dos preços, a oficialização de uma regra para a correção monetária, a intervenção no grupo financeiro Halles e a revisão da lei salarial. Cada uma contribuiria, a seu modo, para selar o rumo da política de curto prazo.

A remoção dos controles artificiais sobre os preços, que foram acionados como única forma de permitir a realização oficial da inflação prometida pelo general Médici, provocou uma elevação imediata da "taxa de inflação oficial" e iniciou um longo período de instabilidade das taxas mensais de inflação, com importantes efeitos sobre as formas de indexação que prevaleciam no mercado financeiro.[5] Uma vez permitida a inflação "corretiva", que se pretendia saneadora como o fora a promovida em 1964, deu-se início à reforma dos mecanismos de controle dos preços. Critérios para controles de preços agrícolas e industriais foram revistos, modernizando-se os controles de margem e tentando-se dar alguma racionalidade aos mecanismos de ação direta sobre os preços.[6]

---

[5] Nos primeiros quatro meses de 1974, o índice de preços no atacado, base do sistema de indexação, cresceu à média mensal de 3,9% em contraste com menos de 1,5% nos seis anos anteriores. A variabilidade da taxa mensal da inflação deu início aos primeiros rumores acerca de desindexação ou expurgo de índices que lançavam dúvidas maiores acerca da rentabilidade esperada dos diversos ativos financeiros.

[6] Os mecanismos e critérios de controles de preços industriais centrados no Conselho Interministerial de Preços (CIP) estão analisados em Carneiro (1976). Além desses, desempenhava papel importante no controle do abastecimento e do custo de vida urbano, desde o governo anterior, a chamada tabela CIP-SUNAB, controlada pela então assessoria econômica do ministro da Fazenda.

A oficialização de uma fórmula para a correção monetária foi uma tentativa de compensar o aumento da incerteza quanto às taxas mensais de inflação, dando maior clareza às regras de indexação.[7] Com a instabilização das taxas mensais de inflação, a explicitação de uma regra para a correção monetária, por outro lado, permitiu uma especulação aberta com os títulos com correção monetária, que chegaria ao paroxismo no ano seguinte, como veremos adiante.

Descartado o uso dos preços relativos, foi dominada a política de curto prazo por uma visão excessivamente simplista dos instrumentos monetários para o controle da demanda global: o controle da liquidez real foi o objetivo intermediário mais frequentemente utilizado, como se depreende da análise de documentos que informavam o andamento da conjuntura, mas as dificuldades concretas de acionamento dos controles monetários tenderam a ser sistematicamente subestimadas.[8]

O exagero dessa visão torna-se ainda mais patente quando se leva em conta que as taxas de juros estiveram sob controle até 1976. Em contexto de taxas de juros controladas, os agregados monetários tornam-se essencialmente endógenos, sendo a quantidade de moeda na economia determinada por duas variáveis virtualmente fora do controle do Ministério da Fazenda: as reservas internacionais e os empréstimos do Banco do Brasil.[9] Com os agregados tradicionais endógenos, a política

---

[7] Até então, a correção monetária das Obrigações Reajustáveis do Tesouro Nacional (ORTN) era definida mensalmente, sem regras escritas, por uma portaria do ministro da Fazenda. É útil lembrar que a Lei nº 4.728 de julho de 1965 (Lei do Mercado de Capitais), ao estender aos títulos privados a correção monetária das Obrigações Reajustáveis do Tesouro Nacional criadas pela Lei nº 4.357 de julho de 1964, as quais originalmente teriam vencimento mínimo de três anos, pretendia com isso criar condições para a emissão de títulos de longo prazo, nunca a criação de títulos indexados que fossem substitutos próximos da moeda. Com a instabilização das taxas mensais em 1974, entretanto, temia-se que o governo promovesse uma "desindexação" informal expurgando da correção monetária oficial os efeitos da desrepressão de preços sobre a inflação de março e abril. Temendo os efeitos que tais expectativas pudessem vir a ter sobre um mercado financeiro já conturbado, o ministro da Fazenda preferiu explicitar uma regra pela qual a correção monetária seria formalmente vinculada ao índice de preços no atacado da FGV (IPA-DI) sendo uma média em que a variação média do IPA nos três meses anteriores entrava com peso 0,8 e uma inflação mensal correspondente a uma taxa anual de 15% entraria com peso 0,2. Apesar da elegância formal da solução encontrada, ela revelou-se desastrosa na medida em que contribuiu, dado o mecanismo da carta de recompra, para a monetização de fato dos títulos privados.

[8] Veja-se, por exemplo, a Exposição de Motivos n° 49-B, aprovada pelo CDE em 22 de abril de 1974, § 11, onde são explicitadas as diretrizes para a política monetária em 1974, fixando-se meta para a expansão dos meios de pagamentos em 35%, cuidando-se apenas para que o orçamento monetário se transformasse de "indicativo em normativo", e apenas "recomendando o amplo uso do crédito seletivo como instrumento de combate à inflação".

[9] Os empréstimos do Banco do Brasil eram objeto de programação anual por ocasião da aprovação do chamado "orçamento monetário", na realidade, tosca programação das operações ativas do Banco do Brasil, apesar do nome pomposo: não era um orçamento, nem conseguia programar a evolução dos agregados monetários, mas dava a impressão de que a partir da programação das contas do Banco do Brasil as demais contas do balancete consolidado das autoridades monetárias estariam sob controle. Na prática, uma vez aprovado pelo Conselho Monetário Nacional, o "orçamento" podia ser sob alguns aspectos apenas mais um instrumento de pressão sobre as diversas carteiras do Banco do Brasil, uma vez que os tetos aprovados para as diversas contas tornavam-se argumentos para a concessão de crédito.

monetária, para ser ativa tem de ser conduzida a partir de controles sobre a oferta de crédito.[10]

Para um ano que se pretendia de reversão monetária, a fim de compensar os excessos do final do governo anterior, o primeiro ano do governo Geisel foi surpreendentemente expansionista. O desempenho de alguns agregados dá bem a medida das dificuldades que enfrentaria o ministro da Fazenda em realizar uma política restritiva nos anos seguintes. Durante o ano de 1974, expandiu-se a base monetária em Cr$19,7 bilhões (32,9% sobre o valor do final de 1973). Os principais fatores de expansão monetária foram os empréstimos do Banco do Brasil ao setor privado (mais Cr$72,1 bilhões, ou seja 89,4% sobre o valor de 31 de dezembro de 1973), e os chamados repasses do Banco Central por conta de Fundos e Programas que se expandiram de Cr$21,5 bilhões ou seja, 75,9% sobre o saldo do ano anterior. Assim, apesar da perda de reservas, que teria criado condições para um ano realmente restritivo do ponto de vista da política monetária, a expansão do crédito doméstico tanto pelo Banco do Brasil quanto pelo Banco Central prosseguiu impávida enquanto o governo acreditava fazer política monetária restritiva. Uma eventual pressão contracionista decorrente da perda de reservas internacionais foi compensada pelo aumento dos financiamentos de liquidez aos bancos através do redesconto, na tentativa do Banco Central de minimizar os efeitos em cadeia da quebra exemplar do quarto maior banco comercial brasileiro, o Banco Halles, ocorrida no primeiro mês do novo governo.[11]

A queda do estoque real dos meios de pagamentos durante o ano foi substancial: este indicador da liquidez real, que vinha crescendo a taxas superiores a 25% em termos de 12 meses desde o primeiro trimestre de 1973, desacelerou-se rapidamente durante 1974, tendo seu crescimento sido negativo a partir de setembro do mesmo ano. A complexidade das mudanças que ocorriam sobre a demanda por moeda, entretanto, tanto pelo aumento da inflação esperada quanto pela mudança de postura do governo ao tentar "acalmar" o mercado depois da quebra do Halles, lança dúvidas acerca do grau de aperto da política monetária de então. Apesar da queda observada na liquidez real, o fato de que a política monetária era sujeita a arrependimento prenunciava um longo período de tolerância, na prática, com taxas mais elevadas de inflação.

Analisando-se pela ótica das taxas de juros, tampouco encontra-se evidência de restrição monetária. As taxas médias anuais das LTNs, que eram então os principais indicadores do custo de liquidez para as instituições financeiras, passaram de

---

[10] Para estudos empíricos acerca da endogeneidade da oferta de moeda veja-se Cardoso (1977), Contador (1978), Marques (1983) e Carneiro e Fraga Neto (1984). Sobre o uso dos controles de crédito como instrumento de política econômica na economia brasileira, ver Coates (1985).
[11] Para detalhes da quebra e da intervenção veja-se Assis (1983, p. 63 e seguintes). Os gastos envolvidos nas diversas intervenções e fusões administradas pelo Banco Central no período seriam na realidade suficientes para tornar difícil qualquer política restritiva. Talvez ainda mais importante, entretanto, tenha sido a mudança de postura do governo depois do tumulto em torno da quebra do Halles, conforme se argumenta a seguir. No caso de alguns dados estatísticos, os valores mencionados no texto podem diferir marginalmente dos incluídos no anexo estatístico em vista de processos de revisão.

15,3% ao ano para 18,2%, praticamente o mesmo nível de 1972, por exemplo, ano em que a taxa de inflação medida pelo IGP foi de 15,5% contra 34,5 % em 1974.

Finalmente, um complicador político adicional para o controle da inflação foi a mudança da regra oficial de correção salarial, com a aprovação da Lei nº 6.147 de 14 de outubro de 1974. A nova lei, de iniciativa do Executivo, buscou esvaziar a principal crítica que era feita à lei anterior: os custos da subestimativa da inflação futura recaíam exclusivamente sobre os assalariados, resultando em perda permanente do salário real. Pela nova sistemática, que mantinha o princípio da recomposição do salário médio real dos 12 meses anteriores ao do reajuste, consagrado na legislação antiga, apresentava uma inovação: caso no reajuste anterior a inflação futura houvesse sido subestimada (acarretando, por esta via, uma queda no salário real médio), haveria uma correção aproximadamente igual à perda ocorrida, impedindo que esta última se tornasse permanente. A motivação política da lei era clara: desejava-se por fim à ideia de arrocho salarial que era apontado pelos críticos da política de estabilização do governo militar como a principal causa da deterioração da distribuição da renda.[12]

Além da atuação da política de crédito tanto do Banco do Brasil quanto do Banco Central, que havia sido transformado em banco de fomento através dos "fundos e programas" que administrava, em oposição tácita a qualquer programa de estabilização, havia em outros órgãos do governo forte oposição explícita à tentativa de tentar estabilizar a economia. Na Secretaria de Planejamento da Presidência da República, a equipe do ministro João Paulo Velloso preparava, a partir de hipóteses que virtualmente ignoravam qualquer desaceleração do crescimento ou da política de expansão do crédito doméstico, um programa para que o país crescesse a 10% ao ano como resposta ao desafio do choque do petróleo. As características da política de longo prazo serão analisadas na seção seguinte.

Nesse ínterim, desenvolvia-se internamente uma crise financeira de grandes proporções alimentada pelo aumento das incertezas quanto ao futuro da economia, enquanto fermentavam conflitos políticos mais gerais que teriam grande importância para a definição do presidente entre os dois desafios sua política econômica: estabilizar a economia ou "dar prioridade à continuidade do crescimento".

A decisão veio na esteira do resultado das eleições parlamentares de outubro de 1974. Colhendo os frutos políticos da campanha nacional propiciada pela "anticandidatura" de Ulysses Guimarães à Presidência da República no ano anterior, o MDB fortaleceu sua base eleitoral. A frente oposicionista decidira, a partir da liturgia que levou à eleição do general Geisel no ano anterior, utilizar todos os recursos permitidos pela distensão, fazer oposição ao governo respaldada agora na busca aberta do apoio dos eleitores. Da fase do protesto mesmo quando velado e censurado, passava-se à contestação aberta à política do regime militar, fazendo-se todo o uso possível da liberdade de imprensa.

Para a política econômica de curto prazo, a derrota do governo nas urnas transformou 1975 em ano de recuo na tentativa de contenção de demanda. Apesar da ênfase dada à política monetária, parece haver mais sinal de política fiscal

---

[12] Ver discussões da política salarial em Bacha (1978) e Carvalho (1982).

restritiva em 1975 do que de política monetária restritiva.[13] A natural insatisfação interna no seio da burocracia do Estado gerada pelas tentativas de controle sobre os gastos públicos somou-se ao clima de desconforto causado pela instabilização inflacionária e pelo descontentamento empresarial em decorrência dos controles de preços industriais, fortalecendo-se assim junto ao Palácio do Planalto a corrente dos que defendiam a preservação do crescimento a qualquer custo. As estatísticas do final do ano apontavam para uma desaceleração rápida do nível de produção industrial, e o resultado prático do arrependimento foi o descontrole monetário.[14]

Em 1975, três fatos marcaram os rumos da política de curto prazo: a crise financeira, a queda do crescimento das exportações e aprovação do II PND. A crise financeira simbolizou as reais dificuldades políticas que o governo Geisel seria incapaz de enfrentar para reduzir a taxa de inflação de forma permanente. De maio a dezembro de 1974 a taxa de inflação medida pelo IPA-DI voltou a situar-se em média mensal de 1,4%, próxima dos valores anteriores à aceleração de preços do início do ano. Apesar de os sinais de contração monetária terem sido no mínimo duvidosos, como acima assinalado, a desaceleração da liquidez real, de uma taxa anualizada de crescimento de mais de 30% observada no final de 1973 para apenas 1,4% ao final do primeiro trimestre de 1974 e para valores negativos no primeiro trimestre de 1975 era apontada como a principal causa da desaceleração do produto.

A incapacidade política do governo Geisel de manter a política anti-inflacionária em 1975 foi decisiva para a definição dos rumos da política econômica de curto e de longo prazo.[15] O golpe de graça na tentativa de abortar a aceleração inflacionária pós-choque externo veio na forma de uma expansão vigorosa de demanda global.

Nos primeiros dois meses de 1975, os meios de pagamento caíram cerca de 8,5% contra uma previsão do orçamento monetário de 1%. Os fatores de queda foram a perda de US$500 milhões de reservas em dois meses além da queda do multiplicador pela diminuição da preferência do público por depósitos a vista em decorrência da aceleração inflacionária do ano anterior. Pressionado pelo presidente da República a reverter o que certamente se imaginava ser um perigoso processo de contração monetária que dava continuidade à recessão, criou-se no Ministério da

---

[13] A posição de caixa do Tesouro passou de um saldo de Cr$295 milhões em 1973 para Cr$3.882 milhões em 1974. O aumento do débito do Banco Central junto ao público só serviu para aumentar a posição credora do Tesouro junto às Autoridades Monetárias, e não para financiar maiores déficits. Estimando-se as necessidades de financiamento do setor público na forma discutida na seção 4 a seguir, conclui-se que em 1974 houve um déficit global nas contas consolidadas do governo da ordem de 0,8% do PIB, o que corresponde a uma redução de 2,2 pontos percentuais sobre o valor estimado para 1973.

[14] O consumo industrial de energia elétrica no eixo Rio-S.Paulo, que era então um importante indicador de evolução da conjuntura, passou a cair, em termos de 12 meses, a partir de dezembro de 1974, depois de ter crescido 16,3% um ano antes. Os resultados da recessão industrial, que só foram conhecidos de fato ao final do primeiro trimestre de 1975, eram alarmantes, pelos indicadores parciais publicados pela imprensa.

[15] A mudança gradual do papel da política de estabilização nas prioridades do governo Geisel são analisadas em Carneiro (1986).

Fazenda um mecanismo denominado "refinanciamento compensatório" pelo qual, quando os meios de pagamento se encontrassem abaixo das previsões do Orçamento Monetário, o Banco Central emprestaria fundos aos bancos comerciais a juros de 6% ao ano sem correção monetária a prazos de 90 a 150 dias. Este curioso redesconto invertido seria distribuído aos bancos proporcionalmente ao seu capital e depósitos, os mesmos fatores que determinam os limites do redesconto.

O sistema formado principalmente pelas financeiras, corretoras e distribuidoras, com a finalidade de dar liquidez às letras de câmbio e certificados de depósitos, diante da instabilidade da correção monetária pós-choque, emitia, ao vender um título ao suposto tomador final, uma carta com o compromisso de recomprá-lo em data determinada (antes do vencimento) e com preço prefixado. Ganhavam, assim, na diferença estimada entre a correção monetária estimada e a taxa prefixada que pagavam aos clientes. Não sendo tais cartas nem registradas nem reguladas pelo Banco Central, não dispunham tais operações de nenhum mecanismo de redesconto, o que as deixava vulneráveis a uma eventual corrida de titulares que desejassem exercer de uma só vez, por qualquer motivo, seus direitos de liquidação das operações. O motivo veio na forma do anúncio de um "expurgo" no índice de preços que reduziu repentinamente a taxa esperada de correção monetária e provocou a suspeita de que várias instituições teriam grandes prejuízos, uma vez que trabalhavam fortemente alavancadas. A corrida contra o sistema, depois de um breve período de resistência das autoridades, que pretendiam dar uma lição de risco, terminou provocando o socorro financeiro às instituições, com elevadas emissões monetárias para financiar o aumento dos empréstimos de liquidez ao sistema financeiro. O quadro de expansão monetária que começara com o refinanciamento compensatório terminava o ano com expansão nominal nos meios de pagamentos aos níveis do final de 1973, pondo por terra todo o esforço de estabilização iniciado em março de 1974.

Enquanto isso, a deterioração das contas externas brasileiras levou a rápidas perdas de reservas, que passaram de US$6.417 milhões em 1973 para US$4.040 milhões em 1975, nível próximo do atingido em 1972, quando as importações totais eram pouco mais de um terço do valor observado em 1975. O processo de endividamento externo, graças a um déficit acumulado em transações correntes de mais de US$14,5 bilhões em 1974 e 1975, apresentava perspectivas nada encorajadoras, dadas as incertezas quanto ao crescimento da economia mundial. A dívida externa bruta crescera de US$12.572 milhões para US$21.171 milhões nos primeiros dois anos de governo. E em dezembro de 1975, os empréstimos em moeda contraídos no ano acusavam um total de US$14.711 milhões contra US$7.849 milhões em 1973.

As projeções de endividamento externo feitas pelo ministro da Fazenda em 1975, por outro lado, com base em um crescimento de exportações da ordem de 15% ao ano e uma taxa de juros internacional da ordem de 10%, supunham uma queda anual de US$1,3 bilhão para o déficit em conta corrente até o início da década seguinte.[16] Segundo tais projeções, a dívida externa líquida ao final de 1979

---

[16] Ver Simonsen (1988, p.19). Este número corresponde a 20% do déficit no ano de 1974, e era suficiente para tornar constante a relação dívida/exportações a partir de 1976.

chegaria a menos de US$35 bilhões, o que decerto servia de base à postura do presidente do Banco Central, de não se preocupar com a dívida, mas apenas com a "administração do perfil de endividamento", tomando como infinitamente elástica a oferta de crédito externo para o país.[17]

Ficava assim selada a predominância da política de crescimento com base na reestruturação da oferta e na demanda folgada, sobre os ajustes de curto prazo. Na prática, ficou estabelecida a tolerância com taxas mais elevadas de inflação: o ajuste inflacionário seria parte da política de evitar a imposição de perdas diante das novas possibilidades da economia brasileira. De 1975 em diante, a acomodação diante da taxa de inflação seria periodicamente sujeita a surtos de contenção, todos eles de curta duração.

A aprovação do II PND significou, além da vitória do pessimismo quanto a elasticidades, a subordinação dos objetivos de estabilização às metas de longo prazo. Daí em diante, nos conflitos entre a Seplan e o Ministério da Fazenda, a primeira levava a vantagem de ter um plano de jogo, ao contrário do Ministério da Fazenda, que adotava uma estratégia híbrida de controle moderado da demanda com alternadas fases de controles de preços mais ou menos rigorosos. Neste contexto, não obstante o brilho da argumentação do titular da Fazenda, que certamente em seus despachos semanais com o general-presidente tendia a cobrar maior apoio para o combate à inflação, a balança pendeu de modo geral para os argumentos do ministro da Seplan, calçados em uma estratégia previamente estabelecida, e que tinha na secretaria-executiva do Conselho de Desenvolvimento Econômico oportunidade para definir a agenda do mesmo, e assim arregimentar apoio para o programa de investimentos.

Explica-se assim, por exemplo, o perfil dos desembolsos do governo através do Banco Nacional do Desenvolvimento Econômico (BNDE), mesmo depois que arrefeceram os ânimos dos investidores privados a partir de 1976, principalmente quando se reconhece a importância que adquiria, no desenho da política de curto prazo, o controle sobre a expansão do crédito.

Na realidade, pode-se afirmar que se o Presidente Geisel deu ao seu ministro da Fazenda uma chance para promover um ajuste rápido, em termos práticos, sua própria confiança em Simonsen não foi suficiente para que desse ao ministro carta branca para que promovesse o aperto monetário e fiscal necessário para preparar a economia para uma etapa de ajuste estrutural. Em consequência, dentro e fora da órbita da Fazenda, não existia nada parecido com um consenso acerca da estratégia macroeconômica mais adequada, para não dizer do uso dos instrumentos.

Com o fiasco que representou para a política de estabilização o descontrole monetário do final de 1975, o ano de 1976 iniciou-se com nova tentativa do governo de sinalizar sua insatisfação com o retomo às altas taxas de inflação.[18]

---

[17] Ver Simonsen (1988, p.18).

[18] O discurso do Presidente Geisel ao final de 1975 concentrou-se mais em mostrar que não havia clima de recessão do que em mencionar a nova ofensiva contra a inflação. Na reunião do CDE de 14 de janeiro de 1976, para a fixação dos objetivos da política econômica para o ano, foram renovadas as prioridades de investimentos apoiadas no II PND e o principal instrumento para conter a deterioração do balanço de pagamentos a curto prazo era o racionamento de importações sob o regime do Decreto-lei nº 1.428/75.

O orçamento monetário aprovado para o ano prometia, mais uma vez, a austeridade monetária como instrumento essencial da política anti-inflacionária. Reconhecidas as principais dificuldades encontradas pelo governo para realizar uma política monetária efetivamente contracionista, partiu-se para um esforço no sentido de dotar o governo de instrumentos monetários mais eficazes. Em março, foram liberadas as taxas ativas de financeiras e bancos de investimento. Somente em setembro, entretanto, a Resolução 389 do Banco Central liberou os controles sobre as taxas de juros dos bancos comerciais. A tentativa explícita de exercer maior controle sobre os empréstimos do Banco do Brasil deu início, assim, a uma longa mudança de regime na condução da política monetária. Tal mudança, que só viria a completar-se no início da década seguinte, quando, em 1981, tentou-se utilizar o endividamento do setor público como instrumento para conter a expansão monetária, fez-se sentir na inversão de tendência da expansão dos agregados de crédito.

Na prática, os empréstimos ao setor privado expandiram-se a mais de 55% no ano e os meios de pagamentos a mais de 37%, ficando mais uma vez sobrecarregados os instrumentos de controles de preços com a inglória tarefa de reprimir a inflação em regime de expansão continuada da demanda global. Os preços públicos fizeram a sua parte no processo de transferência de renda ao setor privado, elevando-se de 28,5% em média (20% se considerarmos apenas os preços e tarifas de responsabilidade direta do governo federal), enquanto o índice geral de preços aumentava em mais de 46%.

Na esteira de dois anos seguidos de expansão da demanda global, o produto recuperou-se de forma vigorosa, à taxa de 10,3%, ou seja, 5,4 pontos percentuais acima de 1975. Os temores quanto à recessão, que constituíam os principais obstáculos à estabilização da economia após o primeiro choque do petróleo, eram na prática afastados por uma opção tácita do governo por mais inflação e maior endividamento. Em 19 de novembro, o ministro Velloso podia anunciar, em discurso na Associação de Bancos do Estado de São Paulo, que o governo "deliberadamente evitou fazer sintonia com a recessão mundial. para sair da crise de petróleo pelo aumento das exportações e [pela busca à] autossuficiência em insumos básicos".[19] A consciência de que o acelerador havia sido apertado em demasia, entretanto, marcou o último trimestre do ano, quando o mesmo ministro já anunciava "não ser correto dizer que o governo vem programando seus investimentos na base de um crescimento do PIB a 10% ao ano" e falava na necessidade de desacelerar a economia para reduzir a inflação "a uma taxa mensal de 2%".[20]

A tentativa de reversão da política de demanda e a repressão aos preços públicos foram os pontos predominantes da política de curto prazo nos últimos dois anos do mandato do Presidente Geisel.[21] Promoveu-se em 1977 uma política monetária mais restritiva, com desaceleração dos meios de pagamentos

---

[19] A mesma expressão é utilizada na Exposição de Motivos 001/77, de 24 de janeiro de 1977, que aprovou as diretrizes da política de curto prazo para 1977.

[20] Discurso na Escola de Guerra Naval, 22 de outubro de 1976.

[21] Para uma análise das consequências da repressão sistemática dos preços públicos no período, veja-se Werneck (1986c).

e dos empréstimos ao setor privado, além da fixação de uma taxa de juros básica positiva em termos reais para o sistema financeiro pela primeira vez desde 1971. Na tentativa de promover uma política financeira mais austera, Simonsen anuncia que "a política do governo de permitir que instituições financeiras emprestem a empresas comerciais e industriais coligadas definitivamente acabou".[22] À medida que se aproximava o final do governo Geisel, entretanto, os sintomas de mera oposição interna ao programa passavam a compor conflitos políticos mais gerais, como o que culminou com o afastamento dramático do ministro do Exército.[23]

Passou a ocupar o centro do palco político a candidatura do general Figueiredo, então ministro-chefe do Serviço Nacional de Informações e que fazia o papel de ponte entre os grupos Geisel e Médici. Em consequência, estreitava-se o espaço político para mais um round de política anti-inflacionária mais séria, na medida em que os resultados de um ano de austeridade foram uma queda modesta (de 8 pontos percentuais) na inflação anual medida pelo IGP, para 38,7% em dezembro. Para isso contribuiu de forma decisiva o desempenho da agropecuária, com um crescimento de 12,1%, contra 2,4% no ano anterior, propiciando uma redução de 30 pontos percentuais na inflação agrícola. A desaceleração brusca na indústria de transformação tornava mais difícil politicamente a continuidade da política de estabilização, levando o presidente a afirmar, em seu discurso de final do ano, sua decepção diante da resistência da inflação brasileira às tentativas de controle, lembrando que "os próprios mecanismos de defesa ... também a realimentam permanentemente", mas afirmando que "a inflação não deve ser tratada senão pela metodologia gradualista".

A partir do início de 1978, com a definição da força inequívoca da candidatura Figueiredo, esta passa a dominar o ambiente político do país. A política econômica de curto prazo passa assim ao serviço da continuidade do processo de distensão, privilegiando a acumulação de reservas em decorrência de um saldo do balanço de pagamentos de US$4,3 bilhões. Em meados do ano, uma seca que assolou o centro-sul provocou uma queda de 2,7% no produto agropecuário, gerando a necessidade de importações de alimentos da ordem de mais de US$1 bilhão, prejudicando a continuidade do controle do custo de vida urbano e deteriorando a balança comercial no último ano do mandato Geisel. Apesar da restrição ao crescimento dos preços públicos, o índice geral de preços acelerou-se em dois pontos percentuais ao longo do ano, postergando-se para o novo governo a tarefa de realizar um novo round de política restritiva.

---

[22] *Jornal do Brasil*, 12.5.77, citado por Assis (1983, p. 116). Este é na realidade um princípio elementar de regulamentação bancária, mas que teve de ser anunciado solenemente como forma de evidência de que a política de tolerância das autoridades monetárias com a piramidação financeira terminava.

[23] O episódio está magistralmente tratado em Góes (1978), que o analisa no contexto mais geral do processo decisório que caracterizou o governo Geisel.

Com a posse do general Figueiredo em março de 1979, Mário Simonsen foi para a Secretaria de Planejamento para comandar a política econômica. Foi feita nova tentativa de ajuste fiscal baseada essencialmente no corte de investimentos considerados não prioritários para a melhoria do balanço de pagamentos e o controle do processo de endividamento externo.

Inicialmente, o objetivo era obter um superávit fiscal de 1% do PIB. Até maio, parecia que o governo poderia definir um conjunto de medidas econômicas com razoável coerência, uma vez que sob a coordenação do ministro-chefe da Seplan estavam agora reunidos praticamente todos os instrumentos de política macroeconômica: além dos instrumentos tradicionais de programação econômica e orçamento na órbita fiscal o ministro-chefe da Seplan presidia agora o Conselho Monetário Nacional, e na prática supervisionava as atividades da Secretaria de Receita Federal e do Conselho Interministerial de Preços. A partir da aprovação dos preços mínimos para a safra 1979/80, que embutiam uma correção nominal de 70%, para uma inflação passada da ordem de 40%, agravaram-se os conflitos dentro do governo entre a política de austeridade orçamentária e o "desenvolvimentismo".

Esta última posição, que defendia o prosseguimento das políticas expansionistas de demanda para promover o crescimento, tinha como expoentes os ministros Delfim Netto, da Agricultura, e Mário Andreazza, do Interior.

Na realidade, tentou-se operar uma redução substancial de despesas com o corte de investimentos públicos e buscando-se maior coerência entre a política fiscal e a política monetária. A partir da aprovação do orçamento monetário, a austeridade dura somente até agosto.

O início do governo Figueiredo foi, na realidade, uma continuação do governo Geisel. No momento em que ficou claro ao novo presidente que caberia a ele fazer o que era desagradável e que Geisel não tinha conseguido fazer apesar de toda sua autoridade, foi fácil ao general presidente optar por fazer sua própria política, tentando reviver a aura do período Médici, entregando ao Ministro Delfim Netto a tarefa de realizar, agora sim, um milagre econômico.

Entre agosto de 1979 e outubro de 1980, o país experimentou sua última tentativa de ignorar a crise externa, agora agravada pelo novo choque do petróleo e pela elevação vertiginosa do custo do endividamento externo. A política heterodoxa adotada baseou-se explicitamente no controle dos juros, na maior indexação dos salários, seguida de desvalorização cambial com prefixação da correção monetária e na tentativa de manipular as expectativas inflacionárias durante a maior parte do ano de 1980. A incapacidade de fazer com que os banqueiros internacionais financiassem o experimento levou a uma perda rápida de reservas, enquanto o crescimento rápido do consumo alimentou a explosão do balanço de pagamentos e levou à rápida reversão da política macroeconômica em final de 1980.

Enquanto o governo praticava o clássico *stop-and-go* na política de estabilização, operava-se no país uma importante mudança estrutural financiada por um endividamento externo crescente. A análise deste programa é o objetivo da seção seguinte.

4. A natureza do ajuste de longo prazo: o crescimento com endividamento

Crescimento com dívida

A dívida externa brasileira cresceu US$18 bilhões entre 1974 e 1977, outros US$18 bilhões nos dois anos seguintes. No início do governo Geisel, o país pagava anualmente US$600 milhões de juros, em 1978 a conta de juros líquidos subira para US$2,7 bilhões que a alta das taxas de juros internacionais elevaria para US$4,2 bilhões no primeiro ano do governo Figueiredo.

Em grande medida, este vertiginoso crescimento da dívida externa foi o resultado da política de longo prazo adotada. A manutenção de uma taxa de investimento superior a 25% em praticamente todos os anos do período permitiu ao país crescer 6,8% ao ano em média de 1974 a 1979. Quais os elementos essenciais dessa estratégia?

As bases da política de longo prazo estão descritas nos capítulos II a IV do II Plano Nacional de Desenvolvimento (II PND).[24] Acreditavam seus elaboradores que no período de 1975 a 1979 a indústria brasileira poderia crescer 12% ao ano e a economia como um todo 10% ao ano. Lograram convencer o Congresso Nacional de que esta taxa de crescimento poderia ser uma meta factível para reorientar oferta de bens e serviços, de modo a superar as dificuldades de balanço de pagamentos enfrentadas pelo país.[25]

Como forma de ajustar a estrutura econômica à "situação de escassez de petróleo", o governo optou por "grande ênfase nas indústrias básicas, notadamente no setor de bens de capital, e o da eletrônica pesada, assim como no campo dos insumos básicos, a fim de substituir importações e, se possível, abrir novas frentes de exportação".[26] No campo da política de energia, optou-se por uma aceleração dos investimentos na prospecção, principalmente na bacia de Campos, além da execução de um programa de elevação de 60% da capacidade geradora de energia hidroelétrica, buscando-se viabilizar a expansão da produção e da exportação de bens com elevado conteúdo energético que pudessem ser produzidos no país com base em hidroeletricidade, a exemplo do alumínio.

A opção por não utilizar a desvalorização cambial para promover o redirecionamento da oferta e da demanda de modo a produzir mais bens transacionáveis com o exterior e ao mesmo tempo economizar divisas não implicou a desconsideração de tais efeitos como forma de corrigir a longo prazo os desequilíbrios comerciais gerados pelo choque externo. O pessimismo quanto às elasticidades não foi suficiente para bloquear a utilização da política comercial: importações foram

---

[24] O II PND foi enviado ao Congresso Nacional na forma de uma mensagem presidencial (nº 430, de 10 de setembro de 1974) e aprovado na forma de lei (nº 6.151, de 6 de dezembro de 1974) por congressistas em final de mandato. Segundo as regras de então, não encontrou obstáculos à sua aprovação.

[25] II PND, capítulo III, p. 37.

[26] II PND, p. 16.

encarecidas, não só por uma elevação generalizada de tarifas, como pela criação de encargos financeiros e restrições quantitativas de vários tipos.[27] Tais medidas tinham um duplo papel: reprimiam as importações talvez de forma mais dirigida do que a que seria obtida por uma desvalorização e, além disso, criavam novos "obstáculos" que puderam ser removidos seletivamente para permitir instrumentos para a implementação da nova política industrial.

Talvez o aspecto mais surpreendente da política de comércio exterior do governo Geisel tenha sido a rapidez com que as medidas acima sumariadas lograram reduzir o coeficiente importado da economia. Em 1974, as importações correspondiam a cerca de 12% do produto, um recorde histórico semelhante ao atingido em 1954. As novas políticas de controle de importações interromperam o crescimento deste coeficiente, que já havia dobrado desde o início da década, e triplicara desde meados da década anterior. Entre 1974 e 1977 o valor total das importações manteve-se constante em dólares nominais, não obstante a economia haver crescido mais de 7% ao ano no período. Em 1978, às vésperas portanto do segundo choque de petróleo, o coeficiente importado já era de 7,2%, inferior, portanto ao observado antes do primeiro choque.

Ao tentar fazer a economia crescer a 10%, o programa do governo logrou obter um crescimento médio anual de 7%, mas as projeções originais de endividamento foram rapidamente superadas na medida em que o relativo sucesso no controle da balança comercial não foi suficiente para fazer decrescer o déficit em conta corrente com a rapidez que era esperada. Entre 1974 e 1978 as importações mundiais cresceram cerca da metade do que haviam crescido entre de 1970 e 1974. A desaceleração do crescimento do comércio mundial, que se agrava após 1978, foi mais importante do que a aceleração progressiva da taxa de juros paga pelo Brasil, que adquire importância a partir de 1979. Estes são os grandes fatores por detrás da deterioração do balanço de pagamentos brasileiro, apesar do sucesso no controle das importações.

No que diz respeito à composição do produto, a indústria foi seguramente o setor líder do período, como de resto durante toda a década de 1970. Apesar do destaque inequívoco da indústria de transformação, cujo desempenho no ajuste de oferta será analisado a seguir, deve-se observar a importância da continuidade da expansão da indústria de construção durante o período, atingindo na década uma taxa média anual de crescimento de 9,7% em termos reais. Este desempenho é explicado tanto pela importância das obras públicas no período, associadas tipicamente aos projetos de grande porte como as hidrelétricas de Itaipu e Tucuruí, por exemplo, quanto à continuidade do financiamento à construção residencial, não obstante a instabilidade da taxa de inflação.

---

[27] A Resolução 289/74 do CMN exigiu que importações de bens sujeitas a tarifas de mais de 55% fossem pagas à vista; os Decretos-lei nº 1.334 e nº 1.364 elevaram em 100% as tarifas de cerca de 2.000 bens. Em 1975 ampliou-se a exigência de pagamento à vista das importações e criou-se pela Resolução 331 de 6 de julho) um depósito compulsório por seis meses correspondente ao valor em cruzeiros das importações. Em 1975-76 este depósito correspondia a um custo financeiro nominal da ordem de 40% do valor das importações. Finalmente, ao final de 1975, foi simplesmente proibida a importação de mais de mil itens classificados como supérfluos, tratando-se ainda de centralizar o poder de conceder isenções do imposto de importação. Veja-se Dib (1985, cap. 2 e apêndice II).

A política industrial

A estratégia de política industrial no governo Geisel baseou-se na substituição de importações nos setores de bens de capital, insumos básicos para a indústria e no aumento da produção e da prospecção de petróleo.[28] Os principais instrumentos de tal política foram o crédito do IPI sobre a compra de equipamentos, a depreciação acelerada para equipamentos nacionais, as isenções do imposto de importação, o crédito subsidiado e formas mais ou menos explícitas de reserva de mercado para os novos empreendimentos, assim como garantia de política de preços compatível com as prioridades da política industrial.[29]

Os órgãos de implementação da política eram o Conselho de Desenvolvimento Industrial, o Banco Nacional de Desenvolvimento Econômico, o Conselho de Política Aduaneira, a Carteira de Comércio Exterior do Banco do Brasil e o Conselho Interministerial de Preços.

Durante a década de 1970, não faltaram críticas ao retomo à estratégia de substituição de importações como forma encontrada pelo governo brasileiro de tentar superar o estrangulamento das contas externas em decorrência da combinação de um surto de crescimento acelerado com a crise do petróleo. Malan e Bonelli (1977, p. 31) chamavam atenção para os erros a que tal política estaria sujeita em decorrência da minimização dos efeitos do caráter cíclico da demanda de bens de capital. Tal comportamento levaria o governo a superestimar o mercado para tais bens. Não deixa de ser curioso que o otimismo do governo acerca do tamanho do mercado brasileiro de bens de capital tenha sido ainda agravado pelas estimativas do setor privado. Os investidores privados eram, além dos clientes tradicionais do BNDE, tipicamente empresas estrangeiras que queriam transferir parte de sua capacidade produtiva para o país, em muitos casos por meio de pressões para autorização de funcionamento, concessão de benefícios e contra pareceres técnicos que apontavam para a saturação inevitável em alguns mercados. O segundo fator de pessimismo dos referidos autores é o que denominam a "preferência pelos bens importados", que também seria ignorado pela política de estímulos do governo. Analisando-se os estímulos e o grau de proteção para a indústria localizada no país, entretanto, tal preferência parece ter sido mais do que compensada pela política industrial dos anos 1970.[30]

Os resultados de tais políticas foram objeto de vários estudos; em particular, Velloso (1982) avalia os efeitos das políticas sobre as importações principalmente

---

[28] Baumgarten e Cunha (1977) analisam os objetivos e os instrumentos da política industrial pós-1974. Observam os autores que a partir de 1974, através da Resolução 35 do CDI, a substituição de importações passa a ser o primeiro critério para o enquadramento de projetos no regime do CDI. O papel do CDI foi especialmente importante em 1974 e 1976. Em 1976, o valor dos investimentos nos projetos aprovados pelo CDI atingiu a cifra recorde de 6,2% do PIB, caindo bruscamente para menos de 1% do PIB até o final da década.
[29] O principal instrumento legal era o Decreto-lei nº 1.137/70. A partir de 1976, a isenção de imposto sobre a importação e sobre produtos industriais adquiriu maior importância. Finalmente, a limitação da correção monetária a 20% ao ano, concedida pelo Decreto-lei nº 1.452/76, certamente resultou ser uma fonte importante de doação de recursos aos que foram financiados pelo BNDE.
[30] Ver Lago, Almeida e Lima (1979a).

de insumos industriais; Batista (1986) faz um confronto entre as metas do II PND e os resultados obtidos, enquanto Lago, Almeida e Lima (1979a) analisam, com abundância de informações estatísticas e minucioso exame da legislação, a política de estímulos à indústria de bens de capital no Brasil.

De modo geral, as conclusões têm sido favoráveis no sentido de que os objetivos gerais de reestruturação da oferta foram atingidos, se bem que em prazos geralmente superiores aos programados. Do ponto de vista mais específico dos setores mais favorecidos pela política industrial, o desempenho pode ser ilustrado pela queda tanto em valor quanto em participação na pauta de importações entre 1974 e 1979. O programa de insumos básicos, dirigido para reduzir as importações que atingiram a cifra de US$3,5 bilhões em 1974 nos setores de papel e celulose, metais não ferrosos, fertilizantes, produtos petroquímicos e aço, logrou reduzir as despesas com tais itens a cerca de US$1,2 bilhões correntes em 1979.[31]

Os resultados da substituição de importações contribuíram ainda para internalizar as despesas de investimento. A participação das importações de bens de capital no total da despesa com máquinas e equipamentos decresceu de 25,6% em 1972 para 9%, 10 anos depois. O dispêndio em divisas com bens de capital ficou virtualmente constante em termos nominais até o final da década, mas as exportações do setor elevaram-se continuamente de US$893 milhões em 1975 a US$2,4 bilhões em 1979.

A diferença importante da experiência brasileira da década de 1970, tanto em relação às experiências anteriores, quanto às de outros países, é que a opção pela política de substituição de importações foi feita sem que houvesse descontinuidade no incentivo às exportações. Estas passam de 7,5% do PIB em 1974 a 8,4% do PIB em 1980, enquanto as importações caem de 11,9% do PIB para 9,5% no mesmo período, apesar do segundo choque do petróleo.[32] A chave do sucesso da política industrial brasileira na década de 1970 parece residir assim nesta combinação de estímulos, pouco usual se comparada com outras experiências no Terceiro Mundo.

A manutenção desta variedade de estímulos fiscais, creditícios e cambiais, entretanto, teve como custos mais visíveis a progressiva deterioração da posição financeira do Estado, caracterizada pela queda da carga tributária líquida e pela elevação do endividamento do setor público. Tal deterioração, que resultou de uma fadiga progressiva dos instrumentos de ação do governo sobre a economia brasileira, está na base do agravamento dos conflitos distributivos e da aceleração inflacionária dos anos 1980.

5. Resultados e suas consequências

Vimos que nos primeiros seis meses do governo Figueiredo foi realizada uma tentativa de completar as tarefas de estabilização e de compatibilização do programa de investimentos do II PND com as crescentes dificuldades de refinanciamento da dívida externa, tendo em vista a elevação das taxas de juros internacionais. A

---

[31] Ver Velloso (1982).

[32] Até 1978, antes do segundo choque, as importações totais se haviam reduzido para 6,8% do PIB.

manutenção do comando da política econômica sob Mário Simonsen sugeria, em princípio, a prioridade para a estabilização. Os esforços iniciais concentraram-se, assim, na redução do déficit público.

A gravidade do problema fiscal foi sendo paulatinamente percebida por alguns técnicos do governo, e constituiu a preocupação central da Secretaria do Planejamento no início do governo Figueiredo. O novo titular da Seplan, Mário Henrique Simonsen, no entanto, não conseguiu sensibilizar seus colegas de gabinete para o problema. Tampouco pareceu convencer o Presidente da República do caráter explosivo da ameaça inflacionária representada por um desequilíbrio sem limites entre meios e gastos governamentais. Anos de repressão de preços e tarifas do setor público, utilização das empresas estatais como instrumento de captação de empréstimos externos, concessão por vezes abusiva de incentivos fiscais, subsídios creditícios e prática generalizada de artifícios financeiros que mascaravam a verdadeira dimensão do desequilíbrio fiscal na economia brasileira não seriam desmontados, entretanto, de forma tão fácil.

A inexistência de uma série homogênea oficial para que se possa examinar a evolução das necessidades de financiamento do setor público dificulta a análise da política fiscal do governo Geisel e a herança deixada para o governo Figueiredo. Adotando a ótica do financiamento, podem ser construídas séries para os diversos componentes do endividamento interno do setor público federal.[33] Estas séries revelam que até 1976 o estoque médio da dívida pública federal, monetizada e não monetizada, manteve-se razoavelmente estável como proporção do produto interno bruto em termos nominais: aumenta entre 1970 e 1973 de 8,7 para 12,3% do PIB e volta a cair até 1976 para 9,1%. Esta relativa estabilidade foi, entretanto, acompanhada por uma progressiva substituição, na carteira do setor privado, de base monetária por títulos. A Tabela 12.1 ilustra o fenômeno.

Este processo, iniciado após as reformas financeiras da segunda metade dos anos 1960, corresponde a um fenômeno de inovações financeiras no sentido de substituição, nas carteiras dos agentes econômicos, de reservas monetárias por não monetárias, facilitada pela oferta de substitutos próximos da moeda governamental. A mudança do patamar inflacionário pós-1974 acelerou essa substituição. Entre 1970 e 1973, a base monetária caiu de 7,6% do produto para 6,8%, prosseguindo a queda para 5,1% em 1976. Na segunda metade da década de 1970, a relativa

TABELA 12.1 Brasil: Dívida interna federal não monetizada, 1970-1981, como % do total da dívida interna.

ANO	%	ANO	%	ANO	%
1970	12,7	1974	37,2	1978	56,7
1971	12,4	1975	41,9	1979	58,8
1972	41,5	1976	44,6	1980	59,3
1973	45,0	1977	51,8	1981	69,0

Fonte: Carneiro (1987c).

[33] Ver Carneiro (1987c, p. 217 e seguintes) para uma apresentação da metodologia e das séries.

estabilidade da taxa de inflação coincide com a relativa estabilidade desta proporção, atingindo a mesma 4,9% em 1979, quando se inicia nova mudança de patamar na taxa de inflação. Entre 1976 e 1979, entretanto, a dívida interna do governo federal cresce de 9,1% para 11,8% do produto, sendo pois o acréscimo da dívida totalmente correspondente ao crescimento da parcela não monetizada.

Vimos nas seções anteriores que conflitos políticos mais gerais desempenharam papel fundamental na definição, que coube ao Presidente Geisel, entre os dois desafios de sua política econômica: estabilizar a economia ou "dar prioridade à continuidade do crescimento".

A decisão de não desvalorizar o câmbio, símbolo do pessimismo de elasticidades e do modelo de inflação que instruía a política econômica de curto prazo, teve como contrapartida uma decisão de promover maior intervenção direta no processo econômico, seja através dos mecanismos de incentivos fiscais e creditícios, seja através da participação direta dos investimentos públicos no processo de redirecionamento da oferta. Os primeiros dois instrumentos, no entanto, representam na prática deterioração da receita pública, na medida em que o Estado abre mão de coletar impostos e faz empréstimos com encargos financeiros abaixo da inflação. Este efeito é ainda agravado pela prática de reajustes de preços públicos abaixo da inflação. Por outro lado, o aumento da responsabilidade do setor público pelos investimentos requer maior poupança pública ou maior endividamento do setor público.

A consequência mais séria do pessimismo quanto às elasticidades foi o desconhecimento das reais possibilidades de racionalização do consumo de energia. Isso levou ao atraso nas pesquisas não só de fontes alternativas, mas também no sentido de melhor aproveitamento energético. No caso do óleo combustível o quadro parece ainda pior do que o da gasolina. Modiano (1982) chama atenção para o fato de que o subsídio ao uso do petróleo foi uma das pobrezas técnicas mais visíveis da estratégia econômica de longo prazo. O consumo de óleo combustível cresceu 45% e o de diesel de 60%, para um crescimento do PIB de 40% entre 1973 e 1978. De acordo com o mesmo autor (Modiano, p. 147), a margem bruta de refino de petróleo caiu de 6,17 em 1972 para 2,05 em 1979 para menos de 2 depois de 1980. O atraso de preços só foi recuperado depois de 1981, sendo um elemento adicional das fortes pressões de custos associados à aceleração inflacionária do início da década de 1980.

Os erros de avaliação mais importantes talvez tenham sido os relacionados com ao tempo estimado para a mudança de oferta e, é claro, com o comportamento futuro das taxas de juros e do comércio internacional. Com juros menores e com maior poder de compra das exportações, o ajuste também poderia ter sido mais rápido. Por outro lado, com maior ênfase na política de preços, maior rigor na condução das políticas de demanda e na administração dos conflitos que desembocam em maior inflação e menor ênfase em programas desastradamente ambiciosos como o programa nuclear, o governo Geisel certamente teria legado ao seu sucessor uma herança menos indigesta. Perto do que estava por vir, no entanto, tais equívocos perdem completamente sua significância na determinação dos desastres dos anos 1980.

Por detrás dos indicadores do peso que representa o serviço da dívida interna ao iniciarem-se os anos 1980, identificam-se importantes mecanismos que operaram durante o processo de ajuste e que têm a ver não só com o processo de endividamento externo do país, como com a mecânica de absorção desta dívida externa pelo governo. No início do processo de endividamento externo, o próprio fato da principal fonte de crédito serem os bancos privados que operavam no mercado internacional, facilitava a intermediação privada e a colocação de empréstimos junto a tomadores privados, cuja única fonte alternativa de financiamento era o BNDE. Em 1974, a dívida externa do setor privado correspondia a cerca de 45% do total. Em 1980, a dívida do setor privado era apenas 22% do total. Werneck (1986a e 1986b) analisa as repercussões desse processo de estatização da dívida externa e suas principais consequências para as dificuldades de financiamento do setor público em meados dos 1980.[34] Observa aquele autor que o processo de crescimento da dívida interna do setor público brasileiro foi fruto de um financiamento inadequado do aumento das responsabilidades do governo, ao longo do processo de acumulação da dívida externa, sem que tenha havido a contra partida do aumento da renda disponível do setor público. O que se observou foi, ao contrário, em consequência dos subsídios e isenções fiscais, uma significativa redução da carga tributária, compensada pela emissão de dívida interna, que, com o correr do tempo, passa a onerar o próprio orçamento público. Entre 1973 e 1983 a renda disponível do setor público, definida como receita tributária mais outras receitas correntes líquidas menos subsídios e transferências, caiu de 16,8% para 8,7% do PIB. Confrontada esta queda com as responsabilidades financeiras crescentes do governo por conta das dívidas acumuladas, fica mais fácil entender as dificuldades de reversão do processo inflacionário nos anos 1980.

A incompatibilidade entre o equacionamento das finanças públicas de forma adequada para a expansão da economia brasileira no período sublinha assim o caráter precário e inarticulado da política econômica após a deterioração do balanço de pagamentos brasileiro na segunda metade dos anos 1970. Os incômodos políticos associados ao ajuste fiscal, que requer fatal ainda que não exclusivamente a recuperação da carga tributária líquida para que seja interrompido o processo inadequado de financiamento das contas do setor público dos últimos 10 anos, seriam parte da herança pesada que caracterizaria os problemas centrais da política econômica nos anos 1980.

---

[34] No final dos anos 1970, quando os incentivos de mercado ao endividamento externo do setor privado foram sendo dominados pela incerteza crescente, tanto no que dizia respeito a taxas de juros, quanto às perspectivas de desvalorização cambial e às possibilidades de refinanciamento do principal, foram criados incentivos adicionais na forma da Resolução 432 e da Instrução 230 que permitiam a firmas e bancos, respectivamente, depositarem moeda estrangeira no Banco Central como *hedge* contra suas dívidas em moeda estrangeira. Tais depósitos foram um instrumento prático de estatização da dívida externa.

CAPÍTULO 13

AJUSTE EXTERNO E DESEQUILÍBRIO INTERNO, 1980-1984

Dionísio Dias Carneiro Netto (*in memoriam*)
Eduardo Marco Modiano[1]

1. Introdução

A duplicação dos preços do petróleo e a elevação das taxas de juros internacionais no início dos anos 1980 tornaram mais custoso e mais prolongado o processo de ajuste da oferta doméstica iniciado na segunda metade da década anterior.

Em contraste com o que se seguiu ao primeiro choque, em meados de 1980 foram sentidos os primeiros sinais de escassez de financiamento externo. A dificuldade de renovação de empréstimos evidenciava que já não havia disposição dos credores internacionais para financiar um ajuste sem pesados custos internos no curto prazo. Na medida em que a comunidade financeira internacional perdia confiança nos benefícios para as contas externas que adviriam das políticas expansionistas adotadas a partir de 1979 pelo ministro Antônio Delfim Netto, tornava-se mais difícil obter recursos externos novos para cobrir o desequilíbrio do balanço de pagamentos. No final de 1980, em consequência de um déficit em conta corrente de US$12,7 bilhões e da escassez de financiamento externo, as reservas cambiais brasileiras haviam caído cerca de US$3 bilhões. Do final de 1980 a meados de 1984, as linhas gerais de política macroeconômica passaram a ser ditadas pela disponibilidade de financiamento externo.

O espaço de manobra no plano econômico, gerado pela disponibilidade de financiamento externo em 1979 e 1980, foi parcialmente desperdiçado pelas políticas de 1980. Entretanto, o tempo era um fator importante para o ajuste estrutural, uma vez que os elementos mais importantes da estratégia de longo prazo do final da década de 1970 não estavam ainda consolidados. Apesar dos repetidos anúncios de cortes no orçamento público, os investimentos relacionados à exploração de petróleo, à substituição de energia na indústria e no transporte, à substituição de importações de insumos básicos e nas atividades voltadas

---

[1] Os autores agradecem os comentários de Luiz Chrysostomo de Oliveira Filho e a assistência de Eliane Aleixo Lustosa, Marcelo Fernandes de Lima Castro e Mariana Werneck Bastos na preparação da versão original deste capítulo.

para a exportação não só prosseguiram como foram incluídos na lista de prioridades do terceiro Plano Nacional de Desenvolvimento (III PND).

Talvez a consequência mais importante do fracasso das políticas adotadas no período 1979-80 no combate à inflação e na redução do déficit em conta corrente do balanço de pagamentos tenha sido a perda de confiança no gerenciamento de curto prazo da economia. Como resultado, o discurso oficial nos anos seguintes foi marcado por uma demonstração contínua de fé ortodoxa nos controles de demanda, como forma de lidar com a inflação. Uma política monetária tradicional, coadjuvada pela restrição ao crescimento do crédito, seria um instrumento eficaz no controle das pressões inflacionárias, apesar da resistência da economia indexada a responder da forma desejada aos controles monetários. A preocupação contínua com o tamanho da base monetária, lado a lado com os altos níveis de taxas de juros internas para induzir a captação privada de empréstimos no exterior, resultou numa desastrosa política de financiamento das necessidades do setor público através de vendas cada vez mais volumosas de títulos do governo ao setor privado.

Este capítulo analisa a complexa transição do início do governo Figueiredo, quando se completava o ajuste otimista do período Geisel, para a explosão de desequilíbrios internos que caracterizou o final do ciclo militar. Em seguida a esta introdução, na seção 2, são analisadas as políticas restritivas adotadas a partir de outubro de 1980, que provocaram em 1981 o primeiro declínio do PIB real brasileiro no pós-guerra. Na seção 3, destaca-se a frustração do ajustamento externo em 1982 e o início das conversações com o Fundo Monetário Internacional (FMI). A seção 4 discute o sucesso do ajustamento externo e os desequilíbrios internos que caracterizaram o ano de 1983, assim como o difícil processo de negociações com o FMI, analisado em detalhes em Carneiro (1988). O relaxamento da restrição externa e a recuperação do crescimento da economia brasileira, que marcaram o ano de 1984, constituem o tema principal da seção 5. Finalmente, a seção 6 conclui este capítulo, enfatizando o agravamento dos desequilíbrios internos, que nortearão a política econômica nos anos posteriores.

2. Recessão sem Fundo: 1981[2]

A política macroeconômica que prevaleceu em 1981 e 1982 foi basicamente direcionada para a redução das necessidades de divisas estrangeiras através do controle da absorção interna.[3] A lógica dessa política é fazer com que a queda da demanda interna tome as atividades exportadoras mais atraentes, ao mesmo tempo que reduz as importações. O grau de sucesso dessa estratégia na redução do hiato de recursos reais depende, obviamente, da intensidade da recessão resultante. Dada uma redução da absorção interna, quanto menor for a queda do PIB, menor a necessidade de transferência de recursos reais do exterior, medida pelo excesso de importações sobre as exportações de mercadorias e serviços não fatores.

Políticas de reorientação das despesas contribuem para ajustes de curto prazo mais eficientes porque geram menores perdas de produto. No caso brasileiro, o

---

[2] As seções 2 e 3 desenvolvem a análise de Carneiro (1986).

[3] As políticas restritivas adotadas em 1981 são examinadas em mais detalhe em Bonomo (1986).

aumento dos preços internos dos derivados de petróleo estimularia diretamente a substituição. No entanto, não era possível contar com substanciais desvalorizações reais da taxa de câmbio para favorecer as atividades exportadoras, devido à memória recente da tentativa frustrada de desvalorização de dezembro de 1979, e também porque se acreditava que as exportações estavam limitadas não pela capacidade, mas pela recessão mundial. Assim, grande parte da reorientação das despesas para os bens comerciáveis dependeria do investimento do governo e da disponibilidade de financiamento intermediado pelas agências do governo, como o Banco Nacional de Desenvolvimento Econômico (BNDE).

A política a ser seguida baseava-se na contenção salarial, no controle de gastos do governo e no aumento da arrecadação, na elevação das taxas de juros internas e na contração da liquidez real, sem abrir mão do tratamento especial dado às atividades de exportação, energia e agricultura e às pequenas empresas. A prefixação das correções monetária e cambial de 1980, já desacreditada, somente foi abandonada formalmente em novembro, com o anúncio de que a correção monetária acompanharia o índice de preços ao consumidor "restrito" (INPC) do IBGE, e que a correção cambial equipararia o diferencial entre as taxas de inflação interna e externa. A política restritiva começou a ser implementada em outubro de 1980 com uma modificação na política salarial, que resultaria numa queda mais acentuada do salário real para as faixas de renda mais altas.[4]

No que tange ao controle das despesas públicas, no sentido amplo, a nova política econômica estabeleceu em dezembro de 1980: (i) a limitação do crescimento nominal dos investimentos das empresas estatais em 66%; (ii) a centralização pelo Tesouro da administração dos recursos orçamentários dos órgãos da administração direta; e (iii) o controle semanal do saldo das contas dos diferentes órgãos governamentais pela Comissão de Programação Financeira do Ministério da Fazenda. A arrecadação do governo seria beneficiada pela elevação da carga tributária, através do artifício da correção das faixas do imposto de renda em 55%, ou seja, abaixo da inflação e da elevação do imposto sobre operações financeiras (IOF) de 15% para 25% nas operações de câmbio para importação, além da criação do IOF de 15% para as importações da Zona Franca de Manaus. Em contrapartida, o incentivo fiscal do crédito-prêmio para a exportação de manufaturados, que havia sido extinto com a desvalorização cambial de dezembro de 1979, foi restabelecido.

A liberação das taxas de juros dos empréstimos dos bancos comerciais e de investimento, exceto para o setor agrícola e nas linhas especiais de crédito para os exportadores, iniciada em novembro de 1980, foi completada em janeiro de 1981. A contração da liquidez real da economia contou ainda com a fixação de um teto de 50%, acima dos saldos registrados em dezembro de 1980, para a expansão nominal dos empréstimos ao setor privado e para o crescimento nominal dos meios de pagamento e da base monetária. Ainda em dezembro de 1980, as operações de crédito através de cheque especial foram limitadas a Cr$50.000 por contrato. Para

---

[4] A alteração da política salarial de outubro de 1980 impunha que a faixa de 15 a 20 salários mínimos passasse a ter reajuste de 50% do INPC sobre o que excedesse os 15 salários mínimos, e os salários superiores a 20 salários mínimos passassem a ter garantido apenas o reajuste semestral sobre a parcela até este teto, ficando o restante sujeito a livre negociação.

o primeiro trimestre de 1981 os limites à expansão do crédito foram ainda mais restritivos: 5% para os bancos comerciais e de investimento e 15% para o Banco do Brasil. O tratamento especial dado à agricultura incluía ainda a elevação em janeiro de 1981 da parcela dos depósitos à vista que deveria ser aplicada compulsoriamente no crédito rural de 15% para 20%. No que tange às médias, pequenas e microempresas, foram majoradas as contribuições dos depósitos à vista dos bancos comerciais para o financiamento compulsório de seu capital de giro.

O efeito das políticas restritivas de demanda na taxa de inflação foi praticamente nulo, contrapondo-se ao otimismo deflacionista que se inspirava nas estimativas de Lemgruber (1974) e Contador (1977, 1982). A rigidez da inflação em 1981 reforçaria a tese inercialista, que emergia dos resultados analíticos de Resende e Lopes (1981, 1982), Lopes (1983) e Modiano (1983a), entre outros. Em termos da taxa de 12 meses, os preços industriais (IPA-OG: Produtos Industriais) e, consequentemente, também o índice geral de preços (IGP-DI) se aceleraram ininterruptamente até meados de 1981, atingindo um pico de aproximadamente 120%, e declinando para o patamar de 100% no final do ano. A desaceleração da inflação foi devida, em grande parte, a um choque agrícola favorável, que conteve a elevação dos preços agrícolas (IPA-OG: Produtos Agrícolas) ao longo do ano de 1981 em apenas 70,7%, em contraste com o aumento de 99,7% registrado para os preços industriais. A queda dos preços relativos da agricultura em 1981 resultou simultaneamente de um aumento da safra de vários produtos de abastecimento interno e de um declínio nos preços internacionais dos produtos exportáveis.

Apesar da deterioração dos termos de troca, devido à queda de 3,7% no preço das exportações e ao aumento de 9,1% nos preços das importações em função da elevação de 19% no preço médio pago pelo barril de petróleo importado, verificou-se uma reversão significativa na balança comercial em 1981. Após um déficit de US$2,8 bilhões em 1980, a balança comercial registrou em 1981 um superávit de US$1,2 bilhão. As exportações alcançaram 8,5% do PIB, configurando um avanço de 0,5 ponto percentual em relação ao ano anterior e o coeficiente de importação caiu 1,2 ponto percentual, passando de 9,2% do PIB em 1980 para 8,0% do PIB em 1981. A escalada das taxas de juros internacionais de quase 4 pontos percentuais em 1981 adicionou, porém, cerca de US$3 bilhões ao pagamento dos juros da dívida externa, que absorvia então 40% das receitas com exportações. Nestas condições, a captação externa de recursos elevou em 14% a dívida de médio e longo prazos e permitiu ainda um aumento das reservas cambiais de US$600 milhões.

A economia brasileira passava por uma recessão profunda, que culminou com uma queda de cerca de 10% no produto industrial em 1981, liderada pelas retrações de 26,3% e 19% nos segmentos de bens de consumo duráveis e de bens de capital respectivamente. Um declínio no PIB real foi observado pela primeira vez no pós-guerra. A funcionalidade da recessão era questionada mesmo pelas forças conservadoras, pois o capital estrangeiro tornava-se mais escasso para o país, como indicou o aumento modesto nas reservas internacionais registrado no final do ano.

Lopes e Modiano (1985), analisando uma série trimestral dessazonalizada do PIB, demonstraram que a recessão de 1981 se iniciou logo nos dois primeiros trimestres do ano. Com base neste resultado, questionaram a tese de que a recessão tenha sido causada pelo aperto monetário, que se verificou desde o último trimestre de 1979. Em caráter especulativo sugeriram que a combinação do aumento das taxas de empréstimos das financeiras em fins de 1980 com a redução dos prazos de financiamento do crédito direto ao consumidor de meados de 1979 e a mudança da política salarial de dezembro de 1980, em detrimento das faixas de renda mais altas, teriam sido os principais elementos da queda da demanda de bens duráveis. Bonomo (1986) explica alternativamente a recessão de 1981 como uma reversão natural do movimento de antecipação de consumo de bens duráveis em 1980, induzido pela prefixação da correção monetária pelo tabelamento de juros vigentes naquele ano.

Pode-se questionar o motivo pelo qual o governo brasileiro não recorreu ao FMI, buscando apoio para as políticas de estabilização implementadas após outubro de 1980. Bacha (1983) estimou que a decisão de não recorrer ao suporte do FMI para um programa de estabilização aparentemente ortodoxo deve ter custado ao país cerca de US$400 milhões na conta de juros. O governo parecia temer que o FMI demandasse drásticas mudanças em sua estratégia de ajustamento estrutural de longo prazo e restringisse sua liberdade em relação à política econômica. O mais provável, porém, é que a ida ao Fundo fosse considerada uma demonstração de fraqueza, que minaria o já frágil suporte político do governo.

3. Da Recessão ao Fundo: 1982

Em 1982, o Brasil exportou US$3 bilhões menos do que no ano anterior. A recessão mundial, acentuada pelo comportamento defensivo dos dirigentes das economias centrais e pelo declínio da capacidade de importar de alguns dos novos consumidores de manufaturas brasileiras, frustrara a tentativa de produzir um significativo superávit comercial no segundo ano da nova política econômica. O prosseguimento da substituição de bens intermediários (tanto petróleo como não petróleo) e o declínio da demanda de bens de capital, induzida pela recessão, permitiram uma queda nos gastos com importações de mais de US$2,6 bilhões e, consequentemente, uma redução inferior a US$500 milhões no superávit da balança comercial. Contudo, o aumento de US$2,2 bilhões no pagamento de juros tornou o déficit em conta corrente virtualmente independente da absorção doméstica. Novas restrições ao crescimento econômico tornaram-se inevitáveis, principalmente depois do anúncio da moratória mexicana em agosto de 1982.[5]

Em agosto de 1982, ficou claro que não seria possível convencer os banqueiros privados a continuarem dobrando suas apostas na estratégia brasileira de ajustamento a longo prazo. Assim, em setembro do mesmo ano, por ocasião da reunião de Toronto, a equipe econômica brasileira iniciou conversações com a diretoria do FMI e com os bancos privados. Esperava-se que na reunião anual em Toronto fossem aumentados recursos financeiros do Fundo e do Banco Mundial e, na medida em que um maior volume de recursos fosse colocado à disposição do Brasil, seria possível demonstrar à opinião pública que novas condições prevaleciam nos mercados financeiros internacionais e que o financiamento multilateral poderia substituir

---

[5] De fato, durante a crise mexicana havia sinais claros de deterioração no nível das reservas brasileiras, devido às crescentes dificuldades encontradas pelos bancos brasileiros em refinanciarem suas operações no exterior.

o então mais caro e escasso financiamento privado. No entanto, o aumento dos recursos financeiros das agências multilaterais não se materializou.

No quadro doméstico, o cenário político não era menos complexo. Em meio ao debate acerca da legislação para as eleições gerais de novembro de 1982, o governo tentava convencer os eleitores de que não fazia sentido recorrer ao FMI. O argumento usado era a impossibilidade de obter recursos suficientes do Fundo para suprir as necessidades de financiamento do país, uma vez que o déficit em conta corrente em 1982 superava US$16,3 bilhões. Dado que estava em jogo o controle sobre o novo Congresso e o Colégio Eleitoral, que escolheria o primeiro presidente civil após 20 anos de regime militar, o governo procurava evitar que a ida ao FMI se tornasse um item da campanha eleitoral.

O financiamento do balanço de pagamentos brasileiro para a segunda metade de 1982 e para o ano seguinte faria parte de uma operação de emergência, que havia começado com o auxílio ao México. A operação envolvia fundos de emergência para evitar suspensões unilaterais de pagamentos por carência de divisas estrangeiras, um acordo com o FMI baseado em um programa para reduzir as necessidades de divisas do país e o comprometimento dos credores privados com "pacotes" financeiros, que contribuíssem para impedir a completa ruptura do sistema financeiro internacional. Fundos de emergência para o resto de 1982 materializaram-se na forma de empréstimos de US$1,5 bilhão do governo americano, de US$500 milhões do Banco de Compensações Internacionais (BIS), e algo em torno de US$2,3 bilhões em recursos de curto prazo de grandes credores privados, com o entendimento de que para o ano seguinte o fluxo máximo de financiamentos disponíveis ao Brasil seria de US$10,6 bilhões dos bancos privados, incluindo o refinanciamento, e US$2 bilhões das instituições multilaterais.

A seriedade do ajustamento às novas restrições externas foi reforçada por uma reunião extraordinária do Conselho Monetário Nacional, que votou um compromisso formal de austeridade para o ano seguinte sob a forma de um documento chamado "Programa para o Setor Externo em 1983".[6] As assertivas básicas do documento eram de que as exportações deveriam crescer 9,5% e as importações deveriam ser reduzidas em 17% de forma a gerar um superávit comercial de US$6 bilhões para 1983.[7] Apesar dos desmentidos oficiais, era óbvio que o programa seria a base para um acordo com o FMI.

Embora fosse evidente que a supervisão do FMI seria uma condição necessária para o funcionamento do novo esquema de financiamento externo, e que um reescalonamento dos pagamentos era inevitável, a proximidade das eleições gerais (marcadas para 15 de novembro) obrigou o governo a adiar o pedido formal de auxílio ao FMI até o final de novembro. A frustração do ajustamento externo, a falta de progresso nas condições internas e as incertezas quanto às perspectivas futuras da economia desempenharam um papel importante na derrota do partido do governo nas eleições de novembro, apesar deste ter mantido a questão controversa

---

[6] Veja-se Lago (1982). O objetivo das metas e políticas definidas para o ano seguinte era ajustar a economia à disponibilidade de recursos externos de US$14,1 bilhões, que seriam utilizados para financiar as amortizações da dívida estimadas em US$7,3 bilhões.

[7] Os custos de tal ajuste externo foram explorados por Modiano (1983b).

da supervisão do FMI fora da campanha. A renegociação da dívida externa era a questão predileta dos partidos da oposição durante esta campanha eleitoral, e permaneceu em voga até as eleições presidenciais, dois anos depois.

Três dias após as eleições de novembro, o ministro do Planejamento admitiu que o Brasil já vinha "adotando uma política econômica dentro dos padrões recomendados pelo FMI".[8] Em 20 de novembro foi feito o anúncio oficial de que um programa seria submetido à consideração do Fundo e que havia sido obtido um acordo formal com os bancos privados sobre quatro pontos ou "projetos", como passaram a ser chamados: (1) os bancos credores deveriam conceder novos financiamentos de US$4,4 bilhões aos tomadores de empréstimos especificados pelo Banco Central; (2) as amortizações relativas a 1983 seriam refinanciadas por oito anos; (3) as linhas de crédito interbancário relacionadas ao crédito comercial, então estimado em aproximadamente US$10 bilhões, seriam renovadas; e (4) as linhas de crédito interbancário para bancos brasileiros operando no exterior seriam restabelecidas aos níveis de 30 de junho de 1982.

O anúncio formal de um programa com o FMI definiu um novo modelo para as negociações da dívida externa brasileira. Quando cessou o fluxo de empréstimos voluntários, o principal desafio dos negociadores deixou de ser apresentar perspectivas favoráveis para o futuro da economia e emitir sinais de austeridade para os credores privados, e passou a ser a submissão das políticas macroeconômica e comercial ao crivo do FMI. As negociações passaram a ser realizadas com a equipe do Fundo, com o entendimento de que os bancos endossariam os resultados.

A economia brasileira ficou praticamente estagnada em 1982, com um crescimento real do PIB de apenas 0,8%. O produto real da agropecuária, que crescera 9,6% e 8% em 1980 e 1981, contraiu-se 0,2% em 1982. A produção industrial permaneceu nos mesmos níveis registrados em 1981. A taxa de inflação em 1982 também não se modificou em relação ao ano anterior. A variação em 12 meses do IGP-DI acumulou 100% no final de 1982. O efeito deflacionário dos preços agrícolas, que no atacado aumentaram 89%, foi neutralizado não apenas pela resistência à queda da inflação industrial, como também pela pressão oposta exercida pela correção dos preços relativos em favor dos derivados de petróleo e outros preços públicos.[9]

4. O Fundo da Recessão: 1983

Em 6 de janeiro de 1983, o governo brasileiro submeteu a primeira carta de intenções ao FMI. Nos 24 meses subsequentes, sete cartas de intenções foram examinadas pela direção do Fundo. Esta troca constante de metas e normas entre

---

[8] Fritsch (1985b, p. 122). O mesmo autor chama atenção para as dificuldades em se obter um acordo com os bancos comerciais estrangeiros mesmo após o governo brasileiro ter estabelecido com o comitê assessor dos bancos e o staff do FMI as primeiras medidas a serem adotadas no próximo ano.

[9] O impacto inflacionário da correção de preços relativos dos derivados de petróleo numa economia indexada e os dilemas de política econômica para o ajustamento externo foram analisados teoricamente por Lopes e Modiano (1983).

os funcionários do governo brasileiro e o FMI ilustra as dificuldades envolvidas em adaptar o receituário da instituição a uma economia em desenvolvimento, altamente indexada, na qual o setor público, não somente era responsável por algo entre 30% e 50% do investimento global, como também intermediava grande parte do investimento privado através da administração de importantes fundos compulsórios de poupança.

Os critérios de desempenho da economia brasileira para 1983, acordados com o FMI, incorporavam algumas modificações em relação ao "Programa para o Setor Externo em 1983". Foi determinado um teto de US$6,9 bilhões para o déficit em conta corrente do balanço de pagamentos, o que requereria um superávit comercial de US$6 bilhões e exportações líquidas de bens e serviços de US$4 bilhões, em contraste com a cifra negativa de US$2,8 bilhões do ano anterior. O superávit comercial resultaria de um aumento de 12% das exportações e de uma redução de US$2,5 bilhões nas importações do ano anterior. Um "corte indolor" da ordem de US$1,5 bilhão, resultante da substituição do petróleo e outras importações, amenizaria o impacto recessivo do controle das importações.

No que tange às metas internas, projetou-se uma taxa anual de inflação de 78%, que seria alcançada via cortes na despesa interna provocados pela contração dos gastos do governo. Pretendia-se reduzir as necessidades nominais de financiamento do governo como proporção do PIB e o crédito interno líquido das autoridades monetárias à metade do valor estimado para o ano anterior. O ajuste externo seria favorecido por desvalorizações do cruzeiro superiores à taxa mensal de inflação em 1 ponto percentual. Foram programadas reduções drásticas nos gastos das empresas estatais, de tal forma que as restrições às importações afetariam o setor público mais intensamente que o setor privado.

Os resultados medíocres apresentados pela balança comercial nos dois primeiros meses do ano, assim como as dificuldades práticas para a consecução das desvalorizações reais mensais, levaram ao abandono do gradualismo na política cambial. Assim, em 21 de fevereiro de 1983, enquanto a primeira carta de intenções era examinada pelo comitê executivo do FMI, o governo brasileiro desvalorizou o cruzeiro em 30%. Este percentual, segundo Batista Jr. (1983), correspondia à valorização do cruzeiro, em termos da taxa efetiva de câmbio, entre dezembro de 1979 e dezembro de 1982. Uma segunda carta de intenções, em 24 de fevereiro, adaptaria as metas e critérios de desempenho para 1983 ao novo "pacote" de medidas anunciado pelo governo. O "pacote" incluía também novos programas de crédito com o propósito de estimular as exportações e facilitar a substituição de importações. Contrapondo-se às especulações quanto a uma segunda maxidesvalorização do cruzeiro, o governo determinou que a correção cambial no trimestre, a partir de março, não poderia ultrapassar a taxa de inflação, medida pelo IGP-DI, acumulada no mesmo período. Assim, entre março e novembro de 1983 o cruzeiro foi desvalorizado em 140%, enquanto a taxa de inflação acumulou 149%.

Visando a impedir que a maxidesvalorização cambial fosse integralmente neutralizada, com o repasse generalizado aos preços e salários, por uma aceleração compensatória da inflação, tal como ocorrera em 1980, o governo promoveu uma desindexação parcial dos salários. Assim, em janeiro de 1983, através do Decreto-lei nº 2.012, o governo eliminou o adicional de 10% que incidia sobre a variação semestral do INPC para os assalariados com renda até três salários mínimos e reduziu os coeficientes de repasse na faixa salarial de três a 10 salários mínimos. Ainda na tentativa de reduzir a indexação salarial, o governo propôs mais três mudanças na lei salarial ao longo de 1983. A mais ambiciosa destas propostas, o Decreto-lei nº 2.045, que contemplava um coeficiente uniforme de repasse de 80% da variação semestral do INPC para todas as faixas salariais, não pôde se beneficiar do artifício do decurso de prazo para sua aprovação, pois foi rejeitada pelo Congresso Nacional em fins de outubro. O governo, então, através do Decreto-lei nº 2.065, reduziu mais uma vez os percentuais de correção automática para as faixas entre três e 15 salários mínimos e eliminou a livre negociação a partir de 20 salários mínimos. Assim, a desindexação salarial e a aceleração inflacionária resultaram numa queda de cerca de 15% no poder de compra dos salários ao longo do ano de 1983.

Uma combinação de fatores, tais como a recessão interna, a queda do salário real, a desvalorização cambial, as quedas do preço internacional do petróleo e da taxa de juros, e a recuperação da economia norte-americana, que se fortaleceu durante a segunda metade do ano, contribuiu para o cumprimento de praticamente todas as metas relacionadas com as contas externas em 1983. No final do ano foi anunciado um superávit comercial de US$6,5 bilhões, superando a meta em quase 10%. O déficit em conta corrente do balanço de pagamentos, que ficou em US$6,8 bilhões, ou 2,7% do PIB, foi o sinal mais importante do sucesso do ajustamento externo e do controle da escalada da dívida. Apesar desses resultados, o Brasil acumulou atrasos de pagamentos da ordem de US$2,3 bilhões devido a dificuldades na conta de capitais, uma vez que a entrada líquida de capitais estimada como parte do programa não se materializou.

O superávit comercial resultou, entretanto, de um aumento de apenas 8,5% nas exportações (ao invés dos 12% projetados) e de uma queda mais acentuada nos gastos com importações, de cerca de US$4 bilhões (em contraste com os US$2,5 bilhões projetados) em relação ao ano anterior. A redução de 20,4% nas despesas com importações, para 6,8% do PIB, foi obtida graças à queda de 4,7% no preço internacional do petróleo, aos controles diretos, à contração da demanda induzida pela recessão, além da substituição de longo prazo permitida pela entrada em operação de vários projetos novos desenvolvidos no âmbito do programa de investimentos pós-1975. Este programa de investimentos seria responsável por uma redução permanente do coeficiente de importações, que se observou com a recuperação da economia nos anos seguintes. Os menores preços, a maior produção interna, e a substituição da gasolina e do óleo combustível explicam o decréscimo de 9,7% nos gastos com importação de petróleo. O efeito renda e a maior produção doméstica foram os fatores dominantes que explicam a queda de 20% nas importações de bens de consumo (especialmente trigo) e de 32% nas demais importações.

O sucesso do ajustamento externo foi, porém, acompanhado de negociações complexas entre as autoridades brasileiras e os funcionários do FMI, em torno das metas internas. O fato dominante das dificuldades era o comportamento da taxa de inflação. Dois choques conspiraram contra a fé monetarista no poder dos cortes no orçamento e das políticas monetárias contracionistas em reduzir a inflação em 1983: a maxidesvalorização do cruzeiro e a elevação dos preços agrícolas.[10]

---

[10] Veja-se Modiano (1985) para uma decomposição da aceleração inflacionária de 1983.

Embora o impulso inicial possa ser atribuído à desvalorização cambial, a aceleração inflacionária foi posteriormente sustentada por um choque agrícola. O choque agrícola, comparável em intensidade àquele provocado pela maxidesvalorização, pode ser explicado, em parte, pela política de exportação de produtos agrícolas adotada pelo governo no primeiro semestre do ano. No afã de viabilizar as metas de exportação, o país vendeu produtos agrícolas de que não dispunha, inclusive porque os acidentes climáticos do ano terminaram por reduzir em cerca de 8% a tonelagem de grãos produzidos.

O quadro altista nos gêneros alimentícios foi agravado pelos efeitos da maxidesvalorização sobre os insumos importados e custos de transporte, pelo controle da importação de insumos, pela modificação nos esquemas de crédito rural e, finalmente, pelas quebras de safra que resultaram de uma combinação desastrosa de enchentes no Sul e secas no Nordeste. O produto real das lavouras cresceu 1,7% em 1983 em relação ao ano anterior, devido à expansão das culturas de exportação: café (74%), soja (13%) e cana-de-açúcar (16%). No que tange ao abastecimento interno, porém, foram registradas quedas nas colheitas de arroz (-21%), feijão (-46%), mandioca (-10%) e milho (-14%). No atacado a elevação dos preços agrícolas, medidos pelo IPA-OG: Produtos Agrícolas da FGV, acumulou 335,8% em 1983, em contraste com o aumento dos preços industriais, medidos pelo IPA-OG: Produtos Industriais da FGV, que ficou em 200,5%. Assim, as relações de troca entre a agricultura e a indústria moveram-se na direção da agricultura cerca de 45%. Dado o peso de 60% atribuído aos preços por atacado, a variação em 12 meses do IGP-DI, medida oficial da inflação, atingiu 211% em dezembro de 1983. No mesmo período o INPC, que corrigia os salários, registrou variação de apenas 178%, devido aos menores efeitos diretos da maxidesvalorização do cruzeiro.

A aceleração progressiva da inflação desde o início do ano foi suficiente para desacreditar a taxa anual projetada, na qual se baseavam os valores nominais das metas fiscais e monetárias. Dada a indexação do serviço da dívida pública, a redução das necessidades nominais de financiamento do setor público se tornava virtualmente impossível, não configurando qualquer restrição factível para os gastos públicos. De fato, três meses após a aprovação formal do programa de estabilização, o FMI suspendeu o desembolso de US$2 bilhões por causa do fracasso do governo brasileiro em obter a redução projetada para os déficits nominais. Fizeram-se necessárias sucessivas negociações no decorrer do ano para adaptar o conceito de necessidades de financiamento utilizado pelo FMI às complexidades do setor público financeiro brasileiro e à existência de uma ampla dívida pública indexada.

A variável fiscal utilizada pelo Fundo era altamente sensível à inflação, mesmo quando sua trajetória era comparada com a evolução do PIB. A relação entre as necessidades (nominais) de financiamento do setor público e o PIB aumentava num contexto de aceleração inflacionária, tal como em 1983, pois a correção nominal do saldo da dívida refletia a variação dos preços ao longo do ano, enquanto o PIB espelhava o nível médio de preços no ano.

Em novembro de 1983 o governo submeteu a quarta carta de intenções ao FMI, uma vez que as metas para a política fiscal da terceira versão do programa, de setembro, eram baseadas na desindexação salarial do Decreto-lei nº 2.045, rejeitado pelo Congresso. Nesta carta, foi introduzido um novo critério de desempenho fiscal, denominado resultado operacional do setor público. No conceito operacional, são deduzidas das necessidades de financiamento do setor público (nominais) as parcelas correspondentes às correções monetária e cambial do estoque da dívida. Tornou-se possível, então, distinguir duas fontes de necessidades de financiamento: o excesso de despesas sobre receitas e o aumento na dívida decorrente da indexação.[11] Com o novo critério, o déficit público cairia de 6,2% do PIB em dezembro de 1982 para 3% do PIB no final de 1983. O ajuste das finanças públicas contou com cortes significativos nas despesas de capital das empresas estatais, o que contribuiu para que a taxa de investimento da economia caísse do patamar de 23-24% do PIB vigente até 1982 para 19,9% do PIB em 1983.

As incertezas quanto aos efeitos líquidos da negociação prolongada com o FMI acerca da medida apropriada para o déficit público, aliado ao conhecimento geral de que a economia operava com reservas cambiais negativas, estimularam a demanda de ativos denominados em dólar durante o ano. O severo controle do câmbio, porém, impediu que as fortes especulações contra o cruzeiro durante a maior parte do ano resultassem em fugas maciças de capitais, como ocorreu em outros países latino-americanos. Outro elemento importante de proteção contra o risco de desvalorização, que não pressionava a conta de capital do país, foi a existência de títulos do governo indexados à variação cambial. O excesso de demanda de dólares, oriundo da expectativa de desvalorização, foi direcionado para os títulos do governo com cláusula de correção cambial, contribuindo para o controle do ágio da cotação do dólar paralelo durante o período de maior incerteza. No auge da especulação, em meados de 1983, quando se supunha que outra maxidesvalorização do cruzeiro era iminente, a diferença entre as cotações do dólar oficial e paralelo chegaria a 100%.

Três fatores contribuíram para a redução do diferencial entre as cotações do dólar nos mercados paralelo e oficial entre a segunda metade de 1983 e primeiro trimestre de 1984. Em primeiro lugar tem-se a melhora gradual da balança comercial. Em agosto o superávit comercial acumulado no ano já estava acima de US$4 bilhões, e em outubro excedia US$5 bilhões, com saldos mensais superiores a US$500 milhões. Em segundo lugar, verificou-se, nas sucessivas rodadas de negociações entre o governo e os funcionários do FMI, que as regras do jogo eram menos rigorosas do que se havia imaginado, com dois providenciais waivers aprovados pela diretoria do Fundo. Finalmente, os intermediários financeiros domésticos incorreram em perdas substanciais quando suas carteiras de ativos indexados em dólar tiveram que ser financiadas a uma taxa de juros superior à correção cambial mensal. A fragilidade do sistema aumentava na medida em que diminuía o risco de estrangulamento nas contas externas brasileiras ao longo do ano. Além disso, paralelamente, restaurava-se a confiança na política cambial, o que reduzia a demanda especulativa de ativos denominados em dólar. No primeiro trimestre de 1984, com o fim da especulação contra o cruzeiro, o governo socorreu o sistema financeiro, trocando a maior parte dos títulos indexados em dólar por títulos indexados em cruzeiros, absorvendo as perdas derivadas das especulações malsucedidas.

---

[11] Em Carneiro e Modiano (1983) são examinadas as consequências macroeconômicas dos dois critérios para o desempenho da economia brasileira em 1983.

O produto industrial em 1983 caiu 5,9% em relação ao ano anterior, configurando o fundo da maior recessão experimentada pelo setor industrial brasileiro de que se tem registro. O emprego na indústria, medido em termos da média anual do pessoal ligado à produção, foi reduzido em 7,5%. A recessão industrial, liderada pela retração do setor de bens de capital (-19%), atingiu todas as categorias de uso. A queda ininterrupta da produção de bens de capital entre 1981 e 1983 acumulou 55%, acompanhando a queda da taxa de investimento da economia no período. A produção de bens de consumo não duráveis, pela primeira vez desde o início do processo recessivo em 1981, caiu 5%. A retração da demanda de bens de consumo não duráveis pode ser explicada em parte pela queda do salário real observada a partir da maxidesvalorização de fevereiro de 1983. A queda da produção dos bens de consumo duráveis, que havia liderado a recessão de 1981, ficou em apenas 1% em 1983. Este resultado pode ser atribuído aos níveis de produção excessivamente deprimidos com os quais o setor operava já no início de 1983, uma vez que a expansão registrada em 1982 recuperara apenas um terço da perda de 1981. Também, em contraste com a recessão de 1981, a retração na categoria de bens intermediários foi consideravelmente menor (2,5%), o que pode ser atribuído ao dinamismo das exportações em 1983.

No que tange aos diversos gêneros da indústria, a recessão de 1983 atingiu fortemente a maioria dos setores dinâmicos, tais como minerais não metálicos, mecânica, material elétrico e de comunicações, material de transporte, metalurgia e química, embora os setores menos dinâmicos, tais como têxtil, produtos alimentares, vestuário e bebidas, também tenham sido gravemente afetados pela queda do salário real e do nível de emprego. As perdas mais significativas parecem ter ocorrido no terceiro trimestre do ano, enquanto uma recuperação moderada mas constante podia ser detectada em alguns setores, beneficiados pelo aumento vigoroso da demanda de exportações, principalmente para o mercado norte-americano. O aumento da produção de petróleo e os primeiros efeitos na demanda de bens intermediários e de capital provocados pela mudança dos preços relativos em favor da agricultura ajudaram a evitar uma perda de produto ainda maior. Segundo as estimativas mais recentes do IBGE, o PIB caiu em termos reais 2,9% em 1983. Com base também nestas estimativas, a renda *per capita* a preços constantes acumulou uma perda de 11% entre o pico de 1980 e a depressão de 1983.

No final de 1983, segmentos mais conservadores da sociedade defendiam o sucateamento do parque industrial brasileiro. Baseados em estimativas grosseiras de proteção efetiva, argumentavam que a industrialização durante o final da década de 1970 fora promovida artificialmente pela tecnocracia brasileira sem qualquer consideração por preços relativos ou vantagens comparativas. Uma vez que a política promovida pelo FMI impedia que o governo alimentasse a demanda agregada, a economia brasileira se deparava, não com uma depressão, mas com a purificação, deflagrada pelas forças do mercado, de uma indústria ineficiente. O argumento perdeu credibilidade quando, sob o impulso contínuo da demanda de exportações, os setores mais "artificiais" da indústria brasileira mostraram uma recuperação vigorosa logo nos primeiros dois trimestres do ano seguinte.

5. Com o Fundo sem Recessão: 1984

Em 1984, pela primeira vez desde 1979, a restrição externa da economia brasileira mostrou sinais de relaxamento. O vigor da recuperação norte-americana nos primeiros dois trimestres de 1984 foi de importância fundamental para o relaxamento da restrição externa e, consequentemente, para o desempenho da economia brasileira em 1984. Somente no primeiro semestre, as exportações de aço aumentaram 40%, aproveitando-se do surto de importações que levou os Estados Unidos a aumentarem suas importações da América Latina nos primeiros cinco meses de 1984, em comparação com o mesmo período do ano anterior, a uma taxa superior a 50%. As exportações de manufaturados responderam ao reaquecimento do comércio mundial, liderado pela recuperação norte-americana, estimulando a demanda no setor industrial e, via efeito multiplicador interindustrial, no resto da economia. Por outro lado, o aumento violento nos preços agrícolas, ao aumentar a renda do setor rural, também propiciava maiores compras de bens intermediários e maquinaria da indústria. Já no primeiro trimestre de 1984, havia sinais indubitáveis de recuperação da atividade industrial, quando o nível de produção cresceu 4 pontos percentuais em relação ao primeiro trimestre de 1983.

Além disso, em 27 de fevereiro de 1984, a direção do FMI atendeu ao pedido brasileiro de novo *waiver*, entendendo que o não cumprimento de diversos critérios de desempenho fora motivado pela interrupção na entrada de recursos externos por vários meses, devido à suspensão do acordo com o Fundo e à demora em se obter financiamento externo adicional em 1983. Abria-se espaço para a definição de metas domésticas menos restritivas na quinta carta de intenções, de 15 de março. Esta carta foi negociada sem maiores desacordos entre o governo brasileiro e o FMI e vigorou pelo prazo recorde de seis meses.[12] Porém, a quinta carta incorporava a expectativa de que a inflação cairia para uma taxa equivalente à metade da taxa anual registrada em 1983. Assim, em 28 de setembro, através da sexta carta, foi necessário solicitar nova alteração dos tetos devido ao descompasso entre a inflação efetiva e a projeção embutida nas metas quantitativas para setembro.

A produção industrial em 1984 cresceu 6,3% em relação ao ano anterior, com a indústria de transformação apresentando expansão de 6,2% e a extrativa mineral registrando aumento de 30,5%. O desempenho da indústria extrativa mineral decorreu, basicamente, da contínua expansão da produção de petróleo. Em 1984 a produção doméstica média ficou em torno dos 470 mil barris diários, o que configurava um aumento da ordem de 160% em relação aos níveis estáveis de extração registrados no período 1974-80. A combinação da redução do consumo de petróleo por unidade de produto, induzida pelo aumento real do preços internos dos derivados, com o crescimento da produção doméstica elevou a participação

---

[12] Existem duas razões básicas para esta mudança na situação geral. Primeiro, as repetidas negociações do ano anterior evidenciaram *ex post* a flexibilidade que poderia ser esperada do Fundo no caso de algumas metas serem comprovadamente irrealistas, como demonstrou Marques (1986) em relação às metas das primeiras cartas de intenções. Segundo, o critério para a definição das metas de déficit público, adotado após a quarta carta de intenções, abriu efetivamente espaço para o crescimento do gasto público.

do petróleo nacional no consumo aparente de 21% em 1981 para 42% em 1984. Aliado ainda à queda do preço internacional, o aumento da produção doméstica permitiu uma redução nas despesas de importações de petróleo da ordem de US$4 bilhões no mesmo período.

No que tange à indústria de transformação, o impulso inicial à recuperação de 1984 teve origem na expansão das vendas ao mercado externo e de insumos ao setor agrícola. Por estas razões, a recuperação foi liderada pelas indústrias mecânica, metalúrgica e química, que apresentaram crescimento respectivamente de 18,6%, 13,8% e 9,6% em 1984. No segundo semestre, a demanda induzida pelos setores líderes da recuperação foi reforçada por um aumento das despesas de consumo, graças à recomposição da renda rural e da classe média urbana. A elevação da renda rural, devida à expansão da agricultura de exportação e aos preços relativos mais favoráveis ao setor, ampliou o consumo rural e se propagou para a renda urbana. Além disso, os reajustes salariais concedidos pela indústria ficaram acima das taxas prescritas pelas leis salariais, especialmente naqueles setores afetados positivamente pela forte demanda de exportações. Assim, apesar da vigência do Decreto-lei nº 2.065 até outubro de 1984, quando a Lei nº 7.238 instituiu o repasse uniforme de 80% da variação semestral do INPC para todas as faixas acima de três salários mínimos, o salário médio do pessoal ligado à produção industrial, calculado pelo IBGE, acabou praticamente acompanhando a variação anual dos preços ao consumidor em 1984.

Além da recuperação do salário real, o consumo foi ainda impulsionado a partir do terceiro trimestre do ano pela exacerbação das expectativas inflacionárias em função da própria demanda de recomposição das perdas salariais, do boom nos mercados financeiros, da política monetária frouxa e do aumento da frequência dos reajustes das tarifas públicas. A antecipação de consumo ajudou, portanto, a disseminar a recuperação aos outros setores da indústria manufatureira. Adquiriram progressivamente maior dinamismo ao longo do segundo semestre do ano os gêneros de material de transporte, material elétrico, plásticos, papel e papelão e vestuário. Finalmente, com a exceção dos setores alimentício, bebidas, perfumaria e têxtil, todos os demais gêneros da indústria exibiram taxas positivas de crescimento em 1984.

Em termos das categorias de uso, apesar da antecipação de compras do segundo semestre, a produção dos bens de consumo duráveis fechou o ano de 1984 com uma queda de 7,5% em relação ao ano anterior. Já a produção de bens não duráveis apresentou em 1984 um pequeno crescimento de 2,5%, em linha com a recomposição salarial. Após três anos seguidos de declínio, a categoria dos bens de capital registrou a maior taxa de crescimento do ano, 14,8%, devido principalmente à demanda derivada dos setores agrícola e de produtos de exportação.

Impulsionado pela retomada da atividade industrial, o PIB brasileiro cresceu em termos reais 5,4% em 1984, interrompendo o processo de encolhimento da renda *per capita* que se instalara com a recessão de 1981. Para este resultado também contribuiu a recuperação das lavouras, cujo produto real se expandiu à taxa de 7,9% em 1984, após a evolução desfavorável do biênio 1982-83. Porém, apesar do choque agrícola favorável, liderado pelas lavouras de abastecimento interno tais como arroz (+16%), feijão (+66%), milho (+13%) e batata (+22%), não se verificou qualquer moderação do processo inflacionário. No atacado, os preços agrícolas variaram ao longo de 1984 na mesma proporção dos preços industriais. A insensibilidade das taxas de inflação ao aumento da oferta agrícola era apenas mais um sintoma da indexação crescente da economia. Segundo Modiano (1985), os preços agrícolas estavam fortemente atrelados à taxa de câmbio, cujos reajustes a partir de novembro de 1983 se equiparavam mensalmente à correção monetária e à taxa de inflação do mês em curso, e ao índice geral de preços, através da política de correção dos preços mínimos. Nestas condições os preços agrícolas se tornavam menos dependentes das condições de oferta e demanda, e mais dependentes da inércia inflacionária.

A inflação, medida pelo IGP-DI da FGV, acumulou uma variação de 223,8% ao longo de 1984, o que configura razoável estabilidade em relação à taxa de 211% observada no ano anterior. Verificou-se também em 1984 uma saudável convergência das taxas anuais registradas pelos índices alternativos, após o desalinhamento constatado com o choque inflacionário em 1983. O INPC do IBGE, que indexava semestralmente os salários, variou 203,3%, em contraste com 179,1 % em 1983. Durante o primeiro semestre do ano, os índices gerais de preços mostraram uma desaceleração lenta, devida a um comportamento mais favorável dos preços industriais e de algumas tarifas de serviços públicos. A ação direta dos controles de preços e o baixo nível de atividade econômica amorteceram o ritmo inflacionário, com o IPA-OG: Produtos Industriais da FGV chegando a registrar variação de apenas 6,8% em abril. Dois fatores impediam uma queda mais acentuada da inflação: o comportamento do INPC, cuja aceleração refletia com atraso a inflação passada e mais elevada dos preços por atacado, e anulava os efeitos amortecedores da política salarial vigente; e a evolução dos preços agrícolas que, após a repressão do final de 1983, voltaram a se acelerar no início de 1984, alcançando a taxa de 17,1% em abril.

A estabilidade das taxas mensais até agosto, em torno de 10% ao mês, reforçava o caráter inercial do processo inflacionário brasileiro e sua relativa invariância ao nível de atividade. A generalização do entendimento do caráter inercial da inflação suscitou o aparecimento de sugestões de políticas visando a redução do nível de indexação da economia brasileira. Dentre as mais ousadas destacaram-se as propostas da "moeda indexada" de Arida e Resende (1985) e do "choque heterodoxo" de Lopes (1984).

A "moeda indexada" pretendia alcançar a desindexação através da indexação plena da economia, com a circulação paralela de uma moeda que tivesse paridade fixa com a ORTN, corrigida mensalmente de acordo com a inflação, e com a conversão voluntária de preços e salários para a nova moeda de acordo com regras preestabelecidas. Os autores apontavam que a estabilidade e credibilidade da nova moeda induziriam naturalmente a conversão para a nova moeda e tornariam a reindexação desnecessária. O "choque heterodoxo" propunha a eliminação imediata e total de todas as regras formais de repasse da inflação passada e o congelamento temporário dos preços, dos salários e da taxa de câmbio. Posteriormente incorporou a ideia de um novo padrão monetário. Ambas as propostas pressupunham resolvidos os conflitos distributivos de renda, por trás da estabilidade das taxas mensais de inflação. Tanto a definição das regras de conversão da "moeda indexada", quanto a fixação dos níveis de preços e salários do congelamento no "choque heterodoxo", requeriam a aceitação pacífica de um padrão de distribuição da renda pré-determinado. Vale notar que ambas as propostas foram lançadas ao mesmo tempo em que Tancredo Neves, candidato de oposição à Presidência, defendia o pacto social, e que o governo afirmava que o déficit público, medido em termos do resultado operacional, em 1984 era nulo. Posteriormente, verificou-se que o déficit operacional do setor público alcançou 1,6% do PIB em 1984.

No último trimestre do ano, a inflação apresentava nítidos sinais de aceleração devido a vários fatores. Em primeiro lugar, porque circulavam estimativas pessimistas quanto às safras de alimentos para o ano seguinte. Em segundo lugar, porque a maior demanda facilitava a remarcação dos bens duráveis de consumo, permitindo a recuperação das margens de lucro nos setores mais duramente atingidos pela recessão. Finalmente, temos efeitos sobre os custos industriais dos reajustes salariais maiores e mais frequentes.

A variação média do IGP-DI entre outubro e dezembro atingiu 11,1% ao mês, o que corresponde a uma taxa anual da ordem de 250%. Conclusão semelhante resulta da análise da evolução dos índices de preços ao consumidor do IBGE (então medidos entre o dia 15 de um mês e o dia 14 do mês seguinte) no período de novembro de 1984 a janeiro de 1985, dada a defasagem de 15 dias nos períodos de coleta. A aceleração da inflação levaria o governo a adiar os reajustes de alguns preços-chave da economia, produzindo uma taxa artificialmente baixa em fevereiro e sobrecarregando demasiadamente a taxa de março, primeiro mês da Nova República.

Graças à expansão das exportações e à nova queda das importações, o superávit comercial brasileiro acumulou US$13,1 bilhões em 1984, superando em US$4 bilhões a meta acordada com o FMI e em US$3 bilhões a conta líquida de juros, pela primeira vez desde o choque do petróleo. O saldo da conta corrente do balanço de pagamentos, em declínio a partir de 1982, encontrava-se praticamente em equilíbrio no final de 1984. As reservas internacionais foram incrementadas em mais de US$7 bilhões, resultando num saldo cerca de 160% superior àquele registrado em dezembro de 1983. Assim, apesar de um acréscimo na divida bruta da mesma ordem de magnitude de 1983, em termos líquidos a dívida externa cresceu em 1984 a uma taxa bem mais moderada do que nos anos anteriores.

Os resultados do balanço de pagamentos brasileiro de 1984 comprovaram determinadas teses acerca do ajustamento externo.[13] Em primeiro lugar, ilustraram a importância do comportamento da demanda por exportações para um ajustamento externo não recessivo. Em segundo, permitiram identificar claramente os custos envolvidos na reversão do endividamento externo explosivo em condições normais do comércio internacional: o encolhimento da capacidade produtiva existente, simultaneamente com a transferência ao exterior de 4% do PIB. Finalmente, mostraram que a estratégia de longo prazo seguida depois do primeiro choque do petróleo estava pagando dividendos: um crescimento substancial do PIB foi finalmente alcançado em 1984 juntamente com a queda do coeficiente de importação para 6,3% do PIB e um aumento do coeficiente de exportação para 12,3% do PIB, na medida em que a maioria dos projetos associados ao ajuste estrutural de longo prazo começou a operar.

---

[13] Veja-se, por exemplo, Díaz-Alejandro (1983, 1984) e Carneiro (1986, 1987a).

A recuperação iniciada em 1984 levou a uma mudança radical nas perspectivas a respeito das restrições sob as quais a economia brasileira estaria operando nos anos seguintes. O país parecia ser capaz de crescer apesar da crise da dívida. Em fins de 1984, quando o México era apontado por muitos como exemplo de ajustamento e comportamento, o Brasil apresentou um crescimento positivo significativo do PIB e um superávit recorde na balança comercial. Numa trajetória de crescimento moderado, que alguns analistas, como Carneiro, Lopes e Modiano (1983), estimavam em 5% a 6% ao ano, e que foi amplamente superada logo nos dois anos subsequentes, o país estaria apto não apenas a pagar a conta dos juros externos, que absorvia quase 40% da sua receita de exportações, como também a equilibrar sua conta corrente.

As novas perspectivas de crescimento da economia brasileira, por sua vez, modificaram substancialmente o padrão de negociações entre o Brasil e o FMI. Os últimos esforços visando permanecer no jogo sob as mesmas regras que haviam prevalecido no auge da crise de endividamento externo foram realizados em janeiro de 1985, quando a equipe que se afastava tentou conseguir a aprovação da direção do FMI para a sétima carta de intenções, como parte da estratégia de buscar um acordo de reescalonamento das amortizações similar ao do México. O fracasso em obter a aprovação do FMI para o novo programa de estabilização, devido ao não cumprimento das metas para as necessidades nominais de financiamento e o déficit operacional do setor público, estabelecidas na sexta carta para o último trimestre de 1984, postergou as negociações até a posse do novo governo em março. As negociações com os bancos foram também suspensas, até que o novo governo brasileiro alcançasse um acordo com o FMI.

6. Conclusões

As dificuldades em alcançar um novo acordo com o FMI se tornaram bastante evidentes logo no início de 1985. Por um lado, não havia como o novo governo pudesse obter apoio político interno para mais uma carta de intenções, dado que as necessidades de financiamento externo do país haviam claramente declinado. O fato de que o Brasil não demandaria novos recursos externos para financiar a conta corrente do balanço de pagamentos (apesar de nos últimos dois anos ter transferido para o exterior mais de 4% do PIB), em equilíbrio, estimulava o novo governo a rechaçar um estreitamento de seu espaço de manobra. Por outro lado, os banqueiros, assim como os governantes dos países credores, apegaram-se à visão de que o monitoramento do FMI era uma condição indispensável para o reescalonamento plurianual da dívida externa. Finalmente, de acordo com o *staff* do FMI, o aparente sucesso do ajustamento externo brasileiro teria curta duração, caso o governo não decidisse controlar os gastos públicos, visando reduzir a inflação.

Os ingredientes básicos para o impasse estavam, portanto, definidos. Como o novo governo esperava que o Brasil não viesse a precisar de "dinheiro novo", nem dos bancos privados nem do FMI, o país colocar-se-ia na posição mais confortável de escolher suas próprias políticas domésticas, sem interromper o pagamento de juros sobre a dívida externa. O ponto vulnerável desta posição estava evidentemente relacionado com a alta taxa de inflação: uma taxa anualizada de 250%, em franca aceleração, que não respondia aos controles de demanda. Esta alta taxa de inflação resultava de um longo período de ajustamento, no qual os esforços de estabilização a curto prazo conflitavam com a necessidade de manter em andamento os projetos de investimentos a médio e longo prazos. Os conflitos distributivos de renda, que alimentavam a contínua espiral de salários e preços, eram periodicamente agravados pela necessidade de corrigir preços relativos (em favor dos produtos comerciáveis em geral, dos produtos agrícolas e dos derivados do petróleo) durante o processo de ajustamento. Além disso, a habilidade dos potenciais perdedores em transferir ao menos parte de suas perdas para o governo, levou as finanças públicas a um estado de desordem desde o nível do governo central, estreitamente definido, até as empresas estatais.[14]

O ajustamento externo da economia brasileira, conduzido no período 1981-84, foi bem-sucedido, no estrito senso da geração de vultosos superávits comerciais e do reequilíbrio da conta corrente do balanço de pagamentos em período relativamente curto. O ajuste externo configurava, porém, um "ajuste estrutural" muito limitado quando comparado aos ajustes anteriores que, desde o primeiro choque do petróleo, já haviam modificado a composição do investimento, os padrões de utilização de insumos (especialmente em termos de energia utilizada), a alocação do crédito doméstico, e assim por diante. O plano trienal do FMI promoveu um ajustamento recessivo, baseado na redução do investimento público, na aceleração das desvalorizações cambiais, em taxas de juros mais elevadas e na correção de alguns preços domésticos de forma a incentivar exportações. Nenhuma consideração foi dada, por exemplo, ao papel da recessão internacional na redução das exportações, em contraste com o diagnóstico ortodoxo da absorção excessiva. Além disso, apesar da ausência de resposta da taxa de inflação às restrições de demanda nos anos anteriores, nenhuma atenção foi dirigida ao papel exercido pela indexação: os desequilíbrios internos seriam tratados pela imposição de limites ao crescimento nominal do crédito doméstico líquido das autoridades monetárias e aos empréstimos do setor público. Uma reforma fiscal, tendo como alvo o desequilíbrio interno, certamente deveria ter feito parte dos esforços de ajustamento do período. Os desequilíbrios internos, e notadamente as elevadas taxas de inflação, foram tratados em todo esse período com excessiva tolerância ou complacência passiva.

Este capítulo analisou de que forma, diante das novas dificuldades de balanço de pagamentos após o segundo choque do petróleo e da elevação das taxas de juros internacionais, a economia brasileira completou o ajuste estrutural nos primeiros anos da década de 1980, sob condições adversas de relações de troca e nível da demanda externa. Essas condições adversas aumentaram os custos internos do ajuste, e as políticas econômicas adotadas, com ou sem o beneplácito do FMI, contribuíram para aumentar os conflitos internos e agravaram os efeitos inflacionários. A alta inflação foi o principal sintoma dos graves desequilíbrios internos que condicionariam o desempenho da economia brasileira até o final da década.

---

[14] Sobre os "atrasos" na correção dos preços públicos e suas consequências para o desequilíbrio financeiro das empresas estatais, veja-se Werneck (1985, 1987).

CAPÍTULO 14

A ÓPERA DOS TRÊS CRUZADOS, 1985-1990

Eduardo Marco Modiano[1]

1. Introdução

Durante a segunda metade da década de 1980, a política econômica brasileira concentrou-se no combate à inflação. Os planos de estabilização de inspiração ortodoxa, adotados no período 1981-1984, promoveram o ajustamento externo da economia mas não conseguiram evitar a escalada da inflação. A inflação brasileira parecia ter propriedades específicas e uma dinâmica própria, resistindo às pressões deflacionárias da recessão e do desemprego. A predominância da inércia inflacionária sobre as condições de demanda e oferta agregadas, defendida por Resende e Lopes (1980), Lopes (1986a, cap. 9 e 10) e Modiano (1988a, caps.1 e 2) entre outros, dava prioridade à desindexação da economia no combate à inflação. A ruptura dos mecanismos de indexação produziria uma queda da inflação mais rápida e mais acentuada do que a contração da demanda agregada, com custos menores em termos de recessão e desemprego.

Do final da década de 1970 até a instalação da Nova República, em março de 1985, a inflação brasileira apresentou dois grandes movimentos. O primeiro grande salto da inflação ocorreu em fins de 1979. O segundo choque do petróleo, a política interna de fixação de "preços realistas" e o simultâneo aumento da frequência dos reajustes salariais de anual para semestral, dobraram a taxa de inflação, que passou de 50% para 100% ao ano. O segundo grande salto da taxa de inflação aconteceu em 1983, impulsionado por uma maxidesvalorização de 30% do cruzeiro em fevereiro.[2] Foi, então, alcançado o patamar de 200% ao ano.

A estabilidade das taxas mensais de inflação, em torno de 10% ao mês ao longo de 1984, e o temor de uma nova aceleração inflacionária com a recuperação da

---

[1] A versão original deste capítulo era o último capítulo da primeira edição deste livro e foi completada ao final do primeiro semestre de 1989. Para publicação nessa nova edição foi revisada por Marcelo de Paiva Abreu, para incorporar material relativo ao segundo semestre de 1989 e ao início de 1990, até a posse do novo governo, preservando-se a essência da análise original. A revisão afeta principalmente as seções referentes aos resultados do Plano Verão e as conclusões. Eduardo Modiano agradece os comentários de Marcelo de Paiva Abreu e Luiz Chrysostomo de Oliveira Filho ao artigo original, e a assistência de Carlos Gustavo Perret Simas na preparação da versão original deste capítulo.

[2] O impacto inflacionário da maxidesvalorização do cruzeiro de fevereiro de 1983 foi dimensionado por Modiano (1988a, cap. 2).

atividade econômica, que se iniciava em 1984, fortaleceram as teses inercialistas e as soluções heterodoxas para a inflação. Assim, no segundo semestre de 1984 foram apresentadas duas propostas inovadoras para a eliminação da inflação inercial: a moeda indexada de Arida e Resende (1985), e o choque heterodoxo de Lopes (1986a, caps. 17 e 18). A primeira visava a alcançar a desindexação da economia através da introdução de uma nova moeda, indexada, que circularia paralelamente com o cruzeiro. A segunda propunha um congelamento de preços e salários em níveis consistentes com o *status quo* da distribuição da renda e a desindexação generalizada da economia. Tendo como pano de fundo a predominância da inércia inflacionária e a prioridade à desindexação da economia, este capítulo analisa as diversas políticas de combate à inflação adotadas no período 1985-1989. Estas variaram de acordo com o tema, da ortodoxia à heterodoxia, e segundo o ritmo, do gradualismo ao choque. Atenção especial é dada aos três programas de estabilização mais marcantes: o Plano Cruzado de 28 de fevereiro de 1986; o Plano Bresser de 12 de junho de 1987; e, finalmente, o Plano Verão, de 14 de janeiro de 1989. Pretende-se demonstrar como, na concepção e na execução desses planos, a precedência da inércia transformou-se em essência do processo inflacionário brasileiro, e como a complementaridade da desindexação transformou-se em fundamento da estabilização dos preços.

Em seguida a esta introdução, na seção 2, é apresentado o diagnóstico básico do processo inflacionário brasileiro que inspirou os programas de estabilização adotados a partir de 1986. Um modelo analítico simples é usado para ilustrar os fundamentos teóricos da inflação inercial e do conflito distributivo de rendas. Na seção 3, são discutidas as políticas gradualistas adotadas em 1985, primeiro ano da Nova República, que acirraram as tensões inflacionárias e levaram ao lançamento do Plano Cruzado. A seção 4 descreve, em detalhe, os ingredientes do Plano Cruzado de 28 de fevereiro de 1986. Na seção 5, analisa-se a condução da política econômica pós-Cruzado, que levou as taxas de inflação do cruzado um ano depois a superar as taxas de inflação do extinto cruzeiro. A seção 6 considera a segunda tentativa de estabilização heterodoxa: o Plano Bresser de 12 de junho de 1987. A evolução da política econômica, que levou ao fracasso do plano ainda em 1987 e à rejeição da heterodoxia durante 1988, é discutida na seção 7. A seção 8 descreve o Plano Verão de 14 de janeiro de 1989, que é contrastado com as duas tentativas anteriores. Os resultados desta terceira tentativa e a nova explosão inflacionária são explorados na seção 9. Finalmente, a seção 10 conclui este capítulo, analisando a evolução dos principais indicadores da economia brasileira neste período.

2. Inflação inercial e conflito distributivo

A concepção dos programas de estabilização para a economia brasileira, adotados a partir de fevereiro de 1986, favoreceu a interpretação de que a inflação brasileira era predominantemente inercial. A inércia inflacionária resultaria dos mecanismos de indexação, para a correção monetária dos preços, salários, taxa de câmbio e ativos financeiros, que tenderiam a propagar a inflação passada para o futuro. Na ausência de choques, a taxa de inflação permaneceria no patamar vigente. Mudanças do patamar inflacionário na economia indexada, de forma análoga a mudanças do nível geral de preços na economia desindexada, resultariam de uma inconsistência ex ante na distribuição da renda.

O Gráfico 14.1 ilustra a dinâmica dos salários reais e de outros preços relativos cujos valores nominais são corrigidos pela inflação passada em intervalos fixos de tempo.[3] O pico do salário real é recomposto no momento que o salário nominal é reajustado. Enquanto o salário nominal é mantido constante, o salário real decresce de acordo com a taxa mensal de inflação, que determina a inclinação da "rampa" no gráfico. O vale do salário real é alcançado exatamente no momento que precede um novo reajuste. Note-se que, dadas as constantes oscilações do salário real, uma medida mais estável do poder de compra é indicada pelo salário real médio. O gráfico estabelece ainda a existência de uma relação inversa entre o salário real médio e a taxa de inflação.[4] Dados a periodicidade dos reajustes e o pico de salário real, um aumento da taxa de inflação configura uma rotação da "rampa" no sentido horário em torno do pico e, consequentemente, uma redução do salário real médio.

A relação inversa entre o salário real médio e a taxa de inflação configura um equilíbrio inflacionário, representado no Gráfico 14.2 pela curva EI. O intercepto no eixo vertical w* indica o salário real de pico, que prevaleceria no curto prazo se a taxa de inflação caísse abruptamente para zero, imediatamente após um reajuste do salário nominal. No Gráfico 14.2, um declínio do pico do salário real deslocaria EI para baixo até EI'. Uma diminuição na frequência dos reajustes do salário nominal ocasionaria uma rotação de EI, no sentido horário, para EI".

GRÁFICO 14.1 Dinâmica dos salários reais (pico-média)

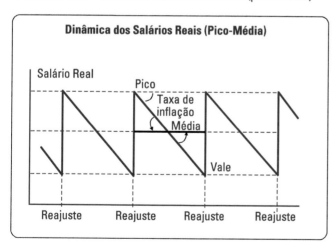

---

[3] Ver Lopes (1986a, caps. 8 e 12).
[4] Uma expressão analítica para a relação entre o salário real médio e a taxa de inflação foi derivada por Simonsen (1984) e Modiano (1988a, cap. 4).

GRÁFICO 14.2 Salário real médio e taxa de inflação

Salário Real Médio e Taxa de Inflação

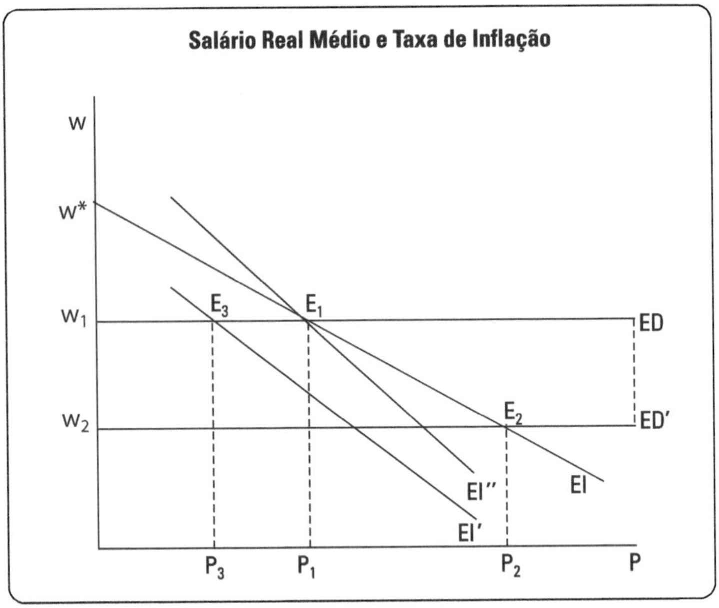

A mudança do patamar inflacionário que tem origem no conflito distributivo de rendas pode ser explicada através de um modelo simples de uma economia com uma função de produção agregada utilizando apenas dois insumos: trabalho e um agregado composto de capital, produtos primários e bens intermediários importados.[5] A fronteira de preços da economia estabelece, então, uma relação inversa entre, por um lado, o salário real médio e, por outro lado, a taxa de câmbio real, o preço agrícola e a margem de lucro. O equilíbrio distributivo está representado graficamente pela curva ED no Gráfico 14.2. Note-se que uma desvalorização real da taxa de câmbio, um choque agrícola ou um aumento da margem de lucro resultariam numa redução do salário real, representada no Gráfico 14.2 por um movimento descendente de ED para ED'.

O salário real e a taxa de inflação de equilíbrio da economia estão representados no Gráfico 14.2 por E_1, na interseção das curvas ED e EI.[6] De acordo com esta interpretação estilizada do processo inflacionário brasileiro, o salário real da economia dependeria exclusivamente do padrão de distribuição da renda, que seria rígido no curto prazo. Mudanças nas regras de indexação ou variações do pico do salário real afetariam tão somente a taxa de inflação, sem alterar o nível do salário real. Na ausência de choques, a taxa de inflação permaneceria constante devido aos mecanismos de indexação, caracterizando um processo inercial. Um choque de oferta, tal como uma desvalorização real da taxa de câmbio, causaria, já que ED se deslocaria para ED' no Gráfico 14.1, uma elevação permanente na taxa de

---

[5] Para uma exposição não analítica da relação entre o conflito distributivo e a inércia inflacionária, ver Bacha (1986).

[6] Uma formulação analítica do modelo de equilíbrio distributivo e inflacionário pode ser encontrada em Modiano (1988a, cap. 4).

inflação e uma queda permanente no salário real, caracterizando um conflito distributivo de rendas.[7]

Note-se no Gráfico 14.1 que um declínio no pico do salário real, que mantenha o salário real médio inalterado, corresponde a uma rotação no sentido anti-horário da "rampa" em tomo da média. Como o ângulo da "rampa" é a taxa de inflação, a uma redução do pico do salário real corresponde uma queda da taxa de inflação. No limite, a "rampa" tornar-se-ia horizontal, e o componente inercial da inflação desapareceria, sem afetar o equilíbrio distributivo, expresso em termos do salário real médio, do Gráfico 14.2. Neste, o processo de desinflação corresponderia ao rebaixamento da curva EI, até que o pico do salário real coincidisse com o salário real (médio) de equilíbrio. Logo, toma-se claro que o principal ingrediente para a eliminação da inflação inercial seria a fixação dos preços relativos nos valores médios e a supressão dos mecanismos de indexação que atrelam a inflação futura à inflação passada.

O Gráfico 14.1 ilustra uma dificuldade técnica crucial encontrada na formulação de programas de estabilização para a economia brasileira: a dessincronização dos reajustes salariais. Se o processo inflacionário terminasse abruptamente, trabalhadores com o mesmo salário real médio ficariam com salários reais distintos, pois encontrar-se-iam em estágios diferentes da mesma "rampa inflacionária". Grandes redistribuições de renda resultariam deste fenômeno. A mesma observação se aplicava a todas as outras rendas corrigidas monetariamente com periodicidades fixas sem sincronia, tais como os aluguéis, os lucros e a taxa de câmbio. Modiano (1988a, cap. 9) apresentou uma solução para o problema da dessincronização dos reajustes, que era o principal obstáculo à adoção do "choque heterodoxo".

3. O fracasso do gradualismo: março 1985-fevereiro 1986[8]

A Nova República instalou-se em março de 1985, após 21 anos de regime militar. Embora a necessidade de um "pacto social", para conciliar os pleitos por aumentos do salário real com a meta de reduzir as taxas de inflação, tivesse sido muito enfatizada durante a campanha eleitoral de Tancredo Neves, o novo governo deu início à gestão da política econômica com o anúncio apenas de medidas de austeridade fiscal e monetária. A paralisação das operações ativas dos bancos oficiais por dias, um corte adicional de 10% no orçamento fiscal para 1985 e a proibição de contratações de novos funcionários para a administração pública constituíram o cerne das medidas adotadas. Além de facilitar as negociações em curso com o Fundo Monetário Internacional (FMI), o corte nos gastos públicos e o aperto na política monetária deveriam ser percebidos como o primeiro passo de um governo "gastador" na direção de um "pacto social", que não se materializaria neste período. Porém, a heterogeneidade da equipe econômica do governo, integrada por economistas conservadores e progressistas, que fora concebida pelo falecido

---

[7] Para uma formalização do modelo de inflação baseado no conflito distributivo de rendas, que caracteriza a macroeconomia estruturalista, ver Bacha (1982) e Taylor (1983).

[8] Esta seção baseia-se na análise de Modiano (1986).

Presidente Tancredo Neves, mas que seria conduzida pelo seu sucessor Presidente José Sarney, não permitia vislumbrar claramente o alcance da política econômica de corte ortodoxo anunciada.

Já que as políticas monetária e fiscal restritivas poderiam levar algum tempo para produzir um declínio na taxa de inflação, que em março de 1985, de acordo com a Tabela 14.1, alcançara 12,7%, um congelamento de preços foi determinado pelo ministro da Fazenda Francisco Dornelles para o mês de abril.[9] Além disso, com o objetivo de amortecer a aceleração da inflação, as fórmulas de cálculo da correção monetária e das desvalorizações cambiais foram modificadas, estendendo a "memória" do processo inflacionário de um para três meses. Até março, as correções monetária e cambial eram determinadas pela inflação do próprio mês em curso, cuja imprevisibilidade aumentava a incerteza nos mercados aberto e cambial. A partir de abril, as taxas mensais de correção resultariam de uma média geométrica da inflação dos três meses anteriores. Além disso, minidesvalorizações diárias do cruzeiro, que distribuiriam uniformemente a taxa de correção cambial prefixada para o mês, eliminariam a especulação em torno da data e do percentual do reajuste subsequente.

TABELA 14.1 Brasil: Inflação oficial,* taxa mensal, janeiro de 1985 a dezembro de 1990, %.

	1985	1986	1987	1988	1989	1990
Janeiro	12,6	14,4	16,8	16,5	70,3	56,1
Fevereiro	10,2	12,7	13,9	18,0	3,6	72,8
Março	12,7	-0,1	14,4	16,0	6,1	84,3
Abril	7,2	0,8	21,0	19,3	7,3	44,8
Maio	7,8	1,4	23,2	17,8	9,9	7,9
Junho	7,8	1,3	21,4	19,5	24,8	9,5
Julho	8,9	1,2	4,0	24,0	28,8	12,9
Agosto	14,0	1,7	6,4	20,7	29,3	12,0
Setembro	9,1	1,7	5,7	24,2	35,9	12,8
Outubro	9,0	1,9	9,2	27,2	37,6	14,2
Novembro	14,0	3,3	12,8	26,9	41,4	15,6
Dezembro	15,1	7,3	14,1	28,8	53,5	18,3

*Até outubro de 1985: IGP-DI; de novembro de 1985 a fevereiro de 1986: IPCA; de março a outubro de 1986: IPC; de novembro de 1986 a junho de 1987: INPC; a partir de julho de 1987: IPC.
Fontes: Banco Central do Brasil, *Relatório* (1986, p. 28); *Relatório* (1987, p. 34-5); *Relatório* (1989, p. 35) e *Relatório* (1990, p. 31).

Imediatamente após o anúncio da nova política econômica, a inflação caiu significativamente, passando para 7,2% em abril. O bom desempenho da inflação em abril pode, no entanto, ser quase inteiramente explicado pela suspensão dos reajustes de preços para dois grupos de produtos, a saber, produtos siderúrgicos e derivados de petróleo, que correspondiam a 7,4% e 11% do índice de preços por atacado (IPA-DI) que, por sua vez, representava 60% do índice geral de preços

---

[9] A Tabela 13.1 apresenta as taxas de mensais da inflação oficial de janeiro de 1985 até dezembro de 1990.

(IGP-DI) da Fundação Getulio Vargas. A contribuição dos preços privados, que não se encontravam sob estrito controle e, portanto, não seguiam o congelamento, estava superdimensionada. Apesar do ônus para o setor público, o governo decidiu estender a duração do congelamento de preços. Como os custos de produção cresceram em termos reais durante esses primeiros meses, já que as longas defasagens embutidas nos reajustes salariais semestrais e, agora, também nas fórmulas das correções cambial e monetária, captavam as taxas mais elevadas da inflação passada, o congelamento de preços foi gradativamente colocado sob pressão.

O mês de junho marcou o início do processo de descompressão dos controles sobre os preços privados e de descongelamento dos preços públicos. O Conselho Interministerial de Preços (CIP) concedeu, entre outros, aumentos de preços às indústrias automobilística e cimenteira de 9,5% e 15% respectivamente, para vigorarem a partir do dia 20. No que tange ao setor público, foram reajustados ainda em junho os preços dos aços planos 15,6%), da energia elétrica (22,8%), e as tarifas portuárias (77,2%) e de transporte urbano (60%). Para evitar um repique inflacionário no final do congelamento, menores percentuais de reajuste de preço foram concedidos aos produtos industriais num primeiro instante. Um aumento posterior na frequência dos reajustes de preços, que passariam a ser mensais, deveria compensar as perdas nas margens de lucro incorridas na vigência do congelamento. Sacrificava-se, assim, a estabilidade do processo inflacionário a médio prazo por menores taxas mensais de inflação a curto prazo. O IGP-DI registrou variações mensais de apenas 7,8% e 8,9% em junho e julho respectivamente.

Durante os cinco primeiros meses da Nova República, acirraram-se consideravelmente as tensões dentro da equipe econômica do governo. O ministro da Fazenda Francisco Dornelles liderava a corrente ortodoxa, enquanto o ministro do Planejamento João Sayad era identificado com uma linha heterodoxa da política econômica. Tomaram-se públicas as divergências quanto aos moldes da renegociação externa, ao prolongamento do controle de preços, à prática de taxas de juros reais elevadas, aos ingredientes do ajuste fiscal, à correção do salário mínimo, à mudança de fórmula das correções cambial e monetária, entre outras.

A recomposição dos preços apenas começava quando a economia sofreu um violento choque de oferta agrícola, com os preços dos gêneros alimentícios no atacado aumentando 19,0% em agosto de 1985. A coincidência do período da entressafra, quando a carne apresentou alta de 50%, com a recomposição dos preços dos produtos agropecuários controlados, tal como o caso do leite que foi reajustado em 30% em meados de julho, levou a inflação a 14,0% em agosto. O fracasso do pacote anti-inflacionário de março de 1985 marcou, com a substituição do ministro da Fazenda, o final da primeira fase da política econômica da Nova República.

O novo ministro da Fazenda, Dílson Funaro, anunciou uma meta anti-inflacionária mais modesta: estabilização à taxa de 10% ao mês. As regras de indexação foram, mais uma vez, alteradas, visando evitar a propagação da taxa de inflação de 14% registrada em agosto. A partir de setembro de 1985, as correções monetária e cambial voltavam a ser norteadas pela inflação do próprio mês em curso. A maioria das tarifas públicas e dos preços administrados passaria a ser corrigida em bases mensais e, portanto, em menores percentuais, ratificando a tese de que a estabilização da taxa de inflação seria obtida às custas de um aumento do grau de indexação da economia. A nova política anti-inflacionária daria menor ênfase ao controle da

288 **A ORDEM DO PROGRESSO**

base monetária, objeto permanente de preocupação da equipe anterior. Assim, a taxa de juros real, que subira vertiginosamente durante o período de abril a julho de 1985, declinaria como resultado de uma política monetária menos restritiva, tornando-se mais compatível com a recuperação econômica.

A mudança da fórmula de correção, e a consequente redução da memória inflacionária, sugeriam que a economia estava caminhando na direção da indexação plena, mesmo porque os autores da proposta original de adoção de uma "moeda indexada" na economia brasileira integravam a nova equipe econômica do governo. No caminho da "moeda indexada", preços, taxa de câmbio e ativos financeiros tornavam-se crescentemente atrelados às variações mensais da ORTN. No entanto, não havia uma regra clara e amplamente aceita para a indexação dos salários, que permanecia oficialmente baseada na política de reajustes semestrais estabelecida em 1979. A perspectiva de retorno a taxas mensais de inflação de 10% a 12% ao mês, depois do fracasso do congelamento de preços, dava novo impulso à demanda de reajustes salariais mais frequentes.

As propostas para uma nova política salarial incluíam: reajustes trimestrais; reajustes mensais, de acordo com a variação de um índice de preços ao consumidor; uma escala móvel com "gatilho" de 30%; e reajustes mensais prefixados a cada três meses.[10] As duas últimas propostas terminaram sendo adotadas nos dois programas de estabilização posteriores, os Planos Cruzado e Bresser. Enquanto as discussões públicas prosseguiam, o governo permitiu a livre negociação de abonos, adiantamentos e esquemas alternativos de indexação, desde que estes aumentos não fossem repassados aos preços. Os órgãos de controle de preços não considerariam, no cômputo de variações de custos, qualquer aumento salarial que não estivesse de acordo com a regra oficial de reajustes, baseada ainda nas variações semestrais do custo de vida. Em consequência, o poder de compra dos salários cresceu durante este período, dando continuidade ao movimento de reposição salarial que se iniciara nos setores exportadores ainda em fins de 1984. A recuperação da renda interna em 1985, pelos efeitos induzidos sobre o consumo, em especial sobre as vendas de bens duráveis, foi suficiente para compensar a queda das vendas ao exterior, que haviam sido a origem da recuperação da atividade econômica no ano anterior.

Se por um lado a sintonia fina dos reajustes de preços administrados manteve a inflação em 9% ao mês durante o bimestre setembro-outubro, por outro lado não abriu espaço para aumentos compensatórios das perdas incorridas, principalmente pelas tarifas públicas, durante o congelamento de abril a julho. A inflação reprimida, aliada a um novo choque de oferta agrícola, originário da seca que atingiu as lavouras, levou o IGP-DI a registrar elevação de 15% em novembro de 1985. A desindexação seguiu, então, um caminho alternativo: o índice que media oficialmente a inflação deixou de ser o índice geral de preços (IGP-DI) da FGV e passou a ser o índice de preços ao consumidor amplo (IPCA) do IBGE. Este último registrava uma taxa de inflação de apenas 11,1% em novembro.[11]

O IPCA tornou-se também o indexador universal para as rendas do capital e do trabalho, que anteriormente eram corrigidas pelo IGP-DI e pelo INPC (índice

---

[10] Para uma análise dos regimes alternativos de indexação salarial ver Arida (1982), Lopes (1986a, cap. 12) e Modiano (1988a, caps. 5 e 6).

[11] Sobre as vantagens e desvantagens das diversas medidas da inflação no Brasil ver Lopes (1985).

de preços ao consumidor restrito), respectivamente. Apesar desta mudança ser anunciada como um passo na direção da equidade distributiva, a frequência dos reajustes salariais foi mantida em seis meses. A principal vantagem do IPCA sobre os outros índices seria sua menor sensibilidade a choques de oferta agrícola e cambial, o que ajudaria a amortecer o aumento previsto das taxas de inflação para os meses subsequentes, ainda em função da estiagem nas lavouras. Este ganho teria que compensar o fato dos preços ao consumidor serem mais difíceis de controlar do que os preços por atacado, que representavam 60% do IGP-DI.

Naquela ocasião, como uma nova aceleração inflacionária parecia inevitável, a aplicação de um "choque heterodoxo", nos moldes do Plano Austral argentino, ou a negociação de um "pacto social", nos moldes do Programa de Estabilização israelense, entraram na ordem do dia.[12] A discussão principal, motivada pela associação usual entre a recessão e os planos ortodoxos de estabilização, referia-se aos eventuais efeitos contracionistas sobre a atividade econômica. De fato, o medo de uma recessão, baseado nas experiências da Argentina e de Israel, parecia ser o maior obstáculo a ser transposto.

Durante todo o ano de 1985, o governo da Nova República conseguiu manter afastadas do país as missões do FMI. As negociações para um novo acordo, interrompidas em janeiro de 1985, em consequência da divulgação dos dados relativos ao desempenho da política monetária no final de 1984, foram proteladas. Assim, o governo brasileiro pôde manter sua independência em relação às recomendações do Fundo em matéria econômica, adotando políticas monetária e fiscal mais acomodatícias, que privilegiavam o crescimento da economia. Esta atitude se tomara possível graças aos superávits mensais da balança comercial da ordem de US$1 bilhão, que permitiam que o país não dependesse de novos recursos externos, e às sucessivas prorrogações do acordo com os bancos privados internacionais que, dada a favorável situação externa da economia brasileira, podiam mostrar compreensão em relação às dificuldades políticas envolvidas no restabelecimento de negociações com o FMI pelo novo governo democrático. O inflamado slogan de campanha de Tancredo Neves de que a dívida externa não seria "paga com a fome e a miséria do povo" recomendava cautela aos bancos credores.

A inflação oficial, medida agora pelo IPCA, alcançou 13,4% em dezembro de 1985 e 16,2% em janeiro de 1986. O choque de oferta agrícola finalmente se manifestava no nível do consumidor, tendo os preços dos gêneros alimentícios crescido aproximadamente 17,0% ao mês durante o bimestre dezembro/janeiro. No nível do atacado, o aumento desses preços alcançou 26,0% somente em janeiro de 1986. Não havia dúvidas que, com a indexação generalizada da economia, a taxa de inflação tenderia rapidamente para o novo patamar de 400% a 500% ao ano. Nestas condições, o governo não seria capaz de manter os reajustes salariais na frequência semestral, o que poderia resultar em outra pressão de custos, colocando a economia na rota da hiperinflação. Além disso, os saltos nas taxas mensais de inflação frustravam a política cambial, já que as minidesvalorizações diárias prefixadas não mantinham o mesmo passo do aumento da inflação. Um plano de recuperação gradual dos preços dos serviços públicos, como parte do esforço de redução do déficit público, lançado em dezembro de 1985 foi abandonado, quando os elevados

---

[12] Ver Lopes (1986a, cap. 22) e Modiano (1988a, cap. 10).

reajustes nominais das tarifas em dezembro e janeiro acabaram ficando abaixo das taxas mensais de inflação.

O fracasso do gradualismo em produzir sequer a estabilidade das taxas mensais de inflação encerra a segunda fase da política econômica da Nova República. As elevadas taxas de inflação não ameaçavam apenas os ministros da área econômica, mas também a coalizão política que sustentava o governo. A legitimidade do processo de votação indireta que elegeu Tancredo Neves e da sucessão presidencial após a sua morte foi novamente posta em questão. Assim, em 28 de fevereiro de 1986 o Presidente José Sarney decretou um novo programa de estabilização: o Plano Cruzado.

As precondições que a economia oferecia eram consideradas apropriadas: o produto industrial, impulsionado pelos bens de consumo durável, crescera 9,2% durante os 12 meses anteriores a fevereiro; a balança comercial acumulara um superávit de US$12,5 bilhões nos últimos 12 meses; as reservas internacionais alcançavam em dezembro US$11,6 bilhões, e US$4,7 bilhões nos conceitos do FMI e de liquidez respectivamente; o déficit público em 1986 estaria praticamente eliminado, como resultado do "pacote fiscal" anunciado em dezembro de 1985; o preço do petróleo, que respondia por 45% das importações brasileiras, caía no mercado internacional; e o dólar norte-americano, ao qual estava atrelado o cruzeiro, desvalorizava-se em relação às moedas europeias e ao iene.

4. Plano Cruzado: principais ingredientes[13]

O programa brasileiro de estabilização de 28 de fevereiro de 1986 promoveu uma reforma monetária que estabeleceu o cruzado (Cz$) como padrão monetário nacional. A taxa de conversão foi fixada em mil cruzeiros por cruzado. A dessincronização e as diferentes periodicidades dos reajustes de salários (semestral) e preços (de diário a semestral) requereram o desenvolvimento de regras específicas para a conversão, de tal forma a evitar redistribuições da renda e da riqueza. Estas regras pretendiam produzir um "choque neutro", o qual iria restaurar, sob o cruzado, os mesmos padrões de renda e riqueza verificados mais recentemente com o cruzeiro.[14]

Os salários foram convertidos em cruzados, tomando como base o poder de compra médio dos últimos seis meses. A fórmula de conversão dos salários computava o poder de compra médio entre setembro de 1985 e fevereiro de 1986 em valores correntes, ou seja, a preços de fevereiro. Admitia-se que os salários eram pagos no último dia do mês e gastos integralmente por ocasião de seu recebimento. Um abono de 8% foi concedido a todos os assalariados de acordo com a decisão de cunho político de promover uma redistribuição da renda em favor dos assalariados, o que deveria facilitar a aceitação por parte dos trabalhadores da "conversão pela média". Favorecendo ainda mais as classes de renda mais baixa, o salário mínimo foi fixado em Cz$804,00, o que significava um abono de 16% em relação ao poder de compra médio dos últimos seis meses.

---

[13] As seções 4 e 5 baseiam-se em Modiano (1988a, cap. 11).
[14] Ver Bacha (1986).

Os salários não foram congelados com o Plano Cruzado. Ao contrário, as datas anuais dos dissídios coletivos, que haviam prevalecido até novembro de 1979, foram restauradas. Por ocasião dos dissídios anuais, os salários seriam automaticamente corrigidos com base em 60% da variação acumulada do custo de vida. Além dos reajustes anuais, os salários seriam automaticamente corrigidos de acordo com uma escala móvel, sempre que a taxa de inflação acumulasse o "gatilho" de 20%.[15]

Com a exceção das tarifas industriais de energia elétrica, que obtiveram aumento de 20%, os preços foram congelados por tempo indeterminado nos níveis ao consumidor prevalecentes em 27 de fevereiro de 1986. Não houve qualquer compensação pela inflação passada (desde o último reajustamento), nem tampouco pela perda futura (durante a vigência do congelamento). Os preços públicos e administrados, congelados, encontravam-se defasados em relação aos custos de produção, devido à sua frequente utilização como parte da política anti-inflacionária dos anos 1980.

O Plano Cruzado deslocou a base do índice de preços ao consumidor (IPCA) para 28 de fevereiro de 1986. O novo índice, denominado índice de preços ao consumidor (IPC), manteria as mesmas ponderações do IPCA. O deslocamento da base, com a construção de um vetor de preços para o dia 28 de fevereiro de 1986, se justificava, já que, com preços medidos como médias diárias ou semanais, o IPCA registraria uma inflação positiva no primeiro mês do congelamento (março de 1986), ainda que os preços permanecessem estáveis ao longo do mês.[16]

A taxa de câmbio foi fixada em cruzados no nível vigente em 27 de fevereiro de 1986. A cômoda posição externa da economia brasileira e a recente desvalorização do dólar norte-americano, ao qual o cruzeiro estava atrelado, em relação às moedas europeias e ao iene japonês, não sugeriam a necessidade de uma maxidesvalorização compensatória ou defensiva do cruzado.

Relações média-pico foram anunciadas para a conversão dos aluguéis residenciais, com reajustes semestral e anual. Estes multiplicadores deveriam ser aplicados após a atualização monetária dos valores dos aluguéis contratados até 28 de fevereiro de 1986. No caso dos aluguéis comerciais, o plano estabeleceu coeficientes multiplicativos para serem aplicados aos aluguéis vigentes em fevereiro de 1986, de acordo com a frequência contratual dos reajustes e o mês do último reajuste. Estes pretendiam reproduzir na nova moeda o valor real médio dos aluguéis comerciais, calculado em um intervalo igual ao período entre sucessivos reajustes.

Nos contratos para pagamento futuro em cruzeiros com taxas de juros pós-fixadas, os percentuais contratados acima da correção monetária tornar-se-iam as taxas de juros nominais em cruzados, após a supressão da correção monetária. Este seria o caso de todos os contratos de curto prazo, uma vez que com o Plano Cruzado a indexação em prazos inferiores a um ano foi proibida. A única exceção foi aberta para as cadernetas de poupança que passaram, entretanto, a ter reajustes trimestrais ao invés de mensais. A Obrigação Reajustável do Tesouro Nacional (ORTN), que era corrigida mensalmente com base na variação do índice oficial de inflação,

---

[15] O impacto inflacionário da adoção da escala móvel para os reajustes salariais foi analisado por Gambiagi (1987) e Modiano (1988a, cap. 11).

[16] Ver Lopes (1986b).

e que com a aceleração da inflação se tornara a "moeda" nacional alternativa, foi substituída pela Obrigação do Tesouro Nacional (OTN), cujo valor nominal ficaria congelado por 12 meses.

No caso dos contratos com taxas de juros prefixadas, estabeleceu-se para os 12 meses subsequentes ao plano uma tabela de conversão diária de valores em cruzeiros para cruzados. Nesta, a desvalorização futura do cruzeiro foi prefixada arbitrariamente em 0,45% ao dia, o que correspondia à média diária da inflação entre dezembro de 1985 e fevereiro de 1986.

O Plano Cruzado não estabeleceu regras ou metas para as políticas monetária e fiscal para complementar o programa de estabilização. A atuação das políticas monetária e fiscal foi relegada ao discernimento dos responsáveis pela política econômica. O objetivo implícito da política monetária durante os primeiros meses do plano era acomodar o incremento na demanda de moeda que resultaria de uma mudança de carteira em favor da moeda estável, à medida em que este movimento era percebido como não inflacionário. As taxas de juros sinalizariam uma monetização excessiva ou insuficiente.

A administração das taxas de juros nos primeiros meses do plano demonstrar-se-ia, no entanto, uma tarefa de difícil sintonia. Taxas de juros elevadas poderiam afetar negativamente os programas de investimento e aumentariam o peso da dívida pública interna. Taxas de juros baixas poderiam estimular a especulação com estoques e com moedas estrangeiras, ameaçando a estabilização.

Com respeito à política fiscal, o governo havia anunciado em dezembro de 1985 um "pacote fiscal" que tinha como objetivo eliminar as necessidades de financiamento do setor público, no conceito operacional, o que exclui as correções monetária e cambial da dívida pública, projetadas para 1986. Entretanto, os ganhos projetados de receita, que dependiam da continuidade do processo inflacionário, tal como a taxação dos ganhos nominais de capital, não se materializariam com a queda das taxas de inflação. Além disso, um pacote fiscal de dezembro de 1985 não poderia levar em consideração a perda do "imposto inflacionário", que resultaria da estabilização dos preços após fevereiro de 1986.

5. Plano Cruzado: principais resultados

A análise dos resultados do Plano Cruzado está dividida em três períodos. O primeiro período, que vai de março a junho de 1986, é caracterizado por uma queda substancial da inflação e também pelos primeiros indícios da existência de excesso de demanda na economia. O segundo período, que vai de julho a outubro de 1986, pode ser identificado pela total imobilidade do governo ante o agravamento da escassez de produtos e à deterioração das contas externas.[17] Finalmente, o terceiro período, que vai de novembro de 1986 a junho de 1987, ratificou o fracasso do Plano Cruzado, com o retorno das altas taxas de inflação.

---

[17] Carneiro (1987b), Franco (1986b) e Marques (1988) apresentam análises mais detalhadas dos dois primeiros períodos do Plano Cruzado.

Cruzado: março 1986-junho 1986

O Plano Cruzado foi recebido pela população com grande entusiasmo. O apelo presidencial à população para que fiscalizasse o congelamento de preços foi entendido como um dever cívico. Assim, apesar de ter sido lançado sob a forma de um decreto-lei, ou seja, sem discussão com a sociedade, o Plano Cruzado parecia satisfazer os anseios da população por uma participação maior no destino do país. Por estes motivos o congelamento de preços, tecnicamente frágil, tornar-se-ia "a peça fundamental" do programa de estabilização.

As taxas de inflação, medidas pelo novo IPC, caíram abruptamente logo nos primeiros meses. A mais elevada taxa mensal deste período, 1,4%, foi registrada em maio. Em alguns setores do governo, estes resultados apenas confirmavam a tese de que era possível obter uma redução substancial das taxas mensais de inflação sem recurso à recessão e ao desemprego, e que estava aberto o caminho para o combate às origens da pressão inflacionária: o déficit público. Em outros setores, esses resultados davam a falsa impressão de que todas as pressões inflacionárias poderiam ser debeladas apenas com o congelamento de preços e a força da vontade e da fé.

A decomposição das taxas mensais de inflação nesse período já revelava, porém, os primeiros sintomas de excesso de demanda na economia. Os preços dos artigos de vestuário e dos carros usados, que não eram passíveis de controle e que representavam 15% do IPC, aumentavam a taxas de 4% a 5% ao mês. Essa distorção de preços relativos entre os preços congelados e aqueles de difícil controle, que se iniciou logo em março de 1986, apenas se intensificou durante a vigência do congelamento.

O aumento do poder de compra dos salários, a despoupança voluntária causada pela ilusão monetária, o declínio do recolhimento do imposto de renda para pessoas físicas, a redução das taxas de juros nominais, o consumo reprimido durante os anos de recessão e o congelamento de alguns preços em níveis defasados em relação a seus custos detonaram conjuntamente uma explosão do consumo. A escassez de produtos manifestou-se já nesta fase, mas ficou restrita aos mercados de leite, carne e automóveis, não representando um problema generalizado até o período seguinte. No caso do leite, o governo deu início à prática de subsidiar o produtor para sustentar o congelamento. No caso da carne, optou por importações, que se demonstraram tardias e insuficientes. O mercado da carne se constituiu no principal campo de batalha para o governo, que não conseguiu fazer valer o congelamento mesmo sob a ameaça de confisco do gado. E, no caso dos automóveis, nada foi feito até julho. Em consequência, as filas se generalizaram e os preços dos carros usados superaram os preços dos modelos novos.

A generalização do excesso de demanda na economia era reforçada por uma expansão exagerada da oferta de moeda, que transcendia o incremento natural da demanda de moeda provocado pela desinflação abrupta.[18] A folga de liquidez, decorrente da remonetização acelerada da economia, refletiu-se *ex post* em taxas de juros reais negativas durante esse período. Em consequência, as ações nas bolsas de valores se valorizaram cerca de 50%, o ágio no mercado paralelo do dólar passou de 26% para 50%, e os preços dos ativos reais subiram vertiginosamente. Enquanto

---

[18] Ver Moraes (1988).

a fixação pelo Banco Central de taxas de juros nominais baixas durante o primeiro mês do plano podia ser vista como uma contribuição para reforçar as expectativas de "inflação zero", os esforços posteriores em seguir uma política monetária mais restritiva e elevar as taxas de juros encontraram forte oposição política e, sendo assim, não se concretizaram.

Também durante este período, o governo foi tomando consciência da magnitude do desequilíbrio fiscal. Esta situação somente iria se agravar na extensa vigência do Plano Cruzado, devido ao aumento das despesas com a folha de salários do setor público, os subsídios diretos e indiretos, as isenções tarifárias, e as transferências às empresas estatais, aos estados e aos municípios. O governo reconheceu então que o déficit público em 1986 poderia alcançar 2,5% do PIB, em contraste com a taxa de 0,5% estimada a partir do "pacote fiscal" de dezembro de 1985. O esperado crescimento na receita do governo, devido à eliminação da erosão inflacionária que agia sobre a arrecadação dos impostos, o chamado efeito Tanzi, não se materializava na devida proporção e no devido tempo. Além do mais, quando se verificou o aumento da receita, refletindo também a retomada da atividade econômica, este foi mais do que neutralizado pelo aumento dos gastos, fruto da necessidade de se sustentar o congelamento de preços e, portanto, contribuir para a vitória do PMDB nas eleições de novembro para os governos estaduais e para a Assembleia Constituinte.

A dimensão do superaquecimento da economia em junho pode ser ilustrada por alguns números: as vendas cresceram 22,8% nos primeiros seis meses de 1986 em relação ao mesmo período do ano anterior; a produção de bens de consumo duráveis aumentou 33,2% nos 12 meses anteriores; a taxa de desemprego aberto caiu de 4,4% em março para 3,8%; e os salários reais tiveram um ganho de aproximadamente 12% desde o final de fevereiro. Assim, no final desse período a política econômica dispunha, aparentemente, de apenas duas opções: ou decretava o fim do congelamento de preços ou desacelerava o crescimento do produto através de um rápido e severo corte na demanda agregada. Como tanto a inflação quanto a recessão tinham custos políticos, que o governo julgava insuportáveis, optou-se por um modesto ajuste fiscal.

Cruzadinho: julho 1986-outubro 1986

No dia 24 de julho, o governo anunciou o "Cruzadinho", um tímido pacote fiscal elaborado para desaquecer o consumo. Envolvia basicamente a criação de um sistema de empréstimos compulsórios: novos impostos indiretos na aquisição de gasolina e automóveis que seriam restituídos após três anos. Além disso, introduziu impostos não restituíveis sobre a compra de moedas estrangeiras para viagem e passagens aéreas internacionais. A receita adicional do governo financiaria o Plano de Metas, um programa de investimentos públicos e privados anunciado simultaneamente, que visava um crescimento anual do PIB de 7%. A credibilidade de todo o programa seria prejudicada pela decisão do governo de expurgar esses aumentos de preços do IPC, visando postergar o primeiro disparo do "gatilho" salarial.

De agosto a 15 de novembro, a política econômica ficou paralisada: todos os esforços do governo foram concentrados nas eleições para governadores e para a Assembleia Constituinte. Como era de se esperar, o "Cruzadinho" teve pouca eficácia na contenção do consumo. Ao contrário: a expectativa do descongelamento deu um novo impulso à demanda. O produto industrial atingiu um pico em setembro, com uma taxa de crescimento acumulada em 12 meses de 12,2%. Além disso, vários setores da economia operavam próximos da plena capacidade com severa escassez de matérias-primas e bens intermediários.

Durante esse período, a inflação oficial permaneceu baixa, apresentando apenas uma leve tendência ascendente. Entretanto, esta não refletia a inflação real da economia, devido à proliferação do ágio, que não era captado pela coleta oficial, ao desabastecimento, que reduzia o tamanho da amostra dos preços, e à introdução de "produtos novos", que se tomaram um expediente comum para burlar o congelamento.

Até agosto, os elevados superávits da balança comercial não refletiam o excesso de demanda que se observava no mercado interno. Esta situação se alterou em setembro, e mais drasticamente em outubro, com a queda da receita de exportações de US$2,1 bilhões para US$1,3 bilhões. A especulação acerca de uma maxidesvalorização do cruzado levou o ágio no mercado paralelo de dólares para 90%. Ainda em outubro, o governo descongelou a taxa de câmbio, promovendo uma modesta desvalorização do cruzado de 1,8% e anunciando uma política de minidesvalorizações eventuais, baseadas num indicador da relação câmbio/salário. Como o indicador sugeria que a taxa de câmbio estava sobrevalorizada em pelo menos 10% em relação a fins de fevereiro de 1986, a expectativa de uma nova e maior desvalorização do cruzado estimulou ainda mais o adiamento de exportações e a antecipação de importações, levando a uma deterioração maior das contas externas nos meses posteriores.

Cruzado II: novembro 1986-junho 1987

Uma semana após a vitória maciça do partido do governo (PMDB) nas eleições, o Cruzado II foi anunciado. Tratava-se de um "pacote fiscal" que objetivava aumentar a arrecadação do governo em 4% do PIB, através do reajuste de alguns preços públicos (gasolina, energia elétrica, telefone e tarifas postais) e do aumento de impostos indiretos (automóveis, cigarros e bebidas). O impacto imediato do Cruzado II seria um violento choque inflacionário. Tais aumentos dos preços públicos e administrados (por exemplo, 120% no caso dos cigarros) forneceram uma válvula de escape para toda a inflação reprimida durante o congelamento.

O Cruzado II também determinava que os aumentos de preços dos automóveis, cigarros e bebidas deveriam ser expurgados do IPC, visando retardar o primeiro disparo do "gatilho salarial". A reação da população, com o apoio de alguns novos governadores e congressistas, forçou o governo a recuar na proposta do expurgo. O governo apenas substituiu as ponderações do IPC, que eram originárias do IPCA, pelas ponderações do INPC, que atribuía menores pesos aos preços majorados pelo Cruzado II. Na mesma ocasião, foi regulamentada a escala móvel dos salários: os reajustes acionados pelo "gatilho" ficariam limitados a 20%, com o resíduo inflacionário (equivalente à diferença entre a inflação acumulada e o teto de 20%) sendo carregado para o "gatilho" seguinte.

Dada a magnitude do choque inflacionário do Cruzado II, a indexação voltaria à plena carga. O governo reinstituiu as minidesvalorizações cambiais diárias do cruzado, atrelou os contratos financeiros aos rendimentos das recém-criadas Letras do Banco Central (LBCs), e permitiu que os bancos voltassem a emitir Certificados de Depósitos Bancários (CDBs) pós-fixados. Diante da ameaça de uma explosão inflacionária, o governo iniciou discussões com representantes dos empresários e trabalhadores, visando a formulação de um primeiro pacto social. Todavia, a falta de tradição na negociação de acordos distributivos de renda não permitiu a rápida conciliação dos objetivos conflitantes. O fracasso desta primeira tentativa de pacto social ficaria evidente logo no final de janeiro de 1987.

A taxa de inflação atingiu 16,8% em janeiro, o que significava que o primeiro reajuste salarial de 20%, detonado pela inflação acumulada entre março e dezembro de 1986 e pago no final de janeiro, reporia pouco mais do que a perda de poder de compra incorrida durante o próprio mês. Contando com a retração da demanda para amortecer a aceleração inflacionária, o governo cedeu às pressões pela liberalização dos preços, suspendendo abruptamente quase todos os controles em fevereiro de 1987. Em 27 de fevereiro, quando o Plano Cruzado completava um ano, a reindexação da economia, iniciada em novembro de 1986, foi concluída com o reajustamento do valor nominal da OTN e a reintrodução da correção monetária em bases mensais. Com a escala móvel salarial, a economia tornar-se-ia mais indexada do que antes do Plano Cruzado.

As vendas caíram em consequência da queda do salário real, da elevação das taxas de juros e do aumento da incerteza. O desaquecimento da economia tinha, no entanto, também raízes do lado da oferta. Foram impostos novos limites às importações de matérias-primas essenciais e produtos intermediários, devido à escassez de reservas cambiais, e os mercados domésticos encontravam-se desorganizados pelo descongelamento de preços abrupto e sem indicações, seja de uma nova política de reajustes, seja de um novo congelamento.

Apesar do reinício das minidesvalorizações diárias do cruzado, os saldos da balança comercial brasileira tomaram-se negativos entre outubro de 1986 e janeiro de 1987. Sem indícios de recuperação, o governo decidiu no final de fevereiro de 1987 suspender por tempo indeterminado os pagamentos de juros da dívida externa aos bancos privados. Os objetivos oficiais da moratória eram: estancar a perda de reservas cambiais e iniciar uma nova fase nas renegociações da dívida externa.[19] O objetivo extraoficial seria a reconquista do apoio popular, prejudicado pelo fracasso do Plano Cruzado, para uma nova tentativa de estabilização.

Em abril de 1987, com a taxa de inflação ultrapassando o patamar de 20% ao mês, o ministro Dílson Funaro deixou o cargo. Duas de suas teses demonstraram-se equivocadas: o final da "bolha inflacionária", o que significava que a inflação iria perder fôlego uma vez que o processo de realinhamento dos preços estivesse

---

[19] Batista Jr. (1988b) , analisa em mais detalhe as causas e os objetivos oficiais da moratória brasileira.

completado, não se materializara; e a renegociação da dívida externa, que reaglutinaria as forças da sociedade brasileira, voltara ao estado de impasse.

O novo ministro da Fazenda, Bresser Pereira, iniciou sua gestão anunciando uma meta para a taxa de crescimento do PIB em 1987 de 3,5%, o que colidia com as aspirações do partido governista e, de seu antecessor de crescer 7% neste mesmo ano. Demonstrou a disposição de voltar a dialogar com o FMI se isto se impusesse como absolutamente necessário à renegociação com os bancos credores, embora fosse encontrar forte oposição no seu próprio partido político à iniciativa. Anunciou e promoveu uma mididesvalorização do cruzado de 7,5% em 1° de maio, o que foi percebido como mais um passo em direção a uma política econômica de cunho ortodoxo, repelida pelo PMDB. Tendo manifestado simpatia pela opção do "choque heterodoxo", não conseguiria conter as sucessivas ondas de rumores sobre um iminente congelamento de preços.[20]

6. Plano Bresser: ingredientes

O Plano Bresser de 12 de junho de 1987 foi apresentado à população como um programa de estabilização híbrido, que incluía elementos tanto ortodoxos quanto heterodoxos para o combate à inflação. Em contraste com o Plano Cruzado original, o novo programa não tinha como meta a "inflação zero", nem tencionava eliminar a indexação da economia. Pretendia apenas promover um choque deflacionário com a supressão da escala móvel salarial e sustentar as taxas de inflação mais baixas com a redução do déficit público. Em seguida são analisadas as principais medidas do Plano Bresser no que tange aos salários, preços, taxa de câmbio, aluguéis, pagamentos futuros, expansão monetária e déficit público.[21]

Os salários foram congelados por um prazo máximo de três meses, nos níveis prevalecentes em 12 de junho de 1987. Incorporavam, assim, apenas o reajuste de 20% detonado pela taxa de inflação de 23,2% registrada em maio. Não era prevista qualquer compensação salarial pela taxa de inflação de junho, impulsionada pelos aumentos decretados para os preços públicos e administrados antes do congelamento. O resíduo inflacionário, decorrente do teto de 20% para os reajustamentos salariais, acumulado até maio, seria pago em seis parcelas mensais a partir de setembro.

O Plano Bresser instituía também uma nova base de indexação salarial para vigorar após o congelamento: a Unidade de Referência de Preços (URP). De acordo com o novo esquema, a cada três meses seriam prefixados os percentuais de reajuste (da URP) para os três meses subsequentes, com base na taxa de inflação média (geométrica) dos três meses precedentes.[22] Mantinha-se, assim, a frequência mensal dos reajustes salariais, que resultavam dos disparos sucessivos do "gatilho" com taxas de inflação superiores a 20% ao mês. Ampliava-se, porém, com a prefixação

---

[20] A contribuição acadêmica do ministro da Fazenda Bresser Pereira às discussões sobre inércia inflacionária e o "choque heterodoxo" está sumarizada em Pereira e Nakano (1984) e (1986).

[21] Ver Lopes (1989) e Modiano (1987a).

[22] Modiano (1988a, cap. 4) apresenta uma análise teórica do novo esquema de reajustes salariais.

dos reajustes a cada três meses, a defasagem entre a observação da taxa de inflação e seu repasse aos salários.

Os preços foram também congelados pelo prazo máximo de três meses nos níveis prevalecentes em 12 de junho de 1987. Porém, antes do congelamento foram anunciados diversos aumentos para os preços públicos e administrados: 45% para eletricidade, 34% para telefone, 32% para o aço, 36% para o pão, 27% para o leite e 13% para combustíveis. A majoração destes preços pretendia, além de recompor perdas passadas, criar uma margem de folga para enfrentar a fase do congelamento. A falta de um realinhamento de preços públicos e administrados na véspera do congelamento fora apontada como uma das falhas do Plano Cruzado. O Plano Bresser determinava ainda que as correções futuras dos preços deveriam ter como teto os mesmos percentuais da URP, que serviriam de piso para os reajustes salariais.

A exemplo do Plano Cruzado a base do índice de preços (IPC) foi também deslocada para o início da vigência do congelamento: 15 de junho de 1987. A principal diferença em relação ao Plano Cruzado decorria da determinação oficial de que todos os aumentos de preços anunciados conjuntamente com o Plano Bresser seriam computados integralmente na taxa de inflação de junho. Assim, a taxa de inflação de julho não ficaria sobrecarregada pelos aumentos de preços anteriores.

Ainda em 12 de junho o cruzado foi desvalorizado em cerca de 9,5%. Como o Plano Bresser não visava a "inflação zero", nem tampouco uma desindexação plena da economia, a taxa de câmbio não foi congelada. Ao contrário, as minidesvalorizações diárias do cruzado, restabelecidas em novembro de 1986, foram mantidas. Anunciou-se, porém, uma desaceleração do ritmo das desvalorizações diárias durante o primeiro mês do congelamento, o que contribuiria para sinalizar expectativas inflacionárias mais baixas, sem, no entanto, colocar em risco as ainda frágeis contas externas.

Os aluguéis residenciais e comerciais foram congelados nos níveis vigentes em junho de 1987, sem qualquer compensação para o prazo decorrido desde o último reajuste. Assim, os aluguéis com reajustes previstos para os meses de junho a agosto permaneceriam inalterados até o fim do congelamento. Como a legislação não foi alterada, após o congelamento os aluguéis voltariam a ser corrigidos monetariamente nas datas e com as periodicidades contratuais, incorporando toda a inflação registrada durante o congelamento.

Os contratos para pagamentos futuros em cruzados com taxas de juros pósfixadas, reintroduzidos no curto prazo em dezembro de 1986, não foram afetados pelo plano, pois a indexação não fora suprimida. No caso dos contratos com taxas de juros prefixadas, anunciou-se para o primeiro mês uma tabela para a deflação diária dos pagamentos futuros em cruzados. A tabela de deflação permitia eliminar dos valores em cruzados para pagamentos futuros a expectativa inflacionária embutida, que foi arbitrada em 15% ao mês. Em contraste com o Plano Cruzado, foram oficialmente permitidas várias isenções na aplicação da tabela de deflação. Além disso, uma vez que o Plano Bresser não envolvia a criação de uma nova moeda, tal intervenção nos contratos privados seria mais facilmente contestada na Justiça.

O Plano Bresser, ao contrário do Plano Cruzado original, anunciou a adoção de políticas monetária e fiscal ativas. A curto prazo o governo praticaria taxas de juros reais positivas com o intuito de inibir a especulação com estoques e o consumo de bens duráveis, como também o fluxo de aplicações financeiras para o mercado paralelo do dólar.

No que tange à política fiscal, o programa visava reduzir o déficit público em 1987 dos 6,7% do PIB projetados para cerca de 3,5% do PIB. No entanto, as primeiras medidas anunciadas produziriam apenas uma redução modesta: os aumentos das tarifas públicas gerariam uma receita adicional igual a 0,8% do PIB e a eliminação do subsídio do trigo resultaria numa economia de gastos da ordem de 0,4% do PIB. O Plano de Coerência Macroeconômica, elaborado posteriormente, anunciaria cortes adicionais no déficit do setor público. Os responsáveis pela execução do plano acreditavam que o adiamento de alguns projetos de investimento público, sem fundos orçamentados, contribuiria para criar uma nova imagem de austeridade para o governo.

Além disso, para o ano seguinte, o Plano Bresser se comprometia com: a independência do Banco Central na condução da política monetária; a proibição das emissões de moeda para financiar os déficits do Tesouro; a orçamentação prévia de todas as despesas do governo; e a unificação dos múltiplos orçamentos do governo.

7. Plano Bresser: resultados

A evolução da política econômica, após o lançamento do segundo programa de estabilização, pode ser dividida em dois períodos. O primeiro período, que vai de julho a dezembro de 1987, inclui as fases de congelamento e flexibilização do Plano Bresser, configurando o sucesso inicial e o fracasso posterior desta segunda tentativa.[23] O segundo período, que vai de janeiro a dezembro de 1988, é caracterizado por um renascimento da ortodoxia e por uma retomada do gradualismo no combate à inflação. No final de 1988 a economia parecia novamente se encontrar no limiar da hiperinflação.

Congelamento e flexibilização: julho 1987-dezembro 1987

A inflação oficial caiu de 21,4% em junho para 3% e 6,4% em julho e agosto de 1987, respectivamente. A falta de apoio popular, após o fracasso do Plano Cruzado, e o desmantelamento dos órgãos de controle, com a liberação dos preços após fevereiro de 1987, limitaram o escopo deste segundo congelamento de preços. Assim, na prática, o Plano Bresser contava a curto prazo, do lado dos trabalhadores, com o congelamento de salários por três meses, que a nova regra de política salarial impunha, e com o esquecimento da taxa de inflação de 26,1 % de junho, que não havia sido repassada aos salários. Do lado dos empresários, o plano contava com a mudança de expectativas inflacionárias decorrente do anúncio das medidas de austeridade fiscal e rigidez monetária e da suspensão do "gatilho" salarial.

---

[23] Modiano (1987a) apresenta também uma análise mais detalhada do primeiro período do Plano Bresser.

A perda de poder aquisitivo dos salários e a prática de taxas de juros reais positivas durante a fase do congelamento tiveram reflexos negativos nas vendas do comércio varejista e no ritmo de produção industrial. Assim, em contraste com o Plano Cruzado, a inflação do congelamento não podia ser atribuída a pressões de demanda. A inflação registrada na vigência do congelamento se originava de um conflito distributivo de rendas no setor privado e entre os setores privado e público. Os preços relativos da economia não se encontravam em equilíbrio em 12 de junho de 1987 devido à majoração defensiva dos preços diante da expectativa do novo congelamento e aos aumentos promovidos pelo governo nos preços administrados e tarifas públicas. A flexibilidade do novo congelamento permitiu que os aumentos de preços decretados na véspera do Plano Bresser fossem repassados aos outros preços da economia, gerando inflação e neutralizando parcialmente a transferência de renda para o setor público.

Além disso, a retomada das transferências de recursos reais para o exterior, com a recuperação dos superávits comerciais, que se iniciara em março de 1987, exacerbava os conflitos internos. O desaquecimento da demanda interna e o restabelecimento da confiança na política cambial, após a reinstituição das minidesvalorizações diárias do cruzado, deram novo impulso às exportações. Assim, em maio de 1987, as exportações superaram US$2 bilhões, retomando os níveis anteriores a setembro de 1986. O saldo da balança comercial passou de um déficit de US$40 milhões em fevereiro de 1987 para um superávit de mais de US$1,4 bilhão a partir de junho.

Ainda em julho de 1987 o governo anunciou seu Plano de Controle Macroeconômico, que configurava uma mudança de postura em relação à administração anterior. A recuperação da poupança nacional não adviria mais da poupança externa "forçada", que se esperava alcançar com a moratória dos juros da dívida. A variável básica do ajuste passava a ser a poupança do governo, que já havia representado mais de 4% do PIB em meados da década de 1970. A contenção dos gastos, a elevação das tarifas públicas, a redução de subsídios e incentivos e uma reforma tributária progressiva aumentariam a poupança em conta corrente do governo, de virtualmente nula em 1987, para 5,3% do PIB em 1991. Este ajuste viabilizaria uma elevação da taxa de investimento para mais de 24% do PIB, tornando factível um crescimento autossustentado do produto de 7% ao ano a partir de 1989. A oposição política a um ajuste interno de tal magnitude foi, no entanto, consideravelmente subestimada.

As pressões inflacionárias levaram o governo já em agosto, com o congelamento oficialmente ainda em vigor, a reduzir o leque dos preços controlados e a permitir, em caráter emergencial, alguns reajustes de preços, limitados a 10%. Essas medidas abalaram ainda a credibilidade do programa em duas frentes: o congelamento e a URP. Em primeiro lugar, porque com os reajustes o governo sinalizava que o congelamento oficial de preços não precisava ser mais respeitado rigorosamente. Em segundo lugar, porque o novo "teto emergencial" de 10% para os reajustes de preços era aproximadamente o dobro do "teto oficial" determinado pela URP, prefixada em 4,7% ao mês para setembro a novembro, com base nas taxas de inflação registradas em julho e agosto de 1987.

Em outubro, os reajustes de preços autorizados (cigarros, combustíveis, açúcar, transportes entre outros) já alcançavam a faixa de 15% ao mês. O realinhamento dos preços administrados e das tarifas públicas, que se iniciou por ocasião da flexibilização do Plano Bresser, contribuiu fortemente para a aceleração da taxa mensal de inflação, que passou de 5,7% em setembro para 14,1% em dezembro.

Na área salarial a perspectiva de novas perdas durante o último trimestre de 1987, em função do término oficial do congelamento de preços e de reajustes prefixados em apenas 4,7% ao mês, levaram a dois tipos, não mutuamente exclusivos, de concessão nas negociações. Em alguns casos os resíduos inflacionários do "gatilho" salarial, a serem pagos em seis parcelas mensais a partir de setembro, foram antecipados. Em outros casos, os salários foram majorados em 14,8% em setembro, com a antecipação dos reajustes prefixados pela URP para outubro e novembro.

A partir dos dissídios de setembro, os trabalhadores iniciaram também uma ofensiva para incorporar a inflação de junho de 1987 aos salários. Um exercício simples de simulação mostrava que um aumento generalizado da ordem de 26% nos salários nominais poderia levar a inflação até 16% a 21% ao mês, o que configuraria o retomo ao patamar inflacionário que detonou o programa.[24] Dado que as datas-base das negociações salariais eram distribuídas ao longo dos 12 meses do ano e que a defasagem de repasse embutida na URP era superior ao "gatilho" salarial, a aceleração da inflação após o Plano Bresser seria mais gradual do que após o Plano Cruzado. Assim, a percepção do fracasso do Plano Bresser também seria mais gradual.

O crescimento dos salários reais ganhou novo impulso com a proliferação de acordos de reposição salarial dentro do próprio governo, os quais minaram as últimas chances de se alcançar a anunciada redução do déficit público. Mensuradas pelo conceito operacional, as necessidades de financiamento do setor público somaram 5,4% do PIB em 1987. Com a inflação oficial no patamar de 14% em dezembro, sob uma onda de rumores de um iminente novo congelamento, e diante do desgaste provocado pelas resistências à sua proposta de uma reforma tributária progressista, o ministro Bresser Pereira pediu demissão.

"Feijão-com-arroz": janeiro 1988-dezembro 1988

O novo ministro da Fazenda, Maílson da Nóbrega, iniciou sua gestão rejeitando a alternativa do "choque heterodoxo" e anunciando metas mais modestas: estabilização da inflação em 15% ao mês e redução gradual do déficit público, projetado em 7-8% do PIB para 1988.[25] Estes seriam os ingredientes principais do "feijão-com-arroz", como foi alcunhada a nova política econômica. Visando à redução do déficit público, foram congelados em termos reais, nos níveis vigentes em dezembro de 1987, os saldos dos empréstimos ao setor público, o que incluía as empresas estatais, os governos estaduais e municipais e, posteriormente, também a administração direta. Após longo debate, foram ainda suspensos por dois meses os reajustes salariais dos funcionários públicos (prefixados com a URP em 16,2% ao mês para abril e maio de 1988).

---

[24] Ver Modiano, (1987a, 1987b).
[25] Carneiro e Modiano (1988) discutem a condução da política econômica durante o ano de 1988 com mais detalhes.

Em consequência das medidas de contenção adotadas e da recomposição das tarifas públicas iniciada em novembro de 1987, o déficit público no conceito operacional ficou em 1,1% do PIB no primeiro semestre de 1988, em contraste com 1,8% do PIB no mesmo período do ano anterior. Este resultado favorável do primeiro semestre viabilizava a meta de 4% do PIB para o ano. Diante de uma sazonalidade desfavorável dos gastos públicos e das perspectivas de reposição das URPs para o funcionalismo público no segundo semestre do ano, o governo reduziu os prazos de recolhimento do imposto de renda na fonte e do IPI. Assim, apesar da corrosão inflacionária da receita tributária no segundo semestre do ano, o déficit público no conceito operacional ficaria ligeiramente abaixo dos 4% do PIB acordados com o FMI.

No que tange à expansão monetária, os esforços bem-sucedidos de redução do déficit público foram em parte neutralizados pela pressão das operações com moeda estrangeira decorrente das emissões de cruzados para cobrir tanto os megas-superávits da balança comercial que a economia atingia quanto as conversões de dívida externa em capital de risco.

O anúncio reiterado de que o governo não adotaria um novo congelamento de preços contribuiu para a contenção das taxas de inflação ao longo de todo o primeiro semestre do ano abaixo de 20% ao mês. O sucesso da política do "feijão-com-arroz" consistiu em evitar a curto prazo uma explosão inflacionária, embora se configurasse o retomo da taxa de inflação ao patamar anterior ao lançamento do Plano Bresser. O desaquecimento da demanda agregada, aliado à administração das datas de reajuste dos preços públicos, manteve a taxa de inflação no primeiro trimestre de 1988 entre 16 e 18% ao mês. Porém, já no segundo trimestre do ano, as taxas mensais de inflação superariam 19% em abril e junho, em virtude do aumento da velocidade de correção dos preços públicos e de um choque agrícola desfavorável, que elevou os preços no atacado (IPA-OG-Agricultura) em média 24% ao mês neste período.

A moratória dos juros da dívida externa decretada em 20 de fevereiro de 1987 foi oficialmente suspensa pelo governo brasileiro em 3 de janeiro de 1988, com o pagamento de cerca de US$ 1 bilhão dos juros vencidos entre 1 de outubro e 15 de dezembro de 1987. Esse depósito fazia parte de um acordo provisório visando normalizar os pagamentos de juros suspensos com a moratória, que totalizava US$4,5 bilhões. O financiamento dos juros devidos seria dividido, cabendo dois terços aos bancos credores e um terço ao governo brasileiro.

O balanço das vantagens e desvantagens da moratória é ambíguo. Seus defensores apontam como ganhos: a economia de US$4,5 bilhões; o estancamento das perdas de reservas cambiais; e o fortalecimento da posição negociadora brasileira.[26] Seus opositores contabilizam como custos visíveis, a perda e o encarecimento das linhas de crédito de curto prazo, e como custos invisíveis, de difícil mensuração: a inibição de um maior ingresso de recursos externos de fontes diversas, inclusive do FMI; a perda de oportunidade de fechar um acordo com os bancos credores em condições mais favoráveis quanto às taxas de juros e aos prazos; e o afastamento dos investimentos estrangeiros.

No final de junho de 1988 foi finalmente concluído um acordo preliminar para a dívida externa, selando o retomo do Brasil ao formato convencional de

---

[26] Ver Batista Jr. (1988c).

renegociação. Em termos de aporte de recursos, o acordo foi, no entanto, modesto. Do total de US$5,2 bilhões de "dinheiro novo", o primeiro desembolso, de cerca de US$4 bilhões, em novembro de 1988 serviria apenas para cobrir o pagamento, que ainda não havia sido completado, dos juros vencidos no período da moratória. Os dois outros desembolsos ficaram condicionados a entendimentos com o Banco Mundial (BIRD) para o financiamento de projetos específicos, e até abril de 1989 não haviam sido liberados.

Além do cofinanciamento com o BIRD, o acordo com os bancos trazia outra inovação: os bônus de saída (*exit bonds*), que embutiam um desconto implícito de 30% sobre o valor nominal da dívida. A opção pelos bônus de saída configuraria uma decisão do banco credor de não participar mais dos acordos de refinanciamentos dos juros da dívida externa brasileira.

Em julho a taxa de inflação bateu novo recorde, com o IPC registrando aumento de 24%, por pressão dos reajustes dos preços administrados. A reação do governo, diante do receio de uma explosão inflacionária em agosto, consistiu em moderar e retardar os reajustes dos preços administrados. Produzida a queda da inflação em agosto, o governo deu início à recomposição das tarifas públicas e preços administrados, o que envolveu aumentos superiores à inflação passada e o encurtamento dos intervalos entre reajustes de 30 para 20 dias. A taxa de inflação atingiu novamente 24% em setembro.

O novo patamar inflacionário tornava evidente o fracasso da política do "feijão-com-arroz" e realimentava as discussões acerca de alternativas para a desindexação da economia. Além do já experimentado congelamento de preços e salários, propunha-se: a adoção de um redutor para os reajustes mensais de preços e salários e uma reforma monetária que instituísse a OTN como moeda legal.[27] A desindexação da economia, qualquer que fosse a alternativa selecionada, deveria ser reforçada por um pacto social, que começava a ser articulado por empresários e trabalhadores.[28] Aumentos de preços defensivos diante da ameaça de um congelamento, aliados à entressafra da carne, levaram a taxa de inflação a bater novo recorde em outubro: 27,2%.

Ainda em outubro de 1988 foi promulgada a nova Constituição brasileira, que transferiu para o Congresso uma parcela da responsabilidade pela condução da política econômica. Em matéria econômica, a nova Constituição ainda aumentou as vinculações da receita, ampliou e enrijeceu os gastos do governo federal, e encareceu o custo da mão de obra para os setores produtivos privado e público. A redistribuição de cerca de 25% da receita da União em favor dos estados e municípios, sem a contra partida de uma transferência equivalente de encargos, ampliou as necessidades de financiamento do setor público *lato sensu*. A estabilidade adquirida pelos funcionários públicos com mais de cinco anos de serviço exemplifica o enrijecimento das despesas de pessoal.

De acordo com o governo as dificuldades para a execução de um ajuste fiscal no âmbito de um programa de estabilização foram agravadas pela nova Constituição, uma vez que 92% da receita da União estaria comprometida com as transferências

---

[27] Ver Lopes (1989).

[28] A importância do pacto social na estabilização da economia israelense foi ressaltada por Dornbusch e Simonsen (1987).

a estados e municípios, pessoal, encargos da dívida e outras vinculações. Além disso foram criados novos encargos sociais e elevados alguns já existentes, com reflexos nas contas da Previdência Social e nos custos de produção, tais como: o aumento de 10% para 40% do saldo do FGTS da multa em caso de demissão sem justa causa; a redução da jornada semanal de trabalho de 48 para 44 horas; o aumento do custo da hora extra; e a ampliação dos prazos das licenças-maternidade e paternidade.

Finalmente, em 4 de novembro de 1988, foi assinado um acordo inédito entre governo, empresários e trabalhadores, estabelecendo uma espécie de redutor, através da prefixação dos reajustes de preços nos dois últimos meses do ano. Os termos deste pacto social compreendiam: reajustes das tarifas e dos preços públicos e privados até o limite máximo de 26,5% no período compreendido entre 3 de novembro e 2 de dezembro de 1988 e de 25% entre 3 de dezembro e 2 de janeiro de 1989; a observação de um prazo mínimo de 30 dias para os reajustes de preços contados a partir de 3 de outubro de 1988; o acompanhamento pelos signatários dos reajustes de preços de uma lista de 94 produtos básicos; a revisão da sistemática de reajustes dos salários, evidenciada a queda da inflação no prazo de 60 dias; e um vago compromisso do governo de apresentar em 30 dias uma proposta de saneamento das finanças públicas.

O principal mérito do pacto social consistiu em conter temporariamente a ameaça da hiperinflação. A timidez das metas inflacionárias acordadas reflete claramente as dificuldades em romper a inércia inflacionária por consenso, distribuindo de forma equânime as perdas e os ganhos inerentes a uma queda substantiva da inflação. As questões mais delicadas, tais como o desmonte da URP, a definição de uma nova política salarial, a ampliação da representatividade dos trabalhadores com a incorporação da principal central sindical (CUT) que se recusara a participar das negociações, a extensão da prefixação às desvalorizações cambiais e à correção monetária, a revisão das práticas de indexação, a mensuração da inflação, e o realinhamento inicial de preços e salários foram relegadas a uma etapa posterior.

O pacto perdeu força ao longo do mês de novembro. Já no início de dezembro os empresários alegavam a existência de defasagens dos preços em relação aos custos e cobravam o saneamento das finanças públicas. O governo se ressentia da observação estrita dos limites do pacto nos reajustes das tarifas públicas. Os trabalhadores acusavam os empresários de não respeitar os limites do pacto e reclamavam o prometido ganho de salário real que adviria da queda gradual da inflação. As taxas de inflação registradas em novembro e dezembro de 1988 foram 26,9% e 28,8%, respectivamente.

Apesar da superação das metas pactuadas nos dois primeiros meses e diante da expectativa de que a inflação em janeiro de 1989 alcançasse 30%, em função de uma sazonalidade desfavorável e de alguma recomposição de preços defasados, estabeleceu-se em meados de dezembro um limite máximo de 24,5% para os reajustes de preços em janeiro. Assim, o governo ganharia tempo para a preparação de um programa de desindexação mais ambicioso.

8. Plano Verão: ingredientes

O Plano Verão de 14 de janeiro de 1989 promoveu uma nova reforma monetária, instituindo o cruzado novo (NCz$), correspondendo a mil cruzados, como a nova unidade básica do sistema monetário brasileiro. Foi anunciado também como um programa de estabilização híbrido, contendo elementos dos receituários ortodoxo e heterodoxo para o combate à inflação. Do lado ortodoxo, o plano pretendia promover uma contração da demanda agregada no curto prazo, ao anunciar a prática de taxas de juros reais elevadas para inibir a especulação com estoques e moeda estrangeira e cortes nas despesas públicas para sustentar a queda da inflação a médio prazo. Do lado heterodoxo, constituiu-se num choque de desindexação ainda mais ambicioso que o Plano Cruzado de fevereiro de 1986 ao suspender ou extinguir todos os mecanismos de realimentação da inflação, promovendo inclusive o fim da URP salarial, uma poderosa fonte de inércia inflacionária.

Em contraste com os Planos Cruzado e Bresser, não foram predeterminadas novas regras de indexação para a economia. Também, em contraste com as duas tentativas de estabilização anteriores, o Plano Verão demonstrou uma preocupação menor com a "neutralidade distributiva", provocando fortes redistribuições de renda e riqueza entre credores e devedores a taxas pós-fixadas. As principais medidas do Plano Verão no que tange às políticas de renda, monetária e fiscal são relacionadas em seguida.

Os salários foram convertidos para novos cruzados tomando como base o poder de compra médio nos últimos 12 meses, ou seja no período de janeiro a dezembro de 1988. Sobre esses valores aplicar-se-ia a URP prefixada em 26,1% para janeiro de 1989. Ficou estabelecido também que não haveria redução nominal de salários para aquelas categorias cujo poder de compra em janeiro estivesse acima da média de 1988, acrescida da URP. Assim, somente as categorias com *database* entre fevereiro e junho teriam aumentos salariais. Para as demais categorias, os salários permaneceriam inalterados nos níveis de janeiro de 1989.

A partir de fevereiro a URP não corrigiria mais os salários. Porém, em contraste com os Planos Cruzado e Bresser, o Plano Verão não estabelecia *a priori* uma nova regra para os reajustes salariais. Esta seria decidida em conjunto com os representantes dos empresários e trabalhadores que participavam das negociações do pacto social. Um decreto presidencial determinava que os ministros do Planejamento, Fazenda, Trabalho e Casa Civil consultassem empresários e trabalhadores para que, em 90 dias, ou seja até 15 de abril, pudessem submeter ao Congresso um projeto de lei dispondo sobre critérios e periodicidade dos reajustes de salários. Nesse ínterim, seria livre a negociação salarial nas datas base das categorias.

Os preços foram congelados nos níveis vigentes em 15 de janeiro de 1989 por tempo indeterminado, em contraste com o Plano Bresser que limitara o congelamento a 90 dias. Na véspera do anúncio do congelamento, porém, foram autorizados aumentos para os preços públicos e administrados: 33,3% para o pão; 47,5% para o leite; 63,5% para as tarifas postais; 35% para as tarifas telefônicas; 14,8% para a energia elétrica; 19,9% para a gasolina; e 30,5% para o álcool, entre outros. Além de recompor eventuais defasagens em relação aos custos de produção, o realinhamento dos preços, a exemplo do Plano Bresser, deveria gerar uma margem de folga para suportar o congelamento.

Pela terceira vez, o governo recorreu à construção de um novo vetor de preços para servir de base para a apuração da inflação. Assim, a base do IPC foi deslocada para 15 de janeiro. De forma análoga ao Plano Bresser ficou determinado que os aumentos de preços autorizados pelo governo na véspera da entrada em vigor do congelamento seriam computados integralmente na inflação de janeiro, evitando a contaminação da taxa de fevereiro que, apurada entre 15 de janeiro e 14 de fevereiro, indicaria a inflação dos primeiros 30 dias do novo plano.

A cotação do dólar norte-americano foi fixada em NCz\$1, o que refletia uma desvalorização do cruzado da ordem de 18%. Acreditava-se que a relação unitária entre o cruzado novo e o dólar norte-americano teria um efeito psicológico positivo, na medida em que fosse percebida como um indicador da disposição efetiva do governo em combater a inflação doméstica e, assim, sustentar a nova paridade a médio prazo. Em contraste com o Plano Bresser, mais na linha do Plano Cruzado, as minidesvalorizações diárias do cruzado foram suspensas: a taxa de câmbio permaneceria fixa por tempo indeterminado.

Tal como no Plano Cruzado, os aluguéis residenciais foram convertidos para novos cruzados pelos valores médios, de forma análoga aos salários. Foram anunciados diferentes fatores de conversão pela média em função da periodicidade contratual dos reajustes, anual ou semestral, e do mês do último reajuste. No caso dos aluguéis comerciais, o procedimento foi distinto em função da predominância dos reajustes mensais. Foram congelados os valores vigentes em janeiro de 1989, com as regras contratuais voltando a valer após o congelamento. Os contratos celebrados a partir de 15 de janeiro de 1989, para aluguéis tanto residenciais quanto comerciais, poderiam contemplar qualquer índice de correção acordado entre locadores e locatários.

A OTN, que servia de indexador para os contratos pós-fixados e que, com a aceleração da inflação recente, estava se tomando gradualmente uma moeda escritural paralela ao cruzado, foi extinta. Assim, os contratos com base na OTN ficariam congelados nos valores de 1º de janeiro de 1989, enquanto os contratos com base na OTN fiscal, que tinha correção diária, manteriam os valores vigentes em 13 de janeiro de 1989. Essa desindexação, que no caso da OTN desprezava a inflação entre 1º e 15 de janeiro e que no caso da OTN fiscal desprezava a inflação corretiva e defensiva do Plano Verão, beneficiou os devedores em detrimentos dos credores. O Plano Verão também proibiu cláusulas de indexação nos contratos novos com prazo inferior a 91 dias, permitindo-se nos contratos com prazo superior a 90 dias a livre pactuação da regra de indexação.

De forma análoga aos Planos Cruzado e Bresser o Plano Verão estabeleceu uma nova "tablita" de fatores diários para converter em cruzados novos as dívidas com vencimento posterior a 15 de janeiro de 1989, expressas em cruzados. Foram isentas da aplicação da tablita os pagamentos de: impostos, serviços públicos, consórcios, mensalidades escolares, clubes e condomínios. Diferentemente dos Planos Cruzado e Bresser, os fatores de conversão do Plano Verão considerariam, além do diferencial inflacionário, também o diferencial de taxas de juros reais pré e pós-plano. Desta forma, seria eliminado o "excesso" de expectativa inflacionária e custo financeiro embutidos nos valores prefixados para o futuro.

O ajuste fiscal proposto pelo governo junto com o Plano Verão deveria atuar em quatro frentes: redução das despesas de custeio através de uma ampla reforma administrativa, que incluiria a extinção de cinco ministérios; redução das despesas de pessoal através da demissão de funcionários públicos; redução do setor produtivo estatal através de um amplo programa de privatização; rigidez na programação e execução financeira do Tesouro, através de limitações à emissão de títulos da dívida pública e à realização de despesas não financeiras de acordo com a disponibilidade de caixa.

No que tange à política monetária, seriam utilizados três instrumentos básicos: aumento da taxa de juros real de curto prazo de tal forma a inibir movimentos especulativos; controle do crédito ao setor privado através de limitações de crédito, alteração do limites dos cheques especiais, redução dos prazos de financiamento e do pagamento de cartões de crédito e aumento do recolhimento compulsório; e redução das pressões das operações com moeda estrangeira através da suspensão dos leilões mensais de conversão da dívida externa em capital de risco instituídos em novembro de 1987 e dos reempréstimos dos depósitos dos bancos credores no Banco Central conforme o acordo externo de novembro de 1988, e menores superávits em conta corrente do balanço de pagamentos através da liberação de importações e da atuação da política cambial.

9. Plano Verão: resultados

A execução do Plano Verão pretendia produzir dois ou três meses de taxas de inflação baixas com a economia desindexada e, assim, induzir os agentes econômicos a ampliar as periodicidades dos reajustes nas negociações sobre as regras futuras de indexação. Nesta fase seria também aprofundado o ajuste fiscal. As taxas de juros elevadas promoveriam uma recessão suave a curto prazo, o que facilitaria a eliminação gradual do congelamento. O congelamento de preços seria conduzido sob a forma de uma sucessão de congelamentos de menor escopo e de pequena duração, o que permitiria tatear o equilíbrio de preços da economia.

A concepção do plano embutia, no entanto, diversos elementos de risco. Em primeiro lugar o Plano Verão se depararia com a falta de credibilidade do governo, após os fracassos obtidos com os Planos Cruzado e Bresser. Desde logo a sociedade exploraria os aspectos artificiais e temporários do programa, especulando sobre o fôlego das contas públicas para a consecução de uma política de juros reais elevados, sobre as dificuldades políticas envolvidas no ajuste fiscal anunciado num ano eleitoral e sobre a duração e o escopo do congelamento de preços. E, em segundo lugar, a economia marcharia mais rapidamente para a hiperinflação no caso de fracasso de plano, na medida em que eram eliminadas as âncoras inflacionárias da OTN e da URP. A inflação tornar-se-ia mais dependente das expectativas inflacionárias e, consequentemente, do próprio sucesso a curto prazo na condução das políticas monetária e fiscal.

Os resultados dos primeiros meses do Plano Verão não corresponderam às expectativas do governo. A variação oficial do IPC em fevereiro ficou em 3,6%. Porém, já em março, segundo mês do congelamento, a inflação alcançou 6,1%, influenciando negativamente o curso das negociações sobre as novas regras de indexação da economia. Sem o braço da política fiscal, cujo ajuste anunciado não se materializou, o governo se viu obrigado a manter as taxas de juros excessivamente elevadas por um período mais longo do que previsto inicialmente, o que agravou ainda mais o desequilíbrio fiscal. Segundo estimativas do próprio governo, o custo da conta de juros da dívida interna após o Plano Verão deveria alcançar 3% a 4% do PIB em 1989, o que sinalizaria um déficit operacional para o setor público da ordem de 6% a 7% do PIB. Em bases anuais o déficit operacional de fato acabou alcançando, em 1989, 6,9% do PIB em comparação com 4,8% no ano anterior.

As taxas de juros reais praticadas no mercado aberto, utilizando como deflator o IPC do mês em curso, alcançaram 14,8% e 13,5% ao mês em fevereiro e março de 1989, respectivamente, e tiveram, aparentemente, um efeito perverso sobre o consumo. Os ganhos proporcionados pelas elevadas taxas de juros reais, aliados à redução do recolhimento na fonte do imposto de renda para as pessoas físicas aumentaram a renda disponível dos consumidores, neutralizando os efeitos contracionistas dos aumentos de preços na véspera do anúncio do plano, da elevação do custo do crédito e da desvalorização do estoque de riqueza não financeira sobre a demanda. Além disso, a falta de credibilidade no programa também impulsionou o consumo, pois a aposta na fragilidade e na transitoriedade do congelamento começou mais cedo do que se esperava. Por estes motivos a recessão que o Plano Verão admitia provocar e que consolidaria a estabilização dos preços não se materializou. As vendas no comércio varejista de São Paulo cresceram 9,7% em fevereiro e mais de 10% em março de 1989.

No que tange aos salários, o Congresso aprovou ainda em fevereiro de 1989 uma lei determinando a reposição em três parcelas, a partir de março, do percentual de 7,5%, referente à diferença entre as variações do INPC e da URP. Após o fracasso das negociações com empresários e trabalhadores, o governo determinou em fins de abril uma reposição salarial adicional de até 13,1%, dependendo da *database* da categoria, e a antecipação da terceira parcela do reajuste de 7,5% que seria paga em maio. Esses percentuais não satisfizeram a classe trabalhadora, que intensificou o movimento grevista com pleitos de recomposição dos picos salariais de 1988. As discussões entre o governo, os empresários e trabalhadores acerca da nova política salarial também não convergiram no prazo determinado de 15 de abril. A indefinição quanto à política salarial foi considerada outro agravante do movimento grevista que assolou o país a partir de março. A partir de março, as taxas de juros reais mensais caíram para 1,36% em maio e depois aumentaram até atingir um patamar entre 5,3% e 7,4% entre dezembro de 1989 e fevereiro de 1990.

Terminada a greve geral dos dias 14 e 15 de março, o governo promoveu os primeiros reajustes na tabela de preços, o que contribuiu para que a taxa de inflação em abril alcançasse 7,3%. Também deu-se início a uma prática de desvalorizações cambiais pequenas e eventuais do cruzado novo, sem qualquer indicação de um indexador e de uma regra. Vale notar que a balança comercial atingiu superávits recordes no primeiro trimestre do ano, acumulando US$20,3 bilhões em 12 meses no final de março de 1989. O surto de vendas externas resultou em uma transferência de renda do governo para o setor exportador. A aplicação, às taxas de juros domésticas, dos adiantamentos de contrato de câmbio, cujo custo com a taxa de câmbio fixa se resumia às taxas de juros internacionais, tornou a atividade exportadora atraente financeiramente.

Em fins de abril o governo deu os primeiros passos na direção da reindexação da economia. Atendendo a demanda de um indexador oficial, foi criado o BTN (Bônus do Tesouro Nacional), sucedâneo da extinta OTN, corrigido mensalmente com base na variação do IPC. O novo indexador só poderia ser utilizado em novos contratos, com prazo mínimo de 90 dias. Na mesma ocasião, o governo estabeleceu as regras do descongelamento: após a primeira revisão dos preços, sem data marcada, a ser autorizada pelo ministro da Fazenda, os reajustes só poderiam ocorrer em intervalos de 90 dias, exceto em casos excepcionais. Além disso, o governo ratificou a decisão de não submeter uma proposta de política salarial ao Congresso, embora procurasse induzir, com os reajustes trimestrais de preços e os prazos mínimos de 90 dias para os contratos pós-fixados em BTN, a adoção da trimestralidade.

O processo de realinhamento dos preços foi detonado no início de maio, com os reajustes dos preços dos automóveis, das passagens aéreas e dos combustíveis. Ao longo do mês o descongelamento se intensificou, com a determinação de reajustes, praticamente simultâneos, para um extenso leque de produtos com preços administrados e de serviços públicos. De acordo com a estratégia anunciada pelo governo de só manter sob controle oficial os preços dos segmentos oligopolistas e monopolistas, foram liberados diversos preços de setores classificados como competitivos. Como era esperado, o descongelamento provocou uma forte aceleração da inflação ainda em maio, com a taxa oficial, medida entre os dias 15 de abril e 14 de maio, alcançando 9,9% no mês. Dado que os percentuais de reajustes dos preços administrados a partir de maio variaram na faixa de 15% a 25%, estimava-se uma taxa de inflação não inferior a 15% em junho, sancionada pela elevação das taxas de juros do mercado aberto no início de junho e excedida pelos mais de 20% de fato verificados. A inflação no segundo semestre escalou rapidamente: mais de 30% em agosto, de 40% em outubro, de 50% em dezembro. Em fevereiro de 1990 alcançou mais de 70% e, em março, o pico de 84%, ou seja mais de 4.800% nos últimos 12 meses.

A cotação do dólar no mercado paralelo ficou praticamente estável nos dois primeiros meses do plano, cerca de 70% acima da taxa oficial. A partir de abril, porém, o ágio voltou a crescer, até atingir o nível recorde de 200% em meados de maio. Além da queda das taxas de juros e da expectativa de uma maxidesvalorização cambial, a cotação do dólar no mercado paralelo foi impulsionada pelo risco de perda de controle do processo inflacionário, a partir do descongelamento que se iniciava. A transposição para o caso brasileiro do fracasso do Plano Primavera argentino, e da consequente entrada da economia argentina numa trajetória hiperinflacionária na véspera das eleições presidenciais, alimentou as especulações acerca do fracasso do Plano Verão e de suas consequências econômicas, políticas e sociais. Na tentativa de conter a especulação, o governo promoveu uma minidesvalorização do cruzado novo de 4,5% e definiu novas regras para a correção cambial: equiparação à variação mensal do IGP-DI da FGV através de até seis minidesvalorizações mensais sem data marcada. No segundo semestre de 1989, e nos dois primeiros meses de 1990, o ágio do dólar manteve-se em torno de 100%.

Ainda em maio, o Congresso aprovou uma nova política salarial (Lei nº 7.788, de 3.7.89), que estabeleceu um esquema de reajustes diferenciados de acordo com a faixa de renda e em "cascata". Assim, a parcela do salário até três salários mínimos teria reajustes mensais de acordo com a variação do IPC. A parcela do salário entre 3 e 20 salários mínimos teria reajustes trimestrais, com eventuais antecipações mensais iguais ao diferencial entre a taxa mensal de inflação e um "gatilho" de 5%. Finalmente, a parcela do salário superior a 20 salários mínimos seria negociada livremente.

Vale notar que a nova política salarial restabeleceu os reajustes mensais, que se pretendia suprimir com a eliminação da URP, para uma grande fração da massa salarial, uma vez que as taxas de inflação já haviam ultrapassado o patamar de 5% ao mês. Além disso, as novas regras configuraram uma realimentação inflacionária muito mais rápida do que a extinta URP, o que aumentou o grau de indexação da economia. Note-se que com a URP os picos salariais só eram repostos anualmente, na *database* da categoria, enquanto, com a nova política, os picos salariais eram recompostos trimestralmente, pelo menos até a faixa de 20 salários mínimos.

O principal mérito do Plano Verão residiu na interrupção de uma rota hiperinflacionária. No entanto, a salto da inflação já a partir do segundo mês, o descongelamento de preços no contexto de taxas de juros decrescentes, o movimento de recomposição dos picos de salário real de 1988, as defasagens apontadas para os preços públicos e administrados, as indefinições ainda existentes quanto à reindexação da economia, a precariedade do ajuste fiscal e uma expansão monetária nos últimos 12 meses da ordem de 1.000% ao ano já traçavam em meados de 1989 cenários inquietantes para a inflação no curto prazo.

No contexto de taxas mensais de inflação de dois dígitos e reajustes salariais mensais, podia-se projetar a curto prazo uma redução dos prazos de indexação vigentes, com o virtual abandono da trimestralidade nos reajustes de preços e a reinstituição das minidesvalorizações cambiais diárias. Assim, o governo encaminhou-se rapidamente para o estabelecimento de uma economia tão ou mais indexada do que antes do Plano Verão, com o fator agravante de um maior desequilíbrio fiscal. Tal como em fins de 1985, em meados de 1987 e na segunda metade de 1988 ressurge na sociedade brasileira o temor da hiperinflação. Este temor recrudesceu, a partir de meados de 1989, com a rápida aceleração da inflação mensal. Generalizaram-se as expectativas de que o novo governo que tomaria posse em março de 1990 implementaria um novo programa de estabilização, embora não fosse claro que características teria tal programa.

A despeito das expectativas pessimistas no início do ano, da forte aceleração inflacionária e das altas taxas de juros o crescimento do PIB em 1989 foi de 3,2%, em contraste com a estagnação no ano anterior.

10. Conclusões

Apesar da ênfase da política econômica no combate à inflação, a taxa anual de inflação quadruplicou entre o início de 1985 e o final do ano de 1988. Após a queda proporcionada pelo Plano Verão, em meados de 1989 já se projetava para o segundo semestre de 1989 o retorno a uma taxa de inflação de 20% ao mês. Essas expectativas se revelaram otimistas pois, como já se comentou, a inflação, que em junho excedeu 20% ao mês, em dezembro superava os 50%. Em fevereiro de 1990 alcançou mais de 70% e, em março, o pico de 84%.

Os Planos Cruzado, Bresser e Verão não produziram mais do que um represamento temporário da inflação, uma vez que não foram solucionados quaisquer dos conflitos distributivos de renda ou atacados os desequilíbrios estruturais da economia, que poderiam ser considerados focos de pressão inflacionária a médio prazo.[29] Não se logrou reduzir as transferências de recursos reais para o exterior.

---

[29] Dornbusch e Simonsen (1987); Modiano (1988a, cap.12) e Ocampo (1987) resumem as lições derivadas dos sucessos e fracassos dos programas heterodoxos de estabilização.

O desequilíbrio das contas do governo se agravou. A política monetária foi predominantemente acomodatícia. O setor empresarial passou a se defender com maior presteza e eficácia de quaisquer defasagens, ou de ameaças de defasagem, dos preços em relação aos custos. E os trabalhadores manifestaram com veemência crescente sua insatisfação quanto ao poder de compra dos salários.[30] Assim, restou apenas ao governo promover desindexações e, em seguida, administrar as inevitáveis acelerações da inflação.

Os efeitos permanentes de uma sucessão de "choques" de estabilização se mostraram, porém, talvez tão perversos quanto os efeitos da inflação que pretendiam eliminar. Em primeiro lugar, porque os sucessivos congelamentos perderam eficácia como instrumentos de combate à inflação: tenderam a tornar-se menos abrangentes no escopo e mais curtos no tempo. Em segundo lugar, porque com a ameaça ou a consolidação de uma nova escalada inflacionária os agentes econômicos procuraram defender suas participações na renda, incrementando suas remunerações e praticando reajustes mais frequentes, o que impulsionou a inflação e tornou o novo "choque" inevitável. E, em terceiro lugar, porque as bruscas variações das taxas de inflação nos ciclos "congelamento/flexibilização" provocaram redistribuições da renda que, com o aumento da incerteza, acabaram tendo reflexos negativos sobre as decisões de investimento, afetando o lado real da economia.

O produto real da economia brasileira se expandiu à taxa média de 4,4% ao ano entre 1985 e 1989. A análise dos índices trimestrais do PIB real revela que a estagnação da produção se iniciou no final de 1986, após dois anos consecutivos de crescimento superior a 7% ao ano. Entre 1980 e 1989 o PIB cresceu apenas 2,9% ao ano em contraste com mais de 8% ao ano na década de 1970. Levando em conta o crescimento populacional de 2% ao ano, a renda *per capita* da economia brasileira avançou apenas 0,9% ao ano na década de 1980.

A desaceleração do crescimento na década de 1980 foi comandada pela indústria, cujo produto cresceu apenas 2,0% ao ano entre 1980 e 1989. Segundo Werneck (1988), o custo da desaceleração do crescimento nos anos 1980 seria um produto por habitante no ano de 2000 cerca de 30% inferior àquele que seria alcançado com a manutenção do crescimento do produto à taxa de 7% ao ano a partir de 1981. A desaceleração do crescimento da década de 1980, no entanto, não abriu espaço para a retomada da taxa histórica uma vez que os desequilíbrios tanto externos quanto internos da economia não foram equacionados de forma definitiva. Por este motivo, a década de 1980 pode ser caracterizada como uma "década perdida".

A estagnação prolongada, a falta de sucesso no combate à inflação, as incertezas quanto às renegociações externas, o agravamento do desequilíbrio fiscal, as indefinições da política industrial e as ameaças ao capital estrangeiro não criaram um clima propício à retomada do crescimento sustentado na segunda metade da década de 1980. Embora formação bruta de capital fixo como porcentagem do PIB tenha aumentado expressivamente a partir de meados da década de 1980 há indicações de que isto tenha sido provocado pela aceleração inflacionária com os agentes econômicos buscando ativos reais. De qualquer forma a manutenção de um crescimento autossustentado do produto da ordem de 6% ao ano requereria um

---

[30] Bacha (1988) e Modiano (1987b) apresentam uma taxonomia dos conflitos distributivos de renda na economia brasileira.

aumento do patamar da taxa de investimento para cerca de 23% do PIB, próximo da média da década de 1970 (Fritsch e Modiano, 1988).

Um dos principais empecilhos para a retomada de uma taxa de investimento mais alta decorreu da insuficiência de poupança para seu financiamento. A poupança externa, que representou cerca de 4% do PIB em média na década de 1970, virtualmente desapareceu a partir de 1984, em decorrência do equilíbrio da conta corrente do balanço de pagamentos em resposta à suspensão dos empréstimos externos voluntários em 1982. A poupança nacional também caiu devido à redução da poupança pública que, após representar 4,5% do PIB na média da década de 1970, tornou-se negativa a partir de 1982.[31] A carga tributária líquida do governo caiu de 15% do PIB na média da década de 1970, para 10% do PIB na primeira metade da década de 1980 e para menos de 10% do PIB a partir de 1985. A recuperação do investimento exigiria, assim, necessariamente por uma recomposição da carga tributária líquida e, consequentemente, da poupança do governo, de pelo menos 5% do PIB.

A baixa taxa média de crescimento da economia brasileira no período 1985-89 contribuiu para sedimentar a geração de elevados superávits comerciais, que se iniciou com o ajuste recessivo de 1983. Beneficiado ainda por termos de troca mais favoráveis, até 1988, e por um crescimento mais acentuado do comércio mundial, o superávit da balança comercial passou de US$12 a 13 bilhões em 1984-85 para a faixa de US$19 bilhões em 1988 e US$16 bilhões em 1989. Em consequência, pela primeira vez desde a eclosão da crise de 1982, verificou-se em 1988 e 1989 uma redução do estoque da dívida externa, o que tende a se repetir nos anos posteriores, sob hipóteses de crescimento moderado do produto. Ironicamente, a falta de uma solução para os desequilíbrios internos, herdados do início dos anos 1980, ao não permitir uma retomada vigorosa do crescimento econômico, reforçou e prolongou o ajuste recessivo do desequilíbrio externo, que caracterizou a política econômica da primeira metade da década.

---

[31] Ver Werneck (1986c).

CAPÍTULO 15

ESTABILIZAÇÃO, ABERTURA
E PRIVATIZAÇÃO, 1990-1994

Marcelo de Paiva Abreu
Rogério L. F. Werneck

Fernando Collor assumiu a Presidência em 15 de março de 1990, com o país submetido a avassaladora inflação de mais de 80% ao mês. Como plenamente antecipado, teve de anunciar um drástico plano de estabilização no primeiro dia de governo. Mas seu programa econômico incluiu também reformas estruturais centradas na abertura comercial, na redução do papel do Estado como produtor de bens e serviços e na reorganização da administração pública federal.

Embora o processo inflacionário tenha se tornado menos virulento, os esforços de estabilização de seu governo fracassaram. Mas houve surpreendente sucesso na implementação de duas reformas cruciais: privatização e liberalização comercial. De uma perspectiva de longo prazo, seu governo marcou o início da reversão da estratégia econômica de quase meio século, baseada nos pilares da ação do Estado e da autarquia, preconizada por Roberto Simonsen em 1944, na sua controvérsia com Eugênio Gudin.[1]

Político com base eleitoral nos grotões alagoanos, ainda que com conexões em Brasília e no Rio de Janeiro, Collor mostrou-se pouco sensível às contrapressões do Centro-Sul às reformas. Em contraste com a privatização e a abertura, seus esforços de reforma na área administrativa fracassaram, em meio a deficiências de concepção e implementação advindas de equívocos na seleção de órgãos públicos a eliminar, efetivação indiscriminada de funcionários contratados pelo regime da CLT e demissões nem sempre justificadas e carentes de amparo legal. A postura hostil do governo em relação ao funcionalismo dificultou em muito sua atuação. Ironicamente – tendo em vista a tônica da campanha eleitoral de Collor, centrada na denúncia dos "marajás" do serviço público –, foram as acusações de corrupção na sua administração que levaram a seu *impeachment* no final de 1992, quando mal havia cumprido metade do mandato.

Seu vice-presidente e sucessor, Itamar Franco, depois de um período inicial de alta volatilidade, em que se permitiu nomear quatro ministros da Fazenda em sete meses, acabou encontrando um nome com cabedal adequado para levar a bom termo o esforço de estabilização. Entre maio de 1993 e o final de março de 1994,

---

[1] Ver Gudin e Simonsen (1977).

Fernando Henrique Cardoso conduziu a concepção e boa parte da implementação do Plano Real, programa de estabilização que, afinal, conseguiria debelar com sucesso o processo de alta inflação, a partir de meados de 1994. No mandato de Itamar Franco continuaram avançando as reformas relativas à abertura comercial e à privatização.

Fracasso do Plano Collor

Não se pode subestimar a gravidade do quadro econômico com que Collor se defrontou ao tomar posse. A taxa de inflação de fevereiro havia sido superior a 70%. A combinação de rápida expansão de gastos do governo com significativa redução de carga tributária, ao longo da segunda metade da década de 1980, havia levado o déficit operacional consolidado do setor público a 6,9% do PIB em 1989. As reservas internacionais estavam tecnicamente zeradas. Os minguados US$9,7 bilhões registrados nas estatísticas oficiais haviam sido acumulados às custas de atrasos nos pagamentos de juros a credores externos. Para que as contas externas fossem mantidas sob controle precário, as importações tinham sido comprimidas a não mais que 4,4% do PIB.

Em contraste com experiências de estabilização dos anos 1980, dessa vez não havia margem para dúvidas acerca do momento exato em que o novo governo anunciaria as medidas de estabilização. Tendo em vista o grau de descontrole da aceleração inflacionária, já se sabia que Collor estaria obrigado a anunciar seu programa de estabilização logo no início do seu mandato, muito provavelmente no próprio dia da posse. Naturalmente, a concepção e a implementação de um plano de estabilização com data de anúncio amplamente conhecida envolveram dificuldades redobradas, tendo em vista inevitáveis movimentos antecipatórios e altamente desestabilizadores, que, nessas circunstâncias, a própria posse do novo presidente ensejaria. Além de remarcações preventivas, geradas pela expectativa de imposição de novo congelamento de preços, e de movimentos especulativos, estimulados pela expectativa de uma desvalorização cambial, temiam-se os efeitos desestabilizadores provenientes da incerteza acerca da incidência de perdas que adviriam das severas medidas de ajuste fiscal aventadas. Especialmente temido era um movimento generalizado de rápida recomposição de carteiras de investimento, com fuga de aplicações em títulos públicos, induzida pelo receio de que o governo viesse a impor alguma forma de calote na dívida pública.

A parte mais controvertida do programa de estabilização que afinal se anunciou foi exatamente a tentativa de impedir a fuga de títulos públicos, com a retenção pelo governo de parte substancial dos ativos financeiros de empresas e pessoas físicas. Retidos por 18 meses, os ativos foram compulsoriamente convertidos em depósitos no Banco Central, com correção pela inflação, remuneração de 6% ao ano e previsão de devolução em 12 prestações mensais a partir do décimo nono mês. De início, cerca de 80% dos ativos financeiros chegaram a ser retidos.

Ao mesmo tempo que cerceou o espaço para recomposição de carteiras de investimento, a retenção de ativos imposta pelo governo teve efeitos contracionistas importantes sobre a demanda agregada. De um lado, representou súbita e brutal contração de liquidez. De outro, ainda que colateralmente, gerou efeito-riqueza negativo de grandes proporções na medida em que boa parte dos agentes afetados pela retenção atribuiu probabilidade razoavelmente alta à não recuperação integral dos ativos retidos. Na verdade, num primeiro momento, parcela substancial desses agentes parece ter atribuído probabilidade bastante elevada à perda definitiva e completa dos recursos retidos. Foi da apreensão generalizada com as possíveis perdas envolvidas na retenção de ativos que adveio o efeito-riqueza.

Reforçando tais mecanismos de contração de demanda agregada, o governo também anunciou, como parte do plano de estabilização, um grande esforço de ajuste fiscal. A proposta inicial era fazer com que o déficit operacional do setor público de 8% do PIB, observado em 1989, se transformasse em superávit de 2% do PIB em 1990: um gigantesco ajuste de nada menos do que 10% do PIB.

A aposta do governo era a de que a contração de demanda agregada, que adviria da combinação de ajuste fiscal de tais proporções com a drástica retenção de ativos financeiros, criaria condições adequadas para que o terceiro componente do plano de estabilização – o congelamento de preços e salários – quebrasse de forma efetiva e duradoura a inércia da alta inflação. O que se almejava era uma rápida mudança do processo inflacionário, já no segundo trimestre 1990, para regime muito mais benigno, de taxa anual de um dígito.[2]

Com o exagero proposital das medidas de contração de demanda, esperava-se que o plano deixaria espaço para relaxamento gradual e controlado do esforço contracionista, à luz da evolução da inflação e do nível de atividade. Mas a dosagem mostrou-se bem mais problemática do que se imaginava. Logo após o anúncio do plano, na esteira da desorganização gerada pela falta de capital de giro das empresas, de situações dramáticas enfrentadas por muitas famílias em decorrência da súbita restrição de liquidez e de fortes pressões políticas exercidas sobre o Banco Central, foram criados vários mecanismos de flexibilização da retenção que levaram à rápida redução do percentual de ativos retidos. Tão rápida que a correção se revelou excessiva. Em cerca de 45 dias, passou-se, de uma situação de grande apreensão com a redução despropositada de liquidez imposta pelo programa de estabilização, a uma situação de alarme com a rapidez com que a liquidez estava sendo restaurada.[3]

Também pelo lado da política fiscal, logo ficou claro que o ajuste fiscal de 10% do PIB seria bem mais difícil do que esperava o governo. Nem tanto pelo lado da receita tributária, do qual se esperava uma contribuição de 4% do PIB, em boa parte advinda de forte elevação da tributação sobre operações financeiras. Os outros 6% do PIB é que se afiguravam mais difíceis. Tendo em vista as dificuldades de montagem do programa de privatização, as previsões de vendas de ativos já em 1990 logo se mostrariam excessivamente otimistas. E, do lado do corte de despesas, os resultados prometiam ser não só mais lentos como mais modestos.

---

[2] Na verdade o programa de estabilização envolveu também uma reforma monetária que mudou a denominação da moeda brasileira de cruzado novo para cruzeiro A designação cruzeiro para a moeda nacional havia sido utilizada em duas ocasiões anteriores. O Decreto-Lei nº 4.791, de 5 de outubro de 1942, criou o cruzeiro em substituição ao mil-réis e, em 1970, a Resolução 144, do Conselho Monetário Nacional, restabeleceu a denominação cruzeiro em substituição ao cruzeiro novo, criado em 1967.

[3] Ver Faro (1991a) e (1991b) para avaliações contemporâneas do Plano Collor.

Já no controle de preços e salários, as dificuldades esperadas foram amplificadas por erros graves de implementação. Especialmente problemático foi o impensado e prematuro abandono da política de prefixação da inflação para efeito de reajustes salariais, pouco após ter sido duramente negociada no Congresso como componente crucial do esforço de quebra da inércia inflacionária. A esperança de que a inflação convergisse para uma taxa anualizada de um dígito logo se revelou completamente infundada. Já no final do segundo trimestre de 1990, pouco mais de 100 dias após o lançamento do plano de estabilização, havia ficado claro que a taxa mensal de inflação voltara a ser de dois dígitos.

Em maio, assustado com a evolução da inflação e com a reindexação de preços que poderia ser deflagrada na esteira da movimentação do Congresso para aprovar uma nova lei de reajustes salariais, o governo tentou restaurar a credibilidade do plano de estabilização, reforçando seu lado mais ortodoxo. Anunciou mais empenho na viabilização do ajuste fiscal pretendido e metas de expansão monetária extremamente apertadas para o segundo semestre de 1990. Para 1991, a meta anunciada foi simplesmente de expansão monetária zero. Em Junho, o governo tentou conter o processo de reindexação, introduzindo por medida provisória (MP 193), de alto custo político, novas regras de reajuste salarial.

Tendo constatado que a aposta numa estratégia de combate à inflação de resultados rápidos se revelara irrealista, o governo tentou refazer o jogo, concentrando suas fichas em estratégia de resultados mais lentos, respaldada por forte contração de demanda. Mas se, pelo lado dos preços, os efeitos da contração de demanda prometiam ser lentos, pelo da produção, logo se mostraram rápidos e intensos, levando à queda de 4,4% do PIB em 1990. O que reforçou em muito as pressões políticas contra o programa de estabilização, colocando sob tensão crescente o já precário apoio ao governo no Congresso. Com a taxa de inflação em patamar superior a 10% ao mês desde maio, e resvalando para 14% já em outubro, a manutenção das regras de reajuste salarial introduzidas em meados do ano parecia insustentável. No final de 1990, sobravam evidências de que a política de estabilização estava em processo terminal de perda de credibilidade.

No início de 1991, o governo se viu forçado a anunciar novo programa de estabilização, com novo congelamento de preços (Plano Collor II). Dessa vez, com forte resistência do Congresso. O plano deixou claramente exposta a fragilidade do apoio parlamentar com que contava o Executivo. Nas negociações com o Congresso sobre as medidas que compunham o plano, o governo teve de deixar questões fundamentais em aberto, para acerto posterior. Nem mesmo conseguiu aprovar a proposta de política salarial que enviou ao Legislativo. E os efeitos do congelamento sobre a inflação se revelaram especialmente efêmeros. A constatação da fragilidade do apoio com que efetivamente contava no Congresso parece ter contribuído para que o governo abandonasse, de vez, o empenho no combate à inflação que havia exibido nos seus primeiros meses de mandato.

Na verdade, pouco mais de 30 dias após o anúncio do novo programa de estabilização, o governo lançou o Projeto de Reconstrução Nacional, apresentado como agenda de discussão das reformas estruturais que se faziam necessárias para um processo de rápida modernização do país, com a retomada do crescimento sustentado. Conjugada com o quadro recessivo que se instalara no ano anterior, a nova iniciativa logo ensejou debate, prontamente respaldado por autoridades da área econômica, acerca da possibilidade de conciliar o quadro de taxas de inflação mensais de dois dígitos com a retomada ordenada do crescimento econômico sustentado no país.

Com base na visão de que o controle de demanda e o baixo nível de atividade não vinham cumprindo qualquer papel positivo no combate à inflação, formou-se ampla coalizão favorável ao rápido reaquecimento da economia, envolvendo o empresariado, lideranças sindicais, boa parte dos governadores e segmentos importantes do Congresso. O foco na questão da estabilização, que adviera do senso de urgência incutido pela inflação da ordem de 80% ao mês observada no final do governo Sarney, fora, mais uma vez, perdido.

Alta inflação, corrupção e impeachment

No início de maio de 1991, a maior parte da equipe econômica com que Collor havia iniciado seu mandato, 14 meses antes, deixou o governo. No Ministério da Economia, Zélia Cardoso de Mello foi substituída por Marcílio Marques Moreira. E na presidência do Banco Central, Ibraim Eris foi sucedido por Francisco Gros. A nova equipe teve de lidar de imediato com situações difíceis em várias frentes.

Havia, em primeiro lugar, um quadro inflacionário delicado, tendo em vista a necessidade de assegurar saída ordenada do congelamento de preços que, anunciado apenas quatro meses antes, se esgarçava a olhos vistos, apesar da demanda agregada ainda arrefecida. A volta a um regime de inflação mensal de dois dígitos tornava inevitável a negociação cuidadosa de nova lei salarial com o Congresso, num momento em que a base parlamentar do governo se mostrava preocupantemente precária.

Em segundo lugar, o quadro fiscal estava em franca deterioração. Há muito já se sabia que, como boa parte das medidas de política fiscal adotadas no início do governo tinha efeitos circunscritos a 1990, seria necessário novo esforço de ajuste fiscal em 1991. E em meados de 1991 parecia claro que o governo federal já havia levado tão longe quanto possível sua política de simples repressão do déficit público, com base em atrasos de desembolsos e compressão dos salários do funcionalismo. Por outro lado, o rápido agravamento do desequilíbrio financeiro dos governos subnacionais, num quadro generalizado de gestão irresponsável dos bancos estaduais, tornara inevitável a reestruturação das dívidas dos estados.

Em terceiro lugar, a economia havia se tornado muito mais instável, em decorrência da crescente volatilidade das expectativas, acirrada pela recorrência dos choques de estabilização e das mudanças de regras do jogo. Os movimentos defensivos dos agentes econômicos, que antes se manifestavam basicamente na forma de remarcações de preços, passaram também a se manifestar na forma de rápidas e desestabilizadoras recomposições nas carteiras de ativos. Boa parte do esforço inicial da nova equipe teve de ser consumido no empenho de convencer o país de que estava sinceramente decidida a evitar novas descontinuidades e sobressaltos na condução da política econômica. Para que tal empenho pudesse ter sucesso, a equipe teria de eliminar qualquer dúvida acerca da efetiva disposição do governo de iniciar a devolução dos ativos financeiros compulsoriamente retidos,

18 meses após a retenção. E assegurar que essa reinjeção de recursos seria feita de forma ordenada, sem desestabilizar ainda mais a economia.

Para evitar que tais recursos fossem atraídos para aplicações em moeda estrangeira, o Banco Central, além de manter a taxa de juros bastante elevada, permitiu que a apreciação da taxa real de câmbio que havia sido observada ao longo do primeiro semestre, se acentuasse significativamente em meados de 1991. A balança comercial já vinha mostrando franca deterioração, na esteira da superação do quadro recessivo de 1990, mas a entrada de capitais parecia suficiente para que o câmbio se valorizasse momentaneamente sem maiores riscos. Em setembro, contudo, surpreendido pela evolução desfavorável do influxo líquido de capitais e preocupado com o nível das reservas internacionais, o Banco Central decidiu abandonar a política de ajustes graduais do câmbio que havia sido introduzida em março de 1990, deixando que o câmbio se desvalorizasse em 16% no último dia do mês. A desvalorização deflagrou aumento da volatilidade no mercado cambial que contribuiu para intensificar ainda mais a rápida aceleração da inflação que já vinha sendo observada.

Em meados de 1992, o quadro econômico do país havia-se tornado menos crítico em vários aspectos. Desde o início do ano, a política macroeconômica vinha contando com o respaldo de novo acordo com o Fundo Monetário Internacional. Apesar do desempenho desfavorável da receita tributária, as metas fiscais para o primeiro semestre haviam sido cumpridas, graças a um rejuste substancial de preços públicos e ao desgastante contingenciamento de verbas orçamentárias. Superado o episódio de volatilidade que se seguiu à desvalorização de setembro de 1991, o bom desempenho da balança comercial, combinado a forte influxo de capitais, vinha permitindo rápida recomposição das reservas internacionais. O processo de devolução dos recursos que haviam sido compulsoriamente retidos estava chegando ao fim. E, como se verá a seguir com mais detalhe, depois de longos meses de negociação, o país restabelecera a normalidade de suas relações com credores externos, oficiais e privados, rompida desde a moratória de 1987.

A questão inflacionária, contudo, permanecia sem solução. A taxa de inflação voltara a um patamar superior a 20% ao mês. Mas já não havia controle de preços. E os esforços de desarmamento de expectativas pareciam ter tido sucesso. Com base nos critérios complacentes de então, comemorava-se o fato de que, pela primeira vez em seis anos, taxas de inflação tão altas não haviam disseminado expectativas desestabilizadoras de que o governo estaria prestes a anunciar nova descontinuidade na condução da política econômica.

Visto em retrospectiva, isso de fato representou mudança importante. Significou a quebra do círculo vicioso de choques anti-inflacionários fracassados que, desde de 1986, vinha fazendo com que a aceleração da inflação logo precipitasse movimentos defensivos que, afinal, acabavam forçando o governo a anunciar novo e improvisado programa de estabilização, com efeitos cada vez mais efêmeros. É notável que, não obstante todas as dificuldades por que passou o país nos dois anos seguintes, esse precário desarmamento de expectativas tenha sido, bem ou mal, preservado até a implementação do Plano Real, em meados de 1994.

A grande fonte de incerteza passara a ser a tensa evolução do quadro político. A eleição de Collor, à margem dos grandes partidos, havia dado lugar a um governo com base parlamentar extremamente precária. O fracasso do controvertido plano de estabilização de Collor e os desgastes político que advieram de seu programa de reformas tornaram o apoio parlamentar ainda mais difícil. No final de maio de 1992, na esteira de longo processo de deterioração das relações do Executivo com o Congresso, surgiram evidências de envolvimento direto do presidente num amplo esquema de corrupção que vinha sendo objeto de investigação parlamentar. Pouco mais de quatro meses depois, a situação de Collor tornou-se insustentável. Afastado provisoriamente do cargo no início de outubro de 1992, o presidente renunciou no final de dezembro, quando o processo de *impeachment* estava prestes ser concluído.[4]

Concepção e implementação do Plano Real

De início, como substituto interino de Fernando Collor e, a partir de 29 de dezembro de 1992, em caráter definitivo, Itamar Franco ocupou a presidência por quase 27 meses. No exercício do cargo, confirmaria com cores vivas sua reputação de político histriônico e mercurial. Revelou-se especialmente volúvel na seleção dos responsáveis pela área econômica do governo. Defrontando-se com um quadro econômico delicado, com incertezas exacerbadas pela crise política, deu-se ao luxo de nomear nada menos que quatro ministros da Fazenda diferentes nos seus sete primeiros meses de governo. Sua última escolha recaiu sobre seu ministro de Relações Exteriores, Fernando Henrique Cardoso, a quem caberia, como ministro da Fazenda, coordenar os esforços que, afinal, permitiriam enfrentar com sucesso o desafio de implementar um plano de estabilização que efetivamente pusesse fim ao regime de alta inflação no país.

É importante ter em mente o grau de deterioração em que havia caído a condução da política macroeconômica em maio de 1993, quando Fernando Henrique Cardoso assumiu o Ministério da Fazenda. A taxa de inflação voltara a superar 30% ao mês e, mais uma vez, o governo se via fortemente pressionado a enfrentar o problema tão logo quanto possível. Ao mesmo tempo, havia grande ceticismo sobre as reais possibilidades do governo Itamar Franco. Seu desempenho durante os primeiros sete meses havia sido deplorável. Faltavam-lhe apenas 19 meses de mandato. E em menos de um ano o Congresso estaria totalmente mobilizado com as eleições de outubro de 1994. Parecia pouco provável que o governo pudesse conceber e implementar uma política econômica de mais fôlego.

A longa sucessão de fracassos nas tentativas de estabilização a partir de 1986 havia permitido a extração de lições importantes. Havia erros óbvios que teriam de ser evitados na concepção de novo plano que tivesse pretensões mínimas de sucesso. Além disto, tal plano, o sexto desde 1986, teria de enfrentar resistências redobradas que exigiriam da equipe econômica grande habilidade para conduzir as complexas negociações que se fariam necessárias dentro e fora do governo. Mas antes de mais nada, o governo teria de ser capaz de mobilizar talentos que tivessem condições de formular e implementar um programa eficaz de combate à alta inflação em condições tão adversas.

---

[4] Ver Souza (2000) sobre reformas institucionais e o *impeachment* de Collor.

A montagem de uma equipe econômica competente havia-se tornado tarefa extremamente difícil. Com as quedas sucessivas de ministros da Fazenda, tanto o novo ministro como os técnicos que o presidente poderia recrutar tinham perfeita consciência de quão curta poderia vir a ser sua passagem pelo governo. O tempo médio de permanência no cargo dos três primeiros ministros da Fazenda de Itamar Franco havia sido de 75 dias. Não é surpreendente que, nessas circunstâncias, tivesse ficado muito difícil encontrar nomes respeitáveis que se dispusessem a integrar a equipe econômica do governo. É notável, portanto, que, não obstante todo o desalento quanto às possibilidades do governo Itamar Franco, Fernando Henrique Cardoso tenha conseguido quebrar esse círculo vicioso e montar uma equipe econômica de alto nível. Contribuíram para o êxito com que enfrentou esse primeiro desafio, a estatura política do novo ministro, sua ascendência sobre o grupo de economistas que afinal compôs o núcleo de sua equipe econômica e a percepção de que Cardoso teria melhores condições que seus antecessores de estabelecer uma relação mais estável com o Planalto.[5]

Não havia visão já estabelecida e consensual sobre qual seria a melhor forma de pôr fim ao regime de alta inflação. Por razões tanto técnicas quanto políticas, havia muita resistência à ideia de recorrer à simples dolarização da economia, como tinha sido feito na Argentina. Mas, não obstante toda a reflexão acerca de um plano alternativo, as propostas que haviam surgido pareciam inacabadas, com pontos cruciais ainda por detalhar.[6] O grupo levaria meses para desenvolver um plano completo e bem acabado. Cardoso logo percebeu a importância de assegurar condições de trabalho adequadas, que facilitassem esse desenvolvimento. No contrato implícito que se estabeleceu na sua relação com o grupo, Cardoso concordou com evitar interferências indevidas nas discussões técnicas e aceitou que prevalecessem regras não hierárquicas, do tipo uma pessoa, um voto, que conferiam mais legitimidade à depuração do livre fluxo de ideias no âmbito do grupo.[7]

Naqueles meses críticos, a liderança de Cardoso mostrou-se extremamente importante em muitos outros aspectos, bem além dos limites estreitos de sua relação com a equipe econômica que havia conseguido reunir. Para conseguir que o Plano Real fosse lançado com sucesso, ele teria de mostrar seus talentos em várias outras esferas: no problemático governo Itamar Franco, no seu próprio partido, na tentativa de obter apoio do Congresso e no esforço de convencer a opinião pública de que o novo plano seria completamente diferente das muitas tentativas fracassadas do passado e teria boa chance de ser bem-sucedido.

Por mais volátil que fosse, o presidente sabia perfeitamente que, tendo já queimado de forma tão rápida a maior parte do capital político de seu governo, com a demissão de três ministros da Fazenda em sete meses, teria de mudar o jogo com Fernando Henrique Cardoso. Ambos tinham convivido longamente no Senado,

---

[5] Para uma discussão mais detalhada, ver Werneck (2009), que os parágrafos abaixo seguem de perto.

[6] Alguns membros do grupo tinham tido participação direta nas tentativas de estabilização do Governo Sarney. Havia uma longa lista de erros a evitar. E também muito a aprender com as tentativas de combate à alta inflação de outros países, Argentina e Israel, em especial.

[7] A prevalência desse arranjo não hierárquico é ressaltada em Fiuza (2006), em livro extensamente baseado em depoimentos de Gustavo Franco.

onde o cosmopolitanismo e o traquejo de Cardoso tinham despertado a admiração de Itamar Franco, político com trajetória bem mais provinciana. Não chegou a ser surpresa que, quando Cardoso foi convidado para o ministério pela primeira vez, em 1992, a pasta que Itamar Franco tinha em mente fosse a de Relações Exteriores. Para um governo à deriva, em meio a um quadro desastroso de alta inflação, e com horizonte tão curto, o novo ministro da Fazenda parecia ser a última chance de encontrar o bom caminho. A ascendência de Fernando Henrique Cardoso sobre Itamar Franco foi reforçada ao longo dos meses seguintes, à medida que o presidente percebeu de forma cada vez mais clara que seu destino político estava definitivamente atrelado ao sucesso do plano de estabilização.

Isso não significa que as relações de Fernando Henrique Cardoso com o presidente e os demais ministros tenham sido fáceis. Longe disso. Em muitas ocasiões, Cardoso teve de recorrer a seus melhores talentos de negociador para impedir decisões desastradas que pudessem pôr em risco o esforço de estabilização. Houve pelo menos um momento crítico, no fim de fevereiro de 1994, em que FHC ameaçou pedir demissão para evitar a introdução de mudanças impensadas, propostas pelo ministro do Trabalho, num pacote legislativo crucial para estabelecer o arcabouço legal do Plano Real.[8]

Na montagem de coalizão que pudesse dar respaldo ao plano de estabilização no Congresso, Cardoso tentou inicialmente obter compromisso inequívoco de seu próprio partido com o plano. Durante os primeiros meses no cargo, o apoio que recebera do PSDB tinha sido morno, se tanto. Alguns dos líderes mais proeminentes do partido achavam que sua decisão de aceitar o cargo de ministro da Fazenda tinha sido precipitada. Entre eles, havia quem defendesse que a situação delicada em que o partido se metera exigia cuidadoso controle de danos. E que, em circunstâncias tão adversas, o partido deveria se ater a ações paliativas no combate à alta inflação, abandonando qualquer ideia de partir para um plano de estabilização ambicioso e abrangente. À medida que Cardoso e sua equipe insistiram em levar o plano adiante, figuras-chave do partido procuraram manter distância prudente dos preparativos.

No final de 1993, no entanto, o plano de estabilização começou a ser visto como iniciativa menos arriscada. País afora, as forças políticas estavam sendo reposicionadas com vista à disputa da eleição presidencial de 1994. E ganhou força a ideia da formação de ampla coalizão de centro-direita que apostasse no sucesso do plano. Nos meses seguintes, tal ideia abriu caminho para a obtenção de apoio no Congresso à aprovação de medidas bastante controvertidas que seriam requeridas para tornar o plano viável. A coalizão que se formou parecia impressionante, mas era extremamente fragmentada e indisciplinada. Mantê-la coesa, movendo-se na direção correta, sem que iniciativas impensadas botassem a perder a detalhada legislação que tinha de ser votada contra o relógio, mês após mês, era o grande desafio político. O prestígio de Fernando Henrique Cardoso no Congresso, sua capacidade de persuasão e seus talentos como negociador fizeram grande diferença.

Mas ainda havia outra frente crucial que teria de ser enfrentada ao mesmo tempo. A opinião pública tinha de ser convencida que o que estava sendo preparado em Brasília era um plano bem diferente, que não desmoronaria de forma retumbante

---

[8] Para mais detalhes, ver Cardoso (2006, p. 197).

em poucos meses, como tantas vezes havia ocorrido desde 1986. A longa sequência de tentativas fracassadas de estabilização tinha criado enorme desconfiança quanto a novas iniciativas do governo nessa área. Temia-se que pudesse ser anunciado novo congelamento de preços e salários e adotadas medidas arbitrárias como as que envolveram a retenção de ativos financeiros em 1990. E tais temores não tardariam em deflagrar todo tipo de movimentos antecipatórios defensivos com efeitos altamente desestabilizadores. A menos que tais expectativas pudessem ser desarmadas, o novo plano não teria a menor chance de sucesso.

Tendo em vista tais dificuldades, a equipe econômica de FHC tinha concebido um plano que, em contraste com todas as iniciativas anteriores de estabilização, não envolvia nem congelamento de preços e salários, nem qualquer tipo de medida arbitrária ou surpreendente.[9] O plano teria de ser totalmente transparente. Todas as etapas e medidas teriam de ser anunciadas com vários meses de antecedência. Mas o nível de desconfiança era muito alto. E a opinião pública teria de ser convencida de que o governo não tinha qualquer tipo de carta na manga, como tantas vezes havia acontecido no passado.[10] Isso não parecia nada fácil, porque exigia que as parcelas mais bem informadas da opinião pública entendessem a lógica do plano e ficassem persuadidas de que havia chance razoável de ter sucesso. Ao enfrentar tal desafio, Fernando Henrique Cardoso fez bom uso de seus talentos como comunicador. Primeiro, como ministro da Fazenda e, depois de março de 1994, quando teve de deixar o cargo para disputar a eleição, como candidato a presidente.

A implementação do Plano Real foi precedida por reforma monetária convencional, em julho de 1993, que simplesmente cortou três zeros dos valores expressos em cruzeiros que passaram a ser expressos em cruzeiros reais. Os esforços na área fiscal foram iniciados com medidas de natureza transitória através de um Programa de Ação Imediata. Durante o segundo semestre de 1993 foi claramente anunciado que a estratégia de implementação do plano de estabilização envolveria três etapas. Primeiro, um ajuste fiscal significativo seria negociado com o Congresso. Depois seria criada a Unidade Real de Valor (URV), unidade de conta, com reajuste diário, que conviveria temporariamente com o cruzeiro real. Finalmente, uma reforma monetária extinguiria o cruzeiro real, substituindo-o pelo real, o que equivaleria a simplesmente conferir à URV a função de meio de pagamento.

O pilar fiscal da estratégia foi consolidado no começo de 1994. O governo reconheceu a necessidade de reformas da Previdência e do sistema tributário, de explicitação dos passivos ocultos gerados por planos de estabilização anteriores – os famosos "esqueletos" – e de imposição de disciplina fiscal aos estados e municípios. Mas reconheceu, também, as dificuldades políticas associadas à aprovação, no curto prazo, de reformas tão ambiciosas. E concentrou-se no ajuste fiscal possível, explorando a margem de manobra criada pelo aumento de tributação do setor financeiro e pela negociação no Congresso do Fundo Social de Emergência, mecanismo que, ao desvincular parcela significativa das receitas destinadas a gastos sociais,

---

[9] Para uma avaliação contemporânea do lançamento do Plano Real, ver Franco (1995).

[10] "Em meio a muitas dúvidas, abrigava só uma e fundamental certeza, de que só um programa que pudesse ser explicado e compreendido teria chance de derrubar a inflação de forma duradoura..." Cardoso (2006, p. 146).

contribuia para reduzir a rigidez orçamentária que tolhia a gestão da política fiscal. Tais medidas, aliadas ao efeito devastador da inflação sobre o valor real das despesas, em 1993 e no primeiro semestre de 1994, permitiram a geração de superávits primários expressivos, de 2,6% do PIB, em 1993, e de 5,1% do PIB, em 1994.

A implementação do Plano Real não sofreu descontinuidade com a saída de Fernando Henrique Cardoso do governo, em março de 1994, para se candidatar a presidente, quando foi substituído por Rubens Ricupero no Ministério da Fazenda. A Unidade Real de Valor (URV) serviu de ponte entre o cruzeiro real e o real. De março a junho de 1994, a URV e o cruzeiro real coexistiram como unidades de conta, com a paridade entre elas refixada diariamente pelo Banco Central, na medida da perda de poder aquisitivo do cruzeiro real, aferida pela evolução de três índices de preços. Foi a URV que permitiu evitar as recorrentes dificuldades enfrentadas na implementação de planos de estabilização anteriores para assegurar, sem que houvesse um período de transição, que preços relativos não fossem distorcidos pela estabilização.

A legislação que introduziu a URV em março determinou que novos contratos teriam de ser feitos em URV, mas apenas facultou às partes interessadas a conversão dos contratos existentes. Estabeleceu, contudo, que quando o real fosse criado, em julho, os contratos teriam de ser convertidos em real. Isso criou incentivos potentes para que, de março a junho, por toda a economia, empresas tentassem renegociar seus contratos com fornecedores e clientes para fixar preços em URV. Essa ampla e descentralizada conversão prévia de preços, baseada na livre negociação, preparou o sistema de preços para uma passagem suave pela reforma monetária que extinguiria o cruzeiro real e converteria a URV em real. Os salários foram convertidos em URV levando em conta seu valor real nos últimos quatro meses, o que correspondia ao horizonte de indexação que havia sido herdado. No primeiro semestre de 1994, a inflação mensal medida em cruzeiros reais foi da ordem de 40% a 50%.

Em julho de 1994, como anunciado, uma reforma monetária adicional criou o real, equivalente a uma URV. A URV, por sua vez, equivalia no momento da criação do real a 2.750 cruzeiros reais. O real era, portanto, equivalente a 2.750 cruzeiros reais.[11] Na data de conversão, um real era equivalente a um dólar norte-americano. A inflação medida na nova moeda ficou abaixo de 10% em julho e caiu a 1% no final do ano. Pensava-se que o sucesso da estabilização seria assegurado por mais de uma "âncora". Em primeiro lugar, a taxa de câmbio, protegida por volume de reservas apreciável, da ordem de US$40 bilhões quando da introdução do real. Em segundo, a âncora fiscal, garantida pela redução de rigidez orçamentária propiciada pelo Fundo Social de Emergência. E, em terceiro, as intenções explicitadas de manter sob controle a política monetária, com a manutenção de taxas de juros reais elevadas.

No segundo semestre de 1994, contudo, surgiram sinais claros de aquecimento da demanda, especialmente na indústria automobilística. Com folga para elevar preços, as montadoras mostravam-se propensas a acomodar pressões por reajustes mais generosos de salários nas negociações sindicais. Temendo excessos que poderiam

---

[11] Para transformar reais de 1994 em cruzeiros de 1942 (ou mil réis de 1822) é necessário multiplicá-los por $2,75.10^{15}$, indicação da virulência da inflação brasileira, especialmente entre 1980 e 1994.

advir dos reajustes de preços e salários em setor com tanta visibilidade, o ministro Ciro Gomes, que havia substituído Rubens Ricupero na Fazenda, decidiu reduzir as tarifas incidentes sobre a importação de automóveis de 35% para 20%.

A celeuma em torno dessa decisão ganhou força no final do ano, quando, em decorrência da moratória mexicana, o quadro externo sofreu rápida deterioração, impondo ao Brasil restrições de balanço de pagamentos bem mais sérias do que se esperava até então. Seguiram-se críticas à liberalização comercial que deixavam de levar em conta que, antes da crise mexicana, as decisões relacionadas à redução das tarifas de importação advinham da necessidade de balizar a formação de preços internos, especialmente em mercados oligopolizados e excessivamente protegidos da concorrência internacional. Antes da eclosão da crise mexicana, o nível de importações parecia excessivamente baixo. Havia até preocupações quanto às pressões sobre a política monetária que advinham da conjunção de saldo comercial expressivo com influxo vigoroso de investimento direto estrangeiro. Logo depois da moratória mexicana, no entanto, o nível importações passou a ser visto como excessivamente alto. A ofensiva pela restauração protecionista no setor automotivo teria amplo sucesso em 1995.

É importante sublinhar que a política de estabilização implementada em 1993-1994 não contou com o apoio do Fundo Monetário Internacional, que jamais acreditou no sucesso do Plano Real. A resistência do FMI em apoiar o plano, ao final de um período de quase 12 anos de relações atribuladas com o Brasil, foi um desfecho irônico. Tendo partilhado longa série de fracassos, a instituição acabou não participando do retumbante sucesso do Plano Real.

Após a estagnação de 1990-1992, quando o PIB caiu em média 1,3% ao ano, o desempenho em 1993-1994 foi muito mais satisfatório, com crescimento de 4,7% e 5,3%, respectivamente, e aumento da formação bruta de capital fixo, que alcançou 20,7% do PIB em 1994. Houve pequena queda no saldo comercial em 1993 para US$13,3 bilhões, em vista do aumento de importações decorrente do efeito combinado da liberalização comercial e da retomada do nível de atividade. Esta tendência acentuou-se em 1994 com redução adicional do saldo para US$10,5 bilhões, a despeito da melhora de mais de 14% dos termos de troca. Os influxos líquidos na conta de capital e financeira mantiveram-se entre US$8,7 e US$10,5 bilhões entre 1992 e 1994, o que permitiu forte recuperação das reservas internacionais, que passaram de US$23,8 bilhões, no final de 1992, para US$32,2 bilhões, no final de 1993, e US$38,8 bilhões no final de 1994.

Abertura comercial e Mercosul

A liberalização comercial brasileira ocorreu de forma unilateral entre o final dos 1980 e meados dos 1990, sendo marcada por três episódios principais.[12] A essência do primeiro episódio de liberalização comercial, em 1988-89, foi eliminar redundâncias: a tarifa média nominal de 57,5% (não ponderada) foi reduzida para 32,1%. No segundo episódio, de longe o mais importante, em 1990-93, decidiu-se

---

[12] Kume, Piani e Souza (2000) e Abreu (2007, cap. 1).

inicialmente reduzir as barreiras não tarifárias, com a eliminação de proibições de importações (a famosa lista do Anexo C da Cacex), das licenças de importação usadas de forma mais ou menos permanente desde o final da década de 1940, bem como dos chamados regimes especiais de importação, que regulavam a distribuição de cobertura cambial com base em critérios discricionários. Em 1991, foi definido um cronograma de redução tarifária que, em princípio, se estenderia até 1994 e resultou na queda da tarifa média de 32,2% em 1990 para 14,2% no início de 1994. No início de 1992, decidiu-se, já na gestão de Marcílio Marques Moreira, como ministro da Fazenda, alterar o período de implementação inicialmente acordado para que terminasse seis meses antes do previsto. Finalmente, em 1994, foram feitos ajustes tarifários, parcialmente explicados pela intenção de impor disciplinas mais rígidas aos preços internos, durante o período inicial de implementação do Plano Real de estabilização, com redução da tarifa média nominal para 11,2%.[13]

Esta liberalização comercial unilateral foi implementada antes do final da Rodada Uruguai do GATT, em 1994. Das negociações multilaterais resultou a consolidação no prazo de cinco anos, a partir de 1995, de grande parte da liberalização comercial unilateral implementada pelo Brasil a partir de 1988.[14] A Rodada Uruguai do GATT havia sido lançada em Punta del Este, em 1986, com agenda que incluía, apesar da oposição do Brasil e da Índia, novos temas: serviços, aspectos dos direitos de propriedade intelectual relacionados ao comércio (TRIPS-Trade-Related Aspects of Intellectual Property Rights) e medidas que afetam investimentos relacionadas a comércio (TRIMS-Trade-Related Investment Measures).[15] O interesse brasileiro na rodada estava centrado em temas tradicionais: produtos tropicais, antidumping, medidas compensatórias de subsídios e salvaguardas aplicadas nos mercados importadores. Havia incentivo à adoção de postura obstrucionista pelo Brasil, pois evitar concessões em novos temas parecia compensar os benefícios da liberalização nos temas tradicionais.

Depois de Punta del Este houve gradual redefinição da posição brasileira de bloqueio de negociações sobre novos temas com participação mais ativa em relação à agricultura. Isto ocorreu paralelamente ao lento processo de redução das altas tarifas e desmantelamento das barreiras não tarifárias iniciado em 1988. Tal reorientação, rumo a políticas liberais, resultou da reavaliação do protecionismo dentro do governo, respondendo a pressões de consumidores de bens finais importados, de importadores de insumos e bens de capital e de exportadores em busca de concessões dos parceiros do Brasil para ampliar o acesso a seus mercados.

As negociações foram concluídas em Marraqueche em 1994. Quanto à agricultura, houve redução no apoio à produção doméstica, melhora no acesso a mercados e redução de subsídios às exportações. Os cortes das tarifas que afetaram exportações brasileiras – suco de laranja, por exemplo – foram de apenas 15-20%.[16]

---

[13] Ver GATT (1993) e Kume, Piani e Souza (2000, p. 7).

[14] Tarifas consolidadas são as incluídas nas listas de países registradas na OMC e que só podem ser excedidas se houver compensação aos demais parceiros.

[15] Ver Abreu (2007, cap. 1) sobre a liberalização comercial e cap. 4 para as negociações comerciais multilaterais 1982-1994.

[16] Ver Abreu (1996) para os cortes tarifários em diferentes mercados para diferentes grupos de exportadores de manufaturados.

O Brasil consolidou todas as linhas tarifárias – isto é, comprometeu-se a manter as tarifas no nível máximo de 35%, para produtos industrializados, e de 55%, para agrícolas. Antes da Rodada Uruguai, apenas 6% das linhas tarifárias brasileiras eram consolidadas.

O acordo sobre serviços abarcava distintos modos de prestação e incluía: obrigações básicas, iniciativas nacionais especificando cronogramas de liberalização e definição de exceções e setores específicos. O acordo sobre propriedade intelectual incluía padrões mais rígidos e prazos de proteção mais dilatados. O acordo final da Rodada incorporava avanços significativos em relação à consolidação institucional da nova Organização Mundial de Comércio: aperfeiçoamento dos mecanismos de solução de controvérsias e possibilidade de retaliação cruzada entre diferentes acordos referentes a bens, serviços e TRIPs.[17]

Paralelamente às negociações da Rodada Uruguai evoluíram também, no plano regional, entendimentos relacionados a negociações para a constituição de uma Área de Livre Comércio nas Américas, tema ventilado com insistência pelos Estados Unidos desde 1991. No final de 1994, em Miami, reunião de cúpula interamericana decidiu que se iniciassem negociações relacionadas a esta iniciativa.

Talvez a maior realização do governo Sarney tenha sido a aproximação entre Brasil e Argentina que resultou na criação do Mercosul em 1991, já no governo Collor. O processo teve início com a Declaração de Iguaçu, de novembro de 1985, seguida do Tratado de Integração, Cooperação e Desenvolvimento entre Brasil e Argentina, de novembro de 1988, que criou um espaço econômico comum e estipulava a remoção de todos os obstáculos tarifários e não tarifários ao comércio de bens e serviços no prazo máximo de 10 anos. Culminou no Tratado de Assunção, de março de 1991, que criou o Mercosul, afinal estabelecido em 31 de dezembro de 1994.

O Protocolo de Ouro Preto de 17 de dezembro de 1994, assinado no final do governo Itamar Franco, estabeleceu uma Tarifa Externa Comum (TEC) do Mercosul que previa exceções para produtos incluidos em listas nacionais, bens de capital e bens de informática e telecomunicações. As altas tarifas brasileiras sobre bens de capital seriam reduzidas, com cerca de 900 linhas tarifárias convergindo para a TEC de 14% em 2001. Cerca de 200 linhas correspondentes a bens de informática e telecomunicações teriam tarifas reduzidas para 16% em 2006. A lista nacional de exceção poderia incluir até 300 linhas, tendo o Brasil inicialmente incluído 175 linhas, número depois aumentado para 233 em meados de 1996, em geral abaixo da TEC e com prazo de convergência até 2001. Em 1995, foi aprovado um "regime de adequação" de tarifas intraMercosul que incluía no caso do Brasil 29 linhas tarifárias.[18]

Entre 1990 e 1994, praticamente triplicou a participação das exportações para o Mercosul nas exportações totais brasileiras, alcançando 13,6% em 1994. Este resultado é menos espetacular do que parece, se for levado em conta o significativo retrocesso das exportações brasileiras para a Argentina, que haviam caído de quase 9% das exportações totais brasileiras, em meados dos 1960, para 1,4%, em 1990. Com o declínio dos mercados de países produtores de petróleo (3,4% do

---

[17] Ver Lampreia (1994) para a avaliação dos resultados da Rodada Uruguai pelo representante do Brasil no GATT-OMC em 1993-94.

[18] Ver GATT (1993) e WTO (1997).

total em 1994), abriu-se espaço também para a expansão das participações dos Estados Unidos (20,6% do total em 1994) e da Comunidade Europeia (27,1%), embora de forma menos dramática do que no caso do Mercosul. A importância dos manufaturados nas exportações brasileiras manteve-se em torno de 55-60% na década anterior a 1995. Em 1994, corresponderam a 57,3% do total, mas foram relativamente mais importantes nos mercados latino-americanos, especialmente no Mercosul (89,7% das exportações totais para aquele bloco), e nos Estados Unidos (66,2%), do que na Europa (37,1%).

As importações provenientes do Mercosul cresceram mais lentamente do que as exportações, alcançando 13,7% do total em 1994. Mas, tal como as originárias dos Estados Unidos (22,9% do total) e das CE (22,6%), ficaram realçadas pela redução da importância do petróleo nas importações totais, cuja participação caiu de mais de 50%, no início dos 1980, para 22,9%, em 1990, e 12,3%, em 1994. O volume importado caiu de cerca de 700 para 500 mil barris por dia, enquanto os preços médios caíram de níveis além de US$30/barril, no começo da década, para US$20,9, em 1990, e US$13,5, em 1994. Reduziu-se, em consequência, a importância do Oriente Médio como origem das importações, de algo em torno de um terço das importações totais brasileiras, para menos de 10%.

Privatização

Em contraste com o estilo em geral impetuoso e, muitas vezes, desastrado do governo Collor, o programa de privatização, sob o comando do BNDES, avançou com determinação, mas de forma cuidadosa e segura, buscando evitar retrocessos desnecessários. Durante o primeiro ano do governo Collor, criou-se um quadro institucional bem fundamentado para o desenvolvimento do programa e desenvolveram-se regras claras e procedimentos detalhados que deveriam pautar cada processo de privatização, para se assegurar a transparência necessária e deixar o programa a salvo de acusações de favorecimento.

As privatizações ocorridas até 1989 envolveram primordialmente empresas falimentares de menor importância, cuja sobrevivência havia sido assegurada pela estatização. No início do governo Collor, as empresas controladas pelo governo formavam um leque extremamente diversificado, cuja privatização envolvia desafios muito diferenciados, seja quanto a aspectos concorrenciais nos mercados relevantes, seja quanto às dificuldades políticas a enfrentar nos processos de venda. As empresas que operavam em setores mais expostos à concorrência seriam, em princípio, de privatização menos complexa: fertilizantes, petroquímica, mineração, siderurgia. A privatização de empresas públicas que exploravam monopólios na provisão serviços públicos e que haviam capturado seus órgãos reguladores (telecomunicações e eletricidade) constituía problema muito mais complexo, pois requereria esforço prévio de criação de marco regulatório, com credibilidade e independência adequadas. Embora as instituições financeiras do governo tivessem presença importante no sistema bancário e houvesse um monopólio legal afetando desde a prospecção até o refino de petróleo, a administração Collor optou por não incluir o Banco do Brasil e a Petrobras no programa de privatização, dadas as óbvias dificuldades políticas envolvidas.

A privatização concentrou-se, assim, em empresas da indústria de transformação mais expostas à concorrência. As vendas de ativos somaram US$3,5 bilhões durante o governo Collor (15 empresas) e US$5,1 bilhões no governo Itamar Franco (18 empresas), especialmente de empresas siderúrgicas (US$5,6 bilhões), petroquímicas (US$1,9 bilhão) e produtoras de fertilizantes (US$0,4 bilhão). Marcos nesta primeira etapa do processo de privatização foram os casos da Companhia Siderúrgica Nacional – cuja usina em Volta Redonda havia sido o primeiro grande investimento industrial do Estado brasileiro, ainda durante a Segunda Guerra Mundial – e da Usiminas, tendo em vista as violentas manifestações contrárias à sua venda.[19] As críticas se concentraram na possibilidade de que as compras de ativos fossem saldadas com "moedas de privatização", expressão com a qual se designavam títulos emitidos pelo próprio governo federal negociados com deságio substancial em relação ao seu valor nominal e aceitos pelo valor de face nos leilões de privatização.

Inicialmente, com base em expectativas excessivamente otimistas sobre a rapidez das privatizações, o governo aventou a possibilidade de que os depósitos bloqueados pelo Plano Collor I viessem a ser utilizados na compra de ativos. No entanto, quando, afinal, as operações de privatização tiveram início, a liberação dos ativos congelados já havia começado e outros tipos de "moedas de privatização" passaram a ser aceitos. As receitas em dinheiro obtidas com a privatização até o final de 1994 foram muito modestas: algo da ordem de US$1,6 bilhão, advindo basicamente de operações feitas no governo Itamar Franco. No início de 1993, foi introduzida legislação que lançava as bases para a modernização da operação dos portos brasileiros, com a criação de órgãos gestores de mão de obra e de conselhos de autoridades portuárias, com a participação de representantes do poder público, bem como de empresários, trabalhadores e usuários.

Não se deve subestimar a extensão das resistências que tiveram de ser superadas para que o programa de privatização fosse deslanchado e ganhasse as proporções que afinal assumiu ao longo dos governos de Fernando Collor, Itamar Franco e Fernando Henrique Cardoso. Ajudou a superação dessas resistências o fato de que, a despeito do *impeachment* de Collor ter sido conduzido em meio a acusações relacionadas a práticas corruptas, o processo de privatização implementado no seu governo a partir de 1991 nunca foi efetivamente questionado quanto à lisura e transparência dos procedimentos. A maioria dos membros da Comissão Diretora de Privatização era oriunda de fora do governo. A fixação de preços mínimos para fins de leilão era baseada em duas avaliações independentes. E o processo era sujeito à aprovação de empresas de auditoria previamente contratadas, e controlado pelo Judiciário, pelo Tribunal de Contas e pelo Congresso Nacional.[20]

Dívida externa

Desde a declaração da moratória da dívida externa pelo governo Sarney, em 1987, a regularização das relações do país com a comunidade financeira internacional

---

[19] Ver Modiano (2000).
[20] Ver Pinheiro e Giambiagi (2000) e Abreu e Werneck (1994).

passou a ser uma questão central de política econômica. A proposta brasileira de renegociação da dívida externa, apresentada em outubro de 1990, incluía a securitização da dívida por meio de bônus de 45 anos sem garantia e um empréstimo-ponte para permitir o pagamento de atrasados. Cerca de 10% da dívida total, correspondendo à dívida privada, seria excluída do acordo. Tal proposta foi recusada pelos credores. Medidas temporárias, em 1991, incluíram o pagamento de 30% dos juros devidos, a exclusão da dívida das grandes estatais da dívida pendente e um acordo para pagamento de atrasados, sendo parte em dinheiro e parte por meio de um empréstimo-ponte com um cardápio diversificado de opções.

Em julho de 1992, depois de cerca de 11 meses de negociações lideradas por Pedro Malan, foi delineado um esboço de acordo com os credores privados, que seria assinado em 1993 e que, afinal, veio encerrar o ciclo de endividamento, *default* e renegociação, iniciado em meados dos anos 1960.[21] A ideia do acordo, envolvendo passivos da ordem de US$50 bilhões, era conseguir reduzir o valor da dívida e do seu serviço, estender o prazo de pagamento e reduzir a vulnerabilidade da economia brasileira a elevações da taxa de juros internacional, de forma a tornar mais realista a manutenção do serviço da dívida no futuro, sem novas interrupções. Do ponto de vista dos credores, o acordo representava a possibilidade de transformar a dívida brasileira num ativo de risco muito menor do que mostrara ser. A muitos deles, o acordo permitiria liberar vultosas provisões que tiveram de ser constituídas na esteira das sucessivas interrupções do serviço da dívida brasileira observadas desde meados da década anterior.

O acordo brasileiro seguiu a estrutura de outros acordos do tipo Brady negociados com outros países devedores – México, Venezuela e Argentina – a partir de 1989.[22] O Brasil emitiria novos títulos que substituiriam os haveres dos credores referentes à dívida de médio e longo prazo do setor público. Aos credores, seria oferecido um cardápio variado de opções, envolvendo instrumentos distintos: seis tipos de bônus e um contrato de reestruturação. O leque de opções visava a acomodar diferentes preferências dos credores, em parte ditadas por restrições impostas pela legislação regulatória específica a que estava submetido cada banco em seu país de origem. Abria-se a possibilidade de escolha entre taxas de juros fixas e de mercado, carências variáveis, prazos de resgate de 15 a 30 anos e existência ou não de garantia de recebimento do principal. Todos os instrumentos oferecidos seriam aceitos em pagamento em vendas de ativos públicos no âmbito do programa de privatização.

De forma semelhante ao que havia ocorrido em 1943, na grande negociação que resultou no acordo permanente relativo à dívida externa acumulada antes de 1931, foram oferecidas aos credores diferentes combinações de reduções de juros e de principal. Houve a possibilidade de escolha de opções para os credores, mas limitada por tetos quanto a alguns tipos de conversão, com a alocação final envolvendo redirecionamento para tipos menos demandados inicialmente. Os novos bônus de desconto (US$7,3 bilhões), por exemplo, teriam prazo de 30 anos, o principal reduzido em 35% e pagariam juros correspondentes à LIBOR (London Interbank Offered Rate) mais 13/16%, com amortização integral no final. Os novos bônus ao

---

[21] Ver o Capítulo 4 para a renegociação "permanente" anterior em 1943.
[22] Em referência a Nicholas Brady, então secretário do Tesouro norte-americano.

par (US$10,5 bilhões), com pagamento em 30 anos, teriam o principal preservado, mas a taxa de juros seria reduzida a 4% no primeiro ano e limitada a 6%, a partir do sétimo ano, com amortização integral no final. O principal referente à dívida nova, nos dois casos, foi garantido por colateral na forma de títulos do governo dos Estados Unidos e os pagamentos de juros relativos a 12 meses foram garantidos de forma similar. A emissão total de bônus novos foi de US$43,7 bilhões. Comparado a outros países, o Brasil preferiu acordo que incluísse combinação de garantias mais modestas com menor redução do montante da dívida. As negociações com os credores oficiais no Clube de Paris, menos importantes, foram concluídas em 1993, e envolveram US$13,5 bilhões.[23]

As eleições de 1994

O sucesso do esforço de estabilização teve desdobramentos políticos de grande importância. O fim de regime de alta inflação trouxe enorme apoio popular ao Plano Real, o que levou à vitória Fernando Henrique Cardoso no primeiro turno da eleição presidencial em outubro de 1994. Apoiado por uma coalizão de centro-direita, o candidato do governo derrotou Luiz Inácio Lula da Silva, do Partido dos Trabalhadores (PT). A oposição, pautada por avaliações equivocadas de seus principais economistas quanto à probabilidade de sucesso do programa de estabilização, surpreendeu-se com o surto de popularidade que, em poucos meses, alçou o mentor do Plano Real a folgada liderança nas pesquisas de intenção de voto.

Um mandato presidencial politicamente tumultuado, que se iniciara num quadro de descalabro macroeconômico, com inflação mensal de quase 90%, chegava ao fim em clima de grande otimismo com as amplas possibilidades que o fim do regime de alta inflação abriria à economia brasileira. Mas a verdade é que, não obstante todo o notável sucesso do Plano Real, a tarefa de consolidação da estabilização e de reconstrução das bases para um crescimento econômico sustentado no país ainda estava longe de ter sido concluída. E consumiria boa parte dos melhores esforços do governo nos oito anos seguintes.

---

[23] Para detalhes quanto a outros tipos de bônus incluídos no cardápio, ver Cerqueira (1997, p. 75 e ss).

CAPÍTULO 16

CONSOLIDAÇÃO DA ESTABILIZAÇÃO E RECONSTRUÇÃO INSTITUCIONAL, 1995-2002

Rogério L. F. Werneck

Em contraste com seus três antecessores civis, Fernando Henrique Cardoso (FHC) assumiu a Presidência em meio a um clima de relativo otimismo acerca da evolução do processo inflacionário. Em janeiro de 1995, a questão da estabilização já não tinha a premência e a dominância que tivera quando José Sarney, Fernando Collor e Itamar Franco iniciaram seus mandatos. O sucesso inicial do Plano Real parecia ter aberto espaço para uma agenda bem mais ampla e diversificada de política econômica. A verdade, contudo, é que a consolidação da estabilização mostraria ser muito mais problemática do que, àquela altura, o novo governo conseguia antever. E, de fato, consumiria boa parte dos melhores esforços de dois mandatos de FHC.

Ao pôr fim ao regime de alta inflação, o Plano Real fez aflorar dificuldades que impuseram novos e importantes desafios à condução da política econômica. A primeira delas foi a deterioração do quadro fiscal. O controle das contas públicas vinha sendo ajudado, há muitos anos, pelos efeitos assimétricos da alta inflação sobre as finanças públicas. Do lado da receita, o valor real da arrecadação vinha sendo razoavelmente preservado, graças a mecanismos de indexação que haviam sido introduzidos na legislação tributária. Já do lado do dispêndio, os três níveis de governo vinham tirando bom proveito da inflação para manter as contas sob controle, tendo em conta a defasagem entre a aprovação do orçamento e o efetivo desembolso dos recursos. Quando as verbas eram afinal desembolsadas, o valor real do gasto já tinha sido substancialmente erodido pela inflação. Era razoável esperar, portanto, que o fim da alta inflação trouxesse expansão substancial do valor real do dispêndio público. Mas a verdade é que tal expansão acabou sendo ainda maior do que se esperava, em decorrência das políticas de gasto público bastante frouxas que marcaram a gestão fiscal dos três níveis de governo em 1995. Em vista da alarmante deterioração das contas públicas, a necessidade de levar adiante um penoso esforço de ajuste fiscal passou a ser uma questão fundamental da agenda de política econômica do país.

Outra dificuldade adveio da súbita redução da receita de senhoriagem que o regime de alta inflação vinha propiciando ao sistema bancário. Sem poder mais contar com essa fonte tão importante de recursos, as instituições financeiras mais frágeis – alguns dos maiores bancos privados e a maior parte dos bancos estaduais – tiveram de sofrer intervenção do Banco Central. O governo se viu às voltas com vasta e complexa operação de saneamento do sistema bancário, financeiramente onerosa e politicamente desgastante. O que só contribuiu para tornar ainda mais intrincada a nova e premente agenda de ajuste fiscal que o governo já tinha em mãos.

Dificuldades de outra ordem advieram do principal desafio com que se defrontava a condução da política econômica no início do novo governo: assegurar que, na esteira do choque de estabilização do Plano Real, a inflação convergisse para uma taxa efetivamente baixa. Foi com esse propósito que, desde o segundo semestre de 1994, a taxa de câmbio vinha sendo utilizada como âncora nominal. No início de 1995, no entanto, o agravamento do quadro externo, em decorrência da desestabilização causada pela crise mexicana, passou a alimentar temores de que a política cambial que havia sido concebida para ancorar a inflação pudesse levar a rápida deterioração da balança comercial.

A controvérsia sobre a política cambial foi apenas o início de um dissenso mais amplo, dentro do governo, sobre a melhor forma de conduzir a política econômica. Essa divisão, que perdurou por todo o primeiro mandato de Fernando Henrique Cardoso e, na verdade, se arrastou até a campanha eleitoral de 2002, comprometeu em muito a eficácia com que o governo pôde enfrentar os novos desafios de política econômica que haviam aflorado na esteira do sucesso do Plano Real. Para dar a sobrevida que acabou dando à manutenção do câmbio como âncora nominal, o governo teria de ter adotado política fiscal muito mais austera do que a que se permitiu manter. Durante quatro anos, digladiaram-se os que defendiam a urgência de uma desvalorização cambial e os que arguíam que uma desvalorização precoce poderia botar a perder o sucesso do Plano Real, especialmente se não fosse precedida de um esforço sério de ajuste fiscal. Dividido nesse embate, o governo tentou ganhar tempo, evitando mudanças mais ousadas na política cambial e resistindo a incorrer nos custos políticos de levar adiante o ajuste fiscal requerido.

O problema é que a postergação das correções de rumo que se faziam necessárias mostrou ser estratégia de alto risco. Ao permitir que a deterioração das contas externas e das contas públicas avançasse, o governo deixou a economia brasileira especialmente vulnerável aos dois fortes choques externos a que foi submetida na segunda metade do primeiro mandato de FHC. Mal refeita do impacto da Crise Asiática, em 1997, a economia foi exposta aos efeitos desestabilizadores da Crise Russa, em 1998, e arrastada para grave crise cambial, no início de 1999, dois meses após a reeleição do presidente em primeiro turno.

Na esteira do senso de urgência advindo de traumática desvalorização descontrolada da taxa de câmbio, com efeitos devastadores sobre a dívida pública, o governo conseguiu montar a coalizão política requerida para, afinal, viabilizar – com aumento de carga tributária – o ajuste fiscal que se fazia necessário. Na verdade, esse senso de urgência abriu caminho para importante esforço de construção institucional que, a partir de março de 1999, daria base bem mais sólida à condução da política macroeconômica. O governo passou a se comprometer publicamente com o cumprimento de metas para o superávit primário, estabelecidas de forma a manter sob controle a evolução do endividamento público. A atuação do Banco Central passou a ser pautada por um novo regime de metas para inflação. E a política cambial sofreu mudança crucial. A taxa de câmbio passou a ser flutuante. Esse novo arcabouço de política macroeconômica, formado por metas fiscais, política de metas

Consolidação da estabilização e reconstrução institucional, 1995-2002   333

para inflação e câmbio flutuante, seria substancialmente reforçado, em 2000, pela aprovação pelo Congresso da Lei de Responsabilidade Fiscal.

Respaldado por gigantesco programa de resgate, patrocinado pelo FMI e pelo Tesouro norte-americano, o governo conseguiu evitar que a crise cambial desencadeasse fragilização do sistema financeiro e uma recessão prolongada e profunda. Em poucos meses, na esteira da reconstrução de confiança propiciada pelo novo arcabouço de política macroeconômica, a economia voltou, em boa medida, à normalidade. Em 2000, a combinação de inflação baixa, crescimento econômico razoável, contas públicas sob controle, taxa de câmbio sustentável e balança comercial em recuperação parecia sugerir que, afinal, o longo processo de consolidação da estabilização chegara a bom termo. Faltava, contudo, uma etapa crucial. A estabilização ainda teria de ser submetida ao teste da alternância política.

Há muito tempo, a oposição ao governo, capitaneada pelo Partido dos Trabalhadores (PT), vinha-se permitindo manter um discurso econômico inconsequente, próprio de um movimento político quixotesco, mas completamente inadequado como plataforma de um partido com possibilidades efetivas de vencer a eleição presidencial. Bem ilustra tal inconsequência o fato de que, na campanha das eleições municipais de 2000, o PT tenha decidido promover plebiscito nacional informal, em que indagava aos eleitores se as dívidas interna e externa deveriam ser pagas ou não. Não chegou a ser surpreendente que, ao longo dos 18 meses seguintes, à medida que a vitória de Luiz Inácio Lula da Silva, candidato do PT na eleição presidencial, se tornou cada vez mais provável, os temores induzidos por esse tipo de discurso deflagrassem movimentos defensivos no mercado financeiro que redundaram em forte desestabilização da economia em 2002.

Vários fatores contribuíram para que a vitória da oposição se tornasse mais provável. Por mais curta que tenha sido, a crise cambial de 1999 deixou lesões que custaram a cicatrizar. Nas pesquisas de opinião pública, o governo jamais voltou a ter, no segundo mandato, os níveis de aprovação que obtivera no primeiro. O quadro econômico favorável, de relativo otimismo quanto às perspectivas da economia, observado em 2000, pouco durou. Já no ano seguinte, o ambiente externo voltou a se deteriorar, com a desaceleração da economia norte-americana e os sinais, cada vez mais claros, de que o regime cambial argentino estava marchando para desastroso desfecho. Mais sério, contudo, foi o surgimento, também em 2001, de grave dificuldade de ordem interna, só muito tardiamente diagnosticada. Tendo constatado, com grande surpresa que, na esteira de uma gestão temerária do sistema hidrelétrico, o país se defrontava com um quadro de incontornável de insuficiência de oferta de energia, o governo se viu obrigado a incorrer nos custos do anúncio de um programa de racionamento. Além de altamente impopular, o racionamento de energia elétrica teve efeitos devastadores sobre expectativas de consumidores e investidores e pôs fim à retomada de crescimento econômico ensaiada em 2000.

Em meio a tais dificuldades, o governo nem mesmo conseguiu unir forças em torno de seu candidato. Sem o apoio de parte importante da coalizão governista, José Serra apresentou-se ao eleitorado com um discurso de mal velada oposição à política econômica do governo, que remontava às velhas diferenças que dividiram a equipe econômica do governo no primeiro mandato de FHC.

Ao longo do primeiro semestre de 2002, à medida que as pesquisas de intenção de voto indicavam probabilidade cada vez mais alta de vitória da oposição na eleição presidencial, ganharam força no mercado financeiro movimentos defensivos altamente desestabilizadores. O que levou o governo a tentar fazer ver à liderança do PT que, a menos que os temores de mudanças bruscas na gestão da política econômica e de calote da dívida pública fossem definitivamente afastados, o processo de desestabilização poderia se tornar imanejável e dar lugar a um quadro de grave desorganização da economia que tanto a oposição como o governo deveriam tentar evitar.

Com a perspectiva cada vez mais concreta de vitória do candidato da oposição na eleição, ganharam força no PT as correntes favoráveis a uma moderação do discurso econômico do partido, o que acabou dando lugar, em junho de 2002, à publicação da *Carta ao Povo Brasileiro*, por meio da qual Lula se comprometeu a manter os pilares básicos do arcabouço de política econômica que tinha sido montado a partir de 1999. Foi uma iniciativa de enorme importância, que manteve o processo de desestabilização da economia sob relativo controle até o final do mandato de FHC e permitiu que a normalidade fosse rapidamente restabelecida nos meses iniciais do primeiro mandato do Presidente Lula. Tendo passado, mesmo que aos trancos e barrancos, pelo teste crucial da alternância política, a estabilização parecia, afinal, consolidada.

As seções a seguir examinam com mais detalhe esse longo processo de consolidação da estabilização que atravessou os dois mandatos do Presidente Fernando Henrique Cardoso. A próxima seção analisa o dissenso dentro do governo sobre a melhor forma de enfrentar os novos desafios de política econômica que vieram à tona com o sucesso do Plano Real. A que se segue trata de esforços paralelos, mas complementares à estabilização, que não só tiveram grande importância como foram também foco de muita discordância dentro do governo: a agenda de reformas, abertura e privatização. Em seguida, se analisa a controvertida decisão de FHC de mobilizar seu vasto capital político para a aprovação da emenda da reeleição, em 1997. Os choques externos e a crise cambial de 1999 são analisados a seguir. A construção do novo arcabouço de política econômica e o efêmero circulo virtuoso que possibilitou são tratados nas duas seções seguintes. Por fim, examina-se em detalhe o rito de passagem da estabilização pelo teste da alternância política, ao final do segundo mandato de FHC.

Política econômica, cisão e ambiguidade

Com a posse do novo governo, no início de 1995, a condução da política econômica tornou-se uma operação muito mais complexa. Por um lado, a agenda passou a ser bem mais ampla do que era. Já não se tratava mais de concentrar todos os esforços no objetivo maior de pôr fim ao processo de alta inflação. Uma extensa gama de novas questões passou a exigir atenção. Ao mesmo tempo, ainda faltava muito para que o novo regime de baixa inflação pudesse ser considerado consolidado. E a melhor forma de assegurar essa consolidação logo mostrou ser questão altamente controvertida dentro do novo governo. Por outro lado, o processo decisório peculiar que havia prevalecido no governo anterior, até o lançamento do Plano Real, não pôde ser mantido. Quando FHC afinal compôs seu ministério, a pequena e homogênea equipe econômica que havia sido responsável pelo plano de estabilização viu-se obrigada a compartilhar o controle da política econômica. Não só com economistas com visões bastante distintas, mas também com políticos que, em 1993-94, tinham preferido manter distância do plano de estabilização. Pedro Malan foi nomeado ministro da Fazenda e José Serra, recém-eleito senador por São Paulo, ministro do Planejamento.

Todos os ingredientes para um grande desacordo sobre a condução da política econômica estavam em cena: escolhas difíceis, visões muito diferentes, rivalidade intelectual e disputa de poder no seio de uma equipe econômica de um governo extremamente popular, que acabara de ser eleito com muita facilidade, na esteira do sucesso da política econômica que vinha sendo seguida. O conflito interno era inevitável. Para manter a coerência da política econômica, FHC teria de estar preparado, já àquela altura, para atuar com firmeza no arbítrio de posições conflitantes e na determinação da direção que deveria prevalecer. Com o benefício da visão retrospectiva, hoje se sabe que o presidente ainda teria de passar por um longo processo de aprendizado até, afinal, se ver compelido a atuar dessa forma.[1]

Ao longo dos quatro anos seguintes tanto a política cambial como a política fiscal foram objetos de grande controvérsia. A disputa em torno da política cambial aflorou mais cedo. O novo governo tomou posse já em meio a um quadro de rápida deterioração do ambiente externo, na esteira do debacle da economia mexicana do final de 1994. A apreciação do real ao longo do segundo semestre de 1994 tinha ajudado a manter a inflação sob controle num momento crucial do plano de estabilização. Tarifas de importação tinham também sido reduzidas para atenuar o poder de mercado de setores oligopolistas importantes, como indústria automobilística, fortemente protegida por barreiras protecionistas.

No início de 1995, o boom de demanda, que havia sido induzido pelo próprio lançamento do Plano e pelo clima de otimismo a que deu lugar, atingiu proporções preocupantes, levando a rápida deterioração do saldo da balança comercial e a ligeiro repique da inflação. Como isso ocorreu exatamente quando as repercussões da crise mexicana estreitavam as possibilidades de financiamento externo da economia brasileira, a sustentabilidade do plano chegou a ser colocada em dúvida. A apreensão com a possível extensão do contágio da crise mexicana logo deflagrou clara divisão dentro do governo sobre a condução da política cambial.

Parte da equipe econômica temia que uma depreciação prematura pudesse pôr em risco o delicado círculo virtuoso que vinha assegurando a queda da inflação. Preocupada com os efeitos da crise mexicana sobre as contas externas, outra parte da equipe econômica arguía que a desvalorização se tornara inadiável. E, nesse grupo, ainda havia quem defendesse que a redução de tarifas de importação anunciadas meses antes fosse imediatamente revertida. No início de março de 1995, em meio a um clima de patente desentendimento, uma desastrada tentativa de depreciação, supostamente salomônica, gerou perda substancial de reservas internacionais. Em meados do ano, depois de meses de cabo de guerra sobre a questão, tarifas sobre

---

[1] Argumentação nesta mesma linha é desenvolvida em Abreu e Werneck (2008).

automóveis importados foram refixadas bem acima dos níveis que vigoravam antes da redução tarifária de 1994.[2]

A imposição de medidas severas de contenção de demanda, a partir de abril, já tinha permitido rápida melhora da situação. A balança comercial voltou a ser superavitária em meados do ano e a queda do nível de atividade acabou refreando em muito a taxa de variação dos preços de serviços durante o segundo semestre. As altas taxas internas de juros – combinadas com perspectivas inflacionárias cada vez mais favoráveis e com a aprovação pelo Congresso das reformas referentes ao capítulo da ordem econômica da Constituição – deram forte estímulo à entrada de capitais externos ao longo do segundo semestre de 1995. No final do ano, o nível das reservas internacionais já era US$10 bilhões mais alto do que o de antes da crise mexicana. E a taxa mensal de inflação havia baixado a menos de 1%.

O fim da alta inflação trouxe novos e importantes desafios. Boa parte do sistema bancário não estava preparado para sobreviver em ambiente de baixa inflação. E a imposição, a partir do final do primeiro trimestre de 1995, de medidas severas de contenção de demanda, baseadas no aumento de recolhimentos compulsórios, no controle do crédito e na elevação das taxas de juros, colheu de surpresa parte importante do sistema financeiro. A reversão repentina da rápida expansão de crédito que vinha tendo lugar desde o lançamento do Plano Real foi absorvida com dificuldade pelas empresas e famílias que, contagiadas pelo clima de otimismo, haviam recorrido com entusiasmo ao endividamento.

O aumento da inadimplência aguçou os problemas que algumas instituições financeiras já vinham enfrentando para se adaptar ao novo ambiente de baixa inflação. E, nesse grupo, foram especialmente afetadas as que tinham tentado superar as dificuldades por meio de rápida expansão da concessão de crédito, na esteira do boom de demanda que se seguiu ao lançamento do Plano Real. Muitas delas passaram a enfrentar problemas de captação e sérias dificuldades para lidar com a erosão da qualidade de seus ativos, em decorrência dos níveis crescentes de inadimplência.

O Banco Central teve de intervir nos já combalidos bancos estaduais que, há muito, vinham sendo escancaradamente usados pelos governadores para financiar o excesso de dispêndio dos estados. Particularmente problemática mostrou ser a intervenção no Banespa, que era, por larga margem, o maior banco estadual. Foi feita ainda no governo anterior, em 31 de dezembro de 1994, último dia no mandato de Itamar Franco, sob protestos indignados de Mário Covas – um dos mais importantes aliados de FHC – que, no dia seguinte, tomaria posse com governador do estado de São Paulo.

A eclosão da desgastante crise do Banco Econômico em agosto eliminou de vez qualquer esperança de que as dificuldades pudessem ficar restritas aos bancos estaduais e a instituições menores. E o Banco Central se viu obrigado a intervir

---

[2] A dissenção dentro da equipe econômica do novo governo seguiu linhas distintas em diferentes questões. O desacordo sobre a política cambial abriu séria divisão no núcleo da equipe econômica, responsável pelo Plano Real em 1993-94. Mas no caso da restauração protecionista, o cabo de guerra foi basicamente entre o núcleo da equipe econômica original e novos membros da equipe que haviam se juntado ao governo. Naturalmente, os desfechos desses embates não foram independentes. Tendo se dividido na questão da política cambial, o núcleo da equipe econômica de 1993-94 não conseguiu resistir às pressões protecionistas.

em algumas das maiores instituições financeiras do país, para grande irritação de políticos que eram relacionados a tais instituições e desempenhavam papéis de grande importância na ampla coalizão que dava apoio ao governo. A intervenção no Banco Econômico marcou o início de um período de tensão no sistema financeiro, que inevitavelmente levou as instituições mais sólidas a adotar políticas mais conservadoras, que acabaram por amplificar ainda mais o encolhimento de crédito que havia sido imposto pelas Autoridades Monetárias.

A tensão gerada pelo processo de fragilização financeira foi parcialmente aliviada a partir de outubro, quando o Banco Central, forçado a intervir em outro grande banco privado, procurou munir-se de instrumentos mais amplos para lidar de forma mais eficaz com problemas de liquidez e a necessidade de reestruturação do sistema financeiro. Mas, como o manejo dos novos instrumentos de assistência à iliquidez envolvia um custo político muito elevado, sua eficácia ficava parcialmente comprometida.

Outro desafio importante adveio da rápida deterioração do quadro fiscal. Durante o longo período de alta inflação, os três níveis de governo tinham introduzido na legislação tributária regras estritas de indexação para proteger o valor real da arrecadação. Já do lado da despesa, o jogo vinha sendo adiar desembolsos e fazer o uso deliberado da inflação para erodir o valor real do dispêndio efetivamente feito. Não chegou a ser uma surpresa que a extinção do regime de alta inflação implicasse aumento pronunciado no valor real do dispêndio.

Para evitar séria deterioração das contas públicas, um esforço importante de ajuste fiscal teria de ser feito. Mas nem o novo governo nem os novos governadores de estado estavam preparados para levar adiante a consolidação fiscal que se fazia necessária. E a política fiscal acabou sendo preocupantemente frouxa em 1995. A verdade é que a equipe econômica, sobrecarregada e dividida como estava, custou a se dar conta da rapidez da deterioração da situação fiscal. O superávit primário do setor público como um todo caiu, de 5% do PIB em 1994, para perto de zero em 1995. O mais impressionante, contudo, foi quão pouco alarmado pareceu o governo com tão grave deterioração do quadro fiscal.

A dinâmica do endividamento público apontava para a necessidade de um ajuste fiscal substancial em 1996. O que exigiria impor restrições orçamentárias rígidas aos governos subnacionais. Os governadores de estado, cujas contas estavam em franca deterioração, na esteira de um crescimento explosivo de folhas de pagamento, estavam mais uma vez mobilizados para extrair da União nova operação de resgate, que poderia ser extremamente custosa às finanças federais. O governo vinha tentando canalizar o sentimento de alarme dos governadores com a situação financeira dos seus estados para o reforço do apoio no Congresso ao projeto de reforma administrativa, que, em tese, poderia dar aos três níveis de governo mais flexibilidade na gestão das suas folhas de pagamento.

A ideia era vincular o socorro financeiro federal à implementação de reformas de fôlego que impedissem o ressurgimento do mesmo problema no futuro. Isto teria de envolver privatização das instituições financeiras estaduais e de boa parte das empresas públicas dos estados, contenção drástica das suas folhas de pagamentos e a criação de mecanismos ágeis que permitissem à União se apoderar de receitas estaduais e de ativos dos estados, caso os serviços dos empréstimos federais não fossem pagos.

No final de 1995, contudo, no auge das negociações com os estados sobre o formato das possíveis operações de resgate, surgiram sinais inequívocos de que o governo estava reavaliando custos e benefícios de tentar impor restrições orçamentárias mais rígidas aos governos subnacionais naquele momento. A evidência mais contundente disso foi o recuo de FHC, no início de novembro, diante das pressões em favor da devolução do controle do Banespa ao governo do estado de São Paulo, feitas por alguns dos mais importantes líderes do PSDB, com apoio ostensivo de vários ministros e de parte da equipe econômica.

Com base num cálculo político que, à primeira vista, parecia surpreendente, o governo cedeu a tais pressões e anunciou que o banco seria devolvido ao governo de São Paulo, como demandado, e que todos os planos para privatização do Banespa seriam abortados. Na verdade, o banco acabou não sendo devolvido. Mas a postura complacente do Planalto nessa questão afetou em muito a credibilidade do suposto comprometimento do governo com um ajuste fiscal sério naquele momento. Não houve governador de estado que não percebesse que o vento havia mudado de direção em Brasília.[3]

Na verdade, logo ficaria claro que o governo estava considerando seriamente a possibilidade de dar uso distinto ao vasto capital político que acumulara na esteira do sucesso do Plano Real. No início de 1996, ganhou força em Brasília a ideia de extrair do Congresso emenda constitucional que permitisse a reeleição do presidente. Mas a ideia já vinha sendo aventada há mais tempo.[4] E, dessa perspectiva, já não parecia prudente antagonizar prefeitos, governadores de estado e a ampla coalizão que vinha dando apoio ao governo no Congresso com medidas severas de ajuste fiscal. As contas públicas continuariam a se deteriorar ao longo de 1996.

Reformas, abertura e privatização

Logo após a eleição, no final de 1994, havia a expectativa de que o primeiro ano do novo mandato presidencial seria basicamente dedicado à tramitação das reformas no Congresso. E, no início de 1995, o governo parecia convencido de que

---

[3] Embora a solução afinal aceita para o Banespa tenha sido justamente percebida como um enorme retrocesso, a derrota do Banco Central não foi consumada. O Governador Mário Covas ganhou mas não levou. A implementação da solução acordada acabou enfrentando entraves diversos, que envolveram o equacionamento da dívida adicional que havia sido acumulada e divergências sobre a avaliação e a titularidade dos ativos que seriam oferecidos pelo Estado em pagamento. Por outro lado, aos poucos, o próprio governo de São Paulo tornou-se menos convicto da importância da preservação do Banespa como banco estadual. Infelizmente, FHC nem mesmo menciona em suas memórias a disputa do final de 1995, em torno do Banespa. Mas o episódio foi amplamente coberto pela mídia. Ver, por exemplo, "Bancada paulista rompe com o BC" (Deputados querem 'saída política' para o Banespa e ameaçam 'enfrentamento' com o governo no Congresso), *Folha de S.Paulo*, 20 de setembro de 1995, "BC cede e negocia rombo do Banespa", *Folha de S. Paulo*, 21 de setembro de 1995, "FHC vai resolver caso Banespa com Covas", *Folha de S.Paulo*, 22 de setembro de 1995, "SP faz ato contra privatização do Banespa", *Folha de S.Paulo*, 30 de outubro de 1995 e "União desiste de privatizar o Banespa", *Folha de S.Paulo*, 11 de novembro de 1995.

[4] Ver, por exemplo, "FH autoriza negociações para reeleição", *O Estado de S. Paulo*, 2 de novembro de 1995, e "PSDB faz ofensiva pela reeleição", *Folha de S.Paulo*, 7 de novembro de 1995.

as reformas haviam se tornado ainda mais urgentes do que até então vinha supondo. Do ponto de vista da consolidação da estabilização, a mensagem emitida pela crise mexicana tinha sido bastante clara. Como a necessidade de financiamento externo da economia teria que ser mantida em níveis bem mais moderados do que se imaginava possível, encurtara-se o tempo disponível para levar à frente as reformas econômicas requeridas para viabilizar o ajuste estrutural do setor público que se fazia necessário. Uma rápida implementação do programa de reformas ajudaria a reforçar a credibilidade do esforço de estabilização e atrair capitais para o programa de privatização, ampliando as possibilidades de financiamento externo. Pelas mesmas razões, quanto mais lento fosse o avanço das reformas, mais estreitas poderiam se tornar tais possibilidades.

Já no final de janeiro de 1995, o governo dava sinais de estar vendo com muita preocupação o descompasso entre o ritmo provável do avanço das reformas e a taxa de deterioração das contas externas. O repentino encurtamento do tempo disponível para viabilização das reformas tinha-se tornado um grande problema. Apesar de toda a retórica a respeito da urgência das mudanças necessárias, a verdade é que a nova administração não estava preparada para implementar rapidamente o programa de reformas que tinha sido vislumbrado. Mesmo assim, ainda havia expectativas, largamente disseminadas, de que, respaldado pelo enorme capital político acumulado na vitória em primeiro turno na eleição presidencial, FHC poderia aproveitar os primeiros meses do seu mandato para dobrar as resistências do Congresso e aprovar o amplo conjunto de emendas constitucionais requeridas para a viabilização das reformas.

Para isto, contudo, teria sido necessário que, por ocasião da posse do novo Congresso, em meados de fevereiro, o governo já tivesse definido com clareza o teor de cada uma das reformas e preparado propostas concretas das emendas constitucionais pertinentes. E a verdade é que o governo simplesmente não dispunha de projetos detalhados de reforma para encaminhar ao Congresso. Desde a campanha eleitoral, já se sabia que boa parte das reformas não passava de um conjunto de ideias ainda bastante vagas, à espera de um trabalho árduo de detalhamento. Transformar uma simples bandeira de campanha eleitoral como, por exemplo, reforma tributária, em proposta circunstanciada que pudesse ser submetida ao Legislativo envolvia tarefa de grande complexidade técnica, jurídica e política, que não podia ser cumprida da noite para o dia.

A lentidão com que o novo presidente compôs a sua equipe retardou ainda mais o avanço desse trabalho. A composição do ministério só foi concluída quando faltava pouco mais de uma semana para a posse do novo governo. E, sob esse aspecto, a vantagem propiciada pela eleição em primeiro turno foi perdida. Os melhores esforços da pequena equipe econômica com que contava o presidente haviam sido consumidos no lançamento do Real e na tensa travessia da crise mexicana, que eclodira pouco antes do Natal de 1994. Simplesmente, não houve tempo para que propostas bem articuladas de reforma fossem preparadas para encaminhamento ao Congresso.

A tramitação preliminar de algumas das propostas de reforma submetidas ao Legislativo fizeram aflorar outras dificuldades bastante previsíveis. A frente de esquerda que havia conseguido obstruir a reforma constitucional de 1993-94 estava sendo rapidamente reativada. Parte substancial da bancada governista mostrava-se pouco confiável e propensa a condicionar seu apoio ao grau de influência que pudesse vir a ter no preenchimento de cargos de segundo e terceiro escalão.

Por outro lado, o governo logo constatou ter feito avaliação equivocada ao presumir que a reforma da Previdência poderia ser o carro-chefe que abriria passagem para a aprovação de outras emendas constitucionais. O tema mostrou-se especialmente controverso e, em meio a alto grau de desinformação, ficou claro que os interesses contrários à proposta de reforma previdenciária do governo permeavam todos os partidos, da direita à esquerda do Congresso. Assustado com a resistência, o governo resolveu colocar a proposta em banho-maria e tentar abrir caminho para as reformas com propostas de emendas constitucionais menos complexas e relacionadas a temas menos controvertidos.

No segundo trimestre de 1995, o governo obteve avanços de grande importância no programa de reformas, ao extrair do Congresso a aprovação de emendas de concepção relativamente simples, relativas ao capítulo da Ordem Econômica da Constituição, que permitiram abrir caminho para a ruptura do monopólio estatal nos setores de petróleo e gás e para a privatização do setor elétrico e do setor de telecomunicações.

A aprovação de tais emendas envolvia questões fundamentalmente ideológicas que levaram a uma polarização do Congresso em apenas dois blocos. Mas boa parte da agenda remanescente de ajuste fiscal e modernização do setor público dizia respeito a questões bem mais complexas, como era o caso das reformas previdenciária, administrativa e tributária. No posicionamento dos parlamentares sobre tais questões, já não houve propriamente polarização e, sim, fragmentação do Congresso, segundo padrões dificilmente explicáveis a partir de dicotomias simples como esquerda e direita.

O grande desafio passou a ser conceber propostas de reforma capazes de romper a tendência à fragmentação e viabilizar uma coalizão de 3/5 dos parlamentares em cada uma das duas casas do Legislativo. Tudo isto, naturalmente, sem perder de vista a orientação maior que norteava cada uma destas reformas e que as tornava prioritárias. Um desafio que se mostrou bem mais difícil do que a ampla base parlamentar que dava apoio no governo fazia supor.

No final de 1995, depois de encerrada a temporada de refiliação partidária e de ter sido criado o PPB, pela fusão do PP com o PPR, uma análise da nova composição do Congresso mostrava que o apoio nominal do governo no Legislativo havia se tornado ainda mais sólido do que já era no início do ano. No Senado, o governo contava com posição especialmente confortável. Já na Câmara, o maior partido continuava sendo o PMDB com 98 deputados, bem menos do que os 107 que havia eleito. A seguir vinha o PFL com 97, bem mais do que os 89 que tinha eleito. O novo PPB, com 90 deputados, compunha a terceira maior bancada da Câmara. A quarta era a do PSDB, que havia passado de 62 para 84 deputados. E a seguir vinha o PT com 49, o PTB com 28 e o PDT com 26. O PL e o PCdoB tinha cada um 10 deputados e os seis demais partidos menos de três deputados cada.

Com 15 partidos representados, continuava sendo uma composição extremamente fragmentada. Mas os três maiores partidos que vinham dando apoio na Câmara ao programa de reformas do governo – PFL, PPB e PSDB – reuniam um total de 274 deputados, o que representava bem mais da metade da Câmara e apenas 34 deputados a menos do que a maioria necessária para a aprovação de emendas constitucionais.

A verdade, contudo, é que, em meio à indisciplina partidária, o governo vinha enfrentando grande dificuldade para assegurar que essa coalizão heterogênea de forças políticas, nominalmente tão vasta, se traduzisse em respaldo efetivo ao avanço do programa de reformas. E, escaldado pelo fracasso do primeiro projeto de reforma previdenciária – encaminhado apressadamente ao Congresso no início do ano, sem mapeamento correto das resistências a enfrentar –, o governo passou a adotar postura extremamente defensiva no encaminhamento das reformas.

Ironicamente, parte da dificuldade de fazer avançar o programa de reformas advinha do próprio sucesso do programa de estabilização. Com o crescente otimismo acerca da evolução do quadro inflacionário, havia desaparecido boa parte do senso de urgência que emanava da apreensão com o regime de alta inflação. E não era só no Congresso que se podia detectar perda de convicção sobre a real necessidade das reformas. No próprio Executivo, surgiam dúvidas sobre o acerto da insistência num programa de reformas constitucionais que exigia prolongada manutenção de desgastante maioria de 60% nas duas casas do Congresso.

Foi no esforço de privatização que o programa de reformas do primeiro governo Fernando Henrique Cardoso obteve seus resultados mais convincentes. A privatização de empresas provedoras de serviços públicos exigiu mudanças institucionais importantes, para dotar o país de um aparato regulatório adequado. Foram criadas diversas agências reguladoras setoriais. Com frequência, aproveitando a estrutura de órgãos reguladores preexistentes que vinham funcionando sob a captura de grandes empresas estatais.[5]

Foi necessário alterar a Constituição para flexibilizar o monopólio da Petrobras (Emenda Constitucional n. 9) e para permitir a entrada de empresas privadas em setores como telecomunicações (Emenda Constitucional n. 8) e gás (Emenda Constitucional n. 5). Foi também aprovada a Emenda Constitucional n. 6, que suprimiu distinções no tratamento de empresas nacionais e estrangeiras. As quatro emendas foram aprovadas pelo Congresso em 1995. O processo de privatização exigiu também mudanças importantes na legislação infraconstitucional. A reformulação da legislação sobre concessões de serviços públicos (Leis n° 8.987 e n° 9.074, de 1995) foi fundamental para viabilizar a privatização nos setores de petróleo, energia elétrica e telecomunicações.[6]

Entre 1995 e 2002, as receitas de privatização em todos os níveis de governo somaram o equivalente a US$78,6 bilhões (cerca de 95% em moeda corrente

---

[5] Merecem destaque as agências reguladoras de serviços de telecomunicação (Anatel), energia elétrica (Aneel), petróleo (ANP), águas (ANA), vigilância sanitária (ANVISA) e saúde suplementar (ANS), transportes aéreos (ANAC), aquaviários (ANTAQ) e terrestres (ANTT) e cinema (ANCINE).

[6] A Lei Geral das Telecomunicações (Lei 9.472, de 1997), que criou a Anatel e balizou a reestruturação e privatização das telecomunicações, foi precedida pela Lei Mínima (Lei 9.295, de 1996), que permitiu a abertura da telefonia celular a operadores privados, a chamada banda B, que operaria em concorrência com as recém-criadas empresas operadoras de telefonia celular do sistema Telebrás. Para viabilizar a privatização, foi implementado um Plano de Outorga (Decreto 2.534, de 1998) que dividiu a Telebrás em quatro regiões, complementado por um Plano Geral de Universalização do Serviço de Telecomunicações (Decreto 2.592, de 1998). Em julho de 1998 foram vendidas em leilão as operadoras estatais de telefonia fixa e de longa distância, bem como as operadoras de telefonia celular da banda A.

nacional), além de redução de dívida de US$14,8 bilhões. Cerca de 70% desse total foram obtidos em 1997-1998 e 53% corresponderam a aquisições por empresas estrangeiras (em contraste com 5% em 1990-1994). Da receita total, 80% corresponderam à venda de empresas relacionadas à infraestrutura, 14% ao setor industrial e 6% a participações societárias. Na infraestrutura, as privatizações das empresas de telecomunicações corresponderam a cerca de 38% das receitas totais e as de empresas elétricas a cerca de 28% (sendo 74% a distribuidoras estaduais).

Embora de menor expressão como participação das receitas de privatização, as privatizações nos setores de mineração e financeiro tiveram implicações importantes. A privatização da Companhia Vale do Rio Doce, estatal criada em 1942, ainda no primeiro período Vargas, foi emblemática. A operação de venda do controle da empresa enfrentou grande resistência e foi dificultada por muitas ações judiciais. O governo manteve poder de veto em decisões estratégicas, por meio de uma *golden share*, e participação indireta no bloco controlador, através do fundo de pensão dos funcionários do Banco do Brasil (Previ). No esforço de reestruturação do sistema bancário que se fez necessário ao fim do regime de alta inflação, vários bancos pertencentes a governos estaduais foram transferidos ao setor privado, quase sempre após intervenção do Banco Central.

Na privatização das telecomunicações, foi difícil criar um ambiente competitivo na provisão de serviços de telefonia fixa, apesar da preocupação em criar empresas "espelho" que pudessem contestar em alguma medida o poder de mercado das empresas já estabelecidas. Mas tais problemas foram minorados em grande medida pela rápida difusão da telefonia celular. Avaliados com base na disponibilidade de aparelhos telefônicos, os resultados da privatização das telecomunicações foram espetaculares. Em 1994, havia 8,4 telefones fixos por 100 habitantes. Em 2002, 26,3. Paralelamente, o número de telefones celulares por 100 habitantes aumentou de 0,4, em 1994, para 21,9, em 2002.

A privatização de empresas de energia elétrica teve de levar em conta as especificidades do sistema hidrelétrico. E exigiu equacionamento prévio do alto grau de inadimplência que vinha marcando a compra, por distribuidoras estaduais, de energia gerada por empresas estatais federais. Razões pelas quais a privatização avançou com mais facilidade na distribuição do que na geração de energia. Após a criação da Aneel, em 1997, foram criados, no ano seguinte, o Operador Nacional do Sistema Elétrico (ONS) e o Mercado Atacadista de Energia (MAE) (Lei 9.648, de 1998). Ao ONS coube o controle da operação das instalações de geração e transmissão de energia elétrica no Sistema Interligado Nacional. O MAE estava encarregado da compra e venda de energia, mas ficou inoperante até 2004, em meio a dificuldades operacionais, conflitos de jurisdição e à predominância de transações internas em empresas verticalizadas (geradoras e distribuidoras).

No setor petróleo, a posição dominante da Petrobras permaneceu praticamente intocada, a despeito da flexibilização que permitiu investimentos privados em atividades antes restritas às empresas controladas pelo governo. Além de modestas privatizações adicionais na petroquímica, cerca de US$4,8 bilhões foram apurados, em 2000-2001, com a venda por oferta pública de ações da Petrobras. No final de 2001, em substituição à chamada conta petróleo, foi criada a Contribuição de

Intervenção do Domínio Econômico (CIDE). A ANP promoveu leilões de 157 blocos exploratórios entre 1999 e 2002, dos quais 88 foram arrematados por um valor total próximo a R$1,5 bilhão. Tais leilões permitiram a entrada de empresas privadas na exploração e produção de petróleo. Houve também entrada de empresas privadas na distribuição de gás natural, apesar da manutenção do controle de terminais e gasodutos pela Petrobras.

Parte da infraestrutura de transportes também foi privatizada. A partir de 1994, foram licitadas, nos três níveis de governo, concessões para a exploração de quase 10.000 km de rodovias. Entre 1996 e 1999, além da Estrada de Ferro Vitória a Minas e da Estrada de Ferro Carajás, pertencentes à Companhia Vale do Rio Doce, cerca de 26.000 km da malha ferroviária foram transferidos a operadores privados.

Até meados de 1997, o governo manteve-se nitidamente dividido quanto à utilização que deveria ser dada aos recursos que vinham sendo gerados pelo programa de privatização. Parte da equipe econômica defendia que os recursos deveriam ser destinados ao financiamento de investimentos através do BNDES. Outra parte, arguía que, tendo em conta a evolução do quadro fiscal, os recursos deveriam ser integralmente canalizados para resgate da dívida pública. Como se verá mais adiante, foi necessária séria deterioração do ambiente externo para que essa última corrente acabasse prevalecendo.

Não obstante a retórica de abertura comercial que marcou o esforço de estabilização que deu lugar ao Plano Real, houve reversão da liberalização comercial no início do período FHC. A tarifa efetiva média da economia aumentou de 13,6%, em 1994, para 17,1%, em 1995, e 18,7%, em 1999. Como já mencionado acima, a apreensão com a deterioração das contas externas que se seguiu à crise mexicana, foi usada como pretexto para a restauração de barreiras comerciais que haviam sido reduzidas em 1994. A combinação de tarifas muito altas sobre importações de automóveis, de um lado, com tarifas de importação de autopeças especialmente baixas, de outro, deu lugar a um "regime automotivo", montado em comum acordo com a Argentina, com tarifas de importação efetivas de mais de 200% em 1996.

Na esteira de sucessivas crises macroeconômicas no Brasil e na Argentina na segunda metade dos 1990, os acordos estabelecidos em 1994 no Tratado de Ouro Preto foram modificados em várias ocasiões, o que afetou não só as listas de exceções nacionais à Tarifa Externa Comum do Mercosul, mas também os produtos incluídos no Regime de Adequação Final da TEC, que continha itens sensíveis excluídos de isenção tarifária. Negociações visando a formação de uma Área de Livre Comércio das Américas, a partir de 2005, malograram, por conta de dificuldades decorrentes das características das economias dos integrantes do Mercosul quando contrastadas às demais economias do hemisfério. Tampouco avançaram negociações em torno um acordo comercial entre o Mercosul e a União Europeia.

O Brasil reforçou sua influência nas negociações no âmbito da Organização Mundial do Comércio (OMC), a despeito do avanço modesto dos esforços multilaterais de liberalização comercial no período. Merece destaque o protagonismo brasileiro na solução de controvérsias na OMC, em questões envolvendo demandas recíprocas com o Canadá, relativas a subsídios às exportações de aeronaves regionais, e o início de processos relacionados a subsídios dos Estados Unidos às exportações de algodão e ao regime açucareiro da União Europeia.

O projeto da reeleição

Como mencionado acima, ao longo de 1996, segundo ano do primeiro mandato de FHC, ganhou força em Brasília a ideia de conseguir a aprovação no Congresso de uma emenda constitucional que permitisse a reeleição do presidente. A crescente mobilização do governo com esse projeto trouxe implicações importantes para a condução da política econômica. Esperava-se que 1996 fosse um ano decisivo para o ajuste fiscal e para o avanço das reformas. Mas o governo preferiu dar prioridade à formação da coalizão política necessária à aprovação da emenda da reeleição.

Nas disposições transitórias da Constituição de 1988, havia sido estabelecido que, cinco anos após a promulgação da Carta, haveria um período de revisão constitucional, em que emendas poderiam ser aprovadas por maioria absoluta. Quando, afinal, se abriu essa oportunidade de revisão, em 1993-1994, o Congresso estava atravessando um momento especialmente problemático, fragilizado pelo enorme desgaste que adveio do que a mídia rotulou de "escândalo dos anões do Orçamento". E a verdade é que isso acabou limitando em muito as possibilidades do esforço de revisão constitucional. Mas, na época, a ideia da reeleição parecia contar com apoio relativamente amplo. O que vinha sendo articulado, inicialmente, era um rearranjo que envolveria redução do mandato presidencial de cinco para quatro anos e introdução da possibilidade de reeleição. No último momento, contudo, houve uma tentativa de se estender esta possibilidade aos governadores que estavam em final de mandato. E isto acabou tornando inviável a aprovação da emenda da reeleição. O que, afinal, se aprovou foi um mandato presidencial de quatro anos, sem reeleição.[7]

No final de 1995, com a alta popularidade de FHC, na esteira do sucesso da estabilização, a questão da reeleição, que havia desaparecido de cena, foi reavivada. E passou a ser vista com crescente interesse no Planalto. Para levar o projeto adiante, o governo defrontava-se com a difícil escolha do momento adequado para levantar a questão. Uma possibilidade era investir na continuação do seu bom desempenho e apostar no surgimento da reeleição como idéia natural, na segunda metade do seu mandato. Outra, era tentar antecipar a discussão, para poder já levar em conta a possibilidade de mais quatro anos de mandato na gestão do seu capital político. Essa última estratégia, pela qual o governo parecia se inclinar, afigurava-se especialmente arriscada. Uma derrota na votação da emenda poderia deixar o presidente politicamente aleijado. Depois que o jogo começasse, seria muito difícil voltar atrás. Um recuo poderia ter custos políticos excessivamente altos. Só haveria saída para a frente. E o governo teria de estar disposto a fazer o que quer que fosse necessário para evitar a derrota.

Tendo isso em conta, o Planalto atravessou boa parte de 1996 com um discurso ambíguo e cauteloso sobre a reeleição, preocupado em adiar o início efetivo do jogo e resguardar a possibilidade de, sem grande desgaste, dar o dito pelo não dito. Mas, em meio à ambiguidade, o governo passou a evitar, na medida do possível, questões polêmicas na área econômica que pudessem antagonizar parlamentares e governadores. Reformas e esforços de ajuste fiscal foram postos em compasso de

---

[7] Emenda Constitucional de Revisão n. 5, de 7 de junho de 1994.

espera. No BNDES, abriu-se aos governadores um guichê de facilidades que induziu a postergação de esforços de ajustes nos estados. E o resultado primário do setor público continuou em franca deterioração.

Boa parte da complexidade da questão da reeleição advinha do fato de que nenhum parlamentar estava disposto a discutir apenas a reeleição do presidente. A discussão teria de envolver também a reeleição de governadores e prefeitos. E a reeleição de prefeitos poderia vir a se revelar um tema especialmente controvertido, na medida em que pelo menos uma centena de parlamentares estavam interessados em se candidatar a prefeituras em 1996 e, portanto, seriam contrários a reeleição para prefeito com vigência imediata. Além disso, o Planalto tinha boas razões para temer que mesmo partidos que compunham a vasta coalizão que lhe dava sustentação no Congresso poderiam não estar dispostos a dar, de graça e tão cedo, tanto espaço de manobra adicional ao presidente.[8]

No início de 1997, a situação tornou-se especialmente difícil. E o governo teve de se desdobrar para evitar que o Congresso lhe impusesse um jogo lento na decisão sobre a reeleição. O que o Planalto mais temia, afora a derrota, era que a questão fosse empurrada para alguma forma de consulta popular, o que prolongaria por vários meses o seu desfecho. O presidente, naturalmente, tinha todo interesse em transformar a aprovação da reeleição em um jogo rápido, que lhe deixasse as mãos livres para tirar o melhor proveito da segunda metade do seu mandato. O problema é que participantes importantes do jogo, mesmo muitos dos que não se opunham em absoluto à ideia da reeleição, tinham razões para preferir um jogo lento. Na verdade, para boa parte deles, o ideal seria um jogo muito lento. Parlamentares, governadores e outros atores políticos com assento nessa mesa de jogo estavam fascinados com o poder de barganha com que poderiam contar até que a emenda fosse aprovada. E não queriam, é claro, abreviar mais do que lhes parecia necessário, um período de excepcional bonança política.

A emenda da reeleição acabou aprovada em primeiro turno na Câmara no final de janeiro de 1997, com 336 votos, 24 a mais do que a maioria de três quintos exigia. E isso abriu caminho para sua aprovação definitiva pelo Congresso. Os longos meses de esforço de montagem da coalizão política requerida para a aprovar a emenda haviam redundado em sucesso. E, naquele momento, poderia até ser dito que o governo havia preferido investir os fartos recursos políticos com que já contava no início de 1995 na própria ampliação destes recursos, em vez de usá-los para derrotar os interesses que vinham impedindo o avanço das reformas, a construção de uma posição fiscal mais confortável e a consolidação da estabilização.

Não havia a menor dúvida de que o governo tinha conquistado uma posição política ainda mais sólida do que a eleição lhe assegurara em 1995. Um baluarte

---

[8] Confirmando tais temores, o Planalto descobriu, em meados de janeiro de 1997, às vésperas da votação da emenda, que vinha navegando com um mapa errado no complexo arquipélago de forças políticas heterogêneas formado pelo PMDB. Os governadores do partido não conseguiram evitar que fossem aprovados por larga margem, em convenção do PMDB, uma moção contra a reeleição e um requerimento em favor de adiamento da votação da emenda. No PPB, outro partido importante da coalizão que lhe dava apoio no Congresso, o governo já vinha lidando com os efeitos da ferrenha campanha que o prefeito Paulo Maluf – fortalecido por ter feito, com folga, seu sucessor, em São Paulo –, vinha movendo contra a aprovação da reeleição.

hegemônico como há muito não se via no país. Mas a conquista não havia sido sem custos. Sob vários aspectos, a economia ficara bem mais vulnerável do que em 1995. De um lado, o governo havia sido excessivamente complacente no controle dos seus próprios gastos e do acesso dos estados e dos municípios ao financiamento de posições deficitárias. De outro, mostrara-se muito mais cauteloso do que poderia ter sido nas negociações das reformas. E as contas externas estavam em franca deterioração. O déficit em transações correntes de 1996 havia chegado a cerca de 3,3% do PIB.

A grande questão era que uso, afinal, o governo pretendia dar aos vastos recursos políticos adicionais que havia conseguido acumular com a aprovação da emenda da reeleição. Já era tempo de o governo voltar sua atenção para as medidas necessárias para assegurar mais espaço de manobra à gestão da política econômica. Até a mobilização com o projeto da reeleição, o discurso oficial sobre o plano de jogo da consolidação da estabilização era ganhar credibilidade, insistindo no programa de reformas e nas medidas de ajuste fiscal, e usar o espaço de manobra do financiamento externo para dar tempo ao tempo e esperar a economia se reestruturar e ganhar competitividade. Mas, aos poucos, esse discurso foi ficando cada vez menos crível.

No final de 1996 havia ficado evidente que amplos setores do governo já não pareciam acreditar neste plano de jogo. Conviviam dentro do governo vários discursos concorrentes sobre como as dificuldades das contas externas deveriam ser superadas. Ao que parecia ser o discurso oficial, vinham-se somando outras propostas que com ele pouco tinham a ver. Havia quem defendesse publicamente que a abertura comercial havia sido uma imprudência e que sua reversão era inevitável. E se falava até em um novo ciclo de substituição de importações e na restauração de uma política industrial que, tal como se fazia nos anos 1950, desse prioridade, na distribuição de favores estatais, aos segmentos industriais com maiores déficits na "balança comercial setorial".

Expectativas de que, tendo conseguido a aprovação da emenda da reeleição, o governo estaria afinal disposto a mobilizar seus recursos políticos para reverter a deterioração das contas públicas e fazer avançar a agenda de reformas, logo se mostraram infundadas. Na verdade, o Planalto continuou incapaz de mostrar convicção acerca da importância do ajuste fiscal, até nos aspectos mais elementares. Ao longo do primeiro semestre de 1997, deixou que continuasse prosperando no governo a ideia que os recursos da privatização não deveriam ser canalizados para resgate de dívida pública.[9] Tendo em conta outras formas de equacionamento do desequilíbrio das contas externas que vinham sendo aventadas, tanto as reformas como o ajuste fiscal pareciam menos prementes. Na verdade, a aprovação da emenda da reeleição deu lugar a um clima de autoconfiança e triunfalismo no governo. E ganhou força em Brasília a ideia de que o presidente não poderia ficar "prisioneiro das reformas" e que chegara o momento de "começar a governar".

Na esteira da apreciação do câmbio, as contas externas estavam em franca deterioração. Previa-se um déficit em conta corrente de quase 4% do PIB em 1997.

---

[9] Em meados de 1997, o presidente interveio na disputa sobre a questão, impondo uma decisão supostamente salomônica: metade dos recursos gerados pelo programa de privatização seria destinada ao resgate de dívida pública e a outra metade ao financiamento de investimentos pelo BNDES.

Parte da equipe econômica, respaldada por lideranças importantes do PSDB, insistia na necessidade de uma desvalorização cambial e de políticas mais intervencionistas de promoção do crescimento econômico, arguindo que as contas públicas tenderiam a melhorar naturalmente, à medida que o crescimento se acelerasse. Outra parte da equipe econômica resistia a tais propostas, ponderando que uma desvalorização seria excessivamente arriscada, ainda mais se não fosse precedida de ajuste fiscal considerável. Enquanto o governo mostrava relutância, em meio a essa controvérsia, a inconsistência da política macroeconômica se exacerbava cada vez mais. Foi nessas condições que o país se viu de repente submetido a um contundente choque de realidade.

Choques externos e crise cambial

O alarme soou em julho de 1997, quando o ataque especulativo à Tailândia deflagrou uma onda de dificuldades similares em países vizinhos, dando lugar ao que passou a ser conhecido como Crise Asiática. Com a economia brasileira tão vulnerável e exposta ao contágio, o governo afinal percebeu que havia chegado o momento de deixar de lado a ambivalência e adotar um discurso econômico coerente. Emblemática dessa súbita mudança de postura foi a rapidez com que o Planalto decidiu encerrar de vez a disputa dentro da equipe econômica sobre que uso dar aos recursos provenientes da privatização, anunciando que tais recursos passariam a ser integralmente destinados ao resgate da dívida pública. Em outras áreas, no entanto, não foi tão simples passar das palavras à ação.

À medida que a crise ganhou força na Ásia, alcançou Hong Kong e passou a ameaçar a Coreia do Sul, o Brasil tornou-se alvo óbvio de ataque especulativo. No final de outubro, o Banco Central se viu obrigado a dobrar a taxa de juros, que já vinha sendo mantida em níveis extremamente altos, para mais de 40% ao ano. E no início de novembro, numa frenética tentativa de sinalizar drástica mudança de regime fiscal, o governo anunciou um grande pacote, preparado às pressas, de nada menos que 51 medidas distintas, com que esperava promover um efeito combinado de ajuste fiscal da ordem de 2% do PIB.

Por pouco plausível que pudesse parecer, tal sinalização mostrou-se eficaz. Por volta de março de 1998, a crise tinha amainado na Ásia. E as medidas que tinham sido anunciadas no Brasil pareciam ter mantido o ataque especulativo sob relativo controle, deixando o país a salvo dos efeitos devastadores que tinham sido observados nas economias asiáticas. Mas a verdade é que a inconsistência macroeconômica ainda não tinha sido resolvida. A política cambial não tinha sofrido maiores alterações. E o déficit em transações correntes continuava a aumentar. As contas fiscais do final de 1997, publicadas no final de fevereiro, deixavam claro que a deterioração do resultado primário consolidado do setor público, que havia tido início em 1995, não havia sido interrompida em 1997. A combinação dessa deterioração com taxas de juros excepcionalmente altas logo deu lugar a prognósticos muito pessimistas sobre a dinâmica do endividamento público. A situação exigia um esforço vultoso e crível de ajuste fiscal, bem maior que os 2% do PIB que tinham sido prometidos em novembro. Mas, a essa altura, o governo, mais uma vez, havia voltado suas atenções para outras questões que já lhe pareciam mais prementes.

O país estava a seis meses de novas eleições gerais, quando muita coisa estaria em jogo: a presidência, 27 cargos de governador, a Câmara de Deputados, um terço do Senado e todas as assembleias estaduais. Não chegou a ser uma surpresa que, nessas circunstâncias, a ideia de insistir num plano de ajuste fiscal começasse a ser considerada altamente inoportuna em Brasília. De um extremo a outro da ampla e heterogênea coalizão política que dava apoio ao governo, a proposta de marchar para as eleições sob a bandeira de um severo programa de ajuste fiscal passou a ser vista como uma receita infalível para o desastre.

Como o ambiente externo parecia estar melhorando a olhos vistos, o governo sentiu-se confiante para deixar a maior parte do esforço de ajuste fiscal em compasso de espera, até as eleições. Tendo de escolher entre risco político e risco econômico, o presidente decidiu que, para reduzir o primeiro, valeria a pena assumir mais do segundo. Por volta de julho, a liderança confortável de FHC nas pesquisas de intenção de voto e os sinais de que tudo permanecia tranquilo na frente externa deu lugar a autocongratulações em Brasília, pelo acerto da aposta que havia sido feita pelo governo. Mais cedo do que teria sido razoável.

A declaração de moratória pela Rússia, em agosto de 1998, colheu o governo – e o país –, em posições extremamente vulneráveis. Com uma eleição tão importante a menos de dois meses, o governo se viu paralisado, impossibilitado de reagir como deveria ao devastador processo de contágio que havia sido deflagrado. Logo se disseminaram, entre as forças que apoiavam FHC, temores de que o alto risco econômico que o governo decidira assumir meses antes estivesse sendo rapidamente convertido em inequívoco risco político, que lançava sérias dúvidas sobre o sucesso do projeto de reeleição.

No início de setembro, o governo entendeu que não teria como esperar mais quatro semanas, até as eleições, para se mostrar mobilizado com a assustadora perda de reservas internacionais que o agravamento da crise vinha provocando. Anunciou a implantação de um sistema de controle estrito e centralizado do dispêndio público. E, depois de quatro longos anos de resistência à adoção de metas fiscais claramente fixadas, deixou claro que, passadas as eleições, seriam anunciadas metas bem definidas de desempenho fiscal para o mandato presidencial que teria início em janeiro de 1999. Tais medidas foram reforçadas, em meados de setembro, por um pronunciamento de FHC à Nação, em tom severo, no qual o presidente tentou transmitir a extensão do seu compromisso com a imposição de um vultoso ajuste fiscal. No início de outubro, quando, afinal, o país foi às urnas, a maioria dos eleitores, preocupada com a gravidade da situação econômica e resistente aos excessos do discurso radical da oposição, decidiu, em primeiro turno, que seria mais prudente reeleger o presidente.

Poucas semanas depois da eleição, o governo afinal anunciou um "programa de estabilidade fiscal", quase todo baseado em elevação de carga tributária, que permitiria elevar o superávit primário do setor público, de perto de zero no final de 1998, a 2,6% do PIB em 2001. E, com isso, estabilizar a dívida líquida do setor público em torno de 44% do PIB. O programa contemplava também a possibilidade de remessa ao Congresso, em tempo hábil, de uma proposta de reforma previdenciária e de um projeto de Lei de Responsabilidade Fiscal que, afinal, pudesse impor restrições orçamentárias rígidas aos três níveis de governo. Com base nesse programa, foi possível negociar às pressas um pacote de US$40 bilhões de apoio externo, respaldado pelo FMI, por outras instituições multilaterais e pelos governos do G-7, em meio a temores de que a crise brasileira pudesse fugir ao controle e trazer problemas mais sérios à economia mundial.

Um propósito essencial do pacote era assegurar ao governo condições adequadas para a manutenção da política cambial de *crawling peg*. Mas já em meados de dezembro, foi noticiado que o Planalto vinha considerando seriamente a possibilidade de tentar uma desvalorização controlada. Mais uma vez, a equipe econômica se dividira. Apesar da resistência do ministro da Fazenda e do presidente do Banco Central à ideia, FHC estava sendo convencido por outros membros da equipe de que uma desvalorização permitiria um ajuste fiscal menos penoso e uma recuperação mais rápida da economia. No início de janeiro de 1999, logo nos primeiros dias do novo mandato presidencial que se iniciava, a substituição do presidente do Banco Central abriu caminho para a mudança na política cambial.

Em gritante contraste com que o governo contemplava, o abandono do *crawling peg* deflagrou um processo descontrolado de desvalorização, com efeitos de desestabilização devastadores que perduraram pela maior parte do primeiro bimestre de 1999. Os danos acabaram sendo amplificados por dois fatores. De um lado, como a mudança da política cambial implicava sério rompimento do acordo que acabara de ser firmado com FMI, o país perdeu o apoio das instituições multilaterais e do G-7. De outro, o Banco Central permaneceu precariamente tripulado durante a pior parte da crise, exatamente quando sua atuação se fazia mais necessária. Basta notar que, num período de 60 dias, a instituição teve quatro presidentes diferentes. Em 3 de março, o dólar atingiu o pico de R\$2,16/US\$, mais de 78% acima do câmbio R\$1,21 que havia sido observado dois meses antes, sob o regime de *crawling peg*.

Novo arcabouço de política econômica

Por que a crise pôde ser afinal revertida a partir desse ponto é uma questão que merece atenção. Não é difícil encontrar outros exemplos de experiências de desvalorização descontrolada em economias emergentes, em que a devastação foi bem maior e mais prolongada. Ao analisar as peculiaridades da experiência brasileira naquele momento, talvez se deva dar algum crédito à forma como FHC lidou com a crise, quando, afinal, conseguiu superar a estupefação de que foi tomado de início. Não ter demitido o ministro da Fazenda e não ter perdido o resto da equipe econômica ajudou a conter os danos. Na verdade, como Pedro Malan havia sido inequivocamente contrário à tentativa de desvalorização controlada, foi possível preservá-lo no cargo. Mas é preciso ter em mente que quando as coisas dão tão errado, em proporções tão vastas, governantes tendem a não resistir à tentação de repassar a culpa pelo desastre e ceifar cabeças em torno de si. É notável que FHC tenha percebido que, para encurtar a crise, teria de evitar novas perdas na equipe econômica. E não há dúvida de que isso o ajudou em muito a atrair nomes de peso para tripular o Banco Central naquele momento tão difícil.

O controle da situação começou a ser restabelecido no início de março, quando a nomeação de uma nova diretoria do Banco Central, comandada por Arminio Fraga, abriu caminho para uma renegociação do acordo com o FMI. O novo programa de ajuste macroeconômico era pautado por três objetivos. O quadro fiscal tinha se tornado ainda mais precário do que parecia no início de janeiro. A taxa básica de juros tinha sido elevada a 45% e a desvalorização vinha tendo impacto alarmante sobre o valor da dívida pública, composta em boa medida por títulos vinculados ao câmbio. Uma dinâmica de dívida tão adversa passara a exigir um ajuste fiscal vultoso, bem maior do que fora contemplado pelo esforço de consolidação fiscal anunciado poucos meses antes. E era este o primeiro objetivo do programa. O segundo era assegurar que as contas externas seriam compatíveis com o estreitamento das possibilidades de financiamento externo com que o país passara a se defrontar. O terceiro envolvia o desafio de evitar que o enorme choque proveniente da desvalorização levasse a perda de controle sobre a inflação.

Na esteira de um potente círculo virtuoso, houve melhora surpreendentemente rápida da situação econômica do país entre março e julho de 1999. O clima de alarme que havia sido gerado pelas proporções assustadoras do processo de desestabilização ajudou o governo a mobilizar sólida coalizão no Congresso e superar, com relativa facilidade, as resistências à aprovação das medidas de ajuste que se faziam necessárias. No combate à inflação, o quadro logo se tornou bem menos adverso. Os efeitos do choque inflacionário deflagrado pela desvalorização mostraram-se mais fáceis de acomodar do que se temia. E à medida que avaliações menos pessimistas das contas públicas e do quadro inflacionário começaram a prevalecer, uma vigorosa resposta do influxo de capitais gerou rápida apreciação da taxa de câmbio que, por sua vez, abriu espaço para que o Banco Central fizesse a taxa de juros de desabar de 45% em março para menos de 20% no final de julho.

A combinação de superávit primário considerável, taxa de câmbio muito menos depreciada e taxas de juros bem mais baixas deu lugar a prognósticos bem menos preocupantes sobre a dinâmica do endividamento público. Por volta do meio do ano, a rápida melhora da situação havia deixado o Banco Central suficientemente confiante para anunciar que a recém- instaurada política de metas para inflação seria conduzida visando taxas de 8%, em 1999, e de 6%, em 2000. A essa altura também já havia ficado claro que o impacto da crise sobre o nível de atividade seria bem menor do que a queda de 3,5% a 4% no PIB que o próprio governo tinha previsto em março. Na verdade, a economia acabaria mostrando pequena expansão de 0,3% do PIB em 1999.

As contas externas também estavam melhorando, apesar da resposta surpreendentemente fraca da balança comercial à gigantesca desvalorização cambial. A simples eliminação, em 1999, do déficit comercial de US$6 bilhões observado no ano anterior foi vista como um efeito desapontador. É bem verdade que, após o ajuste excessivo do início de 1999, o real tinha sofrido uma apreciação substancial sob o novo regime de câmbio flutuante. Mas mesmo com esse recuo, no início de 2000, o câmbio, a mais de R$1,70/US$, ainda estava cerca de 40% acima da taxa observada no início de janeiro de 1999, antes da desvalorização. O desapontamento com os efeitos imediatos da desvalorização sobre a balança comercial logo daria lugar a nova e importante controvérsia dentro do governo, acerca da conveniência de recorrer a práticas mais intervencionistas na gestão da política comercial e da política industrial. Uma controvérsia que se arrastaria por todo o segundo mandato de FHC.

Mas a crise havia levado a uma mudança definitiva na condução da política econômica. O revés deu ao governo lucidez e senso de urgência para afinal fazer o que precisava ser feito. Ou, pelo menos, boa parte do que precisava ser feito. A nomeação de Armínio Fraga para a presidência do Banco Central, o grande sucesso imediato de sua decisiva atuação e o desestímulo a contestações internas à condução da política econômica permitiram que, em seu segundo mandato, o governo afinal conseguisse ter um discurso econômico harmônico e coerente.[10] O círculo virtuoso vivido pela economia a partir de março de 1999 ajudou a reforçar no país o reconhecimento das virtudes da responsabilidade fiscal, do regime de câmbio flutuante e da política de metas para inflação. Três esteios da política econômica que emergiu da crise cambial.

Círculo virtuoso e crise energética

No início de 2000 a economia parecia bem mais sólida do que um ano antes. A turbulência deflagrada pela desvalorização havia sido superada. A inflação estava sob controle. E havia um programa impressionante de consolidação fiscal em andamento. O ano 2000 estava fadado a ser o melhor ano do segundo mandato de FHC. A inflação seria mantida em 6%, em perfeita obediência à meta. E o déficit primário consolidado do setor público, que chegara a 1% do PIB em 1997, seria convertido em superávit de 3,3% do PIB.

É verdade que, dadas as resistências políticas à contenção do dispêndio público, o esforço de ajuste fiscal havia sido feito predominantemente pelo lado da receita, com base na imposição de tributos cumulativos altamente distorcivos. Mas isso não impediu que o ajuste desse lugar a avaliações bem menos pessimistas da sustentabilidade das contas fiscais, pois a melhora das contas primárias parecia suficiente para assegurar a estabilização da dívida líquida do setor público em cerca de 50% do PIB. E o mais importante é que, em 2000, o governo conseguiria extrair do Congresso a aprovação de uma Lei de Responsabilidade Fiscal muito bem concebida que, afinal, permitiria impor restrições orçamentárias rígidas aos três níveis de governo.

A melhora da balança comercial continuava lenta, mas o vigor do influxo de capitais sugeria que a economia teria tempo para esperar que os efeitos da desvalorização cambial se fizessem sentir com mais intensidade. Mas a indicação mais promissora do sucesso da política econômica adotada logo após a turbulência do início de 1999 era o fato de que a economia voltara a crescer. O PIB teria uma expansão de 4,3% em 2000.

Nessas circunstâncias, foi natural que empresários e investidores passassem a ver com grande otimismo as perspectivas do país, propensos a crer que o bom desempenho da economia daria lugar a uma transição política suave na eleição presidencial do final de 2002, já que era bem provável que FHC conseguisse fazer seu sucessor. A importância do papel estabilizador que tais expectativas vinham

---

[10] Fatores de outra ordem, como a renúncia de membros importantes da equipe econômica, em novembro de 1998, na esteira do episódio do grampo no BNDES, também acabaram contribuindo para amainar contestações internas à condução da política econômica, a partir de março de 1999. José Serra havia deixado o Ministério do Planejamento em 1996 para se candidatar a prefeito de São Paulo. Não tendo sido eleito, voltou ao governo em março de 1998, mas como ministro da Saúde, cargo em que permaneceu até 2002, quando se candidatou a presidente da República.

desempenhando na economia, no início de 2001, só pôde ser percebida com a devida nitidez meses mais tarde, quando a reversão do quadro político aumentou em muito a probabilidade de vitória da oposição na eleição presidencial.

É preciso ter em conta que nas eleições municipais do final de 2000 a oposição tinha se permitido brandir ideias econômicas completamente inconsequentes. O Partido dos Trabalhadores (PT) havia feito uma campanha que combinara questões locais com um plebiscito informal de âmbito nacional, respaldado pela cúpula do partido e por seus economistas mais proeminentes, em que se indagava ao eleitor se a dívida interna e a dívida externa deveriam ser pagas ou não. Por mais de um ano, os efeitos desestabilizadores que tais ideias poderiam deflagrar permaneceram latentes, porquanto parecia improvável, no início de 2001, que a oposição viesse a conquistar, já na eleição de 2002, a oportunidade de implementá-las.

No entanto, essa suposta certeza quanto ao provável desfecho da eleição presidencial seria seriamente abalada ao longo dos 18 meses seguintes. No primeiro trimestre de 2001 o ambiente externo piorou sensivelmente. Já em fevereiro, a rápida deterioração da situação econômica na Argentina expôs a economia brasileira a nova onda de contágio, justo num momento em que as perspectivas da economia mundial estavam se tornando menos promissoras. Após uma longa década de expansão, a economia norte-americana parecia estar desacelerando.

No próprio país, dificuldades de outra ordem viriam a amplificar em grande medida a incerteza sobre a evolução da economia e do quadro político. Em março, a ocorrência de atritos sérios entre figuras de importância central na coalizão política que dava apoio ao governo levantou dúvidas sobre o desenlace da eleição presidencial. Tais dúvidas tornaram-se bem mais sérias em abril, quando o governo se deu conta de que, em decorrência da gestão desastrosa de um quadro de excesso de demanda de energia elétrica, seria obrigado a anunciar que o país estava prestes a enfrentar grave crise de escassez de energia, que implicaria interrupção imediata do processo de recuperação econômica então em curso. O programa de racionamento de energia elétrica que teve de ser imposto a consumidores residenciais e pequenas empresas tornou ainda mais altos os custos políticos envolvidos. O aumento de incerteza econômica e política que essas dificuldades vinham acarretando ainda seria amplificado pelo clima de alarme provocado pelos ataques terroristas de 11 de setembro nos Estados Unidos.

A essa altura, a economia tinha ficado muito mais vulnerável. Na esteira do aumento de incerteza, a taxa de câmbio voltara a passar por nova e vigorosa depreciação. A taxa básica de juros teve de ser substancialmente elevada de 15,25%, em fevereiro, para 19%. E o Banco Central enfrentava dificuldades para manter a inflação na meta. A disseminação do pessimismo vinha tendo impacto fatal sobre a confiança de investidores e consumidores. Previsões de crescimento econômico para 2001 vinham sendo sistematicamente reduzidas. A conjunção de taxas de juros mais altas com a rápida depreciação do câmbio reavivou apreensões com a dinâmica da dívida do setor público. Nesse quadro, a preocupação do governo com os efeitos de uma debacle de grandes proporções na Argentina levou à negociação de um novo acordo preventivo com o FMI, em agosto, envolvendo um programa de apoio de US$15 bilhões.

Apesar de todas essas dificuldades, a situação até chegou a melhorar no final de 2001, depois que os piores efeitos do 11 de Setembro se fizeram sentir, à medida

Consolidação da estabilização e reconstrução institucional, 1995-2002 | 353

que ficou claro que a crise energética estava sendo superada. Mas os níveis ainda altos de incerteza em breve dariam novo salto, que deflagraria um longo processo de desestabilização, fadado a ganhar força devastadora na reta final da eleição presidencial.

Alternância política e desestabilização

Em meados de março de 2002, a probabilidade de vitória do candidato governista na eleição presidencial de outubro foi drasticamente reduzida, quando ficou claro que uma divisão irremediável havia sido aberta na complexa coalizão política que dava apoio ao governo. O divisor de águas foi um escândalo relacionado a financiamento de campanha, deflagrado por uma batida da Polícia Federal, que pôs fim às pretensões da candidata Roseana Sarney, que vinha sendo promovida pelo Partido da Frente Liberal (PFL) e tendo desempenho promissor nas pesquisas de intenção de voto. O PFL era, de longe, o segundo pilar mais importante da coalizão. Na esteira desse incidente, decidiu abandonar o governo e recusar apoio a José Serra, do PSDB, que se tornara o único candidato remanescente no campo governista. A candidatura de Serra vinha também enfrentando dificuldades em outros segmentos da coalizão governista e até mesmo no seu próprio partido. Nos meses seguintes ficaria cada vez mais claro que Serra não teria condições de derrotar o candidato do PT, Luiz Inácio Lula da Silva, que passou a liderar com folga as pesquisas de intenção de voto.

À medida que o espaço para ilusões sobre o provável desfecho da eleição presidencial se estreitou, o temor de que pudesse haver um calote da dívida pública deflagrou um devastador processo de desestabilização, quando detentores de ativos financeiros, em massa, tentaram se proteger contra perdas patrimoniais. A taxa de câmbio saltou de R\$2,4/US\$ no começo de março para 3,4 no final de julho, quando o risco Brasil, medido pelo EMBI, superou a marca de 2.400 pontos-base.[11]

Preocupada com os desdobramentos dessa turbulência, a equipe econômica procurou fazer ver à cúpula do PT a importância de conter a desestabilização dos mercados financeiros. Lideranças menos radicais do partido já tinham percebido que, se a turbulência não pudesse ser mantida sob controle, o novo presidente seria obrigado a enfrentar uma situação muito difícil. E havia até quem temesse que a própria vitória do candidato do partido na eleição estivesse em risco. No final de junho, Lula foi convencido a publicar uma carta aberta à Nação – "Carta ao Povo Brasileiro" –, na qual tentava acalmar os mercados financeiros, ressaltando seu compromisso com princípios básicos de uma política macroeconômica coerente. Mas os mercados mostraram-se céticos, para dizer o mínimo.

Como a turbulência continuava a ganhar força, o governo tentou negociar mais um pacote de ajuda externa, no quadro de um novo acordo com o FMI, que pudesse ajudar a manter a situação sob controle. Mas os principais países desenvolvidos tinham acabado de patrocinar vultosas operações de resgate na

---

[11] Prêmio de risco, sobre o retorno de títulos de mesma duração do Tesouro dos Estados Unidos, exigido pelos investidores para compensar o risco envolvido numa carteira de títulos públicos brasileiros.

Argentina e na Turquia. E, de início, a ideia de resgatar mais uma grande economia emergente encontrou resistências. Tais resistências foram afinal superadas, na esteira da crescente preocupação com os desdobramentos da crise brasileira e com a possibilidade de que ela viesse a se alastrar por outras economias da região, num momento delicado, em que Argentina e Uruguai já estavam enfrentando problemas econômicos bastante sérios.

Mas o problema envolvia questões complexas. Como poderia o FMI assinar um acordo com um governo em final de mandato, sem qualquer garantia de que seria honrado pelo que estaria sendo eleito em outubro? O Fundo já tinha enfrentado situação similar na Coreia do Sul, cinco anos antes, durante a Crise Asiática. E a saída tinha sido um pacto pré-eleitoral de aprovação prévia do acordo por todos os candidatos. Seria possível replicar a mesma solução no Brasil? A equipe econômica tentou persuadir o PT a participar de um pacto similar. Mas enfrentou resistências, apesar do empenho decisivo de Antonio Palloci, que se tornara o principal interlocutor da equipe econômica no PT.

Lideranças do partido estavam convencidas de que o controle da turbulência se tornara, de fato, urgente. E até mesmo reconheciam que um compromisso claro com a adoção de uma política macroeconômica coerente poderia ajudar o candidato de oposição a atrair parte dos eleitores de classe média. Mas resistiam à ideia de uma promessa formal de honrar pontos essenciais do acordo com o FMI, instituição que sempre fora severamente criticada pelo partido. Parte da liderança arguía que de nada valeria a conquista de mais apoio na classe média se isso implicasse uma perda talvez maior de eleitores à esquerda. Em meio à turbulência, o pragmatismo acabou prevalecendo, quando parte importante da liderança mais radical do partido afinal se convenceu de que, se Lula mostrasse algum compromisso com cumprimento do acordo, sua eleição se tornaria uma aposta ainda mais segura do que já parecia ser.

O novo acordo com o FMI, envolvendo o maior empréstimo até então concedido pela instituição – US$30 bilhões, num período de 15 meses –, foi anunciado no início de agosto. A maior parte do desembolso estava prevista para 2003, primeiro ano do mandato presidencial que estava prestes a ter início. US$24 bilhões estariam à disposição do novo governo. Após certa hesitação inevitável, todos os candidatos presidenciais relevantes, Lula inclusive, tiveram encontros separados com FHC e se comprometeram a cumprir os pontos essenciais do acordo. Foi um rito de passagem da maior importância. E que abriu a Lula espaço de manobra para abandonar o discurso mais radical e se mover decisivamente para o centro.

Mas os mercados não se convenceram. Mostraram algum alívio, mas continuaram tomados pelo ceticismo. É verdade que, após quatro meses de forte desvalorização, a taxa de câmbio chegou a mostrar certa apreciação em agosto. E o prêmio de risco-país, medido pelo EMBI, que havia atingido 2.400 pontos-base em julho, caiu para 1.600 no início de setembro. Mas grande parte desse aparente abrandamento da turbulência deveu-se, de fato, a uma efêmera melhora do candidato governista nas pesquisas de intenção de votos, vista como simples contrapartida de súbita queda do apoio com que vinha contando Ciro Gomes, o terceiro candidato mais importante. Em setembro, contudo, as últimas esperanças de que Serra poderia ganhar a eleição esvaíram-se rapidamente. Tornou-se claro que Lula poderia ganhar a eleição já no primeiro turno e que, se não ganhasse, seria apoiado pelos demais candidatos e derrotaria Serra com facilidade no segundo. No final do mês, a taxa de câmbio havia chegado a R$3,9/US$ e prêmio de risco-país, medido pelo EMBI, voltado a 2.400 pontos-base.

Afinal, a votação de Lula no primeiro turno da eleição, no início de outubro, não foi suficiente para já lhe assegurar a vitória. Mas a liderança do PT entendeu que não haveria tempo para esperar o segundo turno. E imediatamente lançou ampla campanha para convencer os mercados financeiros e os segmentos mais conservadores da opinião pública de que seus temores eram infundados. E de que, na verdade, o partido havia abandonado seu discurso radical e estava pronto a respaldar a manutenção da política macroeconômica que vinha sendo adotada pelo governo FHC. Tais esforços tornaram-se bem mais efetivos quando o anúncio dos principais nomes da equipe econômica do novo governo – liderada por Antonio Palloci, como ministro da Fazenda – ajudou a dar alguma credibilidade à desconcertante e vertiginosa metamorfose por que vinha passando o PT. Mas o longo processo de construção de confiança que o partido teria de enfrentar estava apenas começando. Ainda teria de perdurar por muitos meses mais.

Enquanto o PT tentava aplacar os mercados financeiros, o governo em final de mandato tentava manter a situação sob controle. Logo após o primeiro turno, o Banco Central afinal deflagrou um aumento em três etapas da taxa de juros, que elevou a taxa básica de 18% para 25%. O ano chegou ao fim com a taxa de câmbio em R$3,5/US$, em franco movimento de apreciação, e o risco-país, medido pelo EMBI, em 1.400 pontos-base, em clara tendência de queda.

A turbulência havia custado muito caro ao país. Com maior ou menor intensidade, a onda de alta incerteza, que havia se formado em 2001, tinha durado mais de 20 meses. O crescimento do PIB havia sido reduzido para 1,3%, em 2001, e 2,7%, em 2002. Em meio à adversidade, o regime de câmbio flutuante tinha provado ser de grande ajuda, ao permitir que a economia vergasse sem quebrar. Mas a desvalorização deflagrara um choque inflacionário preocupante. Com a expectativa de inflação anual chegando a 13% no final do ano, havia um grande desafio à frente para o recém implantado regime de metas para a inflação e para o Banco Central do novo governo. Mas a depreciação também tivera um efeito positivo de grande importância. O tão esperado ajuste na balança comercial estava afinal se fazendo sentir. Ao longo do segundo mandato de FHC, tinha havido uma melhora de US$20 bilhões na balança comercial, que ajudara a reduzir o déficit em conta corrente de US$33,4 bilhões, em 1998, para US$7,6 bilhões, em 2002.

Naturalmente, havia razões para preocupação com os efeitos combinados que a desvalorização e as altas taxas de juros vinham tendo sobre a dinâmica da dívida do setor público. Estava mais do que claro, contudo, que o regime fiscal sofrera mudanças drásticas. Graças à Lei de Responsabilidade Fiscal, aprovada em 2000, restrições orçamentárias rígidas tinham sido afinal impostas aos governos subnacionais. Já havia quatro anos, o setor público vinha gerando um superávit primário consolidado de 3% a 4% do PIB, em flagrante contraste com o desempenho fiscal do primeiro mandato de FHC. Se o novo governo pudesse de fato pôr fim à onda de incerteza, tanto a taxa de câmbio como a taxa básica de juros convergiriam para níveis que tornariam a dinâmica da dívida do setor público bem mais administrável do que parecia no final de 2002.

* * *

O término do segundo mandato de FHC testemunhou outra mudança da maior importância. Não havia dúvida de que o país tinha feito uma travessia muito difícil em 2002. Mas ao fim e ao cabo dessa travessia, uma mudança política crucial tinha ocorrido. Depois de ter sido derrotado três vezes, o PT tinha finalmente vencido a eleição presidencial. Mas o vencedor teve de se desfazer de boa parte de suas velhas e arraigadas crenças e deixar de lado o discurso radical, para se deslocar rapidamente para o centro do espectro político e adotar como sua a política macroeconômica do governo que chegara ao fim. Não foi uma mudança menor. O que parecia ser um abismo intransponível entre governo e oposição tinha dado lugar a um amplo conjunto de ideias sensatas compartilhadas por governo e oposição.

Talvez ainda seja cedo para se ter perspectiva histórica adequada para um entendimento mais profundo da complexa série de eventos que redundaram na rápida metamorfose por que passou o PT ao longo de 2002. Mas alguns fatos parecem claros. O movimento inicial do PT em direção ao centro, que levou à Carta ao Povo Brasileiro, envolveu uma decisão altamente controvertida. Só foi aceita pelas alas mais radicais do partido como uma extravagância política, cometida em nome do pragmatismo, sob o entendimento de que estabeleceria o ponto mais à direita que o partido estaria disposto a chegar para assegurar a vitória de Lula na eleição. Como foi então possível que o *aggiornamento* do partido ultrapassasse em muito esse ponto ao longo dos meses seguintes?

Boa parte da explicação tem a ver com a dinâmica da campanha eleitoral, a preocupação cada vez maior do PT com as dificuldades que a turbulência financeira poderia trazer ao novo governo e a complexa relação que se estabeleceu entre a liderança do PT e a cúpula da equipe econômica de FHC. De início, tal relação estava limitada a jogos sutis, como o que, em agosto, levou a que Lula se visse constrangido a prometer honrar os pontos essenciais do acordo com o FMI. Mais tarde, porém, passou a envolver uma troca de ideias muito mais rica, baseada em níveis de entendimento e colaboração que meses antes pareceriam inimagináveis. Do lado do PT, Antonio Palocci cumpriu um papel crucial. Mas boa parte do crédito pela suavização da transição, que de início de afigurava tão problemática, deve ser atribuído à equipe econômica do governo que chegava ao fim e a FHC.

CAPÍTULO 17

ALTERNÂNCIA POLÍTICA, REDISTRIBUIÇÃO E CRESCIMENTO, 2003-2010

Rogério L. F. Werneck

Não há como analisar a sinuosa condução da política econômica nos dois mandatos do Presidente Luiz Inácio Lula da Silva sem começar pela metamorfose por que passou o PT na campanha eleitoral de 2002. Cerca de um ano e meio antes, nas eleições municipais do final de 2000, o partido havia patrocinado um despropositado plebiscito, que indagava se o governo deveria de fato pagar suas dívidas interna e externa. Não se tratava de iniciativa que pudesse ser atribuída a alas radicais ou ao baixo clero do partido. Muito pelo contrário. A consulta popular contava com o apoio explícito e determinado da elite dirigente do PT e de seus economistas mais proeminentes.

Não foi surpreendente, portanto, que a perspectiva de vitória do PT em 2002 desencadeasse avassaladora desestabilização da economia. Foi o temor de que tal surto de incerteza pudesse botar a perder a vitória de Lula que levou à guinada no seu discurso econômico, a partir de junho de 2002, com a publicação da *Carta ao Povo Brasileiro*. O que se seguiu é bem conhecido: a eleição de Lula, a nomeação de Antonio Palocci, para o Ministério da Fazenda, e de Henrique Meirelles, para o Banco Central, e a crise aplacada por uma política econômica que, em meio ao assombro do país e à indisfarçável contrariedade de boa parte do PT, apenas seguia e aprimorava o que vinha sendo feito no governo anterior.

Quis a História, com alguma ironia, que coubesse ao Presidente Lula colher os frutos de 15 anos de penosa mobilização do país com a estabilização macroeconômica. A expansão da economia mundial e o boom de preços de *commodities*, advindo do rápido crescimento da Ásia, criaram ambiente propício para que a política econômica do novo governo logo redundasse em aceleração do crescimento, a partir de 2004.

Foi uma sorte para o país que a política econômica de Lula tivesse logrado resultados tão positivos já em 2004. Não se sabe o que poderia ter ocorrido, se as convicções de Lula e do PT sobre o acerto da política econômica que fora adotada tivessem de ter passado, àquela altura, pelo teste de uma espera mais prolongada pela retomada do crescimento no país.

Em 2005 a equipe econômica chegou até a propor medidas de ajuste fiscal a longo prazo para conter a rápida expansão de gastos do governo. Mas, com a brusca mudança do quadro político que se seguiu à eclosão do escândalo do mensalão, a correlação de forças dentro do governo mudou e o cálculo político do Planalto passou a ser dominado por preocupações mais imediatas. Na esteira da devastação da cúpula do PT e da fragilização política do presidente, o governo entendeu que contenção de gastos se tornara inoportuna. O senso de urgência apontava na direção oposta. A prioridade passou a ser fazer o melhor uso possível do círculo virtuoso por que passava a economia para assegurar a reeleição do presidente. Mas sem esticar a corda mais do que o necessário. O discurso econômico do governo mudou. E a mudança ficaria especialmente nítida a partir de março de 2006, quando Antonio Palocci foi substituído por Guido Mantega no Ministério da Fazenda.

O segundo mandato afigurava-se, de início, bastante promissor: quatro anos de crescimento rápido, em meio a um ambiente externo favorável. O bom desempenho da economia em 2007 parecia ter tornado esse cenário ainda mais provável. E o governo chegou até a considerar a possibilidade de substituir o presidente do Banco Central por um nome mais alinhado ao novo discurso desenvolvimentista que vinha sendo adotado na Fazenda e na Casa Civil. Mas a rápida deterioração do ambiente externo, na esteira da crise financeira de 2008, impôs novo choque de realidade ao Planalto.

A perspectiva de uma crise mundial prolongada foi o ensejo que faltava para que o governo decidisse abrir as comportas do expansionismo fiscal, com a criação de um orçamento paralelo no BNDES com ligação direta ao Tesouro. A verdade, contudo, é que o impacto da crise no Brasil acabou sendo muito menor do que se temia. Após breve recessão em 2009, a economia voltou à trilha do crescimento rápido. O que não impediu que, ao longo de 2010, o governo insistisse na política fiscal expansionista, fixado no objetivo de garantir a vitória de sua candidata na eleição presidencial.

O decantado compromisso com a coerência da política macroeconômica que Lula exibiu de início não durou muito. Esvaiu-se aos poucos, a partir de 2005, ao sabor das circunstâncias políticas, e acabou nos excessos fiscais de 2010.

As seções a seguir relatam essa fascinante evolução da política econômica ao longo dos oito anos de governo do Presidente Lula. As duas primeiras analisam a complexa metamorfose por que teve de passar o PT, no início do primeiro mandato, e o rápido processo de reconstrução de confiança que permitiu que a economia se reestabilizasse e voltasse a crescer a taxas relativamente altas já a partir de 2004. A duas seções seguintes examinam a reorientação da política econômica, na esteira da crise do mensalão e da substituição de Palocci por Mantega no Ministério da Fazenda. A seguir, analisam-se as políticas de redistribuição de renda, as implicações da opção do governo por uma estratégia desenvolvimentista e o uso da crise financeira mundial, a partir de meados de 2008, como pretexto para legitimar e aprofundar mudanças que já vinham ocorrendo no regime fiscal. A extensão da deterioração do regime fiscal no final do governo é discutida em seguida. Por fim, avaliado o legado do Presidente Lula, analisa-se como seu segundo mandato se projetou no governo de sua sucessora.

Tensões da metamorfose

Para entender o fio condutor do primeiro mandato do Presidente Luiz Inácio Lula da Silva, é fundamental ter em mente as proporções da rápida e supreendente metamorfose por que teve de passar o PT, a partir de meados de 2002. Mesmo observadores atentos do quadro político não puderam evitar uma sensação de assombro diante da vertiginosa rapidez com que o PT conseguiu mudar seu discurso econômico, adotando com grande sucesso postura radicalmente distinta da que vinha assumindo até então. As reais proporções dessa mudança só podem ser percebidas quando se tem em conta o que vinha sendo defendido pelo PT cerca um ano e meio antes.

No final de 2000, o partido havia transformado em carro-chefe da campanha das eleições municipais um despropositado plebiscito informal, patrocinado pela Conferência Nacional de Bispos do Brasil (CNBB), que indagava à população se o setor público deveria realmente pagar as suas dívidas interna e externa. É importante entender que não se tratava de iniciativa que pudesse ser atribuída a alas radicais ou ao baixo clero do partido. Muito pelo contrário.

A consulta popular contava com o apoio explícito e determinado da elite dirigente do PT. O deputado José Dirceu, então presidente do partido, chegou a apresentar projeto de decreto legislativo oficializando o plebiscito. E economistas mais proeminentes e, supostamente, menos radicais do PT haviam tomado o cuidado de publicar artigos assinados na imprensa dando respaldo pessoal ao plebiscito.

Por rápido que tenha sido, o avanço do processo de conversão do PT, ao longo do primeiro semestre de 2002, foi difícil e penoso. Em meados do ano, afloraram na mídia evidências de que o esforço de mudança de discurso vinha encontrando sérias resistências dentro do partido. No entanto, com os indicadores de confiança na economia brasileira em rápida deterioração, à medida que Lula se firmava como franco favorito da eleição presidencial, o PT se viu crescentemente pressionado a ser mais claro sobre o real teor de seu programa econômico. E, afinal, em junho, após intensas negociações internas, o partido divulgou um documento assinado pelo próprio Lula, intitulado *Carta ao Povo Brasileiro* que, se dizia, representava o máximo de concessão que fora possível extrair do partido.

O documento continha uma declaração de intenções que havia se tornado absolutamente crucial, tendo em conta o clima de extrema incerteza que vinha sendo observado nos mercados financeiros: "Vamos preservar o superávit primário o quanto for necessário para impedir que a dívida interna aumente e destrua a confiança na capacidade do governo honrar seus compromissos." Um grande e louvável avanço em relação ao primarismo que até então vinha marcando as posições do partido nessa área.

O governo tiraria bom proveito desse avanço, em agosto, quando conseguiu extrair de Lula e dos demais candidatos a presidente um mínimo de compromisso com a manutenção do esforço fiscal previsto no novo acordo celebrado com o FMI. A iniciativa de concertação foi fundamental para ganhar tempo, reduzir a turbulência financeira durante a travessia da campanha eleitoral e oferecer ao país um horizonte de menos incerteza ao longo do novo mandato presidencial que estava prestes a ter início. Contudo, com o recrudescimento da turbulência nos mercados financeiros, ficou claro que os efeitos tranquilizadores da concertação de agosto poderiam simplesmente desaparecer, se o PT não conseguisse lidar com sucesso com a desconfiança de que a sua mudança de discurso poderia não ser para valer.

Por um lado, temia-se que, mesmo na elite dirigente do partido, o novo discurso tivesse sido adotado a contragosto. E que a correção tivesse sido excessivamente brusca para tornar crível a ideia de que as convicções haviam de fato mudado. Por outro, temia-se que mudança tão drástica de discurso tivesse sido feita ao arrepio das efetivas convicções da grande maioria do partido. E que as resistências tivessem sido apenas momentaneamente reprimidas pela percepção, que perpassava todas as facções do PT, de que, acertada ou não, a mudança de discurso vinha sendo fundamental para o sucesso de Lula na campanha eleitoral. Inclusive porque permitira ao PT obter do próprio governo um reconhecimento da sinceridade do seu novo discurso. Uma vez assegurada a vitória, no entanto, essa argamassa de interesses comuns, que vinha impedindo a dissensão dentro do partido, poderia desaparecer. E, nesse caso, o PT teria grande dificuldade para transformar o novo discurso em base da sua efetiva ação econômica.

Quanto de si mesmo teria o PT deixado cair pelo caminho, ao decidir dar uma guinada tão brusca no seu discurso? Não ficaria o partido tentado a voltar atrás para recolher pedaços das suas velhas convicções?

A verdade é que a brusca mudança no discurso econômico da cúpula do PT vinha exigindo uma adaptação bastante traumática do partido. O que demandou do novo presidente extremo cuidado na composição do governo. Logo após a vitória de Lula no segundo turno das eleições, previa-se que, sem uma imediata definição dos nomes responsáveis pela condução da política econômica do novo governo, seria muito difícil manter os mercados financeiros sob relativo controle. Ao arrepio dessa previsão um tanto açodada, o presidente eleito conseguiu atravessar boa parte de novembro sem dar qualquer esclarecimento sobre a composição de sua equipe econômica. Com habilidade, manteve a formação do governo como um papel virtualmente em branco, sem que os céus viessem abaixo. Muito pelo contrário. Houve até alguma distensão nos mercados financeiros.

É natural que Lula quisesse ganhar tempo. Tinha diante de si uma tarefa extremamente complexa. Não se tratava da formação de um governo qualquer. Mas de um governo de um presidente que construíra uma espetacular vitória eleitoral de forma muito peculiar, apostando com grande sucesso em vertiginosa mudança do seu discurso econômico, com a súbita adoção de uma postura radicalmente distinta da que vinha assumindo até então. Mudança tão rápida e tão radical de discurso estava fadada a deixar inevitável rastro de incerteza. Era mais do que natural, portanto, que persistissem sérias dúvidas sobre a efetiva extensão com que o novo discurso deveria se refletir na condução da política econômica do novo governo. E que a composição da nova equipe econômica estivesse sendo acompanhada com muita expectativa. Não só pelos segmentos mais conservadores da opinião pública, como pelas alas mais à esquerda da ampla coalizão de forças que deram apoio a Lula.

Mantendo o papel em branco, o presidente eleito postergou enquanto pôde as inevitáveis decepções que o desenho do novo governo deveria provocar, à esquerda ou à direita, deixando, de um extremo ao outro do espectro político, amplo espaço para fantasias sobre o que afinal seria desenhado. Os segmentos mais radicais da esquerda ainda alimentavam a esperança de que os desenhistas fossem o velho Lula e o velho PT, e de que o realinhamento da cúpula do partido à direita acabasse sendo muito mais limitado do que sugeria o novo discurso do partido. No extremo oposto do espectro, havia quem sonhasse com desenhos que mais pareciam saídos de uma prancheta de Wall Street. Com o papel em branco, cada um acreditava no que queria.

Qualquer que fosse o desfecho, haveria festejo, alívio e decepção. Mas não havia resultado possível capaz agradar, ao mesmo tempo, aos mercados financeiros e aos amplos segmentos mais à esquerda da complexa coalizão política que dera apoio a Lula. Na hora da verdade, os desdobramentos das decepções teriam de ser enfrentados. Tais problemas só puderam ser adiados por algumas semanas porque, desde a vitória de Lula, o PT vinha sabendo manter um discurso econômico unificado e coerente que, por si só, vinha sendo capaz de conter a turbulência no mercado financeiro. Num primeiro momento, coube ao presidente do partido ser porta-voz desse discurso. Em seguida, tal papel passou a ser desempenhado com grande eficácia pelo coordenador da equipe de transição, deputado Antonio Palocci.

O que talvez não estivesse sendo devidamente percebido é que, de certa forma, Lula dispunha de um poder especial para lidar com a colossal crise de confiança que havia engolfado a economia brasileira em 2002. O governo que chegava ao fim estava diante de uma missão impossível. Convencer os mercados financeiros de que o partido que estava prestes a conquistar a Presidência da República havia mudado da água para o vinho. Que abandonara de vez o discurso de 2000, e até mesmo o de 2001. Não houve forma de vencer o ceticismo dos mercados. Conseguiu-se apenas evitar o pior. Em dezembro de 2002, o risco-Brasil ainda permanecia em 1.400 pontos-base.

Mas, naquele quadro adverso, o governo recém-eleito tinha pela frente uma extraordinária oportunidade. Se fizesse o que precisava ser feito, poderia, em poucos meses, derrubar o risco-Brasil e reduzir em muito a taxa de juros, abrindo caminho para uma retomada sustentada de crescimento. Afinal não havia ninguém melhor que o próprio Presidente Lula para convencer os mais céticos de que o PT de fato havia mudado.

Como afinal se viu, o novo governo aproveitou plenamente essa oportunidade. Nomeada a equipe econômica, até mesmo os mais céticos ficaram agradavelmente surpresos com a consistência do discurso do novo ministro da Fazenda, Antonio Palocci, e com escolha de Henrique Meirelles, um ex-executivo do Banco de Boston, para a presidência do Banco Central. E ainda mais surpresos com a desenvoltura e a firmeza com que esse discurso se traduziu em ações concretas nos primeiros meses do governo que acabara de tomar posse.

Em contrapartida, o discurso econômico do novo governo foi visto com enorme desconforto no âmbito do PT. Mudança tão pronunciada de discurso seria difícil de ser absorvida em qualquer agremiação política. Mais difícil ainda em uma organização extraordinariamente complexa como o PT, com longa história de apego a processos de decisão descentralizados, envolvendo centenas de milhares de militantes, agrupados em múltiplas correntes e facções bem demarcadas.

Era natural, portanto, que a cúpula dirigente do PT estivesse enfrentando sérias dificuldades para assegurar que o partido como um todo acompanhasse, sem maiores problemas, o brusco golpe de direção no discurso econômico do novo governo. Tentando apaziguar uma centena de prefeitos petistas reunidos, em Brasília, em meados de fevereiro de 2003, o presidente sublinhou a importância de evitar mudanças muito pronunciadas na condução da política econômica. Ponderou que "o Brasil não era um Fusquinha, que podia dar um cavalo de pau. Era um transatlântico. Se a virada não fosse feita aos poucos, poderia afundar".[1]

---

[1] Ver "Sem mudança lenta, o Brasil pode afundar como Titanic, diz Lula", *Folha de S.Paulo*, 12 de fevereiro de 2003.

O problema é que, para evitar uma mudança brusca na política econômica, a cúpula do partido tinha sido obrigada a fazer uma correção especialmente brusca no seu discurso. O PT talvez não fosse comparável a um transatlântico. Mas tampouco podia ser manobrado com grande facilidade. Havia muita inércia a se ter em conta. Imagem mais adequada seria a de uma gigantesca jamanta carregada, trafegando em velocidade relativamente alta, dobrando repentinamente à direita. A parte mais fácil, claro, era fazer a cabine da carreta mudar o curso. Difícil era assegurar que a enorme e pesada carroceria viesse atrás, acompanhando suavemente o movimento da cabine. De início, não faltou quem temesse o pior, imaginando que a jamanta acabaria tombando. Mas logo se viu que esse risco havia sido superado.

Mas era bem possível que uma parte da carga acabasse esparramada pelo caminho. Especialmente a parte mais precariamente acomodada na extremidade oposta à cabine. O que não chegaria a desmerecer a façanha de quem conseguiu levar a bom termo manobra tão arriscada. Mas o preocupante não era tanto a carga que poderia despencar, mas a que iria permanecer na carreta. Era bem provável que, abalada pela violência do tranco, tivesse ficado com a amarração frouxa. O que deveria exigir que a carreta passasse a ser conduzida com extremo cuidado.

Havia uma parte substancial do PT que não protestava de forma desabrida, mas tampouco escondia que não via com bons olhos a metamorfose por que vinha passando o partido. Havia quem, num esforço de racionalização, tentasse perceber as novas medidas de política econômica como uma espécie de pantomima inicial, da qual o governo, de início, não se podia furtar, mas que em breve seria definitivamente abandonada. Outros falavam em construir as bases para a "saída do modelo" assim que a correlação de forças permitisse. E outros, ainda, sublinhavam a necessidade de que, nas demonstrações de preocupação com a consistência macroeconômica, o governo tivesse o cuidado de se ater ao estritamente necessário.

Ilustrativo dessas resistências um tanto veladas foram as reações à decisão de elevação da meta de superávit primário para 2003, de 3,75% para 4,25% do PIB. Foi vista com perplexidade porque não havia sido exigida pelo FMI. Sentindo-se pressionado pelo partido, o governo saiu-se com a explicação de que a decisão havia sido ditada pela preocupação com as possíveis consequências da eclosão de novo conflito militar no Oriente Médio. Uma meia verdade, se tanto. No quadro econômico que estava sendo enfrentado, a anunciada elevação do superávit primário era um passo fundamental para abrir espaço para a paulatina redução de taxas de juros. Uma medida mais do que recomendável. Em qualquer cenário. Com ou sem guerra. Não houvesse a perspectiva de guerra, o que alegaria o governo?

Nos primeiros dois meses do mandato, à medida que o governo foi transformando seu novo discurso em ações concretas, as razões para o descontentamento dentro do PT com a condução da política econômica tornaram-se ainda mais fortes. Da perspectiva dos descontentes, era como se estivesse havendo uma escalada: elevação da taxa de juros, aumento da meta de superávit primário, cortes orçamentários e sinais de que o reajuste do salário mínimo poderia ficar bem aquém do que vinha sendo esperado. Para não falar do teor das reformas que vinham sendo consideradas. Quem, no partido, ainda tinha ilusões de que a brusca mudança de discurso não era para valer, estava afinal sentindo toda a força do tranco. A grande questão era em que medida o governo saberia lidar com os desdobramentos da inevitável tensão que a consciência concreta dessa mudança deveria provocar dentro do PT e dos demais partidos da base aliada nos meses seguintes.

Colheita rápida

Boa parte das dúvidas sobre a real extensão do compromisso do novo governo com a adoção de uma política macroeconômica coerente estava fadada a desaparecer ao longo dos primeiros meses de 2003. Os danos da desestabilização provocada pela grande onda de incerteza que fora desencadeada em 2002 não deixavam muita margem para escolha. Com taxa oficial de inflação, medida pelo IPCA, acima de 13% ao ano, endividamento do setor público em trajetória explosiva e mercados financeiros tomados pela desconfiança, a situação exigia a adoção de medidas ortodoxas. Mesmo os mais céticos afinal se convenceram de que o Presidente Lula estava de fato preparado para enfrentar tais desafios, pronto a dar todo o apoio que se fazia necessário às políticas conservadoras do ministro Antonio Palocci. A disposição do governo de elevar ainda mais a taxa básica de juros e anunciar uma meta de política fiscal mais apertada foi decisiva para que a incredulidade do mercado financeiro afinal cedesse.

A reconstrução da confiança foi facilitada pela rápida melhora da balança comercial, na esteira da prolongada depreciação cambial e do aumento da demanda mundial pelas exportações brasileiras. Contas externas mais sólidas e rápida redução da incerteza logo deram lugar a vigorosa apreciação cambial e forte queda nos indicadores de risco-país ao longo do primeiro semestre de 2003. No início de junho, o câmbio, que iniciara o ano em R$3,50/US$, já estava abaixo de R$3/US$. E o risco-Brasil havia despencado de 1.400 a 700 pontos-base.

Mas ainda havia espaço para incredulidade. Até que ponto o governo continuaria a mostrar a convicção necessária para manter uma política macroeconômica coerente, sob a barragem de críticas cada vez mais contundentes que ganhavam força no PT? Em meados de 2003, o sucesso do empenho do governo na aprovação de emendas constitucionais politicamente desgastantes, relacionadas às reformas previdenciária e tributária, tornou bem mais crível a ideia de que o Planalto poderia, sim, mostrar a convicção requerida. À medida que o nível de incerteza caiu e o vigoroso aperto da política monetária se fez sentir sobre a inflação, o Banco Central afinal encontrou espaço para reduzir a taxa básica de juros de 26,5%, em maio de 2003, para 16% em maio de 2004. O que abriu caminho para rápida recuperação do nível de atividade que, para o governo, empenhado em manter as críticas do PT sob controle, se mostrou absolutamente providencial.

Tendo se expandido em não mais que 1,2%, em 2003, a economia cresceu 5,7%, em 2004, sem que isso impedisse que a taxa oficial de inflação fosse reduzida de 9,3%, em 2003, para 7,6%, em 2004. Foi especialmente tranquilizador que recuperação tão forte tivesse sido acompanhada por impressionante melhora das contas externas. As exportações haviam aumentado de US$60,4 bilhões, em 2002, para US$96,5 bilhões, em 2004. E a elevação do saldo comercial de US$13,1 bilhões, em 2002, para US$33,6 bilhões, em 2004, permitiu que o déficit em conta corrente de 1,7% do PIB, observado em 2002, fosse convertido em um superávit de quase 2%

do PIB, em 2004. Na esteira do boom de preços de *commodities* e da depreciação cambial, o tão esperado ajuste das contas externas afinal se dera de forma muito vigorosa, abrindo perspectivas especialmente promissoras para a economia.

Para o novo governo, recém-convertido a novas ideias, havia sido um desfecho especialmente afortunado poder colher em tão pouco tempo os frutos das políticas impopulares que se dispusera a adotar durante o primeiro ano do mandato. Resultado tão favorável foi fundamental para aplacar as alas mais radicais do PT, reforçar a posição dos que defendiam que o partido deveria se mover para o centro do espectro político e garantir sólido respaldo à equipe econômica no governo.

Para o país, o sucesso da política econômica adotada pelo governo Lula parecia ter assegurado a consolidação de um espaço mais amplo de ideias consensuais, compartilhadas por governo e oposição. Uma perspectiva que, no tumultuado final de 2002, não era mais do que tênue promessa, que poderia perfeitamente não ter passado de uma miragem. Por um período excessivamente longo, o Brasil teve de lidar com o indefectível temor de que a alternância política poderia acabar revirando a economia de cabeça para baixo. A turbulência de 2002 mostrou quão desestabilizador tal receio podia ser. A perspectiva de que, afinal, essas preocupações estavam sendo deixadas para trás parecia ter alargado em grande medida os horizontes do país.

A crise do mensalão e seus desdobramentos

Em meados de 2005, não faltavam ao governo boas razões para comemorar. O grande desafio do início do mandato fora enfrentado com notável sucesso. A difícil guinada no discurso econômico do partido provara ser estratégia acertada. O quadro de desestabilização do início de 2003 havia sido claramente superado. E a economia estava de novo em promissora trajetória de crescimento, com inflação sob controle e contas externas cada vez mais sólidas. Tudo indicava que o Presidente Lula teria pela frente um final de mandato tranquilo e extremamente promissor, em que manteria o rumo da política macroeconômica e dificilmente deixaria de ser reeleito.

Na verdade, contudo, o final do mandato estava fadado a ser bem mais tumultuado do que a evolução favorável da economia parecia então sugerir. Tendo lidado tão bem com os desafios da política macroeconômica, o governo se viu, de repente, às voltas com dificuldades de outra ordem: uma crise política de grandes proporções, deflagrada pela eclosão do que passou a ser conhecido na mídia como escândalo do mensalão. A questão veio à tona no início de junho de 2005, quando o deputado Roberto Jefferson, presidente do PTB, partido integrante da base governista, denunciou à imprensa a existência de um grande esquema de corrupção política, gerido pelo governo, envolvendo pagamentos regulares a parlamentares para compra de votos no Congresso Nacional.

A crise teria efeitos devastadores sobre o governo e a cúpula do PT. As renúncias do ministro-chefe da Casa Civil, José Dirceu, e do presidente do PT, José Genoíno, foram apenas o início de um custoso processo de descabeçamento do partido que deixou o governo vulnerável e extremamente fragilizado. No pior momento da crise, o presidente Lula chegou a temer que pudesse ter de enfrentar um processo de *impeachment* no Congresso. Não foi surpreendente que crise política tão grave acabasse afetando a condução da política econômica. Para entender com clareza como e em que medida isso se deu, há vários aspectos a se ter em conta.

A brusca mudança no discurso econômico do governo só havia sido possível porque a cúpula dirigente conduzira o partido com mão de ferro, valendo-se da tradição de disciplina partidária do PT. E tal mudança – a assombrosa conversão do PT – havia sido, em boa medida, a conversão de José Dirceu. Como mencionado acima, na campanha das eleições municipais de 2000, quando o partido decidira promover plebiscito que indagava se as dívidas interna e externa deveriam ser pagas ou não, o deputado José Dirceu, então presidente do partido, havia entendido que era uma boa ideia encaminhar ao Congresso proposta de decreto legislativo que oficializava o plebiscito. Ter em conta que isso ocorrera menos de cinco anos antes da crise política de 2005 permite perceber com mais nitidez, não só a extensão e a rapidez da mudança do discurso econômico do PT, mas também a singularidade da trajetória de José Dirceu. Partindo de posição tão extremada, conseguira bem mais do que mudar seu próprio discurso. Havia sido o principal condutor do partido nesse *aggiornamento* em marcha forçada, tão difícil e radical.

Na esteira da devastadora desestruturação da cúpula do PT produzida pela crise, esgarçou-se o controle férreo que havia sido imposto sobre o partido. A repressão às críticas internas à condução da política econômica tornou-se muito mais difícil. E a verdade é que, àquela altura, a conversão do PT, por impressionante que pudesse parecer, ainda estava, na melhor das hipóteses, a meio caminho. Persistiam sérias resistências no partido à plena aceitação do discurso econômico que havia sido adotado pelo núcleo do governo. E na penosa maré revisionista em que entrou o PT, sob o impacto do mensalão, muitos petistas influentes pareciam propensos a crer que, para que o partido pudesse voltar a mostrar sua antiga altivez, seria necessário rodar o filme inteiro ao contrário. Para se purgar e poder restaurar os padrões éticos perdidos, o partido teria de renegar até mesmo seu novo discurso econômico e voltar a defender as velhas ideias sobre política econômica que haviam sido oficialmente enterradas.

Foi em meio a essas dificuldades, que o Presidente Lula se viu obrigado a recompor o ministério e reestruturar a cúpula dirigente do PT, para tentar conter os danos da crise. Em face do número expressivo de altos dirigentes que tiveram de ser substituídos, figuras que até então não vinham ocupando posições de primeira linha no governo e no partido viram-se, de repente, alçadas a cargos de grande importância. Entre elas, merece destaque a então ministra de Minas e Energia, Dilma Rousseff, que, com a renúncia de José Dirceu, acabou sendo nomeada ministra-chefe da Casa Civil. Com raízes no brizolismo e filiada ao PDT gaúcho por muitos anos, Dilma Rousseff era neófita no PT. Só ingressara no partido em 2000.

A crise política não havia imposto nenhuma baixa importante na equipe econômica. Mas a cúpula do governo e o comando do partido haviam passado por grandes mudanças. E logo ficaria claro que a manutenção da política econômica, nas linhas que vinham sendo seguidas nos primeiros dois anos e meio do mandato presidencial, já não poderia mais contar com o mesmo apoio de antes. A correlação de forças já não era a mesma.

Ao ter deixado a equipe econômica incólume, a crise política exacerbou desequilíbrios que já vinham ocorrendo na distribuição de poder dentro do núcleo político do governo. Mesmo antes da crise, já havia na cúpula do PT indisfarçável incômodo com a apropriação dos louros do sucesso da política macroeconômica. Quem já achava que tal sucesso estava levando mais água do que seria razoável ao moinho do ministro Antonio Palocci, teve razões redobradas para se preocupar com a proeminência ainda maior que havia adquirido o ministro da Fazenda quando, de repente, outros membros importantes da cúpula do governo se viram engolfados pela crise política. Não foi surpreendente que, dentro do governo, isso reforçasse a coalizão interessada em solapar o poder do ministro da Fazenda.

Mas, além desses vários aspectos que ajudam a entender os desdobramentos da crise do mensalão sobre a condução da política econômica, há um ponto fundamental a se ter em conta: tanto as prioridades do governo como o conjunto de restrições que teriam de ser respeitadas haviam mudado. O objetivo central do presidente passara a ser conter o desgaste da crise política, preservar seu mandato e, com sorte, partir para a reeleição. Nesse quadro, seria certamente importante tirar o melhor proveito possível do bom desempenho que vinha tendo a política econômica. Mas sem esticar a corda mais do que o necessário. Em meio à adversidade, passara a ser fundamental manter o PT coeso e o Executivo pouco dependente do Congresso.

De Palocci a Mantega

No segundo semestre de 2005, um embate na cúpula do governo, em torno de um possível programa de ajuste fiscal de longo prazo, deixou claro que o discurso econômico do governo estava mudando. Como os gastos primários da União vinham crescendo ao dobro da taxa de crescimento do PIB, os ministros Antonio Palocci, da Fazenda, e Paulo Bernardo, do Planejamento, propuseram medidas de contenção dessa expansão. O que os dois ministros tinham em mente não era um programa de corte drástico de gasto público. Eram apenas medidas que moderassem o crescimento desmedido de dispêndio que vinha sendo observado desde meados dos anos 1990, de forma a ampliar as possibilidades de queda da taxa de juros e abrir espaço para o investimento público e para uma redução paulatina da carga tributária.

A ideia era assegurar que a expansão do gasto público passasse a se dar a uma taxa inferior à taxa de crescimento do PIB. O que exigiria esforço concertado de contenção das várias fontes de rigidez orçamentária, que vinham conferindo elevado grau de autonomia à evolução da maior parte dos gastos primários e reduzindo o espaço para dispêndios de caráter discricionário. O programa de ajuste fiscal de longo prazo teria de estar focado na atenuação da expansão do dispêndio previdenciário, no controle do gasto com funcionalismo e em medidas de desvinculação do processo orçamentário.

A proposta acabou torpedeada por uma coalizão comandada pela nova ministra-chefe da Casa Civil, Dilma Rousseff, coadjuvada por Guido Mantega, então presidente do BNDES, com assentimento tácito do Planalto. Percebendo que, sem apoio do Presidente Lula, o ministro da Fazenda havia saído visivelmente enfraquecido desse embate, o PT sentiu-se encorajado a fazer críticas mais contundentes à condução da política econômica. No final de 2005, o Diretório Nacional do partido aprovou resolução contestando pontos fundamentais da estratégia econômica do governo. Líderes do partido defendiam a adoção de um "programa econômico anti-Palocci" para o segundo mandato do presidente. E o secretário-geral do PT apregoava mudanças ainda mais rápidas. Queria que "o último ano de Lula fosse o primeiro do segundo mandato".[2]

Desgastado por uma acusação de abuso de poder, na solução de pendência de caráter pessoal, Antonio Palocci acabou tendo de se demitir do cargo de ministro da Fazenda no final de março de 2006. Seu afastamento representou grande perda para o governo. Palocci foi a figura-chave na condução da metamorfose por que teve de passar o discurso econômico do PT, no auge da campanha eleitoral de 2002. E teve papel central na suavização da transição do governo FHC para o governo Lula, que marcou o início da reconstrução de confiança que teria continuidade em 2003.

Num governo em que se observou lamentável aparelhamento da administração federal, Palocci conseguiu recrutar um quadro de profissionais competentes para tripular a equipe econômica do Ministério da Fazenda e do Banco Central, sem preocupação com filiação partidária. O que lhe foi fundamental para obter os resultados que afinal pôde exibir. Com o benefício da visão retrospectiva, tendo em conta o desempenho que acabaram tendo outras figuras proeminentes do partido que talvez pudessem ter sido incumbidas do papel que afinal coube a Palocci, há boas razões para se crer que dificilmente qualquer uma delas poderia ter enfrentado o mesmo desafio com tão bons resultados.

Palocci foi substituído por Guido Mantega no Ministério da Fazenda. De início, ainda havia quem acreditasse que, apesar da derrota da proposta de ajuste fiscal de longo prazo, a percepção da necessidade de um esforço nessa linha continuava viva em segmentos importantes do governo: na equipe que havia sido montada por Antonio Palocci na Fazenda, no Banco Central e no Ministério do Planejamento, que havia permanecido sob o comando de Paulo Bernardo. Mas o projeto de ajuste fiscal de longo prazo acabou sendo abandonado. Em parte, porque, na esteira das dificuldades impostas pela crise do mensalão, as prioridades do governo haviam mudado. Mas, em parte, também, porque a perspectiva de rápido aumento da arrecadação erodiu o apoio dos que haviam sido convencidos de que o ajuste era a única forma de abrir espaço para aumento de gastos discricionários no segundo mandato. O bom desempenho da arrecadação em 2006 ajudou a enterrar de vez o projeto. E foi visto como sinal verde para o acirramento da expansão de gastos que se seguiu.

A posse de Guido Mantega como ministro da Fazenda marcou nítida mudança no discurso econômico do governo. Na esteira da desmontagem da equipe anterior, tornaram-se cada vez mais claros os sinais de que a Fazenda se transformara em foco de contestação de pontos centrais das ideias que haviam norteado a condução da política econômica entre 2003 e 2005.

Mas os frutos das políticas sensatas que haviam sido adotadas a partir de 2003 continuariam a ser colhidos por vários anos mais. Após novo ciclo de aperto monetário, entre setembro de 2004 e outubro de 2005, o Presidente Lula chegou ao final do primeiro mandato podendo ostentar uma inflação anual de 3,1% e três anos de vigoroso crescimento econômico. A taxa média de crescimento do PIB no

---

[2] Ver "PT articula programa anti-Palocci para 2006", *Folha de S.Paulo*, 27 de novembro de 2005, e "Críticas à economia irritam Lula e Palocci", O *Estado de S.Paulo*, 13 de dezembro de 2005.

período 2004-2006 foi de quase 4,3%. E graças ao bom desempenho da economia, o presidente foi reeleito, em segundo turno, no final de 2006.

Foi natural que a reeleição deixasse o governo muito mais confiante. Em 2007, primeiro ano do novo mandato, a preocupação com o ajuste fiscal logo cedeu lugar à defesa ostensiva da expansão do gasto público, na esteira do espetacular desempenho de receita tributária propiciado pela combinação da recuperação da economia com o aumento de eficiência da máquina arrecadadora. A preocupação com as contas da Previdência logo se converteu em negação peremptória da necessidade de reformas na área previdenciária.

No início de outubro de 2007, quando o Presidente Lula ainda tinha nada menos do que 39 meses de segundo mandato pela frente, a Ministra Dilma Rousseff anunciou, em entrevista à mídia, que preocupações com contenção de dispêndio haviam sido deixadas para o mandato presidencial seguinte. E que o grande mérito do vasto leque de novos projetos de investimento, que haviam passado a compor o recém-anunciado Programa de Aceleração do Crescimento (PAC), era ter feito o país romper com a tradição de contenção fiscal. Foi o que bastou para que, em certos segmentos do governo, passasse a ser defendido até mesmo o despropositado diagnóstico de que o ajuste fiscal que de fato interessava ao país era o que fosse capaz de assegurar expansão ainda mais rápida do gasto público.

A defesa festiva do expansionismo fiscal acabou trazendo ao governo importante revés no Congresso, na questão da renovação da vigência da CPMF. A Constituição previa a extinção da cobrança da Contribuição Provisória sobre Movimentação Financeira em 31 de dezembro de 2007. Mas o governo não queria abrir mão da receita da CPMF, um tributo em cascata, altamente distorcivo, mas de coleta fácil, que vinha assegurando à União arrecadação anual da ordem de 1,4% do PIB. Defendia que, passada a data de extinção, o tributo voltasse a ser cobrado por mais quatro anos. No Congresso, contudo, ganhou força a ideia de negar ao governo acesso tão fácil a recursos fiscais, num momento em que a receita federal já vinha mostrando expansão real de mais de 10% ao ano.

Durante meses, o governo se recusou a dar a importância devida à mobilização da oposição para derrotar a emenda que prorrogava a CPMF. Contava com a solidez da base governista na Câmara e com a possibilidade de, se necessário, cindir a bancada oposicionista no Senado, com a ajuda dos governadores. É bem possível que um cronograma de redução generosa de alíquota tivesse sido suficiente para quebrar as resistências da oposição. Mas o Planalto preferiu um jogo de tudo ou nada e, afinal, surpreendeu-se com a derrota no Senado, em dezembro de 2007, da proposta de emenda constitucional que asseg18raria a prorrogação da vigência do tributo.

O ambiente externo excepcionalmente favorável parecia ter aberto amplo espaço para a manutenção do discurso pouco comprometido com a sustentabilidade fiscal que o governo adotara. Infladas pelo boom de preços de *commodities*, as exportações continuavam mostrando dinamismo excepcional. De US$96,5 bilhões, em 2004, saltaram para US$160,6 bilhões, em 2007. E o superávit da balança comercial manteve-se acima de US$40 bilhões anuais por todo o período 2005-2007. Essa posição externa tão confortável, reforçada por vigoroso influxo de investimento estrangeiro direto, da ordem de US$23 bilhões por ano, no triênio, vinha exigindo intensa acumulação de reservas internacionais pelo Banco Central para, na medida do possível, conter a apreciação cambial. Mas, embora as reservas tenham saltado de US$53 bilhões no final de 2004 para US$180 bilhões no final de 2007, a taxa de câmbio continuou a se apreciar: de R$2,65/US$ no final de 2004 a R$1,77/US$, no final de 2007.

A manutenção de taxas de juros relativamente altas e a persistente apreciação do câmbio tornaram as relações entre a Fazenda e o Banco Central cada vez mais tensas. O Ministério da Fazenda passou a contestar tanto a política de metas para a inflação como a política cambial. Especialmente depois que o Banco Central, preocupado com a reaceleração da inflação, voltou a elevar a taxa de juros em meados de abril de 2008. Foi um momento em que o compromisso do governo com a estabilidade macroeconômica parecia ter quase desaparecido. Resistia com grande dificuldade, acuado num último reduto, no Banco Central, enfrentando a hostilidade ostensiva da Fazenda, da Casa Civil e de boa parte do resto do governo, em meio a notícias de que o presidente Henrique Meirelles estava prestes a ser substituído por um nome mais alinhado com o desenvolvimentismo. Não fosse a repentina injeção de prudência que adveio da apreensão com o agravamento da crise financeira mundial, esse derradeiro reduto poderia ter sido subjugado.

Redistribuição de renda

A reeleição do presidente Lula não se deveu apenas ao crescimento relativamente rápido da economia a partir de 2004. Boa parte do seu bom desempenho eleitoral, no final de 2006, pode ser atribuído ao sucesso das políticas de redistribuição de renda que haviam sido adotadas no primeiro mandato.

A adoção de políticas distributivas mais ousadas sempre foi ponto central do programa do PT. Desde a campanha presidencial de 2002, o partido vinha defendendo a implementação imediata de um programa de erradicação da pobreza extrema, sob o rótulo de Fome Zero. Depois de um período inicial de indefinição, em que se chegou a contemplar o desafio logístico de assegurar distribuição física de alimentos a famílias carentes país afora, o Fome Zero evoluiu rapidamente para o Bolsa Família, um programa mais abrangente de transferência de renda, resultante, em boa medida, da unificação, em outubro de 2003, de programas mais específicos criados no governo anterior.[3] Nominalmente, pelo menos, o acesso ao Bolsa Família foi condicionado ao cumprimento, pelas famílias beneficiadas, de exigências relacionadas à nutrição, à saúde e à frequência escolar das crianças.

A abrangência do programa foi rapidamente expandida. O número de famílias beneficiadas saltou de 3,6 milhões, em 2003, para 11 milhões, em 2006, e chegou a 12,8 milhões, em 2010, ao final do segundo mandato do Presidente Lula. Bem focalizado nas faixas mais pobres da população, o Bolsa Família pôde atingir mais

---

[3] Programa Nacional de Renda Mínima vinculado à Educação – Bolsa Escola, instituído em abril de 2001, Programa Nacional de Acesso à Alimentação (PNAA), criado em junho de 2003, Programa Nacional de Renda Mínima vinculada à Saúde –, Bolsa Alimentação, instituído em setembro de 2001, Programa Auxílio-Gás, criado em janeiro de 2002, e Cadastramento Único do Governo Federal, instituído em julho de 2001.

de um quinto do total de famílias do país mantendo custos relativamente baixos. O dispêndio com o programa, em 2010, foi da ordem de 0,4% do PIB.

O esforço de redistribuição de renda do governo Lula envolveu também uma política sistemática de reajuste do salário mínimo a taxas bem superiores à inflação. O que se arguía é que, além dos efeitos redistributivos diretos, tal política teria efeitos indiretos importantes, ao fortalecer o poder de barganha dos trabalhadores nas negociações salariais. No segundo mandato, a evolução do salário mínimo passou a ser pautada por regra estabelecida em acordo do governo com as centrais sindicais, que previa percentual de reajuste igual à taxa de inflação acumulada no ano anterior acrescida da taxa de crescimento do PIB de dois anos antes. Ao longo dos oito anos do governo Lula, o valor nominal do salário mínimo aumentou 155%, enquanto a inflação acumulada, medida pelo IPCA, foi de 56,7%. O aumento real acumulado foi de quase 63%.

Essa elevação tão rápida do valor real do salário mínimo teve grande impacto sobre as contas públicas. De um lado, porque cerca de 15 milhões de pessoas recebiam benefícios previdenciários atrelados ao salário mínimo. De outro, porque, nas folhas de pagamento dos governos subnacionais, havia grande número de funcionários recebendo salário mínimo. Mas a verdade é que o governo jamais mostrou grande preocupação com o efeito da elevação do salário mínimo sobre as contas públicas. Muito pelo contrário. Ao longo do segundo mandato, esse efeito foi reiteradamente defendido como um desbobramento deliberado da política macroeconômica expansionista que havia sido adotada.

Tampouco o governo deixou transparecer maiores preocupações com os efeitos indiretos que a política de elevação acelerada do salário mínimo, conjugada com a expressiva valorização cambial que vinha sendo induzida pelo boom de preços de *commodities*, poderia vir a ter sobre a competitividade externa da economia. E a verdade é que os indicadores de custo unitário da mão de obra, medido em dólares, mostraram elevação substancial e persistente ao longo dos oito anos do governo Lula.

Seja em função das políticas redistributivas, seja em decorrência do crescimento econômico mais rápido e de seus efeitos sobre o mercado de trabalho, num quadro de crescente escassez de mão de obra, houve redução expressiva no grau de desigualdade da distribuição de renda ao longo dos dois mandatos do Presidente Lula.[4] A renda *per capita* dos 20% mais pobres cresceu muito mais rapidamente do que a dos 10% mais ricos. A redução da pobreza que havia sido possibilitada pela estabilização da economia no governo anterior foi marcadamente acentuada no período Lula. O numero de indivíduos vivendo em condições de pobreza extrema, que havia sido reduzido em 31,9%, entre o Plano Real e o final do segundo mandato de FHC, sofreu forte redução adicional de 50,6% durante os dois mandatos do Presidente Lula. O coeficiente de Gini caiu de 0,563, em 2002, para 0,530, em 2010.

É importante assinalar que, na contramão do esforço de redução de redução da pobreza e da desigualdade na distribuição de renda, conduzido ao longo de seus dois mandatos, o governo Lula promoveu também programas que implicaram dispendiosa distribuição de benesses estatais a grandes empresas. Entre tais programas

---

[4] Em dezembro de 2010, a taxa de desemprego havia sido reduzida à metade da observada em dezembro de 2002. Caíra de 10,5% para 5,3%.

não podem deixar de ser citados a política de escolha de "campeões nacionais" promovida pelo BNDES, os vultosos empréstimos subsidiados de longo prazo concedidos pelo banco, financiados pelo Tesouro com recursos provenientes da emissão de dívida pública, e os privilégios conferidos a produtores nacionais de bens de capital pela exigência de percentuais elevados de conteúdo local nos equipamentos utilizados na exploração do pré-sal. Tais programas, que voltarão a merecer referência nas próximas seções, deram margem a críticas de que o governo vinha tentando minorar a concentração de renda com a mão esquerda enquanto a agravava com a direita. E de que os generosos subsídios implícitos e explícitos concedidos a grandes empresas superavam os custos da transferência de renda aos mais pobres por meio do Bolsa Família.

Opção por uma estratégia desenvolvimentista, intensiva em recursos fiscais

Em 2005, parecia haver no país uma visão quase consensual, da qual compartilhava a própria equipe econômica do governo, de que, tendo em conta a dura realidade do quadro fiscal, o governo não poderia arcar com o esforço de investimento em infraestrutura que se fazia necessário no país. E de que seria fundamental, portanto, assegurar práticas regulatórias bem concebidas que pudessem atrair capitais privados para a expansão da infraestrutura. Mas essa percepção das restrições que condicionavam a participação do setor público no esforço de investimento estava fadada a ser rapidamente abandonada pelo governo. Um lado importante da reorientação da política econômica que teve lugar a partir de 2006 foi exatamente a restauração da visão nacional-desenvolvimentista de que deveria caber ao Estado papel de vanguarda na condução do processo de crescimento econômico.

É verdade que a resistência à participação privada no investimento em infraestrutura sempre esteve presente no discurso econômico do PT. Não chegou a ser surpreendente, por exemplo, que, já em meados de 2003, a então ministra de Minas e Energia, Dilma Rousseff, tenha apresentado uma proposta de reestruturação do setor elétrico que representava clara reversão do movimento de paulatina redução da presença do Estado no setor, esboçado no governo anterior. O PT jamais havia escondido suas resistências ao encolhimento do governo nessa área. E, mesmo fora do partido, visões mais idílicas das possibilidades de redução do papel do Estado no setor já vinham sendo refreadas. Que o pêndulo iria pender para o outro lado era mais do que previsível. O que surpreendeu foi quão pronunciado acabou sendo esse movimento pendular. No afã de se diferenciar do governo anterior, o novo governo insistiu em tratar privatização como anátema, mostrou descaso pela ideia de agências reguladoras independentes e optou por um redesenho problemático do setor elétrico, que sobrecarregava desnecessariamente o setor público com pesados encargos de investimento.

Com o lançamento do Plano de Aceleração do Crescimento (PAC) em 2007, sob o comando da então ministra-chefe da Casa Civil, Dilma Rousseff, a visão que havia presidido o "novo modelo" do setor elétrico acabou estendida a outros setores. O PAC deixou claro que, na esteira da perda de estatura e da desarticulação da equipe econômica, estava em curso um processo de nítido esvaziamento do Ministério da Fazenda e de transferência do poder de condução da política econômica para a Casa Civil. O plano foi apresentado com um programa de ampliação de infraestrutura que combinava expansionismo fiscal e ativismo governamental, para "romper barreiras e superar limites", com base em investimentos do próprio governo e das empresas estatais federais. Especialmente da Petrobras e da Eletrobras. Já não havia mais a preocupação de criar um aparato regulatório bem desenhado, capaz de atrair investimento privado para a área de infraestrutura. Nas áreas de energia e rodovias, por exemplo, o governo havia decidido partir para a simples estatização da expansão que se fazia necessária.

Diante de um amplo leque de arranjos possíveis, o governo, recorrentemente, revelava, nas escolhas feitas nas mais diversas áreas, forte preferência por soluções intensivas em recursos públicos, em que caberia ao Estado a responsabilidade por boa parte do investimento ou pela provisão de parcela substancial do financiamento que se fizesse necessário. A intensidade dessa preferência pôde ser comprovada mais uma vez, e de forma inequívoca, numa decisão de grande importância, em 2009, quando, afinal, foi definido o marco regulatório da exploração das reservas do pré-sal. Nesse marco, os investimentos requeridos da Petrobras acabaram desnecessariamente sobrecarregados pela exigência de que a empresa estatal mantivesse, além do monopólio de operação dos campos do pré-sal, participação mínima de 30% em cada consórcio que viesse a explorar tais campos. E, não bastassem tais exigências, estabeleceu-se também que os equipamentos utilizados na exploração do pré-sal teriam de atender requisitos extremamente altos de conteúdo local, o que implicaria encarecimento substancial dos investimentos que se fizessem necessários.

Na verdade, o governo estava fadado a enfrentar grandes dificuldades para deslanchar os projetos de investimento público previstos no PAC. Tais dificuldades foram inicialmente racionalizadas com a alegação de que, na esteira de duas décadas de compressão de gastos de investimento, haviam sido desmanteladas competências e estruturas gerenciais que, no passado, asseguravam à administração pública federal condições adequadas para conceber e implementar projetos de investimento. E de que levaria algum tempo para que essa capacidade fosse restaurada.

Embora tal racionalização fizesse algum sentido, as dificuldades enfrentadas pelos programas de investimento público não se resumiram a isso. Envolveram também outros entraves, como demora na obtenção de licenças ambientais, conflitos recorrentes com o Tribunal de Contas da União, judicialização de licitações e corrupção em órgãos responsáveis pela gestão dos projetos de investimento.[5] Em meio a todos esses embaraços, o avanço do PAC se mostraria bem mais problemático do que o governo antecipara. Em 2007, o dispêndio primário do governo federal era de cerca de 18% do PIB. E os investimentos não chegavam a 1% do PIB. Esse quadro de atrofia do investimento público permaneceria em boa medida inalterado até o final do segundo mandato, apesar da farta disponibilidade de financiamento.

Em condições normais, a opção por uma estratégia de crescimento e investimento intensiva em recursos públicos seria incompatível com as restrições do quadro fiscal. Mas, em 2008, as condições já haviam deixado de ser normais. O

---

[5] O caso mais notório de corrupção foi o que acabou aflorando no Departamento Nacional de Infraestrutura de Transporte (DNIT).

rápido agravamento da crise financeira mundial abriria ao governo possibilidades inesperadas de conciliação de sua nova estratégia de crescimento com a dura realidade do quadro fiscal.

A crise mundial como pretexto

A partir de meados de 2007, tornou-se cada vez mais claro que a expansão descontrolada do crédito hipotecário na economia norte-americana havia dado lugar a uma bolha imobiliária que não tardaria a explodir. Nos meses que se seguiram, os mercados financeiros dos Estados Unidos foram tomados por crescente onda de desconfiança, à medida que afloraram evidências de que, na esteira dos excessos cometidos na concessão de crédito, um enorme volume de recebíveis gerados em empréstimos de baixa qualidade havia sido repassado ao sistema financeiro e vinha sendo negociado nos mercados de derivativos.

A crise assumiu proporções bem mais graves quando, em setembro de 2008, as autoridades norte-americanas decidiram deixar que o banco de investimentos Lehman Brothers quebrasse para não dar alento à expectativa de que toda instituição financeira grande que se visse em dificuldades seria necessariamente resgatada. A quebra de uma instituição tão importante e tão interconectada levou a súbita paralisia da concessão de crédito ao setor privado e ao desabamento dos indicadores de confiança, tanto de consumidores como de empresas. O agravamento da crise, que a essa altura já assumira proporções mundiais, exigiu respostas inusitadas de política econômica, que implicaram forte deterioração de contas fiscais tanto nos Estados Unidos como na Europa. Em 2009, houve queda expressiva do PIB em todas as seis maiores economias desenvolvidas: EUA (-2,8%), Japão (-5,5%), Alemanha (-5,1%), França (-3,1%), Reino Unido (-5,2%) e Itália (-5,5%).

O relativo sucesso com que a economia brasileira enfrentou a rápida deterioração do quadro externo entre 2008 e 2009 não pode ser explicado apenas pelos bons indicadores macroeconômicos que o país ostentava no início da crise. Bons indicadores foram certamente importantes. Reservas internacionais da ordem de US$200 bilhões e um sistema financeiro sólido fizeram grande diferença. E a atuação competente do Banco Central e certas medidas iniciais de estímulo fiscal foram importantes. Mas boa parte da resistência que a economia mostrou ao choque desestabilizador da crise tem outra explicação: a enorme redução de incerteza que adveio da consolidação do arcabouço de regras e instituições que pautavam a condução da política econômica no país, especialmente depois que ficou claro que tal arcabouço havia sobrevivido sem maiores danos ao difícil rito de passagem da transição política de 2002-2003.

Não obstante a nítida mudança no discurso econômico do governo que vinha sendo observada desde 2006, a essência desse arcabouço parecia intocada em meados de 2008, quando a economia brasileira afinal se viu de fato afetada pela crise mundial. Embora a qualidade da condução da política econômica no país já viesse sofrendo inegável processo de deterioração, os indicadores usuais de desempenho da economia ainda não deixavam transparecer a real extensão dessa mudança. O superávit primário do setor público, que chegara a 3,8% do PIB, no biênio

2004-2005, caíra um pouco. Mas ainda estava sendo mantido em torno de 3,4% do PIB, entre 2006 e 2008. O ambiente externo favorável, a economia em franca recuperação, a fartura de recursos fiscais e um quadro inflacionário benigno vinham mascarando a explicitação dos desdobramentos mais deletérios da deterioração que estava em curso. Sob condições tão tranquilas, a política econômica, até a eclosão da crise, parecia estar mantida em sua rota anterior e, em boa medida, no piloto automático. O que ajudava a reforçar a visão de que a essência daquele arcabouço de regras e instituições de política econômica permanecia intocada.

A atribuição de grau de investimento à dívida soberana do país, pelas agências de avaliação de risco, no início de maio de 2008, exatamente quando a permanência do presidente do Banco Central no cargo estava por um fio, é a melhor evidência de que as percepções externas continuavam dominadas por essa visão já um tanto desatualizada da condução da política econômica. Curiosamente, foi a obtenção defasada dessa chancela externa que, subitamente, deu sobrevida a Henrique Meirelles e impediu que prosperassem as pressões pela sua substituição que vinham sendo feitas pelo Ministério da Fazenda e pela Casa Civil. O agravamento da crise externa acabaria por lhe dar sobrevida adicional, até o final do mandato presidencial, ainda que num quadro de permanente tensão entre o Banco Central e Ministério da Fazenda.

Qual foi o efeito mais grave da crise no Brasil? Em termos de redução do crescimento econômico, o Brasil acabou sendo menos afetado que muitos outros países. O impacto não chegou a ser tão reduzido como a simples "marolinha" que, de início, havia sido antevista pelo Presidente Lula. Mas tampouco foi tão devastador e duradouro como se temia. O crescimento, que havia sido de 6,1%, em 2007, e de 5,2%, em 2008, foi interrompido. Mas só em 2009, quando o PIB sofreu pequeno decréscimo de 0,3%. Em 2010, houve vigorosa recuperação e a expansão do PIB foi da ordem de 7,5%. A taxa oficial de inflação, que aumentara de 4,5% em 2007 para 5,9% em 2008, ficou abaixo da meta de 4,5% em 2009. Mas, na esteira do rápido reaquecimento da economia, voltou a se acelerar fortemente em 2010, para 5,9%.

Os efeitos sobre as contas externas também foram bem menos sérios do que inicialmente se temia. É bem verdade que as exportações, que haviam chegado a US$197,9 bilhões, em 2008, ficaram reduzidas a US$153 bilhões, em 2009. Mas a recuperação foi muito rápida. Já em 2010, o valor exportado ultrapassou a marca dos US$200 bilhões. O superávit da balança comercial que já havia caído de US$40 bilhões, em 2007, para pouco menos de US$25 bilhões, em 2008, permaneceu acima de US$20 bilhões nos dois anos seguintes. E o influxo de investimento estrangeiro direto, que caíra de US$45 bilhões, em 2008, para pouco menos de US$26 bilhões, em 2009, saltou, no ano seguinte, para mais de US$48 bilhões. Ao final de 2010, as reservas internacionais, de quase US$290 bilhões, superavam em cerca de 50% o nível do final de 2008. Entre agosto de 2008 e o início de março de 2009, no auge da apreensão com os desdobramentos da crise mundial, houve forte depreciação cambial. A taxa passou de R$1,56/US$ a mais R$2,40/US$. Mas logo em seguida voltou a se valorizar. Apesar da intensa acumulação de reservas, o câmbio chegou ao final de 2010 a menos de R$1,67/US$.

O que, sim, em contraste, chegou ao país como verdadeiro vagalhão, foi a onda de afrouxamento generalizado de restrições orçamentárias que veio das economias avançadas. Nos Estados Unidos e na Europa, o combate à crise exigiu gigantescas operações de salvamento para conter os danos da perda de confiança no sistema bancário e impedir a formação de uma crise financeira sistêmica de proporções incontroláveis. E exigiu também, em seguida, que boa parte dos países que formam o núcleo da economia mundial se dispusesse a adotar medidas de estímulo monetário e fiscal em escala ineditamente ampla. Tudo isso requereu súbito e substancial relaxamento de restrições orçamentárias, que se traduziu em elevações muito pronunciadas nos déficits fiscais e nos níveis de endividamento do setor público nas economias desenvolvidas.

No Brasil, esse desdobramento da crise econômica mundial foi até festejado pelo governo, pois lhe abriu a oportunidade, que em condições normais jamais teria, de legitimar mudanças importantes no regime fiscal e nas relações entre o Estado e a economia. É preciso ter em mente que, na esteira da crise, houve repentina e substancial degeneração dos *standards* de balizamento da condução da política fiscal no Brasil. De um lado, a rápida deterioração das contas públicas nas economias avançadas abriu amplo espaço para a racionalização do "moderado" afrouxamento fiscal praticado no Brasil, que ainda deixava as contas públicas brasileiras em situação "incomparavelmente melhor" que a que passara a ser usual no núcleo da economia mundial. De outro, houve sensível perda de qualidade do aconselhamento externo, à medida que o agravamento da crise mundial levou a uma mudança brusca e improvisada no discurso de organismos multilaterais. Tanto o Fundo Monetário Internacional como o Banco Mundial passaram a defender afrouxamento geral e indiscriminado de política fiscal, sem maiores cuidados com especificidades de diferentes economias, inclusive com relação à sua real vulnerabilidade à crise.[6]

É falsa a ideia de que a crise teria despertado o governo para a importância de reforçar a intervenção do Estado na economia. Na verdade, a crise foi apenas o pretexto. Deu espaço para que o governo se sentisse confortável para voltar a defender de forma mais aberta ideias que sempre lhe foram caras, que nunca deixaram de estar profundamente arraigadas na visão de mundo da cúpula dirigente do PT. E que, na verdade, já vinham sendo defendidas dentro do governo, antes da crise, de forma cada vez mais ostensiva. De início, o afrouxamento fiscal que, em boa parte, era simples decorrência de decisões tomadas antes da crise, foi racionalizado como política contracíclica. Tal racionalização, contudo, tornou-se cada vez mais difícil, à medida que a economia se recuperou a olhos vistos e o expansionismo fiscal seguiu inabalável, sem qualquer sinal de reversão.

A verdade é que o governo levou algum tempo para perceber as reais proporções da crise que se formara no núcleo da economia mundial. Quando, afinal, se deu conta do impacto que poderia vir a ter sobre o processo de crescimento que vinha sendo observado na economia brasileira desde 2004, temeu que a vitória da candidata governista na eleição presidencial do final de 2010 pudesse ficar inviável. No início de 2009, o Presidente Lula contava com nada menos que 84% de apoio popular. Mas tinha pela frente o enorme desafio de eleger uma sucessora

---

[6] Para ter em mente quão relevantes, de fato, foram esses efeitos deletérios, basta lembrar que, em entrevistas concedidas em meados de 2009, o próprio ministro do Planejamento, Paulo Bernardo, declarou que o FMI havia "rasgado a bíblia" de quem defendia contenção de gastos. E que os críticos da deterioração do quadro fiscal estavam desnorteados porque estavam "falando por uma cartilha que não existe mais", *Valor Online*, 27 de julho de 2009.

sem qualquer experiência eleitoral prévia. A ideia original era uma ascensão suave e natural da candidatura da ministra-chefe da Casa Civil, Dilma Rousseff, ao longo de um final de mandato consagrador, marcado por crescimento econômico rápido e farta expansão do gasto público. Mas com a preocupante deterioração do quadro externo, tal cenário ficara fantasioso. E o desafio de assegurar a vitória de uma candidata sem experiência eleitoral prévia tornara-se ainda mais difícil do que já era.

Tendo em vista esse quadro mais adverso, o Presidente Lula decidiu que o mais prudente era começar cedo. Temendo que a crise internacional se agravasse ainda mais, lançou a candidatura de Dilma Rousseff com muita antecedência, em fevereiro de 2009, 20 meses antes da eleição presidencial. Assegurar sua vitória passou a ser o objetivo central da condução política econômica. E, mesmo quando a economia deu mostras de já estar em franca recuperação, no final de 2009, o governo, ainda inseguro com as perspectivas de sua candidata, decidiu que não era o momento de correr riscos políticos desnecessários. E intensificou o expansionismo fiscal em 2010.

Gran finale *em meio à deterioração do regime fiscal*

As mudanças no regime fiscal ensejadas pela crise deram lugar a rápida deterioração das contas públicas, vertiginosa expansão do crédito estatal, bancada por emissão de dívida pelo Tesouro, e montagem de dispendiosa bateria de programas "pró-negócios", em Brasília e no Rio de Janeiro, movidos a dinheiro público e envolvendo farta distribuição de favores do Estado.[7] No que tange às contas públicas, não se tratou apenas de redução do resultado primário, inicialmente disfarçada como política fiscal contracíclica, de 3,5% do PIB, em 2008, para 2% do PIB, em 2009. Tratou-se também de compromisso cada vez mais frouxo com o cumprimento estrito de metas fiscais e uso reiterado de manobras contábeis, tanto do lado da receita como do lado da despesa, para escamotear as verdadeiras dimensões da deterioração do quadro fiscal.

Um aspecto particularmente grave da involução do regime fiscal foi o preocupante processo de desconstrução institucional envolvido na reversão de avanços que pareciam definitivos, como a rígida separação do setor público não financeiro das instituições financeiras federais, prevista na Lei de Responsabilidade Fiscal (LRF). Basta ter em mente a problemática relação, de mão dupla, que se estabeleceu entre o Tesouro e o BNDES, envolvendo gestão imprudente da dívida bruta do setor público e manobras para falsear o superávit primário como medida de esforço fiscal.

Boa parte da expansão fiscal passou a se dar por fora do orçamento, com base num artifício contábil que permitiu ao Tesouro transferir centenas de bilhões de reais ao BNDES, sem que isso afetasse as contas de resultado primário e de dívida líquida do governo. Em 2008, preocupado com os efeitos da crise mundial sobre a economia brasileira, o governo decidiu capitalizar o BNDES para expandir seus empréstimos. Uma capitalização nos moldes tradicionais, que aumentasse o capital

---

[7] Para uma discussão interessante do conceito de *lobby* "pró-negócio", que envolve a defesa de interesses de grupos particulares nas decisões do governo e que, quase sempre, não é "pró-mercado", no sentido de contribuir para reforçar a concorrência aberta e livre na economia, ver L. Zingales, "Capitalism after the crisis", *National Affairs*, vol. 1, Fall, 2009.

Alternância política, redistribuição e crescimento, 2003-2010   377

próprio do banco, reduziria o resultado primário e aumentaria a dívida líquida do governo. Para dissimular o impacto sobre as contas públicas, o governo decidiu partir para o subterfúgio da capitalização velada. O BNDES foi agraciado pelo Tesouro com empréstimos de 30 anos e juros pesadamente subsidiados. Para bancar tais empréstimos, o Tesouro teve de emitir dívida. E isso inflou a dívida bruta, mas não a dívida líquida, porque, ao calculá-la, o Tesouro se permitiu abater da dívida bruta, como ativos, os créditos de 30 anos que havia constituído junto ao BNDES.

O governo passou a recorrer a esse subterfúgio, ano após ano. As estatísticas de dívida líquida do governo federal mostram que, em dezembro de 2010, os créditos do Tesouro junto ao BNDES haviam atingido cerca de R$236 bilhões. Pode-se verificar que R$28,8 bilhões foram acumulados ao longo de 2008, R$93,8 bilhões em 2009 e R$107,5 bilhões em 2010. Em porcentagem do PIB, tais valores correspondem a aproximadamente 1,0%, 2,9% e, novamente, 2,9%.

Na contramão desses fluxos, parte dos recursos repassados do Tesouro ao BNDES foi repassada de volta ao Tesouro, em operações cuidadosamente concebidas para dilatar artificialmente a cifra de superávit primário do governo. De início, tais operações envolveram compra pelo BNDES de direitos do Tesouro a dividendos futuros da Eletrobras e pagamentos de dividendos particularmente generosos do próprio BNDES ao Tesouro. Posteriormente, envolveram também subscrições de ações da Petrobras pelo BNDES, com recursos emprestados pelo Tesouro, de forma que, na gigantesca operação de capitalização da empresa em 2010, o governo conseguisse aumentar em muito sua participação direta e indireta no capital da empresa e, ao mesmo tempo, "melhorar" substancialmente seu superávit primário.

As manipulações baseavam-se todas num tratamento contábil grosseiramente assimétrico. De um lado, a emissão de dívida que nutria os empréstimos subsidiados ao BNDES era indevidamente contabilizada de forma a não afetar a dívida líquida federal. De outro, os recursos que retornavam do BNDES ao Tesouro eram meticulosamente contabilizados de forma a inflar o superávit primário da União. Uma alquimia contábil que conseguia transformar emissão de dívida bruta em melhora do superávit primário.[8]

O governo parecia acreditar que, com a fórmula mágica de gestão fiscal que desenvolvera, já não tinha restrição fiscal a respeitar. A súbita fartura de recursos estatais distorceu a formatação do financiamento dos novos projetos de infraestrutura, ao fomentar um clima de megalomania e dissipação de recursos, fundado na presunção de que dinheiro público era o que não faltava. Tornaram-se cada vez mais generosos os guichês de favores do governo e multiplicaram-se as missões inadiáveis e os projetos grandiosos com custo a ser debitado ao Tesouro. Emblemático desse clima foi o enlevo do governo, ao final do segundo mandato Presidente Lula, com o projeto de uma ferrovia, bancada pelo BNDES, que conectasse por trem-bala as duas maiores áreas metropolitanas do país.

---

[8] A insistência nessas manipulações contábeis trouxe lamentável descrédito ao registro das contas públicas. Especialmente às contas de dívida líquida do setor público e de superávit primário. De acordo com os dados oficiais, o superávit primário do setor público teria aumentado de 1,9% do PIB, em 2009, para 2,7% do PIB, em 2010. Estimativas mais cuidadosas, contudo, detectaram que, eliminados os efeitos das manipulações contábeis, o superávit primário foi, de fato, substancialmente reduzido entre 2009 e 2010.

A mudança de regime fiscal deu ao governo acesso inusitado a recursos para financiamento de investimentos. Recorrendo-se a uma conta rápida, pode-se dizer que, de 2008 e 2010 o governo mobilizou nada menos que R$305 bilhões de recursos extraorçamentários para investimento: cerca de 9,3% do PIB de 2009. R$230 bilhões, provenientes de emissão de dívida pelo Tesouro, entregues ao BNDES, e R$75 bilhões de reservas de petróleo – que poderiam ter sido licitadas – entregues à Petrobras. A alocação dada aos recursos do Tesouro pelo BNDES foi, para dizer o mínimo, altamente discutível. Já o aporte de R$75 bilhões à Petrobras adveio da necessidade de um aumento de capital que teve de ser muito maior do que seria razoável, tendo em vista decisões equivocadas do próprio governo que, na regulamentação da exploração do pré-sal, impuseram à empresa injustificável sobrecarga de investimento. Essa fartura de recursos destinados a setores específicos, largamente beneficiados, como petróleo e energia elétrica, deve ser contrastada com a gritante insuficiência de investimento público que continuou prevalecendo em áreas de grande carência, como saneamento e transporte de massa.

Pouco mais de quatro anos haviam se passado, desde que o que o governo abandonara a visão de que, tendo em conta a dura realidade do quadro fiscal, o Estado não poderia arcar com o esforço de investimento em infraestrutura que se fazia necessário no país. O quadro fiscal havia se deteriorado ainda mais. E, no entanto, o governo havia passado a se comportar como se tivesse recursos disponíveis para financiar quase tudo. Não havia projeto de investimento, por mais dispendioso que fosse, do trem-bala a usinas hidrelétricas na Amazônia, que não pudesse ser bancado com dinheiro público.[9]

Foi nesse clima de euforia que o governo decidiu fazer de 2010 um ano quase apoteótico que, além de marcar o *gran finale* consagrador dos dois mandatos do Presidente Lula, servisse para catapultar a candidata oficial à vitória na eleição presidencial. Na esteira de um vigoroso impulso fiscal, alimentado por forte expansão de gasto público e novas e vultosas transferências do Tesouro ao BNDES, as dificuldades de 2009 foram deixadas para trás e o PIB cresceu nada menos que 7,5% em 2010, ainda que às custas de forte aceleração da inflação. Dilma Rousseff acabou eleita, em segundo turno, com vantagem de 12 milhões de votos sobre o candidato da oposição.

* * *

A grande novidade dos três primeiros anos do mandato inicial do Presidente Lula foi a constatação de que o governo decidira, de fato, abandonar o discurso do PT e adotar uma política macroeconômica que, em linhas gerais, dava seguimento ao que vinha sendo feito no governo anterior. Com essa guinada, o governo conseguiu, em

---

[9] É importante assinalar que, numa entrevista concedida ao *Financial Times* em 2006, recém-empossado como ministro da Fazenda, Mantega deixou entrever o que estaria por vir, com uma explicação sobre a expansão do setor elétrico, que, por encerrar óbvia contradição em termos, parecia não fazer sentido: como o governo não contava com recursos para investir, a solução era recorrer ao investimento privado financiado com recursos do governo. Como afinal se viu, não se tratava de um enigma, mas de um plano de jogo, formulado, note-se bem, muito antes de ter surgido qualquer preocupação com a crise econômica mundial. Foi exatamente essa "solução" que, a partir de 2008, passaria a nortear a gigantesca transferência ao BNDES de recursos do Tesouro provenientes da emissão de dívida pública. Ver "Guido Mantega: Interview transcript", 1º de abril de 2006, disponível em *ft.com*.

poucos meses, desarmar a gigantesca crise de confiança de 2002, retomar o controle da inflação, melhorar substancialmente as contas externas e estabelecer as bases para uma recuperação ordenada do crescimento. O que havia de mais promissor nessa constatação era o fato de que, aos trancos e barrancos, o país parecia ter deixado para trás o risco de ruptura e conseguido assegurar, no plano da política econômica, ampliação substancial do que os anglo-saxões denominam *common ground*, o campo de ideias comuns, compartilhadas por governo e oposição.

Mas esse suposto avanço logo se mostraria mais reversível e mais limitado do que se chegou a esperar. Mostrou-se reversível, porque as ideias econômicas defendidas por Palocci não deitaram raízes fortes no partido. Mostraram ser plantas frágeis, sem condições de sobreviver por muito tempo no solo petista. A partir do final de 2005 e, de forma mais explícita, no segundo mandato, o PT voltou a desfraldar velhas bandeiras, retomando seu curso natural. E o governo preferiu dar asas à "opção desenvolvimentista". É verdade que o PT não voltou a defender ideias tão primitivas como as que se permitiu brandir nas eleições municipais de 2000. Mas houve inegável reversão. E a ampliação do campo das ideias comuns, compartilhadas entre governo e oposição, acabou mostrando-se bem mais acanhada e menos promissora do que parecia no início do primeiro mandato do Presidente Lula.

Além de se ter mostrado reversível, o avanço mostrou-se, desde o início, mais limitado do que aparentava. A guinada do primeiro mandato, por impressionante que tenha sido, ficou em grande medida restrita à condução da política macroeconômica. E por uma razão muito simples. No final das contas, a fascinante história do súbito aprendizado e pronta reavaliação que deu lugar à metamorfose do PT, a partir de meados de 2002, pode ser resumida em uma frase singela que capta o essencial: Lula viu o abismo. Foi isso que de fato possibilitou guinada tão brusca e surpreendente nas posições da cúpula do PT sobre a condução da política macroeconômica.

Em outras áreas, contudo, não havia abismos. Decisões equivocadas não estavam necessariamente fadadas a ter desdobramentos imediatos tão dramáticos. Não havia precipícios a balizar com tanta clareza por onde o avanço não deveria se dar. Mantendo a metáfora, havia apenas declives a evitar. Por acidentados e impressionantes que por vezes pudessem ser, não chegavam a ser abismos. Eram bem menos abruptos. Na verdade, em certos casos, a simples percepção de que eram de fato declives podia, de início, não ser tão óbvia. E isso acabava tornando os descaminhos bem menos evidentes. Quem enveredava pela trilha errada podia levar muito tempo para se convencer que, afinal, havia descido, em vez de subir.

Sem o estímulo da visão pedagógica do abismo, o governo deu-se ao luxo de manter a racionalidade restrita a uma parte bastante limitada da política econômica, mesmo nos primeiros três anos do primeiro mandato. Perdeu muito tempo tentando viabilizar uma reestruturação do setor elétrico que não fazia sentido, não deu importância à atração de investimento privado para a expansão da infraestrutura, desprezou a necessidade de manter marcos regulatórios confiáveis, com agências reguladoras independentes e bem tripuladas.

Na esteira da restauração desenvolvimentista, apostou numa estratégia de crescimento intensiva em recursos fiscais, descolada da dura realidade das contas públicas e pautada por prioridades de investimento equivocadas. Muito investimento em petróleo. Muito pouco em infraestrutura, saneamento e transporte de massa.

As dificuldades de financiamento de uma estratégia de crescimento intensivas em recursos fiscais foram artificialmente contornadas, a partir de 2008, quando o governo usou o agravamento da crise mundial como pretexto para relaxar restrições orçamentárias e criar uma falsa fartura de recursos fiscais, com base na expansão do crédito estatal bancada por simples emissão de dívida pública.

Empolgado com o boom de preços de *commodities* e o vigor dos influxos de investimento estrangeiro, o governo permitiu-se manter postura pouco construtiva em negociações externas que poderiam ter redundado em ampliação do acesso das exportações brasileiras aos mercados europeu e norte-americano. Deixando de lado a agenda de integração competitiva da economia brasileira à economia mundial, preferiu a aposta, que se revelou decepcionante, nas relações Sul-Sul e no aprofundamento da integração econômica regional, especialmente com a Argentina e a Venezuela, no âmbito do Mercosul.

É bem verdade que nada disso impediu que a economia se expandisse vigorosamente entre 2003 e 2010. A taxa anual média de crescimento do PIB durante os dois mandatos do governo Lula foi de nada menos que 4%. Uma expansão muito mais rápida do que a que foi observada ao longo dois oito anos do governo anterior. No período FHC, a taxa anual média de crescimento do PIB não chegou a 2,3%.

Ao avaliar os desdobramentos da política econômica do Presidente Lula, é importante também ter em mente o que ocorreu depois de 2010. E isso exige breve incursão no mandato de sua sucessora. Não foi surpreendente que a Presidente Dilma Rousseff mantivesse a política econômica do seu antecessor. Afinal, tratava-se de uma transição bastante peculiar. A política econômica do segundo mandato havia sido, em boa medida, a política de Dilma Roussef. Ainda que como preposta do presidente, a então ministra-chefe da Casa Civil teve papel fundamental em duas inflexões cruciais da política econômica no governo Lula. Em 2005, no embate com Palocci sobre a necessidade de um ajuste fiscal. E em 2008-2009, quando o governo decidiu que aproveitaria a justificativa momentânea para medidas contracíclicas, ensejada pela crise mundial, para afrouxar de vez as peias da restrição fiscal, mesmo que, para isso, tivesse de passar a maquiar em alguma medida as contas públicas. Na condução da política econômica, portanto, o novo governo estava fadado a ser uma extensão natural do segundo mandato do anterior.

Empenhado em eleger sua sucessora, o Presidente Lula deixou-lhe um problema de estabilização espinhoso. A taxa oficial de inflação saltara de 4,3%, em 2009, para 5,9%, em 2010. E o crescimento da economia, que chegara a 7,5% em 2010, precisava ser desacelerado. O novo governo percebia que a expansão havia sido excessiva mas, ainda influenciado pela euforia de 2010, alimentava visão fantasiosa sobre a desaceleração que se fazia necessária.

O que se anunciou no início de 2011 é que a economia passaria a manter uma expansão "mais moderada" da ordem de 5% ou 6% ao ano. Esse anúncio bem ilustra o descompasso entre as expectativas do novo governo sobre a manutenção do dinamismo da economia e a difícil realidade com que afinal teve de lidar. Na verdade, a taxa média anual de crescimento do PIB nos primeiros três anos do mandato da Presidente Dilma Rousseff mal chegou a 2%. O que não impediu que a taxa oficial de inflação alcançasse a marca de 6,5% em 2011, e se mantivesse pouco abaixo de 6% nos dois anos seguintes.

Entusiasmada com a política macroeconômica do segundo mandato do governo Lula, a Presidente Dilma Rousseff, aprofundou a "opção desenvolvimentista" e continuou insistindo em políticas de expansão da demanda e nas possibilidades de afrouxamento fiscal com base em contabilidade criativa. Levaria algum tempo para que, afinal, se convencesse de que a economia estava restrita pela expansão da oferta, com sérios problemas de escassez de mão de obra, crescimento lento de produtividade, deficiências de infraestrutura, insuficiência generalizada de investimentos, baixa competividade externa e carga tributária excessiva. E que começasse a perceber que a dificuldade de deslanchar investimentos e remover restrições ao crescimento pelo lado da oferta decorria, em grande medida, de equívocos que vinham sendo cometidos desde o governo anterior. Mas isso já é outra história.

BIBLIOGRAFIA

Fontes Primárias

Arquivos
Arquivo Café Filho, CPDOC-FGV, Rio de Janeiro.
Arquivo Eugênio Gudin, CPDOC-FGV, Rio de Janeiro.
Arquivo Hermes Lima, CPDOC-FGV, Rio de Janeiro.
Arquivo Rothschild, Londres.
Arquivo Whitaker, CPDOC-FGV, Rio de Janeiro.
International Monetary Fund, "Brazil. Background Material", 1954.
International Monetary Fund, "Brazil. Staff Report and Recommendations", 1955.
Superintendência da Moeda e do Crédito, Atas das sessões do Conselho, Rio de Janeiro.
World Bank, "Current economic position and prospects of Brazil, Volume I. The main report, September 30", Washington, D.C., 1971.

Depoimentos
Eugênio Gudin, Programa de História Oral, CPDOC-FGV, Rio de Janeiro.
Lucas Lopes, entrevista a Luiz Orenstein e Antonio Claudio Sochaczewski, 1988.
Casimiro Ribeiro, Depoimento, Programa de História Oral, CPDOC-FGV, Rio de Janeiro.

Fontes Secundárias

Publicações Periódicas
Banco do Brasil. Carteira de Exportação e Importação, *Relatório*, Rio de Janeiro.
Banco Central do Brasil, *Boletim*, Brasília.
Banco Central do Brasil, *Relatório*, Brasília.
Bank for International Settlements, *Report*, Basileia.
Banco Nacional de Desenvolvimento Econômico, *Exposição sobre o Programa de Reapare-lhamento Econômico*, Rio de Janeiro.
Câmara de Deputados, *Anais da ...*, Brasília.
Conjuntura Econômica, Rio de Janeiro.
Conselho do Desenvolvimento, *Relatório*, Rio de Janeiro.
Conselho Nacional de Economia, *Exposição geral da situação econômica do Brasil*, Rio de Janeiro.
Conselho Nacional de Economia, *Revista*, Rio de Janeiro.
Correio da Manhã, Rio de Janeiro.
Desenvolvimento e Conjuntura, Rio de Janeiro.
The Economist, Londres.
O Estado de S. Paulo, São Paulo.
Folha de S.Paulo, São Paulo.
Financial Times, Londres, (ft.com).
Fundo Monetário Internacional, *International Financial Statistics*, Washington.
Funcex, *Boletim Funcex de Comércio Exterior*, Rio de Janeiro.
IBGE. Fundação Instituto Brasileiro de Geografia e Estatística, *Anuário Estatístico do Brasil*, Rio de Janeiro.

384 **Bibliografia**

IBGE. Fundação Instituto Brasileiro de Geografia e Estatística, *O Brasil em Números*, Rio de Janeiro.
Ministério da Fazenda, *Relatório*, Rio de Janeiro.
New York Times, Nova York.
Observador Econômico e Financeiro, Rio de Janeiro.
Presidência da República. *Mensagem ao Congresso Nacional*, Rio de Janeiro.
Retrospecto Commercial, Jornal do Commercio, Rio de Janeiro.
Superintendência da Moeda e do Crédito, *Relatório*, Rio de Janeiro.
Valor, São Paulo (Valor Online).

Artigos, livros e publicações oficiais

Abreu, M. de P., "A dívida pública externa do Brasil, 1931-1943", *Pesquisa e Planejamento Econômico*, 5 (1), junho de 1977.
_____., "Brazil as a creditor: Sterling balances, 1940-1952", *Economic History Review*, 43 (3), agosto de 1990. (1990a)
_____., "Crise, crescimento e modernização autoritária: 1930-1945" in M. de P. Abreu (org.), *A ordem do progresso: Cem anos de política econômica republicana 1889-1989*, Rio de Janeiro: Campus, 1990. (1990b).
_____., "Inflação, estagnação e ruptura:1961-64" in M.de P. Abreu (org.), *A ordem do progresso: Cem anos de política econômica republicana 1889-1989*, Rio de Janeiro: Campus, 1990. (1990c)
_____. (org.), *A ordem do progresso: Cem anos de política econômica republicana 1889-1989*, Rio de Janeiro: Campus, 1990. (1990d)
_____., "1944-1973: crescimento rápido e limites do modelo autárquico" in B. Lamounier, D.D. Carneiro e M. de P. Abreu, *50 anos de Brasil. 50 anos de Fundação Getulio Vargas*, Rio de Janeiro: Fundação Getulio Vargas, 1994.
_____., "Trade in Manufactures:The outcome of the Uruguay Round and developing country interests" in W. Martin e A. Winters (orgs.), *The Uruguay Round and the Developing Countries*. Cambridge: Cambridge University Press, 1996.
Abreu, M. de P., *O Brasil e a economia mundial*, Rio de Janeiro: Civilização Brasileira, 1999.
_____., "Brazil as a debtor, 1824-1931", *Economic History Review*, 59 (4), novembro de 2006.
_____., *Comércio exterior: Interesses do Brasil*, Rio de Janeiro: Elsevier Campus, 2007.
Abreu, M. de P. e Bevilaqua, A., "Brazil as an export economy, 1880-1930", in E. Cardenas, J.A. Ocampo e R. Thorp (orgs.), *An Economic History of Twentieth-century Latin America*, v.1, *The Export Age*, Oxford: Palgrave e St. Antony´s College, 2000.
Abreu, M. de P. e Lago, L.A.C., "Property rights and the fiscal and financial systems in Brazil" in M. Bordo e R. Cortés-Conde, *Transferring Wealth and Power from the Old to the New World*, Cambridge: Cambridge University Press, 2001.
Abreu, M. de P. e R. L. F. Werneck, "Privatization and Regulation in Brazil: The 1990-92 Policies and the Challenges Ahead", *The Quarterly Review of Economics and Finance*, vol. 33, special issue, 1994.
Abreu, M. de P. e R.L.F. Werneck, "The Brazilian Economy, 1994-2004: An Interim Assessment", in L. Bethell (org.), *The Cambridge History of Latin America. Volume IX Brazil since 1930*, Cambridge: Cambridge University Press, 2008.
[Adamson, T.], Annual report ... Brazil, *United States Consular Reports*, Washington D.C.: GPO, 1881.
Aguiar, P., *Rui e a economia brasileira*, Rio de Janeiro: Fundação Casa de Rui Barbosa, 1973.
Albert, B., *South America and the International Economy*, Londres: Macmillan, 1983.
Albert, B. e Graves A. (orgs.), *The World Sugar Economy in War and Depression, 1914-40*, Londres e Nova York: Routledge, 1988.

Almeida, F.L., *Política salarial, emprego e sindicalismo, 1964-1981*, Petrópolis: Vozes, 1982.

Almeida, J. B. de, *História das Tesourarias da Fazenda e Delegacias Fiscais*, Rio de Janeiro: Imprensa Nacional, 1922.

Alves, D.O. e Sayad, J., "O Plano Estratégico de Desenvolvimento (1968-1970)", in B. Mindlin (org.), *Planejamento do Brasil*, São Paulo: Perspectiva, 1970.

Aranha, O., *Política econômica e financeira*, Rio de Janeiro: Imprensa Nacional, 1954.

Arida, P. e Resende, A.L., "Inertial inflation and monetary reform in Brazil", in J. Williamson (org.), *Inflation and Indexation: Argentina, Brazil and Israel*, Boston: MIT Press, 1985.

Arida, P., "Reajuste salarial e inflação", *Pesquisa e Planejamento Econômico*, 12(2), agosto de 1982.

Assis, J.C., *A chave do tesouro: anatomia dos escândalos financeiros. Brasil 1974-1983*, São Paulo: Paz e Terra, 1983.

Bacha, E., "O café na economia brasileira", in E. Bacha, *Os mitos de uma década*, Rio de Janeiro: Paz e Terra, 1975.

_____., *Os mitos de uma década*, São Paulo: Paz e Terra, 1978.

_____., *Análise macroeconômica: Um texto intermediário*, Rio de Janeiro: IPEA/INPES, 1982.

Bacha, E. e Taylor, L., "Brazilian income distribution in the 1960s: 'Facts', model results, and the controversy", in L. Taylor, E.L. Bacha, E.A. Cardoso e F.J. Lysys, *Models of Growth and distribution for Brazil*, Nova York: Oxford University Press, 1980.

Bacha, E., "Vicissitudes of recent stabilization attempts in Brazil and the IMF alternative", in J. Williamson (org.), *IMF Conditionality*, Washington D.C.: Institute for International Economics, 1983.

_____., "A inércia e o conflito: O Plano Cruzado e seus desafios", *Texto para Discussão* 131, Departamento de Economia, PUC-Rio, julho de 1986.

_____., "Moeda, inércia e conflito: Reflexões sobre políticas de estabilização", *Pesquisa e Planejamento Econômico*, 18(1), abril de 1988.

Balbi, A. *Essai statistique sur le royaume de Portugal et d'Algarve*, 2 vols., Lisboa: Imprensa Nacional, 2004. Primeira edição, Paris: Chez Rey et Gravier, 1822.

Bandeira, M., *O Governo João Goulart. As lutas sociais no Brasil (1961-1964)*, Rio de Janeiro: Civilização Brasileira, 1978.

Barbosa, F.H., *A inflação brasileira no pós-guerra: Monetarismo versus estruturalismo*, Rio de Janeiro: IPEA/INPES, 1983.

Barbosa, R., *Finanças e política na República*, Rio de Janeiro: Cia. Impressora, 1892.

Basbaum, L., *História sincera da República*, volume 3, São Paulo: Alfa-Omega, 1976.

Batista, J.C., "Brazil's Second Development Plan and its growth-cum-debt strategy", *Texto para discussão* 93, Instituto de Economia Industrial, UFRJ, 1986.

Batista Jr., P.N., *Mito e realidade da dívida externa brasileira*, Rio de Janeiro: Paz e Terra, 1983.

_____., "Fluxos financeiros internacionais para o Brasil desde o final da década de 1960" in P.N. Batista (org.), *Novos ensaios sobre o setor externo da economia brasileira*, Rio de Janeiro: Fundação Getulio Vargas,1988. (1988a)

_____., *Da crise internacional à moratória brasileira*, Rio de Janeiro: Paz e Terra, 1988. (1988b)

_____., "A moratória brasileira de fevereiro de 1987", *Estudo* 06/89, CEMEI/IBRE, Rio de Janeiro: Fundação Getulio Vargas, junho de 1988. (1988c)

Baumgarten Jr., A.L. e Cunha, L.R.A., "Política industrial e o desenvolvimento do setor na última década (1968-77): da recuperação à recessão? in D.D. Carneiro (org.), *Brasil: dilemas da política econômica*, Rio de Janeiro: Editora Campus, 1986.

Bello, J.M., *A History of Modern Brazil, 1889-1964*, Stanford: Stanford University Press, 1966.

Benevides, M.V.M., *O Governo Kubitschek: desenvolvimento econômico e estabilidade política, 1956 -1961*, Rio de Janeiro: Paz e Terra, 1976.

Bergsman, J., Brazil: *Industrialization and Trade Policies*, Londres: Oxford University Press, 1970.

Boito Jr., A., *O golpe de 1954: a burguesia contra o populismo*, São Paulo: Brasiliense, 1982.

Bonelli, R. e Malan, P., "Os limites do possível: Notas sobre o balanço de pagamentos e a indústria no limiar da segunda metade dos anos setenta", *Pesquisa e Planejamento Econômico*, 6(2), agosto de 1976.

Bonelli, R. e Werneck, D.F.F., "Desempenho industrial: Auge e desaceleração nos anos 70", in W. Suzigan (ed.), *Indústria: Política, instituições e desenvolvimento*, Rio de Janeiro: IPEA/INPES, 1978.

Bonomo, M.A.C., Controle de Crédito e Política Monetária no Brasil em 1981, tese de mestrado, Departamento de Economia, PUC-Rio, agosto de 1986.

Bouças, V., *Finanças do Brasil, volume XIX, Dívida externa. 1824-1945*, Rio de Janeiro: Ministério da Fazenda, Secretaria do Conselho Técnico de Economia e Finanças, 1955.

Branco, C. Castello, *Introdução à revolução de 1964. IoTomo: A agonia do poder civil*, Rio de Janeiro: Artenova, 1975.

Brandes, J., *Herbert Hoover and Economic Diplomacy: Department of Commerce policy, 1921-1928*, Pittsburgh: University of Pittsburgh Press, 1962.

Branner, J. C, *Cotton in the Empire of Brazil*, Washington: GPO, 1885,

_____., *The Railways of Brazil: a statistical analysis*, Chicago: The Railway Age Publishing Co., 1887.

Buescu, M., "A inflação brasileira durante o Império: um enfoque histórico", *Carta Mensal*, Confederação Nacional de Comércio, 42 (500), novembro de 1996.

Bulmer-Thomas, V., *The Economic History of Latin America since Independence*, Cambridge: Cambridge University Press, 1994.

Café Filho, J., *Do sindicato ao Catete*, Rio de Janeiro: José Olympio, 1966.

Calógeras, J.P., *A Política Monetária no Brasil*, São Paulo, Cia. Editora Nacional, 1960. Primeira edição, *La politique monétaire du Brésil*, Rio de Janeiro: Imprensa Nacional, 1910.

Cameron, R., *Banking in the Early Stages of Development*, Nova York: Oxford University Press, 1967.

Cárdenas Sánchez, E. *Cuando se originó el atraso econômico de México*, Madrid: Biblioteca Nueva, 2003

Cardoso, E., "Moeda, renda e inflação: algumas evidências da economia brasileira", *Pesquisa e Planejamento Econômico*, 7(2), agosto de 1977.

_____., "Desvalorização cambial, indústria e café: Brasil, 1862-1906", *Revista Brasileira de Economia*, 35(2), abril-junho de 1981.

Cardoso, F. H., *A arte da política: a história que vivi*. Rio de Janeiro: Editora Civilização Brasileira, 2006.

_____., "Dos governos militares a Prudente-Campos Sales", in B. Fausto (org.), *História geral da civilização brasileira*, Tomo III, vol. 1, São Paulo: Difel, 1975.

Carneiro, D.D., "Política de controle de preços industriais - Perspectiva teórica e análise institucional da experiências brasileira" in F. Resende et al., *Aspectos da participação do governo na economia*, Rio de Janeiro: IPEA, 1976.

_____., "Dificuldades no reajuste do modelo", in D.D. Carneiro (org.), *Brasil: dilemas da política econômica*, Rio de Janeiro: Campus, 1977.

_____., "Long run adjustment, debt crisis and the changing role of stabilisation policies in the Brazilian recent experience" in R. Thorp and L. Whitehead (orgs.), *Debt and Adjustment in Latin America*, Londres: Macmillan, 1986.

_____., "Brazil-Stabilization and adjustment: Policies and programs", *Country Study* 11, Helsinki, WIDER, UNU, 1987. (1987a)

_____., "The Cruzado experience: An untimely evaluation after ten months", *Texto para Discussão* 152, Departamento de Economia, PUC-Rio, janeiro de 1987. (1987b)

_____., "Passivo do governo e déficit público nos períodos 1970/85" in E. Lozardo (org.), *Déficit público brasileiro: política econômica e ajuste estrutural*, São Paulo: Paz e Terra, 1987. (1987c).

_____., "Brazil x IMF: Logic and story of a stalemate" in S. Griffith-Jones (org.), *Managing Third World Debt*, Brighton: Wheatsheaf, 1988.

Carneiro, D.D. e Fraga Neto, A., "Variáveis de crédito e endogeneidade dos agregados monetários: nota sobre a evidência empírica nos anos 70", *Pesquisa e Planejamento Econômico*, 14(1), abril de 1984.

Carneiro, D.D. e Modiano, E.M., "Projeções macroeconômicas para a economia brasileira, acompanhamento trimestral", mimeo, Departamento de Economia, PUC-Rio, 1988.

Carteira de Comércio Exterior (CACEX), Banco do Brasil, *Intercâmbio Comercial 1953-1976, vol. 1, Balanço Comercial*, Rio de Janeiro: 1977.

Carreira, L. de C., *História financeira e monetária do Império do Brasil*, 2 vols., Brasília: Senado Federal, 1980. Primeira edição, Rio de Janeiro: Imprensa Nacional, 1889.

Carvalho, L.W., "Políticas salariais brasileiras no período 1964-81", *Revista Brasileira de Economia*, 36(1), janeiro-março de 1982.

Castro, A.C., *As empresas estrangeiras no Brasil, 1860-1913*, Rio de Janeiro: Zahar, 1978

Castro, H. O. Portocarrero de, *As causas econômicas da concentração bancária*, Rio de Janeiro: IBMEC, 1979.

Catão, L.A.V., "A new wholesale price index for Brazil during the period 1870-1913", *Revista Brasileira de Economia*, 46 (4), outubro de 1992.

Cattapan-Reuter, E., "O Encilhamento au Brésil", thèse de 3e cycle, Universidade de Paris X, 1973.

_____., "L'industrie à l'époque de l'Encilhamento", in F. Mauro (org.), *La préindustrialisation du Brésil*, Paris: Editions du CNRS, 1984.

Cerqueira, C.A., *Dívida externa brasileira. Processo negocial,1983-1996*, Brasília: Banco Central, 1997.

Coates, M.V., "Política de crédito ao consumidor e desempenho do setor industrial: uma análise da experiência brasileira, 1972-81", dissertação de mestrado, PUC-Rio, junho de 1985.

Coatsworth, J.H, "Obstacles to economic growth in nineteeenth century Mexico", *American Historical Review*, 83 (1), fevereiro de 1978.

Coimbra, A. da V., *Noções de numismática*, São Paulo: Coleção da Revista de História, tomo II, 1958; tomo III, 1959; tomo IV, 1960.

Comissão Mista Brasil-Estados Unidos para o Desenvolvimento Econômico, *Estudos Diversos*, Rio de Janeiro, 1954.

Conselho de Ministros, *Programa de governo. Bases. Análise da situação econômica e social do Brasil*, Brasília: 1961.

Contador, C. R., "Crescimento econômico e combate à inflação", *Revista Brasileira de Economia*, 31(1), janeiro-março de 1977.

_____., "A exogeneidade da oferta de moeda no Brasil", *Pesquisa e Planejamento Econômico*, 8(2), agosto de 1978.

_____., "Sobre as causas da recente aceleração inflacionária: comentários", *Pesquisa e Planejamento Econômico*, 12(2), agosto de 1982.

Costa, E. Viotti da, *Da senzala à colônia*, São Paulo: Difusão Europeia do Livro, 1966.

Costa, M. Hanson, "A discutida ampliação da intervenção estatal", *Conjuntura Econômica*, dezembro de 1979.

Costa, R. Teixeira da, *Brazil's Experience in Creating a Capital Market*, São Paulo: BOVESPA, 1985.

Cysne, R. P. e P. C. C. Lisboa, "Imposto inflacionário e transferências inflacionárias no Brasil:1947-2003", *Ensaios Econômicos EPGE* 539. Rio de Janeiro: EPGE/FGV, 2004.

Dawson, F.G., *The First Latin American Debt Crisis: The City of London and the 1822-25 loan bubble*, New Haven: Yale University Press, 1990.

Bibliografia

Dean, W. "Latifundia and land-policy in nineteenth-century Brazil", *Hispanic American Historical Review*, 51 (4), novembro de 1971. (1971a)

_____., *A industrialização de São Paulo (1880-1945)*, São Paulo: Difel, 1971. (1971b)

_____., 'The Brazilian economy, 1870-1930' in L. Bethell (org.), *The Cambridge History of Latin America. Volume V. c. 1870 to 1930*, Cambridge: Cambridge University Press, 1986.

Deer, N., *The History of Sugar*, dois volumes, Londres: Chapman and Hall, 1949.

Delfim Netto, A., *O problema do café no Brasil*, Rio de Janeiro: Fundação Getulio Vargas, 1979. Primeira versão, São Paulo, mimeo, 1959.

Díaz-Alejandro, C.F., "Some aspects of the 1982-1983 Brazilian payments crisis", *Brookings Papers in Economic Activity*, vol. 1, 1983.

_____., "Latin American debt: I don't think we are in Kansas any more" *Brookings Papers in Economic Activity*, vol. 2, 1984.

Dib, M.F. S.P., *Importações brasileiras: políticas de controle e determinantes da demanda*, Rio de Janeiro: BNDES, 1985.

D'Oliveira, L.R., "Banques et instituitions de crédit" in M.F. de Santa Anna Nery (org.), *Le Brésil en 1889*, Paris: Librarie Charles Delagrave, 1889.

Domar, E., "The causes of slavery and serfdom: a hypothesis", *Journal of Economic History*, 30 (1), março de 1970.

Dornbusch, R. e S. Edwards (orgs.), *The Macroeconomics of Populism in Latin America*, Chicago e Londres: The University of Chicago Press, 1991.

Dornbusch, R. e Simonsen, M.H., *Inflation Stabilization with Incomes Policy Support: A review of the experience in Argentina, Brazil and Israel*, Nova York: The Group of Thirty, 1987.

Drescher, S., *The Mighty Experiment: Free labor versus slavery in British emancipation*, Oxford: Oxford University Press, 2004.

Engerman, S.L e Sokoloff, K.L., "Factor endowments, institutions and differential paths of growth among New World economies" in S. Haber (org.), *How Latin America Fell Behind: Essays on the economic history of Brazil and Mexico, 1800-1914*, Stanford: Stanford University Press, 1997.

Eichengreen, B., Editor's Introduction, in B. Eichengreen, *The Gold Standard in Theory and History*, Londres, Methuen, 1985.

Eichengreen, B. e Portes, R., "After the deluge: Default, negotiation and readjustment during the interwar years", in B. Eichengreen e P.H. Lindert (orgs.), *The International Debt Crisis in Historical Perspective*, Cambridge (Mass.): The MIT Press, 1989.

Eisenberg, P.L., *The Sugar Industry in Pernambuco: Modernization without change, 1840-1910*, Berkeley: California University Press, 1974.

Falcão, W., *O empirismo monetário no Brasil*, São Paulo: Cia. Editora Nacional, 1931.

Faria, A., *Mauá 1813-1889*, São Paulo: Cia. Editora Nacional, 1946.

Faro, C. de, *Plano Collor: avaliações e perspectivas*, Rio de Janeiro: Livros Técnicos e Científicos, 1991. (1991a)

_____., *A economia pós-Plano Collor II*, Rio de Janeiro: Livros Técnicos e Científicos, 1991. (1991b)

Fausto, B., "Pequenos ensaios de história da república (1889-1945)", *Cadernos CEBRAP* 10, São Paulo: Brasiliense, s.d.

_____., *A revolução de 1930: historiografia e história*, São Paulo: Brasiliense, 1970.

Fernandes, F.T., "Institutions, geography and market power: the political economy of rubber in the Brazilian Amazon, c. 1870-1910", tese de doutorado não publicada, London School of Economics, 2009.

Ferreira, E., *Política monetária e dívida pública*, Rio de Janeiro, IBMEC, 1974.

Fishlow, A, "Origins and consequences of import substitution in Brazil", in E. di Marco (ed.), *International Economics and Development: Essays in honour of Raul Prebisch*, Nova York: Academic Press, 1972. Tradução: "Origens e conseqüências do processo de substituição de importações no Brasil", *Estudos Econômicos*, 2 (6), dezembro de 1972.

_____., "Foreign trade regimes and economic development: Brazil", mimeo, Berkeley: Universidade da Califórnia, 1975.

_____., "Lições da década de 1890 para a de 1980", *Pesquisa e Planejamento Econômico*, 17(3), setembro de 1987.

Fiuza, G., *3.000 dias no bunker: um plano na cabeça e um país na mão*. Rio de Janeiro: Editora Record, 2006.

Ford, A. G., *The Gold Standard:1880-1914. Britain and Argentina*, Oxford: Clarendon Press, 1962.

Franco, G.H.B., *Reforma monetária e instabilidade durante a transição republicana*, Rio de Janeiro: BNDES, 1983.

_____., "Taxa de câmbio e oferta de moeda, 1880-1897: urna análise econométrica", *Revista Brasileira de Economia*, 40(1), janeiro-março de 1986. (1986a)

_____., "O Plano Cruzado: Diagnóstico, performance e perspectivas a 15 de novembro", *Texto para Discussão* 144, Departamento de Economia, PUC/RJ, 1986. (1986b).

_____., "Assimetrias Sistêmicas sob o Padrão Ouro", *Texto para Discussão* 184, Departamento de Economia, PUC-Rio, 1988. (1988a)

_____., "O balanço de pagamentos do Brasil, 1870-1900: novas estimativas", *Texto para Discussão* 201, Departamento de Economia, PUC-Rio, 1988. (1988b).

_____., "Abertura financeira e crises, 1870-1900", *Anais do XVII.º Encontro Nacional de Economia*, Belo Horizonte, ANPEC, 1988. (1988c)

_____., *O Plano Real e outros ensaios*. Rio de Janeiro: Editora Francisco Alves, 1995.

Fritsch, W., "Aspectos da política econômica no Brasil, 1906-1914", in P. Nehaus (org.), *Economia brasileira: uma visão histórica*, Rio de Janeiro: Campus, 1980. (1980a)

_____., "1924", in *Pesquisa e Planejamento Econômico*, 10 (4), dezembro de 1980. (1980b)

_____., "Brazilian economic policy during the post-war boom and slump: 1919-1922", *Texto para Discussão* 20, Departamento de Economia, PUC-Rio, 1981.

_____., "Instabilidade Macroeconômica e Desempenho da Indústria no Brasil, 1919-1929", mimeo, Rio de Janeiro: PNPE, 1984.

_____., "Brazil and the Great War, 1914-1918", *Rivista di Storia Economica*, 2(1), fevereiro de 1985. (1985a)

_____., "A crise cambial de 1982-83 no Brasil: origens e respostas" in C.A. Plastino e R. Bouzas (orgs.), *A América Latina e a crise internacional*, Rio de Janeiro: Graal, 1985. (1985b)

_____., *External Constraints on Economic Policy in Brazil, 1889-1930*, Londres: Macmillan, 1988.

Furtado, C., *O mito do desenvolvimento econômico*, Rio de Janeiro: Paz e Terra, 1975.

_____., *Formação econômica do Brasil*, São Paulo, Rio de Janeiro: Fundo de Cultura, 1959.

_____., *Um projeto para o Brasil*, Rio de Janeiro: Saga, 1968.

_____., *A fantasia desfeita*, Rio de Janeiro: Paz e Terra, 1989.

Galvêas, E., *Sistema financeiro e mercado de capitais*, IBMEC: Rio de Janeiro, 1985.

Gambini, R., *O duplo jogo de Getúlio Vargas*, São Paulo: Símbolo, 1977.

General Agreement on Tariffs and Trade, *Trade Policy Review. Brazil 1992*, Genebra: 1993.

Giambiagi, F., "A aritmética da escala móvel: Uma análise do comportamento do salário real num regime de reajustes com periodicidade endógena", *Pesquisa e Planejamento Econômico*, 17(3), dezembro de 1987.

Goés. W. de, *O Brasil do General Geisel: estudo do processo de tomada de decisão no regime militar-burocrático*, Rio de Janeiro: Nova Fronteira, 1978.

Goldsmith, R.W., *Brasil 1850-1984: Desenvolvimento financeiro sob um século de inflação*, Rio de Janeiro: Bamerindus & McGraw Hill, 1986.

Gordon, L. e Grommers, E., *United States Manufacturing Investment in Brazil: The impact of Brazilian government policies: 1946-1960*, Cambridge (Mass.): Universidade Harvard, 1962.

Graham, R., *Britain and the Onset of Modernization in Brazil 1850-1914*, Cambridge: at the University Press, 1968.

Gramsci, A., *Maquiavel, a política e o Estado moderno*, Rio de Janeiro: Civilização Brasileira, 1980.

Great Britain. Foreign Office. Annual Series 952, *Diplomatic and Consular Reports on Trade and Finance*, Brazil, Report for the Years 1890-91 on the Finances of Brazil, Londres: HMSO, 1891.

Gudin, E. e R. Simonsen, *A controvérsia do planejamento na economia brasileira*, Rio de Janeiro: IPEA/INPES, 1977.

Haddad, C., *Crescimento do Produto Real Brasileiro*, 1900-1947, Rio de Janeiro, Fundação Getulio Vargas, 1978.

_____., "Crescimento econômico do Brasil: 1900-1976" in P. Neuhaus (org.), *Economia Brasileira Contemporânea*, Rio de Janeiro, Campus, 1980.

Haring, C.H., *Empire in Brazil*, Cambridge (Mass.): Harvard University Press, 1958.

Hilton, S., *O Brasil e as grandes potências: 1930-1939: os aspectos políticos da rivalidade comercial*, Rio de Janeiro: Civilização Brasileira, 1977.

Huddle, D., "Balanço de pagamentos e controle de câmbio no Brasil: diretrizes, políticas e história, 1946-54", *Revista Brasileira de Economia*, 18 (1), março de 1964.

Ianni, O., *Estado e planejamento econômico no Brasil: 1930-1970*, Rio de Janeiro: Civilização Brasileira, 1971.

IBGE. Fundação Instituto Brasileiro de Geografia e Estatística, *Indicadores sociais. Relatório 1979*, Rio de Janeiro.

_____. Fundação Instituto Brasileiro de Geografia e Estatística, *Estatísticas Históricas Brasileiras (EHB)*, primeira edição, Rio de Janeiro, 1987.

_____. Fundação Instituto Brasileiro de Geografia e Estatística, *Estatísticas Históricas Brasileiras (EHB)*, segunda edição, Rio de Janeiro, 1990.

_____. Fundação Instituto Brasileiro de Geografia e Estatística. Atualização das contas nacionais Consolidadas de 1986, Estimativas para 1987 e revisão de alguns agregados para 1970-85, *Informação para imprensa 66*, Rio de Janeiro, 1988.

_____. Fundação Instituto Brasileiro de Geografia e Estatística, *Estatísticas do Século XX*, Rio de Janeiro, 2003. (2003a)

_____. Fundação Instituto Brasileiro de Geografia e Estatística, *Sistema de Contas Nacionais Referência 1985*, Rio de Janeiro, 2003. (2003b)

IPEA, *Diagnóstico do setor externo da economia brasileira*, Rio de Janeiro: IPEA, 1966.

Jaguaribe, H., Prefácio de *Impasse na democracia brasileira: 1951-1955*, Rio de Janeiro: Fundação Getulio Vargas, 1983.

_____., Santos, W. G., Abreu, M. de P., Fritsch, W. e Ávila, F. B., *Brasil, 2000: para um novo pacto social*, Rio de Janeiro: Paz e Terra, 1986.

Jorgensen, E. e Sachs, J.,"Default and renegotiation of Latin American foreign bonds in the interwar years", in B. Eichengreen e P.H. Lindert (orgs.), *The International Debt Crisis in International Perspective*, Cambridge (Mass.): The MIT Press, 1989.

Joslin, D., *A Century of Banking in Latin America to Commemorate the Centenary in 1962 of The Bank of London & South America Limited*, London: Oxford University Press, 1963.

Kenwood, A.G. e Lougheed, A.L., *The Growth of the International Economy*, Londres: George Allen & Unwin, 1983.

Kindleberger, C.P., *The World in Depression, 1929-1939*, Londres: Allen Lane and the Penguin Press, 1973.

Kume, H., G. Piani e C.F. B. de Souza, "A política brasileira de importação no período 1987-98: descrição e avaliação", mimeo, Rio de Janeiro, IPEA, 2000.

Laerne, C.F. van D., *Brazil and Java: Report on coffee-culture in America, Asia and Africa*, London: W.H. Allen, 1885.

Lago, L.A. C. do, "The transition from slave to free labor in agriculture in the Southern and coffee regions of Brazil", Harvard University, tese de doutorado não publicada, 1978.

_____., "Relações trabalhistas e salário real no Brasil, 1952-1978", *Conjuntura Econômica*, abril de 1980.

_____., "A programação de setor externo em 1983: uma breve análise crítica" in P. Arida (org.), *Dívida externa, recessão e ajuste estrutural*, Rio de Janeiro: Paz e Terra, 1982.

_____., "Economic relations between Brazil and the European Community: a Brazilian overview", in P. Coffey e L.A. C. do Lago (orgs.), *The EEC and Brazil: Trade, capital investment and the debt problem*, Londres: Pinter, 1988.

_____., "Uma revisão do período do "milagre": Política econômica e crescimento, 1967-1973", *Texto para Discussão* 235, Departamento de Economia, PUC-Rio, mimeo, 1989.

Lago, L.A. C. do, Almeida, F.L. e Lima, B.M.F., *A indústria brasileira de bens de capital: origens, situação recente e perspectivas*, Rio de Janeiro, Fundação Getulio Vargas, 1979. (1979a)

_____., "O sistema de relações trabalhistas no Brasil e suas implicações econômicas e sociais, 1940/1979", mimeo, Rio de Janeiro: IBRE/FGV, 1979. (1979b)

Lago, L.A. C. do, Costa, M.H., Batista Jr, P.N. e Ryff, T.B.B., *O combate à inflação no Brasil*, Rio de Janeiro: Paz e Terra, 1984.

Lampreia, L. F., "Implicações para o Brasil da Rodada Uruguay" in J.P. Velloso (org.), Mercosul e Nafta: o Brasil e a integração hemisférica, Rio de Janeiro: José Olympio, 1994.

Leff, N.H., "Import constraints and development: Causes of the recent decline of Brazilian economic growth" in *Review of Economics and Statistics*, 49 (4), novembro de 1967.

Lemgruber, A.C., "Inflação: o modelo da realimentação e o modelo da aceleração", *Revista Brasileira de Economia*, 28(3), julho-setembro de 1974.

Lessa, C., *Quinze anos de política econômica*, São Paulo: Brasiliense, 1981.

Levy, M.B., "The Brazilian public debt - Domestic and foreign, 1824-1913" in R. Liehr (org.), *The Public Debt in Latin America in Historical Perspective*, Frankfurt e Madrid: Vervuert Iberoamericana, 1995.

_____., "Economia do Rio de Janeiro nos séculos XVIII e XIX" in P. Neuhaus (org.), *Economia brasileira: uma visão histórica*, Rio de Janeiro: Campus, 1980.

Lewis, W.A., *Growth and Fluctuations, 1870-1913*, Londres: George Allen & Unwin, 1978.

Lindert, P. H. e Morton, P.J., "How sovereign debt has worked", in J.D. Sachs (org.), *Developing Country Debt and the World Economy*, Chicago: The University of Chicago Press, 1989.

Lissa, I.L., *Catálogo de papel-moeda do Brasil*, Brasília: Gráfica Brasileira, 1987.

Lodder, C.A., "Estrutura espacial, política de industrialização e o problema regional", in W. Suzigan (org.), *Indústria: Política, instituições e desenvolvimento*, Rio de Janeiro: IPEA/INPES, 1978.

Lopes, F.L., "Inflação e nível de atividade no Brasil: um estudo econométrico", *Pesquisa e PlanejamentoEconômico*, 12(3), dezembro de 1983.

_____., "Inflação inercial, hiperinflação e desinflação: notas e conjecturas", *Revista da Anpec* 9, novembro de 1984.

_____., "A medida da inflação no Brasil", *Texto para Discussão* 111, Departamento de Economia, PUC-Rio, setembro de 1985.

_____., *O choque heterodoxo: Combate à inflação e reforma monetária*, Rio de Janeiro: Campus, 1986. (1986a)

_____., "Problemas do índice de preços na transição para a estabilidade", mimeo, Rio de Janeiro, março de 1986. (1986b)

_____., *O desafio da hiperinflação*, Rio de Janeiro: Campus, 1989.

Lopes, F.L. e Modiano, E.M., "Indexação, choque externo e nível de atividade: notas sobre o caso brasileiro", *Pesquisa e Planejamento Econômico*, 13(1), abril de 1983.

Lopes, F.L. e Modiano, E.M., "Determinantes externos e internos da atividade econômica no Brasil", *Estudos Econômicos*, 15(3), setembro-outubro de 1985.

Lopes, F.L., "Problemas do índice de preços na transição para a estabilidade", mimeo, Rio de Janeiro, março de 1986. (1986b)

Luz, N.V. (org.), *As ideias econômicas de Joaquim Murtinho*, Rio de Janeiro: Fundação Casa de Rui Barbosa e Senado Federal, 1980.

Maddison, A., *Phases of Capitalism Development*, Nova York: Oxford University Press, 1982.

_____, *The World Economy*, Paris: OECD, 2006.

Malan, P., "Relações econômicas internacionais do Brasil (1945-1964)", in B. Fausto (org.), *História geral da civilização brasileira*. Tomo III, vol. 4, no 11, São Paulo: Difel, 1984.

Malan, P. e Bonelli, R, "The Brazilian economy in the seventies: old and new developments", *World Development*, 5 (1 e 2), 1977.

Malan, P., Bonelli, R, Abreu, M. de P. e Carvalho, J.E., *Política econômica externa e industrialização no Brasil: 1939-1952*, Rio de Janeiro: IPEA/INPES, 1977.

Mariani, C., *A situação financeira do País e a Instrução n. 204, Exposição do Ministro da Fazenda Dr...à Câmara de Deputados em 19.4.61*, Brasília: Departamento de Imprensa Nacional, 1961.

Marques, M.S.B., "Moeda e inflação: a questão da causalidade", *Revista Brasileira de Economia*, 37 (1), janeiro-março de 1983.

_____, "FMI: a experiência brasileira recente" in E.L. Bacha e M.R. Mendoza (orgs.), *Recessão ou crescimento: o FMI e o Banco Mundial na América Latina*, Rio de Janeiro: Paz e Terra, 1986.

_____, "O Plano Cruzado: Teoria e prática", *Revista de Economia Política*, 8(3), julho-setembro de 1988.

Martins, L., "Politique et développement économique. Structures de pouvoir et systémes de décisions au Brésil (1930-1964)", tese de doutoramento de Estado, Paris, 1973.

Mason, E. e Asher, R, *The World Bank since Bretton-Woods*, Washington: Brookings, 1973.

Mauá, Visconde de, *Autobiografia: Exposição aos credores*, São Paulo: Cia. das Letras, 1998.

McCook, S., "Global rust belt: *Hemileia vastatrix* and the ecological integration of world coffee production since 1850", *Journal of Global History*, 1 (2), 2006.

Melo, E. C. de, *O norte agrário e o Império*, Rio de Janeiro: Nova Fronteira/INL, 1984.

Mello, A.B., *Política comercial do Brasil*, Rio de Janeiro: Departamento de Estatística, 1933.

Mello, J.M.C., *O capitalismo tardio*, São Paulo: Brasiliense, 1982.

Merrick, S. e Graham, D.H., *Population and Economic Development in Brazil: 1800 to the Present*, Baltimore: Johns Hopkins University Press, 1979.

Mesquita, M., "1961-1964: a política econômica sob Quadros e Goulart", dissertação de mestrado, Departamento de Economia da Pontifícia Universidade Católica do Rio de Janeiro, 1992.

Ministério da Fazenda, *Programa de Estabilização Monetária*, Rio de Janeiro, 1958.

Ministério do Planejamento, *Programa estratégico, Diagnóstico do setor industrial*, Rio de Janeiro: 1967.

Mitchell, B.R. com a colaboração de P. Deane, *Abstract of British Historical Statistics*, Cambridge: at the University Press, 1971.

Modiano, E.M., "Choques externos e preços internos: dificuldades da política de ajuste" in P. Arida (org.), *Dívida externa, recessão e ajuste estrutural*, São Paulo: Paz e Terra, 1982.

_____, "A dinâmica de salários e preços na economia brasileira: 1966/81", *Pesquisa e Planejamento Econômico*, 13(1), abril de 1983. (1983a).

_____, "Consequências macroeconômicas da restrição externa em 1983: simulações com um modelo econométrico da economia brasileira", *Revista Brasileira de Economia*, 37(3), julho-setembro de 1983. (1983b)

_____, "Salários, preços e câmbio: os multiplicadores dos choques numa economia indexada", *Pesquisa e Planejamento Econômico*, 150), abril de 1985.

_____, *Da inflação ao Cruzado: A política econômica no primeiro ano da Nova República*, Rio de Janeiro: Campus, 1986.

————., "Novo Cruzado e velhos conflitos: O programa brasileiro de estabilização de 12 de junho de 1987", *Texto para Discussão* 183, Departamento de Economia, PUC-Rio, dezembro de 1987. (1987a).

————., "Expectativa de um novo congelamento gera especulação", *Economia em Perspectiva*, São Paulo, CORECON, 42, dezembro de 1987 (1987b).

————., *Inflação, inércia e conflito*, Rio de Janeiro: Campus, 1988. (1988a)

————., "Um balanço da privatização nos anos 90" in A.C. Pinheiro e K. Fukasaku (orgs.), *A privatização no Brasil. O caso dos serviços de utilidade pública*, Rio de Janeiro: BNDES, 2000.

Monteiro, R.M., "As garantias ferroviárias no Brasil: Uma análise dos *Rescission Bonds* e do resgate das estradas de ferro", monografia de final de curso, Departamento de Economia, PUC, Rio de Janeiro, dezembro, 1993.

Moraes, P. B. de, "A condução da política monetária durante o Plano Cruzado", *Texto para Discussão* 200, Departamento de Economia, PUC-Rio, 1988.

Morineau, M., *Incroyables gazettes et fabuleux métaux: Les retours des trésors américains d'après les gazettes hollandaises, 16e-18e siècles*, Cambridge: Cambridge University Press, 1995.

Morrison, C., Barrandon, J-N., e Morrison, C. *Or du Brésil, monnaie et croissance en France au XVIIIe siècle*, Paris: Editions CNRS, 1999.

Mortara, G., "Estudos sobre a utilização do censo demográfico para a reconstrução das estatísticas do movimento da população do Brasil", *Revista Brasileira de Estatística*, ano II, 3 (5), janeiro de 1941.

Moura, G., *Autonomia na dependência: a política externa brasileira de 1935 a 1942*, Rio de Janeiro: Nova Fronteira, 1980.

Neuhaus, P., *História monetária do Brasil, 1900-1945*, Rio de Janeiro: IBMEC, 1975.

Niveau, M., *História dos fatos econômicos contemporâneos*, São Paulo: Difel, 1969.

North, D. C. e Thomas, R.P., *The Rise of the Western World: A new economics*, Cambridge, Cambridge University Press, 1973.

Nogueira, O., *A Constituição de 1824*, Brasília: Centro de Ensino a Distância, 1987.

Ocampo, J.A., "Una evaluación comparativa de cuatro planes antinflacionarios recientes", *El Trimestre Economico*, LIV(Especial), setembro de 1987.

Oliveira, A.R. Velloso de, "A igreja do Brasil", *Revista do Instituto Histórico e Geográfico Brasileiro*, tomo XXIX, parte I, 1866.

Pacheco, C., *História do Banco do Brasil (História financeira do Brasil desde 1808 até 1951)*, Volume III, [Rio de Janeiro]: Banco do Brasil, 1973.

Pelaez, C.M., "A balança comercial, a grande depressão e a industrialização brasileira", *Revista Brasileira de Economia*, 22(1), março de 1968.

————., "As consequências econômicas da ortodoxia monetária, cambial e fiscal no Brasil entre 1889-1945", *Revista Brasileira de Economia*, 21(3), julho de 1971.

Pelaez, C.M. e Suzigan, W., *História monetária do Brasil: Análise da política, comportamento e instituições monetárias*, Rio de Janeiro: IPEA, 1976

Pereira, L.C.B. e Nakano, Y., *Inflação e recessão*, São Paulo: Brasiliense, 1984.

Pereira, L.CB. e Nakano, Y., "Inflação inercial e choque heterodoxo no Brasil", in J.M. Rego (org.), *Inflação inercial, teorias sobre inflação e o Plano Cruzado*, Rio de Janeiro: Paz e Terra, 1986.

Pferffeman, G. e Webb, R., "Pobreza e distribuição de renda no Brasil: 1960-1980", in *Revista Brasileira de Economia*, 37(2), abril de 1983.

Pinheiro, A. C. e F. Giambiagi, "Os antecedentes macroeconômicos e a estrutura institucional da privatização no Brasil" in A.C. Pinheiro e K. Fukasaku (orgs.), *A privatização no Brasil. O caso dos serviços de utilidade pública*, Rio de Janeiro: BNDES, 2000.

Pinho Neto, D.M., "A política econômica no interregno Café Filho", tese de mestrado, Departamento de Economia, PUC-Rio, 1986.

Bibliografia

Pinto, M., "O controle do comércio externo e o desenvolvimento econômico do Brasil", mimeo, Rio de Janeiro: Consultec, 1962.

Pinto, V. N., *O ouro brasileiro e o comércio anglo-português*, São Paulo: Companhia Editora Nacional, 1979.

Platt, D.C.M., *Finance, Trade and Politics in British Foreign Policy, 1815-1914*, Oxford: Oxford University Press, 1968.

Porto, C. (org.), *Affonso Celso de Assis Figueiredo (Visconde de Ouro Preto). Discursos parlamentares*, Brasília: Câmara dos Deputados/José Olympio Editora, 1978.

Pradez, C., *Nouvelles études sur le Brésil*, Paris: Ernest Thorin, 1872.

Prebish, R., United Nations. Economic Commission for Latin America. The *Economic Development of Latin America and its Principal Problems*, Lake Success: United Nations, 1950.

Presidência da República, *Metas e bases para a ação do governo*, Rio de Janeiro: IBGE, setembro de 1970.

Presidência da República, *II Plano Nacional de Desenvolvimento (1974-1979)*, Brasília: 1974.

Prober, K., *Catálogo das moedas brasileiras*, São Paulo: edição privada, 1966.

Redwood III,J., "Algumas notas sobre exportações e desenvolvimento regional", *Pesquisa e Planejamento Econômico*, 6(2), agosto de 1976.

Resende, A.L., "A política brasileira de estabilização 1963/68", *Pesquisa e Planejamento Econômico*, 12(2), dezembro de 1982.

Resende, A.L. e Lopes, F.L., "Sobre as causas da recente aceleração inflacionária", *Pesquisa e Planejamento Econômico*, 11(4), dezembro de 1981.

_____., "Sobre as causas da recente aceleração inflacionária: réplica", *Pesquisa e Planejamento Econômico*, 12(2), agosto de 1982.

Rezende, F. e Branco, F.P.C., "O emprego público como instrumento de política econômica", in F. Rezende, Monteiro, J.V., Suzigan W., Carneiro D.D. e Branco F.P.C., *Aspectos da participação do governo na economia*, Rio de Janeiro: IPEA/INPES, 1976.

Richers, R., C. Machline, A. Bouzan, A.R. Carvalho e H. Bariani, *O impacto da ação do governo sobre as empresas brasileiras*, Rio de Janeiro: Fundação Getulio Vargas, 1963.

Ridings, E., *Business Interest Groups in Nineteenth-Century Brazil*, Cambridge: Cambridge University Press, 1994.

Rodrigues, J.C., *Resgate das Estradas de Ferro do Recife a S. Francisco e Outras que Gozavam da Garantia de Juros, Relatório apresentado ao Exmo. Sr. Dr. Joaquim Murtinho, Ministro da Fazenda por ..., Commissario Especial*. Rio de Janeiro: Imprensa Nacional, 1902.

Rodrigues, L.M., *Sindicalismo e classe operária*, in B. Fausto (org.), *História geral da civilização brasileira*. Tomo III. O Brasil republicano. Vol. 3. *Sociedade e política 1930-1964)*, São Paulo: Difel, 1981.

Saes, F.A.M. de, "Extensão e declínio das ferrovias paulistas: 1870-1940", in Pelaez, C.M. e Buescu, M. (orgs.), *A moderna história econômica*, Rio de Janeiro: APEC, 1976.

Salles, M.F.C., *Da propaganda à presidência*, São Paulo, 1908.

Santos, W.G., *Sessenta e quatro: anatomia da crise*, Vértice: Rio de Janeiro, 1986.

Sayad, J. (org.) , *Resenhas de economia brasileira*, São Paulo: Saraiva, 1979.

Sayers, R.S., *The Bank of England, 1891-1944*, Cambridge: Cambridge University Press, 1976.

Silber, S., "Análise da política econômica e do comportamento da economia brasileira durante o período 1929/1939", in F. Versiani e J.RM. de Barros (orgs.), *Formação econômica do Brasil: a experiência da industrialização*, São Paulo: Saraiva, 1977.

Silva, J.C.F., "Política salarial no Brasil pós-1964", mimeo, Rio de Janeiro: EPGE/FGV, 1977.

Silva, P.A., *Desenvolvimento financeiro e política monetária*, Rio de Janeiro: Interciência, 1981.

Simonsen, M.H., "Os controles de preços na economia brasileira", mimeo, Rio de Janeiro: Consultec, 1962.

_____., *A experiência inflacionária no Brasil*, Rio de Janeiro: IPES, 1963.

_____., *Inflação: gradualismo x tratamento de choque*, Rio de Janeiro: APEC, 1970.

———., "Desindexação e reforma monetária", *Conjuntura Econômica*, 38(11), novembro de 1984.

———., *Brazil: International Trade and Economic Growth*, Rio de Janeiro: Banco Mundial e Fundação Getulio Vargas, 1988.

Simonsen, M.H. e Campos, R. O., *A Nova Economia Brasileira*, Rio de Janeiro: José Olympio, 1976.

Simonsen, R., *A evolução industrial do Brasil*, São Paulo: Empresa Gráfica Revista dos Tribunais, 1939.

Skidmore, T., *Brasil: de Getúlio a Castelo*, Rio de Janeiro: Paz e Terra, 1976.

Skidmore, T.E., *Brasil: de Castelo a Tancredo, 1964-1985*, Rio de Janeiro: Paz e Terra, 1988.

Slenes, R.W., "The demography and economics of Brazilian slavery: 1850-1888", Stanford University, tese de doutorado não publicada, 1978.

Soares, S.F., *Introducção retrospectiva da estatistica do commercio marítimo do Brazil do exercício de 1874-1875*, Rio de Janeiro: Typographia Nacional, 1883.

Sochaczewski, A.C., *Desenvolvimento econômico e financeiro do Brasil 1952-1968*. São Paulo: Trajetória Cultural, 1993.

Solow, RM., "What to do (macroeconomically) when OPEC comes" in S. Fisher (org.), *Rational Expectations and Economic Policy: a conference report*, Chicago e Londres: NBER/University of Chicago Press, 1980.

Souza, A. de, "O impeachment de Collor e a reforma institucional no Brasil" in K.S. Rosenn e R. Downes (orgs.), *Corrupção e reforma política no Brasil: o impacto do impeachment de Collor*, Rio de Janeiro: FGV Editora, 2000.

Souza, M.C.C., *Estado e partidos políticos no Brasil (1930 a 1964)*, São Paulo: Alfa-Omega, 1976.

Stein, S.J., *Vassouras: um município brasileiro do café, 1850-1900*, Rio de Janeiro, Nova Fronteira, 1990. Primeira edição: *Vassouras. A Brazilian Coffee County, 1850-1900*, Cambridge (Mass.): Harvard University Press, 1957.

———., *Origens e evolução da indústria têxtil no Brasil - 1850-1950*, Rio de Janeiro: Campus, 1979. Primeira edição: *The Brazilian Cotton Manufacture: Textile enterprise in an underdeveloped area*, Cambridge (Mass.): Harvard University Press, 1957.

Stone, I., "British direct and portfolio investment in Latin America before 1914", *Journal of Economic History*, 37 (3), setembro de 1977.

———., *The Composition and Distribution of British Investment in Latin America, 1865 to 1913*, Nova York: Garland, 1987.

Straten-Ponthoz, A. van der, *Le budget du Brésil ou recherches sur les ressources de cet empire dans leurs rapports avec les intérêts européens du commerce et de l' émigration*, primeiro tomo, Paris: Librairie d'Amyot, 1854.

Summerhill, W.R., "Market intervention in a backward economy: Railway subsidy in Brazil, 1854-1913," *Economic History Review*, 53 (3), agosto de 1998.

Sunkel, O. e Paz, P., *El subdesarrollo latinoamericano y la teoria del desarrollo*, Mexico: Siglo XXI Editores, 1970.

Suzigan, W., "Empresas do governo e o papel do Estado na economia brasileira", in F. Resende e outros, *Aspectos da participação do governo na economia*, Rio de Janeiro: IPEA/INPES, 1976.

———., "Política industrial no Brasil", in W. Suzigan Ced.), *Indústria: Política, instituições e desenvolvimento*, Rio de Janeiro: IPEA/INPES, 1978.

———., *A indústria brasileira: origem e desenvolvimento*, São Paulo e Campinas: Hucitec/Editora da Unicamp, 2000.

Suzigan, W., Bonelli, R., Horta, M.H.T.T. e Lodder, C.A., *Crescimento industrial no Brasil: incentivos e desempenho recente*, Rio de Janeiro: IPEA/INPES, 1974.

Syvrud, D.E., *Foundations of Brazilian Economic Growth*, Stanford: Hoover Institution Press, Stanford University, 1974.

Tavares, M.C., "Auge e declínio do processo de substituição de importações no Brasil" in M.C. Tavares, *Da substituição de importações ao capitalismo financeiro: ensaios sobre economia brasileira*, Rio de Janeiro: Zahar, 1972. (1972a)

_____., *Da substituição de importações ao capitalismo financeiro*, Rio de Janeiro: Zahar, 1972. (1972b)

_____., "Acumulação de capital e industrialização no Brasil", tese de doutoramento não publicada, Universidade Estadual de Campinas, 1975.

Taylor, L., *Structuralist Macroeconomics*, Nova York: Basic Books, 1983.

Telles, M.R., *A defesa do café e a crise econômica de 1929*, São Paulo: s.e., 1931.

Trebat, T.J., *Brazil's State-Owned Enterprises: A case study of the state as entrepreneur*, Cambridge: Cambridge University Press, 1983.

Trigueiros, F. dos Santos, *Dinheiro no Brasil*, Rio de Janeiro: Léo Christiano Editorial, 1987

U.S. Department of Commerce, *Historical Statistics of the U.S.: Colonial times to 1970*, Washington: GPO, 1970.

U.S. Department of Commerce, *Long Term Economic Growth*, Washington: GPO, 1973.

United States Department of Commerce. Bureau of the Census. *Bicentennial Edition. Historical Statistics of the United States: Colonial times to 1970*, Washington D.C.: GPO, 1975.

United States. Department of State. *Foreign Relations of the United States. Volume IV. Latin America*, Washington D.C.: GPO, 1954.

Veiga Filho, J.P. da, *Manual da sciencia das finanças*, São Paulo: Typ. da Companhia Industrial de São Paulo, 1898

Velloso, R.W.R., "O setor externo e o desenvolvimento econômico recente do Brasil", mimeo., Rio de Janeiro: INPES/IPEA, 1982.

Versiani, F., "Industrialização e economia de exportação: a experiência brasileira antes de 1914", *Revista Brasileira de Economia*, 34(1), janeiro-março de 1980.

Versiani, M.T., "Café e câmbio no Brasil", *Pesquisa e Planejamento Econômico*, 15(2), dezembro de 1985.

Vianna, S. B., *A política econômica no segundo governo Vargas*, Rio de Janeiro: BNDES, 1987.

_____., "Política econômica externa e industrialização: 1946-1951" in M. de P. Abreu (org.), *A ordem do progresso: Cem anos de política econômica republicana 1889-1989*, Rio de Janeiro, Campus, 1990.

Villela, A.V., "Surto industrial durante a Guerra de 1914-1918", in *Ensaios econômicos: homenagem a Octavio Gouvêa de Bulhões*, Rio de Janeiro: APEC, 1972.

Villela, A.V. e Suzigan, W., *Política do governo e crescimento da economia brasileira*, Rio de Janeiro, IPEA/INPES, 1973.

Von Doellinger, C. e Cavalcanti, L.C., *Empresas multinacionais na indústria brasileira*, Rio de Janeiro: IPEA/INPES, 1975.

Von Doellinger, C., Faria, H.B.C. e Cavalcanti, L.C., *A política brasileira do comércio exterior e seus efeitos: 1967/73*, Rio de Janeiro: IPEA/INPES, 1973.

Weinstein, B., *The Amazon Rubber Boom 1850-1920*, Stanford: Stanford University Press, 1987.

Wells, J.R., "Growth and fluctuations in the Brazilian manufacturing sector during the 1960s and early 1970s", tese de doutoramento não publicada, Universidade de Cambridge, 1977.

Werneck, RL., "Uma análise do financiamento e dos investimentos das empresas estatais federais no Brasil 1980-83", *Revista Brasileira de Economia*, 39(1), janeiro-março de 1985.

_____., "Empresas estatais, controle de preços e contenção de importações", *Revista Brasileira de Economia*, 40(1), janeiro-março de 1986. (1986a)

_____., "A questão do controle da necessidade de financiamento das empresas estatais e o orçamento de dispêndios da SEST", *Pesquisa e Planejamento Econômico*, 16(2), agosto de 1986. (1986b)

_____., "Poupança estatal, dívida externa e crise financeira do setor público", *Pesquisa e Planejamento Econômico*, 16(3), dezembro de 1986. (1986c)

_____., *Empresas estatais e política macroeconômica*, Campus: Rio de Janeiro, 1987.

_____., "A longa transição dos anos oitenta", *Carta Econômica*, Rio de Janeiro, março de 1988.

Werneck, R. L. F., "Setting up a modern macroeconomic policy framework in Brazil, 1993-2004", *Working Paper* Nº 45, Commission on Growth and Development/The World Bank, Washington, DC, 2009.

Whitaker, J.M., *O milagre de minha vida*, São Paulo: Hucitec, 1982.

Williams, A.L.G., Report for the year 1894 on the trade of the consular district of Pernambuco, *Parliamentary Papers*, vol. 96, nº 1547, Londres: HMSO, 1895.

Williamson, J., *A economia aberta e a economia mundial*, Rio de Janeiro: Campus, 1989.

Woodruff, W., *Impact of Western Man: A study of Europe's role in the world economy, 1750-1960*, Londres: Macmillan, 1969.

World Trade Organization, *Trade Policy Review: Brazil 1996*, Genebra, 1997.

Wyndham, H., Report for the years 1887 and 1888 on the Finances, Commerce and Agriculture of ... Brazil, *Parliamentary Papers*, vol. 78, nº 504, Londres: HMSO, 1889.

Zingales, L., "Capitalism after the crisis", *National Affairs*, vol. 1, Fall, 2009.

ANEXO ESTATÍSTICO 1889-2010:

TAXAS DE VARIAÇÃO ANUAIS A MENOS DE INDICAÇÃO EM CONTRÁRIO

ANO	PRODUTO INTERNO BRUTO	PRODUTO INDUSTRIAL	PRODUTO AGRÍCOLA	PRODUTO DO SETOR SERVIÇOS	DEFLATOR IMPLÍCITO DO PIB	FORMAÇÃO BRUTA DE CAPITAL (% PIB)	EXPORTAÇÕES (US$ 10⁶)	IMPORTAÇÕES (US$ 10⁶)	BALANÇA COMERCIAL (US$ 10⁶)
	1	2	3	4	5	6	7	8	9
1889	n.d.	n.d.	n.d.	n.d.	n.d.	n.d.	138,8	116,6	22,2
1890	n.d.	n.d.	n.d.	n.d.	n.d.	n.d.	128,2	116,7	11,5
1891	n.d.	n.d.	n.d.	n.d.	n.d.	n.d.	131,9	124,3	7,6
1892	n.d.	n.d.	n.d.	n.d.	n.d.	n.d.	149,9	127,8	22,1
1893	n.d.	n.d.	n.d.	n.d.	n.d.	n.d.	155,5	127,4	28,1
1894	n.d.	n.d.	n.d.	n.d.	n.d.	n.d.	148,2	131,9	16,3
1895	n.d.	n.d.	n.d.	n.d.	n.d.	n.d.	158,4	142,0	16,4
1896	n.d.	n.d.	n.d.	n.d.	n.d.	n.d.	137,7	135,5	2,2
1897	n.d.	n.d.	n.d.	n.d.	n.d.	n.d.	125,8	111,7	14,1
1898	n.d.	n.d.	n.d.	n.d.	n.d.	n.d.	121,6	114,5	7,1
1899	n.d.	n.d.	n.d.	n.d.	n.d.	n.d.	124,2	109,7	14,5
1900	n.d.	n.d.	n.d.	n.d.	n.d.	n.d.	161,2	104,0	57,1
1901	14,4	2,7	21,0	7,7	n.d.	n.d.	197,8	89,4	108,4
1902	-0,5	3,5	-4,3	4,2	n.d.	n.d.	176,9	97,2	79,7
1903	1,9	2,6	1,9	1,7	n.d.	n.d.	179,3	101,6	77,8
1904	1,4	5,0	0,6	2,3	n.d.	n.d.	191,5	108,9	82,6
1905	3,3	2,4	3,1	5,0	n.d.	n.d.	216,8	125,9	90,9
1906	12,7	5,4	18,3	4,7	n.d.	n.d.	258,1	139,0	119,1
1907	0,8	8,8	-7,4	11,6	n.d.	n.d.	263,4	169,6	93,8
1908	-3,2	0,0	-1,4	-6,8	n.d.	16,8	214,8	148,7	66,1
1909	10,3	21,6	6,1	16,4	-1,8	14,9	309,6	155,5	154,1

A ORDEM DO PROGRESSO

ANO	SERVIÇOS FATORES (US$ 10⁶)	SERVIÇOS NÃO FATORES (US$ 10⁶)	SALDO EM CONTA CORRENTE (US$ 10⁶)	OPERAÇÕES DE REGULARIZAÇÃO (US$ 10⁶)	INVESTIMENTO DIRETO (US$ 10⁶)	INVESTIMENTO EM CARTEIRA (US$ 10⁶)	OUTROS INVESTIMENTOS (US$ 10⁶)	CONTA CAPITAL E FINANCEIRA (US$ 10⁶)	HAVERES DA AUTORIDADE MONETÁRIA (US$ 10⁶)
	10	11	12	13	14	15	16	17	18
1889	-26,7	2,1	-4,1	0,0	n.d.	n.d.	n.d.	60,2	56,0
1890	-20,7	2,3	-8,7	0,0	n.d.	n.d.	n.d.	26,7	18,0
1891	-19,7	2,6	-8,0	0,0	n.d.	n.d.	n.d.	3,0	-5,0
1892	-22,6	2,4	-0,2	0,0	n.d.	n.d.	n.d.	13,8	13,6
1893	-27,9	2,3	2,2	0,0	n.d.	n.d.	n.d.	13,9	16,0
1894	-21,0	2,4	-4,3	0,0	n.d.	n.d.	n.d.	3,5	-0,8
1895	-28,7	2,5	-11,2	0,0	n.d.	n.d.	n.d.	36,4	25,2
1896	-29,2	2,6	-24,4	0,0	n.d.	n.d.	n.d.	24,5	0,1
1897	-26,7	2,4	-11,3	0,0	n.d.	n.d.	n.d.	11,7	0,3
1898	-25,2	2,3	-18,0	6,9	n.d.	n.d.	n.d.	28,6	10,6
1899	-21,5	2,1	-10,5	14,1	n.d.	n.d.	n.d.	39,2	28,7
1900	-21,7	2,1	30,0	13,9	n.d.	n.d.	n.d.	36,7	66,8
1901	n.d.	n.d.	n.d.	n.d.	n.d.	n.d.	n.d.	n.d.	n.d.
1902	n.d.	n.d.	n.d.	n.d.	n.d.	n.d.	n.d.	n.d.	n.d.
1903	n.d.	n.d.	n.d.	n.d.	n.d.	n.d.	n.d.	n.d.	n.d.
1904	n.d.	n.d.	n.d.	n.d.	n.d.	n.d.	n.d.	n.d.	n.d.
1905	n.d.	n.d.	n.d.	n.d.	n.d.	n.d.	n.d.	n.d.	n.d.
1906	n.d.	n.d.	n.d.	n.d.	n.d.	n.d.	n.d.	n.d.	n.d.
1907	n.d.	n.d.	n.d.	n.d.	n.d.	n.d.	n.d.	n.d.	n.d.
1908	n.d.	n.d.	n.d.	n.d.	n.d.	n.d.	n.d.	n.d.	n.d.
1909	n.d.	n.d.	n.d.	n.d.	n.d.	n.d.	n.d.	n.d.	n.d.

Anexo Estatístico 1889-2010   401

ANO	RESERVAS (US$ 10⁶)	DÍVIDA EXTERNA TOTAL GERAL (US$ 10⁶)	DÍVIDA EXTERNA TOTAL REGISTRADA MÉDIO E LONGO PRAZO (US$ 10⁶)	DÍVIDA EXTERNA TOTAL REGISTRADA CURTO PRAZO (US$ 10⁶)	DÍVIDA EXTERNA REGISTRADA DO SETOR PRIVADO (US$ 10⁶)	DÍVIDA EXTERNA CONSOLIDADA (US$ 10⁶)	PREÇOS DE EXPORTAÇÃO (US$) 1995=100	QUANTUM DE EXPORTAÇÃO (US$) 1995=100	PREÇOS DE IMPORTAÇÃO (US$) 1995=100
	19	20	21	22	23	24	25	26	27
1889	n.d.	n.d.	n.d.	n.d.	n.d.	151,2	n.d.	n.d.	n.d.
1890	n.d.	n.d.	n.d.	n.d.	n.d.	150,2	n.d.	n.d.	n.d.
1891	n.d.	n.d.	n.d.	n.d.	n.d.	148,6	n.d.	n.d.	n.d.
1892	n.d.	n.d.	n.d.	n.d.	n.d.	146,7	n.d.	n.d.	n.d.
1893	n.d.	n.d.	n.d.	n.d.	n.d.	162,7	n.d.	n.d.	n.d.
1894	n.d.	n.d.	n.d.	n.d.	n.d.	160,0	n.d.	n.d.	n.d.
1895	n.d.	n.d.	n.d.	n.d.	n.d.	193,5	n.d.	n.d.	n.d.
1896	n.d.	n.d.	n.d.	n.d.	n.d.	195,4	n.d.	n.d.	n.d.
1897	n.d.	n.d.	n.d.	n.d.	n.d.	196,6	n.d.	n.d.	n.d.
1898	n.d.	n.d.	n.d.	n.d.	n.d.	195,9	n.d.	n.d.	n.d.
1899	n.d.	n.d.	n.d.	n.d.	n.d.	204,2	n.d.	n.d.	n.d.
1900	n.d.	n.d.	n.d.	n.d.	n.d.	214,7	n.d.	n.d.	n.d.
1901	n.d.	n.d.	n.d.	n.d.	n.d.	291,6	5,6	7,6	6,3
1902	n.d.	n.d.	n.d.	n.d.	n.d.	290,5	5,2	7,3	5,8
1903	n.d.	n.d.	n.d.	n.d.	n.d.	331,8	5,4	7,1	5,9
1904	n.d.	n.d.	n.d.	n.d.	n.d.	339,5	6,7	6,1	6,0
1905	n.d.	n.d.	n.d.	n.d.	n.d.	379,2	7,1	6,6	6,1
1906	n.d.	n.d.	n.d.	n.d.	n.d.	426,0	7,1	7,8	6,7
1907	n.d.	n.d.	n.d.	n.d.	n.d.	443,5	6,8	8,4	7,1
1908	n.d.	n.d.	n.d.	n.d.	n.d.	542,4	6,3	7,3	6,9
1909	n.d.	n.d.	n.d.	n.d.	n.d.	552,5	7,5	8,9	6,5

ANO	QUANTUM DE IMPORTAÇÃO (US$) 1995 = 100	TERMOS DE INTERCÂMBIO 1995 = 100	NÍVEL DE ATIVIDADE NOS EUA	TAXA DE JUROS NOS EUA (%)	PREÇOS AO CONSUMIDOR	TAXA DE CÂMBIO OFICIAL (MOEDA NAC.) US$	TAXA DE CÂMBIO COMERCIAL (MOEDA NAC./NAC./US$)	PARTICIPAÇÃO DO IMPOSTO DE RENDA NA RECEITA TOTAL (%)	PARTICIPAÇÃO DO IMPOSTO DE CONSUMO NA RECEITA TOTAL (%)
	28	29	30	31	32	33	34	35	36
1889	n.d.	n.d.	n.d.	n.d.	n.d.	-	2,0	0,0	-
1890	n.d.	n.d.	7,5	6,9	n.d.	-	1,9	0,0	-
1891	n.d.	n.d.	4,4	6,5	n.d.	-	1,2	0,0	-
1892	n.d.	n.d.	9,8	5,4	n.d.	-	3,3	0,0	-
1893	n.d.	n.d.	-4,8	7,6	n.d.	-	4,1	0,0	-
1894	n.d.	n.d.	-2,8	5,2	n.d.	-	4,3	0,0	-
1895	n.d.	n.d.	11,9	5,8	n.d.	-	4,9	0,0	-
1896	n.d.	n.d.	-1,9	7,0	n.d.	-	5,0	0,0	0,5
1897	n.d.	n.d.	9,4	4,7	n.d.	-	5,5	0,0	0,7
1898	n.d.	n.d.	2,3	5,3	n.d.	-	6,4	0,0	4,0
1899	n.d.	n.d.	9,1	5,5	n.d.	-	6,9	0,0	7,9
1900	n.d.	n.d.	2,7	5,4	n.d.	-	6,6	0,0	11,9
1901	2,9	89,6	11,5	5,4	n.d.	-	5,2	0,0	10,4
1902	3,4	89,3	0,9	5,8	n.d.	-	4,3	0,0	9,9
1903	3,5	91,7	5,0	6,2	n.d.	-	4,2	0,0	8,5
1904	3,6	-11,9	-1,2	5,1	n.d.	-	4,1	0,0	8,0
1905	4,1	-15,5	7,5	5,2	n.d.	-	4,0	0,0	8,8
1906	4,2	106,4	11,6	6,3	n.d.	-	3,1	0,0	10,1
1907	4,8	95,8	1,5	6,7	n.d.	-	3,1	0,0	8,9
1908	4,3	92,2	-8,1	5,0	n.d.	-	3,2	0,0	10,1
1909	4,8	116,6	12,2	4,7	n.d.	-	3,3	0,0	10,2

ANO	PARTICIPAÇÃO DO IMPOSTO DE IMPORTAÇÃO NA RECEITA TOTAL (%)	DÍVIDA INTERNA FEDERAL (% PIB)	SALÁRIO MÍNIMO REAL (1980 = 100)	PAPEL-MOEDA EM PODER DO PÚBLICO	DEPÓSITOS À VISTA	MEIOS DE PAGAMENTO	BASE MONETÁRIA
	37	38	39	40	41	42	43
1889	55,6	n.d.	-	-34,1	34,7	-12,2	-1,6
1890	51,7	n.d.	-	51,3	199,6	123,7	50.3
1891	46,7	n.d.	-	90,9	68,0	75,9	66.4
1892	48,9	n.d.	-	24,6	-48,3	-21,0	11.0
1893	51,0	n.d.	-	14,1	-14,0	2,6	13,3
1894	51,4	n.d.	-	-1,7	20,7	6,0	1o.4
1895	63,3	n.d.	-	3,0	1,3	2,3	-5,7
1896	76,1	n.d.	-	6,4	-12,6	-0,9	7,5
1897	74,6	n.d.	-	0,5	49,6	17,2	6,0
1898	68,0	n.d.	-	7,2	-14,7	-2,4	2,7
1899	62,4	n.d.	-	-2,3	-7,6	-4,3	-5,4
1900	53,6	n.d.	-	-2,4	-34,1	-14,2	-4,2
1901	53,2	n.d.	-	-1,0	15,3	2,8	-2,8
1902	54,0	n.d.	-	-1,4	-2,5	-1,7	-3,5
1903	45,6	n.d.	-	-0,8	-0,9	-0,8	-1,5
1904	44,7	n.d.	-	8,9	12,3	9,7	1,6
1905	55,9	n.d.	-	-6,5	2,7	-4,2	-1,6
1906	57,5	n.d.	-	15,2	-12,5	7,7	8,7
1907	53,6	n.d.	-	1,2	62,1	14,6	4,5
1908	53,7	n.d.	-	-5,2	-1,9	-4,1	-4,5
1909	51,8	11,9	-	16,7	11,8	15,1	19,8

ANO	PRODUTO INTERNO BRUTO	PRODUTO INDUSTRIAL	PRODUTO AGRÍCOLA	PRODUTO DO SETOR SERVIÇOS	DEFLATOR IMPLÍCITO DO PIB	FORMAÇÃO BRUTA DE CAPITAL (%PIB)	EXPORTAÇÕES (US$ 10^6)	IMPORTAÇÕES (US$ 10^6)	BALANÇA COMERCIAL (US$ 10^6)
	1	2	3	4	5	6	7	8	9
1910	2,6	4,4	-3,9	7,5	4,3	16,2	307,3	201,1	106,2
1911	5,8	9,0	2,7	4,2	2,2	18,6	325,0	220,9	104,1
1912	6,9	10,7	4,5	11,9	7,4	20,5	363,3	261,0	102,3
1913	2,9	0,9	4,3	-0,3	-11,1	26,9	318,9	273,6	45,3
1914	-1,3	-8,7	1,0	-9,3	-13,3	10,7	228,6	146,0	82,5
1915	0,3	12,9	4,1	3,7	13,3	6,4	256,8	115,1	141,7
1916	0,9	11,4	-2,8	8,8	20,9	8,5	269,4	148,3	121,1
1917	9,4	8,7	11,9	3,2	8,8	7,9	300,1	158,6	141,5
1918	-2,0	-1,1	-7,4	0,3	8,3	6,2	291,6	193,9	97,7
1919	7,9	14,8	3,0	14,4	8,8	10,8	580,6	280,4	300,3
1920	12,5	5,2	19,0	11,2	19,1	11,5	408,2	381,8	26,4
1921	1,9	-1,8	4,1	-4,2	-15,3	17,3	224,2	201,1	23,1
1922	7,8	18,8	0,5	9,8	9,1	14,0	366,1	231,5	134,6
1923	8,6	13,3	3,9	19,4	30,2	8,6	336,6	207,7	129,0
1924	1,4	-1,1	1,0	4,5	11,0	10,0	422,7	282,7	140,0
1925	0,0	1,1	-3,2	2,3	18,4	10,8	496,9	359,3	137,6
1926	5,2	2,4	3,2	1,8	-18,1	10,2	458,1	339,6	118,5
1927	10,8	10,8	10,8	9,2	-2,2	12,4	431,2	335,4	95,8
1928	11,5	7,0	18,4	12,0	11,6	10,3	473,9	388,8	85,2
1929	1,1	-2,2	0,3	-0,9	-3,6	12,2	460,4	367,7	92,8

Anexo Estatístico 1889-2010   405

ANO	SERVIÇOS FATORES (US$ 10⁶)	SERVIÇOS NÃO FATORES (US$ 10⁶)	SALDO EM CONTA CORRENTE (US$ 10⁶)	OPERAÇÕES DE REGULARIZAÇÃO (US$ 10⁶)	INVESTIMENTO DIRETO (US$ 10⁶)	INVESTIMENTO EM CARTEIRA (US$ 10⁶)	OUTROS INVESTIMENTOS (US$ 10⁶)	CONTA CAPITAL E FINANCEIRA (US$ 10⁶)	HAVERES DA AUTORIDADE MONETÁRIA (US$ 10⁶)
	10	11	12	13	14	15	16	17	18
1910	n.d.	n.d.	n.d.	n.d.	n.d.	n.d.	n.d.	n.d.	n.d.
1911	n.d.	n.d.	n.d.	n.d.	n.d.	n.d.	n.d.	n.d.	n.d.
1912	n.d.	n.d.	n.d.	n.d.	n.d.	n.d.	n.d.	n.d.	n.d.
1913	n.d.	n.d.	n.d.	n.d.	n.d.	n.d.	n.d.	n.d.	n.d.
1914	n.d.	n.d.	n.d.	n.d.	n.d.	n.d.	n.d.	n.d.	n.d.
1915	n.d.	n.d.	n.d.	n.d.	n.d.	n.d.	n.d.	n.d.	n.d.
1916	n.d.	n.d.	n.d.	n.d.	n.d.	n.d.	n.d.	n.d.	n.d.
1917	n.d.	n.d.	n.d.	n.d.	n.d.	n.d.	n.d.	n.d.	n.d.
1918	n.d.	n.d.	n.d.	n.d.	n.d.	n.d.	n.d.	n.d.	n.d.
1919	n.d.	n.d.	n.d.	n.d.	n.d.	n.d.	n.d.	n.d.	n.d.
1920	n.d.	n.d.	n.d.	n.d.	n.d.	n.d.	n.d.	n.d.	n.d.
1921	n.d.	n.d.	n.d.	n.d.	n.d.	n.d.	n.d.	n.d.	n.d.
1922	n.d.	n.d.	n.d.	n.d.	n.d.	n.d.	n.d.	n.d.	n.d.
1923	n.d.	n.d.	n.d.	n.d.	n.d.	n.d.	n.d.	n.d.	n.d.
1924	n.d.	n.d.	n.d.	n.d.	n.d.	n.d.	n.d.	n.d.	n.d.
1925	n.d.	n.d.	n.d.	n.d.	n.d.	n.d.	n.d.	n.d.	n.d.
1926	n.d.	n.d.	n.d.	n.d.	n.d.	n.d.	n.d.	n.d.	n.d.
1927	n.d.	n.d.	n.d.	n.d.	n.d.	n.d.	n.d.	n.d.	n.d.
1928	n.d.	n.d.	n.d.	n.d.	n.d.	n.d.	n.d.	n.d.	n.d.
1929	n.d.	n.d.	n.d.	n.d.	n.d.	n.d.	n.d.	n.d.	n.d.

ANO	RESERVAS (US$ 10⁶) [19]	DÍVIDA EXTERNA TOTAL GERAL (US$ 10⁶) [20]	DÍVIDA EXTERNA TOTAL REGISTRADA MÉDIO E LONGO PRAZO (US$ 10⁶) [21]	DÍVIDA EXTERNA TOTAL REGISTRADA CURTO PRAZO (US$ 10⁶) [22]	DÍVIDA EXTERNA REGISTRADA DO SETOR PRIVADO (US$ 10⁶) [23]	DÍVIDA EXTERNA CONSOLIDADA (US$ 10⁶) [24]	PREÇOS DE EXPORTAÇÃO (US$) 1995 = 100 [25]	QUANTUM DE EXPORTAÇÃO (US$) 1995 = 100 [26]	PREÇOS DE IMPORTAÇÃO (US$) 1995 = 100 [27]
1910	n.d.	624,6	n.d.	n.d.	n.d.	624,6	9,9	6,7	7,1
1911	n.d.	643,2	n.d.	n.d.	n.d.	643,2	9,9	7,1	7,1
1912	n.d.	640,5	n.d.	n.d.	n.d.	640,5	10,3	7,6	7,3
1913	n.d.	702,1	n.d.	n.d.	n.d.	702,1	8,4	8,2	7,9
1914	n.d.	786,3	n.d.	n.d.	n.d.	786,3	6,8	7,3	7,7
1915	n.d.	770,0	n.d.	n.d.	n.d.	770,0	5,8	9,7	7,9
1916	n.d.	770,6	n.d.	n.d.	n.d.	770,6	6,9	8,5	9,4
1917	n.d.	755,3	n.d.	n.d.	n.d.	755,3	7,2	9,1	12,6
1918	n.d.	732,3	n.d.	n.d.	n.d.	732,3	8,5	7,6	15,3
1919	n.d.	675,1	n.d.	n.d.	n.d.	675,1	12,2	10,2	15,2
1920	n.d.	550,4	n.d.	n.d.	n.d.	550,4	9,2	9,2	15,6
1921	n.d.	651,4	n.d.	n.d.	n.d.	651,4	5,3	9,2	12,3
1922	n.d.	820,7	n.d.	n.d.	n.d.	820,7	6,7	9,7	11,3
1923	66,9	839,1	n.d.	n.d.	n.d.	839,1	6,8	10,6	8,5
1924	81,2	802,5	n.d.	n.d.	n.d.	802,5	9,4	9,6	8,8
1925	69,2	883,6	n.d.	n.d.	n.d.	883,6	11,3	9,4	9,7
1926	96,9	1.022,4	n.d.	n.d.	n.d.	1.022,4	10,6	9,3	9,4
1927	143,5	1.138,4	n.d.	n.d.	n.d.	1.138,4	9,0	10,3	9,4
1928	177,3	1.240,7	n.d.	n.d.	n.d.	1.240,7	10,2	10,0	9,4
1929	177,3	1.225,4	n.d.	n.d.	n.d.	1.225,4	9,4	10,5	8,8

ANO	QUANTUM DE IMPORTAÇÃO (US$) 1995 = 100	TERMOS DE INTERCÂMBIO 1995 = 100	NÍVEL DE ATIVIDADE NOS EUA	TAXA DE JUROS NOS EUA (%)	PREÇOS AO CONSUMIDOR	TAXA DE CÂMBIO OFICIAL (MOEDA NAC./US$)	TAXA DE CÂMBIO COMERCIAL (MOEDA NAC./ US$)	PARTICIPAÇÃO DO IMPOSTO DE RENDA NA RECEITA TOTAL (%)	PARTICIPAÇÃO DO IMPOSTO DE CONSUMO NA RECEITA TOTAL (%)
	28	29	30	31	32	33	34	35	36
1910	5,7	139,6	2,8	5,7	n.d.	-	3,0	0,0	10,4
1911	6,2	138,6	2,6	4,8	n.d.	-	3,1	0,0	10,6
1912	7,2	141,2	5,7	5,4	n.d.	-	3,1	0,0	10,2
1913	7,0	107,0	0,9	6,2	2,0	-	3,1	0,0	10,0
1914	3,8	88,0	-4,3	n.d.	0,0	-	3,3	0,0	12,3
1915	2,9	73,5	-0,8	n.d.	0,0	-	4,0	0,0	16,8
1916	3,2	73,7	7,9	n.d.	16,7	-	4,2	0,0	17,5
1917	2,5	57,6	0,7	n.d.	10,1	-	3,9	0,0	21,9
1918	2,5	55,3	12,3	4,2	12,2	-	3,9	0,0	19,3
1919	3,7	80,2	-3,5	4,4	3,4	-	3,7	0,0	21,1
1920	4,8	58,1	-4,3	6,1	9,9	-	4,5	0,0	19,0
1921	3,3	43,2	-8,6	5,3	3,0	-	7,5	0,0	17,3
1922	4,1	59,8	15,8	3,5	9,3	-	7,5	0,0	17,0
1923	4,9	80,1	12,1	4,1	10,1	-	9,7	0,0	20,5
1924	6,5	106,8	-0,1	3,0	16,9	-	9,1	1,5	19,4
1925	7,4	116,6	8,4	3,3	6,6	-	8,1	2,0	17,9
1926	7,3	112,8	5,9	3,6	3,1	-	6,9	2,2	22,1
1927	7,2	95,8	0,0	3,4	2,6	-	8,4	3,0	19,8
1928	8,3	108,7	0,6	4,1	-1,5	-	8,3	3,1	19,9
1929	8,4	107,4	6,7	5,0	-0,7	-	8,5	3,2	17,8

408 A ORDEM DO PROGRESSO

ANO	PARTICIPAÇÃO DO IMPOSTO DE IMPORTAÇÃO NA RECEITA TOTAL (%)	DÍVIDA INTERNA FEDERAL (% PIB)	SALÁRIO MÍNIMO REAL (1980 = 100)	PAPEL-MOEDA EM PODER DO PÚBLICO	DEPÓSITOS À VISTA	MEIOS DE PAGAMENTO	BASE MONETÁRIA
	37	38	39	40	41	42	43
1910	55,0	11,5	-	8,0	29,6	14,7	7,0
1911	56,4	11,8	-	3,4	31,2	13,1	1,8
1912	56,6	11,3	-	7,8	-6,1	2,2	10,2
1913	52,6	13,2	-	-15,9	-1,2	-10,5	-12,4
1914	46,1	15,8	-	-2,2	-18,1	-8,7	11,2
1915	37,7	14,5	-	10,0	13,1	11,2	9,9
1916	38,6	12,7	-	19,3	30,7	23,6	12,4
1917	29,5	12,0	-	14,3	23,5	17,9	15,5
1918	27,7	11,8	-	18,5	49,2	31,2	21,6
1919	34,0	10,5	-	-0,7	12,9	5,7	2,4
1920	37,8	9,9	-	-14,4	12,2	-1,0	3,0
1921	35,8	13,9	-	20,1	56,5	40,9	11,4
1922	31,7	13,6	-	35,5	15,9	23,0	24,5
1923	37,2	11,1	-	17,5	8,2	12,0	9,5
1924	36,9	11,2	-	18,3	3,4	9,7	12,8
1925	41,5	10,0	-	-11,3	-12,2	-11,8	-7,9
1926	35,1	11,4	-	-4,0	7,4	2,2	-5,7
1927	39,8	10,6	-	12,9	16,7	15,0	13,4
1928	42,4	8,6	-	6,6	19,3	13,9	9,5
1929	38,7	9,0	-	-9,0	-3,5	-5,7	-7,6

Anexo Estatístico 1889-2010 409

ANO	PRODUTO INTERNO BRUTO	PRODUTO INDUSTRIAL	PRODUTO AGRÍCOLA	PRODUTO DO SETOR SERVIÇOS	DEFLATOR IMPLÍCITO DO PIB	FORMAÇÃO BRUTA DE CAPITAL (%PIB)	EXPORTAÇÕES (US$ 10⁶)	IMPORTAÇÕES (US$ 10⁶)	BALANÇA COMERCIAL (US$ 10⁶)
	1	2	3	4	5	6	7	8	9
1930	-2,1	-6,7	1,2	-8,6	-12,4	9,7	319,4	225,5	93,9
1931	-3,3	1,2	-6,3	-5,0	-10,9	7,6	244,0	116,5	127,5
1932	4,3	1,4	6,0	1,4	1,6	7,2	179,4	92,8	86,6
1933	8,9	11,7	12,0	15,2	-2,0	8,8	216,8	148,2	68,6
1934	9,2	11,1	6,2	9,2	6,3	10,6	292,8	184,8	108,0
1935	3,0	11,9	-2,5	5,9	4,8	13,1	269,5	196,5	73,0
1936	12,1	17,2	9,5	13,1	1,6	13,4	320,6	196,4	124,2
1937	4,6	5,4	0,1	5,7	9,5	14,2	346,8	279,2	67,6
1938	4,5	3,7	4,2	2,0	3,2	15,0	294,3	246,5	47,8
1939	2,5	9,3	-2,3	4,0	2,0	14,4	299,9	218,0	81,9
1940	-1,0	-2,7	-1,8	-3,7	6,7	14,8	252,1	200,7	51,4
1941	4,9	6,4	6,3	6,1	10,2	12,9	367,7	222,5	145,2
1942	-2,7	1,4	-4,4	-6,4	16,2	12,3	409,8	177,4	232,4
1943	8,5	13,5	7,3	13,5	16,6	10,2	472,6	226,9	245,7
1944	7,6	10,7	2,4	9,8	20,6	9,7	580,3	310,4	269,9
1945	3,2	5,5	-2,2	2,9	14,9	10,3	655,1	322,5	332,6
1946	11,6	18,5	8,4	10,2	14,6	10,9	985,0	594,0	391,0
1947	2,4	3,3	0,8	7,2	9,0	14,9	1.152	1.056	96
1948	9,7	12,3	6,9	8,6	5,9	12,7	1.180	973	207
1949	7,7	11,0	4,5	7,5	8,3	13,0	1.096	957	139

410 A ORDEM DO PROGRESSO

ANO	SERVIÇOS FATORES (US$ 10⁶)	SERVIÇOS NÃO FATORES (US$ 10⁶)	SALDO EM CONTA CORRENTE (US$ 10⁶)	OPERAÇÕES DE REGULARIZAÇÃO (US$ 10⁶)	INVESTIMENTO DIRETO (US$ 10⁶)	INVESTIMENTO EM CARTEIRA (US$ 10⁶)	OUTROS INVESTIMENTOS (US$ 10⁶)	CONTA CAPITAL E FINANCEIRA (US$ 10⁶)	AUMENTO DE HAVERES DA AUTORIDADE MONETÁRIA (US$ 10⁶)
	10	11	12	13	14	15	16	17	18
1930	-123,4	-49,5	-79,0	0,0	n.d.	n.d.	n.d.	54,4	-116,1
1931	-98,9	-24,5	4,1	0,0	n.d.	n.d.	n.d.	-9,5	15,8
1932	-45,5	-17,2	23,9	0,0	n.d.	n.d.	n.d.	-25,9	35,7
1933	-28,3	-26,3	14,0	29,9	n.d.	n.d.	n.d.	-20,9	-11,5
1934	-45,9	-31,8	30,3	-5,6	n.d.	n.d.	n.d.	-12,6	-12,0
1935	-67,6	-38,2	-32,8	-5,8	n.d.	n.d.	n.d.	0,5	22,9
1936	-76,5	-37,7	10,0	29,3	n.d.	n.d.	n.d.	0,5	-51,2
1937	-81,5	-49,4	-63,3	-24,2	n.d.	n.d.	n.d.	0,0	0,0
1938	0,0	-43,4	4,4	-23,4	n.d.	n.d.	n.d.	0,0	75,1
1939	-11,7	-41,8	28,4	18,0	n.d.	n.d.	n.d.	-0,3	-0,8
1940	-26,8	-36,9	-12,3	-14,2	n.d.	n.d.	n.d.	-23,5	4,4
1941	-34,4	-19,1	91,7	-3,5	n.d.	n.d.	n.d.	-35,9	60,3
1942	-40,8	8,0	201,3	0,0	n.d.	n.d.	n.d.	-29,1	149,6
1943	-53,7	2,5	198,5	0,0	n.d.	n.d.	n.d.	45,6	252,8
1944	-68,5	-18,9	185,8	0,0	n.d.	n.d.	n.d.	-20,5	157,4
1945	-62,5	-14,9	248,2	0,0	n.d.	n.d.	n.d.	-32,6	61,7
1946	-65,0	-113,0	188,0	0,0	n.d.	n.d.	n.d.	-3,0	96,0
1947	-55,0	-221,0	-203,8	80,0	55	0,0	294	349,0	136,0
1948	-105,0	-210,0	-114,6	0,0	67	0,0	-119	-52,0	-67,0
1949	-101,0	-170,0	-134,9	38,0	44	0,0	28	72,0	33,0

Anexo Estatístico 1889-2010 411

ANO	RESERVAS (US$ 10⁶)	DÍVIDA EXTERNA TOTAL GERAL (US$ 10⁶)	DÍVIDA EXTERNA TOTAL REGISTRADA MÉDIO E LONGO PRAZO (US$ 10⁶)	DÍVIDA EXTERNA TOTAL REGISTRADA CURTO PRAZO (US$ 10⁶)	DÍVIDA EXTERNA REGISTRADA DO SETOR PRIVADO (US$ 10⁶)	DÍVIDA EXTERNA CONSOLIDADA (US$ 10⁶)	PREÇOS DE EXPORTAÇÃO (US$) 1995 = 100	QUANTUM DE EXPORTAÇÃO (US$) 1995 = 100	PREÇOS DE IMPORTAÇÃO (US$) 1995 = 100
	19	20	21	22	23	24	25	26	27
1930	42,8	1.293,5	n.d.	n.d.	n.d.	1.293,5	6,2	11,1	8,8
1931	14,7	1.233,6	n.d.	n.d.	n.d.	1.233,6	4,3	12,1	6,4
1932	49,9	940,6	n.d.	n.d.	n.d.	940,6	4,6	8,4	5,7
1933	74,1	1.123,8	n.d.	n.d.	n.d.	1.123,8	4,4	10,5	6,3
1934	54,6	1.330,9	n.d.	n.d.	n.d.	1.330,9	5,5	11,4	7,2
1935	65,6	1.268,8	n.d.	n.d.	n.d.	1.268,8	4,6	12,6	6,6
1936	41,5	1.255,9	n.d.	n.d.	n.d.	1.255,9	5,1	13,5	6,4
1937	49,6	1.199,9	n.d.	n.d.	n.d.	1.199,9	5,7	13,0	7,6
1938	58,4	1.186,8	n.d.	n.d.	n.d.	1.186,8	4,0	16,0	7,2
1939	85,8	1.082,5	n.d.	n.d.	n.d.	1.082,5	3,9	16,6	6,8
1940	67,7	972,4	n.d.	n.d.	n.d.	972,4	4,0	13,7	7,6
1941	123,7	965,3	n.d.	n.d.	n.d.	965,3	5,0	15,7	8,3
1942	270,8	934,4	n.d.	n.d.	n.d.	934,4	7,0	12,6	9,4
1943	530,8	911,7	n.d.	n.d.	n.d.	911,7	7,7	13,1	10,7
1944	633,5	752,9	n.d.	n.d.	n.d.	752,9	8,7	14,4	11,4
1945	683,0	698,1	n.d.	n.d.	n.d.	698,1	9,2	15,4	11,4
1946	760,0	644	644	n.d.	n.d.	644	12,0	17,6	15,8
1947	785,0	625	625	n.d.	n.d.	597	15,3	16,2	18,6
1948	758,0	597	597	n.d.	n.d.	576	15,9	16,0	19,9
1949	719,0	601	601	n.d.	n.d.	454	16,6	14,3	20,7

ANO	QUANTUM DE IMPORTAÇÃO (US$) 1995=100	TERMOS DE INTERCÂMBIO 1995=100	NÍVEL DE ATIVIDADE NOS EUA	TAXA DE JUROS NOS EUA (%)	PREÇOS AO CONSUMIDOR	TAXA DE CÂMBIO OFICIAL (MOEDA NAC./US$)	TAXA DE CÂMBIO COMERCIAL (MOEDA NAC./US$)	PARTICIPAÇÃO DO IMPOSTO DE RENDA NA RECEITA TOTAL (%)	PARTICIPAÇÃO DO IMPOSTO DE CONSUMO NA RECEITA TOTAL (%)
	28	29	30	31	32	33	34	35	36
1930	5,2	70,4	-9,8	2,5	-9,0	-	9,2	3,7	21,0
1931	3,6	67,5	-7,6	1,6	-3,7	14,3	-	5,3	21,5
1932	3,3	80,7	-14,7	1,3	0,4	14,1	-	5,4	22,2
1933	4,7	70,5	-1,8	0,6	-0,9	12,7	-	5,9	21,4
1934	5,2	77,0	9,1	0,3	7,7	12,1	-	6,1	20,3
1935	5,9	69,1	9,9	0,1	5,6	11,9	-	6,1	20,5
1936	6,1	79,6	13,9	0,1	14,7	11,8	-	6,4	19,4
1937	7,4	75,2	5,3	0,4	7,6	11,4	-	6,7	19,3
1938	6,9	55,3	-5,0	0,4	4,3	17,6	-	7,4	22,0
1939	6,4	57,0	8,6	0,4	2,6	16,6	-	8,5	27,1
1940	5,3	51,8	8,5	0,4	3,0	16,6	-	10,2	26,1
1941	5,3	60,5	16,1	0,4	10,7	16,6	-	13,3	29,3
1942	3,8	73,8	12,9	0,4	11,4	16,6	-	22,6	28,6
1943	4,2	72,0	13,2	0,4	10,2	16,6	-	27,5	28,5
1944	5,5	76,0	7,2	0,4	12,9	16,6	-	27,7	26,4
1945	5,7	80,4	-1,6	0,4	16,8	16,5	-	26,5	32,0
1946	7,6	76,2	-11,9	0,6	16,5	16,5	-	23,8	34,7
1947	11,1	82,6	-0,8	0,9	21,9	18,7	-	28,2	32,2
1948	9,1	80,0	4,5	1,1	3,4	18,8	-	26,7	30,9
1949	9,2	80,0	0,1	1,3	4,2	18,8	-	26,7	31,5

ANO	PARTICIPAÇÃO DO IMPOSTO DE IMPORTAÇÃO NA RECEITA TOTAL (%)	DÍVIDA INTERNA FEDERAL (% PIB)	SALÁRIO MÍNIMO REAL (1980 = 100)	PAPEL-MOEDA EM PODER DO PÚBLICO	DEPÓSITOS Á VISTA	MEIOS DE PAGAMENTO	BASE MONETÁRIA
	37	38	39	40	41	42	43
1930	37,3	12,1	-	-8,3	-18,6	-14,7	-16,2
1931	34,5	9,8	-	3,6	24,7	16,1	3,5
1932	30,1	9,3	-	9,4	22,0	17,4	9,9
1933	36,4	8,8	-	0,3	-1,9	-1,1	-6,2
1934	33,2	10,1	--	7,5	15,7	12,9	4,0
1935	35,8	10,3	-	19,7	-1,9	5,2	14,4
1936	32,4	9,6	-	15,3	8,9	11,3	12,1
1937	33,9	8,8	-	6,0	14,3	11,1	12,3
1938	27,1	9,3	-	2,7	32,5	21,5	6,0
1939	27,2	10,8	-	7,7	-9,6	-4,2	3,0
1940	24,2	12,5	107,24	6,2	-0,6	1,8	4,3
1941	26,2	10,4	97,71	29,7	26,0	27,3	28,2
1942	15,4	8,2	87,74	15,4	28,2	23,4	23,9
1943	11,0	7,2	86,62	39,3	61,1	53,5	33,3
1944	12,3	5,7	90,78	36,5	19,9	25,2	31,7
1945	11,6	7,0	77,46	22,8	16,9	19,0	21,2
1946	12,1	5,9	66,97	17,3	6,2	10,2	16,5
1947	13,5	5,6	54,57	0,0	-3,3	-1,8	-1,3
1948	10,5	5,0	52,37	5,4	9,5	7,6	7,0
1949	9,5	4,3	48,77	9,6	22,5	17,6	11,4

ANO	PRODUTO INTERNO BRUTO	PRODUTO INDUSTRIAL	PRODUTO AGRÍCOLA	PRODUTO DO SETOR SERVIÇOS	DEFLATOR IMPLÍCITO DO PIB	FORMAÇÃO BRUTA DE CAPITAL (%PIB)	EXPORTAÇÕES (US$ 10⁶)	IMPORTAÇÕES (US$ 10⁶)	BALANÇA COMERCIAL (US$ 10⁶)
	1	2	3	4	5	6	7	8	9
1950	6,8	12,7	1,5	8,2	9,2	12,8	1.355	941,9	413,6
1951	4,9	5,3	0,7	6,9	18,1	15,4	1.769,0	1.724,8	44,2
1952	7,3	5,6	9,1	6,1	9,3	14,8	1.418,1	1.720,3	-302,1
1953	4,7	9,3	0,2	3,4	13,8	15,1	1.539,3	1.144,6	394,7
1954	7,8	9,3	7,9	9,5	27,1	15,8	1.561,8	1.414,7	147,1
1955	8,8	11,1	7,7	8,2	11,8	13,5	1.423,2	1.103,8	319,5
1956	2,9	5,5	-2,4	0,9	22,6	14,5	1.482,0	1.074,5	407,4
1957	7,7	5,4	9,3	10,0	12,7	15,0	1.391,6	1.285,3	106,3
1958	10,8	16,8	2,0	9,8	12,4	17,0	1.243,0	1.177,2	65,8
1959	9,8	12,9	5,3	10,5	35,9	18,0	1.282,0	1.209,8	72,2
1960	9,4	10,6	4,9	10,6	25,4	15,7	1.268,8	1.292,8	-24,0
1961	8,6	11,1	7,6	7,2	34,7	13,1	1.403,0	1.291,8	111,1
1962	6,6	8,1	0,5	6,3	50,1	15,5	1.215	1.303,9	-89,7
1963	0,6	-0,2	1,0	1,4	78,4	17,0	1.406	1.294,0	112,5
1964	3,4	5,0	1,3	1,4	89,9	15,0	1.430	1.086,4	343,4
1965	2,4	-4,7	12,1	2,2	58,2	14,7	1.596	941	654,9
1966	6,7	11,7	-1,7	6,6	37,9	15,9	1.741	1.303	438,0
1967	4,2	2,2	5,7	5,2	26,5	16,2	1.654	1.441	212,8
1968	9,8	14,2	1,4	9,7	26,7	18,7	1.881	1.855	26,2
1969	9,5	11,2	6,0	9,9	20,1	19,1	2.311	1.993,2	317,9

ANO	SERVIÇOS FATORES (US$ 10⁶)	SERVIÇOS NÃO FATORES (US$ 10⁶)	SALDO EM CONTA COR- RENTE (US$ 10⁶)	OPERAÇÕES DE REGULARIZAÇÃO (US$ 10⁶)	INVESTIMENTO DIRETO (US$ 10⁶)	INVESTIMENTO EM CARTEIRA (US$ 10⁶)	OUTROS INVESTIMEN- TOS (US$ 10⁶)	CONTA CAPITAL E FINANCEIRA (US$ 10⁶)	AUMENTO DE HAVERES DA AUTORIDADE MONETÁRIA (US$ 10⁶)
	10	11	12	13	14	15	16	17	18
1950	-110,0	-209,0	92,6	0,0	39,0	0,0	-150,0	-111,0	-30,0
1951	-157,0	-379,0	-493,8	28,0	63,0	0,0	203,0	266,0	-81,0
1952	-121,0	-300,0	-725,1	-28,0	94,0	0,0	614,0	708,0	-27,0
1953	-166,4	-226,6	-12,3	486,0	60,0	0,0	-19,0	41,0	-40,0
1954	-135,0	-243,0	-235,9	200,0	51,0	0,0	185,0	236,0	11,0
1955	-114,3	-229,7	-34,5	61,0	79,0	0,0	-45,0	34,0	12,0
1956	-140,8	-278,2	-22,6	-28,0	139,0	0,0	51,0	190,0	183,0
1957	-128,2	-264,8	-299,7	37,0	178,0	0,0	131,0	309,0	-161,0
1958	-107,7	-219,3	-265,2	195,0	128,0	0,0	297,0	425,0	-30,0
1959	-150,8	-256,2	-344,8	-21,0	158,0	0,0	187,0	345,0	-25,0
1960	-194,1	-303,9	-518,0	61,0	138,0	0,0	355,0	493,0	-14,0
1961	-183,3	-205,7	-262,9	260,0	147,0	0,0	243,0	390,0	178,0
1962	-198,8	-203,2	-452,7	120,0	132,0	0,0	340,0	472,0	-118,0
1963	-144,3	-181,7	-170,5	187,0	87,0	0,0	123,0	210,0	-37,0
1964	-188,2	-128,8	81,4	52,0	86,0	0,0	48,0	134,0	-2,0
1965	-255,1	-190,9	283,9	250,0	154,0	0,0	-189,0	-35,0	218,0
1966	-276,7	-271,3	-31,0	9,0	159,0	0,0	-112,0	47,0	-9,0
1967	-288,0	-278,0	-276,2	-33,0	115,0	0,0	-66,0	49,0	-262,0
1968	-296,6	-333,4	-581,8	-12,0	135,0	0,0	545,0	680,0	97,0
1969	-336,5	-376,8	-364,4	0,0	207,3	53,0	676,0	936,3	531,0

ANO	RESERVAS (US$ 10⁶) 19	DÍVIDA EXTERNA TOTAL GERAL (US$ 10⁶) 20	DÍVIDA EXTERNA TOTAL REGISTRADA MÉDIO E LONGO PRAZO (US$ 10⁶) 21	DÍVIDA EXTERNA TOTAL REGISTRADA CURTO PRAZO (US$ 10⁶) 22	DÍVIDA EXTERNA REGISTRADA DO SETOR PRIVADO (US$ 10⁶) 23	DÍVIDA EXTERNA CONSOLIDADA (US$ 10⁶) 24	PREÇOS DE EXPORTAÇÃO (US$) 1995 = 100 25	QUANTUM DE EXPORTAÇÃO (US$) 1995 = 100 26	PREÇOS DE IMPORTAÇÃO (US$) 1995 = 100 27
1950	666,0	559,0	n.d.	n.d.	n.d.	301,0	24,8	11,8	18,7
1951	516,0	571,0	n.d.	n.d.	n.d.	270,0	29,3	13,0	24,5
1952	529,0	638,0	n.d.	n.d.	n.d.	243,0	29,0	10,5	26,5
1953	605,0	1.159,0	n.d.	n.d.	n.d.	222,0	28,5	11,6	25,2
1954	483,0	1.196,0	n.d.	n.d.	n.d.	180,0	33,8	9,9	23,6
1955	491,0	1.395,0	n.d.	n.d.	n.d.	155,0	26,8	11,4	23,2
1956	608,0	2.736,0	2.568,0	n.d.	n.d.	130,0	26,2	12,2	22,5
1957	474,0	2.491,0	2.373,0	n.d.	n.d.	184,0	26,0	11,5	22,6
1958	465,0	2.870,0	2.734,0	n.d.	n.d.	160,0	24,5	10,9	22,1
1959	366,0	3.160,0	2.971,0	n.d.	n.d.	136,0	21,5	12,8	20,2
1960	345,0	3.738,0	3.462,0	n.d.	n.d.	120,0	21,9	12,5	21,8
1961	470,0	3.291,0	3.144,0	n.d.	n.d.	102,0	22,9	13,2	22,9
1962	285,0	3.533,0	3.367,0	n.d.	n.d.	92,0	21,3	12,2	22,8
1963	215,0	3.612,0	3.298,0	n.d.	n.d.	82,0	21,6	14,0	23,3
1964	244,0	3.294,0	3.155,0	n.d.	n.d.	77,0	25,6	12,0	22,6
1965	483,0	3.823,0	3.644,0	n.d.	n.d.	72,0	26,0	13,2	22,7
1966	421,0	3.771,0	3.666,0	n.d.	n.d.	68,0	24,9	15,0	23,6
1967	198,0	3.440,0	3.281,0	n.d.	n.d.	63,0	24,8	14,3	24,1
1968	257,0	4.092,0	3.780,0	n.d.	n.d.	59,0	24,6	16,5	25,1
1969	656,0	4.635,0	4.403,0	n.d.	n.d.	16,1	26,5	18,7	25,9

ANO	QUANTUM DE IMPORTAÇÃO (US$) 1995 = 100	TERMOS DE INTERCÂMBIO 1995 = 100	NÍVEL DE ATIVIDADE NOS EUA	TAXA DE JUROS NOS EUA (%)	PREÇOS AO CONSUMIDOR	TAXA DE CÂMBIO OFICIAL (MOEDA NAC./US$)	TAXA DE CÂMBIO COMERCIAL (MOEDA NAC./ US$)	PARTICIPAÇÃO DO IMPOSTO DE RENDA NA RECEITA TOTAL (%)	PARTICIPAÇÃO DO IMPOSTO DE CONSUMO NA RECEITA TOTAL (%)
	28	29	30	31	32	33	34	35	36
1950	10,0	132,8	9,6	1,2	9,4	18,8	-	28,8	33,1
1951	13,9	119,4	7,9	1,6	12,1	18,8	-	29,5	30,0
1952	12,9	109,4	3,1	1,7	11,7	18,8	-	32,5	29,7
1953	8,9	113,1	4,5	1,9	14,3	-	-	31,4	29,1
1954	12,0	143,0	-1,3	1,4	22,6	-	-	33,0	31,2
1955	9,5	115,6	7,6	1,7	23,0	-	-	34,6	31,3
1956	9,3	116,6	1,9	2,6	21,0	-	-	33,1	31,0
1957	11,4	114,7	1,4	3,4	16,0	-	-	31,5	35,5
1958	10,7	110,7	-1,1	2,0	14,8	-	-	27,0	33,5
1959	12,0	106,8	6,4	3,5	39,2	-	-	29,4	34,1
1960	11,9	100,4	2,5	3,5	29,5	-	-	26,7	35,8
1961	11,3	100,0	2,0	2,8	33,2	-	-	26,4	38,6
1962	11,5	93,5	6,6	3,0	49,4	-	-	22,6	39,9
1963	11,1	92,5	4,0	3,4	72,8	-	-	25,5	42,8
1964	9,6	113,5	5,5	3,8	91,8	-	-	24,0	43,8
1965	8,3	114,7	6,3	4,2	65,7	-	1.900	28,5	36,4
1966	11,1	105,5	6,5	5,4	43,3	-	2.200	22,3	36,9
1967	12,0	103,0	2,6	4,7	22,0	-	2,7	21,0	38,5
1968	14,8	98,0	4,7	5,7	22,6	-	3,4	18,4	43,1
1969	15,5	102,6	2,6	7,6	22,3	-	4,1	19,1	34,3

ANO	PARTICIPAÇÃO DO IMPOSTO DE IMPORTAÇÃO NA RECEITA TOTAL (%)	DÍVIDA INTERNA FEDERAL (% PIB)	SALÁRIO MÍNIMO REAL (1980 = 100)	PAPEL-MOEDA EM PODER DO PÚBLICO	DEPÓSITOS À VISTA	MEIOS DE PAGAMENTO	BASE MONETÁRIA
	37	38	39	40	41	42	43
1950	8,7	3,7	46,68	29,4	32,2	31,4	30,8
1951	10,2	3,0	41,35	13,1	18,4	16,4	13,4
1952	8,4	2,5	111,46	11,3	17,7	15,4	10,6
1953	3,7	2,1	98,48	19,6	18,9	19,3	18,7
1954	4,9	1,6	123,27	29,6	20,9	23,7	24,2
1955	4,0	1,3	137,42	16,5	16,3	16,4	17,2
1956	2,7	1,0	135,25	18,0	23,8	21,9	17,5
1957	3,2	0,9	145,62	20,6	38,0	32,1	19,1
1958	11,0	0,7	128,25	22,6	23,0	23,0	24,8
1959	12,1	0,5	156,77	27,5	49,6	42,9	30,0
1960	9,5	0,4	137,71	33,2	40,8	38,8	33,1
1961	11,3	0,3	158,09	51,3	52,9	52,5	51,0
1962	11,4	0,4	133,61	54,9	67,2	64,1	66,8
1963	9,1	0,4	127,99	72,2	62,2	64,6	74,0
1964	6,2	0,6	142,84	69,0	85,9	81,6	67,2
1965	5,8	0,4	126,30	49,8	88,8	79,5	46,7
1966	6,9	1,8	106,85	35,4	8,5	13,8	28,5
1967	5,0	3,8	99,21	25,7	51,9	45,7	26,7
1968	6,9	3,3	99,30	38,6	39,1	39,0	45,7
1969	5,5	3,2	95,15	32,1	32,6	32,5	20,6

Anexo Estatístico 1889-2010

ANO	PRODUTO INTERNO BRUTO	PRODUTO INDUSTRIAL	PRODUTO AGRÍCOLA	PRODUTO DO SETOR SERVIÇOS	DEFLATOR IMPLÍCITO DO PIB	FORMAÇÃO BRUTA DE CAPITAL (%PIB)	EXPORTAÇÕES (US$ 10⁶)	IMPORTAÇÕES (US$ 10⁶)	BALANÇA COMERCIAL (US$ 10⁶)
	1	2	3	4	5	6	7	8	9
1970	10,4	11,9	5,6	11,4	16,4	18,8	2.738,9	2.506,9	232,0
1971	11,3	11,8	10,2	11,2	19,4	19,9	2.903,9	3.247,4	-343,5
1972	11,9	14,2	4,0	12,4	19,9	20,3	3.991,2	4.232,3	-241,1
1973	14,0	17,0	0,1	15,6	29,6	20,4	6.199,2	6.192,2	7,0
1974	8,2	8,5	1,3	10,6	34,6	21,8	7.951,0	12.641,3	-4.690,3
1975	5,2	4,9	6,6	5,0	33,9	23,3	8.669,9	12.210,3	-3.540,4
1976	10,3	11,7	2,4	11,6	41,2	22,4	10.128,3	12.383,0	-2.254,7
1977	4,9	3,1	12,1	5,0	45,4	21,3	12.120,2	12.023,4	96,8
1978	5,0	6,4	-2,7	6,2	38,2	22,3	12.658,9	13.683,1	-1.024,2
1979	6,8	6,8	4,7	7,8	54,4	23,4	15.244,4	18.083,9	-2.839,5
1980	9,2	9,3	9,6	9,2	90,4	23,6	20.132,4	22.955,2	-2.822,8
1981	-4,3	-8,8	8,0	-2,5	100,5	24,3	23.293,0	22.090,6	1.202,5
1982	0,8	0,0	-0,2	2,1	101,0	23,0	20.175,1	19.395,0	780,1
1983	-2,9	-5,9	-0,5	-0,5	131,5	19,9	21.899,3	15.428,9	6.470,4
1984	5,4	6,3	2,6	5,4	201,7	18,9	27.005,3	13.915,8	13.089,5
1985	7,9	8,3	9,6	6,9	248,5	18,0	25.639,0	13.153,5	12.485,5
1986	7,5	11,7	-8,0	8,1	149,2	20,0	22.348,6	14.044,3	8.304,3
1987	3,5	1,0	15,0	3,1	206,2	23,2	26.223,9	15.050,8	11.173,1
1988	-0,1	-2,6	0,8	2,3	628,0	24,3	33.789,4	14.605,3	19.184,1
1989	3,2	2,9	2,9	3,5	1.304,4	26,9	34.382,6	18.263,4	16.119,2

ANO	SERVIÇOS FATORES (US$ 10⁶) 10	SERVIÇOS NÃO FATORES (US$ 10⁶) 11	SALDO EM CONTA CORRENTE (US$ 10⁶) 12	OPERAÇÕES DE REGULARIZAÇÃO (US$ 10⁶) 13	INVESTIMENTO DIRETO (US$ 10⁶) 14	INVESTIMENTO EM CARTEIRA (US$ 10⁶) 15	OUTROS INVESTIMENTOS (US$ 10⁶) 16	CONTA CAPITAL E FINANCEIRA (US$ 10⁶) 17	AUMENTO DE HAVERES DA AUTORIDADE MONETÁRIA (US$ 10⁶) 18
1970	-618,5	-473,3	-838,7	0	377,7	30,4	873,1	1.281,2	534,4
1971	-728,6	-571,6	-1.629,7	0	448,0	40,1	1.684,7	2.172,8	536,6
1972	-709,1	-742,7	-1.687,9	0	440,9	138,6	3.213,0	3.792,5	2.537,7
1973	-1.092,6	-1.026,9	-2.085,4	0	1.147,6	260,8	2.702,4	4.110,8	2.379,9
1974	-1.273,6	-1.540,7	-7.504,1	0	1.154,1	139,9	5.237,3	6.531,3	-1.040,6
1975	-2.010,0	-1.451,3	-6.999,5	0	1.094,8	95,9	5.183,3	6.374,0	-1.064,2
1976	-2.582,7	-1.589,1	-6.425,8	0	1.219,2	418,6	6.861,4	8.499,2	2.687,9
1977	-3.423,1	-1.500,1	-4.826,2	0	1.685,3	719,5	3.746,5	6.151,3	714,4
1978	-4.260,6	-1.769,6	-6.983,4	0	2.056,1	929,0	8.899,3	11.884,4	4.262,4
1979	-5.559,6	-2.320,5	-10.708,2	0	2.210,2	639,9	4.735,1	7.623,5	-3.214,9
1980	-7.019,9	-3.039,1	-12.739,2	0	1.543,7	350,8	7.647,5	9.610,1	-3.471,6
1981	-10.275,2	-2.816,7	-11.705,9	0	2.314,7	-2,5	10.372,9	12.745,7	624,7
1982	-13.548,4	-3.490,6	-16.273,2	4177	2.739,5	-1,6	9.338,7	12.100,7	-4.541,6
1983	-11.043,9	-2.310,2	-6.773,0	-1481	1.137,8	-287,6	6.554,7	7.418,8	-24,2
1984	-11.498,3	-1.6577	94,9	1.795,5	1.459,2	-272,3	5.295,2	6.529,2	7.026,7
1985	-11.283,4	-1.593,9	-248,3	-62,7	1.337,3	-230,5	-943,9	196,6	-456,6
1986	-11.149,9	-2.557,4	-5.323,3	-613,1	173,6	-474,7	1.706,3	1.431,5	-3.835,7
1987	-10.418,3	-2.257,9	-1.437,9	-1.146,5	1.030,8	-428,2	2.662,4	3.258,6	1.014,6
1988	-12.200,3	-2.895,5	4.179,8	-456,2	2.629,5	-497,9	-4.233,3	-2.098,3	1.248,9
1989	-12.666,8	-2.666,8	1.031,9	-852,4	606,8	-421,2	445,6	629,1	886,1

Anexo Estatístico 1889-2010   421

ANO	RESERVAS (US$ 10⁶)	DÍVIDA EXTERNA TOTAL GERAL (US$ 10⁶)	DÍVIDA EXTERNA TOTAL REGISTRADA MÉDIO E LONGO PRAZO (US$ 10⁶)	DÍVIDA EXTERNA TOTAL REGISTRADA CURTO PRAZO (US$ 10⁶)	DÍVIDA EXTERNA REGISTRADA DO SETOR PRIVADO (US$ 10⁶)	DÍVIDA EXTERNA CONSOLIDADA (US$ 10⁶)	PREÇOS DE EXPORTAÇÃO (US$) 1995 = 100	QUANTUM DE EXPORTAÇÃO (US$) 1995 = 100	PREÇOS DE IMPORTAÇÃO (US$) 1995 = 100
	19	20	21	22	23	24	25	26	27
1970	1.187,0	6.240,0	5.295,0	n.d.	n.d.	15,0	30,5	19,3	27,1
1971	1.723,0	8.283,4	6.621,3	n.d.	n.d.	13,9	30,5	20,5	28,7
1972	4.183,0	11.463,9	9.521,0	n.d.	n.d.	12,2	32,9	26,1	30,9
1973	6.416,0	14.857,2	12.571,5	n.d.	n.d.	10,4	44,6	29,9	37,3
1974	5.269,0	20.032,4	17.166,0	n.d.	n.d.	9,4	56,1	30,5	56,4
1975	4.040,0	25.115,6	21.171,4	n.d.	n.d.	7,3	57,5	32,4	60,5
1976	6.544,0	32.145,1	25.985,4	n.d.	n.d.	5,4	67,1	32,4	63,4
1977	7.256,0	37.950,7	32.037,2	n.d.	n.d.	4,7	83,5	31,2	67,6
1978	11.895,0	52.186,4	43.510,7	n.d.	n.d.	4,7	78,2	34,8	73,3
1979	9.689,0	55.802,9	49.904,1	n.d.	17.540,2	4,5	86,3	38,0	87,8
1980	6.913,0	64.259,5	53.847,5	n.d.	18.215,4	4,2	93,7	46,2	118,2
1981	7.507,0	73.962,8	61.410,8	n.d.	20.835,7	3,2	90,2	55,5	129,0
1982	3.994,0	85.487,5	70.197,5	n.d.	24.150,4	2,3	85,7	50,6	126,2
1983	4.563,0	93.745,2	81.319,2	n.d.	22.344,1	1,9	81,5	57,8	121,3
1984	11.995,0	102.127,0	91.091,0	n.d.	20.522,0	1,2	84,2	69,0	118,2
1985	11.608,0	105.170,6	95.856,6	n.d.	18.412,2	1,2	78,3	70,4	114,6
1986	6.760,0	111.202,7	101.758,7	n.d.	15.618,9	0,3	81,1	59,2	93,6
1987	7.458,0	121.188,2	107.514,2	n.d.	15.292,7	0,0	81,2	69,4	105,2
1988	9.140,0	113.511,0	102.555,0	n.d.	12.118,3	0,0	90,5	80,3	108,3
1989	9.679,0	115.506,1	99.284,9	n.d.	10.453,6	0,0	92,6	79,9	116,2

ANO	QUANTUM DE IMPORTAÇÃO (US$) 1995 = 100	TERMOS DE INTERCÂMBIO 1995 = 100	NÍVEL DE ATIVI-DADE NOS EUA	TAXA DE JUROS NOS EUA (%)	PREÇOS AO CONSUMIDOR	TAXA DE CÂMBIO OFICIAL (MOEDA NAC./ US$)	TAXA DE CÂMBIO COMERCIAL (MOEDA NAC./ US$)	PARTICIPAÇÃO DO IMPOSTO DE RENDA NA RECEITA TOTAL (%)	PARTICIPAÇÃO DO IMPOSTO DE CONSUMO NA RECEITA TOTAL (%)
	28	29	30	31	32	33	34	35	36
1970	18,6	112,8	0,2	7,3	22,3	-	4,6	16,4	28,5
1971	22,7	106,3	3,4	5,73	20,2	-	5,3	24,0	42,2
1972	27,5	106,7	5,3	5,25	16,6	-	5,9	25,3	37,8
1973	33,3	119,4	5,8	8,03	12,7	-	6,1	24,3	37,7
1974	45,0	99,5	-0,6	10,81	27,6	-	6,8	25,6	36,9
1975	40,5	95,0	-0,2	7,86	28,9	-	8,1	26,2	35,2
1976	39,2	105,9	5,4	6,84	41,9	-	10,7	24,0	29,6
1977	35,7	123,5	4,6	6,83	43,6	-	14,1	28,1	27,5
1978	37,4	106,7	5,6	9,06	38,8	-	18,1	25,8	27,1
1979	41,3	98,3	3,1	12,67	52,7	-	26,9	31,2	25,3
1980	39,0	79,3	-0,3	15,26	99,7	-	52,7	26,0	22,1
1981	34,4	69,9	2,5	18,87	93,5	-	93,1	28,7	22,3
1982	30,8	67,9	-1,9	14,85	100,3	-	179,4	30,5	22,3
1983	25,5	67,1	4,5	10,79	178,0	-	576,2	34,3	19,5
1984	23,6	71,2	7,2	12,04	209,0	-	1.845,4	40,5	13,3
1985	23,0	68,3	4,1	9,93	239,0	-	6.205,0	50,3	20,1
1986	30,1	86,7	3,5	8,33	59,2	-	13,7	44,9	19,6
1987	28,7	77,2	3,2	8,21	394,6	-	39,3	37,1	22,3
1988	27,0	83,5	4,1	9,32	993,3	-	261,1	42,2	20,1
1989	31,5	79,7	3,6	10,87	1.863,6	-	2,8	43,2	20,5

Anexo Estatístico 1889-2010   423

ANO	PARTICIPAÇÃO DO IMPOSTO DE IMPORTAÇÃO NA RECEITA TOTAL (%)	DÍVIDA INTERNA FEDERAL (% PIB)	SALÁRIO MÍNIMO REAL (1980 = 100)	PAPEL-MOEDA EM PODER DO PÚBLICO	DEPÓSITOS À VISTA	MEIOS DE PAGAMENTO	BASE MONETÁRIA
	37	38	39	40	41	42	43
1970	4,5	4,4	93,6	24,7	26,1	25,8	22,1
1971	6,7	5,9	93,6	27,3	33,6	32,3	21,2
1972	6,7	7,5	94,0	35,0	39,1	38,3	33,0
1973	7,2	4,3	96,0	42,3	48,1	47,0	48,4
1974	9,0	4,6	93,8	26,7	35,0	33,5	27,6
1975	9,6	6,0	96,0	49,1	41,4	42,8	41,5
1976	8,7	9,4	98,5	49,6	34,6	37,2	43,9
1977	6,8	9,7	98,5	40,5	36,6	37,5	38,1
1978	6,4	9,9	99,1	44,3	41,7	42,2	46,4
1979	6,6	8,6	99,3	77,9	72,5	73,6	83,6
1980	7,1	6,7	100,0	73,8	69,3	70,2	74,2
1981	5,9	12,6	99,6	79,4	89,6	87,6	67,2
1982	4,9	2,8	101,0	100,3	92,2	60,6	66,4
1983	4,2	4,0	91,2	79,8	86,8	100,5	97,6
1984	3,9	6,2	83,3	264,1	238,8	194,0	201,8
1985	3,5	7,4	86,4	257,3	283,5	310,2	304,3
1986	3,9	6,2	89,4	247,1	257,5	319,9	306,8
1987	3,4	4,4	73,2	181,5	195,5	112,0	127,4
1988	3,6	4,0	75,7	622,3	741,6	1191,7	570,3
1989	3,8	7,9	75,7	1.754,1	1.831,2	2341,1	1.384,2

424   A ORDEM DO PROGRESSO

ANO	PRODUTO INTERNO BRUTO	PRODUTO INDUSTRIAL	PRODUTO AGRÍCOLA	PRODUTO DO SETOR SERVIÇOS	DEFLATOR IMPLÍCITO DO PIB	FORMAÇÃO BRUTA DE CAPITAL (%PIB)	EXPORTAÇÕES (US$ 10⁶)	IMPORTAÇÕES (US$ 10⁶)	BALANÇA COMERCIAL (US$ 10⁶)
	1	2	3	4	5	6	7	8	9
1990	-4,4	-8,2	-3,7	-0,8	2.595,6	20,7	31.414	20.661	10.752
1991	1,0	0,3	1,4	0,3	416,7	18,1	31.620	21.040	10.580
1992	-0,5	-4,0	5,4	0,8	968,2	18,4	35.793	20.554	15.239
1993	4,7	8,1	1,0	3,2	2.001,4	19,3	38.555	25.256	13.299
1994	5,3	8,1	7,4	4,0	2.251,7	20,7	43.545	33.079	10.466
1995	4,4	4,7	5,7	3,2	93,5	20,5	46.507	49.972	-3.466
1996	2,2	1,1	3,0	2,2	17,1	19,3	47.747	53.346	-5.599
1997	3,4	4,2	0,8	2,6	7,6	19,9	52.994	59.747	-6.753
1998	0,0	-2,6	3,4	1,1	4,2	19,7	51.140	57.714	-6.574
1999	0,3	-1,9	6,5	1,2	8,5	18,9	48.011	49.210	-1.199
2000	4,3	4,8	2,7	3,6	6,2	16,8	55.086	55.783	-698
2001	1,3	-0,6	6,1	1,9	9,0	17,0	58.223	55.572	2.650
2002	2,7	2,1	6,6	3,2	10,6	16,4	60.362	47.240	13.121
2003	1,2	1,3	5,8	0,8	13,7	15,3	73.084	48.290	24.794
2004	5,7	7,9	2,3	5,0	8,0	16,1	96.475	62.835	33.640
2005	3,2	2,1	0,3	3,7	7,2	15,9	118.308	73.605	44.703
2006	4,0	2,3	4,5	4,2	6,1	16,4	137.807	91.351	46.457
2007	6,1	4,8	5,3	6,1	5,9	17,4	160.649	120.617	40.032
2008	5,2	4,1	6,1	4,9	8,3	19,1	197.942	173.107	24.836
2009	-0,3	-5,8	-3,1	2,1	7,2	18,1	152.995	127.705	25.290
2010	7,5	10,4	6,3	5,5	8,2	19,3	201.915	181.768	20.147

Anexo Estatístico 1889-2010 425

ANO	SERVIÇOS FATORES (US$ 10⁶)	SERVIÇOS NÃO FATORES (US$ 10⁶)	SALDO EM CONTA CORRENTE (US$ 10⁶)	OPERAÇÕES DE REGULARIZAÇÃO (US$ 10⁶)	INVESTIMENTO DIRETO (US$ 10⁶)	INVESTIMENTO EM CARTEIRA (US$ 10⁶)	OUTROS INVESTIMENTOS (US$ 10⁶)	CONTA DE CAPITAL E FINANCEIRA (US$ 10⁶)
	10	11	12	13	14	15	16	17
1990	-11.773	-3.596,2	-3.783,7	-740,6	364,2	472,3	3.753,0	4.592,5
1991	-9.743	-3.799,8	-1.407,5	-589,8	87,2	3.808,1	-3.735,3	163,0
1992	-8.152	-3.183,9	6.108,8	-405,9	1.924,3	14.465,5	-6.481,9	9.947,3
1993	-10.331	-5.245,6	-675,9	-495,5	799,6	12.324,6	-2.716,6	10.495,2
1994	-9.034	-5.657,3	-1.811,2	-128,5	1.460	50.642,2	-43.556,5	8.692,2
1995	-11.058	-7.483,0	-18.383,7	-47,1	3.309,5	9.216,8	16.200,0	29.095,5
1996	-11.668	-8.681,1	-23.502,1	-71,7	11.260,8	21.618,9	673,0	33.968,1
1997	-14.876	-10.646,0	-30.452,3	-34,1	17.877,4	12.615,6	-4.832,6	25.800,3
1998	-18.189	-10.110,5	-33.415,9	9.328,8	26.001,6	18.125,0	-14.285,5	29.701,7
1999	-18.848	-6.976,9	-25.334,8	2.965,6	26.888	3.801,6	-13.620,0	17.319,1
2000	-17.886	-7.162,0	-24.224,5	-10.322,9	30.497,7	6.955,1	-18.202,0	19.325,8
2001	-19.743	-7.759,3	-23.214,5	6.756,8	24.714,9	77,0	2.767,3	27.052,1
2002	-18.191	-4.957,2	-7.636,6	11.480,4	14.108	-5.118,6	-1.061,9	8.004,4
2003	-18.552	-4.931,1	4.177,3	4.769,3	9.894	5.307,5	-10.438,0	5.110,9
2004	-20.520	-4.677,5	11.679,2	-4.362,6	8.338,9	-4.750,1	-10.806,0	-7.523,3
2005	-25.967	-8.308,6	13.984,7	-23.270,9	12.549,6	4.884,5	-27.521,0	-9.464,0
2006	-27.480	-9.640,4	13.642,6	0,0	-9.380,3	9.081,2	15.688,1	16.298,8
2007	-29.291	-13.219,0	1550,7	0,0	27.518,2	48.390,4	13131,0	89.086,6
2008	-40.562	-16.690,0	-28192,0	0,0	24601,1	1133.1	6471,0	29351,7
2009	-33.684	-19.245,0	-24302,3	0,0	36032,8	50283,0	-16300,0	71300,6
2010	-39.486	-30.835,0	-47273,1	0,0	36918,9	63010,9	-1274,0	99911,8

A ORDEM DO PROGRESSO

ANO	AUMENTO DE HAVERES DA AUTORIDADE MONETÁRIA (US$ 10^6)	RESERVAS (US$ 10^6)	DÍVIDA EXTERNA TOTAL GERAL (US$ 10^6)	DÍVIDA EXTERNA TOTAL REGISTRADA MÉDIO E LONGO PRAZO (US$ 10^6)	DÍVIDA EXTERNA TOTAL REGISTRADA DO CURTO PRAZO (US$ 10^6)	DÍVIDA EXTERNA REGISTRADA DO SETOR PRIVADO (US$ 10^6)	DÍVIDA EXTERNA CONSOLIDADA (US$ 10^6)	PREÇOS DE EXPORTAÇÃO (US$) 1995 = 100	QUANTUM DE EXPORTAÇÃO (US$) 1995 = 100
	18	19	20	21	22	23	24	25	26
1990	480,7	9.973,0	123.438,5	96.545,9	n.d.	10.190,6	0,0	90,6	74,5
1991	-369,0	9.406,0	123.910,4	92.996,4	n.d.	11.588,2	0,0	88,9	76,5
1992	14.670,2	23.754,0	135.948,8	110.835,0	n.d.	17.109,0	0,0	86,0	89,5
1993	8.708,8	32.211,0	145.725,9	114.270,0	n.d.	22.502,0	0,0	79,5	104,3
1994	7.215,2	38.806,0	148.295,2	119.668,0	n.d.	25.142,0	0,0	87,9	106,5
1995	12.918,9	51.840,0	159.256,0	128.732,0	581,0	34.685,0	0,0	100,0	100,0
1996	8.666,1	60.110,0	179.934,0	142.148,0	1.944,0	51.544,0	0,0	100,0	102,7
1997	-7.907,2	52.173,0	199.997,5	163.283,0	4.477,0	82.087,0	0,0	100,7	113,1
1998	-7.970,2	44.556,4	241.643,6	215.214,2	5.136,0	117.305,9	0,0	94,0	117,0
1999	-7.822,0	36.342,3	241.468,8	214.076,5	5.120,5	114.436,4	0,0	81,9	126,1
2000	-2.261,7	33.011,0	236.156,6	206.189,8	9.224,8	115.907,0	0,0	84,6	140,0
2001	3.306,6	35.866,4	209.934,3	182.276,3	10.444,0	89.270,9	0,0	81,7	153,2
2002	302,1	37.823,5	210.711,3	187.315,8	8.271,3	74.465,3	0,0	78,0	166,4
2003	8.495,7	49.296,2	214.929,6	194.735,7	5.371,7	68.686,2	0,0	81,6	192,6
2004	2.244,0	52.935,8	201.374,1	182.630,0	2.753,0	60.092,0	0,0	90,5	229,4
2005	4.319,5	53.799,3	169.450,4	150.673,9	3.075,3	57.161,8	0,0	101,5	251,0
2006	30.569,1	85.839,9	172.589	152.266,3	3.795,8	70.528,6	0,0	114,2	259,3
2007	87.484,2	180.333,6	193.219	154.317,9	11.287,9	84.859,9	0,0	126,2	273,5
2008	2969	206.806,0	198.340	147.429	7.107	90.400,1	0,0	159,4	266,8
2009	46651	239.054,1	198.192	155.881	8.021	85.012,4	0,0	138,0	238,0
2010	49101	288.574,6	256.804	177.677	24.042	123.477,1	0,0	166,3	260,8

Anexo Estatístico 1889-2010   427

ANO	PREÇOS DE IMPORTAÇÃO (US$) 1995=100	QUANTUM DE IMPORTAÇÃO (US$) 1995=100	TERMOS DE INTERCÂMBIO 1995=100	NÍVEL DE ATIVIDADE NOS EUA	TAXA DE JUROS NOS EUA (%)	PREÇOS AO CONSUMIDOR	TAXA DE CÂMBIO OFICIAL (MOEDA NAC./ US$)	TAXA DE CÂMBIO COMERCIAL (MOEDA NAC./ US$)	PARTICIPAÇÃO DO IMPOSTO DE RENDA NA RECEITA TOTAL(%)
	27	28	29	30	31	32	33	34	35
1990	125,8	32,9	72	1,9	10,01	1585,2	-	67,9	38,6
1991	116,8	36,1	76,1	-0,2	8,46	475,1	-	406,0	35,8
1992	110,5	37,3	77,8	3,4	6,25	1.149,1	-	4.512,5	47,7
1993	101,2	50,1	78,6	2,9	6,00	2.489,1	-	19.322,8	55,7
1994	97,9	67,8	89,8	4,1	7,15	929,3	-	558,3	38,0
1995	100,0	100,0	100	2,5	8,83	22,0	-	0,92	41,5
1996	90,6	118,1	110,3	3,7	8,27	9,1	-	1,00	42,4
1997	96,3	124,4	104,6	4,5	8,44	4,3	-	1,08	39,2
1998	91,4	126,7	102,8	4,4	8,35	2,5	-	1,16	40,2
1999	91,8	107,7	89,2	4,8	8,00	8,4	-	1,81	38,8
2000	91,9	121,7	92	4,1	9,23	5,3	-	1,82	37,1
2001	88,8	125,4	91,8	1,1	6,91	9,4	-	2,35	37,8
2002	85,9	110,0	90,6	1,8	4,67	14,7	-	2,92	40,8
2003	91,3	106,0	89,3	2,5	4,12	10,4	-	3,08	40,1
2004	100,4	125,4	90,1	3,5	4,34	6,1	-	2,93	38,1
2005	111,6	132,1	90,8	3,1	6,19	5,0	-	2,43	41,8
2006	119,2	153,5	95,6	2,7	7,96	2,8	-	2,18	42,5
2007	129,0	187,2	97,6	1,9	8,05	5,2	-	1,95	43,4
2008	157,2	220,4	101,3	-0,3	5,09	6,5	-	1,83	46,7
2009	139,7	183,1	98,7	-3,1	3,25	4,1	-	2,00	47,4
2010	145,1	250,9	114,5	2,4	3,25	6,5	-	1,76	31,5

A ORDEM DO PROGRESSO

ANO	PARTICIPAÇÃO DO IMPOSTO DE CONSUMO/IPI NA RECEITA TOTAL (%) 36	PARTICIPAÇÃO DO IMPOSTO DE IMPORTAÇÃO NA RECEITA TOTAL (%) 37	DÍVIDA INTERNA FEDERAL (% PIB) 38	SALÁRIO MÍNIMO REAL (1980 = 100) 39	PAPEL-MOEDA EM PODER DO PÚBLICO 40	DEPÓSITOS À VISTA 41	MEIOS DE PAGAMENTO 42	BASE MONETÁRIA 43
1990	18,9	3,0	1,6	56,85	332,3	253,5	280,6	302,6
1991	19,2	4,1	-2,5	53,91	268,7	370,4	330,7	280,5
1992	20,9	4,2	0,8	58,26	921,1	840,2	867,3	987,2
1993	20,7	4,5	1,8	64,26	2.434,0	1.963,4	2.129,4	2.358,9
1994	16,1	3,0	6,4	52,67	2.459,4	2.671,0	2.586,2	2.500,0
1995	16,3	5,9	9,8	52,64	42,2	14,6	25,1	37,1
1996	16,3	4,4	14,3	54,91	23,8	-10,1	4,6	24,8
1997	14,9	4,6	16,8	56,31	18,0	102,1	58,9	17,8
1998	12,2	4,9	21,1	58,57	17,2	0,8	7,1	19,3
1999	10,9	5,2	22,3	59,11	22,5	24,6	23,7	23,5
2000	10,7	4,8	23,4	61,14	10,1	24,2	18,5	9,4
2001	9,9	4,6	24,5	66,69	14,8	10,5	12,2	14,1
2002	8,1	3,3	22,9	68,39	29,8	28,2	29,6	32,3
2003	7,2	3,0	26,2	68,87	3,0	2,2	2,5	1,3
2004	7,1	2,9	25,7	71,43	22,5	20,3	21,2	23,4
2005	7,3	2,5	28,6	76,41	11,0	12,2	12,1	12,6
2006	7,2	2,6	32,8	87,14	17,6	17,2	17,4	20,3
2007	7,5	2,7	37,7	92,41	18,2	31,1	25,9	21,4
2008	7,8	3,4	35,8	95,25	14,3	-2,7	3,7	1,5
2009	6,2	3,2	39,1	102,13	14,0	7,3	10,1	14,9
2010	5,0	2,6	38,6	107,56	15,8	16,3	16,3	17,9

Fontes do Anexo Estatístico

Eventuais incompatibilidades entre estatísticas citadas nos textos e os dados apresentados neste anexo devem-se a revisões dos dados originais pelos órgãos geradores das estatísticas primárias.

Colunas 1 a 5: 1901-47, Haddad (1978). 1948-91, IBGE (2003a). 1992-2010, IBGE, Sidra (www.ibge.gov.br). Entre 1948-1971, indústria de transformação e serviços ponderados. Entre 1901 e 1920, para PIB e agricultura, Haddad (1980).

Coluna 6: 1908-1998, IBGE (2003a). 1999, IBGE (2003b). 2000-10, IBGE, Sidra (www.ibge.gov.br). Em 2000 há discrepância entre IBGE (2003a) 19,3% e IBGE, Sidra 16,8%. A série alternativa de formação bruta a preços constantes não apresenta diferenças significativas no início da década de 1980. Entre 1980 e 2007 a série a preços constantes mantém-se consistentemente abaixo da série de preços correntes, sendo a divergência particularmente importante no final da década de 1980: 17% a preços constantes, e 24,3% a preços correntes, em 1988 e, respectivamente, 16,7% e 26,9% em 1989. A discrepância mantém-se em torno de 5% a 6 % na década de 1990, havendo convergência nos anos mais recentes.

Coluna 7 a 12: 1889-1929, IBGE (1990). 1930-46, IBGE (2003a). 1947-2010, Banco Central (www.bcb.gov.br).

Coluna 13 a 18: 1889-1900, Franco (1988). 1930-46, IBGE (2003a). 1947-2010, Banco Central do Brasil, tabelas especiais (www.bcb.gov.br). Aumento de haveres da Autoridade Monetária corresponde a saldo positivo no balanço de pagamentos na velha metodologia referente ao balanço de pagamentos.

Coluna 19: 1923-28, Neuhaus (1975). 1938-45, Abreu (1999). 1946-55, FMI, *International Financial Statistics*. 1956-2010, Banco Central do Brasil, tabelas especiais (www.bcb.gov.br). Anos de transição: 1939 (US$ 85,8 milhões, Abreu (1999), p. 283; US$ 66,5 milhões, FMI, *International Financial Statistics*). 1945 (US$ 683 milhões, Abreu (1999), p. 283; US$ 666 milhões, FMI, *International Financial Statistics*; US$ 634 milhões, Vianna (1990), p. 109). 1956 (US$ 608 milhões, Banco Central do Brasil (www.bcb.gov.br); US$ 612 milhões, FMI, *International Financial Statistics*).

Colunas 20 a 24: 1946-70, IBGE (2003a). 1971-2010, Banco Central (www.bcb.gov.br).

Colunas 25 a 29: 1901-2000, IBGE (2003a). 2000-2010, Funcex, *Boletim Funcex de Comércio Exterior*.

Coluna 30: 1890-1970, U.S. Department of Commerce (1973), 1971-2010, Bureau of Economic Analysis.

Coluna 31: 1890-1913, Prime commercial paper, 4 to 6 months, médias, 1918-1970, Prime banker' acceptance 90 days, medias, U.S. Department of Commerce (1975), p. 1001. 1971-2010, Federal Reserve Board, Average majority prime rate charged by banks on short-term loans to business, fim do ano.

Coluna 32: Índices médios anuais. 1913-1970, Índices de preços ao consumidor, Rio de Janeiro, IBGE (1990). 1980-2010, INPC, Ipeadata.

Colunas 33 e 34: Médias anuais. Mil réis até 1941, cruzeiros da reforma de 1942 até 1952. Entre 1931-34, taxa oficial única. Entre 1934-37, regime de taxas múltiplas (oficial, livre e livre-especial). Entre 1953 e 1964 vigoraram diferentes regimes cambiais de taxas múltiplas. 1965-2010, mil Cruzeiros Novos da reforma de 1967 (depois rebatizados de Cruzeiros) até 1985; mil Cruzados de 1986 até 1988; mil Cruzados Novos em 1989. De 1990 a 1993, as taxas são em Cruzeiros/US$. Em 1994, em Cruzeiros Reais. A partir de 1995, cotações em Reais. Banco Central (www.bcb.gov.br).

O Cruzeiro de 1942 era equivalente a Rs 1$000 (um mil-réis). O Cruzeiro Novo de 1967 era equivalente a 1.000 Cruzeiros de 1942. O Cruzeiro de 1970 era equivalente ao Cruzeiro novo de 1967. O Cruzado de 1986 era equivalente a 1000 Cruzeiros de 1970. O Cruzado Novo de 1989 era equivalente a 1.000 Cruzados de 1986. O Cruzeiro de 1990 era equivalente ao Cruzado Novo de 1989. O Cruzeiro Real de 1993 era equivalente a 1.000 Cruzeiros de 1990. O Real de 1994 era equivalente a 2.750 Cruzeiros Reais de 1993.

Colunas 35 a 37: 1889-90 Great Britain (1891). 1891-99 Fritsch (1988). 1901-85, IBGE (2003a). 1986-89, Ministério da Fazenda, Histórico de arrecadação federal por tributo (www.fazenda.gov.br). 1990-2010, Banco Central (www.bcb. gov.br). No imposto sobre a renda inclui-se a CSLL (Contribuição Social sobre o Lucro Líquido).

Coluna 38: 1909-47, Ferreira (1974). 1948-81, *Anuário Estatístico do Brasil.* 1981-2010, Banco Central (www.bcb.gov.br). Dívida interna líquida do Governo Federal e do Banco Central Exclui dívida de governos estaduais e municipais, bem como de empresas estatais.

Coluna 39: 1940-2010, Ipeadata.

Colunas 40 a 43: 1889-1900 IBGE (1990) tabelas 10.1 e 10.5. 1901-1980, IBGE (2003a). 1981-2010, Banco Central (www.bcb.gov.br). Fim de período.

ÍNDICE ALFABÉTICO

A

Abbink, 115
Abertura comercial, 314, 324, 343
Abreu, Marcelo de Paiva, 79, 143, 281
Ação de Emergência, 184
Acesso a mercados, 325
Acordo Anglo-Brasileiro de Pagamentos, 97
Acordo Internacional do Café, 186, 187
Acordo sobre propriedade intelectual, 326
Act of International Development, 116
Açúcar, 1, 4, 5, 16, 25
Aeronáutica, 192
África do Sul, 97, 102
África Oriental, 138
África, 182, 187
Agências reguladoras, 341
    Agência Nacional de Águas (ANA), 342
    Agência Nacional de Energia Elétrica
        (Aneel), 341, 342
    Agência Nacional de Transportes Terrestres
        (ANTT), 342
    Agência Nacional de Vigilância Sanitária
        (ANVISA), 342
    Agência Nacional do Cinema (ANCINE), 342
    Agência Nacional do Petróleo, Gás Natural e
        Biocombustíveis (ANP), 342, 343
    Agência Especial de Financiamento Industrial
        (FINAME), 217
Aguiar, Pinto de, 35
Ajuste fiscal, 189, 317, 315, 322, 332, 346, 347,
    348, 357, 368
Ajuste recessivo, 60, 263, 264, 269, 275
Alemanha, 28, 373
Algodão, 1, 4, 5, 15, 16, 24, 25
Aliança para o Progresso, 155, 198
Almeida, José Américo de, 132
Almeida, Sebastião Paes de, 175
Alternância política, 333
Alves, Francisco de Paula Rodrigues, 40, 41,
    42, 50
Amazon Steam, 14
Amazônia, 114, 226
América Central, 187
América do Sul, 187
América Latina, 30, 45, 90, 97, 98, 99, 102,
    115, 327

American and Foreign Power Company
    (AMFORP), 191
Âncora cambial, fiscal e monetária, 323
Andrade, Auro de Moura, 185
Andreazza, Mário, 255
Anexo C da CACEX, 325
Antidumping, 325
Aranha, Oswaldo, 88, 91, 94, 95, 100, 121, 131,
    132, 133, 136, 137, 138, 140, 144, 156
Araripe, Alencar, 39, 40
Área de Livre Comércio das Américas, 326,
    343
Argentina, 3, 13, 18, 320, 326, 329, 343, 352,
    354, 380
Arida, Pérsio, 277, 282, 288
Artur Bernardes, 61
Asher, R., 145
Ásia, 347, 357
Assis, José Carlos, 248, 254
Associação de Poupança e Empréstimo
    (APE), 223
Associação Latino-americana de Livre
    Comércio (ALADI), 231
Ato Institucional número, 5, 255, 264
Atrasados comerciais, 188
Avila, Fernando Bastos de, 237

B

Bacha, Edmar, 113, 211, 235, 249, 267
Baer, Werner, 143
Bahia, 49
Baianismo, 28
Balanço de pagamentos, 180, 188, 191, 195,
    318, 324, 357, 363, 368, 374
Banco Central, 108, 169, 171, 202, 210, 213,
    220, 221, 222, 223, 225, 231, 232, 233,
    248, 249, 250, 251, 252, 253, 262, 331,
    332, 336, 337, 338, 347, 349, 350, 351,
    355, 357, 358, 363, 367, 368, 373, 374
Banco Comercial do Rio de Janeiro, 20
Banco Commercial da Bahia, 20
Banco Commercial do Maranhão, 20
Banco Commercial do Pará, 20
Banco Commercial, 21
Banco da Inglaterra, 98
Banco da República do Brasil (BRB), 41

Banco da República dos Estados Unidos do Brasil (BREUB), 39
Banco de Campos, 20
Banco de Compensações Internacionais (BIS), 182, 268
Banco de Pernambuco, 20
Banco do Brasil de Mauá & Co, 20
Banco do Brasil, 19, 20, 25, 37, 54, 58, 59, 60, 61, 62, 63, 64, 66, 69, 80, 83, 86, 87, 96, 110, 116, 117, 118, 124, 126, 131, 135, 136, 142, 159, 164, 169, 170, 171, 176, 182, 184, 186, 189, 191, 203, 205, 210, 220, 222, 223, 247, 248, 266, 327, 342
Banco do Commercio, Rural e Hypothecario, 21
Banco do Distrito Federal, 150
Banco do Estado de São Paulo (Banespa), 336, 338
Banco dos Estados Unidos do Brasil (BEUB), 38, 39
Banco Econômico, 336, 337
Banco Interamericano de Desenvolvimento, 227
Banco Internacional, 37, 106
Banco Mauá, 21
Banco Mundial, 116, 122, 127, 128, 129, 144, 145, 227, 303
Banco Nacional de Desenvolvimento Econômico (BNDES), 327, 343, 345, 351, 358, 366, 371, 376, 377, 378
Banco Nacional de Habitação (BNH), 222, 223
Banco Nacional do Brasil (BNB), 37, 38, 39
Banco Predial, 21
Banco Rural e Hipotecário, 20
Banco Souto e Cia., 21
Bancos estaduais, 317, 331, 336
Banque de Paris et des Pays Bas, 37
Barbosa, Fernando de Holanda, 229
Barbosa, Ruy, 29, 32, 38
Baring Brothers, 40
Barreiras não tarifárias, 325
Barros, Prudente José de Moraes, 41, 44
Basbaum, Leôncio, 155
Batista Jr, Paulo Nogueira, 227, 270, 296
Baumgarten Jr, Alfredo Luis, 258
Bélgica, 55
Belizário, Francisco, 36
Bello, José Maria, 66
Beltrão, Hélio, 213
Benevides, Maria Vitória, 176
Bens de capital, 194, 326
Bens de informática, 326
Bergsman, Joel, 229
Bernardes, Arthur, 61, 62, 64, 65, 70
Bernardo, Paulo, 366
Bernstein, Edward, 151, 152
Bittencourt, Clemente Mariani, 181
Boito Jr, Armando, 155, 156

Bolha imobiliária, **373**
Bolsa Escola, 369
Bolsa Família, 369
Bonelli, Régis, 109, 117, **215, 217, 223, 229**
Bonomo, Marco Antonio, 264, 267
Bônus do Tesouro Nacional (BTN), 308
Borracha, 5, 6
Bouças, Valentim, 120
Brady, acordos do tipo, 329
Branco, Flávio Pinheiro Castelo, 227
Branco, Humberto de Alencar, 213
Brandes, J., 62
Brasília, 171, 191, 313, 321, 338, 344, 346, 348
Brasilianische Bank für Deutschland, 21
Brazilian and Portuguese Bank, 21
Brazilian Mining Co., 7
Brazilian Submarine Telegraph Co., 14
Brazilian Traction Light & Power Company Ltda, 129
Bresser, *ver* Pereira, Luis Carlos Bresser
Bretton Woods, 105, 106, 107, 242
Brizola, Leonel, 186, 365
Brochado da Rocha, *ver* Rocha, Francisco de Paula Brochado da Bulhões, Leopoldo de
Bulhões, Octavio Gouveia de, 187

C

Cacau, 181
Cadastramento Único do Governo Federal, 369
Café, 1, 4, 5, 16, 22, 23, 27, 181, 191
Café Filho, João, 143, 145, 147, 149, 151, 153, 154, 155, 156, 176
Caixa de Mobilização Bancária (CAMOB), 86
Caixa de Amortização, 169, 170
Caixa de Conversão, 50, 51, 53
Caixa de Estabilização, 65, 66, 68
Caixa Econômica Federal, 20, 223
Calmon, Miguel, 185
Calógeras, João Pandiá, 19, 20, 21, 34, 38, 39
Calote na dívida pública, 314
Câmara de Deputados, 181, 184, 187, 340, 345, 348, 368
Câmara, Mário, 154
Câmbio, 20, 346, 369, 374
Cameron, Rondo, 34
Campeões nacionais, 371
Campos Salles, *ver* Salles, Manuel Ferraz de Campos
Campos, Roberto de Oliveira, 151, 188, 192
Canadá, 182
Cardoso, Fernando Henrique, 314, 319, 320, 321, 322, 323, 328, 330, 331, 332, 334, 335, 338, 343, 344, 348, 354, 356, 367, 370, 380
Carneiro Netto, Dionísio Dias, 218, 219, 241, 263
Carta ao Povo Brasileiro, 334, 353, 356, 359

Carteira de Câmbio (do Banco do Brasil), 169

Carteira de Crédito Agrícola e Industrial (do Banco do Brasil), 97

Carteira de Emissão do (Banco do Brasil), 66

Carteira de Exportação e Importação (CEXIM), 112, 113, 123, 124

Carteira de Redescontos do (Banco do Brasil) (CARED), 170

Carteira do Comércio Exterior do Banco do Brasil (CACEX), 146, 169, 181

Casa Civil, 358, 364, 366, 369, 371, 372, 374, 380

Castelo Branco, Humberto de Alencar, *ver* Branco, Humberto de Alencar Castelo

Castro, Antônio Barros de, 30

Castro, Pedro Luís Corrêa e, 105, 116, 117

Cavalcanti, Leonardo Caserta, 228, 230

Centro de Pesquisa e Documentação de História Contemporânea da Fundação Getúlio Vargas (CPDOC-FGV), 144, 145, 148, 149, 152, 155, 189

Central do Brasil, 14, 42

Central Única dos Trabalhadores (CUT), 304

Centro-Sul (do Brasil), 61, 254, 313

Certificado de Cobertura Cambial, 181

Certificado de Depósito Bancário (CDB), 296

Chase Manhattan, 144

Chile, 18

Citybank, 144

Cleofas, João, 132

Clube de Paris, 330

Coates, Maria Victoria, 248

Coeficiente de Gini, 370

Collor, Fernando, 313, 314, 317, 318, 319, 326, 327, 328

Colonização, 13

Comissão Econômica para a América Latina (CEPAL), 161, 162

Comissão Mista Brasil Estados Unidos (CMBEU), 113, 115, 122, 127, 128, 129, 132

Comissão Nacional de Estímulo à Estabilização de Preços (CONEP), 215, 218

Comissão para Concessão de Benefícios Fiscais e Programas Especiais de Exportação (BEFIEX), 229

Companhia de Navegação Costeira, 166

Companhia Hidrelétrica de São Francisco (CHESF), 166

Companhia Nacional de Álcalis, 166

Companhia Nacional de Navegação a Vapor, 14

Companhia Siderúrgica Nacional (CSN), 166, 328

Companhia Siderúrgica Paulista (Cosipa), 166

Companhia Telefônica Nacional, 186

Companhia Vale do Rio Doce, 166, 342, 343

Comunicações, 189

Comunidade Econômica Europeia (CEE), 230, 231, 327

Confederação Nacional da Indústria (CNI), 159

Conferência Nacional de Bispos do Brasil (CNBB), 359

Confisco cambial, 153

Congelamento de preços, 190, 315, 317, 322

Congresso Nacional, 185, 188, 316, 317, 319, 320, 321, 328, 338, 339, 341, 344, 345, 364

Conselho de Comércio Exterior (Concex), 228, 231

Conselho de Desenvolvimento, 161, 162, 164, 217, 252, 258

Conselho de Desenvolvimento Econômico (CDE), 247, 252

Conselho de Desenvolvimento Industrial (CDI), 146, 217, 230, 233, 258

Conselho de Estado, 24

Conselho de Política Aduaneira (CPA), 189

Conselho Federal de Comércio Exterior, 87

Conselho Interministerial de Preços (CIP), 215, 218

Conselho Monetário Nacional, 268

Conselho Nacional de Desenvolvimento Científico e Tecnológico (CNPq), 143

Conselho Nacional do Café, 84

Consolidação das Leis de Trabalho (CLT), 313

Consols, 26

Constituição de 1988, 336, 340, 344

Conta Compra e Venda de Produtos Exportáveis, 135

Contador, Cláudio, 3, 248, 266

Contas externas, 324, 339, 350

Contas públicas, 185, 331, 347, 370, 376, 379

Conteúdo local, 371

Contribuição de Intervenção do Domínio Econômico (CIDE), 342–343

Contribuição Provisória sobre Movimentação Financeira (CPMF), 368

Controle
de demanda, 315, 316, 317
de gastos, 189
de preços, 189, 316, 318

Convênio de Taubaté, 51

Coreia do Sul, 347, 354

Corporação Financeira Internacional, 145

Corrêa e Castro, *ver* Castro, Pedro Luiz Corrêa e

Correia, Serzedelo, 41

Correio da Manhã, O, 146

Corrupção, 313, 317, 319

Costa e Silva, *ver* Silva, Arthur da Costa e

Costa, Arthur de Souza, 87

Costa, Margaret Hanson, 224, 225

Covas, Mário, 336, 338

Crescimento da economia, 324, 367, 374, 380, 389

Crise, 243, 245, 258, 259, 318, 365, 373
  Asiática, 332, 347, 354
  do mensalão, 364
  dos mísseis, 186
  energética, 353
  mexicana, 324, 335, 343
  Russa, 332

Cruzeiro novo, 315
Cruzeiro, 315, 322
Cruzeiro-Real, 322
Cuba, 18, 182, 186
Cuiabá, 226
Cunha, Luiz Roberto de Azevedo, 241

D

D'Araújo, Maria C, Soares, 155
D'Oliveira, L, R, 34
Dantas, Francisco Clementino de Santiago, 184, 185, 188, 192
Dantas, Marcos de Sousa, 138, 140
Dean, Warren, 12, 15, 83, 86
13º salário, 185
Declaração de Iguaçu, 326
Decreto 2.534, de 1998, 341
Decreto 2.592, de 1998, 341
Déficit(s)
  operacional, 314, 315
  em conta corrente, 187
  em transações correntes, 347
  fiscais, 375
  primário, 351
  público, 182, 184, 193, 317
  do Tesouro, 191
Delfim Netto, Antônio, 213, 243, 263
Democracia com desenvolvimento, 1956–1961, 157–177
  papel do setor público, 166
  política cambial, 157
  de desenvolvimento, 161
  fiscal e monetária, 166
Departamento Intersindical de Estatística e Estudos Socioeconômicos (DIEESE), 201
Departamento Nacional de Estradas de Rodagem (DNER), 166, 167
Departamento Nacional de Infraestrutura de Transporte (DNIT), 372
Departamento Nacional do Café (DNC), 111
Departamento Nacional do Trabalho, 200
Depósitos bloqueados, 328
Desapropriação de terras, 193
Desvalorização cambial, 23, 28, 181, 318, 335, 347, 350, 355
Desvinculação de receitas, 322
Deutsche Brasilianische Bank, 21

Devolução dos ativos financeiros, 317, 318
Diamantes, 7
Díaz-Alejandro, Carlos, 278
Dib, Maria de Fátima Serro Pombal, 257
219, 235
Dirceu, José, 359, 364, 365
Distribuição de renda, 370
Distrito Federal, 116, 117, 118, 126, 150
Dívida
  externa, 26, 28, 180, 182, 192, 193, 196, 318, 328, 329, 352, 374
  interna, 27, 352
  líquida, 377
  pública, 26, 337, 350, 363
Dolarização da economia, 320
Domar, Hipótese de, 12
Dornbusch, Rudiger, 195
Dornelles, Francisco, 286, 287
Doutrina Truman, 106
Dutra, Eurico, 105, 107, 108, 112, 114, 116, 118, 119, 121, 126, 127, 155, 156

E

Economist, The, 34
Egito, 102
Eichengreen, Barry, 26, 75
Eisenhower, Dwight, 127, 128, 139, 144, 145
Eixo, 95, 97
Eleição(ões), 319
  de 1994, 330
  municipais, 2000, 352
  presidenciais de 1960, 179
  presidencial de 1994, 321
  presidencial de 2002, 353, 357
Eletrobras, 372, 377
Embratel, 256
Emenda Constitucional, 185
  de Revisão n. 5, de 7 de junho de 1994, 344
  n, 6, 341
  n, 8, 341
  da reeleição, 346
Engenhos centrais, 15
Eris, Ibraim, 317
Escândalo dos anões do Orçamento, 344
Escandinávia, 53
Escola de Guerra Naval, 253
Escravidão, 8, 9, 10, 15, 25, 28
Escritório de Pesquisa Econômica Aplicada (EPEA), 214
Estabilização de Quadros-Mariani, 186
Estabilização e reforma, 1964-1967, 197
  objetivos do PAEG, 197
  política salarial no PAEG, 199
  condução das políticas monetária e fiscal, 201
  impacto sobre a produção e os preços, 203
  custos da estabilização, 205

Estabilização, 183, 195, 196, 331, 333, 339, 346
Estabilização, consolidação da, e reconstrução
  institucional, 1995-2002, 331
  abertura, 338
  alternância política, 353
  ambiguidade, 334
  choques externos, 347
  crise
  política cambial, 347
  energia, 351
  desestabilização, 353
  política econômica, 334
  privatização, 338
  projeto de reeleição, 344
  reformas, 338
Estabilização, tentativas de, 1951–1954, 121
  café e salários, 137
  colapso cambial, 1951–1952, 122
  conjuntura econômica e evolução do quadro
    social e político, 129
  política econômica doméstica e o
    desempenho da economia, 125
  política econômica externa, 122
  programa Aranha e os resultados de 1953,
    132
  relações econômicas internacionais, 128
  transição para o novo ministério, 127
  última crise, 141
Estado Novo e economia de guerra, 1937–1945,
  93
Estados Unidos, 3, 18, 28, 182, 187, 192, 193,
  326, 327, 330, 343, 373, 374
Estradas de ferro, 15, 343
Europa, 182, 327, 374
Export-Import Bank (Eximbank), 94, 116, 122,
  128, 129, 131, 133, 136, 137, 144, 145,
  182
Extinção do tráfico de escravos, 10

F
Faro, 315
Federação das Indústrias pelo Estado de São
  Paulo (FIESP), 138
Ferrovias
  Paulista, 15
  Mogiana, 15
  Sorocabana, 15
Fertilizantes, 327
Figueiredo, Conde de, 37
Figueiredo, João Baptista de Oliveira, 254, 255,
  256, 259, 260, 264
Fishlow, Albert, 33, 84, 85, 86, 89
Fiúza, G., 320
Fome Zero, 369
Fontoura, João Neves da, 116
Ford, A. G., 76

Fraga, Armínio, 351
França, 373
Franco, Gustavo Henrique Barroso, 320
Franco, Itamar, 313, 314, 319, 320, 321, 328,
  336
Fritsch, Winston, 45, 83, 143, 312
Fumo, 4, 6
Funaro, Dílson, 287
Fundação Getúlio Vargas (FGV), 201, 272, 277,
  278, 309
Funding Loan, 43, 44, 53, 81, 88, 100
Fundo de Ágios e Bonificações, 181
Fundo de Reaparelhamento Econômico, 161
Fundo Monetário Internacional (FMI), 131,
  151, 152, 153, 155, 166, 168, 174, 175,
  176, 177, 182, 189, 190, 191, 192, 193,
  195, 230, 264, 267, 268, 269, 270, 271,
  272, 273, 274, 275, 278, 280, 285, 289,
  290, 297, 302, 318, 324, 333, 349, 353,
  354, 359, 375
Fundo Rodoviário Nacional, 166
Furnas, 166
Furtado, Celso, 181, 188, 189

G
G-7, 349
Galvão, Ney, 193
Galvêas, Emane, 213, 220, 221
Gambini, R, 90
Garcez, Lucas, 132
Gatilho salarial, 295
GATT, 325
Geisel, Ernesto, 243, 244, 246, 248, 249, 250,
  252, 253, 254, 255, 256, 257, 258, 260,
  261, 264
Genoíno, José, 364
Giambiagi, Fábio, 328
Gillete, Guy, 138
Góes, Walder de, 254
Golbery do Couto e Silva *ver* Silva, Golbery do
  Couto
Goldsmith, Raymond W., 3, 21, 23, 30
Gomes, Ciro, 324, 354
Gordon, Lincoln, 146
Goulart, João, 179, 183, 185, 186, 188, 190,
  192, 193, 194, 197
Governo Provisório, 80
Grã-Bretanha, 18, 28
Gramsci, Antônio, 71
Grau de investimento, 374
Greenwood e Cia, 42, 43
Greves, 193
Grommers, E, 146
Gros, Francisco, 317
Grupo Misto CEPAL-BNDE, 161
Guanabara, 193

Gudin, Eugênio, 153, 313
Guerra da Cisplatina, 25
Guerra do Paraguai, 25
Guerra Fria, 194
Guimarães, Ulysses, 249

H

Halles, Banco, 246, 248
Hanna Corporation, 186
Hilton, Stanley, 92
Hong Kong, 347
Horta, Maria Helena Taunay, 223
Huddle, Donald, 110

I

Ianni, Octávio, 155
Iguaçu, 326
Imigração, 7, 8, 9
Impeachment, 313, 317, 319, 328
Imperial Brazilian Mining Company, 7
Império
  agricultura e regiões, 4
  atividade, 4
  câmbio e preços, 20
  comércio exterior, 16
  despesa, 25
  dívida pública, 26
  escravidão, 9
  estimativas de produto, 2
  fatores de produção, 8, 12
  capital, 13
  terra, 12
  trabalho, 8
  finanças públicas, 22
  indústria, 6
Imposto de Renda (IR), 225
Imposto sobre Circulação de Mercadorias
  (ICM), 225, 228
Imposto sobre Operações Financeiras (IOF),
  265
Imposto sobre Produtos Industriais (IPI), 225,
  228, 258
Importações, 18, 181, 191, 192, 314, 325, 327
Índia, 325
Índice de Custo de Vida (ICV), 219
Índice de Preços ao Consumidor (IPC), 291,
  293, 294, 295, 298, 303, 305
Índice de Preços ao Consumidor Amplo
  (IPCA), 288, 289, 291, 295, 363
Índice de Preços ao Consumidor
  (INPC), 265, 270, 271, 272, 276, 277,
  288, 295, 308
Índice de Preços por Atacado (IPA), 154, 184,
  185, 188, 189, 202
Índice de Preços por Atacado-Disponibilidade
  Interna (IPA-DI), 247, 250

Índice de Preços por Atacado-Oferta Global
  (IPA-OG)
  IPA-OG-Agricultura, 302
  IPA-OG-Produtos Agrícolas, 266, 272
  IPA-OG, Produtos Industriais, 266, 272
Índice Geral de Preços (IGP), 249, 254
Índice Geral de PreçosDisponibilidade Interna
  (IGP-DI), 136, 137, 219, 266, 269, 270,
  272, 277, 278, 286, 287, 288, 289, 309
Indústria, 6, 7, 112, 187, 188, 194, 323, 328
Inflação, 19, 179, 180, 188, 189, 190, 193, 277,
  282, 315, 317, 318, 321, 336, 350, 351,
  355, 370, 380
Infraestrutura, 12, 27, 342, 371, 379, 381
Inglaterra *ver* Reino Unido
Instituto Brasileiro de Ação Democrática
  (IBAD), 192
Instituto Brasileiro de Café (IBC), 150, 151
Instituto Brasileiro de Geografia e Estatística
  (IBGE), 225, 235, 236, 237, 238, 265, 274,
  276, 277, 278
Instituto de Resseguros do Brasil, 101
Instituto de Pesquisa Econômica Aplicada
  (IPEA), 214
Instituto de Pesquisas Econômicas e Sociais
  (IPES), 192
Instituto do Café de São Paulo, 66, 72
Instrução 70, 110, 133, 135, 136, 137, 140,
  142, 148, 149
Instrução 81, 146
Instrução 99, 140, 144, 148
Instrução 108, 147
Instrução 112, 148
Instrução 113, 146, 155, 158, 159
Instrução 114, 148
Instrução 116, 150
Instrução 167, 160
Instrução 181, 160
Instrução 192, 160
Instrução 204, 180, 181
Instrução 235, 189
Instrução 263, 193
Instrução 270, 193
Instrução 275, 193
International Telephone and Telegraph
  (ITT), 186
Investimento estrangeiro, 13, 27, 187, 195, 318,
  342, 368, 374, 380
Israel, 320
Itaipu, 257
Itália, 373

J

Jafet, Ricardo, 125, 126, 131, 176
Jaguaribe, Hélio, 237
Japão, 373

Jefferson, Roberto, 364
JK, *ver* Oliveira, Juscelino Kubitschek de
Jornal do Brasil, 190, 254
Jornal do Commercio, 35, 37
Judiciário, 328
Junqueira, Alkimar, 151
Juros, taxa de, 318, 336, 347, 361, 369

K
Kennedy, John F, 186
Kenwood, A, G, 30
Keynes, John Maynard, 85, 98, 102
Kindleberger, Charles P, 68
Kubitschek, *ver* Oliveira, Juscelino Kubitschek

L
Lacerda, Carlos Frederico Werneck de, 193
Lafer, Horácio, 116, 121, 130, 131, 136,
    156, 176
Lago, Luiz Aranha Corrêa do, 31, 213
Lamport & Holt, 14
Leff, Nathanael, 194
Lehman Brothers, 373
Lei 4.131, de 1962, 186
Lei 8.987, de 1995, 341
Lei 9.074, de 1995, 341
Lei 9.295, de 1996, 341
Lei da Usura, 182
Lei de Empréstimos e Arrendamentos, 100
Lei de Gresham, 19
Lei de Remessa de Lucros, 186, 187
Lei de Responsabilidade Fiscal, 333, 348, 351,
    355, 376
Lei de Terras, 12
Lei do Mercado Livre de Câmbio, 129
Lei do Ventre Livre, 11
Lei Geral das Telecomunicações, 341
Lei salarial, 317
Leilões
    cambiais, 181
    de privatização, 328
Lemgruber, Antônio Carlos, 266
Lessa, Carlos, 156, 161, 163
Letras do Banco do Brasil, 181
Letras do Tesouro, 42, 172, 221
Levy, Maria Bárbara, 26, 40
Lewis, W, Arthur, 30, 31
Liberalização comercial, 313, 324, 324
Licenças de importação, 325
Lideranças sindicais, 317
Lima, Beatriz M, F, 200, 217, 235
Lima, Hermes, 183, 185
Lloyd Brasileiro, 166
Lodder, Celsius A, 223, 226
Lodi, Euvaldo, 89, 90
London and Brazilian Bank, 21

Londres, 26, 40, 42, 43, 51, 59, 62, 64, 66,
    69, 81, 87
Lopes, Francisco Laffayette de Pádua, 266
Lopes, Lucas, 156, 168, 173, 174, 175, 176
Lougheed, A, L, 30
Lucena, Barão de, 39
Luz, Nícia V., 43, 44

M
Macroeconomia do homem cordial, 196
Malan, Pedro Sampaio, 329, 335, 349
Maluf, Paulo, 345
Manaus, Zona Franca de, 265
Mantega, Guido, 358, 366, 367, 378
Marques, Maria Sílvia Bastos, 248
Mariani, *ver* Bittencourt, Clemente
Marinha, 192
Marraqueche, 325
Martins, Luciano, 98
Mason, E, 145
Mauá, visconde de, 14
Mayrink, Francisco de Paula, 38
Médici, Emílio Garrastazú, 213, 214, 226, 238,
    239, 243, 244, 246, 254, 255
Meira, Lúcio, 175
Meirelles, Henrique, 357, 361, 369, 374
Mello, A, Bandeira de, 82
Mello, João Manoel Cardoso de, 89
Mello, Zélia Cardoso de, 317
Mensalão, 347, 364, 365
Mercado Atacadista de Energia, 342
Mercado Comum Europeu, 230
Mercosul, 327, 343, 380
Mesquita, Mário Magalhães Carvalho, 195
México, 3, 18, 329
Miami, 326
Minas Gerais, 5, 7, 11, 12, 49
Mineração, 7, 327, 342
Modiano, Eduardo Marco, 261, 263, 266, 267,
    277, 279
Moraes, Pedro Bodin de, 293
Moraes, Prudente de, *ver* Barros, Prudente José
    de Moraes
Moratória mexicana, 324
Moreira Salles, *ver* Salles, Walter Moreira
Moreira, Marcílio Marques, 317, 325
Morgenthau, Henry, 94
Moura, Gerson, 91
Movimento Democrático Brasileiro (MDB), 249
Muniz, João Carlos, 145, 155
Murtinho, Joaquim, 43, 70

N
Nakano, Y., 297
Negociação(ões) sindical(is), 323
Neuhaus, Paulo, 66, 86

Neves, Tancredo de Almeida, 132, 183, 184, 186, 278, 285, 286, 289, 290
New York Times, 144
Niemeyer, Sir Otto, 81, 87, 88, 171
Niveau, M., 106
Nóbrega, Maílson da, 301
Nordeste, 12, 24, 25, 28, 29
Nova República, 285
Nova York, 53, 56, 59, 62, 64, 129, 133, 140

O

Obrigação do Tesouro Nacional (OTN), 292
Obrigações Reajustável do Tesouro Nacional (ORTN), 215, 220, 221, 247, 277, 288
Obrigações do Tesouro Nacional (OTN), 292, 303, 306, 307, 308
Observador Econômico e Financeiro, 147, 150, 153
Ocampo, José Antônio, 310
Oliveira, Juscelino Kubitschek de, 143, 180, 186
Operador Nacional do Sistema Elétrico (ONS), 342
Operador Nacional do Sistema Elétrico, 342
Orenstein, Luiz, 157
Organização dos Estados Americanos (OEA), 186
Organização dos Países Exportadores de Petróleo (OPEP), 242
Organização Mundial do Comércio (OMC), 326, 343
Organização para a Cooperação e Desenvolvimento Econômico (OECD), 242
Oriente Médio, 327, 363
Osasco, 234
Ouro Preto, Visconde de, 36, 37
Overend, Gurney and Company, 21

P

Pacheco, Cláudio, 26
Pacto
oligárquico, 49
social, 289
Padrão-ouro, 20
Paes de Almeida, *ver* Almeida, Sebastião Paes de
Palloci, Antonio, 354, 355, 356, 357, 358, 361, 363, 366, 367, 379
Papelistas, 21
Paquistão, 202
Paraná, 138
Parceria, 8, 10
Parlamentarismo, 183, 185
Partido dos Trabalhadores (PT), 330, 333, 340, 352, 353, 355, 356, 357, 359, 360, 361, 362, 365, 366, 367, 371, 375, 378, 379

Partido Comunista do Brasil (PCdoB), 340
Partido da Frente Liberal (PFL), 340, 353
Partido da Socialdemocracia Brasileira (PSDB), 321, 338, 340, 347, 353
Partido Democrático Trabalhista (PDT), 340, 365
Partido do Movimento Democrático Brasileiro (PMDB), 294, 295, 297, 340, 345, 346
Partido Progressista (PP), 340
Partido Progressista Brasileiro (PPB), 340
Partido Progressista Renovador (PPR), 340
Partido Social Democrático (PSD), 142, 156, 183
Partido Trabalhista Brasileiro (PTB), 185, 193, 340, 364
Peixoto, Floriano, 40
Pelaez, Carlos M, 21, 46, 70, 84
Pereira, José Eduardo Carvalho, 297
Pereira, Luís Carlos Bresser, 297, 301
Pereira, Rodrigues, 35
Pernambuco, 5, 15, 20, 25, 26, 49
Peru, 153
Pesquisa Nacional por Amostra de Domicílios (PNAD), 236
Pessoa, Epitácio Lindolfo da Silva, 57, 60, 70, 72, 85
Petrobras, 166, 327, 342, 372, 377, 378
Petróleo, 189, 193, 326, 342, 343, 378
Petrópolis, 8, 145
Petroquímica, 327, 342
Pffeferman, Guy, 237
Pinho Neto, Demósthenes Madureira de, 143, 144, 149, 155
Pinto, Carlos Alberto Carvalho, 192, 193
Planalto, 345, 346, 347, 366
Plano
Bresser, 297
"feijão-com-arroz", 301
Collor, 314, 315
Collor II, 316
Cruzado, 284, 290, 292, 293, 294, 295
de Aceleração do Crescimento (PAC), 371
de Coerência Macroeconômica, 299
de Economia de gastos, 184
de Metas, 161, 165, 194
Nacional de Desenvolvimento, 256, 264
Real, 314, 318, 319, 320, 321, 322, 323, 331, 332, 335, 370
Trienal de Desenvolvimento Econômico e Social, 188, 189, 190, 191, 194
Verão, 304, 307
Plano de Emergência, 151
Plano Marshall, 106, 115
Plano Primavera, 309
Plano Quinquenal, 161
Plano Salte, 144

Plesbicito, 185, 188, 359, 365
Política
   cambial, 107, 187, 191, 335, 347
   de comércio exterior, 107
   de estabilização doméstica, 147, 194, 314
   de metas para a inflação, 369
   externa independente, 182, 186
   fiscal, 317, 318, 335, 375
   macroeconômica, 355, 358, 363
   monetária e creditícia, 184, 185, 186, 190
   políticas cambial e de comércio exterior, 107
   relações internacionais e movimento de capitais, 114
Ponta d'Areia, 7
Populismo macroeconômico, 195
Portos, 328
Poupança do setor público, 195
Preços, 19
   agrícolas, 186
   de commodities, 368, 370
   de importações, 23
   industriais, 189
   públicos, 318
Pré-sal, 372
Presidencialismo, 188
Previ, 342
Previdência, 340, 368
Primeira década republicana, 29
   Brasil e a economia internacional, 30
   política econômica nos anos 1890, 36–44
   trabalho assalariado e a política monetária, 33
Primeira república, apogeu e crise na
   política econômica, 48
   ajuste recessivo, 60
   boom e a depressão após o retorno ao padrão-ouro, 65
   boom e recessão do pós-guerra, 57
   desequilíbrio externo, 60
   era de ouro, 1900–1913, 50
   impacto da Grande Guerra, 53
   recuperação, 60
   tendência ao desequilíbrio externo e o quadro institucional, 48
Privatização, 313, 314, 315, 318, 327, 328, 338, 341, 342
Programa Auxílio-Gás, 369
Programa de Ação Econômica do Governo (PAEG), 180, 197, 199, 200, 201, 202, 203, 204, 207, 209, 210, 211
   objetivos do, 197
   política salarial no, 199
Programa de Ação Imediata, 322
Programa de Aceleração do Crescimento (PAC), 368, 371

Programa de Estabilização Monetária (PEM), 174, 175, 176, 177
Programa de Formação do Patrimônio do Servidor Público (PASEP), 210, 227
Programa de Integração Social (PIS), 210
Programa de Reaparelhamento Econômico, 161
Programa Estratégico de Desenvolvimento (PED), 214
Programa Nacional de Acesso à Alimentação, 369
Programa Nacional de Renda Mínima vinculado à Educação – Bolsa Escola, 369
Proibições de importações, 325
Projeto de Reconstrução Nacional, 316
Promessas de Licença da Importação, 181
Protecionismo, 324, 325
Protocolo de Ouro Preto, 326
Prudente de Moraes, *ver* Barros, Prudente José de Moraes
Punta del Este, 325

Q

Quadros, Jânio da Silva, 132, 149, 177, 179, 180, 183, 184, 186, 200
Quitandinha, 145

R

Racionamento de energia elétrica, 333
Rao, Vicente, 132
Rede Ferroviária Federal S.A. (RFFSA), 166, 168
Redistribuição de renda, 195, 369
Redwood III, John, 229, 230
Reeleição, 345, 368
Reforma(s)
   cambial, 150
   constitucional, 339
   monetária, 315
   na área administrativa, 313
   previdenciária, 341
   de base, 183, 185, 188
   estruturais, 189
Regime de Adequação Final da TEC, 343
Regime de alta inflação, 319, 320
Regimes especiais de importação, 325
Reino Unido, 3
Relações Brasil-Estados Unidos, 186
Relações Sul-Sul, 380
Remessa de lucros, 186, 193
Resende, André Lara, 197, 266, 277, 281, 282
Reservas internacionais, 188, 314, 318, 324, 335, 336, 348, 368
Resolução 144 (do Conselho Monetário Nacional), 315
Retenção de ativos financeiros, 314, 315, 322

Retomada do crescimento 1967–1973, 213, 317
  dos resultados da política econômica, 237
  crescimento econômico, formação de capital e inflação, 216
  distribuição de renda, 234
  emprego, 234
  estados e municípios e política regional, 224
  estatais e o papel do governo na economia, 224
  política fiscal, 224
  política salarial, 234
  políticas monetária e creditícia e desenvolvimento do sistema financeiro, 219
  setor externo, 228
Revolta dos Marinheiros, 194
Ribeiro, Casimiro, 189
Richers, R.C., 167
Ricupero, Rubens, 323, 324
Rio de Janeiro, 2, 5, 8, 11, 12, 14, 20, 21, 27
Rio Grande do Sul, 191
Risco Brasil, 353, 355, 361, 363
Rocha, Francisco de Paula Brochado da, 185
Rodada Uruguai, 325, 326
Rodrigues Alves, ver Alves, Francisco de Paula Rodrigues
Rodrigues, Leôncio Martins, 93
Rothschild, 32, 40, 41, 43
Rousseff, Dilma, 365, 366, 368, 371, 376, 378, 380, 381
Royal Mail, 14
Rússia, 348
Ryff, Tito, 227

S
Salários, 284, 316, 323, 370
Salles, Walter Moreira, 183, 185
Salles, Manuel Ferraz de Campos, 36, 45, 74
Salvaguardas, 325
Saneamento, 378
Santarém, 226
Santos, 56, 69
Santos, Wanderley Guilherme dos, 192, 193
São Paulo, 192, 338, 345, 351
Saraiva, José Antônio, 35
Sarney, José, 286, 320, 326, 328
Sarney, Roseana, 353
Sayad, João, 287
Sayers, R. S., 69
Schacht, Hajlmar, 91
Segunda Guerra Mundial, 328
Senado, 187, 320, 340, 368
Senhoriagem, 331
Serra, José, 333, 335, 351, 355

Setor elétrico, 193, 352, 371, 378, 379
Siderurgia, 327
Silber, Simão, 84
Silva, Arthur da Costa e, 213
Silva, C. F., 231
Silva, Golbery do Couto e, 243–244
Silva, Luiz Inácio Lula da, 330, 333, 334, 353, 354, 355, 356, 357, 358, 360, 361, 364, 365, 367, 370, 374, 375, 376, 378, 379
Silveira, Guilherme da, 117, 118
Simonsen, Mário Henrique, 194, 243
Simonsen, Roberto Cochrane, 313
Sindicatos, 190, 192
Sistema Financeiro de Habitação (SFH), 215
Smith, Adam, 90
Sochaczewski, Antônio Cláudio, 117, 157
Sociedade Rural Brasileira, 149
Solow, Robert, 245
Souza, Amaury de, 319
Souza, Washington Luís Pereira de, 65, 66, 68, 72
St. John del Rey Mining Company, 7
Subsídios, 189, 325
Substituição de importações, 105, 112, 194, 346
Sudeste (do Brasil), 1, 2, 52, 132
Suíça, 233
Sul (do Brasil), 2, 4
Sunkel, Osvaldo, 45
Superávit primário, 323, 337, 348, 359, 362, 377
Superintendência da Moeda e do Crédito (SUMOC), 181, 189, 191, 193
Superintendência de Desenvolvimento da Amazônia (Sudam), 255
Superintendência de Desenvolvimento do Nordeste (Sudene), 225
Superintendência do Plano de Valorização Econômica da Amazônia, 114
Superintendência Nacional de Abastecimento (SUNAB), 246
Supremo Tribunal Federal, 192
Suzigan, Wilson, 7, 21, 46, 89, 217, 223, 227
Syvrud, D, E, 214, 225

T
Tailândia, 347
Tarifa de importação, 6, 10, 18, 23, 324, 325, 326, 335, 343
Tarifa Externa Comum (TEC) do Mercosul, 326, 343
Tarifas de serviços públicos, 189, 195
Tavares, Maria da Conceição, 113
Távora, Juarez, 153
Taxa básica de juros, 350, 352, 363

Taxa de câmbio, 23, 180, 186, 187, 318, 350, 352, 353, 355, 369
Taxa de exportação, 22
Taxação das províncias, 24, 25
Taylor, Lance, 211, 285
Telebrás, 226, 341
Telecomunicações, 326
Telles, M. R, 69
Terceiro Mundo, 115, 122, 241, 259
Termos de intercâmbio, 18, 187, 192
Tesouro norte-americano, 333, 353
Tesouro, 181, 182, 358, 371, 376, 377, 378
Títulos públicos, 184, 187
Toronto, 129, 267
Trabalho assalariado, 11, 33
Transamazônica, 226
Transportes, 189, 378
Tratado de Assunção, 326
Tratado de Integração, Cooperação e Desenvolvimento entre Brasil e Argentina, 326
Tratado de Ouro Preto, 343
Trebat, Thomas J, 218, 226, 227
Trem-bala, 377, 378
Tribunal de Contas da União, 328, 372
Trigo, 189
TRIMS-Trade-Related Investment Measures, 325
TRIPS-Trade-Related Aspects of Intellectual Property Rights, 325, 326
Truman, Harry, 106, 115, 122, 128, 145
Tucuruí, 257
Turquia, 354

U

União Democrática Nacional (UDN), 132, 138, 156, 180
União Europeia, 343
União Europeia de Pagamentos (UEP), 105, 115, 118
União Soviética, 182, 186
Unidade de Referência de Preços (URP), 297
Unidade de Referência de Preços (URP), 297
Unidade Real de Valor (URV), 322, 323

Uruguai, 354
Usinas Siderúrgicas de Minas Gerais (USIMINAS), 166, 328

V

Vale do Paraíba, 12, 37
Vargas, Getúlio Dornelles, 79, 83, 85, 90, 91, 92, 99, 100, 103, 110, 113, 116, 121, 122, 123, 125, 128, 131, 132, 138, 140, 141, 142, 143, 145, 147, 148, 155, 156, 187, 200
Velloso, João Paulo dos Reis, 213, 244, 249, 253, 258
Venezuela, 329, 380
Versiani, Flávio, 32
Versiani, Maria Teresa, 32
Vianna, Sérgio Bessennan, 121
Vidigal, Gastão, 116
Vietnã, 202, 241
Villela, Annibal Villanova, 46
Volta Redonda, 328
Von Doellinger, Carlos, 228, 230, 233

W

Wall Street, 68, 69, 360
Washington Luiz, *ver* Souza, Washington Luís Pereira de
Washington, 94, 95, 102, 144, 183, 188, 191, 192
Webb, Richard, 237
Wells, John Richard, 181, 194
Werneck, Dorothéa Fonseca Furquim, 217
Werneck, Rogério Ladeira Furquim, 313, 320
Western and Brazilian Telegraph, 14
Whitaker, José Maria, 149
Wileman, J. P., 32
Williams, John, 87, 88
Williamson, John, 241

X

Xemxem, 19

Z

Zingales, L., 376